제3판

시사와 함께하는 거시경제학

이 윤 재

탑북스

제3판 머리말

매 학기 강의 후에 강의평가서에 적시되는 학생들의 서술 의견(무기명)을 꼭 참고한다. 다양한 의견들이 개진되지만 매년 경제신문을 활용한 수업이 좋았다는 의견이 여러 해 동안 일관되게 나타나고 있다. 수업시간에 경제신문을 부교재로 활용하여 딱딱한 거시경제 이론을 현실의 시사적인 데이터 및 경제뉴스 기사를 활용하여 설명하려 한다. 학생들에게 이론과 현실의 갭을 최대한 줄여주려는 시도이다.

종이신문을 안 읽는 학생들이 한 학기가 지나면 신문의 경제란에도 눈길이 간단다. 교과서에 있는 이론이 시사(경제신문)에서 확인되는 순간 학생들은 흥미를 느끼는 것 같았다. 이런 이유에서 본서 제목을 『시사와 함께하는 거시경제학』으로 정했다. 그래서 본서에 시사적인 이슈나 관련 통계 자료를 가능한 많이 포함시키려고 한다.

통계나 뉴스 사례는 시간이 지나면 진부해지고 시사성이 떨어진다. 본서도 2년 전인 2016년도에 개정되어 진부해졌다. 그간 많은 국내외 경제변화가 있었다. 미국의 양적완화정책이 끝나고 출구전략으로 금리가 본격적으로 인상되기 시작했으며, 미국과 중국 간의 무역전쟁으로 인한 우리나라의 수출둔화, 국내 잠재성장률 하락, 빠른 고령화 문제, 청년층의 높은 실업률, 소득주도성장 전략 추진 등 많은 변화가 있었다.

본서는 기본적인 이론 체계의 틀은 유지하면서 상기에서 언급된 시사성이 있는 각종 통계 및 관련 사례 등을 수정보완 및 업데이트하는데 초점을 맞췄다. 그리고 본서를 교재로 쓴 동료교수님들의 코멘트도 가능한 반영하도록 노력하였으며, 강의 중에 학생들의 질의 응답과정에서 설명이 부족한 부분을 보완하였다.

본 개정판(제3판)이 세상에 빛을 볼 수 있도록 힘써 주신 김광식 대표님께 감사를 드리며, 매번 원고 마감기일을 지키지 못해 죄송함을 전한다. 지난 오랜 기간 동안 복잡한 원고를 보기 좋게 편집해주신 이신정 주간님과 편집부 여러분께도 감사를 드린다.

2018년 8월

유난히 무더운 2018년 여름 연구실에서

이 윤재 씀

개정판 머리말

딱딱하고 재미없어 하는 거시경제 수업시간에 경제신문과 함께 하자는 취지에서 「시사와 함께 하는 거시경제학」을 출간한지 벌써 4년이 흘렀다. 지난 4년 동안 국내외적으로 많은 경제문제가 노출되었다. 미국을 비롯한 유럽연합 국가 등에서 양적완화라는 전대미문의 팽창적인 경제안정화 정책을 실행하였지만 세계경제계는 아직도 디플레이션과 장기불황을 우려하고 있다. 이런 상황 속에서 미국 금리 인상, 저유가, 중국의 저성장 등으로 세계경제는 안개 속으로 빠져들고 있다. 국내경제도 저성장기조에 진입한 것이 아닌가 하는 우려를 낳고 있다. 이렇듯 지난 4년 동안에 국내외 경제환경이 많이 바뀌었음에도 불구하고 저자의 게으름 때문에 시사문제를 교재에 제때에 반영하지 못해 수강생들과 독자들에게 송구함을 금할 수 없어 본서의 상당부분을 아래와 같이 개정하였다.

첫째, 본서의 편재를 새롭게 재구성하였으며, 그 과정에서 개방경제부문을 확대 강화하였다. 국내 경제의 글로벌화가 빠르게 진행됨에 따라 개방경제부문을 보강하였다. 미국의 양적완화정책과 출구전략이 우리나라에 미치는 영향력이 큼을 감안하여 이 부분에 대한 시사해설 및 분석도 포함시켰다. 둘째, 실업 및 고용이 전 세계적인 이슈가 되고 있다. 청년층의 고용문제가 심각하여 실업 및 고용에 관한 부분을 이론과 현실의 문제를 함께 다루었다. 셋째, 통화정책의 실효성 및 금융시장의 변화를 보강하였다. 과거와는 다르게 통화공급을 대규모로 증가시켜도 실물부문에 미치는 효용성이 떨어지고 전통적인 통화정책에 대한 실효성이 의문시 되고 있다. 통화유통속도의 하락과 함께 준유동성 함정의 징후가 나타나고 있어 이 부분에 대해 보강하였다. 넷째, 금융위기 후에 케인즈 모형이 재조명을 받고 있지만, 정부의 개입정책 실효성에 대한 논란이 뜨겁다. 또한 재정적자 이슈도 새롭게 부각되고 있어 제4편 경제안정화 정책에서 다루었다.

본서가 나오기까지 많은 분들의 도움과 격려가 있었다. 무엇보다도 숭실대 경제학과 학생들에게 고마움을 전한다. 수업시간에 오탈자도 지적해주고 토론과 질문과정에서 필자의 고착화된 사고를 일깨워 주어 지적인 도전이 되었다. 동료인 숭실대 경제학과의 강달원 교수는 평소에 교재에 대하여 귀중한 조언과 함께 강의자료 제작에 도움을 주어 이 자리를 빌어 고마움을 전한다. 또한 숭실대 경제학과에 출강하시는 조재호 교수님께도 깊은 감사를 드린다. 본서의 초판을 일일이 다 읽고 조언과 함께 오탈자까지 지적해주신데 대해 깊은 감사를 드린다.

개정판이지만 책을 쓰면서 많은 사람들에게 빚을 지고 있다. 부모님을 위시한 가족들에게 고마움을 전한다. 특히 늦게 귀가하여 가정에 충실치 못한 남편을 인내와 사랑으로 기다려주고 내조해준 아내(김선아)와 자녀들(정원, 수연)에게 고마움을 전한다. 아내와 자식들은 개정판을 낸다고 하니 무척 기뻐하고 자랑스러워하는 모습에 큰 위로가 되었다.

끝으로 개정판 원고의 기일을 한참이나 지키지 못했음에도 불구하고 인내로 기다려주신 김광식 대표님과 정헌명 상무님께 깊은 감사함과 동시에 죄송한 맘을 전한다. 또한 복잡한 원고를 깔끔하게 편집해주시고 챙겨주신 이신정 주간님과 편집부 여러분께도 심심한 감사를 드린다.

늦 추위가 기승을 부리는 2016년 정초에
숭실대학교의 경상관 연구실에서
이 윤 재 씀

머 리 말

필자는 거시경제학을 20여년을 가르치면서 몇 가지 답답함을 느꼈다. 첫째, 경제학 그 중에서도 거시경제학이 어렵다는 말을 많이 들었다. 그래서 강의법을 바꾸기도 하고, 교재도 원서(처음 신임교수시절 수년동안)에서 국내 교과서를 사용해 보기도 했지만 사정은 크게 변하지 않았다. 둘째, 수식과 그래프를 많이 사용해서 어렵다는 말을 자주 듣게 되어 가능하면 구두 설명과 함께 사례를 많이 들었다. 특히 고등학교의 교과과정이 바뀐 이래 입학한 학생들부터는 그 정도가 더 심각해졌다. 대다수의 학생들이 경제학을 암기하여 이해하려 했다. 정작 경제학과를 졸업하고도 경제신문 조차 제대로 이해하는 학생들이 많지 않았다.

수년전부터 필자는 수업시간에 경제신문을 부교재로 사용하기 시작하였다. 신문을 스크랩하여 학생들에게 보여주거나, OHP 및 스캔 화일을 만들어 설명을 해주곤 하였다. 학생들이 의외로 관심을 갖기 시작하였다. 다행히 얼마 전부터 국내의 주요 경제신문에서 경제신문 읽기를 장려하고, 대학의 부교재 사용을 지원해주고 있다. 특히 한국경제신문사와 정규익 차장님께 깊은 감사의 마음을 전한다. 지난 몇 년 동안 거시경제학 및 개방거시경제학 수업에 부교재를 활용할 수 있도록 지원해주었다. 필자의 수업을 들었던 어느 학생이 강의평가에 남긴 글로 학생들의 반응을 대신하고자 한다. 물론 학생의 의견(주관적인 서술식의 의견)은 철저하게 무기명으로 이루어 진다.

> *"전공 수업을 들으며 늘 이론과 현실의 괴리감에 고충을 느껴왔다. 하지만 이번 거시경제 수업을 통해 한국경제신문의 배부를 통해 교수님께서 수업과 관련된 기사를 중심으로 설명해주셔서 생활속의 경제학을 이해하는데 큰 도움이 되었다. 중략... 무엇보다 생활속에서 경제현상을 바라보고 이해하고 또 비판할 수 있는 자세를 함양할 수 있는 값진 수업이었다."*

학생들의 이런 반응과 필자가 지난 20여년 동안 고민해온 결과로 시사문제를 다룬 거시경제학을 교재로 활용하면 수업의 효과를 더 높일 수 있겠다는 생각에서 집필하게 되었다. 제목도 좀 낯설지만 『시사와 함께하는 거시경제학』으로 하였다. 현재 시중에는 좋은 교재(원서 및 국내서적)가 많이 나와 있다. 필자의 능력으로는 기존의 거시경제학 교과서 보다 더 좋은 책을 만들 자신이 없다. 다만 상기에서 언급한 바와 같이 내 나름대로의 고민을 해결하기 위한 방편으로 조금 차별화된 거시경제학을 출간하였다.

본서의 특징을 정리하면 다음과 같다. 첫째, 가능하면 지면이 허용하는 한 시사문제를 여러 모양으로 소개하였다. 그리고 관련 이론과 연관하여 설명하였다. 가능하면 최신의 경제시사 문제를 소개함으로써 현실 경제문제를 이해하는데 도움이 되고자 하였다. 둘째, 시사적인 문제를 너무 강조하다보면 피상적인 설명에 치우칠 우려가 있다. 필요한 거시경제 이론이나 최근의 중요한 거시경제학의 흐름 등을 놓칠 우려가 있어 이론적인 부분도 소홀하지 않도록 하였다. 중요하다고 생각되는 부분은 심층적인 설명을 곁들였다. 심층적인 학습을 원하는 학생과 고학년 학생, 각종 고시나 대학원 진학을 준비하는 학생들을 위해 지면을 할애하였다. 셋째, 본서의 장점이면서 단점이 될 수 있는 부분이 최근 통계이다. 시사문제는 가능하면 최근 통계를 사용하는 것이 현실감 있고 좋다. 그런데 교재는 시간이 흐름에 따라 구식(?)통계를 언급하게 된다. 이를 해소하기 위한 방편으로 매년도 관련 표나 그림 등 통계관련 자료는 별도로 업데이트하여 인터넷이나 CD 등으로 보충하려고 한다. 넷째, 복잡한 수식은 꼭 필요한 경우가 아니면 사용하지 않았으며, 대신 그래프를 많이 이용하였다. 본서 집필에 활용된 참고자료는 해당부분에 각주로 처리하였다.

본서가 나오기까지 많은 분들의 도움을 받았다. 동료인 숭실대 경제과 강달원 교수는 원고를 읽고 귀중한 조언과 함께 연습문제를 보완해주었다. 또한 박창수 교수와 김종철 박사에게도 고마움을 전한다. 연구와 강의에서 필자에게 많은 영감을 주었는데, 집필에 많은 도움이 되었다. 숭실대 경제과 석사과정의 김태환, 조옥현 군은 학생의 입장에서 원고를 읽고 많은 조언을 해주었지만 시간제약 때문에 반영하지 못한 점이 아쉽다. 또한 경제학과 학부생인 김은정, 노현희 양은 복잡한 그림을 매끄럽게 그려주고, 필요한 통계를 찾아주었다. 필자의 거시경제학 및 개방거시경제학 PBL수업을 수강한 숭실대학교 경제학과 학생들에게도 고마움을 전한다. 때론 엉뚱하면서도 창의적인 학생들의 신선한 질문과 토론이 필자의 경직된 사고에 도전을 주었다. 그런 경험이 필자로 하여금 본서를 집필케 한 원동력이었다.

필자의 든든한 후원자인 부모님께 감사드린다. 자식들에게 부담주지 않고 노후를 보내시겠다면서 근검한 삶과 꾸준한 운동으로 체력을 단련하시는 부모님의 열심이 못난 자식의 게으름에 경종이 되곤 한다. 졸저를 집필하는 동안 여러모로 내조해준 아내 김선아와 학업중인 자녀(정원, 수연)에게도 고마움을 전한다. 늦은 밤에 피곤할 때 아내가 건네주는 따뜻한 녹차 한잔과 자식들이 보내준 메일을 읽는 것이 힘이 되었다.

끝으로 원고기한 약속을 지키지 못한 필자를 인내로 기다려 주신 김광식 사장님께 죄송함과 동시에 감사를 드린다. 사장님은 매번 불편함도 마다치 않으시고 여러번 필자의 연구실을 방문하셨다. 따뜻한 격려와 말없는 기다림이 더 이상의 게으름을 피우지 못하게 하셨다. 또한 이신정 주간님과 편집부 여러분께 감사드린다. 원고를 꼼꼼하게 읽고 매끄럽게 고치고, 그리고 복잡한 그림, 도표 등을 보기 좋게 처리해주었다.

2011년 1월

눈 덮인 숭실대학교의 교정을 바라보며

이 윤 재 씀

차 례

제 I 편 거시경제학의 기본개념

제1장 거시경제학 기초

제2장 거시경제의 순환과 균형

제 Ⅱ 편 균형국민소득 결정과 총수요

제3장 케인즈 소득결정 모형

제4장 *IS*–*LM* 동시균형과 총수요(*AD*)

제5장 노동시장과 총공급(*AS*)

제 Ⅲ 편 개방거시경제와 총수요

제6장 국제수지와 환율

제7장 개방경제 하의 균형국민 소득결정

제8장 개방경제와 총수요 : 먼델-플레밍 모형

제Ⅳ편 거시경제 안정화 정책

제9장 경제안정화 정책

제 V 편 거시경제학의 미시경제적 기초

제11장 소 비

제12장 투 자

제13장 화폐시장

제Ⅵ편 거시경제의 동태적 변화

제14장 경제성장

제15장 경기변동론

제 I 편

거시경제학의 기본개념

제1장 거시경제학 기초

세계 속에서의 한국경제 위상

우리나라의 경제규모는 2017년 기준으로 세계 12위를 기록하고 있다. 우리나라는 2013년 세계 15위에서 3 계단 올랐다. 인도 경제가 같은 기간에 10위에서 6위로 도약하고 있음을 보여주고 있다. 우리나라는 지난 1997년에는 세계 11위까지 올라갔었는데 그 후에 하락하여 2008년에 15위로 밀려난 후에 2013년에 15위권에 머무르다 약간 상승하였다. 우리나라의 경제 규모는 1.4조 달러로 세계 생산비중의 1.9%를 차지하고 있다. 표에서 보듯이 미국이 19.4조 달러(세계 비중 24.9%), 그 다음이 중국으로 11.8조 달러(15.1% 비중), 일본 4.8조 달러(6.2% 비중), 독일 3.4조 달러, 영국 2.5조 달러, 인도와 프랑스가 각각 2.4조 달러에 이르고 있다. 지난 2013~2017년을 비교해 보면, 미국과 중국 경제는 규모면에서나 세계경제 비중에서 괄목할 만한 정도로 확장되었으며 인도경제의 규모가 두드러지게 커졌다. 또한 인도네시아의 경제규모도 괄목할 정도로 커지고 있어 우리의 신흥시장으로 부상되고 있다. 반면에 일본, 독일, 이태리 경제는 정체 현상을 보인 반면에 프랑스, 러시아, 브라질 경제규모는 뒤쳐짐을 보이고 있다. 한국은 제2차 세계대전 후에 가장 가난한 국가 중의 하나였으며, 원조를 받던 국가에서 이제는 다른 나라에 원조를 해주는 유일한 국가이다.

| 표 1-1 | 2017년도 전세계 명목 GDP 규모와 나라별 경제력 비교 (단위: 조달러, %)

구분	1위	2위	3위	4위	5위	6위	7위	8위
국가 GDP (비중)	미국 19.4 (24.9)	중국 11.8 (15.1)	일본 4.8 (6.2)	독일 3.4 (4.4)	영국 2.5 (3.2)	인도 2.4 (3.2)	프랑스 2.4 (3.1)	브라질 2.1 (2.8)
구분	9위	10위	11위	12위	13위	14위	15위	16위
국가 GDP (비중)	이태리 1.8 (2.3)	캐나다 1.6 (2.0)	러시아 1.5 (2.0)	한국 1.4 (1.9)	호주 1.3 (1.7)	스페인 1.2 (1.6)	인도네시아 1.0 (1.3)	멕시코 0.9 (1.2)

자료: IMF

[그림 1-1]에서 보듯이 우리나라는 60년대 초반까지만 해도 1인당 국민소득이 100달러도 안되는 가난한 국가였는데, 2017년 기준으로 약 3만 달러에 이르고 있다. 한국은 드디어 '3050' 클럽(인구 5천만 이상 1인당 국민소득 3만 달러 이상)에 진입하였다. '3050' 클럽 국가로는 미국, 일본, 독일, 영국, 프랑스, 이태리, 한국 정도이다.[1)] 지난 50년간에 국민소득이 300배 이상 늘어난 셈이다. 현재 이 지구상에 한 세대 만에 국민소득이 300배 이상 늘어나고, 원조를 받던 국가에서 원조를 해주는 나라가 없다는 점에서 한국경제는 매우 역동적이다.

[그림 1-1] 우리나라의 1인당 국민소득 추이(달러기준)

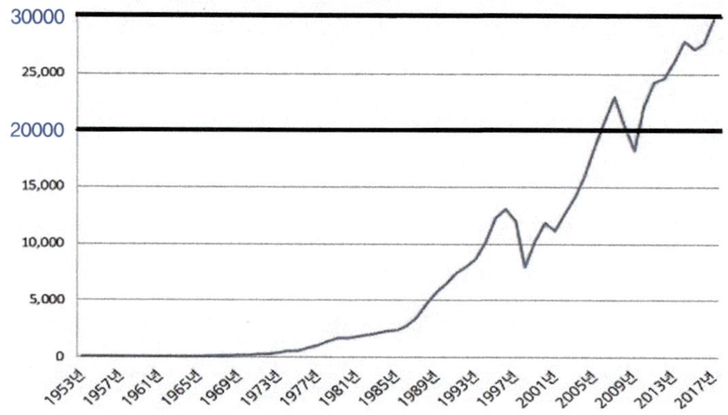

거시경제학은 국민(국내) 경제 전체를 분석대상으로 한다는 점에서 미시경제학과 다르다. 원래 경제학이 오늘날과 같이 미시경제학 거시경제학으로 구분된 것이 아니다. 현대적 의미의 거시경제학은 케인즈의 『일반이론』(1936) 이후에 본격적으로 발전하였다. 그런데 케인즈의 『일반이론』이 등장하게 된 배경이 1929년에 미국에서 일어난 대공황이다. 대공황을 극복하는 대안으로서 제시된 케인즈의 『일반이론』이 그 후에 많은 학자들의 연구에 힘입어 오늘날에 이르고 있다. 따라서 거시경제학을 잘 학습하기 위해선 국민경제를 대표하는 거시경제 변수들에 대한 개념과 그 결정메카니즘을 이해하는 것이 중요하다. 본장에서는 이런 점에서 우선 거시경제를 대표하는 거시집계 변수들을 살펴본 후에 거시경제 태동 배경과 거시경제학의 발달 과정을 간단히 살펴봄으로써 거시경제 전체에 대한 조망을 하고자 한다.

1) 한국은 2017년 기준 인구는 세계 27위(51백만명), 국토면적 109위로 작은 나라이지만 총경제 규모는 세계 12위, 1인당 국민소득 세계 29위로 경제도약에 성공한 대표적인 나라이다.

제1절 주요 거시경제 변수 : 집계변수

거시경제학은 분석대상이 국민경제 전체라는 점에서 미시경제학과 차이가 있다. 즉, 개별 기업이나 개별 소비자의 경제행위를 분석하는 것이 아니고, 개별 기업이나 소비자들이 모인 전체를 분석대상으로 삼는다. 전체를 분석대상으로 하기 때문에 국가 전체를 파악할 수 있는 어떤 지표(index)가 필요하다. 이는 마치 의사가 인체의 건강상태를 파악하기 위해서 체온, 혈압 및 체중을 재는 것처럼 국민경제 전체 상황을 파악하기 위해선 전체를 대표할 수 있는 지표들이 필요하다. 이런 거시경제지표들은 흔히 **집계변수(aggregate variables)**라고 일컬어진다. 집계변수란 개별 경제단위의 지표가 아니라 총체적인 총량을 나타내는 지표이다. 일국의 생산활동을 나타내는 지표로는 **국내총생산(gross domestic product)**인 GDP가 있으며, 이와 유사한 개념인 **국민총생산(gross national product)**이 있다. 이외에도 소비, 투자, 저축, 고용(또는 실업), 국제수지, 물가, 통화량, 정부지출 등 우리가 흔히 일상생활에서 접하게 되는 경제변수들이 있다. 본 절에서는 총생산 관련 변수와 물가지수만 살펴보고, 나머지 고용, 실업, 소비, 투자, 금융 등의 다른 집계변수들은 각 해당 부분 장, 절에서 따로 설명될 것이다.

1.1 총생산을 나타내는 집계변수

1. 최근 GDP가 GNP에 비하여 더 많이 쓰이는 이유는?

GDP는 정의에 의하여 일정기간 동안 **자국내(domestic)**에서 생산된 최종 재화 및 서비스를 시장가치로 환산한 것인 반면에, GNP는 **자국민(national)**에 의하여 생산된 것을 시장가치로 나타낸 것이다. 최근 경제의 두드러진 특징 중의 하나는 경제가 개방화됨에 따라 다국적기업들의 활동이 증대하고 있다는 점이다. 미국계의 다국적 기업이 한국에 진출하여 생산한 재화나 서비스는 국내총생산에는 포함되지만, 국민총생산에는 계상되지 않는다. 국내에 들어온 외국기업이 직접 투자하여 공장을 짓고, 한국인 노동자를 대량 고용하고 한국정부에 세금을 납부한다. 이때 거시경제 소득순환의 흐름에서 파악하면, 노동의 증대로 임금소득이 상승하여 소비가 증가하고, 정부의 세수입 증대로 정부지출의 재원이 증가하여 정부지출도 늘어날 것이다. 즉,

민간부분의 소비지출과 정부지출의 증대는 한 나라 거시경제의 총수요 증대를 의미하므로 국내총생산도 증대하게 된다. 이렇듯이 **GDP**는 고용, 소비, 정부지출 등의 변화와 긴밀한 상관관계를 보여주고 있다. 반면에 외국인에 의한 직접투자활동을 포함하지 않는 **GNP**는 국내의 고용과 소비를 일관되게 설명하지 못한다. 따라서 GNP는 기타 경제변수들(예 : 고용, 소비)과의 상관관계가 약해지는 단점을 안고 있다.

GDP가 선호되는 두 번째의 이유는 정책적인 이유로써 고용문제의 심각성과 관련이 있다. 각국(특히 유럽지역)은 오랜 기간 동안 고실업으로 고통을 겪고 있는데, 국내투자가 정체되는 상황에서 해외직접투자 유치를 통한 고용증대를 꾀하고 있다. 이러한 정책기조를 반영하여, 미국, 캐나다 등에선 투자이민의 경우 상당한 액수의 투자를 요구할 뿐만 아니라 반드시 일정 수의 현지고용을 부대조건으로 요구하고 있다. 우리나라도 최근 경제위기 이후 급격히 늘어난 실업문제를 해소하기 위하여 외국자본의 유치를 통해 투자를 촉진시켜 고용증대를 꾀하고 있다.

2. GNI(Gross National Income)

GDP는 생산적 관점에서 추계를 한 것이다. 소비자의 입장에서는 총생산도 중요하지만 소비와 긴밀한 관계가 있는 소득의 관점에서는 GNI(GDI)가 더 의미 있다. 명목 GDP에 명목 국외순수취소득을 더하면 명목 GNI가 된다. 국외순수취소득은 우리나라 사람이 해외에서 벌어들인 소득과 외국인이 번 소득의 차이를 반영한 것이다. 측정기준이 지역(domestic)이 아니라 사람(nationality)이므로 명목 GDP에 명목 국외순수취소득을 가감하면 명목 GNI인 동시에 명목 GNP로 간주될 수 있다. 그러나 실질 GNI와 실질 GNP는 다르다. 실질 GNP는 물량변화를 반영하는 생산지표(실질 GDP)와 소득지표(실질 국외순수취요소소득)가 혼합된 지표로 애매모호하다는 비판에 따라 UN은 1993년 SNA(System of National Account) 권고에 따라 실질 GNI로 대체하여 사용하고 있다.

GDP가 국내의 생산활동 수준을 나타내는 생산지표인 반면에 GNI(혹은 GDI)는 실질소득을 반영한다. 실질 GDI(혹은 GNI)는 실질 GDP에 교역조건 변화로 발생한 무역손익 등 실질 국내유입 또는 국외유출까지를 감안한 것으로 국민총생산의 실질 구매력을 나타내는 지표이다. 기준년도 가격으로 평가되는 실질 GDP는 물량변화를 반영하는 생산지표와 소득변화를 나타내는 소득지표가 혼재되어 있다. 교역조건의 악화로 인해 발생한 소득의 변화를 반영하지 못하는 한계가 있어 실질소득을 반영할 수 있는 새로운 지표가 필요하다. 예를 들면, 수출상품의 국제가격 하락이나 환율의 상승 등으로 인해 교역조건이 악화되어 무역손실이 커지면 생산활동지표인 경제성장률과 소득에 민감한 체감성장률 간에 상당한 괴리가 발생하게 된다. 즉, 생산지표인 실질 GDP를 소득지표인 실질 GDI 또는 실질 GNI로 전환하기 위해서는 교역조건(수출입가격)의 변화에 따른 실질소득의 국외유출 또는 국외유입을 포함하는 교역조건에 따른 무역손익을 반영해야 한다. 따라서 실질 GNI는 실질소득 변화에 민감한 체감경기를 실질 GDP보다 잘 반영하게 된다. GDP와 GNI의 관계를 2016년과 2017년, 2018년 1/4분기 소득계정을 중심으로 살펴본다. 지난 2014~2015년과 비교해보면, 실질국외순수취요소소득이 현저하게 줄어들고 있음을 보여주고 있는데, 이는 아마도 외국인투자에 대한 배당증가를 반영하는 듯하다. 또한 교역조건에 따른 실질무역 손익이 크게 증대되고 있어 실질 GNI 증가에 기여하고 있는 것으로 추정된다. 수출부문이 국민들의 실질소득 증대에 상당한 정도 기여하고 있음을 시사하고 있다.

| 표 1-2 | 우리나라의 실질GDP, GDI (GNI)

(단위: 조원, %)

	2016 (1/4)	2016 (4/4)	2017 (1/4)	2017 (4/4)	2018 (1/4)
실질 국민총소득 실질 GNI	394.2 (3.3)	394.6 (0.8)	403.6 (2.3)	406.2 (−1.2)	411.3 (1.3)
실질 국외순수취요소소득	0.8	0.4	0.5	0.9	−1.3
실질 국내총소득 실질 GDI	393.3 (3.0)	394.2 (1.0)	403.1 (2.3)	405.2 (−1.3)	412.5 (1.8)
교역조건에 따른 실질 무역손익	19.6	13.3	18.4	13.5	16.9
실질 GDP	373.7 (0.6)	381.0 (0.7)	384.7 (1.0)	391.7 (−0.2)	395.6 (1.0)

1) 실질 국민총생산(GNI) = 실질 국내총소득(GDI) + 실질 국외순수취요소소득
2) 실질 국내총소득(GDI) = 실질 국내총생산(GDP) + 교역조건 변화에 따른 실질 무역손익
3) ( ) 내는 계절조정계열 전기대비 증감률
자료: 한국은행

》 우리나라의 교역조건

수출입가격의 비율로 나타내지는 순상품교역조건(수출물가지수/수입물가지수)은 금융위기(2008년) 이후 지속적으로 하락되다가 2014년을 기점으로 하락세에서 상승세로 반등되고 있음을 보여주고 있다. 소득교역조건(수출금액지수/수입가격지수)도 동반 상승하는 추세를 보여주고 있다. 교역조건의 상승은 <표 1-2>에서 보는 바와 같이 교역조건에 따른 실질 무역손익에 반영되고 있다. 2014년도에는 무역손익이 마이너스 였는데 2014년 이후부터 증가되고 있다. <표 1-2>에서 보듯이 2018년 1/4분기에서 교역조건에 따른 무역손익은 증가추세인데 국외순수취요소소득은 -1.3조원이 누출되어 우리나라 국민소득(GNI)에 영향을 끼치고 있다.

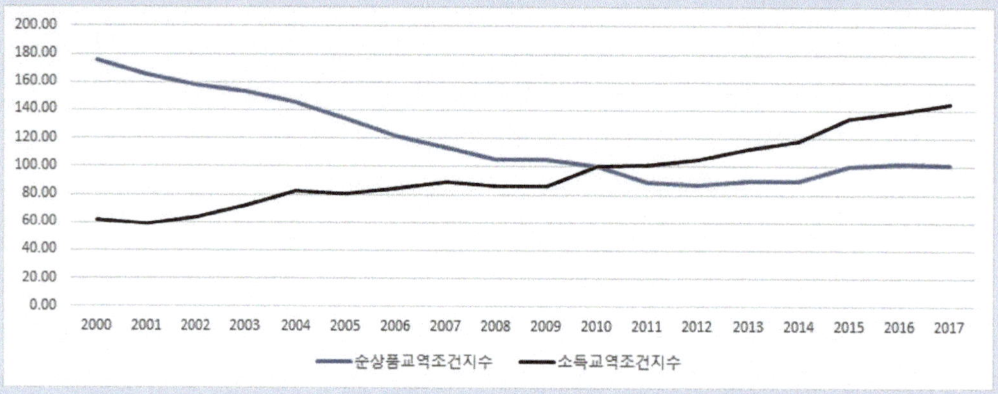

자료: 한국은행

우리나라의 최근 실질 GNI 추이

[그림 1-2]는 우리나라의 실질 GDP 및 GNI 성장률을 보여주고 있다. 십년단위구간별로 보면 2010년대 이전에는 GNI 증가율이 실질 GDP 증가율보다 낮았다. 1990년대의 평균 GDP성장률과 GNI 평균성장률이 각각 7.1%와 6.4%였으며, 2000년대에는 4.7%와 3.9%로 GDP 성장률이 상대적으로 높았다. 그러나 2010~2017년에는 평균 GDP성장율 3.4%, 평균 GNI성장률이 4.0%로 GNI 성장률이 GDP 성장률보다 높게 나타났다. 2010년대 이전에는 GDP 증가율이 GNI 증가율보다 높아 국민들이 느끼는 체감경기는 성장률에 미치지 못하였음을 나타낸다. 2010년대 이후에는 평균 GNI 성장률이 GDP성장률보다 높아 실질국민소득 증가율이 증대되었음을 시사한다. 실질 GNI 증가율이 실질 경제성장률(보통 GDP 기준으로 발표됨)이 낮다는 것은 대외교

역조건[2]의 악화나 해외순수취소요소득에서 마이너스(대외적자)임을 반영하고 있다. 즉, 우리가 수출하는 물건은 싸게 파는 반면에 우리가 수입해오는 물건은 비싸게 수입해온다는 것이다. 또한 우리가 해외에서 벌어들이는 소득(근로소득 및 해외투자소득)보다 해외로 나가는 소득이 더 많아 국부유출이 되고 있음을 시사한다. 주로 교역조건이 악화될 때 GNI증가율이 GDP증가율에 미치지 못한다. 교역조건의 악화는 실질무역손실을 초래하고 그만큼 국민들의 소득수준을 감소시킨다. 우리나라가 경상수지 흑자를 누리던 1980년대 중반(올림픽 전후)을 보면 그땐 GNI 증가율이 GDP 증가율보다 높아 국민들이 느끼는 체감경제 성장률이 높았음을 보여준다. 그러나 이 시기에 소득불평등이 심화되어 국민들의 실질소득이 체감하지 못하였다. GDP나 GNI는 총량적인 지표로 분배 상태를 반영하지는 못한다. 분배생태를 나타내는 다른 지표(예: 지니계수, 노동소득분배율, 소득5분위배율 지수 등)을 살펴봐야 한다.

이렇듯이 한 나라의 총생산도 중요하지만 실질적으로 국민들이 소비할 수 있는 실질 국민소득(GNI)도 중요한 거시경제 지표이다.

[그림 1-2] 우리나라의 GDP와 GNI증가율 비교

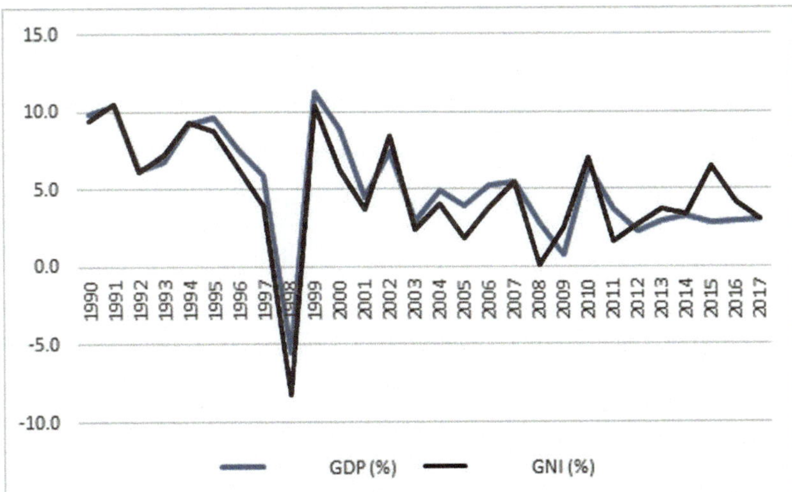

2) 교역조건은 순상품교역조건과 소득교역조건이 있으며, 일반적으로 교역조건은 순상품교역조건을 의미하며, 당년도의 수출가격지수를 수입가격지수로 나누고 그 값을 지수로 표시하는 것이다. 즉, 순상품교역조건(terms of trade: tot) = (수출물가지수/수입물가지수)×100으로 표시됨.

전년동기대비 vs 전기대비의 차이점은?

통계표를 보다 보면 전년동기대비와 전기대비란 표현이 자주 등장하는데 그 차이점은 무엇인가? 예를 들면, 2010년 1/4분기의 성장률을 비교하는데 비교시점을 2009년 1/4분기와 비교하여 2010년의 1/4분기를 비교하는 것은 전년동기대비이다. 이는 계절요인 등 같은 조건에서 비교할 수 있는 장점이 있다. 또한 1년전과 비교하여 현재의 경제회복 수준(정도)를 파악할 수 있다. 반면에 전기대비 증가율은 2010년 1/4분기를 바로 전기인 2009년 4/4분기와 비교하여 증가율을 파악하는 것이다. 이는 바로 전기와 현재를 비교하여 경기회복의 속도를 파악할 수 있다. 전기와 비교하여 성장률이 플러스(+)로 증가하였다면 회복속도 빠름을 보여준다. 하지만 어느 정도 빠른지에 대한 정보를 알려면 전년동기 대비의 증가치를 보면 더 자세한 정보를 알 수 있다.

3. 잠재적 산출량(potential GDP)

잠재산출량이란 완전고용수준에 해당하는 산출을 뜻한다. 즉, 잠재산출량은 안정적인 물가수준을 유지하면서 일국의 자원을 이용하여 생산할 수 있는 최대의 생산량(경제적 의미의 효율적인 최대생산량)을 의미한다. 최근에 완전고용이란 표현 대신에 **자연실업률(natural rate of unemployment)**을 더 많이 사용한다. 완전고용이란 정태적인 노동시장의 균형을 반영하는 반면에 자연실업률은 노동시장의 동태적인 조건을 강조하여 노동시장이 균형을 이룰 때의 실업률이다. 그리고 그때의 산출량 수준은 흔히 **자연산출량(natural product)**이라고 불린다. 잠재산출량은 중요한 의미를 내포하고 있다. 잠재산출량은 일국의 총공급능력(production capacity)을 나타내므로 수요가 그 이상으로 증가하면 이는 인플레이션 압력으로 나타날 것이다. 따라서 실제생산과 잠재산출량과의 갭은 거시경제에 중요한 신호를 준다. 잠재적 산출량은 거시경제학에서 중요한 정보를 제공해 준다. 잠재적 성장률이라든가, GDP 갭의 개념도 잠재적 산출량에 기초하고 있다.

우리나라의 잠재성장률은 고도성장기인 1970~1990년대에는 9% 대를 유지하다가 1997년 외환위기 이후에 6~7%로 낮아졌다. 2000년대 이후의 우리나라의 잠재성장률은 4~5%대를 이루다가 2010년 이후에는 3%로 급격히 낮아지고 있다. 한국개발연구원의 추정에 의하면 한국의 잠재성장률은 2000~2005년간에 연평균 4.5%, 2006

~2010년 4.0%를 보였다. 최근 한국은행의 발표[3](2016. 1)에 따르면 2001~2005년 4.8~5.2%였던 우리 경제의 잠재성장률이 2011~2014년 3.2~3.4%로 낮아졌고 2015~2018년에는 3.0~3.2%에 그칠 것으로 전망했다.

잠재성장률에 많은 영향을 끼치는 인구가 2017년 부터는 생산가능인구가 감소됨에 따라 잠재성장률도 하락할 것으로 예상된다. 향후 2020년 이후에는 잠재성장률이 2% 이하로 떨어질 경우 일자리 창출 및 세수 감소로 복지재정 지출 등에 많은 애로요인이 발생할 것이다. 인구감소로 인한 노동기여도가 마이너스인 점을 감안하면 생산성 증대를 통하여 잠재성장률을 높여야 할 것이다.

| 표 1-3 | 우리나라의 잠재성장률 추정

구 분	잠재성장률	총요소생산성 기여	생산요소기여	자본기여	노동기여
2016-2020	3.4	1.5	1.92	1.38	0.54
2021-2025	3.0	1.2	1.76	1.31	0.45
2026-2030	2.5	1.2	1.25	1.26	-0.01
2031-2035	2.2	1.2	0.98	1.14	-0.15
2036-2040	2.1	1.2	0.86	1.04	-0.18
2041-2045	1.8	1.2	0.61	0.91	-0.30
2046-2050	1.5	1.2	0.33	0.79	-0.46

자료: 국회예산정책처, 『2016-2050 장기재정전망 및 분석』, 2012.

4. Green GDP

경제성장은 환경을 파괴시키는 부작용을 수반한다. 지구는 산업혁명 이래 성장 일변도의 정책을 추진한 결과 이제는 지구환경이 심각한 상황에 놓여 있다는 것이 과학자들의 주장이다. 지금 어떤 조치를 취하지 않는다면 앞으로 지구의 자연환경은 돌이킬 수 없는 위기상황에 처할 수 있다는 인식하에 환경을 성장과 같이 고려하는 **지속가능한 경제성장**(sustainable economic growth)을 정책의 목표로 하고 있다.

환경에 관련된 사항을 GDP 계정에 포함시켜 성장과 환경을 종합적으로 관찰하고 그에 따른 대책을 마련해야 한다. 이런 취지에서 1993년 UN이 경제활동과 환경 간의 상호관계를 체계적으로 분석하기 위한 환경·경제통합계정(system of integrated environmental and economic accounts, SEEA)을 도입하였다. 환경계정은 기존의 국민

3) 강환구, "우리경제의 성장잠재력 추정결과", 한국은행 조사국, 2016.1.6.

경제 편제 대상이 시장에서 거래되는 경제적 자산에만 국한하여 환경오염이나 자원고갈 등으로 인한 경제사회적 비용을 제대로 반영하지 못하는 한계를 보완하기 위한 조치이다. 산림, 지하자원과 같은 자연자산이나 물, 공기와 같이 환경자산도 경제자산과 마찬가지로 재화 및 서비스 생산에 이용되므로 기초, 기말 스톡과 기간 중 변동분을 국민계정구조의 형식에 따라 반영하도록 하고 있다. 그러나 환경계정이 편제되려면 자연자산의 스톡, 환경오염 물질 배출량 자료 등 기초통계 축적이 시급하고, 사회적 환경손실분에 대한 화폐가치 평가기법 등이 정립되어야 하는 문제 등이 있다.

5. 행복(well-being) GDP의 대용: 국민행복지수[4]

GDP가 갖는 또 다른 한계점으로는 소득은 증대되지만, 국민의 삶의 질이 반듯이 비례적으로 증대되는 것은 아니다. 소득과 경제활동이 증대되면서 환경오염(공기오염, 수질오염), 환경오염으로 인한 질병증대, 시장경쟁에서 오는 스트레스 증가, 금전만능주의로 인한 전통적인 가치관이 파괴되어 정신적인 혼란이나 도덕적 타락 등 비금전적인 부분들이 훼손되는 경우도 많다. 일반적으로 GDP 증가가 국민들의 행복수준을 반영해주지는 않는다.[5] 이런 문제점을 보완하기 위하여 주거환경, 소득, 일자리, 공동체 생활, 교육, 환경, 정치참여, 건강, 삶의 만족도, 치안, 일과 삶의 균형 등에 일정한 점수를 매겨 도출한 **국민행복지수**가 있다.

UN에서 발표되는 세계행복보고서에 따르면,[6] 북구 유럽국가들이 항상 상위권을 차지하고 있다. 최근 자료(2018년 발표)에 따르면 핀란드가 1위를 차지했으며, 노르웨이 2위, 덴마크 3위 (지난 수년간 덴마크가 1위였음), 아일란드 4위 , 스위스가 5위를 차지하고 있다. 아메리카 대륙에서는 복지가 잘 되어있는 캐나다가 7위, 미국은 18위를 나타내고 있다. 유럽 지역은 독일이 15위, 영국이 19위, 프랑스가 23위를 차지하고 있다. 아시아 지역에선 대만이 26위, 일본 54위, 한국은 57위를 차지하고 있다. 우리나라의 지난 2010~2012년에는 156개 국가 중에 41위를 차지하였는데, 현재는 57위를 나타내고 있어 국민들의 행복도는 다른 국가에 비하여 상대적으로 떨어졌다. 아마도 최근에 심화되고 있는 소득양극화 현상, 청년들의 고용문제, 정치적 실망 등 복합적인 요소들이 반영된 것으로 추정된다.

---

4) 이윤재 외 (2015), 『기독경제학개론』의 제12장에 소개된 내용을 요약 정리한 것임.

5) 부탄은 세계 최초로 GDP대신에 **국민총행복(Gross National Happiness)**을 도입하여 발표하고 있으면, GDP수준으로는 매우 낮은 수준이지만 그들이 느끼는 행복감은 높은 것으로 알려졌다.

6) UN. *World Happiness Report* 2018.

기초생활수준이 일정수준에 도달되면 국민들이 느끼는 행복감은 공동체의 상황(안정된 고용, 개인의 자유와 안전, 높은 수준의 신뢰, 견고한 공동체 등)과 개인적인 상황(건강, 가치관 등)에 의하여 더 많은 영향을 받는다. 유엔의 보고서에 따르면, 행복지수는 소득, 사회적 부조(social support), 건강 및 기대수명, 자유도, 사회의 관용도, 부정부패 정도 등에 의하여 통계적으로 정의 상관관계가 있음을 보여주고 있다([그림 1-3] 참조). [그림 1-3]에서 보듯이 GDP 증가와 행복 간에는 언제나 정(+)의 상관관계가 있는 것이 아님을 알 수 있다.[7] 최근 몇몇 학자들의 연구에 따르면, 미국, 영국, 벨기에, 일본 등에서 1인당 소득이 최근에 크게 상승되었음에도 불구하고 국민들의 행복수준은 정체되거나 심지어는 하락되는 현상을 보여주고 있다. [그림 1-3]은 미국의 경우인데 최근에 행복수준이 오히려 하락되고 있음을 나타낸다.

[그림 1-3] 국민평균 행복감과 국민소득과의 관계(미국)

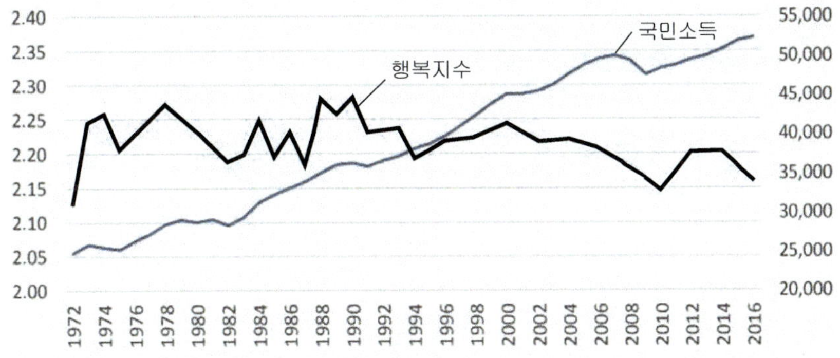

자료: UN, *World Happiness Report* 2018.

유엔의 행복지수를 살펴보면, 대체적으로 아시아 지역이 다른 지역에 비하여 행복도가 낮음을 알 수 있다. 소득수준이 아시아와 비슷한 남미의 경우엔 행복감이 더 높은 것으로 나타나, 국민성과도 관련이 있는 듯하다(〈표 1-4〉 참조). 또한 유럽지역에 비하여 아프리카, 남미, 아시아 지역에서 행복지수의 표준편차가 크게 나타나고 있어서 행복수준에 대한 양극화가 심화되고 있음을 나타낸다.

---

7) 행복도가 소득과 비례하는 하는 것이 아니라는 것을 주창한 경제학자 Richard Easterlin의 이름을 따서 **'이스털역설(Easterlin paradox)'**이라고 함. 주관적인 행복감은 절대적인 소득의 크기 보다는 상대적인 소득 (사회적인 지위에 영향을 받는 것)에 더 의존된다는 것을 시사함.

| 표 1-4 | 지역별 세계 행복지수 비교

지역별	행복지수	1. 핀란드	7.63
World	5.24 (2.29)	2. 노르웨이	7.59
North America	6.96 (1.91)	3. 덴마크	7.55
Western Europe	6.64 (1.81)	18. 미국	6.88
Latin America	6.19 (2.44)	11. 이스라엘	7.19
south East Asia	5.28 (2.27)	15. 독일	6.91
Eastern Europe	5.84 (2.05)	24. 멕시코	6.49
East Asia	5.34 (2.11)	26. 대만	6.44
South Asia	4.36 (1.93)	34. 싱가포르	6.34
North Africa	5.00 (2.47)	35. 말레시아	6.32
		54. 일본.	5.92
		57. 한국	5.87

2015~2017 평균치이며 ( ) 은 표준편차임.
행복지수 : 인당 GDP+social support+기대수명+선택자유+generousity+부패정도를 1~10 점수화, 숫자 클수록 happier

자료: *World Happiness Report*, UN. 2018.

1.2 총생산 측정관련 이슈

1. 지하경제의 규모는?

지하경제란 공식적으로 집계되지 않는 일체의 경제활동을 의미한다. 지하경제는 뇌물수수, 불법 정치자금 수수, 매춘, 도박, 밀수, 모조품 제조, 약물제조, 도난물품 거래 등을 포함한다. 지하경제는 불법행위도 있지만 조세회피나 탈세, 자영업자의 매출누락, 허위 매출전표 작성, 각종 무자료거래, 영화, 음반 등 불법 다운로드 등도 지하경제의 일부이다. 지하경제는 은밀하게 거래가 이루어져 추정이 힘들다. 따라서 지하경제는 현실적으로 GDP에 포함되지 않아서 실제 경제활동을 왜곡시키는 요인으로 작용한다.

한국의 지하경제 규모는 추정방법이나 시기에 따라 다르게 추정되고 있지만, 여전히 선진국에 비하여 높은 수준으로 알려졌다. 국내 지하경제 규모는 얼마나 될까. 정확한 통계의 산출이 어려운 지하경제의 특성상 수치가 들쭉날쭉하지만 대체적으로 국내총생산(GDP)의 20~30%에 이르는 것으로 알려져 있다. 국제통화기금(IMF)이 최근 발간한 '전세계 지하경제: 지난 20년간의 교훈' 조사보고서에 따르면 한국의 국내총생산(GDP) 대비 지하경제 규모는 2015년 기준 19.83%로 추정됐다. 1991년부터 2015년까지 다중지표다중요인 모형(오스트리아 슈나이더 박사)을 이용해 전세계 158개국의 연도별 지하경제 규모를 추산한 결과다. 한국은 1991년도의 34.5%에서 2015년도엔 27.8% 상당히 축소되었다. 한국의 지하경제 축소는 세계 평균 속도보다 빠른 특징이 있다. 그러나 아직도 한국의 지하경제 규모는 선진국은 물론이고 아시아의 주요 국가보다도 높다. 미국(7%), 영국(8.3%), 독일(7.75%), 네덜란드(7.8%), 캐나다(9.4%), 호주(8.1%), 일본(8.2%), 싱가포르(9.2%), 베트남(14.8%), 중국(12.1%), 홍콩(12.4%) 등으로 아직도 우리나라의 지하경제 규모가 큰 편이다.[8)]

지하경제는 세금탈루와 밀접한 관계가 있다. 매출을 누락시켜 세금을 포탈한다. 사설경마, 인터넷도박, 사설카지노 등 국가의 허가 없이 운영되고 있는 불법도박 등이 대표적이다. 이 외에도 대표적인 지하경제 업종으로 고리대금업 및 사금융, 가짜명품 판매업종, 성매매, 차명재산, 밀수 및 외환사범, 가짜석유 등이 있다. 경제의 투명화를 통하여 지하경제 규모는 줄여야 할 것이고, 그래야 선진국에 진입할 수 있다.

》 밀수 도박은 GDP에 포함되고 전업주부 가사노동은 포함되지 않음

재화의 경우 시장에서 거래되는 물건뿐만 아니라 생산자 자신이 쓰기 위해 만든 물건이나 판매를 목적으로 하지 않고 만든 물건도 GDP에 포함시킨다. 서비스의 경우 소비자에게 제공되는 모든 서비스는 GDP에 포함된다. 그러나 식사, 음주, 수면, 운동 등 자신이 스스로 하는 기본적인 활동은 서비스에 포함되지 않는다. 아이돌보기, 간호, 음식준비 등 다른 사람을 위하여 제공되는 서비스는 생산에 포함된다. 이런 기준에서 전업주부의 가사노동은 GDP의 통계에서 제외된다.

GDP 통계에서 합법적인 행위인지 불법적인 행위인지는 구분하지 않는다. UN이 정한 국내생산(GDP) 통계 작성시 밀수, 매춘 등 불법적인 경제활동도 생산활동이므로 GDP에 포함시키도록 권고하고 있다. 또한 조세 회피 등 고의로 숨기는 지하경제도 GDP에 포함하고 있다. 그러나 현실적으로 통계파악이 어렵기 때문에 거의 모든 나라가 반영시키지 않고 있다.

2. 고용과 생산의 괴리: 고용없는 성장(jobless growth)

케인즈 이론에서는 국민소득(생산)의 증가는 고용증가로 여겼다. 통화량공급 증대나 정부지출의 확대가 산출을 증대시킬 경우 고용이 증가되는 것은 당연시 되었다. 그리고 이러한 관계는 대체로 잘 유지되어 왔다. 그러나 최근 기술이 발달하고 기업의 해외이전 등으로 국내 고용창출 효과는 점차 하락하는 현상을 보여 일자리 창출에 비상이 걸렸다. 이런 현상은 특히 1990년대 정보통신기술 혁명과 지구촌 시대를 맞이하여

8) 신문기사 참조하여 정리함.
http://www.yonhapnews.co.kr/bulletin/2018/02/11/0200000000AKR20180211062800002.HTML

글로벌화가 빠르게 진척되면서 가속화되었다. 기업은 전 세계를 상대로 기업환경이 가장 유리한 지역으로 이전하여 자칫 국내산업의 공동화 현상이 우려되고 있다. 이로 인해 산출량과 고용 간의 관계가 과거와 같이 긴밀한 관계를 보여주지 못하고 있다. 즉, 산출량은 증대되었는데 그 산업에서의 고용은 증대되지 않는 괴리(乖離)현상이 나타나는 것이다.

특히 신기술이 발명되면서 기술이 고용에 미치는 효과는 이중적이다. 기술의 발달로 공장자동화나 로봇의 도입으로 노동력을 대체시켜 노동에 대한 수요를 감소시키는 요인이 있다. 미래학자인 브린욜프슨[9]은 미래에는 로봇이 상당한 노동력을 대체하여 중간기술의 일자리의 상당부분이 사라질 것이라 경고하고 있다. 고급기술이나 전문직 종사자와 육체노동으로 하는 하위기술(노동집약적 기술)만 남고 중간기술의 대부분은 기계(로봇)로 대체될 것이라 예고하고 있다.[10]

반면에 기술의 발달로 그 전에 없던 새로운 상품이나 서비스를 창출하여 새로운 일자리를 창출하는 효과도 있다. 예를 들면, 스마트폰의 발달로 스마트폰에 활용되는 수많은 앱(App) 프로그램들이 등장하고 있어 소프트웨어 프로그래머들에 대한 수요가 증가되고 있다. 리프킨(Rifkin, J)은 그의 저서(*The End of Work*, 1994, 국내에도『노동의 종말』이란 이름으로 번역됨)에서 새로운 기술로 말미암아 해마다 수백만개의 일자리가 없어지고 있으며(물론 기술발달로 인한 새로운 형태의 일자리도 탄생되고 있음) 점차 일자리 없어지는 속도가 빨라지고 광범위하게 퍼지고 있어 종국엔 노동력을 상실케 되는 사회가 도래할 것이라 경고하고 있다.

1.3 물가지수

1. 물가지수 종류

물가지수는 경제안정 상태를 반영하는 체온계 같은 역할을 한다. 물가가 높다는 것은 구매하려는 세력이 공급하려는 세력보다 크다는 것을 의미하여 경기가 호황국면임을 나타낸다. 그런데 물가지수는 한 나라 전체를 대표할 수 있는 집계된 물가변수이다. 따라서 어떤 품목은 상당히 올라갔음에도 불구하고 지표상으로는 거의 반영되지 못하는 경

9) Brynjolfsson, E., and A. McAfee, *Race Against the Machine*, 정지훈 · 류현정(역), 기계와의 경쟁, 퇴움, 2013. 참조할 것.

10) 최근 로봇의 도입으로 하위기술(노동집약적)도 모두 대체될 것이란 음울한 전망이 제기되고 있다.

우가 있다. 이것이 지표상의 물가지수와 사람들이 느끼는 체감물가지수와 차이점을 나타낸다. 거시경제에서 다루는 집계물가지수는 모든 거래를 다 반영할 수 없는 현실성 때문에 경제생활에서 차지하는 중요도에 따라 대표품목을 선정하여 평균화된 종합적인 가격수준을 나타낸다. 물가의 움직임을 알기 쉽게 나타내기 위하여 기준년도를 100으로 하여 지수로 나타낸다.

주요한 물가지수로는 소비자의 소비생활을 반영하는 **소비자물가지수(Consumer Price Index: CPI)**, 생산자의 국내시장 출하단계의 재화 및 서비스의 평균가격인 **생산자물가지수(Producer Price Index: PPI), GDP deflator**가 있다. GDP 디플레이터는 일국의 총재화 및 서비스에 대한 종합적인 총체적 평균물가지수를 나타낸다. 그 외에도 수출입상품의 가격동향을 반영하는 **수출입물가지수(Export and Import Price Indexes), 농가의 생산물 판매가격, 농가판매구입지수** 등이 있다.

[그림 1-4]는 우리나라의 대표적인 물가지수인 소비자물가 상승률을 1970~2016년간 추이를 보여주고 있다. 전체적으로 1970년대에는 전 세계적인 스태그플레이션과 두 차례에 걸쳐 일어난 오일쇼크 등으로 인플레이션율이 상당히 높았던 것을 보여주고 있다. 1980년대 이후에 인플레이션율이 떨어져 물가안정을 이루었다. 1998년 외환위기를 겪으면서 디플레이션으로 물가가 하락하는 경향을 보였다. 특히 2008년도

[그림 1-4] 우리나라의 소비자물가 상승률 추이

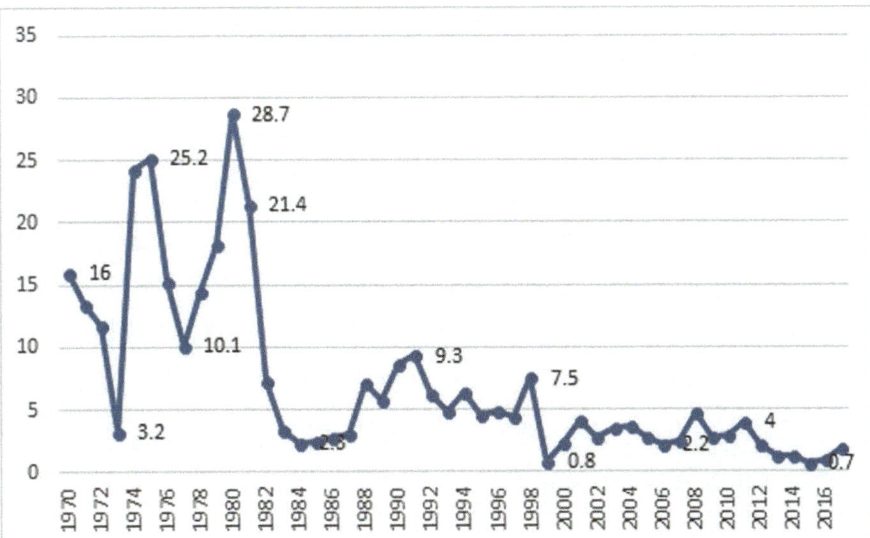

금융위기 이후에 세계적인 불경기로 물가는 지속적으로 낮아져 불황을 겪고 있다. 일본은 장기간 불황을 겪으면서 디플레이션으로부터 탈출을 시도하여 정책적으로 인플레이션율을 높이는 전략을 구사하고 있다. 1970~1980년대의 심각한 인플레이션으로 당시의 세계경제의 관심사는 어떻게 하면 인플레이션율을 낮추는가였다. 그런데 이제는 장기간 인플이션율이 낮아져 인플레이션율을 높이는 정책 목표를 세우고 있다. 장기간 인플레이션율이 낮아지면 기업은 매출감소와 이윤저하로 생산을 감축하는 과정에서 대량의 실업을 발생시킨다.

》디플레이션 우려?

1970년대는 높은 인플레이션으로 어떻게 하면 인플레이션율을 낮출 것인가가 세계경제의 초미의 관심사였다. 그런데 2008년 금융위기 이후엔 각국은 디플레이션을 우려하고 있어 인플레이션율을 2% 가량 높이려고 통화를 증대시키고 있다. 일본의 아베노믹스가 대표적인 사례이다.

최근 우리나라의 인플레이션율도 1%대를 유지하고 있어 저물가가 고착되는 것이 아닌가 하는 우려를 낳고 있다.[11] 한국은행의 자료에 따르면 2000년대 우리나라의 인플레이션율은 3% 내외에서 2011년도 이후에는 2%대로 하락한 것으로 나타나고 있음을 보고하고 있다. 한국은행은 물가안정목표로 2.5~3.5%로 잡고 있었는데, 금융위기 이후에는 인플레이션 추세치(일종의 기대인플레이션율)가 2%대로 하락한 것으로 보고 있다.

최근 경제구조의 변화(산업구조 변화 및 고령화의 가속으로 인한 인구구조 변화 등) 및 경제 개방도가 확대됨에 따라 물가도 하락 압력이 작용하고 있을 나타낸다.

2. 왜 장바구니 물가와 발표된 물가지수 간에 괴리가 생기나?

정부가 발표하는 물가지표와 시장에서 구입하는 물가 간에 괴리가 발생하는 경우가 많다. 소비자들이 느끼는 물가지수는 **소비자물가지수(CPI)** 인데 지수작성법에 기인한다. 소비자물가지수는 현재는 2015년을 기준(100)으로 하여 서울을 비롯한 38개 도시를 대상으로 조사하여 지수를 작성한다. 조사대상 품목은 가계동향조사 결과 나타난 조사항목별 월평균 소비지출액이 총소비지출의 1/10,000 이상인 460개 품목이다. 가계의 월평균 소비지출 구조를 보면 교육비 및 통신비의 비중은 커지고 식료품비, 비주류 음료와 주거 및 수도·광열비의 비중은 줄어드는 추세이다. 개인 및 가계의 소득수준에 따라 소비하는 품목이 달라 소비자들이 느끼는 물가는 주관적으로 다르게 느

11) 매일경제신문 (2015. 7. 31) 기사 참조.

껴진다. 또한 생활수준의 향상이나 소득증가로 인한 소비의 고급화 지출을 물가상승으로 착각하는 경향도 있다. 예를 들면 최신 스마트폰의 구입에 따른 소비지출의 증가를 통신비의 상승으로 착각하기도 한다. 동일한 소비지출이라도 소득계층에 따른 물가체감이 다르게 나타난다. 물가통계의 신뢰도와 활용도를 높이기 위해 소득계층별 물가지수를 작성해야 한다는 주장도 제기되고 있다. 일본은 전 세대를 소득에 따라 5구간으로 나누고 각각 다른 가중치를 적용한 물가지수를 발표하고 있다.

3. 근원인플레이션(Core Inflation)

근원인플레이션은 소비자 물가변동 중 일시적, 단기적 변동요인에 의해 변하는 부분과 자연충격에 의해 변동되는 부분을 제외하고 통화정책에 영향을 주는 부분만을 분리하여 작성된다. 미국, 영국, 뉴질랜드 등 10여 개국에서는 일찍이 근원인플레이션 개념을 도입해 물가를 관리하고 있는데 우리나라는 한국은행이 작성하고 있다. 우리나라에서는 곡물을 뺀 농산물과 석유류제품을 제외하고 작성된 물가상승률을 근원인플레이션으로 삼고 있다. 근원인플레이션은 통화량, 금리 등 금융변수와 안정적인 상관관계를 가지고 있다. 물가안정기에는 근원인플레이션률과 소비자물가상승률과 큰 차이가 없으나 일시적인 충격으로 물가가 전반적으로 불안한 모습을 보일 때는 근원인플레이션이 소비자물가상승률을 밑도는 경향이 있다. 우리나라는 대체적으로 소비자물가상승률이 근원물가상승률보다 높았다. 이는 가격변동이 큰 농수산물이나 원유에 대한 영향이 줄어든 탓도 있다.

[그림 1-5] 근원물가와 소비자물가 상승률

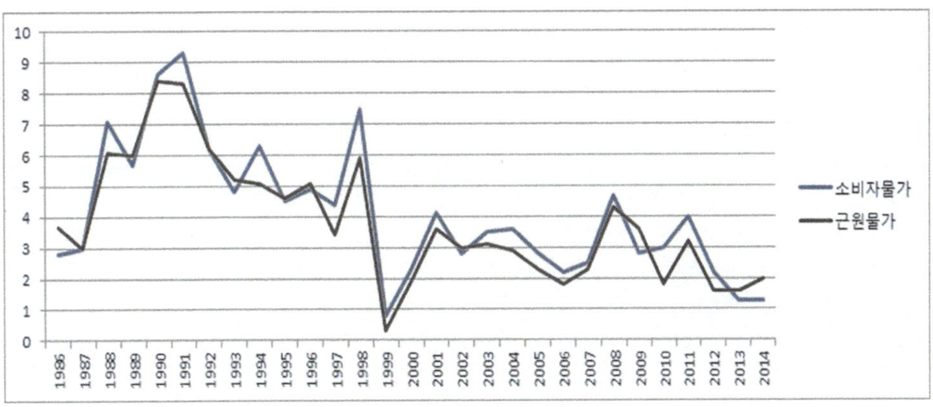

1.4 국제수지

국제수지는 한 나라가 해외의 다른 나라와 일정기간 동안(통상 1년 단위) 거래한 모든 경상거래를 복식부기의 원리에 의하여 체계적으로 기록한 것이다. 기본적으로 유량(flow)개념으로 측정되는데, 국제수지를 이루고 있는 주요 구성항목은 **경상수지**와 **자본수지**로 구성된다(보다 자세한 내용은 제6장 참조). 경상수지는 다시 **상품수지**, **서비스수지**, **소득수지** 및 **경상이전거래**로 나눠진다. 국제수지 항목 중에 국민경제와 긴밀한 관련을 맺고 있는 부분이 경상수지를 나타내는 경상계정이다. GDP의 주요한 구성항목의 하나인 순수출(수출−수입)의 주요 항목이 상품 및 서비스 수지로 나타내진다. 우리나라는 1997년 외환위기 이전에는 만성적인 경상수지 적자였으나, 그 후에는 경상수지 흑자를 누리고 있다. 1997년말 외환위기 발생 전에 우리나라의 경상수지 적자는 급증하였다. 경상수지 적자규모는 1994년 −40.2억$, 1995년 −86.6억$, 1996년 −231.2억$, 1997년 −82.8억$로 급증하여 우리나라의 대외신용도가 급격히 떨어졌다. 1998년도엔 불황형 흑자로 403.7억$였으며, 그 후 지속적인 경상수지 흑자를 누렸다. 최근 2012년 508억$, 2013년 811억$, 2014년도엔 843억$ 2015년도엔 1059억$, 2016년 992억$, 2017년 784억$을 기록했다. 금년(2018년)은 750억$의 경상수지 흑자를 예상하고 있다. 이는 GDP 대비 4%대로 추정되고 있다. 지난 2015년 GDP 대비 경상수지 흑자비율이 7.7%, 2016년 7%, 2017년 5.1%였던 것에 비하면 점차 경상수지 흑자 규모가 줄어들고 있다.

》미국과 중국 간의 무역불균형에 대한 측정상의 오류?

미국의 월스트리트저널 인터넷판에서 2010년 12월 16일 아시아개발은행(ADBI)의 보고서를 인용 보도했다. 현재의 수출입통계는 완성품이 만들어진 제조국가를 기준으로 작성되고 있는데, 이것이 통계상의 심각한 오류를 일으킨다는 것이다. 아이폰의 사례를 예를 들고 있다. 아이폰의 디자인, 중간부품 생산・조립 등에 관계없이 최종적으로 조립되는 곳을 기준으로 전체금액(부가가치 포함)이 무역통계로 잡히기 때문이다. 아이폰은 최종적으로 중국에서 조립되어 미국으로 수출되는데, 전체 금액이 중국의 수출액으로 미국의 수입액으로 잡히고 있다. 그런데 좀더 자세히 들여다보면, 여기에 허상이 있다.

중국에서 조립되는 아이폰은 단순히 조립되는 임가공 인건비 정도만 부가가치로 남는다. 핵심부품과 디자인은 미국, 독일, 일본, 한국에서 조달된다. 아이폰 한개 당 가격이 179달러인데 중국이 차지하는 부가가치는 전체 가격의 3.6%인 6.5달러에 지나지 않는데 전체 금액인 179달러가 중국의 수출액으로 잡히고 미국은 179달러 수입으로 잡혀 통계상 착시가 나타난다는 것이다. 2009년도에 미국에 판매된 아이폰은 1,130만대이며, 중국은 20억 2,000만 달러의 대미수출로 기록되고 있으나, 중국이 벌어들인 실제 부가가치는 7,350만 달러에 해당하는 금액만큼만 미국에 수출한 셈이다.

총체적으로 계산하면 중국은 아이폰 제품에서 적자를 기록했다. 미국에 수출하기 위하여 미국에서 수입한 부품값 1억 2,150만 달러를 합산하면 중국은 오히려 4,810만달러 적자를 본 셈이다. 이렇게 따지면 아이폰으로 가장 큰 대미 흑자를 누린 곳은 일본으로 2009년 5억 6,300만 달러의 흑자를 기록했고, 독일이 2억 1,900만 달러, 반도체 및 액정화면을 수출한 한국은 1억 3,800만 달러로 세번째 흑자를 기록한 국가이다. 아이폰 1대당 생산원가의 구성비를 국가별로 보면, 일본(부품) 34%, 독일 17%, 한국 13%, 미국 6%, 중국 3.6%, 기타 27%로 구성된다. 이렇듯이 부가가치를 기준으로 무역통계를 조정하면 미국이 대중국 무역적자는 절반으로 줄어들 것이라고 예측했다.

(조선일보, 2010. 12. 17일자 기사를 재정리함)

제2절 대공황

미국경제는 1920년대 중반부터 호황기에 접어들었으며 주가가 큰 폭으로 상승되는 추세에 있었다. 임금도 상승하고 생산도 증가되고 주식시장도 상승장이고 모든 것이 좋았다. 사람들은 빨리 부자가 되고 싶어 했으며 때 마침 불어닥친 플로리다 지역을 중심으로 한 부동산 투기가 붐을 이루었다. 부동산의 투기 붐이 1927년 경에는 주식시장으로 옮겨갔다. 정부가 미적거리는 동안 투기 붐은 계속되었으며 드디어 1929년 10월 24일(목요일) 대폭락의 첫 날이었다. 그 후 주가는 폭락장 그 자체였다. 단적인 예로 '아메리칸 파운더스' 투신사의 주식은 1929년 9월에 117 달러 하던 주가가 50센트 전후로 까지 떨어졌다. 주가 폭락으로 미국의 수많은 기업이 파산했으며, 그로 인해 엄청난 실업자들이 거리로 쏟아져 나왔으며 은행의 예금을 인출하려고 은행 문을 열기도 전에 장사진을 쳤다. 주가폭락으로 미국의 경기는 깊은 불황으로 빠져들었으며 이 불황의 여파가 전 세계로 파급되어 제2차 세계대전까지 회복되지 못하였다.

이 불황으로 인해 1933년 미국의 GNP는 1929년에 비해 거의 1/3로 줄어들었으며 실업률은 26%까지 치솟아 노동자 4명중 1명이 실업자였다. 이는 우리나라가 지난 1997년말의 외환위기로 수많은 근로자들이 실직되어 사회에 큰 충격을 주었는데,[12] 당시의 실업률이 7~8%였던 것과 비교하면 당시의 상황을 짐작할 수 있을 것이다. 다음의 〈표 1-5〉에서 당시의 대공황의 실업률이 어떠했는가를 상상할 수 있다.

12) 당시 공황의 깊이와 기간이 전례 없이 혹독하고 길었다. 대공황 당시의 생활상을 잘 그린 문학작품이 존 슈타인백(John Sfeinback)이 쓴 『분노의 포도』(*The Grapes of Wrath*)와 영화로는 '스팅'(The Sting, 1973), '신데렐라 맨' (Cinderella Man, 2005)이라는 작품이 있는데 대공황이 경제적으로 얼마나 힘든 시기였는지 잘 보여주고 있다.

| 표 1-5 | 주요국의 대공황 전후의 제조업 실업률(%)

	1927	1928	1929	1930	1931	1932	1933	1934	1935	1936	1937
미국	5.4	6.9	5.3	14.2	25.2	36.3	37.6	32.6	30.2	25.4	21.3
영국	9.7	10.8	10.4	16.1	21.3	22.1	19.9	16.7	15.5	13.1	10.8
독일	8.8	8.6	13.3	22.7	34.3	43.8	36.2	20.5	16.2	12.0	6.9

자료: 양동휴(2006), 『20세기 경제사』, P.56에서 재인용.

대공황의 원인에 대한 논란은 아직도 진행되고 있지만,[13] 대공황이 세계경제에 미친 영향은 실로 엄청나다. 우선 기존의 경제운용 시스템에 관해 강력한 회의심을 가지게 되었다. 자본주의 경제에서 호경기와 불경기로 이어지는 순환은 자연스러운 일이지만 1929년의 대공황은 유별났다. 대공황으로 인해 케인즈(J. M. Keynes, 1883~1946)라는 걸출한 경제학자가 이 세상에 알려지게 되었다. 경제학 학문도 그의 이론, **'일반이론'**(『고용, 이자 및 화폐에 관한 일반이론』: The General Theory of Employment, Interest and Money, 1936)을 기초로 거시경제학으로 발전되었다.

이런 의미에서 거시경제학이 체계적인 학문으로 정립된 역사는 짧지만 그 동안 비약적으로 발전을 해왔다. 케인즈는 자신의 저서 『일반이론』(1936)의 이론을 기점으로 그 전의 이론체계를 **'고전파'**라고 했다. 고전파의 주요 핵심적인 경제원리는 (i) **세이(J. Say)법칙**, (ii) **시장의 '보이지 않는 손'(invisible hand)**, (iii) 정부 개입을 최소화하는 **'작은 정부'** 등으로 대변된다. 당시 고전파는 실업이 존재하는 이유로 시장의 임금이 균형임금보다 높아서 노동시장에 초과공급이 생긴 결과로 해석하여 조만간에 초과공급은 자연스럽게 해소될 것으로 낙관하였다. 하지만 〈표 1-5〉에서 보는 바와 같이 실업률은 낮아지는 것이 아니라 더 악화되었다. 반면에 케인즈는 실업문제를 단순히 노동시장의 문제에 국한하여 보지 않고 국민경제 전체적인 관점에서 구조적인 문제(유효수요 부족, 즉 공급과잉)로 접근하였다. 즉, 국민경제 전체의 수요(유효수요)가 부족하여 생긴 불균형으로 파악하였던 것이다. 불균형이 생긴 것은 시장의 자기조정 기능을 상실하여 시장실패를 한 것으로 파악하여 정부의 개입이 필요함을 역설하였다. 경제 전체에 수요가 부족하여 **'원치않는 재고'(undesired inventory)**가 쌓여 기업의 매출부진으로 이어지고, 이는 결국 해고 및 신규 노동력을 고용하지 못하는 악순환을 초래한다고 보았다. 실업의 원인을 노동시장에 국한하여 문제를 인식하였던 고전파와는 다른 시각에서 문제점을 간파한 케인즈는 뛰어난 통찰력을 갖고 있었다. 따라서 그

---

13) 갈브레이스, *The Great Crash 1929*, 이헌대(역), 『1929 대폭락』, 일리, 2008. 양동휴, 『20세기 경제사』, 일조각, 2006 등을 참조할 것.

에 대한 치유책도 부족한 수요를 누군가가 (정부지출) 기업부문의 원치 않는 재고(undesired inventory)를 해소시켜 주어야 기업이 고용을 증대시켜 생산활동이 재개된다고 보았던 것이다. 즉, 당시 고전파가 믿었던 세이 법칙이 작동되지 않아 시장실패가 나타날 경우 정부가 개입할 필요가 있음을 보여주었다.

이런 케인즈의 주장은 미국의 루즈벨트 대통령 행정부에 의하여 **뉴딜정책(New Deal)**으로 집행되어 제2차 세계대전 후 각국의 기본적인 경제정책으로 자리를 잡았다. 제2차 세계대전 후 세계 각국은 정부주도로 경제정책을 실시하였다. 케인즈의 경제정책은 많은 도전도 받았지만 아직도 여전히 살아있다. 지난 1997년 말의 경제위기 때도 정부의 직접적인 시장개입을 통해서 해결하였으며, 그리고 2008년 서브프라임으로 촉발된 글로벌금융위기 대응도 정부의 적극적인 개입이 뒤따랐다.

제3절 거시경제학의 태동

3.1 케인즈 경제학의 등장

위에서 살펴본 바와 같이 경제학이 원래부터 거시경제학과 미시경제학으로 구분되어진 것은 아니다. 오늘날의 거시경제학이 경제학의 한 분야로써 체계적으로 발전하게 된 계기는 위에서 살펴본 1929년 미국에서 발생하여 전 세계로 퍼진 대공황이다. 대공황이라는 전에 경험해보지 못했던 초유의 상황에 대해 기존의 경제학이 적절한 해결책을 제시해 주지 못하였다. 당시의 주류 경제학은 영국의 아담 스미스(A. Smith, 1723~1790)를 거쳐 마샬(A. Marshall, 1842~1924)로 이어지는 시장의 가격메카니즘에 의존하고 있었다. 실업을 노동시장에서의 초과공급(excess supply)문제로 파악하여 임금이 떨어지기만을 기다리고 있었다. 시장의 가격조절 기능에 의해 신속하게 그리고 신축적으로 임금은 조만간에 떨어질 것이고 그러면 실업문제는 자연스럽게 해결될 것으로 믿었다. 그러나 문제는 점점 더 악화되고 있었다. 실업률은 점차로 증가하여 1934년경에는 25%에 이르고 있었다.

케인즈는 문제의 발단을 총공급이 총수요를 초과하여 발생한 **유효수요**의 부족으로 파악하였다. 단순히 노동시장에서 노동의 초과공급 때문에 실업이 야기된 것이 아니라 그 나라 국민경제 내에 총유효수요가 부족하여 생긴 총수요 부족으로 파악한 것이다. 당시에는 한 나라의 총생산(총국민소득)이 공급측면의 공급능력에 의해서 결정된다고 생각하였다. 공급된 모든 재화는 당연히 수요(판매)된다고 여겼다. 이를 **세이의 법칙(Say's Law) 또는 판매(販賣)의 법칙**이라고 한다. 즉, **"공급은 스스로 수요를 창출한다"(Supply creates its own demand)**라는 명제로도 널리 알려져 있다. 그러나 1920년대 말의 상황은 이와는 정반대였다. 즉, 공급이 문제가 아니라 수요가 부족하여 판매가 줄어들고 기업의 이익이 줄어들고 있었다. 이런 경우 처방은 기업에 쌓인 재고를 덜어 줄 방안을 찾는 것이 효율적이다. 그런데 누구 주머니에서 돈이 나와 재고를 처분해 줄 수요를 창출한단 말인가? 우선 가계부문은 구매력이 없다. 가계부문은 실직으로 수입원이 없어 구매력을 기대할 수 없고, 기업도 사정은 마찬가지이다. 가동률을 줄이고, 고용원을 감원한 상태에서 기업의 신규투자를 늘리고 추가적인 고용을 증대시킬 형편이 못된다. 그러면 어느 주체에서 수요를 진작시켜야 하는가? 전 세계적으로 공황이니 수출도 줄어들었고, 남은 영역이 정부부문이다. 정부에서 구매를 증가시킬 수 있다. 바로 이러한 아이디어가 케인즈의 유효수요이론의 핵심이다.[14)] 정부에서 적자재정을 집행하여 총수요를 진작시켜 재고를 소진시켜 주면 기업의 매출이 증가되고 이익이 증대됨에 따라 투자가 증가되고 고용도 증가될 것이다. 고용증대는 가계부문의 소득을 증대시키고 이는 총수요의 증대를 가져온다. 총수요 증대는 기업부문의 매출증가로 나타날 것이며 다시 추가적인 투자와 고용을 증대시키는 순환과정을 거치면서 불황을 벗어날 수 있다는 것이 케인즈의 유효수요원리의 핵심이다. 그러나 당시의 주류 경제학의 사고는 정부의 예산은 균형예산이어야 한다는 경직된 사고에서 벗어나지 못하여 케인즈와 같은 발상의 전환을 하기 어려웠다.

3.2 거시경제학의 두 조류: 고전학파이론 대 케인즈이론

케인즈의 일반이론(정확히는 고용, 이자 및 화폐에 관한 일반이론: *A General Theory of Employment, Interest and Money*, 1936)이 발간된 후 거시경제학의 새로운 지평이 열리게 되었다. 한 나라의 경제는 부분적으로 파악해서는 안 되고 전체적인 시각에서, 특히 재화와 용역의 흐름(공급되고 수요되는 과정)이 어떻게 순환되는가 하는 관점에서 접근해야 함을 보여주었다. 케인즈는 그의 저서, 『일반이론』(1936)에서 그 이전의 이론

14) 노벨경제학상(1980)을 수상한 경력이 있는 클라인(L. R. Klein, 1920~2013) 박사가 케인즈의 이론을 케인즈혁명(Keyesian revolution)이라고 하였다. 지금은 경제원론 책만 읽으면 아는 내용이지만 당시의 분위기에선 가히 발상의 전환이라 할 수 있는 정부의 적자재정 집행을 제안한 것이다.

들을 총칭하여 **고전학파(classical school)**라고 하여 자신의 이론과 차별화하였다. 대공황 후 케인즈이론은 많은 사람들의 관심을 끌었으며 정부정책의 이론적인 기둥역할을 담당하였다. 그러나 1960년대 후반에 인플레이션 현상이 심화되면서 고전파이론의 기본사상을 재해석한 **통화주의(Monetarism)**가 등장하였다. 통화주의 등장은 오랜 동안 케인즈 이론과 쌍벽을 이루면서 정부정책의 효과에 대한 논쟁을 벌였으며 케인즈의 재량적인 개입정책에 찬동하지 않는 학자들을 중심으로 **합리적 기대가설(Rational Expectation Hypothesis)**과 결합하여 강력한 반케인즈학파의 이론으로 무장되었다. 합리적 기대가설은 케인즈의 개입정책이 효력이 없다는 것을 강조하였다. 개입정책의 무력성을 기초로 하면서 시장의 청산과 가격의 신축성을 축으로 한 **새고전파(New Classical Economics)**로 발전되어 오늘에 이르고 있다. 이렇듯이 고전학파는 오랜 동안 여러 가지 모습으로 수정된 모형을 제시하고 있지만 그 밑에 깔려있는 기본적인 가정–시장의 청산, 가격의 신축성–을 기본으로 하고 있다. 반면에 케인즈이론은 무수히 많은 도전을 받아왔지만 케인즈의 핵심이론을 보완하여 **새케인즈모형(New Keynesian Economics)**으로 유지되고 있다.

요약정리

1. 거시경제학은 국민경제 전체를 분석대상으로 하기에 국민경제 전체를 대표하는 총체적인 지수(집계변수)가 필요하다. 대표적인 집계변수로는 생산이나 소득수준을 나타내는 GDP, GNP, GNI 등이 있다. 그리고 물가변수로는 CPI, PPI, GDP 디플레이터 등이 있으며 그 외에도 소비, 투자, 고용, 실업, 국제수지 등을 나타내는 집계변수가 있다.

2. GDP가 GNP에 비하여 더 자주 쓰이는 이유는 최근 경제가 개방화되어감에 따라 고용, 생산 등에서 보다 현실성을 반영하기 때문이다.

3. 거시경제학은 1929년 10월에 발생된 대공황을 계기로 발전되었으며, 1936년 케인즈의『일반이론』으로 케인즈 경제학이 탄생케 되었다. 케인즈 거시경제는 당시 기존의 이론(고전파)과는 다른 시각에서 불황을 인식하였다.

4. 고전파는 실업을 노동시장의 초과공급으로 파악하여 조만간에 임금이 하락되면 실업은 자동으로 해소될 것으로 보았으나, 높은 실업률은 줄어들지 않았다. 반면에 케인즈는 국민경제 전체적인 측면에서 공급과잉(유효수요 부족)으로 불황이 발생한 것으로 파악하여 수요진작을 통하여 경기회복을 꾀해야 한다고 보았다.

5. 경기불황시에는 총수요가 부족하여 민간부문이 스스로 수요를 증대시킬 수 없으므로 정부지출을 통해서 부족한 유효수요를 보충해주어야 한다고 보았다. 반면에 고전파는 국민경제 전체적인 수요부족은 있을 수 없다는 세이법칙을 신봉하였다.

6. 거시경제학 이론의 큰 두 줄기는 고전학파(Classical)와 케인즈학파가 있다. 고전학파의 기본철학을 계승한 것이 통화론자, 합리적기대학파 그리고 새고전학파(New Classical)이며, 케인즈학파를 계승 발전시킨 것이 새케인즈학파(New Keynesian)이다. 오늘날의 거시경제학의 두 줄기는 새고전학파와 새케인즈학파로 양대 산맥을 이루고 있다.

연습문제

1. 밀수, 도박이나 매춘 등과 같은 불법적인 경제활동으로 번 수입도 GDP에 포함시킬까?

2. 히말라야 산맥 아래에 위치한 부탄이란 나라는 GDP 대신에 국민총행복지수(Gross National Happiness)를 사용하고 있다. 이에 대해 조사하고 GDP와 비교해보시오.

3. 홍길동 씨는 2009년도 일주일에 한 번씩 청소를 해주는 가사도우미 여성 이예쁜 씨와 2010년도에 결혼하였다. 이예쁜 씨는 결혼을 하였지만 전업주부로써 전과 똑 같은 일을 하고 있다. 다른 사정이 일정하다고 할 때, 2010년도의 경제성장률은 증가할까 하락할까?

4. 한국의 여자 프로 골퍼들이 미국에서 선전을 하고 있다. 이들의 선전으로 그들은 많은 상금을 벌었는데, 우리나라의 GDP에 포함될까?

5. 홍길동 씨는 노후의 자금마련을 위하여 수도권에 있는 토지매입에 여유자금 10억원으로 토지를 매입하였다. 이 경우 이 나라의 투자와 GDP는 증가할까?

6. CPI의 작성법에 대하여 알아보고, 최근 CPI 가중치 중에 큰 비중을 차지하는 품목들을 조사해보시오.

7. 주부들은 시장볼 때 마다 물가상승률이 정부가 발표하는 물가상승률과 차이가 크다는 것을 느낀다. 왜 그럴까?

8. 미국에서 훌륭한 성적을 거둔 P야구선수가 미국에서 본 연봉을 저축하여, 한국의 강남에 한 빌딩을 구매하였다. 그가 구매한 행위로 인하여 GDP는 증가하였는가? 또한 GNI에는 어떠한 영향을 미쳤는가?

9. 실질국내총생산은 210조 원이고, 교역조건의 악화로 인하여 실질무역 순손익이 10조 원이라고 한다. 이 국가가 해외로 벌어온 순수취 요소소득이 20조라고 한다면, 실질국내총소득은 얼마인가?

10. 국내총소득 중에 수출·수입이 차지하는 비중이 높은 국가는 해외경제의 변동에 자국경제가 취약하다. 이러한 해외교역의 변화를 살펴보는 지표로 '교역조건'이 있다. 이러한 교역조건을 개선시키는 요소와 악화시키는 요소를 기술하시오.

11. 1987년 및 2008년 대한민국의 경제적 상황과 1929년 미국의 대공황과는 차이점과 유사점은 무엇인가?

제 2 장 거시경제의 순환과 균형

제1절 소득순환의 이해

》 소득순환과 케네의 <경제표, 1758>

오늘날 거시경제학을 설명하는데 매우 유용하게 쓰이는 소득순환모형에 대한 아이디어는 약 250년 전에 프랑스의 저명한 경제학자였던 케네(1694-1774)의 <경제표, 1758>에서 찾을 수 있다. 케네는 당시 유명한 외과의사로 루이 15세의 주치의사였다. 재미있는 것은 당시의 유명한 경제학자 중에 의사출신이 많다는 점이다. 이는 의사들이 인체의 조직을 순환적인 구조로 이해하는 것을 경제에도 적용하려 했던 것 같다. 경제현상도 순환구조측면에서 이해하려 한다. <경제표>는 경제사회를 마치 혈액이 인체를 순환하는 것처럼 화폐와 생산물이 순환하고 있는 것으로 도식화하였다. 당시에 경제를 순환(flow)의 현상으로 파악하고 있었다는 것이 놀랍다. 케네는 경제사회를 구성하는 세 그룹으로 나누었다. 국왕이나 귀족을 총칭하는 '지주계급', 농업생산물(당시의 주류 생산물)을 생산하는 '농업계급', 그리고 물품을 가공, 교환, 유통시키는 '상공업계급'으로 나누었다. 오늘날의 소득순환모형에서 가계부문(소비주체), 기업부문(생산주체)으로 구분한 것과 유사하다.

농업생산자계급은 지주계급에게 지대를 납부한다. 지주는 그 돈으로 농업생산자로부터 식료품을 사고, 상공업자로부터 의류 및 기타 공산품을 구매한다. 농업생산자는 농산물 판매대금으로 상공업자로부터 의류와 농기구를 구매한다. 반면에 상공업자는 공산품 판매대금으로 농업생산자에게서 식료품과 공업원료를 구입한다. 이와 같은 방식으로 각 계급은 필요한 물자를 공급하고 구매하며, 그에 필요한 화폐와 생산물이 순환된다. 케네는 <경제표>에서 각 계급 간에 수급되는 흐름에 일일이 숫자를 기입하여 설명하고, 나아가 자본을 설정하여 오늘날의 거시경제체계를 일목요연하게 설명하고 있다.

이러한 발견은 후대의 학자들에게 영향을 주었다. 예를 들면, 마르크스의 '재생산표식'에도 반영되어 있다. 또한 노벨경제학상을 수상한 바실리 레온티에프(1906~99)의 산업연관표 분석도 그 시발점은 케네의 <경제표>에서 기인된다고 봐야 할 것이다. 산업연관표는 산업의 각 부분 간에 판매되고 최종적으로 얼마나 구입되었는가를 통계적으로 나타낸 것이다. 경제정책의 중요한 기초자료로 활용되고 있다.

(「세계사를 지배한 경제학자 이야기」, 국일증권경제연구소, 2003년에서 정리 소개)

1.1 단순 소득순환 모형

거시경제학을 이해하기 위해서는 우선 분석이 다르다는 것을 이해해야 한다. 미시경제학이 개개의 시장을 분석한다면 거시경제학은 국민경제 전체를 분석대상으로 하고 있다. 즉, 수요도 개별적인 재화에 대한 수요가 아니고 한 나라 전체를 대표할 수 있는 **총수요(aggregate demand: AD)**곡선을 찾아야 한다. 공급도 마찬가지로 한 나라 전체를 대표할 수 있는 **총공급(aggregate supply: AS)**이어야 한다. 총공급(AS)과 총수요(AD)곡선이 주어진다면 이제 균형국민소득과 물가(가격)를 구할 수 있게 된다. 그런데 문제는 여기서부터 출발된다. 총수요곡선을 구하는 것이 쉽지 않다. 미시경제학에서는 개별상품에 대한 수요곡선은 시장에서 가격과 그에 상응하는 수량을 얻어 수요곡선을 그릴 수 있지만, 국민경제 전체를 대표할 수 있는 총수요곡선은 그런 방식으론 안 된다. 따라서 미시적인 접근방법인 개별 재화의 수요를 단순히 합친 것으로는 총수요곡선을 구할 수 없어 다른 방법을 사용해야 한다.

소득순환모형(circular of national income)은 거시경제의 전체적인 흐름을 이해하는 데 대단히 중요한 기초적인 개념이다. 소득순환을 보다 명료하게 이해하기 위해서는 먼저 1920년대 말에 미국에서 발생하였던 대공황을 살펴볼 필요가 있다. 기본적인 아이디어는 경제현상을 하나의 **흐름(순환)(flow)**으로 파악하는 것이다. 그 흐름을 중심으로 분석하되 경제활동에 참여하는 주체별로 4부문으로 구분한다. 즉, **가계부문(household sector)**, **기업부문(firm sector)**, **정부부문(government sector)**, 그리고 **해외부문(foreign sector)**으로 구분한다. 가계부문은 소비하는 주체이면서 동시에 기업에 노동력을 제공해준다. 기업은 재화를 생산하는 주체임과 동시에 가계부문으로부터 생산에 필요한 노동력을 수요한다. 정부부문도 기업이 만든 재화를 구입하는 수요자 역할을 한다. 정부가 다른 부문과 다른 점은 가계와 기업부문으로부터 세금을 거둬 필요한 재원을 마련한다는 점이다. 해외부문도 수요자의 역할을 한다. 국내에서 생산된 재화를 모두 소비(수요)하고도 남는 부분은 해외거주자가 수요할 수 있다. 이를 우리는 흔히 수출(export)이라고 한다. 수출이란 자국산 재화에 대한 외국인(해외거주자)의 수요를 의미하는 것이다. 반대로 국내소비자들의 수요가 국내에서 공급된 재화만으로는 부족할 땐 외국산 재화를 수요하게 되는데 이를 우리는 수입(import)이라고 한다.

가장 간단한 모형을 상정하자. 가계부문과 기업부문만 존재하는 거시경제를 상정하자. 가계부문은 기업부문에 노동, 토지 및 자산 등 생산요소를 제공해준다. 기업은 가계부문으로부터 생산요소를 제공받아 주어진 기술과 자본 하에서 생산한다. 기업의 생산물을 가계부문에 제공해준다. 이제 가계부문은 기업이 공급해준 생산물을 수요(소비)하는데 필요한 자금은 생산요소를 제공해준 대가로 받은 소득(임금, 이자, 지대, 이윤 등)으로 충당한다. 이러한 관계를 보여주는 것이 아래의 [그림 2-1]이다.

아래 [그림 2-1]에서 간단한 예를 들어 설명하기로 한다. 총인구가 10명인 초미니 국가를 상정하자. 이 나라는 총노동공급량도 10명이라고 하자. 기업부문은 가계부문으로부터 노동력을 제공받아 주어진 기술과 자본으로 산출물 100개를 생산한다고 하자. 그리고 1인당 임금은 10,000원이라 하고, 제품 하나의 가격이 1,000원이라 하자. 기업부문에서 생산된 재화 100개를 모두 가계부문이 수요해 준다면 기업부문은 100,000원의 매출이익이 생긴다. 이 매출액으로 노동을 다시 고용하여 생산을 계속할 수 있다(중간투입 등 재료비, 경영, 관리비 등은 무시하기로 함). 가계부문은 기업부문에서 받은 임금 100,000원을 소득으로 하여 기업이 공급한 재화를 모두 수요한다면 재화는 모두 소비될 것이다. 별다른 사정이 없는 한 이러한 소득순환의 과정은 계속 반복될 것이다.

[그림 2-1] 2부문 소득순환 모형

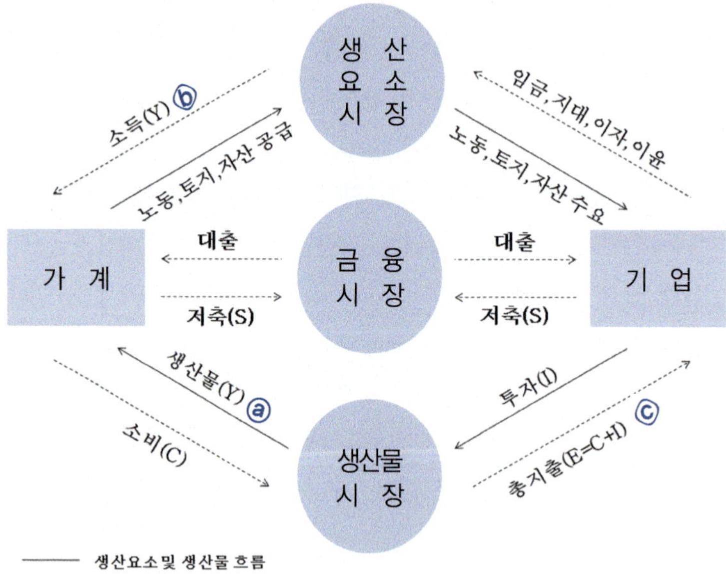

이러한 관계를 이제 거시경제학 이론체계에 적용시켜 보자. 우선 이 나라의 국민(내)생산(GNP or GDP)은 100,000원이 될 것이다. [그림 2-1]의 생산요소시장인 노동시장에서 균형노동량은 10명이며 균형임금은 10,000원이다. 따라서 이 나라의 총고용인원은 10명이고, 균형임금이 10,000원, 그리고 경제활동인구 10명이 모두 다 취업된 완전고용상태이고 실업률은 0이다.[1] 한편 노동시장에서 결정된 노동력 10명을 제공받아 한 나라의 총공급을 나타낼 수 있는 총생산함수 $Q = F(L,\ K : T)$에 의하여 총공급(Y^*)이 결정된다. 주어진 기술여건과 노동 및 자본을 효율적으로 이용하여 생산해낸 최대생산량일 때의 생산량을 **잠재국내(민)생산(potential GDP or potential GNP)**이라 한다. 기업이 생산한 재화와 서비스에 대한 수요와 공급이 이루어지는 **생산물시장 또는 상품시장(goods market)**이 형성되고 있다. 만일 가계부문에서 기업이 공급한 모든 재화(100개)를 소비한다면 한 나라의 총수요와 총공급이 같아지는 균형국내(민)소득이 될 것이다. 이 경우 총공급은 100개일 것이고 총수요도 100개일 것이다. 그것을 시장가격으로 나타낸 것이 총국민소득(GNP)인 100,000원이 되고 그 나라의 GDP 또는 GNP가 된다. 이제 이 나라의 총국민소득, 재화가격, 노동, 임금, 소비, 총공급, 총수요가 모두 결정되었다.

[그림 2-1]을 살펴보면 화살표의 방향을 보면 시계바늘 방향으로는 실물(real goods)이 흐르고 그 반대방향으로는 돈이 흘러가는 화폐의 흐름이라는 것을 알 수 있다. 기업에 노동을 제공한 대가로 가계부문이 받는 임금, 그리고 가계부문에서 구입된 재화의 대가인 매출액이 화폐의 흐름이다. 돈의 흐름을 원활하게 해줄 화폐 및 금융시장이 필요하다. [그림 2-1]의 화폐시장을 통하여 실물흐름 유통에 필요한 화폐는 중앙은행에 의하여 100,000원이 공급될 것이다. 따라서 이 경제에는 통화의 공급과 수요도 역시 일치되는 것을 보여주고 있다. 또한 금융시장은 가계부문의 저축을 통하여 축적된 자금을 기업부문에 대출해주는 자금의 중개기능을 담당해 소득순환의 흐름이 원활하게 도와준다.

국민소득을 측정하는 방법에서 소득순환 흐름의 ⓐ부분은 기업이 생산한 생산물을 측정하는 방식으로 **생산국민소득**이라 한다. 또한 소득순환 흐름의 ⓑ부분은 생산요소 소득의 합계로 나타내지는데 이를 **분배국민소득**이라 하며, ⓒ부분은 가계 및 기업부문의 지출의 합계로 추정되는 **지출국민소득**이라 한다. 이 세 가지 방식으로 추정되는 국민소득은 사후적으로 같아 **국민소득 3면 등가의 법칙**이라고 한다([그림 2-4] 참조할 것).

---

1) 그러나 실제로는 완전고용상태라 해도 실업률이 0이 되는 것은 아니다. 그에 관한 것은 제10장에서 후술하게 될 것임. 이 모형에서는 소득순환 모형을 이해하기 위해서 아주 단순한 모형을 상정하고 있다.

상기의 [그림 2-1]을 거시경제 모형을 반영하는 그래프로 나타내면 다음과 같다. [그림 2-1]이나 [그림 2-2]는 내용에서는 같다.

[그림 2-2] 거시경제 모형체계로 투영된 소득순환 모형도

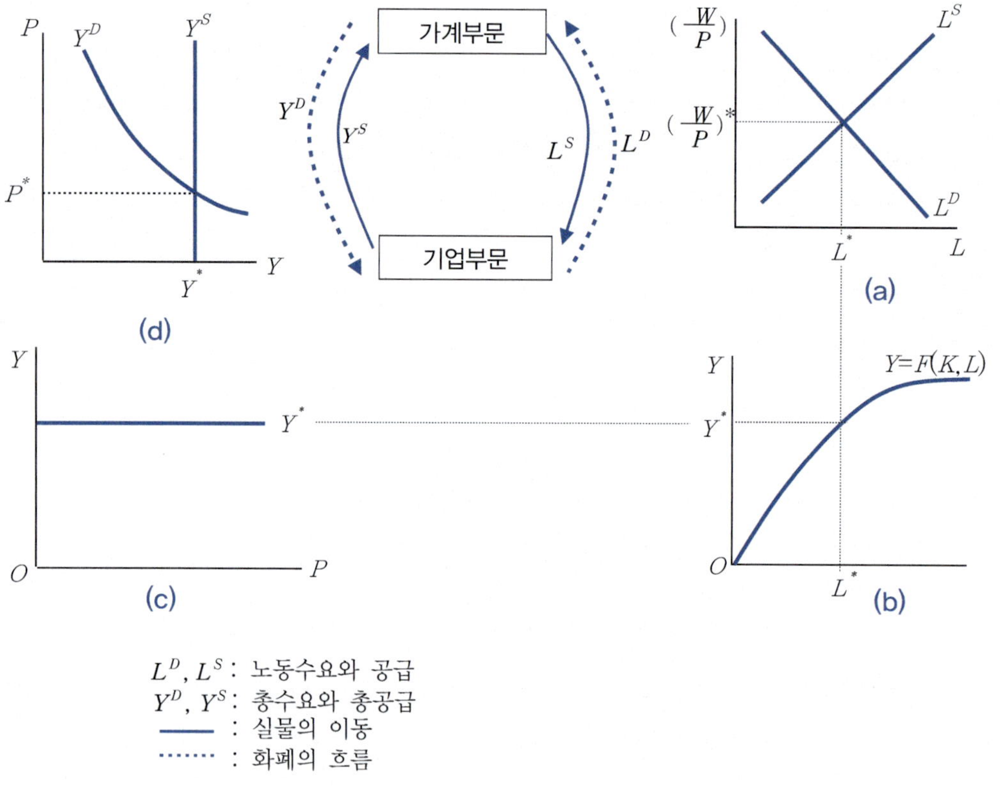

1.2 확대된 소득순환모형

이제 모형을 좀더 확대시켜 정부부문과 해외부문을 도입하여 4부문 소득순환 모형으로 확장시킬 수 있으며 원리는 동일하다. 이러한 관계를 나타내고 있는 것이 [그림 2-3]이다.

정부는 가계 및 기업으로부터 세금(T)을 거둬 필요한 정부의 수요(G)를 구매한다. 반면에 가계는 정부로부터 이전지출(보조금 예: 실직시 실직수당 및 의료보조금 등)을 받는

[그림 2-3] 확대된 소득순환 흐름

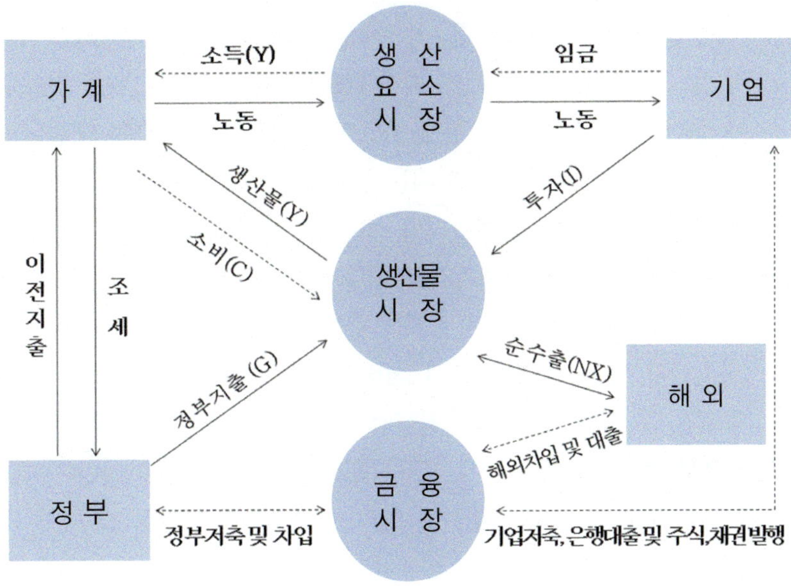

다. 또한 정부는 세금을 정부의 경제활동에 필요한 재화 및 서비스를 생산물시장을 통하여 구매(정부지출)한다. 정부와 화폐 및 금융시장의 거래도 중요하다. 정부는 화폐 및 금융시장으로부터 저축(정부저축) 및 차입하는 금융거래도 한다. 우리나라와 같은 소규모 개방경제는 해외부문과의 거래가 매우 중요하다. 국내에서 생산된 재화나 서비스를 해외에서 수요할 경우(수출)와 해외에서 생산된 재화나 서비스를 국내에서 수요(수입)할 수도 있다. 시장이 점차 개방되어짐에 따라 각 경제주체들이 해외부문과의 거래가 지속적으로 확대될 것이다. 특히 앞으로는 서비스 분야(법률시장, 의료시장, 교육시장 등)에서의 거래가 확대될 것이다. 국내의 금융시장과 해외의 금융시장과 사이에 해외차입 또는 해외대출(투자)의 금융거래가 이루어진다. 해외와의 거래를 일목요연하게 정리하는 표를 **국제수지표(balance of payment)**라고 한다. 해외부문과의 거래에는 국내표시통화가 아니고 외국화폐가 통용되기 때문에 환율(exchange rate)의 변동에 따라 수출입 거래에 많은 영향을 받는다. 이 부분은 개방거시경제모형(본서 제Ⅲ편)에서 상세히 다룬다.

시사사례: 우리나라의 국민경제 순환(2014년도)

[그림 2-4]는 2014년을 기준으로 한 우리나라의 국민소득 순환체계를 보여준다. 국민소득 3면등가의 법칙에 따라 GDP는 생산, 분배, 지출측면에서 측정해도 동일해야 한다. 국민소득순환모형에 따르면 기업부문에 의하여 생산된 생산물(산업별로 보여줌)은 생산요소에 따라 분배되는 분배국민소득과 같아야 하고, 또한 소비자의 소비지출, 기업의 투자지출, 정부지출, 해외순수출에 대한 지출의 총계와 같게 된다. 일반적으로 생산활동을 측정하기가 분배나 지출측면보다 용이하여 생산국내(민)소득을 중심으로 측정하고 있다. 이런 관계를 구체적인 숫자와 관계의 도식으로 나타낸 것이 [그림 2-4]이다. 생산국민소득에선 서비스부분이 전체 생산의 54.2%를 차지하고 있으며, 제조업 및 광업이 27.7%, 건설업 4.5%, 농업부문 2.1%를 차지고 있다. 분배국민소득으로 측정한 경우는 임금 등 피용자보수가 44.7%로 절반에 미치지 못하고 있으며, 영업이윤이 25.8%를 점하고 있다. 지출국민소득의 경우는 가계부문의 소비지출 50.4%, 투자지출 29.1%, 정부지출 15%, 순수출수요 5.33%를 차지하고 있다.

[그림 2-4] 우리나라의 국민경제 순환관계(2014년)

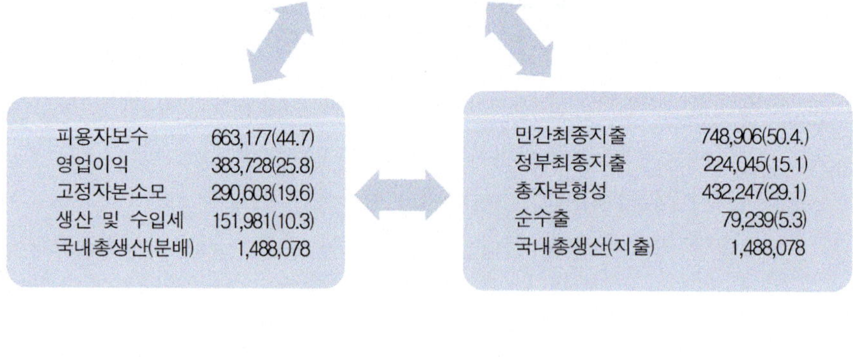

1.3 ICT와 글로벌 경제 하의 소득순환모형

정보통신 혁명으로 경제구조가 빠른 변화를 겪고 그로 인해 소득순환에 적지 않은 영향을 받고 있다. 우선, 전자상거래의 확산으로 거래비용(transaction cost)이 대폭 낮아져 각 경제부문 간에 거래가 촉진될 것이다. [그림 2-2]에 나타난 가계부문-기업부문-정부부문-해외부문 간에 정보화 기술로 인하여 거래비용을 획기적으로 낮출 수 있어 부문 간의 거래가 촉진될 것이다. 또한 기업 간의 전자상거래(B2B), 기업과 소비자 간의 전자상거래(B2C)를 통하여 경제주체들 간 거래가 촉진됨에 따라 소득순환의 흐름이 증대될 것이다.[2)] 최근에는 수입업자를 거치지 않고 바로 해외에서 구매하는 '직구'가 증가하고 있다. 직구의 증가는 소득순환흐름에서 소득이 해외로 빠져 나가는 누출의 증가지만 변형된 수입이다. [그림 2-3]에는 나타나지 않았지만 기존 경제시스템에서는 가계부문과 기업부문 간에 재화의 흐름 중간에 수많은 중개인들이 존재하고 있다. 중간 유통업자들을 통하여 재화가 기업부문에서 소비자 부문으로 유통되는 과정에서 높은 거래비용(유통마진)이 발생했다. 그러나 정보통신의 혁명이 일어나고 경제의 개방화가 촉진됨에 따라 중개인들을 거치지 않고 직접 거래가 가능함으로 유통마진이 없어져 가격하락 효과가 예상된다.

둘째, 개방화와 정보통신 혁신은 시장의 진입장벽을 현저히 낮추는 효과가 있다. 시장을 전반적으로 유효경쟁시장(contestable market)으로 유도할 것이다. 또한 새로운 틈새시장을 창출하여 다양한 소비와 함께 새로운 일자리도 창출할 것이다. 예를 들면, 스마트폰의 발달로 다양한 앱(App)시장이 형성되고 있으며, 게임산업이 PC버전에서 스마트폰으로 진화되고 있다. 그에 따라 새로운 일자리도 생겨나고 있다.

셋째, 정보의 비대칭성(asymetric information)을 해소시켜주어 경쟁적인 시장으로 유도하고 있다. 이제는 상인들이 가격을 속이지 못한다. 소비자들이 스마트 폰으로 제품에 대한 가격정보를 현장에서 조사하기 때문에 어느 점포가 가격이 싼지 비싼지 비용을 들이지 않고도 쉽게 알 수 있다.

넷째, 네트워크경제(network economy)를 촉진시킬 것이다. 네트워크경제는 외부효과(특히 연결망 외부효과)를 통하여 수익체증(increasing return) 현상이 발생한다. 수익체증은 기업의 이윤을 증가시켜주고 추가적인 투자를 유도하여 자본축적이 촉진된다.

---

2) B2B는 Business to Business를 의미하며 보통 기업 간의 전자상거래를 뜻한다. 반면에 B2C는 Business to Consumer를 의미하며 기업과 소비자 간의 전자상거래를 의미한다.

또한 글로벌 경제시대의 특징은 기업이나 가계부문의 경제활동을 국내에서만 영위하는 것이 아니다. 특히 기업은 기업하기 좋은 곳을 찾아 생산 및 소비활동을 옮긴다. 최근 우리나라도 대기업 및 중소기업은 선진국과 중국 등 개도국에 이르기까지 전 세계에 걸쳐 생산거점을 옮기고 있다. 또한 기업은 생산에 필요한 각종 생산요소를 국내에서만 구할 필요가 없어 졌다. 해외 아웃소싱을 점차 증대시키고 있다. 노동력도 현지에서 고용하고 원자재 부품 등도 해외에서 구입하는 비중이 늘고 있다. 또한 소비도 이제는 소비자들이 해외기업에서 인터넷 쇼핑을 통하여 직접 구매(일명 해외직구)한다. 수입업체를 거치지 않고 직접 하는 편리한 세상이다. 글로벌화로 인하여 기업과 가계부문의 해외시장과의 직접적인 거래가 증가하고 있다. 디지털경제나 글로벌화로 인한 해외부문과의 거래 증가는 긍정적인 효과만은 있는 것은 아니고 부정적인 효과도 있다.

디지털경제가 미치는 대표적인 부정적인 효과로는 첫째, **디지털격차(digital divide)**의 문제다. 전통사회에서는 실물자산이 부(富)의 원천이었지만 디지털경제시대엔 정보, 무형자본(인적자본 포함)이 부의 원천이다. 정보의 격차는 기존의 소득격차를 확대 고착화시켜 경제적 양극화를 초래할 가능성도 있다. 또한 정보통신기술의 혁신이 노동시장에 미치는 영향도 불확실하다. 디지털기술은 한편으로는 새로운 일자리를 만들기도 하지만, 다른 한편에서는 일자리를 없애고 있어 그 순효과가 불투명하다.

둘째, 정보통신기술 발달로 세계 각처가 지구촌이 되니 기업들이 해외에 생산거점을 두고 생산활동을 벌여 국내의 투자와 고용이 줄어드는 산업공동화 현상이 일어난다. 기업의 생산은 증가하는데 고용이 뒤따르지 않는 '고용없는 성장' 현상이 나타나고 있다. 따라서 각국은 자국 내로 기업유치에 혈안이 되어 있다. 해외의 FDI를 통하여 일자리 창출하려는 의도이다.

셋째, 글로벌화의 확산이 금융시장에 미치는 영향으로 인해 금융시장의 불안정성이 높아지고 있다는 지적이다. 정보통신기술 혁신으로 금융혁신과 금융공학(핀테크금융 등)의 발달로 각종 파생상품이 전 세계 금융시장에 투기성 자금으로 유통되고 있어 금융시장의 불확실성이 높아졌으며 그로 인해 불안정성도 높아졌다. 또한 다른 나라의 금융위기가 전 세계로 빠르게 확산되고 있어 금융의 불확실성이 실물부문에까지 직·간접적으로 영향을 끼치고 있다. 2008년 하반기에 미국에서 발발된 서브프라임 금융위기가 전 세계로 확산되었던 것이 대표적인 사례이다. 그 과정에서 한국도 경기침체기를 겪었다. 특히 한국은 환율의 급상승과 금융시장에 대한 불확실성이 증대되어 달러준비를 위하여 외환보유고 증가 및 미국과 달러화 스왑체결을 통하여 불확실성을 줄였다.

》 소득순환 모형에서 온라인 쇼핑 및 해외직구가 증대되면?

인터넷 및 금융공학의 발달로 소비자가 수입업체를 거치지 않고 온라인(인터넷 쇼핑)을 통하여 직접 구매(일명: 해외직구)가 급증하고 있다. 특히 모바일에 익숙한 젊은층은 스마트폰을 이용한 해외직접 구매가 급증하는 추세이다. 최근 백화점 매출은 줄어드는 추세인 반면에 온라인에 기초한 모바일 쇼핑(홈쇼핑몰, 소셜컴머스, 오픈마켓 등)의 매출은 급증하고 있다. 온라인 쇼핑은 지역의 한계를 뛰어 넘는다. 달러 및 엔화의 약세 등 유리한 환율, 중국의 광군제, 미국의 블랙플라이데이 등 글로벌 할인 행사 등으로 해외직구가 급증하고 있다.

관세청(2018.3)에 따르면 2017년도에 우리나라 해외직구 규모가 20억$을 넘어서며 역대 최대치를 기록했다. 2010년 2.74억$, 2013년 10억$와 비교하면 증가속도가 매우 빠름을 알 수 있다(<표 2-1> 참조).

| 표 2-1 | 전자상거래 규모

구분	2010	2011	2016	2017
건수(천건)	3,579	5,602	17,400	23,590
금액(백만$)	274.2	474.2	1,635	2,110

자료: 관세청 (2018)

국가별 점유율을 보면 미국 56%로 여전히 높으나 감소하는 추세(2015년 73%)이며 중국(17%), 유럽(15%), 일본(9%) 등으로 다변화 되고 있다. 품목별 수입되는 상품구성을 보면, 건강기능식품(20.8%), 화장품(12.2%), 의류(11.6%), 전자제품(9%) 등으로 나타나고 있다. 국가별 수입되는 주요 품목을 살펴보면, 미국으로부터는 건강기능식품, 중국에서는 컴퓨터 부품 등 전자제품류, 유럽은 화장품 및 향수, 일본은 젤리, 초코렛 등 식품류의 품목이 많이 수입되고 있다.

해외직구(인터넷 온라인 쇼핑)도 수입의 일종이므로 국민소득순환 흐름에서 누출에 해당된다. 그만큼 소득순환 흐름에서 빠져나가 국내(민)소득을 줄일 것이다. 이제는 오프라인 구매에서 온라인 구매로 전환되는 시점이므로 우리의 수출품도 온라인쇼핑을 통하여 수출하는 방법을 적극 모색해야 할 것이다. 이를 위한 기본적인 인프라(온라인 결제시스템, 배송문제, A/S 등)을 시급하게 정비해야 할 것이다.

제2절 주입과 누출

2.1 주입과 누출

소득순환을 이해하는데 중요한 점은 소득을 증대시키는 요인과 감소시키는 요인을 이해하는 것이다. 소득순환 모형을 마치 물이 가득 담긴 호스로 생각하자. 외부에서 물을 추가적으로 주입시킬 때 호스 내 유통되는 물의 양(균형국민소득)은 증대하게 될 것이고, 반대로 호스 내의 물을 빼내면 순환되는 물의 양은 줄어들게 될 것이다. 이와 동일한 원리를 소득순환 모형에 적용시킬 수 있다. 소득순환 모형 내의 소득을 증대시키는 요인을 **주입**(injection)이라 하고 소득을 감소시키는 요인으로 작용하는 것을 **누출**(leakage)이라 한다.

• 주입 항목

주입에는 **정부지출**(G), 기업의 독립적인 **투자지출**(I), 그리고 **수출**(X) 등이 있고, 소득순환의 외부에서 유입된 자금은 그 만큼 소득순환을 증대시켜 소득을 증대시키는 방향으로 작용한다. 예를 들어 실업자 구제를 위하여 대규모 실업자금(정부지출의 일종인 G의 증대)을 지출할 때 가계는 소비를 하게 된다. 이는 기업부문의 매출을 증대시켜 주므로 기업은 추가적인 생산을 위해 고용을 증대시킬 수 있다. 정부의 실업보조금 지급이 가계의 소비를 증대시키고, 이는 다시 기업의 생산을 촉진시켜 국가의 총생산(소득)을 증대시킬 수 있다. 이와 유사한 성격을 지닌 지출인 기업의 투자지출도 마찬가지다. 기업의 투자가 증대되면 신규 고용이 증대될 것이고, 이는 가계부문의 임금소득이 증대되고 소비가 증대된다. 기업의 투자증대에서 시작된 지출이 가계부문과 기업부문을 순환하면서 계속 확대재생산을 가능케 만든다. 수출도 마찬가지다. 수출은 외국인에 의한 국내제품의 소비이므로, 수출은 해외소득의 함수로 보아 외생적으로 취급한다. 또한 주입은 소득순환모형 내에서 내생적으로 결정되는 것이 아니고 외생적으로 결정되는 **독립적인**(autonomous) **지출**이다. 즉, 기업의 독립적인 투자지출, 정부지출이나 수출은 외생적으로 결정된다고 본다.

수출은 기업이 생산한 재화에 대한 해외수요의 증대이므로 이 역시 기업의 매출(이윤)을 증대시킨다. 1997년 외환위기시에 많은 기업들이 부도나고, 그로 인해 실업자가 넘쳐났지만 그나마 국내경기가 장기 침체에 빠지지 않은 것은 당시에 미국을 위시한 선진국의 경기가 호경기였기 때문이다. 수출증대를 통해 IMF 충격에서 비교적 단기간에 벗어날 수 있었던 요인은 수출이란 주입요소가 증대되었기 때문이다.

반면에 2008년도 미국발 금융위기는 전 세계적으로 확산되어 2016년까지도 미국을 제외하곤 세계적인 불경기에 빠져 있었다. 유럽지역의 EU는 특히 그리스 사태(그렉시트: Grexit)를 위시하여 중국의 저상장 등 세계적인 경기불황으로 수출수요가 줄어들어 우리나라의 수출도 급격히 줄어들었다.

• 누출 항목

누출에는 **조세**(T), **저축**(S), 그리고 **수입**(IM)이 있다. 누출항목의 증대는 국내소득을 감소시킨다. 예를 들면 저축의 증가는 소득을 줄이는 방향으로 작용한다. 가계부문이 소득순환에서 소득의 일부를 소비하지 않고 퇴장(저축)시킬 경우 기업의 계획된 매출에 미치지 못하므로 생산과 소득은 그 만큼 줄어들게 된다. 이런 현상을 **저축의 역설**(paradox of thrift)이라고 한다. 조세도 역시 소비를 줄이고 기업의 생산을 줄이는 방향으로 작용하므로 소득을 감소시킨다. 세금인상은 가계부문이 소비할 수 있는 여력(가처분소득)을 줄이므로 총생산을 줄이게 된다. 불황기에 정부가 세금을 인하시키는 이유는 가처분소득을 증대시켜 주기 때문이다. 수입은 외국에서 생산된 재화를 소비하는 것이므로 그만큼 자국 내 소비를 대체시켜 자국 내의 소득을 감소시키게 된다. 이렇듯이 국내소득순환 흐름에서 빠져 나가는 요소–저축, 세금, 수입–을 **누출**(leakage)이라고 한다. 누출변수인 저축, 조세, 수입은 소득순환 내의 소득의 크기에 의존케 되어 소득의 함수로 나타낼 수 있다. 호경기에 수입이 증대하여 경상수지가 적자가 되는 이유도 소득이 증대됨에 따라 수입수요도 그만큼 (수입성향에 의존) 증대되기 때문이다. 즉, 주입변수가 외생변수인데 반해 누출은 내생변수라 할 수 있다.

2.2 주입과 누출의 균형

소득순환에서 동일한 양의 주입과 누출이 일어난다면 순환은 여전히 균형을 이룰 것이다. 마치 물이 가득 담긴 고무 호스에 동일한 양의 물을 넣고 뺏을 때 그 호스 내의 물의 양은 여전히 균형을 이룰 것이다. 이러한 원리를 이용하여 소득순환의 균형국민소득 결정조건은

$$G + I + X = S + T + IM \tag{2.1}$$

로 나타낼 수 있다. 주입 및 누출의 각각의 항목이 균형을 이룰 필요는 없다. 왼쪽은 주입의 총계를 나타내고 오른쪽은 누출의 총계를 나타낸다. 위의 식 (2.1)은 간단한 관계를 보여주지만 여러 가지 중요한 의미를 제공해 주고 있다. 첫째, 균형국민소득의 결정조건을 나타낸다. 해외부문이 존재치 않거나 또는 국제수지가 균형을 이루고 있는 경우($X = IM$)와 정부의 균형예산을 가정하면($G = T$) 균형국민소득 결정조건은 $I = S$가 된다. 이는 후술하겠지만 바로 생산물시장의 균형조건을 나타낸다. 둘째, 위의 식으로부터 국제수지 흐름은 국내의 순저축과 긴밀한 관계가 있음을 알 수 있다. 위의 식 (2.1)을 약간만 재정리하면,

$$X - IM = (S-I) + (T-G)$$
{민간부문 순저축} {정부부문 순저축}

$$= (S+T) - (I+G) \quad (2.2)$$
{국내순총저축}

가 된다. 식 (2.2)에서 맨 왼쪽 항은 국제수지 갭을 나타낸다. 국제수지가 적자라는 것은 $X - IM < 0$을 뜻한다. 이는 바로 $(S + T) < (I + G)$의 관계가 성립됨을 의미한다. 국제수지 적자라는 의미는 국내순저축이 마이너스임을 의미한다. 즉, 국내에서 조달되는 총저축보다도 더 많은 지출(예를 들면 기업의 투자지출이나 정부의 과도한 적자재정을 통한 정부지출)을 하고 있음을 나타낸다. 쉽게 말해 유비(저축)하는 량보다 씀씀이가 큰 경우 국제수지 적자가 된다. 민간부문의 씀씀이가 커지고, 기업의 과도한 투자, 그리고 정부의 방만한 재정적자는 국제수지 적자를 유발시킬 수 있다. 이런 관계를 [그림 2-5]가 보여주고 있다. 총저축률에서 총투자율을 뺀 순저축증가율[3]이 마이너스 값인 경우 무역수지가 적자임을 보여주고 있다.

1997년말 우리나라의 경제위기는 과도한 국제수지 적자의 누적으로 증가되어 대외신인도가 급격하게 하락되었다. 그로 인해 해외자본이 일시에 빠져나가 국제유동성 부족에서 발생한 것이라 볼 수 있다. 대외신인도를 하락하게끔 유도한 중요한 변수 중의 하나가 경상수지(혹은 국제수지) 적자이다. 경상수지 적자를 유발시킨 요인을 우리는 위의 (2.2) 식을 이용하여 설명할 수 있다. 기업의 과도한 설비투자, 특히 중복투자로 인해 수입이 증대케 되어 무역수지 적자가 심화되었다는 주장이 제기되고 있다. 총투자가 민간부문의 총저축을 초과하여 $(S < I)$는 국제수지 적자와 상관관계를 갖는다. 1997년 외환위기 전에 우리나라의 총투자율이 총저축률을 크게 상회하였다. 그 갭만큼이 해외저축으로 충당(수입증가, 특히 자본재 등)되어 경상수지 적자를 유발시켰다.

3) 우리나라의 경상수지 적자는 1994년부터 급격히 늘어나 국제신인도에 부정적인 영향을 끼쳤다. 1994년의 경상수지 적자는 −40.2억$, 1995년 −86.6억$, 1996년 −231.2억$, 1997년에 −82.8억$로 외환위기 직전인 1996년에 경상수지 적자가 전년대비 2.6배가 급증하여 대외신인도를 급격히 떨어뜨리는 결과를 초래하였다.

[그림 2-5] 우리나라 총저축율-총투자율 갭과 경상수지/GDP 관계

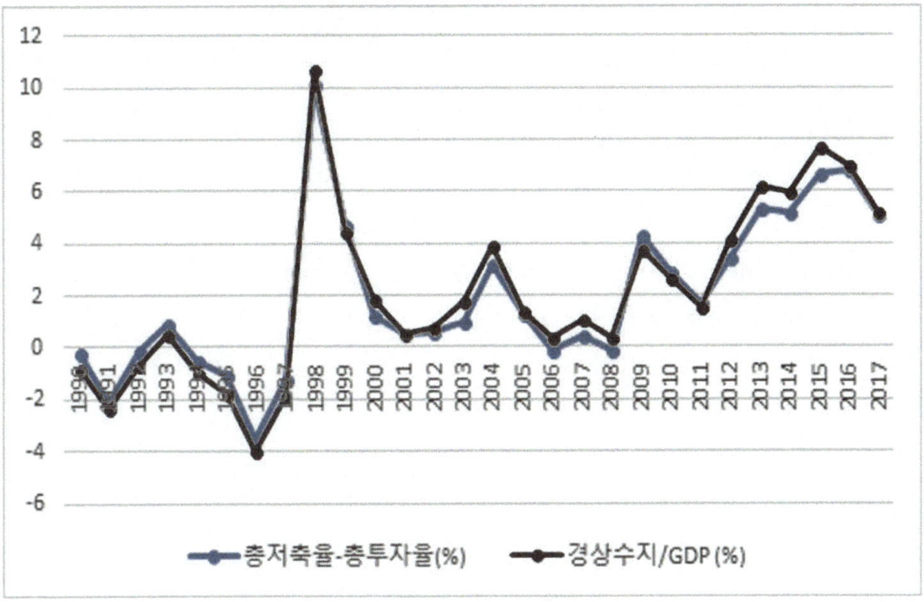

》 글로벌 국제수지불균형(global imbalance) 문제

세계적으로 대규모의 국제수지 흑자 지역과 국제수지 적자 지역으로 나뉘어져 있는데, 이를 글로벌 국제수지불균형이라 한다. 대체적으로 미국의 대중국에 대한 국제수지 적자가 크다. 과거 1970~1980년대에는 대미무역 적자의 대상은 일본이었는데 이제는 중국으로 옮겨져 아시아권이 대미무역 적자의 주범으로 꼽히고 있다.

미국의 국제수지 적자에 대한 원인을 놓고 국제 간에 통상이슈로 불거지고 있다. 지난 2010년도에 서울에서 개최된 G20 정상회의에서 미국과 중국 간에 글로벌 불균형 문제에 대한 원인과 해소책을 놓고 심각한 대립을 보였는데, 그런 대립의 이면에는 식 (2.2)와 깊은 관계가 있다. 미국 측의 주장은 중국의 대미수출을 줄여야 글로벌 불균형이 해소되니 대미수출을 줄이기 위하여 위안화를 절상시키라고 압박하였다. 반면에 중국은 미국의 경상수지 적자가 중국의 환율 때문이 아니고 미국의 과소비(순저축이 낮아서)에 기인한다고 주장하였다. 따라서 미국이 진정으로 경상수지를 줄이려면 미국의 저축을 높여야 한다는 것이다. 식 (2.2)을 보면 일국의 국내순총저축의 감소와 경상수지 적자는 상호관계가 있음을 보여준다. 상세한 내용은 개방거시경제(제Ⅲ편)을 참조할 것.

요약정리

1. 국민경제의 총생산활동은 소득순환으로 파악된다. 소득순환이란 국민소득을 일정기간 동안의 순환으로 파악하고 그 순환에 참여하는 주체로 나눈다. 소득순환의 4 주체로는 가계부문, 기업부문, 정부부문, 그리고 해외부문으로 나누어 각 부문 간에 재화 및 용역의 거래를 나타낸다. 그리고 실물의 흐름과 반대방향으로는 화폐의 흐름이 있다.

2. 소득순환흐름에서 소득을 증가시키는 주입(injection)은 투자, 정부지출, 그리고 수출이 있다. 소득을 감소시키는 방향으로 작용되는 누출(leakage)은 저축, 조세, 그리고 수입이 있다.

3. 소득순환에서 주입총계와 누출총계가 균형을 이룰 때의 소득을 균형소득이라 하고 그때의 조건이 균형국민소득 결정조건이 된다. 그러나 주입 및 누출의 각 항목이 균형을 이룰 필요는 없다. 가장 간단한 균형조건식은 $I = S$이며 이는 바로 생산물시장의 균형조건이 되기도 한다.

4. 소득순환의 균형조건식 $G + I + X = \mathrm{S} + T + IM$으로부터 무역수지 갭과 국내순총저축의 갭과 대응관계에 있다. 즉, 국내순총저축이 마이너스면 무역수지는 적자가 되고 반대일 경우에는 무역수지는 흑자가 된다.

연습문제

1. 소득순환에 대하여 설명해보라.

2. 주입의 항목과 누출 항목은 무엇인가?

3. 주입이 증대하면 왜 국민소득이 증대하는가 설명하라.

4. 호경기에 왜 수입이 더 증대되는지 설명하라.

5. 저축이 증대되면 왜 국민소득이 줄어들까?

6. 소비가 미덕인 이유를 소득순환 모형을 이용하여 설명하라.

7. 경제가 저성장기가 예측될 경우 미래가 불확실하여 저축이 증대되면 국민소득은 어떻게 될까?

8. 1997년 외환위기 때 외환위기의 요인이 과소비로 인한 경상수지 악화로 외환위기를 겪었다는 일부의 주장에 의하여 절약 캠페인을 펼친 적이 있다. 이럴 경우 국민소득은 어떻게 변할지 소득순환 모형을 이용하여 설명하시오.

9. 소득순환 모형에서 수입증대는 누출의 증가로 국민소득을 감소시킨다. 그럼 수입을 억제해야 하는 것일까? 수입의 순기능과 역기능에 대하여 각각 설명해보시오.

10. 투자가 11조원, 저축이 10조원, 조세수입이 5조원, 정부지출이 4조원이라고 한다면, 순수출은 얼마일까?

11. 거시경제 모형에서 총수요가 증대됨에도 불구하고 산출량은 증대되지 않고, 인플레이션만 증대되는 경우가 있는데, [그림 2-2]를 기초로 설명해보시오.

제 II 편

균형국민소득 결정과 총수요

제3장 케인즈 소득결정 모형

》맨더빌의 「꿀벌의 우화」와 박제가의 '우물론'

케인즈가 제창한 유효수요의 원리는 케인즈 자신의 독창적인 아이디어가 아니라 중상주의 시대의 경제학에서 그 유래를 찾을 수 있다. 버나드 맨더빌(1670~1733)은 네덜란드 출신의 의사로서, 영국에서 개업의로 활동하면서 당시 영국 사회를 우화적으로 풍자한 「꿀벌의 우화」라는 시를 발표하였다. 「꿀벌의 우화」라는 시에 유효수요의 원리가 제시되고 있다. 우화의 내용은 아래와 같다.

옛날에 매우 번성했던 벌의 왕국이 있었다. 왕과 귀족들은 막대한 빚을 지면서 호화로운 생활을 하고 있었다. 사치스런 별장과 집을 짓고, 값비싼 옷을 입으며 매일 파티를 열었다. 이 나라는 강력한 군대를 이용하여 외국을 침략하여 식민지로 삼았다. 권력을 지닌 소수 특권층을 중심으로 부정부패가 심해지고 경제적 불평등이 심화되었다. 그럼에도 불구하고 그 사회는 주문(수요)이 끊이지 않아 모두가 풍족하게 살았다. 이처럼 흥청망청하던 벌 왕국에 어느 날 스님이 나타나서 모두가 회개해야 한다며 주문을 외우기 시작하였다. 이윽고 벌들은 깨끗하게 살 것을 다짐하고, 모두가 근검한 생활을 하였다. 왕과 귀족들은 호화로운 옷을 모두 팔아 빚을 갚고 아주 근검한 생활을 하였다. 온 국민 모두가 근검한 생활을 하였다. 그런데 문제가 발생하였다. 그 동안 호사스런 옷을 만들던 재봉사, 요리사, 목수, 조각가, 배우 등이 일자리가 없어져 생활이 어렵게 되었다. 맨더빌은 이 시를 통하여 덕을 갖춘 훌륭한 성품만으론 국민의 생활이 윤택해질 수 없음을 풍자적으로 주장하였다.

우리나라에서도 유효수요의 원리를 18세기 후반에 간파한 선비가 있다. 조선시대 실학자였던 박제가는 『북학의』(1778)에 소비의 중요성을 간파하였다. 조선조 후기의 상황은 농업을 중시하고 상업을 경시하고 안빈낙도(安貧樂道)를 선비의 덕목으로 삼던 시대였다. 박제가는 당시의 시대정신이었던 '근검과 청빈'이 국가경제를 튼튼하게 하는 것이 아님을 설파하였다. 그는 농업을 중심으로 한 생산증대를 통해서 국가가 부강해지는 것이 아니라, 소비증가 → 생산증가 → 소득증가를 통해서 부강해진다는 '우물론'을 강조하였다. 재물을 우물에 비유하여 "무릇 재물은 우물과 같다. 우물은 퍼서 쓸수록 자꾸 채워지는 것이고 이용하지 않으면 말라버린다. 비단옷을 입지 않으니 나라 안에 비단 짜는 사람이 없어지게 되고, 이로 인해 여공이 없어지게 된다. 비뚤어진 그릇을 탓하지 않으니 일에 기교가 없고, 나라에 공장(工匠)과 도야(陶冶: 질그릇 굽는 곳과 쇠를 벼리는 대장간)가 없어지고, 또한 일에 대한 기술과 재주가 없어질 것이다." 오늘날의 현대경제학 이론에 비추어도 손색이 없으니 그의 탁월함이 놀랍다. 소비의 중요성을 강조한 점에서 케인즈의 유효수요론과 유사하다고 할 수 있다.

『세계사를 지배한 경제학자 이야기』, 국일증권경제연구소 (2003). 한정주, 『조선을 구한 13인의 경제학자들』, 다산초당(2007)을 참조하여 정리함.

제1절 케인즈 소득결정모형

1.1 총수요와 균형국민소득 결정

1. 총수요의 기능 및 구성

총수요의 기능을 이해하기 위해서는 대공황의 상황을 이해할 필요가 있다. 대공황이 발발했던 1929년 10월말에 갑자기 주식시장이 붕괴되어 자산가치의 하락으로 소비를 줄일 수밖에 없었다. 이러한 소비감축은 거기에서 끝나는 것이 아니라 보다 심각한 문제를 야기시켰다. 소비감소는 기업의 매출을 감소시키고 원치 않는 재고누적을 초래하였다. 이런 상황 하에선 기업은 공장가동을 줄이고 고용을 감축시키는 수밖에 없다. 고용감축은 대량 실업자를 유발시키고, 이는 다시 가계부문의 소득을 줄여 소비감소 → 기업매출 감소 → 추가적인 해고로 이어져 악순환으로 빠지게 된다. 앞에서 살펴본 소득순환을 참조하면 어느 한 부분이 불균형을 이루게 되면 전체적으로 영향을 미쳐 소득이 줄어들고 고용감소가 초래된다는 것을 알 수 있다.

총수요가 부족해서 불황이 발생한 경우에 근본적인 치유책은 수요의 증진을 유도하여 공급이 되살아나도록 하는 것이다. 수요의 가장 큰 부분을 차지하는 것이 가계부문의 소비인데, 대공황 상황에서는 가계부문은 소비할 여력이 없었다. 가계부문의 수많은 사람들이 실직되어 있는데 무슨 수입이 있겠는가. 기업도 이미 원치 않는 재고가 쌓여 있는 데 신규투자를 할 수 없고 가동을 줄이기 때문에 수요를 늘릴 수 없는 형편이다. 그렇다고 해외부문의 수요에 의존하기도 힘들다. 세계적인 공황으로 다른 나라들도 구매력이 떨어져 있기 때문이다. 그렇다면 마지막 남은 정부부문의 수요에 의존할 수밖에 없다. 그런데 정부는 필요한 재화를 어떻게 구매할 수 있는가? 정부는 국민들로부터 세금을 거둬 그 재원으로 정부에서 필요한 재화구매 및 정부투자를 하는 것인데, 불황으로 가계부문 및 기업부문 모두 소득이 줄어들어 세수입도 줄어든 마당에 어떻게 구매를 늘릴 수 있단 말인가! 해결책은 적자재정을 유발시키는 것이다. 정부의 적자재정을 통하여 대규모 공공사업(고속도로 건설, 댐 건설 등)으로 수많은 일자리를 새롭게 창출하여 가계부문의 소비수요와 기업의 투자수요를 촉진시켜 불황을 극복하게 되었다. 케인즈 이전에는 한 나라의 총생산(GDP 혹은 GNP)은 얼마만큼 생산할 능력(총공급)에 따라 결정된다고 생각하였다. 수요측면은 신경 쓸 필요 없다는 사고였다(세이법칙

작동). 그런데 수요가 부족하면 공급능력이 아무리 커도 총생산(소득)은 줄어들어 수요(유효수요라함)의 크기에 의존케 되어 **세이법칙**이 무색하게 되었다.

2. 균형국민소득 결정 이론

(1) 기본 가정

케인즈의 국민소득결정론을 이해하기 위해서는 다음과 같은 몇 가지의 가정을 필요로 한다. 케인즈 이론은 대공황이라는 특수한 역사적 배경에서 등장된 이론이기 때문이다. 핵심 가정은 첫째, 총유효수요가 부족하다는 것이다. 이는 한 나라의 총수요는 총공급에 미치지 못하고 있다는 의미이다. 고전학파가 가정하고 있던 세이법칙이 통용되지 않고 있음을 뜻한다. 쉽게 설명하면 기업 측에서 생산을 많이 하였는데 판매가 안 되어 원치 않는 재고가 많이 쌓여있다는 의미이다. 둘째, 전반적으로 기업의 유휴설비가 존재한다는 것을 의미한다. 즉, 가동률이 정상수준 이하로 떨어져 있다. 이는 다시 경기가 회복될 경우 가동률을 높임으로써 생산을 조절할 수 있어 추가적인 신규투자가 없어도 수요만 회복된다면 공장가동률을 높여 총공급 수준을 높일 수 있음을 뜻한다. 셋째, 경기가 극심한 불경기이므로 물가는 하락되어 일정한 수준(바닥수준)에서 고정되어 있음을 의미한다. 따라서 경기가 회복되어도 일정 기간 동안은 물가상승이 일어나지 않을 것이다. 넷째, 많은 실업자가 존재하여 임금도 고정되어 있다. 나중에 다루게 되겠지만, 물가 및 임금이 일정수준에서 고정되어 있거나, 일정기간 동안 가격이 고정되거나 경직성을 띤다는 것이 케인즈 거시경제이론의 대단히 중요한 가정이 된다. 마지막으로 해외부문은 고려치 않은 폐쇄경제를 가정한다. 해외부문을 포함한 개방경제 모형은 제Ⅲ편에서 상세하게 다룬다.

(2) 균형국민소득 결정

위의 가정을 근거로 할 때 국민총생산은 오로지 수요측면의 크기에 의존케 된다. 공급측면은 오히려 수요측면의 크기에 의존케 된다. 수요측면의 크기가 증대되면 기업도 생산량을 증대시키고, 수요가 줄어들면 기업은 공급도 줄일 것이다. 기존의 고전학파모형에서는 한 나라의 총생산은 공급능력에 달려있다고 보고 수요는 피동적으로 결정되었다.

따라서 한 나라의 국민소득수준을 파악하려면 한 나라의 총수요의 크기를 파악하는 것이 중요하다. 한 나라의 총수요(폐쇄경제를 가정함)는 가계부문의 소비수요(C), 기업부문의 투자수요(I), 정부부문의 정부지출(G)로 나눌 수 있다. 이 3가지 수요를 합친 것을 한 나라의 총수요(Y)로 하면 다음과 같이 나타낼 수 있다. 수요측면의 국민소득을 총지출국민소득으로도 파악할 수 있다. 가계부문의 소비지출(C), 기업부문의 투자지출(I), 정부부문의 정부지출(G)를 합친 것이 국민경제의 총수요를 나타내는 총지출이다. 여기서 한 가지 유의할 사항은 각 구성항목의 지출은 **계획된 지출(planned expenditure: E)**이라는 점이다. 계획된 지출이란 일정한 기간 동안에 각 주체들이(가계부문, 기업부문 및 정부부문 등 폐쇄경제 가정) 지출하려는 의도(계획)가 반영된 지출이다. 계획된 지출은 사후적 지출인 실제지출과 다를 수도 있다. 이에 비해 실제지출은 가계, 기업, 정부부문이 실제로 지출한 총계이고 이는 사후적으로 GDP와 같게 된다. 사전적인 지출과 사후적인 지출이 다를 경우 그 만큼 원치않는 재고(undesired inventory)를 통하여 조정된다. 계획된 지출 E가 실제지출(생산량 Y)과 같아질 때 균형국민소득이 결정되므로 균형국민소득의 조건은 $E=Y$에서 이루어지므로 식 (3.1)과 같이 나타낼 수 있다.

$$E = C + I + G = Y \tag{3.1}$$

균형국민소득이 결정되는 관계를 [그림 3-1]으로 나타낼 수 있다.

[그림 3-1] 균형국민소득 결정

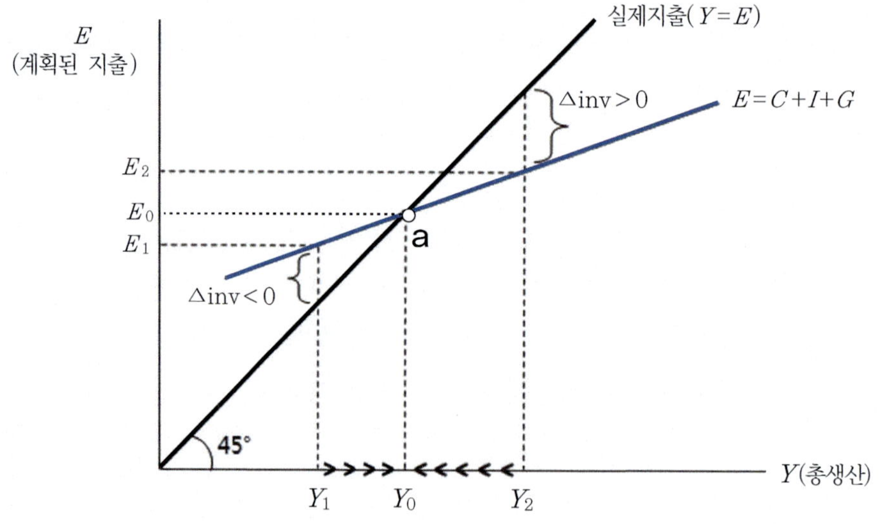

[그림 3-1]에서 Y축은 계획된 지출(planned or ex ante expenditure)을 나타내며, X축은 총생산을 나타낸다. 보조선으로 그은 45° 선은 실제지출 곡선을 나타내므로, 균형국민소득은 45° 선상에서 이루어진다. 즉, 계획된 지출규모(E)와 실제지출이 같아지는 곳에서 균형관계($Y=E$)를 나타내고 있다. 이제 계획된 지출규모가 E_0일 때 총생산도 총수요과 같은 수준에서 이루어지므로 'a'점에서 균형국민소득 Y_0가 결정된다. 균형국민소득은 45° 선상의 어느 점에서 일어날 것이다. 만일 계획된 지출규모는 E_1인데 총생산수준이 Y_1이라면 총생산이 계획된 지출의 크기보다 작으므로($E_1 > Y_1$) 생산량은 더 늘어날 것이다. 각 주체들이 계획하고 있는 지출이 생산보다 더 크므로 생산량은 증대하게 된다. 이 경우 재고의 변동을 통하여 조정된다. 계획된 지출이 실제지출보다 크므로 재고(△inv)는 감소될 것이다. 재고감소와 더불어 총생산도 증가하여 'a' 점에 이르면 더 이상의 재고조정도 없으며 계획된 지출(총수요)과 실제지출(총생산)이 일치되어 균형을 이루게 된다. Y_1에서는 재고가 감소되는데(예를 들면, 경기가 호황국면으로 진입하는 경우) 이런 경우를 **인플레이션 갭(inflationary gap)**이라고 한다. 한편 실제생산이 Y_2인 경우에는 계획된 지출(E_2)보다 커서($E_2 < Y_2$) 원치않는 재고가 쌓여(△inv > 0)가 생산을 줄여야 한다. 경제주체들이 지출하려는 계획된 지출액보다 실제 생산량이 크므로 재고가 쌓일 수밖에 없으며, 생산량을 줄여야 한다. 이런 경우 공급과잉이 생겨 **디플레이션 갭(deflationary gap)**이라 한다. 불경기의 경우가 이에 해당된다. 균형국민소득 수준 Y_0는 이보다 크거나 작을 경우 Y_0로 수렴하려는 안정적인 성향을 보이고 있다. 균형국민소득 수준 Y_0을 이탈하게 되는 경우 재고조정을 통하여 자동적으로 균형국민소득으로 수렴되는 것을 보여준다. 여기서 'a'는 안정적인 균형국민소득임을 나타낸다.

이제 국내총생산량(Y_E)이 잠재적 생산량(Y^*)보다 작은 경우 생산을 증대시키기 위한 방법을 간단한 케인즈 소득결정 모형을 이용하여 살펴보기로 하자([그림 3-2] 참조).

[그림 3-2]에서 잠재적 산출량(Y^*)에 해당하는 균형국민소득이 E_1점에서 이루어진다고 하자. 시초의 총지출규모는 E_0에서 결정되는 데 국민소득(Y_E)은 $Y^* - Y_E$만큼 지출(총수요)이 부족하여 실업이 존재함을 나타낸다. 소득순환모형([그림 2-1] 참조)과 연관하여 생각해보자. 기업부문이 생산해낸 실제생산(공급)이 다 판매되지 않고(즉, 가계부문의 소비감소) 재고로 남게 되므로 기업은 다음 기의 생산을 줄여야 할 것이다. 이는 고용도 그 만큼 줄여야 함을 뜻하고 그만큼 사회에 실업자를 배출하게 됨을 의미한다. 이런 상황에서 국민소득을 완전고용상태의 국민소득 또는 잠재적 국민소득수준인 Y^*으로 회복시키는 방법은 총지출의 크기를 증대시켜 E_0에서 E_1으로 이동시키는

것이다. [그림 3-2]에서 보듯이 계획된 지출곡선을 E_0에서 E_1으로 이동시키는 것이다. 그림에서는 정부지출 증대를 통하여 계획된 지출곡선을 상방으로 이동시키고 있다.

[그림 3-2] 정부지출 증대를 통한 균형국민소득 증가

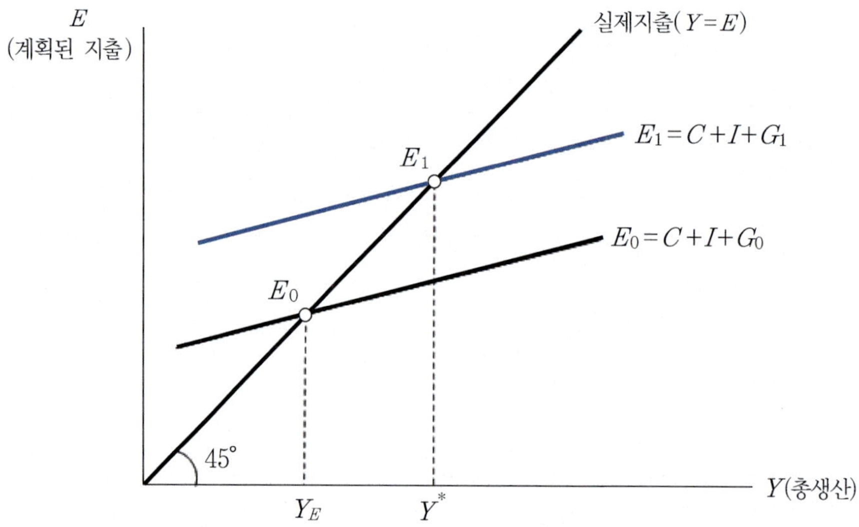

대공황시기에는 수많은 실업자가 존재하고 있으므로 가계부문의 소비증대를 기대하기 힘들다. 또한 기업부문도 많은 재고가 이미 많이 누적되어 있는 상황에서 신규투자수요를 증대시키기 힘들다. 대공황 당시에는 전 세계적으로 불황이므로 해외부문의 수출수요를 증대시키는 것도 기대하기 힘들다. 그렇다면 마지막으로 남은 정부부문의 정부지출을 증대시키는 방법 밖에는 없다. 그래서 총지출선 E_1은 다른 부문은 E_0와 같고 정부지출만 G_0에서 G_1으로 증대되었다. 정부지출의 증대는 정부의 적자재정을 의미한다. 이미 위에서 언급한 바와 같이 바로 이 적자재정이 바로 케인즈 거시모형에서 중요한 역할을 한다.

당시의 전통적인 경제학의 흐름에 비추어 혁신적인 발상의 전환이라 할 수 있다. 당시의 전통적인 경제학은 정부의 지출과 수입이 같아야 한다는 균형예산에 기초하고 있었기 때문이다. [그림 3-2]에서 보듯이 국민소득의 크기는 전적으로 총지출의 크기에 의존하는 것을 알 수 있다. 총지출의 크기(총수요)가 총생산량(총공급)을 결정하는 경우로서 고전학파의 세이법칙과 반대방향으로 작동되고 있음을 보여주고 있다. 이때 총

지출의 변동에서 주도적인 역할을 하는 것이 정부의 지출로서 정부의 역할이 중요하게 평가되는 계기가 되었으며, 이후 정부의 역할이 점차 중요한 위치를 차지하게 되었다.

케인즈의 재정지출 정책은 묵시적으로 정부는 파산하지 않는다는 가정을 하고 있다. 만일 정부의 재정적자가 심각하여 파산상태에 이른다면 정부지출을 통한 경기부양 정책을 실시할 수 없다. 현재 유럽국가들(그리스, 아일랜드 등 구제금융을 받음)은 과도한 재정적자로 인하여 재정정책을 쓸 수 없다. 2008년 세계적인 금융위기 이후에 그리스는 재정적자 위기로 더블딥[1] 우려가 높아지고 있다. 특히 그리스의 사태는 재정적자가 심각하여 국가부도(디폴트)에 직면하여 유럽중앙은행(ECB), 국제통화기금(IMF) 등을 상대로 국가부채 탕감을 요구하고 있다. 그리스의 국가신인도가 하락하여 국채를 발행해도 국채를 구매하려 하지 않는 상황이다.

》시사 : IMF 외환위기와 잘못된 처방

1997년 초부터 태국 등 동남아시아에서 외환유출이 일어나고 한국경제에 대한 전망이 불안해지자 해외자본 유출이 일어나 달러화가 부족하게 되어 한국은 1997년 말에 경제(외환)위기에 봉착하게 되었다. 이로 인해 우리나라는 IMF로부터 구제금융을 받아 위기를 모면하였지만, IMF의 구제금융을 받는 대가로 IMF 요구조건(IMF conditionality)을 수용해야 했다. 극심한 경기불황인데도 불구하고 초긴축정책을 요구하였다. 고금리정책과 긴축재정정책을 요구하여 우리나라는 기업도산과 함께 대량 실업을 초래하였다. 이런 IMF 정책에 대해 국내외 학자들의 비판이 제기되었는데, 대표적인 학자가 미국의 하버드 대학 교수였던 제프리 삭스이다. 그는 과거 IMF가 남미에 적용하였던 초긴축정책을 위기의 원인이 다른 한국 등 아시아 국가에 똑같이 적용하는 것은 문제가 있다고 비판하였다.

그로부터 한참이 지난 후 2010년 6월에 한국에서 개최된 G20 재무장관 회의에서 IMF총재(스트로스 칸)는 외환위기 당시에 IMF가 한국에 단행했던 구제금융 방식은 일부 문제가 있었다는 것을 간접적으로 언급하였다. 그리고 최근(2015년) 그리스 국가 디폴트 위기를 앞두고 채권자인 IMF측은 그리스의 채무를 탕감(30% 탕감으로 알려짐)을 제기하고 있어 과거보다 유연한 입장을 취하고 있다.

또한 당시에 정부도 적절치 못한 정책을 집행한 바 있다. 당시 정부는 IMF사태를 국민들의 과소비 탓(특히 당시에 해외여행이 급증했었음)으로 돌려 원인과 처방을 혼동하였다. 국민들의 과소비로 국제수지 적자가 더 빠르게 확대되어 국가의 신인도 하락에 일조를 한 것은 사실이지만 다른 요인도 작용하였다. 기업의 원자재 및 자본재수입도 급증하여 경상수지 악화의 요인이 되었다. 과소비(잦은 해외여행, 사치성 수입상품 소비 등)로 경제가 극심한 불황에 빠졌으니 그 원인인 (과)소비를 줄여야 한다고 한동안 절약 캠페인을 벌였다. 그 결과 매출감소로 불황의 골을 더 깊게 만드는 꼴이 되었다. 소득순환모형에서 보듯이 불황기엔 소비 증대 등을 통한 유효수요를 증대시켜서 불황으로부터 탈출해야 한다.

---

1) 경기침체 국면 이후에 본격적인 회복세로 돌아서지 못하고 다시 경기불황에 빠지는 경우를 말한다. 2008년 금융위기로 인한 경기둔화가 장기간 동안 지속됨에 따라 회복세를 보이기도 전에 제2의 경기침체 국면에 빠지는 것이 아닌가 하는 불확실성이 가시지 않고 있다. 2015년 현재 그리스 국가부도 위기로 전 세계경제의 불확실성을 높여 주었다.

제2절 소비, 투자

2.1 소 비

소비수요는 총수요 중에서 가장 큰 비중을 차지하는 부분이다. 각국마다 정도의 차이는 있지만 대체적으로 GDP의 1/2∽2/3를 차지하고 있다. 국내경기가 불경기일 경우 국내소비수요 진작이 중요함을 시사하고 있다. 특히 케인즈의 계획된 지출(총수요)에서 소비의 비중은 매우 중요하다. 총지출의 구성항목 중에서 가장 큰 비중을 차지하고 있기 때문이다. 소비는 크게 변화되지 않는 안정적인 범주 안에서 움직인다. 우리나라는 2013년 기준으로 가계부문 소비/GD의 비율이 약 50%이었는데, 2016년에는 50% 밑으로 떨어져 내수가 위축되고 있음을 보여주고 있다. EU 평균이 54.4%대인 점을 감안하면 우리나라는 해외부문에 많이 의존하고 있음을 시사한다. 내수비중이 큰 국가에 속하는 미국은 소비 대비 GDP 비중이 67%에 이르고 있다. 유럽국가들 프랑스, 독일, EU 등은 50% 이상을 차지하고 있다. 반면 중국은 가계부문의 소비가 39%에 지나지 않아 투자와 수출에 의한 성장을 추구하고 있음을 시사한다([그림 3-3] 참조).

[그림 3-3] 주요 국가의 가계소비/GDP 비교

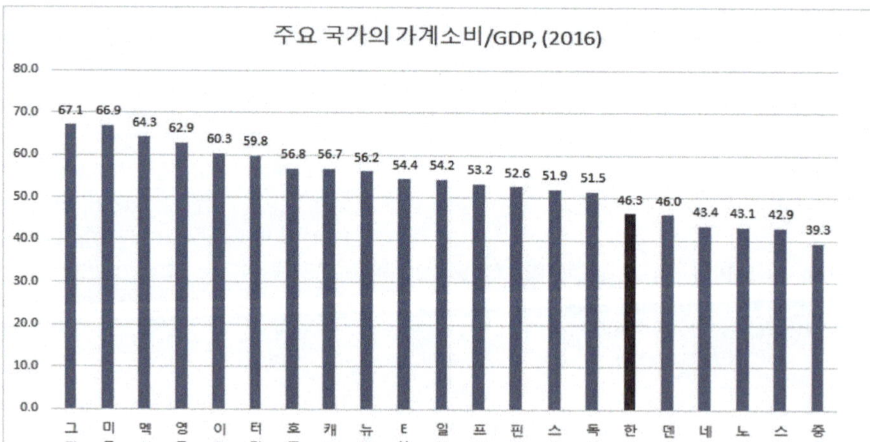

자료: OECD (2016)에서 추출하여 작성.

그러나 중국경제가 성장함에 따라 내수비중이(가계부문의 소비증대) 커질 것임을 시사한다.[2)]

소비는 주로 소득에 의존하게 된다. 케인즈는 소비가 소득에 의존한다는 것을 설명하면서 소득이 증가할 경우에 소비에 미치는 영향을 두 가지 관점(심리적)에서 파악하였다. 사람들은 소득이 증가할 경우 그 중에 얼마를 소비하려는 성향(심리적 상태)에 주목하였다.[3)] **한계소비성향**(MPC: marginal propensity to consume)과 **평균소비성향**(APC : average propensity to consume)의 개념을 제시하였다. 먼저 한계소비성향이란 증가된 소득 중에서 얼마만큼이 소비에 사용되어졌나 하는 정도를 나타낸다. 한계(marginal)란 개념은 쉽게 이해하면 추가적인 증가를 나타낸다. 예를 들면, 소득이 100만원이던 사람이 80만원의 소비를 하고 있었는데, 소득이 120만원으로 20만원이 증대된 경우 소비는 추가적으로 18만원이 증대되어 98만원을 하고 있다고 하자. 이 경우 소득증대는 20만원이고 18만원만큼 소비가 증대되었다. 이 사람의 한계소비성향(MPC)은 $18/20 = 0.9$가 된다. 반면에 평균소비성향(APC)은 전체소득 120만원 중에 98만원을 소비하였다면 $98/120 = 0.81$이 된다.

즉, $MPC = \triangle C / \triangle Y$ 이고, $APC = C/Y$ 로 표기된다. 한계소비성향은 0과 1 사이의 양의 값을 갖게 된다. 따라서 $0 \leq MPC \leq 1$, $0 \leq APC \leq 1$의 관계가 성립된다. 한계소비성향 MPC는 소비자의 심리상태를 반영하고 있다. 한계소비성향이 높은 사람이나 그 계층은 평균소비성향도 높아질 것이다. 소비성향이 높은 사람들이 사는 동네에 사는 경우 그들의 소비행태에 심리적인 영향을 받아 소비하고 싶은 욕구가 강화되어 한계소비성향이 높아지는 경향을 띄게 된다.[4)]

간단한 직선형의 소비함수 C는 다음과 같이 기술할 수 있다.

$$C = a + bY \tag{3.2}$$

위 식에서 b는 한계소비성향을 나타낸다. 그리고 상수항 a는 소득수준에 비례되지

2) 현재의 대중국 수출이 주로 자본재 및 부품소재 기업간(B2B) 수출에 치중하고 있다. 중간재 수출전략은 중국의 'China Inside' 전략으로 한계점에 부딪히고 있다. 이를 위한 돌파구로 소비자를 겨냥한 완제품 수출시장(B2C)으로 전환되어야 한다는 주장이 제기되고 있다.

3) 최근에 경제학과 심리학을 결합하여 행동경제학(behavioral economics)이라는 분야가 관심을 끌고 있는데, 케인즈는 이미 이 분야에 깊은 통찰력을 보여주었다. 야성적 충동(animal spirit)도 심리적인 측면을 고려한 것이다.

4) 케인즈의 소비이론은 자신의 현재의 소득 크기에 의하여 소비가 결정된다는 뜻에서 절대소득가설(Absolute Income Hypothesis)이라고도 한다. 반면에 듀젠베리(J. Dusenberry)는 자신이 속해 있는 집단의 사람들과의 상대적인 소득크기에 영향을 받는다는 상대적 소득가설(Relative Income Hypothesis) 이론이 있다. 소비에 관한 자세한 것은 제11장에서 상세히 다루어 질 것이다.

않는 기초소비를 나타낸다. 소득이 없어도 생계를 유지할 수 있도록 기초소비가 필요하다. 아래의 [그림 3-4]에서 절편 a 는 기초소비를 나타내고 있으며 기울기 b는 한계소비성향을 나타내고 있다. 소비함수가 직선인 관계로 증대된 소득 중에서 일정한 비율(MPC)로 소비가 추가적으로 증대됨을 나타낸다.

[그림 3-4] 케인즈 소비함수

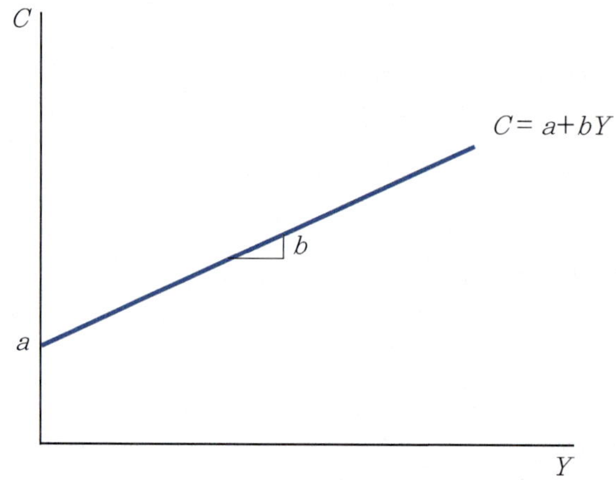

》 시사 : 감소하는 우리나라의 소비성향

| 표 3-1 | 평균소비성향(APC) 추이

	2006	2010	2012	2014	2015	2016
APC	77.6	77.3	74.1	72.9	71.9	71.1

APC = 소비지출/(소득-비소비지출) (%)

자료: 통계청

한국의 소비성향은 전반적으로 10여년 전에 비하여 감소되는 현상을 보여주고 있다<표 3-1 참조>. 기대수명 증대에 따른 고령화와 잠재성장률 하락으로 인한 저성장시대에 진입하여 향후에도 소비둔화가 예상된다. 미래가 불확실하면 미래소비를 위하여 현재의 소비를 줄이고 저축을 증대시키는 경향이 나타난다.

<표 3-2>는 연령별 평균소비성향의 변화를 주택보유와 함께 흥미있는 추세를 보여주고 있다. 대체적으로 주택보유자의 경우가 미보유의 경우보다 소비성향이 낮게 나타나고 있다. 이는 부자들의 평균소비성향이 낮다는 것을 반영해주고 있다. 또한 주택보유에 따른 채무(대출받아 주태 구입)로 소비를 줄이는 현실을 반영하는 것일 수도 있다. 또한 고령층 일수록 평균소비성향의 감소폭이 크게 나타나고 있다. 수명

연장으로 미래에 대한 불안(병원비 등 지출증대 예상)으로 소비를 줄이는 것으로 보인다. 흥미로운 사실은 청년층(30대 미만)은 소비성향이 증대되고 있다.

| 표 3-2 | 우리나라 주택보유와 평균소비성향 변화 추이

연령	주택보유여부	2006-2011 평균(A)	2011-2016평균(B)	B-A
30대 미만	보유	72.3	78.0	5.7
	미보유	73.5	74.1	0.6
30대	보유	74.5	72.9	-1.6
	미보유	74.3	73.5	-0.8
40대	보유	80.9	76.7	-4.2
	미보유	80.6	78.7	-1.9
50대	보유	72.8	68.7	-4.1
	미보유	74.3	74.8	0.4
60대	보유	75.1	67.7	-7.4
	미보유	75.7	71.1	-4.6
70대	보유	85.8	76.0	-9.8
	미보유	86.9	81.8	-5.1

자료: 통계청, 가계동향조사

》 시사사례 : 불황기 소비의 중요성

일본의 장기불황은 '잃어버린 20년'이라 불려진다. 1990년대부터 시작된 경기침체가 2010년 중반까지도 충분히 벗어나지 못하고 있는 상태이다. 일본의 1990년대 이후의 장기불황은 소비침체와 관련이 깊다. 일본 정부에서도 불황을 극복하기 위하여 수차례에 걸친 대대적인 대규모 정부지출을 늘리는 정책을 실시하였다. 그러나 좀처럼 일본은 장기적인 불황에서 벗어나지 못하고 있었다. 빠른 고령화로 인한 수명연장과 함께 장기불황의 조짐이 보이자 일본국민들은 지갑을 좀처럼 열지 않고 대신에 저축을 증대시켜 경기불황의 골을 더 깊게 만들었다. 일본 국민들은 소비촉진 정책을 써도 미래의 불확실성으로 인하여 소비를 가능한 최대로 줄이고 오히려 저축을 증대시켜왔다. 이렇듯이 개인적으로는 저축이 미덕이지만 국민 모두가 저축을 증대시키는 경우엔 국민소득은 줄어들게 된다. 이러한 현상을 **저축의 역설(paradox of thrift)**이라고 한다. 현재 아베정권의 적극적인 총수요 증대(대규모 양적완화정책, 재정지출 및 엔저정책) 정책으로 장기불황으로부터 벗어나려는 조짐을 보이고 있다.

2.2 투 자

투자는 총국민소득 중에서 차지하는 비율이 소비에 비하면 작지만 국민소득결정과 경기변동에서 대단히 중요한 역할을 한다. 그리고 투자는 속성상 그 변동이 심하여 경기변동에 주도적인 역할을 하고 있다. 경기가 불황국면에서 회복국면으로 들어설 때 주도적인 역할을 하는 것이 투자이다. 따라서 경기변동의 흐름을 읽을 땐 투자의 변동을 세심하게 살펴보아야 한다.

투자에는 크게 **총투자**와 **신규투자**로 나눌 수 있다. 총투자는 신규투자와 감가상각의 합으로 나타낼 수 있다. 경제학에서 중요한 의미를 갖는 투자는 신규투자이다. 실무적인 관점에서는 감가상각도 중요하지만 경제학이론에서는 흔히 논리의 간편성을 위하여 감가상각을 무시한다. 또한 투자의 종류별로 살펴보면 세 가지 형태의 투자지출로 구분할 수 있다. 기업의 **설비투자(business fixed investment)**는 생산에 필요한 장비, 설비 및 건물 등을 포함하고 있다. **주택투자(residential investment)**는 거주하기 위해 구입한 주택이나 임대하기 위해 신축된 주택에 지출된 투자를 의미한다. **재고투자(inventory investment)**는 원재료 및 중간재, 최종재를 창고에 보관하고 있는 재화를 의미한다. 여기서 재고는 앞의 재고(원치않는 혹은 계획되지 않은 것)하고는 다르다. 재고투자라 할 땐 계획된 재고투자를 의미한다. 이 세 부류의 투자 중에서 기업의 설비투자가 가장 큰 비중을 차지하고 있으며 기업의 경제활동에 중요한 역할을 담당하고 있다.

투자에 미치는 영향은 통상적으로 이자율에 의존하는 것으로 알려져 있다. 다른 사정이 일정한 경우에 이자율이 올라가면 투자비용이 증대되기 때문에 투자가 위축되고 이자율이 내려가면 투자가 증대된다. 전통적으로 투자는 이자율에 민감하게(탄력적으로) 움직이는 것으로 생각했으나 실증분석 결과 그렇지 않은 것이 밝혀졌다. 그에 대응하는 여러 가지의 투자이론들이 제시되게 되었다. 이 부분에 대한 자세한 내용은 후반 12장에서 자세히 다루어 질 것이다.

우선 가장 단순한 투자함수를 상정하기로 한다. 투자함수는 독립투자와 유발투자로 구분할 수 있다. 소득이나 이자율 등 여타변수에 의해서 영향을 받지 않는 투자를 **독립투자(independent investment)**로 한다. 반면에 소득수준에 영향을 받는 투자는 **유발투자(induced investment)**라고 한다. 경기가 회복됨에 따라 기계류 등 수입수요가 증대되면서 투자가 증대하는 경우 유발투자 증대로 볼 수 있다.[5)]

---

5) 경기가 불경기에서 회복국면으로 진입할 때 수입수요(특히 기계류, 부품 및 소재 산업)가 증대되어 유발투자가 급증하고 있는 현상을 보이고 있다. 이런 수입수요의 증대로 인해 경상수지의 흑자도 감소되거나 적자가

따라서 독립적인 투자지출곡선 I_0는 아래 [그림 3-5]와 같이 소득수준에 관계없이 일정한 수준을 유지하고 있다.

[그림 3-5] 독립투자 지출

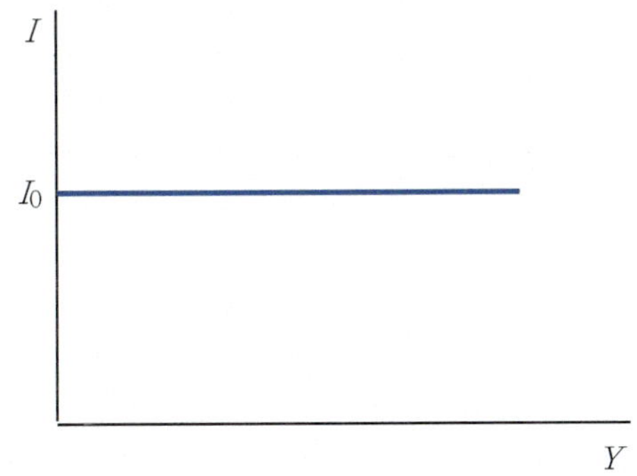

이제 간편한 분석을 위하여 가장 간단한 거시모형을 상정하자. 가계부문과 기업부문만 존재하는 미니 거시모형을 상정하면 이 나라의 계획된 지출(총수요)은 가계부문의 소비수요와 기업의 독립적인 투자지출의 합계로 나타내질 수 있다. 이런 관계를 아래 [그림 3-6]이 나타내고 있다. 소비지출을 나타내는 소비함수{[그림 3-6]의 (b)}와 독립적인 투자지출{그림 3-5의(c)}을 나타내는 투자함수를 종적으로 합친 것이 [그림 3-6]의 (a)에 표시되고 있다. [그림 3-6]의 (a)가 바로 총수요를 나타낸다.

될 수 있다. 최근에 우리나라는 불황형 경상수지 흑자를 기록하고 있는데, 수입의 급감이 주요한 요인이 되고 있다. 미래경제가 불투명하니 신규투자가 줄고 있어 자본재 및 부품수입이 줄어든 결과이다.

[그림 3-6] 총수요 : 소비지출+독립투자 지출

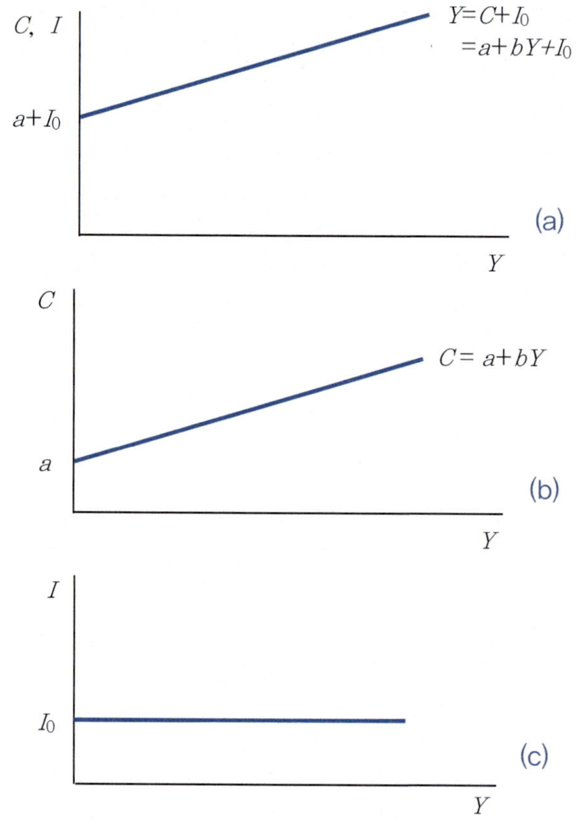

제3절 승수효과

3.1 정부지출 승수효과

승수효과(multiplier effect)란 독립적인 투자지출을 1단위 증대시킬 때 소득이 얼마만큼 증가하는가의 비율을 의미한다. 예를 들어 기업의 독립적인 투자지출이 1단위 증대됨에 따라 산출물이 5단위 증대되었다면 투자지출에 대한 산출물의 배수는 5가 된다.

이러한 관계를 **승수**(multiplier : k)라고 하고 이를 수식으로 나타내면 승수$=\frac{\Delta Y}{\Delta I}$가 된다. 승수 k는 한계소비성향(b)과 밀접한 관계가 있다. 그 논리는 다음과 같이 설명될 수 있다. 기업이 독립적인 투자지출을 100억 원 추가적으로 증대시켰다고 하자. 우선 소득순환 흐름에서 100억 원 자체가 증가하여 그 만큼 소득이 증가된다. 증가된 소득은 여기서 끝나는 것이 아니라 가계부문으로 흘러가면 한계소비성향×100억 원 소비한다. 이는 다시 기업부문의 수입증가가 되므로 생산을 그만큼 더 증가시킨다. 이 과정에서 고용을 추가적으로 늘리고 가동률을 높여 확대재생산을 가능케 해준다. 이러한 과정이 반복됨에 따라 생산이 증대되고 소득(GDP)이 증대될 것이다. 그런데 가계부문에서는 기업부문이 생산해낸 생산을 모두 소비하는 것이 아니고 가계부분이 소비하려는 성향만큼(한계소비성향: b) 소비될 것이다. 따라서 초기의 투자지출 100억 원 증대에 따른 총소득의 누적적 증대효과 $\triangle Y = 100 + 100 \times b + (100 \times b) \times b + ((100 \times b) \times b) \times b + \cdots = 100(1 + b + b^2 + \cdots + b^{n-1}) = \frac{100}{1-b}$가 된다. 이를 수식으로 표시하면 승수 $k=\frac{1}{1-b}$가 된다. 여기서 만일 한계소비성향 $b = 0.7$이라면, 소득증가는 등비수열의 원리에 의해

$$\begin{aligned}\triangle Y &= 100 + 70 + 49 + 34.3 + 24.01 + 16.81 + \ldots \\ &= \frac{100}{1-0.7} = 333.33\end{aligned}$$

이 된다.

승수원리에 의하면 한계소비성향이 클수록 승수효과가 커져 국민소득 증가효과가 커진다. 이는 소득순환모형에서 살펴보면 더욱 분명해진다. 가계부문의 소비성향이 커야만 그 만큼 소비도 늘어나게 된다. 이는 기업의 매출(또는 이윤)을 그만큼 더 증가시켜 기업의 확대재생산과 고용을 촉진시킨다. 이런 일련의 과정은 국민소득증대를 유발시키게 된다. 승수원리는 정부지출에도 동일하게 적용된다. 정부의 지출이 증대될 경우에 소득순환에서 주입(injection)으로 작용하여 승수효과 과정을 거쳐 국민소득이 증대하게 된다. 정부지출을 $\triangle G$ 만큼 증대시킬 경우 소득은 $\triangle Y=\frac{\Delta G}{1-b}$ 만큼 증대하게 된다. 이 승수원리가 1929년의 대공황을 벗어나게 한 원리였다. 공황기이므로 가계부문의 소비증대나 기업의 투자지출을 증대시킬 수 없었다. 대신 정부부문에서 적자재정을 편성하여 부족한 유효수요를 보완시켜주는 역할을 하였다. 이런 정책이 우리나라에서도 집행되었다. 1997년 말의 IMF 외환유동성위기와 2008년의 서브프라임 금융위기 때 대량의 실업자를 흡수하기 위하여 정부에서는 대규모의 재정지출을 실시하였다. 재정지출을 통하여 여러 가지 공공사업을 실시하였다.

3.2 폐쇄경제와 개방경제의 승수효과 차이

케인즈 모형의 승수효과에서 폐쇄경제 하의 경우와 개방경제의 경우에 차이가 있음을 알 수 있다. 즉, 폐쇄경제 하에서의 승수효과가 개방경제의 승수효과보다 크게 나타난다. 예를 들어 정부지출을 증대시킬 경우 폐쇄경제 하에서의 승수효과는 $\frac{1}{1-b}$이지만, 개방경제의 경우에는 $\frac{1}{1-b+m}$이 된다. 여기서 b, m은 각각 한계소비성향과 한계수입성향을 나타낸다. 한계수입성향(m)은 증대된 소득(ΔY) 중에서 얼마만큼 수입(ΔM)하려는가 하는 비율($\Delta M/\Delta Y$)로 나타낸다. 한계수입성향(m) 및 한계소비성향(b)은 모두 0과 1 사이의 값을 가지므로 개방경제 하에서의 승수가 폐쇄경제의 승수보다 작게 된다. 개방경제 하에서는 정부지출로 증대된 소득(승수효과를 통해 증대된 소득)이 수입수요를 유발시켜 증대된 소득의 일부분이 누출로 소득순환에서 빠져나간다. 따라서 폐쇄경제의 경우와 비교하여 소득증대의 효과가 작게 나타난다. 그렇다고 폐쇄경제가 개방경제보다 낫다고 주장할 수 는 없다. 자국의 수출증대, 자본의 유입효과, 경쟁촉진의 효과 등은 일정하다는 묵시적인 가정을 하고 있음에 유의해야 한다.

3.3 정부지출의 재정승수 효과 국제비교

정부지출의 재정승수의 크기에 대해서는 학파에 따라 다르게 보고 있다. 재정정책의 중요성을 강조하는 케인즈 학파는 재정승수가 1보다 클 것으로 봤다. 반면에 통화론자들을 위시한 새로운 고전파는 구축효과와 합리적 기대 영향으로 재정정책의 효과가 크지 않다는 점을 강조한다. 이런 상반된 이론에 따라 재정정책의 효과를 추정하기 위하여 정부지출에 대한 승수효과의 크기를 실증적으로 추정하여 국제비교한 연구가 발표되었다.[6] 김필헌(2010)은 2000년 이후 최근(2009)까지 OECD 주요 22개국을 대상으로 정부지출 승수효과(재정승수)를 추정하였는데, 한국의 경우는 0.838로 OECD 22개국의 전체 평균 0.905보다 작게 추정되었다. 또한 정부지출 증대에 따른 경기부양효과도 3분기로 지속적이지 못했다. 반면에 다른 나라의 재정승수를 비교하면 미국 1.479, 일본 1.026, 영국 0.965, 독일 1.235, 프랑스 0.649, 이태리 1.195, 캐나다 1.317, 핀란드 1.022, 네덜란드 0.942 등으로 나타났다. 프랑스를 제외하고는 우리나라보다 대부분 높게 추정되고 있다.

---

6) 김필헌,“재정정책 효과의 국제비교,” 「지속성장을 위한 정부역할의 재조명」, 2010 제1차 정책세미나 발표자료집, 107~133, 2010. 3. 26, 한국경제연구학회

김필헌(2010)은 재정승수가 작은 이유로 첫째, 대외의존도 심화 및 개방화를 들고 있다. 개방경제 하에선 정책효과의 누출로 재정정책 효과가 감소된다. 둘째, 소비자의 미래에 대한 기대성향도 재정승수에 영향을 준다. 합리적 기대를 할 경우 정부의 재정적자는 미래 증세 내지는 미래 이자율 상승을 통한 소득감소로 이어질 것을 예상하여 항상 소득이 변하지 않아 재정정책에 영향을 끼치지 못한다. 셋째, 재정승수의 차이는 국가별 **자동안정화 장치(built-in automatic stabilizer)**와 관계가 깊다. 자동안정화 기능이 크게 작용할수록 재정정책의 효과는 떨어지게 된다. 자동안정화 기능이 취약할 경우 재정확대를 통해 국민소득 보전의 효과가 커지기 때문에 재정승수도 커질 수 있다. 예를 들면, 불경기에 실업수당 등이 충분히 지급되지 않을 경우(자동안정화 기능의 취약함) 정부지출의 증가로 인한 소득증대의 효과는 커질 것이다. 복지기능이 잘 발달된 유럽(자동안정기능이 잘 구축됨)의 재정승수가 미국에 비하여 작게 추정되고 있음을 보여준다. 경기침체시의 재정승수가 호경기의 경우보다 크게 나타난다.

| 표 3-3 | 주요국의 재정승수 비교(2000~2009)

국가	한국	미국	영국	독일	프랑스	일본	이태리	캐나다	네덜란드	핀란드	그리스
승수	0.838	1.479	0.965	1.235	0.649	1.026	1.194	1.317	0.942	1.022	0.459

》 재정지출 승수 크기

불경기시에 재정지출을 증대시켜 경기회복을 꾀한다. 이때 가장 중요한 요인의 하나가 재정지출 승수의 크기이다. 재정지출 승수의 크기와 구축효과의 상대적인 크기에 의하여 재정지출의 효과가 달라진다. 재정지출 승수의 크기에 대한 논란이 많이 제기되었다. Robert Barro는 Wall Street Journal(2009.1.22.)에서 평화시에는 재정승수의 크기가 거의 '0'에 가깝다는 것을 주장하였다. 반면에 2008년도 금융위기 후에 정부의 적극적인 재정지출을 편 각국의 정부는 재정지출의 승수효과가 상당한 정도 크다는 신념으로 적극적인 확장적 재정지출을 실시하였다. IMF의 *World Economic Outlook* (2012.10)에선 재정지출 승수의 크기가 기존의 추정치(0.9~1.7)보다 작은 평균 0.5(0.4~1.2)라고 추정한 바 있다. 일반적으로 재정지출 승수는 누출항목(한계저축성향, 한계수입성향, 소득세율 등)이 높아짐에 따라 승수 크기가 작아지는 것으로 알려졌다.

국회예산정책처(2014)의 연구에 의하면, 부문별 재정지출의 탄력성 및 재정지출 승수의 크기를 비교하여 흥미로운 분석결과를 제시하고 있다. 즉, 공공부문 및 국방부문에 대한 정부지출 승수 0.639, 교육부문 0.604, 보건의료 부문 0.347, 사회보장 0.578로 추정되고 있다. 이런 추정치에 따르면, 재정지출의 목적이 경제성장이나 고용증대에 있다면, SOC, 공공행정 및 국방, 교육부문, 사회보장, 보건의료 부문의 순으로 투자되는 것이 효과적임을 나타낸다. 반면에 재정지출의 목적이 소득분배 개선에 있다면, 재정지출은 사회보장, 보건의료, 교육, SOC, 공공행정 및 국방 부문의 순으로 투자하는 것이 효과적임을 제시하고 있다.

(출처자료: 국회예산정책처, 『분야별 재정지출의 소득분배 효과 분석』, 2014.8.)

요약정리

1. 균형국민소득은 사전적 총지출(E)과 실제지출이 같아지는 수준에서 결정된다. 균형국민소득은 지출측면의 크기(총수요의 크기)에 의하여 결정된다.

2. 케인즈의 소득결정 모형에서는 총수요의 크기에 의해서 주도적으로 결정된다. 즉, 수요가 증대될수록 국민소득은 증대된다. 이러한 배경에는 국민경제 내에 실업이 존재하고 유휴설비가 존재하는 상황에서 수요측면의 크기에 의하여 균형국민소득이 결정된다.

3. 총수요를 결정하는 가계부문의 소비는 소비함수에 의하여 결정되는데 한계소비성향의 크기가 중요하다. 소비에 영향을 주는 요인으로는 소득이다. 해외부문을 고려치 않은 폐쇄경제의 경우 총수요의 크기는 $C + I +$ G로 결정된다. 불황기에는 총수요를 진작시키는데 있어서 정부지출이 주도적인 역할을 한다.

4. 승수효과란 정부지출이나 투자지출을 1 단위 증가시킬 때 증가되는 소득의 정도를 타낸다. 승수 $k=\frac{1}{1-b}$로 표시된다. 여기서 b는 한계소비성향을 나타낸다.
폐쇄경제 승수의 크기가 개방경제의 그것보다 크게 나타나는데, 그 이유는 개방경제하에선 증가된 소득의 일부가 소득순환에서 빠져나가는 누출(수입)이 생기기 때문이다.

5. 고전학파는 한 나라의 국민소득은 공급측면에 의하여 주도적으로 결정된다는 세이법칙(Say's law)이 작용하는 반면에, 케인즈 모형에서는 수요측면에 의하여 국민소득이 결정된다.

연습문제

1. 밴더 맨더빌은 「꿀벌의 우화」를 통해서 국민의 근검 절약생활이 윤택해질 수 없음을 상징적으로 주장하고 있다. 그럼에도 우리는 근검절약의 중요성을 강조하고 있다. 개인의 검소한 생활과 저축은 개인의 소득을 증진시킨다는 주장과 상반되는데, 이를 어떻게 조화롭게 설명할 수 있나?

2. '세이의 법칙'의 법칙이 나타나는 경제는 완전고용을 전제하고 있다. 이러한 경제에서 지속적으로 재화에 대한 수요가 증가한다면 물가는 어떻게 되겠는가?

3. 1997년 외환위기 당시에 IMF가 대한민국에 요구한 사항은 무엇이고, 잘못 처방된 정책의 내용은 무엇인지 조사해보라.

4. 1990년대 일본에서 대규모 정부지출을 통한 총수요 확대정책을 실시하고자 하였다. 그러나 이러한 정책의 결과는 총수요 확대로 이어지지 못하였다. 그 이유는 무엇인가? 이로 인한 일본정부의 재정구조의 변화를 조사하고 분석하시오.

5. 다음 용어의 정의를 기술하시오.
   1) 설비투자
   2) 주택투자
   3) 재고투자
   4) 독립투자
   5) 유발투자

6. 민간투자가 이자율에 전혀 영향을 받지 않는다고 한다면, 민간투자를 확대하기 위한 정책안은 무엇이 있을까?

7. 투자승수가 0.4라고 한다면, 국민소득을 1000조 원에서 1020조 원으로 증가시키고자 한다면, 투자가 어느 정도 증가하여야 하는가?

8. 개방경제 하에서 한계소비성향이 0.7이고, 한계수입성향이 0.3이라고 한다면, 이때 정부재정지출을 1조 원을 증진시킨다면, 국민소득은 얼마나 증가하겠는가?

9. 한계소비성향이 0.9에서 0.8로 감소되었다면 정부지출 증가에 대한 효과는 어떻게 변할까?

10. 정부의 재정지출 승수가 독일과 이태리가 다른 국가보다 큰 이유를 조사해보시오.

11. 자동안정화 장치(built-in automatic stabilizer)에는 어떤 것이 있는지 조사하고 기술하시오.

제4장 *IS*–*LM* 동시균형과 총수요(*AD*)

제1절 생산물시장 균형과 *IS*곡선

1.1 계획된 지출의 구성항목

계획된 지출이란 거시경제의 각 부문, 즉 가계, 정부, 기업 부문에서 계획하는 **예상지출(planned expenditure)**을 나타내는 것으로 그 구성항목은 가계부문의 소비지출, 기업의 투자지출, 정부지출로 이루어진다. 폐쇄경제의 경우, 계획된 지출 E는 다음과 같이 표시할 수 있다.

$$E = C + I(r) + G \tag{4.1}$$

소비함수인 C는 소득에 가장 큰 영향을 받아 아래와 같이 표시할 수 있다. 뒷 부분에서 다루겠지만 소비는 소득 이외에도 이자율, 자산에 의해서도 영향을 받는다. 그러나 소득(가처분)에 의하여 가장 큰 영향을 받는다고 보기에 소득의 함수로 상정한다.

$$C = a + bY_d \tag{4.2}$$

Y_d는 **가처분소득**$(Y-T)$을 나타낸다. T는 세금을 나타낸다. 소비함수의 식 (4.2)에 나타난 b는 한계소비성향이라 하며 소비함수의 기울기를 나타낸다.

그리고 투자함수는 이자율과 반비례 관계에 있다. 이자율이 상승하면 차입비용이 증대함으로 투자지출을 축소하기 때문이다. 차입하지 않고 자기자금으로 투자한다 해도 자기자본에 대한 기회비용을 생각한다면 이자율과 투자는 반비례 관계가 성립된다. 이때 투자수익률은 일정하다고 가정한다. 이자율과 투자지출과 반비례 관계를 보여주는 그림이 [그림 4–1]에 나타나고 있다. 투자지출은 이자율뿐만 아니라 소득변화와도 관계가 있지만 여기서는 이자율에 의해서만 영향을 받는다고 가정한다. 정부지출은 정부의 정책적인 판단에 의해서 독립적으로 집행됨으로 외생변수로 취급한다.

$$I = I(r) \qquad (4.3)$$
$$G = \overline{G}$$

위의 식을 이용하여 정리하면 계획된 지출은

$$E = C(Y-T) + I(r) + G \qquad (4.4)$$

로 된다.

[그림 4-1] 투자지출과 이자율 관계

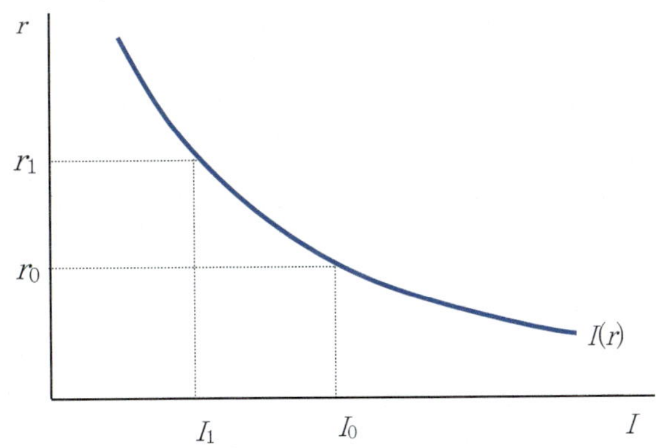

1.2 IS곡선 도출

1. IS곡선 도출

계획된 지출(E)과 **실제지출**(Y)이 같아지는 수준에서 균형국민소득이 결정되는 데, 이자율이 변동됨에 따라 생산물시장의 균형조건이 바뀌고 그에 따른 균형국민소득이 바뀌는 관계를 나타낸 것이 아래 [그림 4-2]이다. [그림 4-2]의 (a)는 케인즈의 균형국민소득 결정관계를 나타내는 그래프이며 이자율이 변동됨에 따라 투자지출이 변

[그림 4-2] *IS*곡선 도출

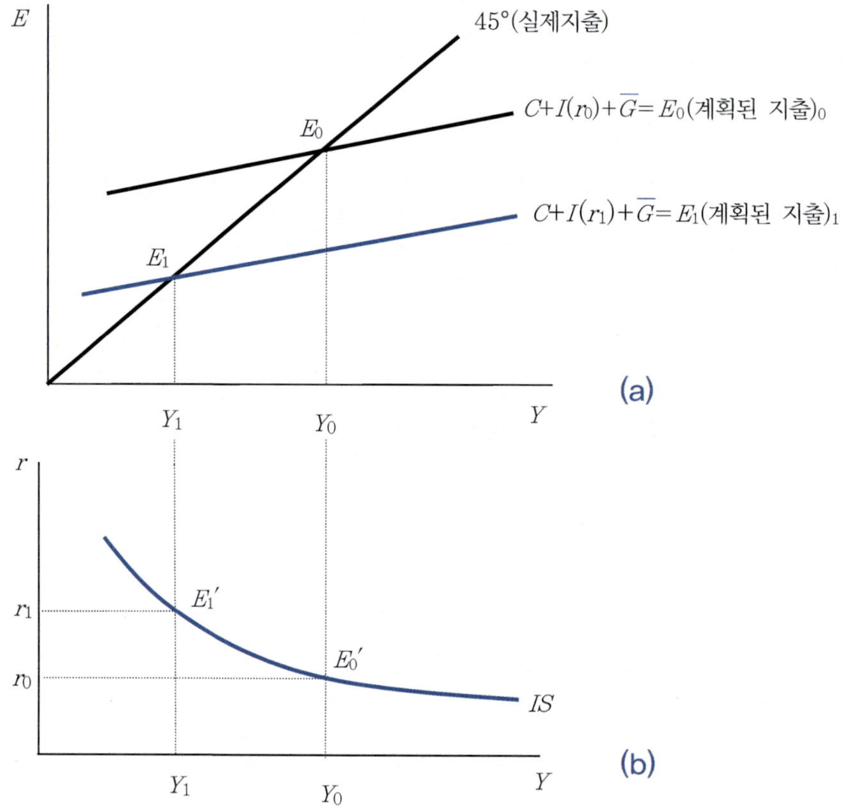

화된 것을 반영하고 있다. 즉, $Y=E$ 인 관계로부터 이자율이 r_0일 때, $Y=C(Y-T)+I(r_0)+G$로 나타낼 수 있고 그에 상응하는 균형소득 Y_0가 결정된다. 이자율이 r_0인 상태에서 균형국민소득 Y_0의 조합은 생산물시장의 균형조건을 만족시키는 이자율과 산출량과의 관계를 나타낸다. 이제 어떤 이유로 인해 이자율이 r_0에서 r_1으로 상승했다면 그에 따른 투자지출이 $I(r_0)$에서 $I(r_1)$으로 감소할 것이고 총수요도 투자지출 감소분만큼 줄어들어 균형국민소득도 Y_0에서 Y_1 으로 줄어들게 된다. 이러한 관계들로부터 생산물시장은 이자율의 변동에 따른 새로운 균형국민소득수준이 1:1 대응관계를 나타낸다. 즉, 생산물시장의 균형을 나타내는 점들의 집합 $(r_0,\ Y_0)$, $(r_1,\ Y_1)$, $(r_2,\ Y_2)$, …을 이어 놓은 것을 *IS*곡선이라 한다. 따라서 *IS*곡선 상의 모든 점들은 생산물시장의 균형을 반영하는 수많은 이자율과 소득의 결합 점들이다. *IS*곡선을 벗어난 점들은 생산물시장의 불균형을 나타내는 점들이다.

2. *IS*곡선의 특징

*IS*곡선의 특징은 [그림 4-2]에서 보듯이 첫째로 우하향하는 기울기를 갖고 있어 이자율과 소득과는 반대방향으로 움직이는 것을 보여주고 있다. *IS*곡선이 우하향한다는 의미는 생산물시장에서 생산을 증대시키려면 이자율을 떨어뜨려야 한다는 것을 시사한다. 즉, 불경기시에 경기를 활성화시키려면 저금리정책을 실시해야 함을 뜻한다. 실제로 대개의 경우 불경기에는 금리인하정책을 실행하고 있다. 둘째, *IS*곡선의 기울기는 특히 투자함수의 이자율 탄력성과 긴밀한 관계를 갖고 있다. 이자율이 조금만 상승해도 투자지출이 크게 떨어지는 경우(투자함수의 이자율 탄력성이 큼을 의미) 그에 상응하는 소득감소도 크게 나타나 *IS*곡선의 기울기는 더 완만한 형태가 될 것이다. 반대로 투자함수의 이자율탄력성이 작을수록 *IS*곡선의 기울기도 가파르게 될 것이다. 후술하겠지만 케인즈는 투자함수가 이자율에 비탄력적이라 여겨 케인즈학파 모형은 상대적으로 *IS*곡선의 기울기가 가파르게 나타내진다. 케인즈는 투자가 이자율의 움직임에 결정되기보다는 **투자한계수익률**(marginal efficiency of investment)에 더 의존한다고 보았다. 투자수익률에 영향을 주는 주요한 요인으로 **야성적 충동**(animal spirit)[1]에 주로 영향을 받는다고 보아 이자율에 대해선 비탄력적이라 여겼다. 반면에 고전학파 모형은 투자함수가 이자율에 탄력적임을 가정하고 있어 *IS*곡선의 기울기가 보다 완만하게 나타날 것이다. 이 *IS*곡선의 기울기의 차이는 후술하게 될 재정정책이나 금융정책의 효과를 판단하는데 중요한 지침이 된다. *IS*곡선의 기울기에 대해선 아래의 〈표 4-1〉에 정리되어 있다.

| 표 4-1 | *IS*곡선의 기울기 비교

	투자함수 이자율탄력성		소비함수 이자율 탄력성		수출함수 이자율 탄력성	
	탄력적	비탄력적	탄력적	비탄력적	탄력적	비탄력적
IS 곡선 기울기	완만함	가파름	완만함	가파름	완만함	가파름

소비도 이자율의 영향을 받는다. 이자율이 상승할 경우 소비자들은 저축을 증대시켜 오늘의 소비를 줄이고 내일의 소비(저축임)를 증대시키려고 오늘의 소비지출을 지연

1) 우리말로 번역하기가 매우 곤란한 용어이다. 케인즈는 투자자들이 이자율의 움직임에 민감하게 작용하기보다는 투자 한 단위로부터 예상되는 투자수익률과 이자율을 비교하여 투자가 결정된다고 보았다. 그런데 투자의 예상수익률은 극히 주관적인 것이어서 해당 사업에 대한 기대수익률이 천차만별이다. 유능한 기업인은 마치 동물들이 먹이 감을 찾았을 때 사냥하듯이 본능적으로 사업기회라고 여기는 순간에 투자를 단행한다. 투자도 마찬가지다. 직관적으로 기대수익률을 예견하고 투자의 기회를 포착한다. 이런 이유에서 투자의 타이밍의 중요성을 강조한다.

시킨다. 따라서 이자율과 소비 간에는 반비례의 관계가 성립한다. 소비가 이자율에 탄력적일수록(조그만 이자율 상승에도 소비가 크게 감소하는 경우) 총수요 변동에 그만큼 큰 영향을 미치게 되어 *IS*곡선의 기울기가 완만해 질 것이다.[2] 각자 [그림 4-2]를 기초로 그려보면 금방 이해된다. 순수출의 경우에도 이자율의 움직임과 반비례 관계를 갖는다. 자국 내 이자율 상승은 자국통화에 대한 수요를 증가시켜 자국화폐를 평가절상(appreciation)시킨다. 이는 자국의 수출을 둔화시킨다(개방경제에 관해서는 후술하는 제3편 참조할 것). 이자율의 상승에 대하여 순수출이 탄력적으로 줄어들게 될 때(이자율의 변동폭 보다 큰 폭으로 수출이 줄어드는 경우) 소득의 감소가 커지게 된다. 이는 *IS*곡선이 그 만큼 완만한 기울기를 갖게 된다는 것을 의미한다.

1.3 *IS*곡선의 이동

이제 *IS*곡선을 이동시키는 요인들을 살펴보기로 하자. 먼저 정부지출을 증대시키면 계획된 지출곡선이 위로 이동하게 되고 그에 따른 균형국민소득이 증대하게 된다. [그림 4-3]에서 *IS*곡선이 우측으로 이동한 것으로 나타낼 수 있다. 이자율은 주어진 것으로 가정하므로 증대된 소득수준을 표시하려면 *IS*곡선이 우측으로 이동하게 될 것이다. 이렇듯이 *IS*곡선을 우측으로 이동시키는 것은 정부의 지출뿐만 아니라 독립적인 투자지출, 수출증가의 경우에도 같은 결과를 나타낸다. 예를 들어 미국의 경기가 호경기로 진입하게 될 경우 미국 내의 수입수요가 증대되어(이는 교역상대국의 수출증가를 의미함) 국내의 총수요 증가로 나타나 *IS*곡선을 우측으로 이동시킬 것이다. 이러한 예는 일본의 엔화가 평가절상되어 상대적으로 우리나라의 수출이 증대되는 경우에도 *IS*곡선은 우측으로 이동하게 될 것이다. 또한 소비성향이 증대될 경우에도 *IS*곡선이 오른쪽으로 이동하게 될 것이다. 그러나 이때의 *IS*곡선은 평행이동하지 않고 기울기가 다르게 나타난다. 왜냐하면 *IS*곡선의 기울기는 투자의 이자율 탄력성 및 한계소비성향에 의존하게 되기 때문이다. 또한 조세의 감소, 저축의 감소, 수입의 감소시에도 *IS*곡선은 우측으로 이동하게 된다. 우리는 이와 관련된 사례를 많이 접할 수 있다. 예를 들면, 2017년 미국의 트럼프 행정부가 집권하자마자 침체된 경기를 진작시키기 위해

---

2) 수학에 약간만 관심이 있는 학생이라면 수식으로 쉽게 도출할 수 있다. $Y = C(Y, r) + I(r) + G$에서 Y와 r에 대하여 전미분한 후 정리하면 *IS*곡선의 기울기 $dr/dY = (1-C_Y)/(C_r + I_r) < 0$이 된다. C_r과 I_r이 각각 마이너스 값을 갖기 때문이다. 여기서 이자율이 소비에 미치는 효과의 정도를 나타내는 소비의 이자율 탄력성인 C_r이 커질수록(절대값이 증가함을 의미) dr/dY의 값이 작아져 *IS*곡선의 기울기가 완만해짐을 나타낸다.

개인 및 기업의 조세삭감을 실시했다. 조세삭감은 개인의 소비 및 기업의 지출을 증대시켜 소득의 증대로 나타났다. 이는 *IS*곡선이 우측으로 이동한 결과로 해석할 수 있다.[3)]

[그림 4-3] *IS*곡선의 이동

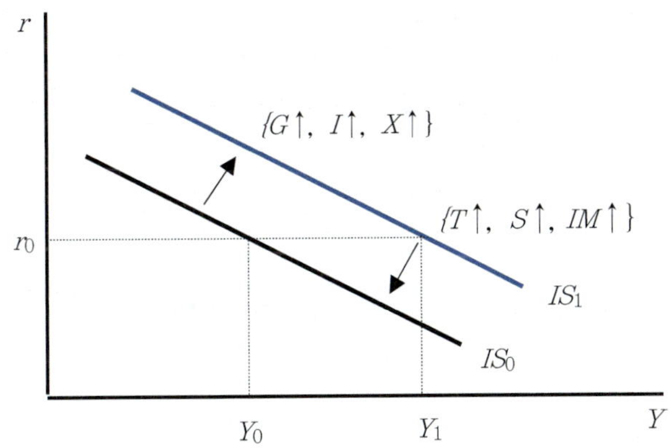

또 하나의 *IS* 이동과 관련하여 흥미 있는 것은 케인즈의 투자에 관한 것이다. **야성적 충동(animal spirit)**이 활발하게 일어날수록 투자수요가 증대하여 *IS*곡선이 우측으로 이동될 수 있다. 예를 들면 기업가정신이 왕성한 벤처기업인들이 어떤 사업 아이템에 대한 투자를 증대시켜 *IS*곡선을 오른쪽으로 이동시킨다. 미국의 카우프만 연구센터와 영국의 런던경영대학원에서 흥미있는 연구결과를 발표하였다. 중소기업, 벤처기업의 활발한 창업활동과 성장 간의 관계를 분석하였다.[4)] 지난 1997 이래 G7을 위시한 선진국과 개도국 등 29개국(2002년 기준)을 대상으로 분석한 결과 **기업가정신(entrepreneurship)**과 경제성장 간에는 긴밀한 정(正)의 상관관계가 있음을 밝혀냈다. 이들 국가 간 성장률 격차 가운데 1/3정도는 신규 창업활동으로 설명이 가능하다는

3) 정부지출이 실물에 미치는 효과에 대한 논의는 **구축효과(crowding-out effect)**에 따라 그 효과가 달라질 수 있지만 본장에서는 무시하기로 한다. 또한 조세감축에 대한 효과도 논란이 많다. 즉, 합리성을 고려한다면 현재의 조세감축으로 가처분소득이 증대하였다고 생각하여 소비를 증가시키는 것이 아니라 다음 기에 거두어 갈 세금을 대비하여 오히려 저축을 증대시켜 총수요의 크기가 일정하게 되어 조세는 아무런 효과가 없다는 **리카도등가정리**에 대한 논쟁도 있으나 이 역시 당분간은 무시하기로 한다.

4) Reynolds, Paul., Michael Hay., and S. Michael Camp., *Global Entrepreneurship Monitor : 1999-2002 Reports*, Babson College, Kaufman Center (www.emkf.org), and London Business School (www. london.edu), 1999. 이윤재, “기업가정신과 경제성장 관계분석,” 「중소기업연구」, 2003.9 참조할 것.

것으로 기업가정신을 강조하고 있다. 이러한 현상을 어떻게 *IS*모형 안에서 설명할 수 있을까? 이는 신기술이나 새로운 아이디어를 가진 벤처기업가의 기업가정신(entrepreneurship)은 많은 천사자본(angel capital)들의 **야성적 충동(animal spirit)**을 자극하여 많은 투자를 유치한다. 벤처캐피탈을 통해 증가된 투자는 곧 *IS*곡선을 우측으로 이동시키고 소득과 고용을 증대시키는 방향으로 작용함을 시사하고 있다.

이상의 것을 정리하면 *IS* 곡선 이동은 소득순환모형에서의 주입과 누출 항목과 긴밀한 관계가 있음을 알 수 있다. 즉, 소득순환모형의 **주입(injection)** 요소들(정부지출, 투자지출, 수출증대 등)이 증대할 경우엔 *IS*곡선이 우측으로 이동하고, **누출(leakage)** 요소들(조세증가, 저축증대, 수입증대)이 증대될 경우엔 *IS* 곡선이 좌측으로 이동한다.

제2절 화폐시장 균형과 *LM*곡선

실물의 흐름과 반대 방향으로 화폐 흐름이 있다. 소득순환모형에서 보면 한쪽으로는 실물(산출물, 소비, 투자, 고용 등)의 흐름이 있고 그 반대 방향으로는 실물흐름의 대가인 화폐의 흐름이 있다. 만일 화폐시장의 흐름이 원활하지 못하다면 생산물시장의 흐름이 원활하지 못하게 된다.[5] 이는 생산물시장의 흐름과 화폐시장의 흐름을 동시에 고려해야 함을 뜻한다. 화폐시장의 역할은 쉽게 비유하면 인체의 혈액에 비유할 수 있다. 적정한 양의 피가 흐르지 못하면 이상이 오듯이 경제에도 실물의 흐름에 적정한 양의 화폐가 필요하다. 화폐량이 지나치게 많으면 인플레이션을 유발시키고 지나치게 적으면 초과수요를 일으켜 금리가 상승되는 부작용이 발생된다. 따라서 중앙은행은 적정한 양의 통화 흐름이 유지되도록 잘 운용해야 한다.

금융시장은 크게 2가지 종류의 시장으로 구분할 수 있다. 은행을 중심으로 한 화폐시장과 주식이나 채권을 중심으로 한 자본시장으로 나누어진다. 그러나 우리는 이 두 시장을 모두 분석할 필요는 없다. 왈라스의 일반균형법칙에 의하여 화폐시장과 자본시장 중 어느 하나가 균형을 이루고 있으면 다른 하나도 균형상태에 이루므로 두 시장 모두를 분석할 필요가 없다. 따라서 우리는 화폐시장의 균형조건을 분석하는 것으

5) 2008년 금융위기 이후에 전 세계는 대규모의 통화량을 증대시켰지만 한동안 경기침체의 늪에서 빠져 나오지 못했다. 실물부문의 구조조정 지연과 금융시장의 불확실성이 제거되지 않아 자금 흐름이 원활하지 못하고 신용경색 마저 나타나는 경향이 있다. 이런 경우 한계기업의 도산은 물론이고 흑자기업까지도 일시적인 유동성 위기로 도산한다.

로 목적을 달성할 수 있게 된다. 화폐시장의 균형조건을 ***LM* 곡선**이라 하고 *LM*곡선의 도출과정과 그리고 기울기 및 이동에 관하여 살펴보기로 한다.

2.1 화폐시장의 균형

화폐시장의 균형도 화폐의 공급과 수요가 일치되는 조건에서 이루어진다. 먼저 통화공급은 중앙은행에 의하여 공급되므로 외생변수로 취급한다. 중앙은행은 경기의 상황을 종합적으로 판단하여 중앙은행이 독자적으로 통화공급을 결정한다.[6] 대부분의 후진국에서는 중앙은행의 통화공급을 정부가 개입하고 간섭하는 경향이 있다. 우리나라도 제도적으로는 통화공급의 결정을 독립적으로 결정할 수 있는 권한을 가진 금융통화위원회가 있지만, 미국, 독일 등의 중앙은행의 독립성만큼 확고하지 못하다. 반면에 화폐의 수요는 국민소득, 이자율 등의 변수에 피동적으로 영향을 받기 때문에 내생변수로 취급한다. 화폐시장의 균형조건으로부터 도출하게 될 *LM*곡선은 케인즈의 화폐수요이론과 긴밀한 관계가 있어 케인즈의 화폐수요이론을 먼저 소개하기로 한다.

케인즈는 사람들이 왜 화폐를 보유(수요)하려는가에 대하여 3가지의 동기(motive)를 제시하였다(자세한 내용은 제13장 참조). 케인즈의 화폐보유동기를 기초로 화폐수요 함수가 설정된다. 첫째, 일상적인 거래대금지불을 위한 거래적 목적의 화폐보유가 있는데 이를 **거래적 동기(transaction motive)**라 한다. 둘째, 미래의 불확실한 경우를 대비한 예비적 목적의 화폐보유가 있는데 이를 **예비적 동기(precautionary motive)**라 한다. 마지막으로 **투기적 동기(speculative motive)**가 있다. 사람들은 '투기적'이라는 말에 좋지 않은 선입견이 있는 듯 하다. 부동산 투기, 아파트 투기를 연상하여 부정적인 개념을 연상하는데 경제학에서 투기는 매우 중요한 역할을 한다. 원래 투기라는 의미는 사고 팔 때의 유리한 시기를 포착한다는 의미가 내포되어 있다. 즉, 싼 시점에 매입하고 비싼 시점에 파는 것이 거래의 원칙이다. 주식투자도 매입 및 매도 시점을 얼마나 잘 포착하느냐에 따라 성패가 달려있다. 투기적 동기의 화폐수요는 이자율과 역함수 관계에 있다. 이자율은 화폐보유에 따른 기회비용을 의미하기 때문에 이자율이 높아지면 이자소득이 생기는 다른 금융자산으로 보유형태를 바꾸고 대신에 화폐수요는 줄이려한다. 보다 자세한 내용은 제13장(제2절 화폐의 수요)을 참고하기 바란다. 케인즈의

6) 과거에는 통화공급 자체를 정책변수(외생변수)로 하였다. 최근에는 대부분의 국가에서 이자율을 조정하여 시중 통화공급량을 간접적으로 통제하고 있다. 그러나 본장에서는 통화공급을 중앙은행이 통제하는 외생변수로 취급한다.

화폐수요는 소득의 크기에는 비례관계를 나타내고, 이자율에는 반비례관계를 나타낸다.[7] 이는 소득이 증대할수록 거래적 동기 및 예비적 동기에 의한 화폐수요가 증대함을 의미한다. 반면에 이자율은 상승할수록 투기적 목적의 화폐수요는 감소함을 의미한다. 따라서 화폐수요를 함수관계로 나타내면 다음과 같이 표시된다.

$$L = L(r, Y) \tag{4.5}$$

전통적으로 화폐수요함수는 'L'로 표시하는데 이는 케인즈의 유동성 선호설(liquidity preference)를 나타내는 약자로 표시하는 전통에 따른 것이다.

2.2 *LM* 곡선 도출

상기에서 도출된 화폐수요함수 $L = L(r, Y)$와 화폐공급함수인 M이 균형을 갖는 조건에서 화폐시장의 균형이 도출된다. 그런데 화폐공급은 이미 언급한 대로 중앙은행이 정책적으로 결정하기 때문에 외생변수로 취급한다. 화폐시장의 균형조건은 아래의 식 (4.6)로 나타낼 수 있다.

$$\frac{\bar{M}}{P} = L(r, Y) \tag{4.6}$$

위의 식 (4.6) 왼쪽은 실질통화 공급량($\bar{M}/\bar{P}$)을 나타내며 오른쪽 항은 화폐수요함수를 나타내며 화폐시장의 균형조건을 의미한다. 통화공급량은 중앙은행이 결정하므로 외생변수로 취급하여 아래 [그림 4-4]에서 보는 바와 같이 수직으로 그려진다. 반면에 화폐수요함수는 관련 변수가 3개(M, Y, r)가 있어 이를 한 그래프에 그리려면 3차원의 공간에 입체적으로 그려야 하는 불편함이 있어 흔히 하나의 변수(Y)는 일정하다는 조건 하에 그리게 된다. 보통 소득이 일정한 상태에서 이자율과 화폐수요의 관계만을 나타낸 것이 [그림 4-4]이다. 시초에 [그림 4-4]에서 E_0점에서 화폐시장은 균

---

7) 이자율에는 명목이자율과 실질이자율의 두 가지 개념이 있다. 명목이자율은 실질이자율에 (예상) 인플레이션을 합한 것으로 나타낼 수 있는데 이를 흔히 **피셔방정식**(Fisher equation)이라 한다. *IS*곡선에 관해 논할 때는 실질이자율을 나타내는 r로 표기하였다. 그러나 화폐시장에서 결정되는 이자율은 엄밀하게 말하면 명목이자율(i)이다. 그런데 *IS*곡선과 *LM*곡선을 한 그래프에 나타내는데 두 가지 상이한 이자율을 사용하는 것이 혼란스럽고, 간단히 하기 위하여 본장에서는 실질이자율(r)을 사용한다. 이런 이유는 단기모형(*IS*–*LM*)에서는 물가가 고정되어 있으므로 인플레이션율이 "0"이 되어 결과적으로는 명목이자율(i)은 실질이자율(r)과 같게 된다.

형을 나타내고 있다. 이제 소득수준이 Y_0로 일정한 상황에서 화폐시장은 E_0에서 균형을 이루게 된다. 이를 반영하는 것이 [그림 4-4] (b)에서 E_0'이고 [그림 4-4] (a)의 E_0과 대응되는 점이다. 이제 어떤 연유로 소득이 Y_0에서 Y_1으로 증대되었다고 하자. 소득이 증대됨에 따라 케인즈의 거래적 동기 및 예비적 동기의 화폐수요가 증가하게 되어 화폐수요는 $L(r,\ Y_0)$에서 $L(r,\ Y_1)$으로 상향이동하게 된다. 이제 화폐공급은 일정한 상황에서 화폐수요가 증대되었으므로 이자율이 상승하여 새로운 균형이자율 r_1에서 균형이 이루어진다. 이러한 관계를 반영시킨 것이 [그림 4-4]의 E_1 및 E_1'이다. [그림 4-4] (b)의 E_0' 및 E_1'은 화폐시장의 균형조건을 반영하는 점들의 집합이고 이런 점들을 이어 놓은 곡선을 LM곡선이라 한다. 따라서 LM곡선 상의 모든 점들은

[그림 4-4] 화폐시장균형

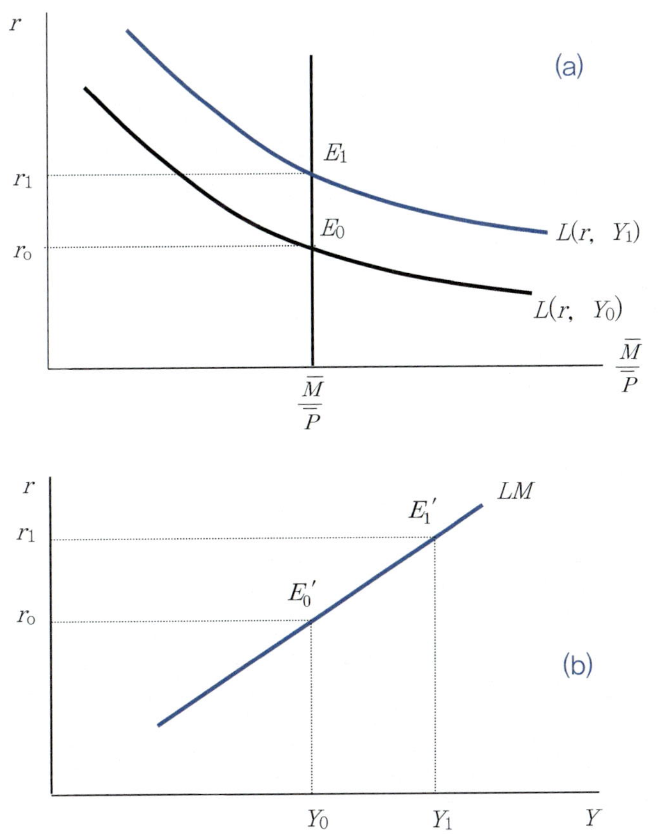

바로 화폐시장의 균형을 나타내는 상이한 이자율과 소득의 집합이라고 할 수 있다. *LM*곡선을 벗어난 점들은 일시적으로 화폐시장의 균형에서 벗어난 불균형상태를 나타낸다. *LM*곡선은 우상향하는 기울기를 나타내고 있다.

1. *LM*곡선 기울기

위의 [그림 4-4] (b)에서 볼 수 있듯이 *LM*곡선의 기울기는 우상향하는 모양을 보이고 있어 이자율의 움직임과 소득의 움직임이 같은 방향을 나타내고 있다. 이는 *GDP*가 증대됨에 따라 그에 상응하는 화폐도 증가해야만 화폐시장의 균형이 유지될 수 있음을 암시하고 있다. 만일 *GDP*는 증가되는데 통화공급이 증가되지 않는다면 조만간에 그 경제는 이자율이 상승될 것임을 시사하고 있다. 이러한 시사점은 소득순환모형에서도 확인할 수 있다. 소득순환모형에서 한쪽 방향으로는 실물이 흘러가고 그 반대방향으로는 실물의 흐름과 같은 양의 화폐가 흐르고 있음을 상기할 때 생산이 증가됨에 따라 화폐공급도 비례적으로 공급되어야 함을 나타낸다.

*LM*곡선의 기울기에 따라서 정책에 미치는 효과가 달라진다. 먼저 우리는 *LM*곡선의 기울기에 미치는 영향을 살펴보기로 하자. [그림 4-5]를 보면 LM_0 는 상대적으로 가파르게 그려져 있고 LM_1은 좀 완만하게 그려져 있다. 이제 이자율이 r_0에서 r_1으로 Δr 만큼 상승했다고 하자. 이자율 상승에 따른 소득변화는 *LM* 곡선의 기울기에

[그림 4-5] *LM*곡선의 기울기

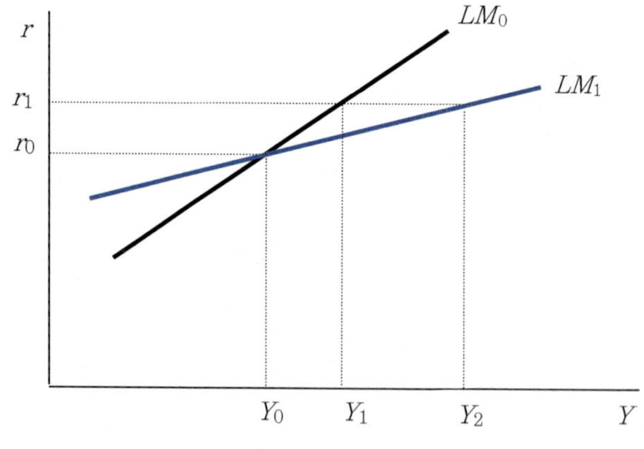

따라 달라짐을 보여주고 있다. 기울기가 가파른 LM_0에선 소득변화가 $Y_1 - Y_0 = \Delta Y_1$이고 기울기가 완만한 LM_1의 경우엔 소득변화가 $Y_2 - Y_0 = \Delta Y_2$로 더 크게 소득이 변화되고 있음을 알 수 있다. 즉, $\frac{\Delta r}{\Delta Y}\Big|_{LM_0} > \frac{\Delta r}{\Delta Y}\Big|_{LM_1}$ 으로 나타낼 수 있다. 기울기가 완만한 LM_1곡선의 경우 이자율 변화에 대한 소득의 변화가 더 크다는 것은 이자율에 대한 소득의 탄력성이 그 만큼 크다는 것을 반영한다.

이제 LM곡선의 기울기는 어떤 요인에 의하여 영향을 받는가에 관해서 살펴보기로 하자. 이를 살펴보기 위하여 위의 식 (4.6)을 전미분하면 $d(\frac{M}{P}) = L_r dr + L_Y dY$이 된다. 그런데 통화공급량은 일정하다고 가정하였으므로 $d(\frac{M}{P}) = 0$이 된다. 이러한 관계를 이용하여 식을 정리하면

$$\frac{dr}{dY}\Big|_{LM} = \frac{-L_Y}{L_r} > 0 \qquad (4.7)$$

이 된다. 식 (4.7)에서 L_r은 케인즈의 투기적 동기에 의한 화폐수요함수의 이자율 탄력성을 나타내며 부호는 $L_r < 0$이 된다. L_Y는 소득이 한 단위 증가함에 따라 그에 대한 화폐수요(거래적 동기 및 예비적 동기의 화폐수요 증가) 증가를 의미함으로 부호는 $L_Y > 0$이 되어 LM곡선의 기울기는 양의 값을 갖는다. 식 (4.7)를 보면 LM곡선의 기울기는 L_Y 및 L_r의 값에 영향을 받는 것을 알 수 있다. 그 중에서도 분모인 L_r에 의해 결정적인 영향을 받는다. L_r은 투기적 화폐수요함수의 이자율 탄력성을 나타내는데 L_r이 탄력적일수록(즉, L_r의 절대값이 클수록) dr/dY값은 작아져 기울기는 점점 완만해진다. 만일 $L_r = -\infty$ 값을 갖게 된다면 기울기는 특정한 이자율 수준에서 수평에 가깝게 될 것이고, 반대로 $L_r = 0$에 가깝게 접근하면 LM곡선의 기울기는 수직에 가깝게 된다. 전자인 LM곡선의 기울기가 수평에 접근하는 극단적인 경우($L_r = -\infty$)가 케인즈의 **유동성함정(liquidity trap)**에 해당된다. 반면에 고전학파의 화폐수요함수라 볼 수 있는 화폐수량설에 근거할 경우 LM곡선은 수직에 접근하게 된다. 이러한 LM곡선의 기울기 차이가 통화정책에 차별적인 영향을 미치게 된다.

2. LM곡선의 이동

통화공급이 증가될 경우 LM곡선은 어떻게 변할까? 화폐시장의 균형을 나타내는 [그림 4-4]를 살펴보면, 화폐에 대한 수요는 일정하다고 가정하므로 화폐시장에서 초과공급이 발생하여 이자율은 하락할 것이다. 그러나 화폐수요함수가 일정하다고 가정

했으므로 소득수준도 여전히 시초의 수준인 Y_0에 머물러 있다. 따라서 통화공급변동에 의한 새로운 화폐시장의 균형점은 하락한 이자율과 시초의 소득수준에서 결정되어진다. [그림 4-6]에서 이러한 관계를 설명하면 이자율은 화폐의 초과공급으로 인해 r_1 수준으로 하락하고 시초의 수준인 Y_0에서 균형을 이루려면 LM곡선은 LM_0에서 LM_1으로 아래쪽으로 이동해야 한다. 따라서 통화공급이 증대될 경우엔 LM곡선이 우측으로 이동하게 된다. 지금까지는 물가수준이 일정하다는 가정 하에 명목통화 공급량을 증대시킨 경우인데, 만일 명목통화공급량은 일정하고 물가가 하락된 경우 실질통화공급량이 증대된 것과 마찬가지이므로 LM 곡선은 우측으로 이동하게 될 것이다.

[그림 4-6] LM곡선 이동

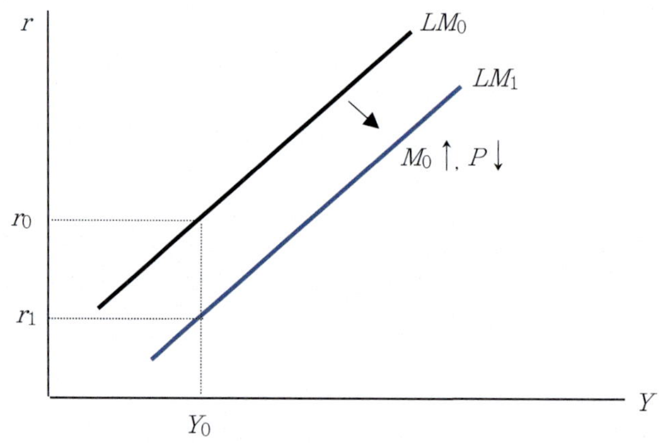

제3절 $IS-LM$ 동시균형 분석: 재정 및 통화정책

3.1 $IS-LM$ 동시균형

이제 우리는 생산물시장과 화폐시장의 균형조건을 도출한다. 아래 [그림 4-7]에 생산물시장의 균형을 반영하는 IS곡선과 화폐시장의 균형을 나타내는 LM곡선이 동시에 만나는 E점은 양 시장이 동시에 균형을 이루는 점이다. 이때 균형이자율(r^*)과

[그림 4-7] 생산물시장과 화폐시장의 동시균형

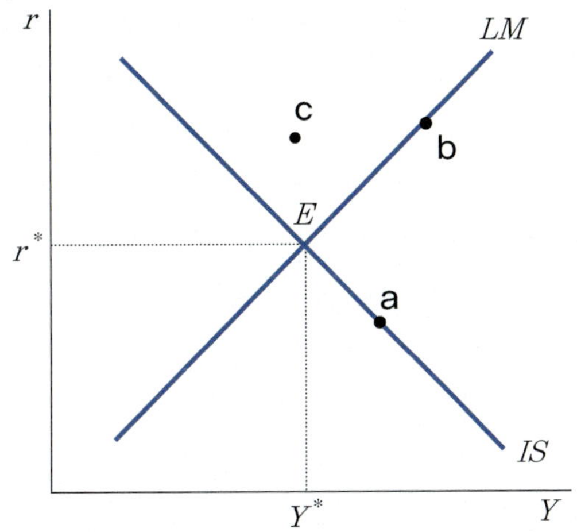

균형소득(Y^*)은 균형을 이루고 있음을 나타내고 있다. 반면에 a점 같은 경우는 생산물시장에선 균형을 이루고 있지만 화폐시장에 대해선 불균형상태를 반영하고 있으며, b점은 화폐시장은 균형을 반영하지만 생산물시장은 불균형상태임을 나타낸다. 한편 점 c는 생산물시장 및 화폐시장 모두에서 불균형이다. IS곡선 및 LM곡선 모두에서 벗어났기 때문이다. 생산물시장과 화폐시장에서 모두 초과공급 상태이다. 생산물시장을 관찰하면 주어진 소득수준 Y_0에서 균형을 이루려면 그에 상응하는 균형이자율이 r^*인데 c점의 이자율은 r^*보다 높다. 이는 투자수요의 감소로 총지출수요가 감소된 것을 의미하므로 초과공급 상태이다.

생산물시장과 화폐시장의 균형관계를 수식으로 나타내면 다음과 같다.

$$Y = C(Y - \bar{T}) + I(r) + \bar{G} \quad (IS\text{곡선}) \tag{4.8}$$

$$\frac{\bar{M}}{P} = L(r, Y) \quad (LM\text{곡선}) \tag{4.9}$$

식 (4.8)과 (4.9)를 같게 놓고 균형이자율(r)과 균형소득(Y)을 구할 수 있다. 상기 식에서 "−"는 외생변수로 일정한 값이 주어진 것을 나타낸다. 이때 구해진 이자율과 소득은 생산물시장과 화폐시장을 동시에 만족(균형)시키는 균형값이다.

3.2 재정정책의 효과

정부지출을 증대시킬 때 생산에 미치는 효과를 이제는 화폐시장까지 고려했을 경우에 대하여 살펴보기로 한다. 제3장에서 살펴본 정부지출 증대효과는 화폐시장에 미치는 효과를 고려하지 않은 부분균형모형에서의 효과이었다. 그러나 화폐시장의 영향을 고려할 경우 이자율의 변동이 초래되어 소득에 미치는 효과는 부분적으로 상쇄된다. 즉, 정부지출을 $\triangle G$만큼 증가시킬 경우 승수효과($\frac{\Delta G}{1-MPC}$)를 통하여 소득이 $\triangle Y$ 만큼 증가한다. 만일 생산물시장의 균형만을 고려한다면 $\triangle Y$만큼 소득증가로 끝날 것이다. 그런데 이 증가된 소득이 이번엔 화폐시장에 영향을 미치게 된다. 소득이 증가됨에 따라 화폐시장에서는 거래적 동기 및 예비적 동기의 화폐수요{$\triangle L(\triangle Y)$}가 증가하여 초과수요가 발생케 되어 이자율이 상승한다. 화폐시장의 조정으로 상승된 이자율은 이번엔 다시 생산물시장에 영향을 주어 투자의 일부가 감소된다. 이제 소득은 다시 감소된 투자만큼 소득의 일부가 상쇄된다. 이러한 반복적인 조정과정을 거치면서 소득은 원래의 증가되었던 소득보다 낮은 수준에서 균형을 이루게 된다. 즉, 이런 과정을 정리하면 아래와 같다.

$$\triangle G \uparrow \longrightarrow \Delta Y \left(=\frac{\Delta G}{1-MPC}\right) \uparrow \longrightarrow \triangle L(\triangle Y) \uparrow \longrightarrow \triangle r \uparrow$$

└── 생산물시장 변화 ──┘ └── 화폐시장 변화 ──┘

$\longrightarrow \triangle I \downarrow \longrightarrow \triangle Y \downarrow$ (부분적인 상쇄효과 발생)

└─ 생산물시장변화 ─┘

위의 내용을 [그림 4-8]를 이용하여 설명한다.

위에서 이미 설명된 바와 같이 정부지출 증가로 인한 1차적인 소득증대효과 $\Delta Y = \frac{\Delta G}{1-MPC}$는 그림에서 $Y_2 - Y_0$로 나타날 수 있다. 그러나 생산물시장의 소득증대로 인한 화폐수요의 증가로 이자율이 상승하고 그에 따른 투자수요 감소로 증대된 일부의 소득이 상쇄되는 감소효과는 $Y_2 - Y_1$으로 나타내진다. 이때 감소된 소득효과를 **구축효과**(crowding-out effect)라고 한다. 따라서 정부지출에 의한 순소득증대효과는 승수효과에서 구축효과를 뺀 순증가 $Y_1 - Y_0$이 된다. 즉, 재정정책의 순효과는 재정지출의 승수효과와 구축효과의 차이에 의하여 달라진다.

[그림 4-8] 재정정책 효과

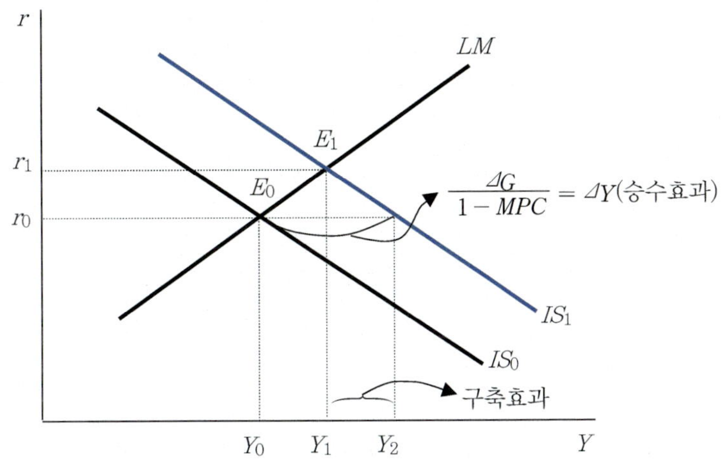

화폐시장에서 상승된 이자율이 투자수요를 감축시키는 정도에 따라서 소득감소 효과(구축효과)가 달라짐을 알 수 있다. 즉, 투자수요함수의 이자율 탄력성이 대단히 커서 조금의 이자율 상승에도 큰 폭으로 투자가 감소된다면(즉, 탄력적이라면) 소득감소효과는 그만큼 커지게 된다. 반대로 큰 폭의 이자율상승에도 불구하고 투자가 거의 감소되지 않는다면 소득감소효과가 작아진다. 따라서 우리는 다음과 같은 논리를 추론할 수 있다. 투자수요함수의 이자율 탄력성이 클수록(즉, *IS*곡선의 기울기가 완만할수록) 소득감소효과(구축효과)가 커진다. 반대로 투자함수의 이자율 탄력성이 작을수록(비탄력적일수록) 구축효과는 작아진다.

또한 구축효과는 *LM*곡선의 기울기에 따라서도 달라지는 것을 알 수 있다. 만일 *LM*곡선의 기울기가 극단적으로 수직이라면 소득증가의 효과는 없고 단지 이자율만 증가될 것이다. 이런 경우는 [그림 4-9]에서 *LM*곡선이 LM_0와 같은 경우이다. 이는 *LM*곡선의 기울기가 가파르면 가파를수록 재정정책에 의한 효과는 작아지는 것을 알 수 있다.

고전학파가 이에 해당된다. 후술하겠지만 통화주의자들은 구축효과가 상당히 크다고 생각하였다. 반면에 만일 [그림 4-9]의 LM_1과 같이 *LM*곡선이 주어진 이자율 수준에서 완전히 수평이라고 생각해보자. 이 경우엔 정반대로 구축효과는 존재치 않고 소득증가는 승수효과와 같게 된다. 이러한 생각을 한 것이 케인지언들이다. 케인즈는

[그림 4-9] *LM*곡선의 기울기에 따른 재정정책효과

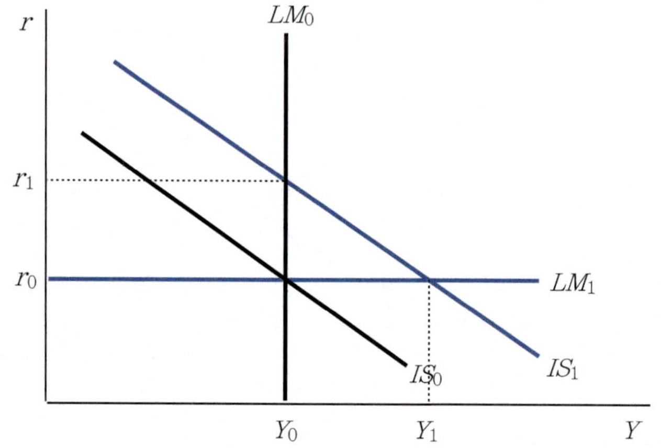

1929년대 말의 대공항을 유동성 함정에 걸려(통화공급을 증가시켜도 이자율이 떨어지지 않음) 수평적인 *LM*곡선으로 상정하였다. 이런 경우야말로 정부지출의 효과가 온전히 나타날 수 있다. *LM*곡선이 완만할수록 정부지출의 효과는 크게 나타남을 시사한다.

앞에서 살펴본 바와 같이 구축효과의 크기에 따라서 재정정책의 효과가 달라지는데, 구축효과에 결정적으로 영향을 미치는 요인이 *IS*–*LM*곡선의 기울기이다. *LM*곡선의 기울기는 원천적으로(투기적 동기) 화폐수요함수의 이자율탄력성에 달려있다. 만일 화폐수요에 대한 이자율탄력성이 클수록 *LM*곡선의 기울기는 완만해진다. 극단적으로 이자율탄력성이 $-\infty$가 될 경우에는 *LM*곡선은 수평이 된다. 반대로 화폐수요에 대한 이자율탄력성이 작을수록(이자율의 움직임에 화폐수요가 덜 민감하게 변하는 경우) *LM*곡선의 기울기는 가파르게 된다. 이를 다음과 같은 〈표 4–2〉로 정리할 수 있다.

| 표 4–2 | 재정정책의 효과 비교

	*IS*곡선의 기울기		*LM*곡선의 기울기	
	완만함	가파름	완만함	가파름
구축효과	크다	작다	작다	크다
재정정책의 순효과	작다	크다	크다	작다

우리는 이제까지 정부지출의 경우만을 고려했는데 조세를 삭감하는 경우에도 *IS*곡선을 우상향으로 이동시켜 정부지출의 경우와 유사한 효과를 나타낼 것이다. 다만 정액세의 경우는 *IS*곡선의 기울기가 변하지 않겠지만 비례세의 경우는 *IS*곡선의 이동이 평행이동 되지 않고 기울기가 변하게 된다는 점을 유의해야 한다.[8)]

3.3 통화정책 효과

통화정책(금융정책 또는 화폐정책이라고도 함)의 효과는 중앙은행의 통화공급으로부터 시작된다. 중앙은행이 통화공급량을 $\triangle M$만큼 증가시킬 경우 화폐시장은 초과공급이 발생하게 되어 이자율이 하락할 것이다. 이번에는 하락된 이자율이 생산물시장의 투자수요를 증가시켜 결국은 *GDP*를 증대시킨다. 이러한 관계를 도식으로 나타내면 아래와 같다.

$$\triangle M \uparrow \longrightarrow \triangle r\ (r_0 \rightarrow r_2) \downarrow \longrightarrow \triangle I \uparrow \longrightarrow \triangle Y \uparrow$$

└ 화폐시장 변화 ┘└ 생산물시장 변화 ┘

$$\longrightarrow \triangle L(r,\ \triangle Y) \uparrow \longrightarrow \triangle r \uparrow (r_2 \rightarrow r_1) \longrightarrow \triangle Y \text{ 일부 상쇄}$$

└ 화폐시장 ┘

위의 도식을 그래프로 나타낸 것이 아래의 [그림 4-10]이다. 그림에서 보듯이 중앙은행이 명목통화공급량을 $\triangle M$ 만큼 증가시킬 때 *LM*곡선이 LM_0에서 LM_1으로 우측 이동하여 이자율 r_1과 Y_1에서 새로운 균형을 이룬다. 소득이 증대되는 것은 재정정책의 경우와 같으나 이자율은 하락하고 있다. 정부지출을 증가시킨 재정정책은 이자율을 상승시켰으나 통화공급량을 증대시킨 금융정책의 경우는 이자율을 하락시켰다. 만일 정부에서 이자율을 인하시키고 싶은 경우엔 금융정책을 실시하는 것이 효과적일 것이다. *LM* 곡선에 영향을 주는 것은 실질통화공급량인데 여기서 물가는 단기에 고정되어 있다고 가정하므로 명목통화공급량은 실질통화공급량의 증대를 의미한다.

---

8) 정액세의 경우는 *IS*곡선의 기울기가 $dr/dY = (1-MPC)/I'$이지만, 비례세를 상정하게 되면 *IS*곡선의 기울기 $dr/dY = \{1-(1-t)MPC\}/I'$가 되어 더 가파르게 변한다. I': 투자함수의 이자율탄력성, t는 세율을 나타낸다.

[그림 4-10] 통화폐정책 효과

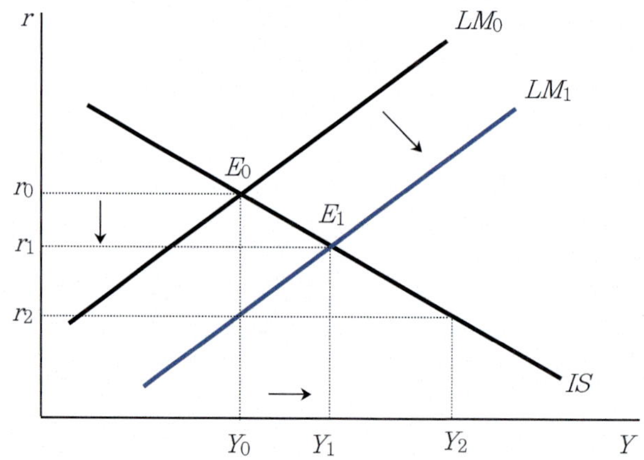

재정정책의 경우와 마찬가지로 통화정책의 효과도 *IS*곡선 및 *LM*곡선의 상대적인 기울기에 따라서 달라진다. 위의 도식에서 알 수 있듯이 통화공급량이 증가할 경우 이자율이 떨어지는 데 얼마만큼 떨어지느냐에 따라서 투자수요에 미치는 효과가 달라진다. 통화공급량이 조금만 증가해도 이자율이 크게 떨어질 경우(화폐수요곡선이 가파를수록)에 투자에 미치는 효과가 커진다. 이자율이 크게 떨어지려면 화폐수요함수의 기울기가 가파라야 한다. 이 경우 가파른 화폐수요함수에 상응하는 *LM*곡선의 기울기도 가파르게 된다. 따라서 *IS*곡선의 기울기가 일정할 경우 통화정책의 효과는 *LM*곡선의 기울기가 가파를수록 효과가 있다. 두 번째 요인은 이자율이 인하된 경우 투자에 미치는 효과는 투자함수의 이자율 탄력성 크기에 의존한다. 탄력적인 투자함수일수록 이자율 변화에 대한 투자의 증가효과가 커지므로 소득에 미치는 효과도 커진다. 투자함수의 이자율 탄력성이 클수록 그에 상응하는 *IS*곡선의 기울기는 완만하게 된다. 따라서 *LM*곡선의 기울기가 일정한 상황에선 *IS*곡선의 기울기는 완만할수록 통화정책의 효과는 크다. 이를 표로 정리하면 〈표 4-3〉과 같다.

| 표 4-3 | 통화정책의 효과 비교

	*IS*곡선의 기울기		*LM*곡선의 기울기	
	완만함	가파름	완만함	가파름
통화정책 효과	크다	작다	작다	크다

재정정책과 통화정책 그리고 구축효과

재정정책은 보통 정부지출을 증대시키기 위한 재원으로 국채를 발행한다. 재정정책은 보통 불경기에 집행되기 때문에 조세수입도 줄어들어 재원마련을 위해 국채를 발행하는데, 이때 국채발행 물량만큼 채권시장의 채권공급이 증대되어 채권가격이 하락될 수밖에 없다. 채권가격의 하락(이자율 상승)은 민간부문의 회사채 발행을 어렵게 만들어 기업의 자금난을 가중시킬 우려가 있다. 민간회사들이 제때에 필요한 자금을 회사채 발행을 통해 조달하기가 쉽지 않다. 회사채가 국채보다는 위험자산이므로 채권시장에서 수요가 떨어지므로(회사채에 대한 수요감소) 채권가격이 하락되어(이자율 상승으로 부담 커짐) 자금융통이 불리해진다. 이런 현상을 국채로 인해 회사채의 시장이 위축된다는 의미에서 **구축효과(crowding-out effect)**라고 한다.

반면에 통화정책은 화폐를 발행하여 시중에 통화공급량을 증대시킨다. 통화량을 증대시키는 방법에는 지불준비율 및 재할인율 인하, 공개시장조작 등이 있다. 공개시장조작을 통한 통화량의 조정이 중요하다. 즉, 정부가 발행한 국채 등을 채권시장에서 인수하거나 매각하는 방법을 통하여 통화량을 조정한다. 국채나 민간채권을 매입하여 시중에 통화량을 증대시키는 통화정책은 민간기업의 자금난을 덜어 줄 수 있어 구축효과가 감소된다. 미국의 중앙은행인 연방준비제도이사회(FRB)가 대규모의 각종 채권(국채, 모기지 채권, 주택저당증권 MBS 등)을 세 차례에 걸친 양적완화정책에서 직접 매입하는 방식으로 시중에 자금을 대량으로 공급하여 민간부문의 자금난을 덜어 주었다.

3.4 화폐전달경로(Monetary Transmission)

통화정책에서 화폐가 실물부문에 미치는 효과를 고전학파와 케인즈학파를 비교하면 다르다. 이미 위에서 살펴본 바와 같이 화폐시장의 변화는 이자율을 변동시키고, 그 변동된 이자율이 다시 생산물시장에 영향을 미쳐 실물(투자의 변동을 통하여 산출량에 영향을 미침)에 영향을 미치고 있다. 이렇게 화폐가 실물부문에 전달되는 경로를 **화폐전달경로(monetary transmission mechanism)**라고 한다. 케인즈학파의 화폐전달경로는 위에서 살펴본 바와 같이 좀 복잡한 과정을 통하여 실물부문에 전달된다고 보았다. 반면에 고전학파는 **화폐수량설**을 이용하여 화폐와 소득 간에는 단순한 관계가 있다고 보았다. 즉, $MV = PY$에서 화폐는 실물에는 영향을 미치지 못하고 단지 물가만을 상승시킨다고 보았다. 실물은 공급부분에서 결정되어 화폐와는 직접적인 관계가 없으며 화폐의 유통속도를 나타내는 V는 일정하다고 가정하였으므로 통화량의 변화와 물가(명목지수)의 변화는 비례적인 관계를 갖게 된다. 이렇듯이 화폐와 실물변수와의 비관련성을 **화폐의 중립성**(monetary neutrality)이라 한다. 그리고 실질변수를 설명함에 있어 화폐나 명목변수를 도입하지 않고도 가능하다고 보았다. 즉, 실물부문과 명목변수들 간에 분리되어 있다는 생각을 고전학파 학자들이 하였는데 이를 **고전파이분법**(classical dichotomy)이라 한다. 케인즈는 화폐가 실물에 미치는 영향을 그의 **유동성선호설**과 투자이론을 이용하여 실질변수와 화폐가 긴밀한 상호작용을 미치고 있음을 제시하여 고전파이분법 및 화폐중립성을 부인하였다.

제4절 총수요(AD)곡선 도출과 총수요 정책

4.1 총수요곡선 도출

국민경제 전체를 분석대상으로 연구하는 거시경제학도 결국엔 한 나라를 대표할 수 있는 총수요곡선(AD)과 총공급곡선(AS)을 유도하여 균형소득과 물가를 구하는 것이다. 앞 장에서 공부한 소득순환을 기억하면 총공급과 총수요를 개념적으로 쉽게 이해할 수 있다. 총공급은 후술하는 제5장에서 자세히 다루기로 하고, 본 장에선 총수요곡선을 유도한다. 아주 간단한 소득순환모형을 상정하면 기업부문과 가계부문 사이에 최종재의 거래가 일어난다. 그리고 이 거래에서 수요와 공급이 일치할 때 생산물시장의 균형이 이루어진다. 그리고 재화의 흐름과 반대로 화폐의 흐름이 일어나는데 거래에 필요한 화폐(화폐수요)가 중앙은행에 의하여 공급될 때 역시 화폐시장의 균형이 이루어진다. 재화에 대한 총수요는 생산물시장 및 화폐시장의 동시균형이 필수적인 것임을 알 수 있다. 따라서 AD곡선은 생산물시장의 균형을 나타내는 IS곡선과 화폐시장의 균형을 나타내는 LM곡선이 동시에 균형을 이루는 조건에서 구해진다. 생산물시장의 균형으로부터 IS곡선을 구하고 화폐시장의 균형으로부터 LM곡선을 유도한 궁극적인 이유는 총수요곡선인 AD곡선을 유도하는데 있다. 이러한 관계를 도식으로 나타낸 것이 [그림 4-11]이다.

[그림 4-11] 총수요곡선(AD) 도출 체계도

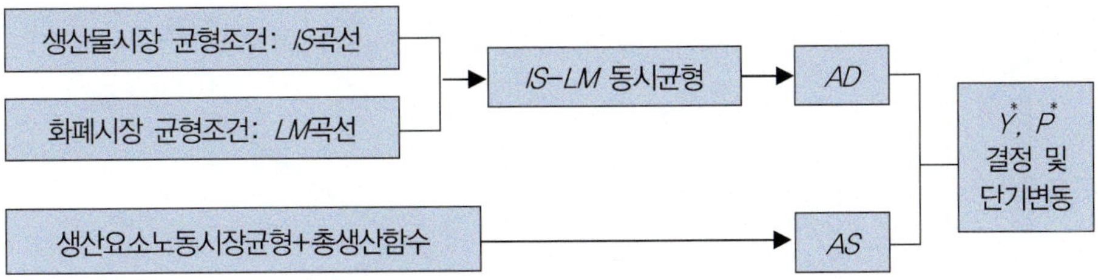

총수요곡선(*AD*)은 물가와 산출량과의 관계이므로 물가변수 *P*가 포함되어 있는 *LM* 곡선을 이용하여 유도한다.

$$Y = C(Y - \bar{T}) + I(r) + \bar{G} \qquad IS \text{ 곡선}$$

$$\frac{\bar{M}}{P} = L(r, Y) \qquad LM \text{ 곡선}$$

위의 두 식을 그래프로 나타낸 것이 [그림 4-12]이다. 물가수준이 P_0로 주어진 상황에서 균형소득 Y_0을 구할 수 있다. 이제 물가가 P_1으로 상승한 경우 명목통화공급량이 일정하다는 가정에서 실질통화공급량은 줄어들게 된다. 실질통화공급의 감소는 *LM*곡선을 왼쪽으로 이동시키고 소득은 Y_1으로 감소된다. 물가가 변함으로써 생산물시장과 화폐시장의 새로운 균형점 E_0, E_1에 대응되는 E_0', E_1'을 연결한 것이 *AD*곡선이 된다. 균형점 E_0 및 E_1에서는 생산물시장에서 계획된 지출(수요)과 실제 지출이 같아진다. 그리고 거래에 필요한 화폐의 수요도 화폐의 실질공급량과 같아진다. 물가와 소득의 움직임이 상반된 방향의 관계를 보이고 있어 물가가 상승할 경우 총수요도 감소됨을 나타내고 있다.

이런 관계를 우리가 배운 *IS-LM*관계를 이용하여 직관적으로 분석해보면 아래와 같다. 물가상승으로 실질통화 공급량이 감소되면 화폐시장에서 화폐에 대한 초과수요가 발생하여 이자율이 상승한다. 상승된 이자율은 이번엔 투자를 감소시키고 소득을 감소시킨다. 따라서 물가상승은 종국적으로 소득을 감소시켜 물가와 소득 간에는 반비례관계가 성립하는 총수요관계를 도출할 수 있다.

$$P\uparrow \longrightarrow (M/P)\downarrow \longrightarrow r\uparrow \longrightarrow I\downarrow \longrightarrow Y\downarrow$$

[그림 4-12] 총수요곡선(*AD*) 유도

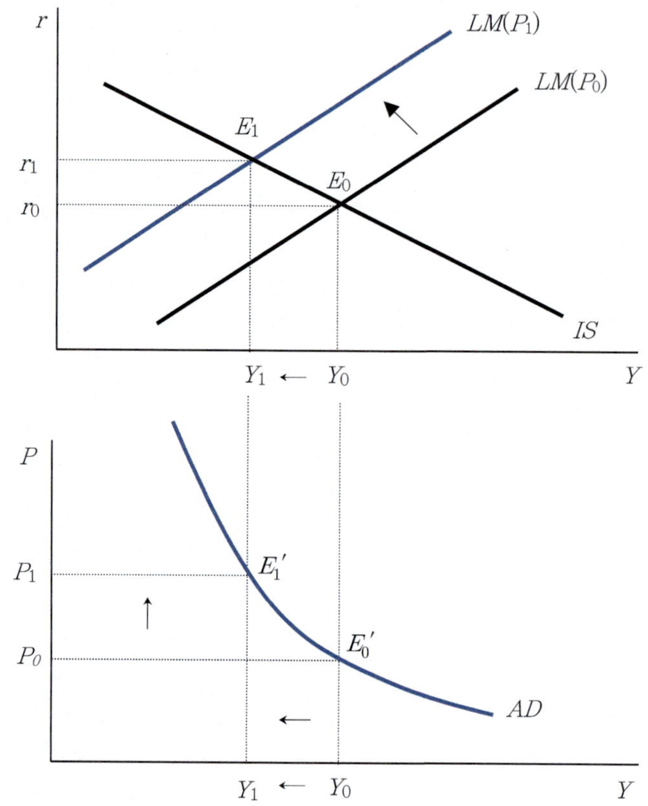

4.2 총수요 정책

이제 AD곡선을 이동시키는 요인에 대하여 설명하기로 한다. AD곡선은 IS–LM으로부터 도출되었기 때문에 IS, LM을 이동시키는 요인이 발생하면 AD곡선도 이동하게 된다. 총수요곡선의 이동은 주로 재정 및 금융정책과 관련하여 AD곡선을 우측이나 좌측으로 이동시키는 정책과 연관이 깊다. 이런 일련의 총수요곡선을 이동시키는 정책을 총수요관리정책이라 한다. 케인지언들은 재정 및 금융정책의 정교한 조정을 통하여 AD곡선을 미세하게 움직일 수 있다고 생각하여 이를 **미세조정정책(fine tuning policy)**이라고도 한다.

[그림 4-13]에서 보면 팽창적 재정정책의 경우 주어진 물가수준 P_0에서 정부지출을

[그림 4-13] 총수요곡선 이동

(a) 팽창적 재정정책

(b) 팽창적 통화정책

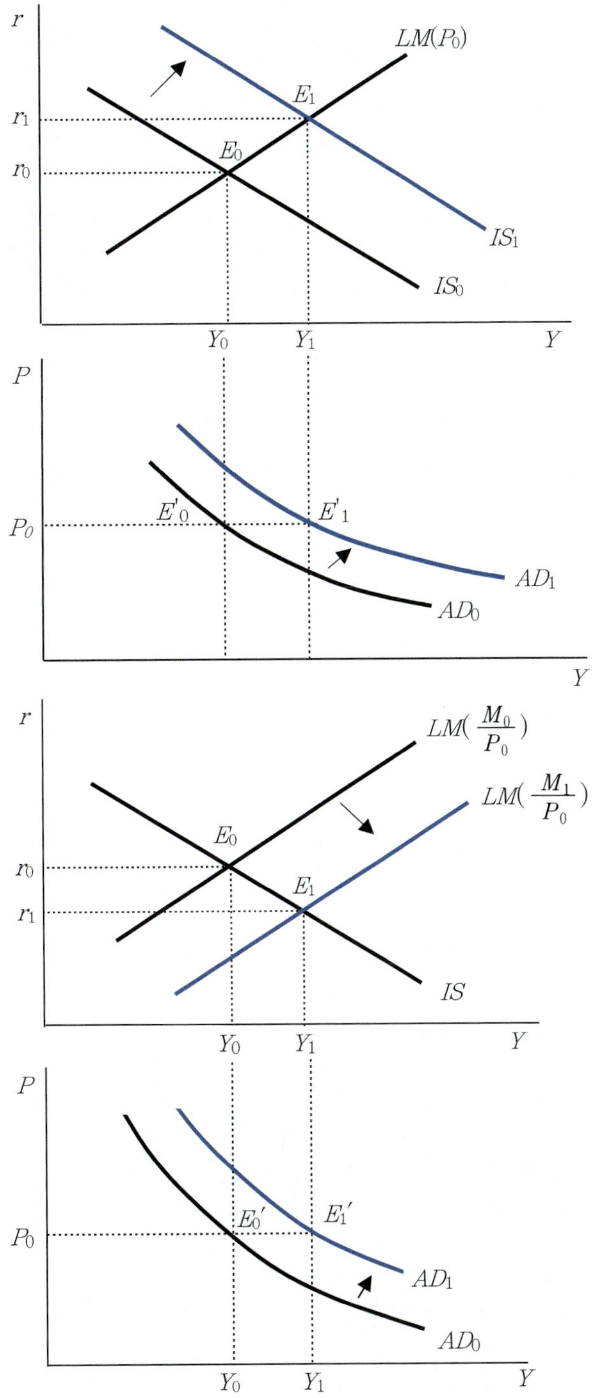

증가시킬 경우 *IS*곡선의 오른쪽 이동으로 산출량도 증대된다. 그러나 아직 물가는 일정하다고 가정된 상황에서는 *AD*곡선의 우측 이동을 의미하여 *AD*곡선이 오른쪽으로 이동함을 보여주고 있다. 이런 상황은 단기간에는 가능하겠지만 점차로 시간이 지남에 따라 물가인상의 압력이 생기게 된다. [그림 4-13]의 (b)는 팽창적인 통화정책의 경우에도 *AD*곡선이 우측으로 이동함을 나타내고 있다. 팽창적인 통화정책이나 재정정책은 총수요곡선을 오른쪽으로 이동시켜 소득을 증대시킨다. 정부지출 증대, 조세삭감, 기업의 투자지출 증대(animal spirit의 활성화), 순수출 증대, 중앙은행의 통화공급 증대 등의 경우에 *AD*곡선이 우측으로 이동할 것이다. 반대의 경우엔 *AD*곡선이 왼쪽으로 이동하여 소득이 감소된다.

IS-LM 분석의 한계점

*IS-LM*모형은 거시경제 분석에서 대단히 유용한 분석도구이나 몇 가지 제약요인이 있다는 것을 이해할 필요가 있다. 첫째, *IS-LM*모형은 단기분석 모형이라는 점이다. 따라서 장기성장을 분석하는 데는 적합하지 않다. 장기성장에 필요한 자본축적 등은 고려되지 않고 있다. 둘째, 물가는 고정되어 있다고 가정한다. 거시경제학의 대단히 중요한 변수인 물가가 내생적으로 결정되지 못한다는 단점이 있다. 물가는 후에 도출하게 될 총수요곡선(*AD*)과 총공급곡선(*AS*)을 이용하여 구해진다. 셋째, *IS-LM*모형은 계량경제모형을 통해서 구해지는 패러미터 값들에 의존케 되는데 **합리적인 기대(rational expectation)**에 의하면 이 패러미터 값들은 의미를 상실케 된다. 이를 **루카스 비판(Lucas critique)**이라 한다. 그러나 이러한 비판이 있음에도 불구하고 *IS-LM*모형은 거시경제의 기본적인 골격을 이해하고 재정 및 금융정책 효과를 이해하는데 대단히 유용한 도구이다. 이제 *IS*곡선과 *LM*곡선을 이동시키는 요인들이 변할 때 새로운 균형소득과 균형이자율이 어떻게 변하는지 살펴보기로 한다. 셋째, 통화정책이 통화량 목표제에서 이자율 목표제로 바뀐 것을 잘 반영시키지 못하고 있다. 전통적으로 *LM*곡선은 통화량 목표제(정책변수로 외생변수임)일 때 의미가 있다. 그러나 현재 대부분의 국가에서 이자율 목표제로 통화정책의 중간목표가 바뀌어 *LM*곡선의 의미가 퇴색하고 있다.

지난 2007~2008년 금융위기를 극복하는 과정에서 양적완화정책이란 비전통적인 통화정책이 대두되었다. 금리가 0% 이하(마이너스 금리)까지 등장되는 상황 하에선 전통적인 통화정책으론 한계가 있어 중앙은행이 통화를 직접 증대시키는 이른바 **양적완화정책**이 추진되었다.

또한 금융자산시장의 영향에 대한 분석에 한계가 있다. 전통적으로 왈라스의 일반균형의 원리에 의하여 화폐시장의 분석으로 금융자산시장은 영향이 없는 것으로 가정하였다. 화폐와 다른 금융자산(주식, 각종 금융채권 등)은 완전대체재라는 가정 하에 화폐시장이 균형이면 다른 금융시장도 균형이고, 화폐와 완전 대체재관계이기에 분석이 필요 없었다. 그런데 최근 자본자유화와 금융시장의 발달은 화폐시장에 충격을 주고 있다. 대규모의 외국자본이 신흥시장인 우리나라의 주식시장 및 채권시장으로 유입(출)되고 있는 상황에서 국내의 통화정책에도 많은 영향을 끼치고 있다. 특히 2008년 금융위기로 인해 금융시장의 불안정성이 거시경제에 미치는 영향이 크다. 각종 파생상품 등 금융자산이 전통적인 화폐시장에 미치는 영향이 지대함에도 불구하고 단순히 화폐와 금융자산이 완전대체재라는 가정은 비현실적이다. 금융자산(본)과 거시실물부문 간에 상호작용에 대한 심층적인 연구가 필요하다.

》 양적완화정책이란?

2008년도에 미국에서 발생된 글로벌 금융위기에 대한 대응으로 미국을 비롯한 주요 선진국들이 취한 일련의 통화정책인데, 기존의 전통적인 통화정책과는 다른 양태를 나타냈다. 기존의 통화정책은 이자율(기준금리)을 인하시킴으로써 시중에 통화공급량을 늘려서 불황을 극복하는 방식이었다. 그런데 시중의 금리가 0%와 다름없는 초저금리 상태일 경우에는 이런 기준금리 인하정책이 한계에 부딪치게 된다. 기준(정책)금리가 이미 0%에 근접하고 있다면 통상적인 통화정책을 수행하기는 어려울 수밖에 없다. 중앙은행이 금리인하를 통하여 통화공급을 증대시킬 수 없게 됨에 따라 시중에 직접 통화공급을 증대시키는 방안을 찾게 된다. 중앙은행이 장기국채, 기업어음 등을 매입하여 민간부문에 통화공급을 확대하는 방법이다. 미국의 연방준비은행(FRB)은 서브프라임 모기지사태의 주역이었던 주택저당증권(MBS)을 대규모로 매입하면서 금융기관의 자금사정을 호전시키고자 했다. 미국의 경우 금융위기가 절정에 달했던 2008년 11월에 주택저당증권(MBS)을 6천억 달러 매입한 것이 양적완화정책의 본격적인 시작이라 할 수 있다.[9] 미국은 2010년 11월에 추가적으로 6천억 달러의 재무부 증권을 매입할 계획을 발표하면서 두 번째 양적완화정책(QE2)을 시행했다. 그리고 2012년 9월에는 매달 400억 달러의 주택저당증권을 매입하기로 결정하면서 세번째 양적완화정책(QE3)을 시행했다. 이런 양적완화(Quantitative Easing: QE)정책은 미국뿐만 아니라 일본 및 유럽도 집행하게 되었다.

양적완화정책 덕분에 미국경제가 회복국면에 진입하자 미국은 통화공급량 축소를 계획하기에 이른다. 연방준비은행(FRB)은 2013년말부터 양적완화(QE)을 축소(Tapering)하기 시작했으며, 2014년 10월 FOMC에서 양적완화정책을 종료하기로 결정하였다. 2013년 12월 FOMC에서 월 850억 달러에 달

9) 양적완화 정책은 일본중앙은행이 먼저 실시한 바 있다. 일본은 1990년대 이래 불황에 치달으면서 초저금리 상태(준유동성 함정)에 놓여 금리인하 정책이 한계에 부딪히자 은행이 보유하고 있는 장기국채를 직접 매입하는 방식으로 불황극복을 시도하였다.

했던 3차 양적완화(QE3) 규모를 100억 달러 축소하는 테이퍼링을 처음 시행하였고, 2014년 1월, 3월, 4월, 6월, 7월, 9월 회의에서 자산매입 규모를 100억 달러씩 추가로 축소하였다. 2014년 10월 FOMC에서는 11월부터 자산매입을 종료하고, 경제상황에 따라 추가적인 출구전략(exit plan, 금리인상을 의미)을 진행하기로 결정하였다. FRB의 의장인 옐런은 자신의 임기 말인 2014년 12월에 처음으로 기준금리 인상을 단행했다. 옐런의 뒤를 이은 파월 의장도 금리인상 기조를 유지하여 2018년 6월에 미국의 정책금리를 0.25% 인상하여 1.75~2.00%로 되어 한국 기준금리(1.5%)보다 높은 금리역전 현상이 생겼다([그림 4-14] 참조).

[그림 4-14] 한미 간 금리 차이 변화

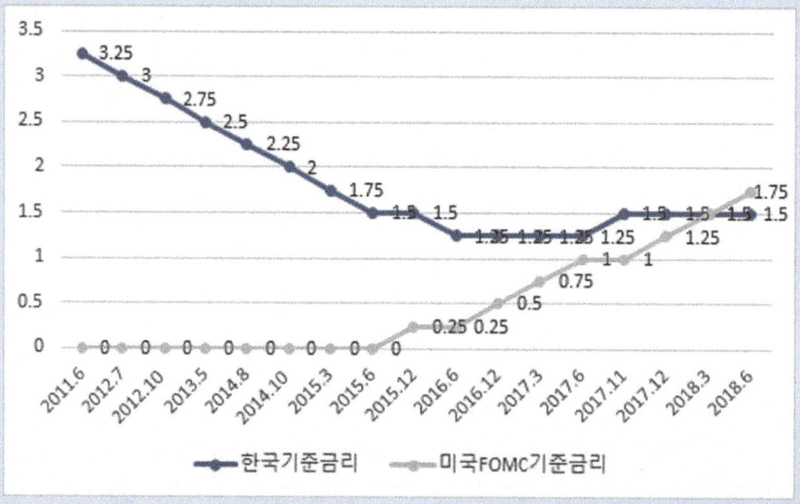

2009년 이후 영국과 일본이 양적완화정책에 가세하면서 일각에서는 환율전쟁이라는 평가를 내리기도 한다. 양적완화는 자국의 통화를 절하시켜 수출가격 경쟁력을 높여 수출 증대를 통한 경기회복을 도모하는 효과도 있다. 이는 자국의 경기회복을 위해 다른 나라를 희생시키는 결과를 낳을 수 있다. 특히 양적완화가 선진국을 중심으로 추진되고 있는 상황에서 신흥국이나 저개발국은 희생을 강요받을 수 있다. 그렇다고 신흥국이 선진국처럼 양적완화정책을 펼 수도 없다. 선진국의 양적완화정책으로 인해 외국(선진국) 자본이 신흥국으로 대거 유입되면서 자산가격이 상승해 오히려 인플레이션 압력이 나타날 수 있다. 또한 [그림 4-14]에서 보듯이 양국 간에 금리차이가 크게 벌어지는 경우 자금이동(달러캐리) 현상이 나타난다. 달러화의 국내유입으로 원-달러 환율이 하락되는 현상이 나타나기도 했다.

요약정리

1. IS곡선은 생산물시장의 균형을 나타내는 이자율과 소득의 결합점들이다. LM곡선은 화폐시장의 균형을 나타내는 이자율과 소득의 결합점들이다.

2. IS곡선은 우하향의 기울기를 가지며 투자함수의 이자율탄력성이 클수록 기울기는 완만해진다. 유사한 논리로 소비의 이자율탄력성이 클수록 역시 IS곡선의 기울기는 완만해진다. 또한 개방경제 하에서의 IS곡선의 기울기는 폐쇄경제의 그것에 비하여 가파른 기울기를 나타낸다.

3. LM곡선은 우상향의 기울기를 나타낸다. LM곡선의 기울기는 특히 화폐수요함수의 이자율탄력성에 큰 영향을 받는다. 화폐수요함수의 이자율탄력성이 클수록 LM곡선의 기울기는 완만해진다. 극단적으로 이자율 탄력성이 $-\infty$될 때 LM곡선은 수평에 가깝게 되며, 이자율탄력성이 0에 가까울수록 수직의 기울기를 갖는다.

4. IS곡선은 주입(injection)요소인 정부지출, 투자지출, 수출 등이 증가할 때 오른쪽으로 이동하고 주입 요인들이 감소될 땐 왼쪽으로 이동한다. LM곡선은 명목통화공급량이 증가하거나 명목통화공급량이 일정할 때 물가가 하락하는 경우 LM곡선은 우측으로 이동한다.

5. IS곡선과 LM곡선이 만나는 점에서 생산물시장과 화폐시장이 동시에 균형을 이루며 이때 두 시장을 동시에 균형시키는 균형이자율과 균형소득이 결정된다.

6. 재정정책 및 금융정책의 효과는 IS-LM을 이용하여 분석할 수 있다. 재정정책은 IS곡선을 이동시키며, 금융정책은 LM곡선을 이동시킨다. 정부의 지출증가, 기업의 투자지출, 수출의 증가는 IS곡선을 우측으로 이동시켜 소득을 증가시킨다. 이러한 재정정책의 효과는 IS곡선의 기울기가 가파를수록 그리고 LM곡선의 기울기는 완만할수록 크게 나타난다.

7. 정부지출 증가를 통하여 소득이 증가할 때 일부의 소득은 상승된 이자율에 의한 영향으로 상쇄되는 효과가 나타나는데 이를 구축효과(crowding-out effect)라고 한다. 이 구축효과를 둘러싸고 케인즈학파와 통화론자들 사이에 논란이 많았다. 케인즈학파들의 주장은 구축효과가 크지 않다고 주장한 반면에 통화론자들은 구축효가가 상당히 큼을 강조하였다.

8. 실질화폐잔고를 증가시킬 경우 LM곡선은 우측으로 이동하여 소득을 증가시킨다. 물가가 일정할 때 명목통화의 공급증가라든가 또는 명목통화는 일정한데 물가수준이 하락하는 경우에 LM곡선이 오른쪽으로 이동된다. 통화정책의 효과는 IS의 기울기가 완만할수록 그리고 LM곡선의 기울기는 가파를수록 크게 나타난다.

9. 총수요곡선(AD)은 $IS-LM$의 동시균형 조건으로부터 물가의 변화에 따른 산출량의 관계로 구해진다. 따라서 AD곡선 상의 모든 점들은 생산물시장과 화폐시장이 균형상태임을 나타낸다. 총수요곡선은 우하향하는 기울기를 갖는다. 적절한 재정 및 금융정책을 통하여 AD곡선의 미세한 조정을 통하여 경기변동을 조절하는 것을 총수요관리정책이라 한다.

10. 확장적인 재정정책 및 금융정책은 총수요곡선을 우상향으로 이동시키고, 긴축적인 재정정책 및 금융정책은 총수요곡선을 좌하방으로 이동시킨다.

11. $IS-LM$곡선을 이용하여 재정 및 금융정책의 효과를 유용하고 간편하게 분석할 수 있는 장점이 있지만, $IS-LM$분석은 물가가 고정되어 있다는 가정을 하고 있는 한계점이 있다. 따라서 기본적으로 $IS-LM$은 단기분석모형이다.

연습문제

1. 우리나라의 최근 평균소비성향과 한계소비성향을 조사(또는 추정)해보시오.

2. 다음은 생산물시장을 기술하고 있다. 다음의 문제에 답하시오.

$I = -0.2r$, $C = 0.3Yd$, $Yd = Y - T$, $G = 200$, $M = 0.01Yd$

$X = 20$, $T = 300$

I : 투자, C : 소비, Yd : 가처분소득, T : 세금, G : 정부지출

X : 수출(수출은 외국의 소득에 영향을 받지 않는다고 가정), M : 수입

2-1. *IS*곡선의 기울기를 구하시오.

2-2. 이때 정부가 재정지출을 조세수입과 일치하는 균형재정을 실시할 경우, *IS*곡선의 변화는 어떻게 나겠는가?

2-3. 폐쇄경제(수출과 수입이 없는 경우)와 개방경제를 비교하여, *IS*기울기를 각각 구하고 이자율의 변화에 소득이 어떻게 변화할지를 기술하시오.

2-4. 만약 투자가 이자율에 전혀 영향을 받지 않는다면, *IS*곡선의 기울기는 어떻게 되겠는가?

3. *IS*곡선은 생산물시장의 균형을 나타내는 이자율과 산출량의 궤적이다. 만약 동일한 산출량 수준에서 이자율이 균형이자율보다 높아질 경우, 생산물시장에는 어떠한 변화가 나타날지 기술하시오.

4. 다음은 화폐시장에 대한 기술이다. 화폐시장에 대한 기술은 다음과 같다. 이에 대한 문제에 답하시오.

$l_T = 0.02Yd$ $l_S = -0.2r$ $Md = l_T + l_S$

$Ms = 300$ $P = 10$ $Yd = Y - T$ $T = 30$

l_T: 거래적 화폐수요, l_T: 투기적 화폐수요, Ms: 통화공급량, P: 물가수준,

Yd: 거래적 화폐수요, T : 세금 단위 : 조원

4-1. *LM*곡선의 기울기를 구하시오.

4-2. 통화량이 300조 원에서 600조 원으로 증가할 경우 *LM*의 곡선의 기울기는 어떠한 변화가 있는가?

4-3. *LM*곡선은 화폐시장을 균형시키는 이자율과 산출량의 궤적을 나타낸다. 이때 주어진 소득 수준에서 균형이자율 이상으로 이자율이 상승할 경우 나타나는 화폐시장의 변화를 기술하시오.

5. 2번과 4번을 이용하여 *IS*–*LM*을 동시에 균형시켜주는 균형이자율과 산출량을 구하도록 하시오.

6. 2번과 4번을 이용하여 정부가 재정지출을 10조 원을 추가로 집행하였다면, 재정지출확대정책의 경제적 효과는 얼마인가? 화폐시장을 고려하여 나타나는 구축효과는 얼마인가?

7. 유동성함정이란 무엇인가? 유동성함정이 나타나면, 화폐시장에서 *LM*의 기울기는 어떻게 되겠는가?

8. 유동성함정 상황에서 총수요 확대를 시키기 위한 정책은 어떠한 것이 있는지 기술하시오.

9. '야성적 충동(animal sprit)'이란 무엇이며, 총수요를 확대하고자 할 경우, 그 야성적 충동의 역할은 무엇인가?

10. 외화유입이 증가하여 자국화로 환전하는 과정에서 통화량이 증가할 때, 나타나는 변화를 *IS*–*LM*으로 설명하시오.

11. *IS*–*LM*분석에서 재정확대정책 및 통화량확대정책의 산출량과 이자율을 중심으로 정책적 효과 차이를 비교 설명하시오.

12. '구축효과'란 무엇인가? 구축효과가 큰 경우를 화폐시장과 생산물시장을 중심으로 설명하시오.

13. GDP가 5,000조 원이며, 통화량이 2,500조 원이라고 한다면, 통화량의 유통속도는 얼마인가?

14. 대한민국은 IT산업이 발전한 국가이다. IT산업의 발전과 성장이 총수요에 미치는 영향을 분석하시오?

15. 총수요확대정책은 확대재정정책, 확대금융정책으로 나눌 수 있다. 두 정책의 결과로 나타나는 차이점은 무엇인가?

16. 정부는 부동산시장이 과열 조짐을 보이자, DTI정책을 도입하였다. DTI정책이 무엇인가?

17. 상기의 16번에서 DTI(debt to income)의 규제정책이 완화될 경우 거시경제에 미치는 영향을 *IS*–*LM*을 이용하여 분석하시오.

제 5 장 노동시장과 총공급(AS)

제1절 총공급과 노동시장

1.1 노동시장 : 균형노동 결정

총공급함수는 생산요소시장과 총생산함수로부터 도출된다. 단기의 총공급을 구하는 것이므로 자본과 기술은 주어진 것으로 본다. 따라서 총공급곡선은 노동시장과 긴밀한 관계가 있다. 앞에서 살펴본 소득순환모형을 상기하면 쉽게 이해할 수 있다. 즉, 맨 위에 가계부문이 있는데 가계부문은 기업에 노동을 공급해주는 노동공급자이다. 반면에 기업은 가계부문으로부터 노동을 수요하는 노동수요자이다. 기업은 가계부문으로 제공받은 노동과 자신들이 갖고 있는 자본, 기술을 결합하여 생산하고 그것이 합해져 한 나라의 공급능력이 되는 것이다. 따라서 논리적으로 총공급을 유도하기 위해선 먼저 노동시장에서 노동에 대한 수요와 공급을 분석해야 한다. 다음에 한 나라를 대표할 수 있는 총생산함수를 통하여 총공급수준을 결정한다.

1. 노동수요곡선 도출

노동에 대한 수요는 기업의 이윤극대화 과정을 통해서 구해진다. 기업은 주어진 자본스톡 및 기술수준과 요소가격으로부터 얼마만큼의 노동과 자본을 생산과정에 투입해야 이윤이 극대화될 수 있는가를 결정한다. 이 과정에서 적정 노동수요량이 결정된다. 즉, 대표적 기업의 이윤함수(Π)는

$$\Pi = PF(K, L : T) - WL - rK \tag{5.1}$$

로 표시된다. 기업의 이윤은 위의 식에서 나타내는 바와 같이 매출액에서 생산과정에

투입된 비용을 공제한 나머지가 된다. 이윤을 극대화하는 과정에서 몇 명의 노동자를 고용해야 하는가의 문제는 식 (5.1)을 노동(L)에 대하여 미분하면 되는데, $\frac{\partial \Pi}{\partial L} = PF_L - W = 0$으로 구해진다. 이 조건을 다시 쓰면 노동에 대한 수요함수가 되는데 $F_L(L) = \frac{W}{P}$로 나타낼 수 있다. 즉, 노동의 한계생산성(F_L)이 실질임금(W/P)과 같아지는 수준에서 노동량을 결정할 때 기업의 이윤이 극대화된다. 이를 그림으로 나타낸 것이 [그림 5-1]이다. 노동에 대한 한계생산성은 수확체감의 법칙에 따라 우하향하는 모양을 나타낸다.

[그림 5-1] 노동수요 결정모형

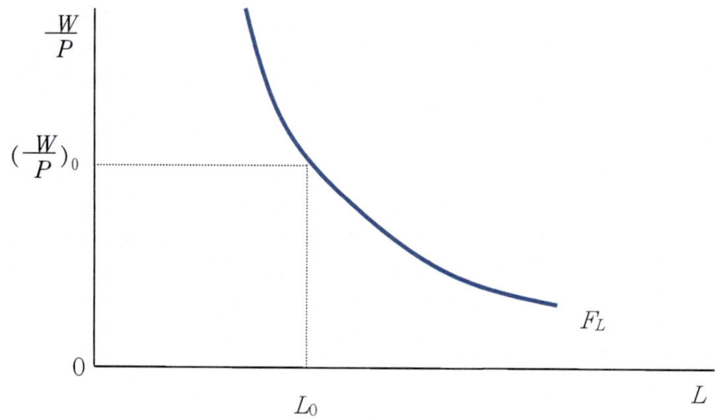

노동시장이 완전경쟁시장이라고 가정하면 실질임금이 시장에서 $(\frac{W}{P})_0$으로 주어질 때 기업은 고용량을 L_0까지 고용할 것이다. 실질임금이 상승하면 기업은 고용규모를 줄이고, 반대로 실질임금이 감소하면 고용량을 증대시킬 것이다. 그러나 이는 다른 요인들(이자율이라든가 기술적 변화 등)이 일정하다는 전제 하에서 실질임금과 노동에 대한 수요가 반비례 관계임을 나타낸다. 실질임금 이외의 요인들이 변동될 때, 주어진 실질임금수준에서 노동에 대한 생산성이 증대된다면 노동수요곡선이 우측으로 이동하게 된다.

2. 노동공급곡선 도출

(1) 노동공급곡선 유도

노동을 공급하는 주체는 가계부문이다. 가계부문은 기업부문에 대하여 노동을 제공해주고 그 대가로 소득을 얻게 된다. 임금소득으로 가계부문은 기업이 생산한 재화와 용역을 수요(소비)해주는 역할을 한다. 가계부문은 두 가지의 사항에 대하여 선택을 해야한다. 즉, 얼마만큼 노동을 제공하고, 노동의 대가로 얻은 소득으로 얼마만큼을 소비해야 하는가를 결정해야 한다. 물론 소비되고 남은 부분은 저축될 것이다. 따라서 가계부문의 소비자들은 하루 중에 자신의 효용극대화를 위하여 몇 시간을 일(노동공급)하는 데 투입할 것인가를 결정해야 된다. 노동을 제공한 대가로 임금을 받지만 노동은 고통을 주기 때문에 효용을 떨어뜨리는 방향으로 작용된다. 반면에 소비행위는 자신의 효용을 증대시키게 된다. 따라서 가계부문의 소비자들은 돈을 벌기 위해선 일을 해야 한다. 자신의 효용을 증대시키기 위해선 일보다는 소비를 증대시켜야 하는 trade-off 관계(한쪽이 증대되면 그에 상응하는 다른 쪽은 감소되는 관계를 뜻함)에 직면하게 된다. 이런 딜레마에서 가계부문의 소비자들은 최적 노동시간을 결정하게 된다. 이렇게 결정된 노동시간을 주어진 임금수준에서 횡적으로 합치면 전체의 노동공급량이 결정된다.

미시경제학의 효용극대화 이론을 통하여 나타내면 $U = (C, L)$가 되는데, C는 소비를 나타내고 L은 노동시간을 나타낸다. 소비효용함수와 예산제약선 $PC \leq LW + A$ (A는 노동 이외의 자산소득을 의미함)를 만족시키는 조건에서부터 노동의 최적공급량이 결정된다. 이를 그림으로 나타내면 아래 [그림 5-2]가 된다.

[그림 5-2]의 아래 부분은 소비자의 효용극대화 과정을 반영하고 있다. 즉, 실질임금이 $(\frac{W}{P})_o$ 수준에서 소비자는 점 a에서 자신의 효용을 극대화한다. 이때 그는 $0L_0$만큼 노동을 공급하게 되는데 이를 반영한 것이 위의 그림에서 점 a'으로 나타나고 있다. 이제 실질임금이 상승하여 $(\frac{W}{P})_1$ 된다면 그는 자신의 노동을 증대시켜 $0L_1$까지 증대시킬 것이다. 따라서 우리는 실질임금과 노동공급 간에 정(+)의 관계가 있음을 알 수 있다. 그러나 실질임금이 상승한다고 하여 항상 노동공급이 증대되는 것은 아님에 유의해야 한다. 지금까지 실질임금이 상승됨에 따라 노동공급 시간이 증대된다고 한 것은 실질임금 상승에 따른 **대체효과**(즉, 임금이 상승됨에 따라 여가나 소비하는데 투입되는 시간을 줄이고 대신에 그 줄어든 시간만큼 노동을 증대시키는 효과)가 **소득효과**(실질임금이 충분히 상승한 경우 그만큼 소득이 증대되어 추가적인 노동공급을 줄이려는 효과) 보다 크다고 가정했기 때문이다.[1] 만일 소득효과가 대체효과보다 크다면 사람들은 실질임금이

[그림 5-2] 노동공급곡선

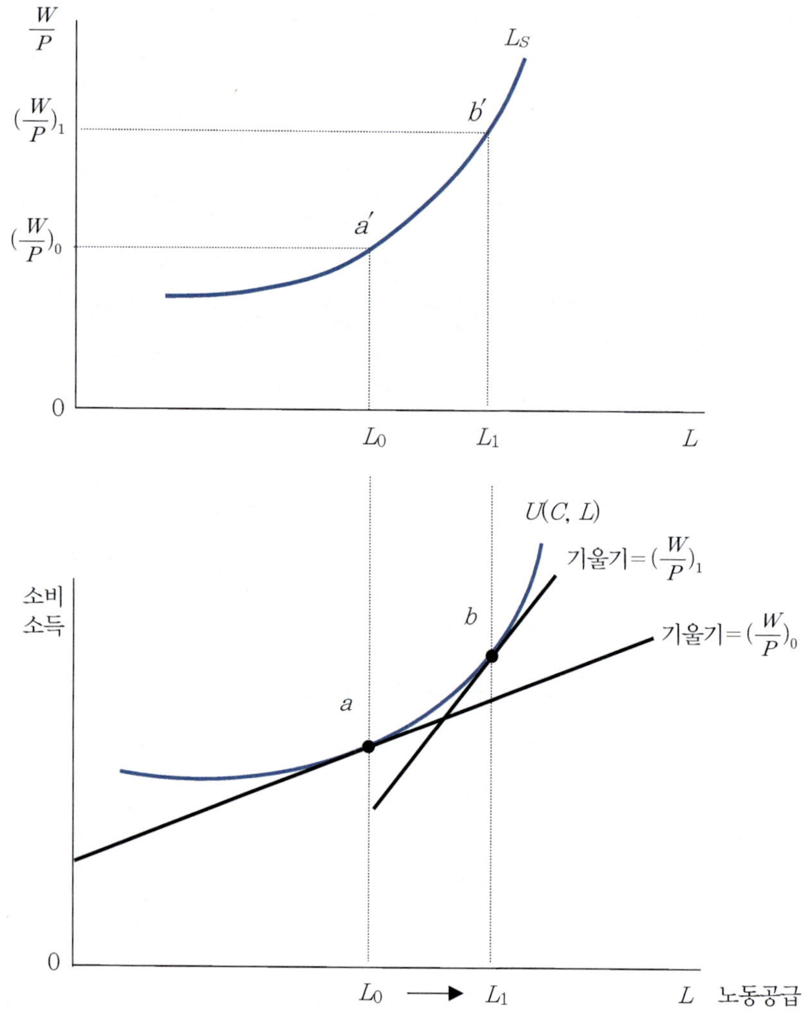

충분히 상승하면 소득증대에서 느끼는 만족이 그리 크지 않아 여가라든가 소비를 더 선호하게 된다. 이런 경우엔 실질임금이 상승해도 노동공급은 그다지 증대되지 않거나

1) 실질임금이 상승되면 일하는 시간을 늘릴수록(노동공급 증대) 소득이 증대됨으로 여가 시간을 줄이고 대신 노동공급을 증대시킬 것이다. 여가가 노동으로 대체된다고 하여 이를 대체효과(substitution effect)라 한다. 한편 실질임금이 충분히 상승된 경우에는 추가적으로 얻는 소득증대 효과보다는 포기한 여가를 더 귀하게 여겨 노동공급을 줄이고 여가를 증대시키려 한다. 이렇게 충분히 증대된 소득으로 말미암아 노동공급을 줄이고 여가를 증가시키려는 효과를 소득효과(income effect)라고 한다.

오히려 줄어들 수도 있다. 이런 의미에서 엄밀히 말하면 노동공급곡선은 우상향 하다가 어느 단계를 지나면 왼쪽으로 굽어지는 **후방굴곡형**(backward bending curve)곡선이 된다. 그러나 이런 경우는 배제하고 통상적으로 노동공급곡선은 우상향하는 부분만을 고려한다.

(2) 노동공급곡선의 기울기

[그림 5-2]에서 보는 바와 같이 노동공급곡선의 기울기는 실질임금에 대한 노동공급곡선의 탄력성을 나타낸다. 실질임금이 1% 올랐을 때 노동공급량이 얼마나 증가되었나 하는 정도는 노동공급곡선의 기울기에 의하여 결정된다. 노동공급이 실질임금에 대해 탄력적일수록 노동공급곡선의 기울기는 완만한 기울기를 갖게 될 것이다. 이는 실질임금이 조금만 상승해도 노동공급이 충분한 정도로 증대됨을 의미하고, 대체효과가 크게 작용하고 있음을 반영한다. 사람들은 노동시간을 탄력적으로 증대시킨다. 이는 여가나 소비하는데 투입되는 시간을 줄여 노동시간으로 대체시킴을 의미한다. 경제가 성장하여 소득수준이 올라감에 따라 사람들은 점차로 실질임금이 상승해도 전처럼 노동시간을 증대시키지 않는다. 대신에 여가, 여행, 소비생활 등에 시간을 점점 더 많이 투입하게 된다. 즉, 소득수준이 증대됨에 따라 대체효과는 점점 작아지고 소득효과가 커지게 되어 노동공급곡선의 기울기가 점점 가파르게 변한다.

따라서 우리는 이러한 추세로부터 장기적인 노동공급곡선은 수직에 가깝게 될 것임을 예측할 수 있다. 이는 실질임금 상승효과가 대체효과(노동공급을 증대시키는 쪽으로 작용)와 소득효과(노동공급을 줄이는 방향으로 작용)가 서로 상쇄되어 노동공급곡선이 점차 가파르게 됨을 시사한다. 이러한 노동공급곡선의 가파른 이동은 중요한 시사점을 던져주고 있다. 기업이 추가적으로 노동을 사용하기 위해선 비싼 임금을 지불해야 하기 때문에 생산성 증대라든가 기술혁신으로 상승된 비용을 상쇄할 수 있어야 한다. 우리나라 경제가 현재 겪고 있는 고비용 저효율 구조도 노동공급곡선의 기울기가 점차 가파르게 변모한 것과 무관하지 않은 것으로 추측된다.

(3) 노동공급과 이자율

노동공급과 관련하여 이자율의 움직임과는 어떤 관계에 있을까? 만일 실질임금과 다른 여건이 일정한데 이자율이 r_0에서 r_1으로 상승했다고 하자. 먼저 이자율이 상승하면 소비자들은 소비를 줄이고 저축을 늘리려는 인센티브를 갖게 된다. 가계부문의 소비자들은 저축을 증대시키기 위하여 소득을 증대시킬 것이고, 소득을 증대시키기 위해선 노동공급을 증가시킬 것이다. 따라서 이자율과 노동공급 간에는 정(+)의 관계가 예상된다. 이자율과 노동공급 간의 관계를 좀더 직관적으로 설명하기 위하여 다음과 같이 설명해보자. 내일의 임금(w_1)과 오늘의 임금(w_0) 간에 상대적인 비율을 $w_0(1+r)/w_1$로 나타낼 수 있다. 여기서 이자율은 일종의 할인율 역할을 한다. 즉, 동일한 노동을 제공할 때 오늘 받는 임금과 내일 받게될 임금은 동일한 가치이어야 한다. 이를 수식으로 나타내면 $w_1 = w_0(1+r)$이 된다. 이를 비율로 나타낸 것이 $w_0(1+r)/w_1$이다. 그런데 만일 이제 이자율이 조금 상승한다면 내일의 임금은 일정한데 오늘 임금의 실질가치는 더 커지게 됨으로 사람들은 오늘 노동을 증대시킨다. 따라서 이자율의 움직임과 노동의 공급은 같은 방향으로 움직이게 된다. 그러나 이자율의 움직임이 노동공급에 미치는 효과는 그리 크지 않은 것으로 알려져 있다.

1.2 총생산함수-노동시장-총공급함수 관계

1. 총공급함수 도출

위에서 도출된 노동수요와 노동공급이 일치하는 점에서 균형노동량이 결정되면, 이 노동량이 총생산함수(한 나라를 대표하는 생산함수)에 투입되어 총생산량이 결정된다. 총생산함수 $Y = F(\overline{K}, L)$로 표현된다. 여기서 단기엔 총자본량 및 기술은 고정되어 있다고 본다. 총생산에 영향을 주는 요소는 노동량 밖에 없다. 따라서 총생산은 노동량에 의하여 결정되고, 노동량은 노동시장의 조건에 따라서 결정된다. 이런 관계를 나타낸 것이 [그림 5-3]이다. 그림에서 보는 바와 같이 노동시장의 균형조건을 나타내는 (a)에서 결정된 균형노동량이 총생산함수에 투입되어 총생산량 Y^*가 결정되는데, 이는 잠재적 산출량(생산가능곡선 상에서 결정된 최대생산량임)이라 할 수 있다.

2. 총공급곡선의 이동

[그림 5-3]이 시사하는 바는 총생산량에 영향을 끼치는 요소는 노동시장의 변화에 따라 달라진다는 점이다. 예를 들면 새로운 신기술의 도입은 동일한 노동량이 투입되어도 총생산함수를 우측으로 이동시켜 더 많은 생산이 가능케 해준다. 장기적인 성장요인이기도 하다. 예를 들면, 애플사에 의해 스마트 폰의 기술이 상용화되면서 2010년 전 세계에 스마트 폰 열풍을 일으켰는데, 우리나라의 스마트 폰의 생산량도 폭증하

면서 이 분야에서의 고용도 증가하였다. 우리나라의 경우에도 스마트 폰에 대한 국내외의 수요급증으로 생산량이 증가하고, 이것이 우리나라의 GDP 증가에 상당부분 기여한 것으로 평가된다.

이와 유사한 사례로는 노동생산성의 증가를 들 수 있다. 노동에 의한 기여도가 생산성 증대만큼 커지므로(마치 더 많은 노동을 고용한 것과 같은 효과) 노동수요 곡선이 우측으로 이동하여 균형노동량이 증대되고, 이는 총생산량(총공급)도 늘어 *AS*곡선을 우측으로 이동시킨다. 이런 이유로 노동생산성 혹은 총요소생산성이 강조된다. 어떤 혁신에 의한 새로운 기술도입에 따른 생산성 증가도 중요하지만, 실제 작업현장에서 생산공정을 개선하는 기술도 중요하다. 생산공정 개선도 노동생산성을 증대시키는 요인으로 작용하기 때문이다.

[그림 5-3] 노동시장-총생산함수-총공급곡선의 관계

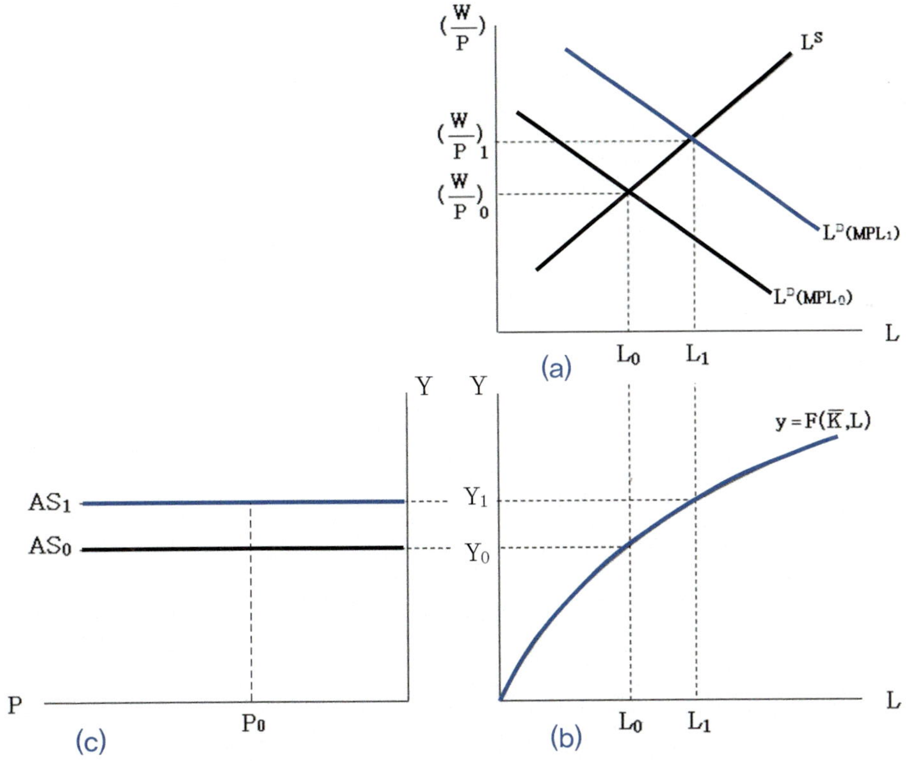

총공급에 영향을 주는 요소는 이외에도 많다. 긍정적인 충격뿐만 아니라 부정적인 충격도 있는데, 예를 들면, 원자재 가격이나 원유가격 상승은 생산비용을 올려 총공급을 줄일 것이다. 원유나 원자재 가격의 상승이 노동시장이나 총공급함수에 미치는 효과는 간접적인 방법으로 설명할 수 있다. 예를 들면, 원유가격의 상승은 생산비용을 상승시키는 데(다른 조건이 일정하다면), 이는 기업 측으로 보면 이는 마치 노동한계생산성이 감소한 것과 같이 여겨 노동수요곡선이 왼쪽으로 이동하는 효과를 갖는다. 이로 인해 그만큼 총생산규모도 줄어들게 되고 총공급도 감소시킨다. 이런 종류의 부정적인 충격은 자연재해나 심각한 노사분규 등에서도 유사한 결과로 나타난다. 이런 공급에 영향을 끼치는 일시적인 충격은 단기적으로 노동수요와 노동공급곡선을 이동시켜 총생산 및 총공급에도 영향을 끼치게 된다.

1.3 총공급곡선(AS)의 모양과 총수요 효과

지금까지는 총공급은 일정하다는 가정 하에 총수요측면만을 분석하여 왔다. 그러나 앞에서도 언급했듯이 한 나라 거시경제균형은 총수요와 총공급의 일치에서 이루어진다. 특히 총공급곡선과 관련된 분석에서는 총공급곡선의 기울기가 매우 중요하다. 총공급곡선의 모양에 따라서 총수요의 안정화 정책에 대한 효과가 달라진다. 예를 들면 확장적인 통화정책을 취하는 경우 총공급곡선이 수직(아래 그림에서 AS_C)이라면 소득에는 아무런 영향을 미치지 못하고 물가만 상승시킨다. 바로 고전학파의 모형이 이런 경우에 해당된다고 할 수 있다. 반대로 극단적으로 총공급곡선이 수평(아래 그림 AS_K)이라면 이번엔 물가에는 아무런 영향을 미치지 못하고(즉, 물가상승압력은 없음) 소득만 증대시키게 된다. 이러한 경우가 케인즈의 단기(또는 초단기) 공급곡선에 상응하는 경우이다. 그러나 중기모형에서는 총공급곡선도 우상향하는 모양을 나타낼 것이다. 아래의 [그림 5-4]은 총공급곡선의 모양에 따라서 안정화 정책의 효과가 달라짐을 보여주고 있다.

거시경제학에 부분적으로 미시경제학의 이론을 도입하려는 움직임이 1980년대부터 활발하게 이루어져 왔다. 이러한 움직임을 **거시경제학의 미시경제 기초화(micro-foundation of macroeconomics)**라고 한다. 특히 합리적 기대이론을 기초로 한 새고전학파와 새케인즈학파에서 이러한 움직임이 활발하게 일어나고 있다. 이러한 거시경제학의 미시경제 기초화 과정에서 활발하게 적용되고 응용된 분야 중의 하나가 바로 총공급과 관련된 분야이다.

[그림 5-4] 총공급곡선 모양에 따른 안정화 정책

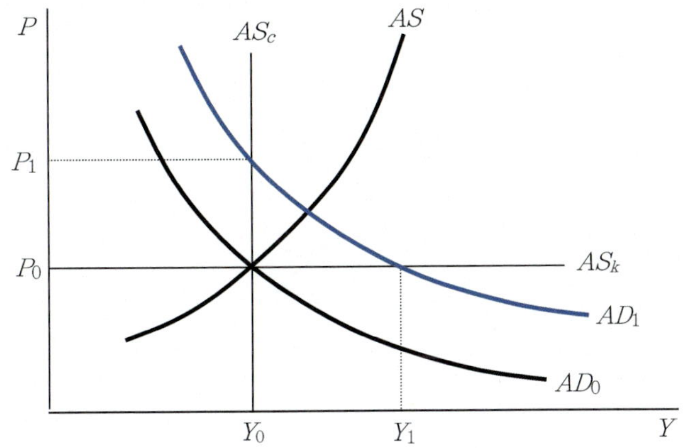

제2절 단기 및 장기 총공급 유형

2.1 수직 총공급곡선

총공급곡선은 노동시장에서 결정된 노동량과 한 나라를 대표할 수 있는 총생산함수 $Y = F(K,\ L)$로부터 도출된다. 노동시장에서 균형노동량과 임금이 결정되면, 그 결정된 노동량은 아래의 총생산함수에 투입되어 총공급량이 결정된다. 이 경우에 총공급곡선의 모양은 수직선의 모양이 된다([그림 5-3] 참조). 이 공급함수의 특징은 생산요소의 변화나 기술혁신으로 산출수준이 증대되어 공급이 증가하는 경우에는 총공급함수는 우측으로 그만큼 이동한다.

수직인 총공급함수 하에서는 총수요를 구성하고 있는 화폐량이나 정부의 재정활동이 총생산량에 전혀 영향을 끼치지 못하게 된다. [그림 5-5]에서 보는 바와 같이 노동시장의 조건이 변화되거나 기술혁신으로 생산함수가 이동하게 되는 경우 이외에는 총공급에 영향을 주지 못한다. 이러한 특징의 총공급함수를 **고전학파**의 총공급함수라고 한다. 이 총공급함수의 특징은 수직의 모양을 나타내고 있어 물가와 총공급곡선과

[그림 5-5] 총공급함수 도출

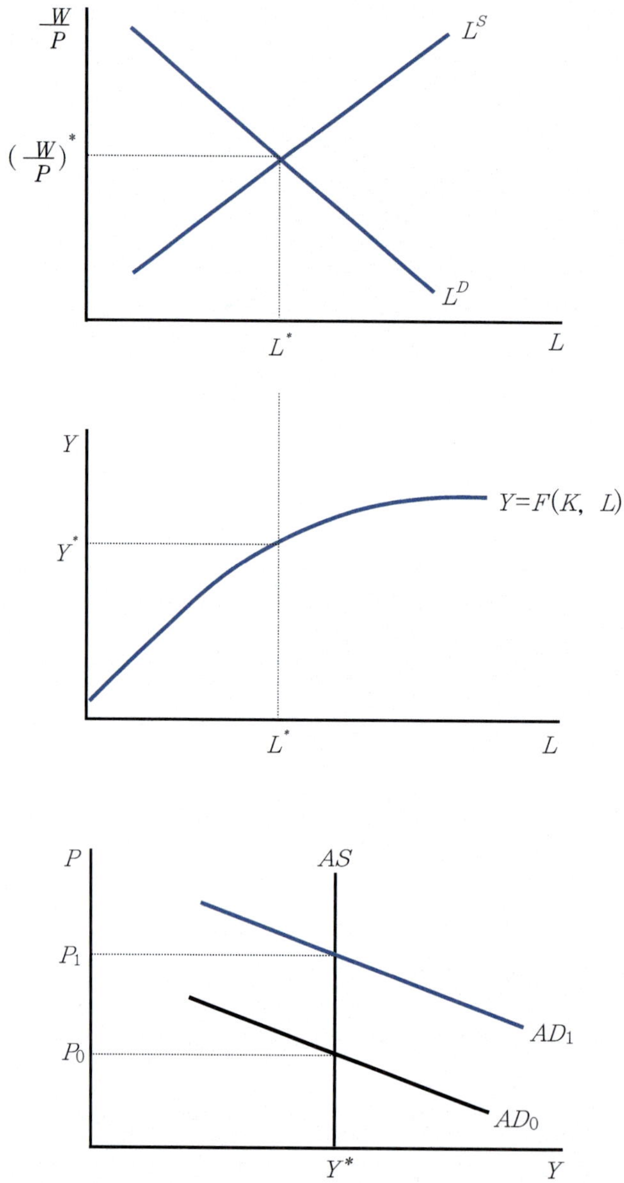

무관한 관계를 보이고 있다. 단지 물가는 수요곡선의 변동에 의해서 영향을 받게 된다. 그림에서 보듯이 총수요곡선이 상방으로 이동하는 경우에 물가만 상승한다. 예를 들면 통화량의 증대로 총수요측면이 증가하면 공급이 일정한(수직이므로) 상태에서 물가만 상승하게 된다. 이러한 총공급곡선의 특징은 장기적인 총공급함수를 나타낸다고 볼 수 있다. 장기적으로 한 나라가 지니고 있는 총체적인 부존자원인 자본과 노동의 제약에 의해서 공급수준이 결정되는 것을 보여주고 있다.

2.2 수평 총공급곡선

총공급함수의 또 다른 극단적인 모습인 수평의 총공급함수를 상정할 수 있다. 1920년대 말의 대공황과 같은 경우가 이에 해당된다. 경기불황으로 수많은 실업자가 존재하고 있으며 창고마다 재고가 쌓여 물가는 바닥에 내려가 있다. 이런 경우에는 수요가 증가된다 해도 물가가 상승할 가능성이 희박한 경우이다. 물건이 팔리지 않아 재고가 쌓인 상황이므로 기업의 설비가 적정률 이하로 운용되어 **유휴설비(excess capacity)**가 존재한다. 이런 상황 하에선 단기간에는 수요가 증가되어도 물가가 상승할 가능성이 낮다. 그 이유는 이미 재고가 쌓여 있고 그리고 유휴설비가 남아 있기 때문에 추가적인 신규투자 없이도 증가된 수요를 충당할 수 있기 때문이다. 따라서 기업은 주어진 물가수준에서 공급을 계속하려 할 것이다. 단기적으로는 가격이 변하지 않는 가격의 경직성을 나타낸다. 이러한 상황이 무한히 계속될 수는 없다. 재고가 소진되고 가동률이 적정률 이상으로 상승하고 총수요 압력이 커지면 조만간에 물가상승으로 이어질 것이다. 이러한 모형은 단기적인 성격을 나타내고 있으며 **케인즈 공급곡선**이라 한다. 또한 이 모형의 특징은 수요증가가 있을 때 가격은 변하지 않고 수량이 가격보다 신축적으로 변한다고 보는 것이다. 전통적인 고전학파 모형에서는 (후에 이어지는 새로운 고전파 포함하여) 가격이 신축적으로 변한다고 보는 시각과는 차이가 있으며 이것이 (새)고전파와 (새)케인즈파의 근본적인 시각차이다. 이러한 **가격의 경직성(sticky price)**이 후에 **새케인지언(New Keynesian Model)**의 중요한 특징으로 발전하게 된다.

[그림 5-6]에서 보는 바와 같이 총공급함수가 수평적일 때 공급측면의 크기는 의미가 없어진다. 공급되는 산출량의 크기는 전적으로 수요측면에 의해 피동적으로 결정되기 때문이다. 수요가 커지면 공급을 늘리고 가동률을 높일 것이다. 따라서 균형국민소득은 오히려 수요측면의 크기에 의해서 결정된다. 케인즈모형에서는 총공급의 크기가 먼저 결정되면 그에 따른 수요는 피동적으로 결정되는 고전학파의 세이법칙과는 정반

[그림 5-6] 케인즈언 공급함수

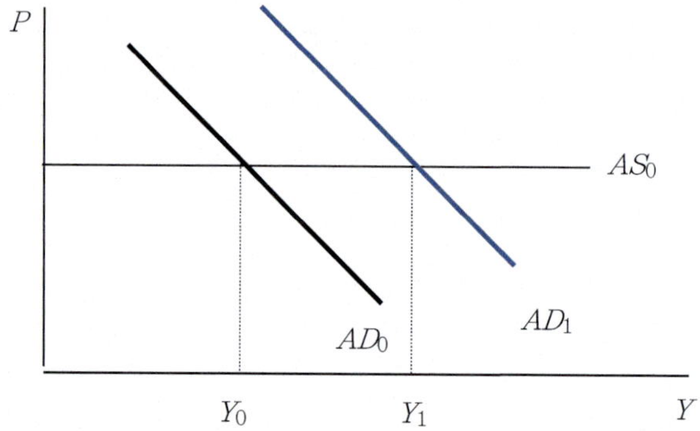

대이다. 케인즈의 수평적인 공급함수에서는 수요의 크기가 절대적으로 균형산출량에 영향을 미치기 때문에 총수요관리정책이 매우 중요해진다. 통화량의 증대나 팽창적인 재정정책은 총수요를 우상방으로 이동을 통하여 균형산출량이 증가된다.

상기의 극단적인 수직이나 수평적인 총공급곡선은 일반적인 모형은 아니다. 특수한 상황을 반영하는 것으로서 일반적인 총공급곡선의 모양은 우상향하는 모양을 나타낸다.

제3절 우상향의 총공급함수

상기의 수직 및 수평의 총공급함수는 현실의 경제문제를 설명하는데 적합하지 않다. 두 경우 모두 극단적인 경우이고 현실의 경제는 보통의 우상향하는 총공급곡선을 나타내는데, 이를 설명하는 주요 이론으로는 4가지로 정리할 수 있다. 이 중에 대표적인 이론으로는 불완전정보모형(imperfect-information model)이 있는데 루카스 총공급곡선으로도 불린다. 이외에도 노동자오인모형(worker mis-perception model), 비신축적 임금모형(sticky wage model), 그리고 비신축적 가격모형(sticky price model) 등이 있다. 총공급곡선에 대한 설명은 미시경제 이론이 많이 활용되고 있다. 각 모형의 이론적인 주된 차이점은 시장청산(market clearing)여부(속도)와 정보의 불완전성이다. 즉, 임금과 가격이 신축적이냐 아니냐에 따른 차이점과 정보의 불완전성의 차이에 따라 구분된다. 시장이 언제든지 즉각적으로 청산(수요와 공급의 즉각적인 균형)되려면 가격이 신축적으로 움직여야 한다.

임금의 경직성(임금경직적 모형)과 가격의 경직성(가격경직적 모형)을 기초로 우상향하는 총공급곡선을 설명한다. 반면에 정보의 불완전성을 기초로 우상향의 총공급곡선을 설명하는 이론으로는 노동자오인 모형(노동자와 기업 간의 정보의 불일치)과 불완전정보 모형(절대가격과 상대가격에 대한 정보 불완전성)에 기초한 총공급함수 모형이 있다. 본 절에선 루카스의 총공급곡선을 중심으로 설명한다.

제4절 루카스 공급함수[2)]

루카스의 총공급함수는 합리적 기대가설을 발전시킨 **새고전학파(new classical)**의 기본이념과 깊은 관계가 있다. 새고전학파의 대표적인 모형으로 손꼽히고 있는 이 모형은 다음의 네 가지 가정을 기초로 하고 있다. 첫째, 시장은 즉각적으로 청산된다(markets clearing). 둘째, 가격은 신축적(flexible price)이다. 셋째, 시장참여자들은 불완전한 정보(imperfect information)를 갖고 있다. 마지막으로 합리적인 기대(rational expectation)를 한다. 이 모형은 노동자와 기업 간의 정보의 비대칭성을 부정한다. 즉, 기업이 노동자보다 더 많은 정보를 갖고 있다는 가정을 하지 않는다. 이 모형에서는 노동자와 기업이 명시적으로 구분되어 있지 않고 경제주체는 생산자 겸 소비자이다. 이 모형의 핵심은 기업(생산자)이 완전한 정보를 갖고 있지 않아 기업은 자기가 생산한 제품의 상대가격(일반 물가와 비교한 상대가격)과 전체 물가를 혼동하여 생산량이 물가와 비례관계를 갖는다는 공급곡선모형을 제시하고 있다.

이 모형을 직관적으로 이해하기 위하여 유명한 '섬나라 우화'(fables of island)를 도입하고 있다. 외딴 망망한 바다 한가운데 많은 섬으로 구성된 국가가 있다고 하자. 섬과 섬 사이에는 의사소통이 전혀 안 되어 자신이 살고 있는 섬 이외의 다른 섬 및 국가 전체에 대한 가격 및 생산정보를 전혀 모른다. 특히 다른 섬의 물가정보에 대해 아는 바가 없다. 자신이 생산하는 재화와 다른 섬에서 생산되는 재화 간에 상대가격 및 섬 전체의 일반물가수준을 몰라 상대가격에 대한 정보가 불완전하다는 것이 이 모형의

2) Lucas, Robert E., "Understanding Business Cycle," *Stabilization of the Domestic and International Economy*, Vol. 5. Carnegie-Rochester Conference on Public Policy, 1977 및 Lucas, "Some International Evidence on Output-Inflation TradeOffs," *American Economic Review*, 63, June 1973, 326~334참고할 것.

핵심 아이디어이다.

상대가격의 정보의 불완전성을 설명하기 위하여 도입된 섬나라 우화를 살펴보기로 한다. 이제 A_j번째 섬에서 밀을 재배하는 농부의 생산결정에 대해 생각해 보자. 농부는 생산된 밀을 팔아 소득을 얻을 수 있으며 이를 사용하여 다른 재화를 구입한다. 자신이 생산하는 밀의 상대가격(다른 섬의 가격과 비교한 상대가격)이 다른 섬에서 생산되는 밀 가격보다 높을수록 농부는 더 많은 밀을 재배하여 소득을 증가시킬 것이다. 증대된 소득은 다시 소비의 증대를 통하여 그의 후생수준을 높일 수 있다. 따라서 밀의 생산은 다른 지역(섬)과의 가격비교(상대가격)에 의하여 결정됨을 알 수 있다.[3] 그런데 문제는 핵심적인 정보인 밀에 대한 상대가격을 모른다는 것이다. 자신이 속해있는 A_j의 밀 가격에 대한 정보는 알지만 다른 섬의 가격을 몰라 밀의 상대가격을 계산할 수 없다. 농부는 다른 섬의 밀의 상대가격을 기대(예측)를 하게 된다. 이때 **합리적 기대(rational expectation)**를 사용하여 물가를 예측한다.

경제 내(모든 섬 전체)의 모든 가격이 같은 비율로 올랐을 경우 농부는 어떻게 대응할 것이지 생각해 보자. 두 가지로 생각해 볼 수 있을 것이다. 먼저 농부는 밀의 가격뿐만 아니라 다른 재화의 가격도 동일한 비율로 올랐다고 기대하는 경우이다. 이 경우는 모든 섬의 밀의 가격뿐만 아니라 다른 재화의 가격도 동일한 비율로 올랐으므로 상대가격은 변화가 없다. 상대가격이 변하지 않았으므로 공급계획을 바꿀 이유가 없어 밀의 생산에는 영향을 미치지 못한다. 다른 한 경우는 자신의 섬의 밀의 가격이 더 많이 상승했다고 생각하면 다른 섬과 비교한 상대가격이 상승하여 밀의 생산을 늘릴 것이다. 또한 모든 섬에서 밀의 가격상승 비율은 동일하지만 다른 재화에 비하여 밀의 가격이 더 많이 올랐다고 예측된다면, 이때 농부는 밀의 상대가격(예를 들면 밀이 콩에 비하여 더 비싸다면)이 더 상승했다고 기대한다면 그는 밀의 공급을 증대시킬 것이다. 예기치 않게 물가가 상승한 경우 공급자는 자신들이 생산하는 생산물에 대한 가격도 상승했다고 믿으며 자신들의 상대가격이 올랐다고 생각하게 된다. 이 경우 생산량은 증가하게 된다.

따라서 물가와 생산량 간에는 정(+)의 관계가 성립하여 우상향하는 공급곡선의 모

---

3) 국제무역이론에서 비교우위이론과 비슷하다. 생산비용이 상대적으로 싼 물건을 수출하는 것이 유리하다. 이때 적용되는 것이 교역상대국과의 상대적인 생산비용(상대가격)에 따라서 수출품이 결정된다. 또한 실질변수 결정에서 상대가격이 절대가격보다 중요한 것은 소비자균형이론을 상기하면 더 쉽게 이해된다. 사과와 배의 두 재화 중에서 소비자가 자신의 효용극대화를 위하여 사과와 배의 소비량을 결정할 때 사과와 배에 대한 상대가격의 변동에 따라서 소비자 균형점이 달라진다. 사과나 배의 절대가격이 동일한 비율로 변할 경우엔 상대가격이 변함없어 소비자 균형점도 바뀌지 않는다. 그런데 불완전정보 모형에서는 바로 핵심정보인 상대가격에 대한 정보가 불완전하다고 가정하는 것이다.

양을 유도할 수 있다. 요약하면 불완전정보 모형에서는 가격이 기대가격(예상가격)을 초과하는 경우 공급자들은 흔히 자신의 제품에 대한 상대가격이 올랐다고 여겨 생산량을 증가시키는 경향이 있다. 이러한 관계를 나타낸 것이 **루카스 공급곡선(Lucas supply curve)**으로 아래와 같이 표시된다.

$$Y = Y^* + \alpha(P - P^e) \qquad (5.2)$$

식 (5.2)에서 Y^*는 **잠재적 산출량**(potential GDP)을 나타내고, P^e는 합리적 기대에 의해 예측된 기대물가이다. 만일 예상물가가 실제물가와 같아지면(즉, 상대가격에 변화가 없는 경우로 P=Pe) 산출량(총공급 Y)은 언제나 **자연산출량**(Y^*)과 같아져 수직인 공급곡선이 된다. 물가수준이 기대물가를 벗어나면(즉, 상대가격의 변화가 발생하면) 공급량도 자연산출량을 벗어나게 된다. 루카스 총공급곡선이론은 불완전한 정보로 인하여 상대가격에 대한 정보가 부족하여 잠재적 산출량과 총공급 사이에 갭이 생기고 그로 인해 경기변동이 생긴다는 것이다.

불완전정보 모형의 핵심은 정보가 부족하여 상대가격과 절대가격을 혼동하여 산출량이 자연산출량의 추세선에서 벗어난다는 것이다. 생산자가 상대가격에 대한 불완전한 정보(imperfect information)때문에 $P \neq P^e$이 발생한다. 실제 물가가 변화될 때 생산자는 불완전한 정보로 인하여 실제물가와 예상물가가 달라진다. 즉, 물가가 오를 때는 $P > P^e$가 되어 생산자는 더 많이 생산하고(과잉생산으로 원치않는 재고누적), 물가가 하락할 때는 $P < P^e$ 되어 생산이 감소된다. 따라서 물가가 오르면 총생산은 증가하고, 물가가 하락하면 총생산은 감소하는 관계를 보여준다. 즉, 물가의 움직임과 생산량의 움직임이 같은 방향으로 움직인다는 것이다. 총공급함수의 우상향하는 논리적 준거를 제공해주고 있다.

루카스의 총공급곡선이 상정하고 있는 합리적 기대에 따르면 물가상승률은 기대치 물가상승률과 같게 되어 $P = P^e$이 된다. 이럴 경우 $Y = Y^*$ 되어 수직인 총공급함수가 되어 정부의 총수요관리정책이 무력해진다. 합리적 기대학파가 주장하는 **정책의 무력성 명제**에 직면하게 된다. 합리적 기대가설을 전제로 할 경우 정부 통화정책은 $P = P^e$로 되어 통화정책의 효과가 작동되지 않는다. 이 경우엔 예기치 않은 통화공급량만이 실질생산에 영향을 줄 수 있다.[4)]

4) 정부의 일관성 없는 정책(민간을 속이는 정책이나 예기치 않은 정책 등)은 일시적으로는 실질변수(GDP 등)에 영향을 줄 수 있지만 정책의 동태적 비일관성(time inconsistency)문제를 야기시킨다.

섬 우화 모형은 논리적인데 과연 현실의 경제를 얼마나 설명할 수 있을 것인가 하는 문제점이 남는다. 섬나라 우화 모형에 나오는 것처럼 정보가 차단된 것이 아니고 정보가 실시간(real time)으로 인터넷을 타고 급속히 전파되는 경우 사정은 달라질 것이다. 각종 언론매체, 인터넷 등을 통하여 국내외의 경제정보가 매우 빠른 속도로 전파되고 있는 점을 고려한다면 공급자들이 상대가격에 대한 오인이 섬나라 우화처럼 심하지 않을 것으로 판단된다. 그렇다면 과연 불완전정보 모형이 설득력이 있을까 하는 의문이 생기게 된다. 또 하나의 비판은 불완전한 정보를 인정한다 해도 대공황과 같은 불경기를 어떻게 설명할 수 있는가 하는 의문이 생긴다. 단순히 상대가격에 대한 정보가 불안전하다는 것만으로 경기변동, 특히 대공황과 같은 불황을 설명하기엔 한계가 있다.

제5절 총공급 구조 및 총공급충격

총공급곡선을 이동시키는 외적인 요인이 있는데 흔히 **총공급충격(aggregate supply shock)**이라 한다. 총공급충격은 생산성을 향상시키거나 산출량을 증대시키는 바람직한 충격(beneficial shock)도 있지만 생산성을 떨어뜨리거나 산출량을 감소시키는 부정적인 충격(adverse supply shock)도 있다. 예를 들면 기업가정신이나 혁신을 통한 새로운 기술의 발달이나 생산성 향상 등을 통한 생산증대는 긍정적인 총공급충격으로 볼 수 있다. 반면에 원유가격의 급등이나 급락은 부정적인 충격이 될 수 있다.

5.1 우리나라의 총공급 구조

총공급(AS)은 국내생산과 수입으로 구성된다. 총수요도 모두 국내수요만으로 채워지지 않는다. 국내수요와 국내제품에 대한 해외거주자들의 수요(수출을 의미)의 합으로 이뤄진다. 아래의 〈표 5-1〉에서 보는 바와 같이 우리나라의 총공급과 총수요의 구조를 산업연관표에서 작성된 것을 보여주고 있다. 우리나라 총공급은 2014년을 기준할 때 국내산출 3564.1조(84.1%)와 수입공급 673.7(15.9%)을 하고 있다.

| 표 5-1 | 우리나라의 총공급 및 총수요 구조 (단위: 조원, %)

	공급		총공급(A+B) = 총수요(C+D)	국내수요 (C)			수출	대외거래 (B+D)
	국내산출(A)	수입(B)		계	중간수요	최종수요	(D)	
2014년	3,564.10	673.7	4,237.80	3,486.00	2,162.90	1,323.10	751.8	1,425.50
②	(84.1)	(15.9)	(100)	(82.3)	(51)	(31.2)	(17.7)	(33.6)
2013년	3,503.50	703.5	4,207.00	3,432.30	2,154.60	1,277.70	774.7	1,478.20
①	(83.3)	(16.7)	(100)	(81.6)	(51.2)	(30.4)	(18.4)	(35.1)
구성비 변화(%p)	〈0.8〉	〈−0.8〉	〈0.0〉	〈0.7〉	〈−0.2〉	〈0.8〉	〈−0.7〉	〈−1.5〉
증가율(%) ②/①	1.7	−4.2	0.7	1.6	0.4	3.6	−3	−3.6

주: ( ) 내는 총공급(=총수요) 대비 구성비
자료: 한국은행, "2014년도 산업연관표(연장표) 작성," 2016.6 보도자료 참조.

〈표 5-1〉에서 보듯이 2014년도 국내생산 비중이 2013년도에 비하여 약간 증대되었으며 수입에 의한 공급은 약간 줄어든 것으로 나타났다. 반면에 총수요 중에 국내수요의 비중이 약 82%를 차지하고 있으며 수출수요는 약 18% 대를 유지하고 있다. 여기서 유의할 것은 총공급(AS) 및 총수요(AD)가 GDP를 의미하는 것은 아니다. 총공급 및 총수요는 중간수요(중간재)가 포함되었기 때문에 GDP보다 크다. GDP는 중간재가 빠진 부가가치의 합으로 구성되기 때문이다.

5.2 부정적인 총공급충격 : 오일쇼크와 스태그플레이션

1970년대에 두 차례에 걸쳐 세계적인 국제 유가파동이 있었다. 제1차 오일쇼크는 1973년에 발생했으며, 제2차 오일쇼크는 1979년에 발생하였다. 오일쇼크로 전 세계는 1970년대 내내 인플레이션과 높은 실업이 동시에 발생되는 이른바 **스태그플레이션(stagflation)**을 겪었다. 국제원유시장에서 원유가격이 급상승하는 경우 제품의 평균생산비를 올려 총공급함수를 좌상방으로 이동시켜 물가를 상승시킨다. 이는 전반적인 물가상승을 꾀하고 경기를 후퇴시키는 부정적인 충격으로 작용했다. 이를 그림으로 나타내 설명하면 아래 [그림 5-7]과 같다. 총공급곡선이 왼쪽으로 이동하여 산출량이 줄어들고(실업은 증가) 물가가 상승됨을 보여주고 있다. 오일쇼크(유가상승)는 총공급곡선뿐만 아니라 총수요곡선에도 영향을 줄 수 있음에 유의하기 바란다. 유가상승은 시차를 두고 종국엔 일반 수준의 물가를 상승시키게 되어 실질통화공급량(M/P)을 감소시킨다. 실질통화공급의 감소는 LM곡선을 좌상방으로 이동시켜 소득을 감소시키고

[그림 5-7] 총공급충격: 오일쇼크

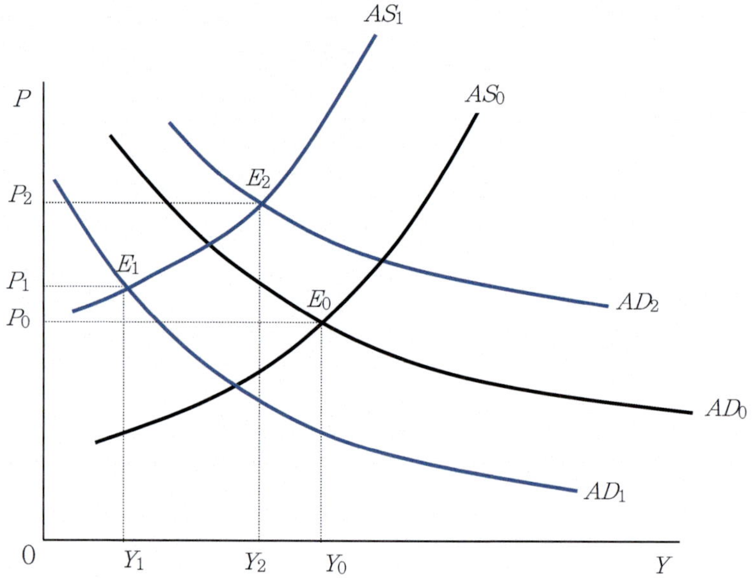

이자율을 상승시킨다. 이는 또한 총수요곡선(AD)이 왼쪽으로 이동됨(그림에선 $AD_0 \rightarrow AD_1$)을 의미한다($E_0 \rightarrow E_1$으로 이동). 이때 정부가 불경기로부터 벗어나기 위하여 팽창적인 통화나 재정정책을 실시할 경우 총수요곡선은 다시 우측으로 이동하게($AD_1 \rightarrow AD_2$) 되어 물가가 상승되는 스태그플레이션 현상을 초래한다($E_1 \rightarrow E_2$로 이동). 이 경우 인플레이션을 진정시키기 위하여 긴축정책을 실시하면 이번에 물가하락은 기대할 수 있겠으나 실업의 증대로 정부는 진퇴양난에 빠지게 된다. 이런 상황이 당시 케인지안들을 괴롭혔다. 이러한 상황에 관해서는 제6장에서 자세히 다루게 될 것이다. 이러한 과정이 지난 1970년대의 대부분을 세계적인 인플레이션과 함께 불경기로 몰아넣었다. 그러나 이런 스태그플레이션 경험은 케인지안들의 경기변동에 대한 인식을 새롭게 하는 계기가 되었다. 전통적으로 케인지안들은 경기변동은 총수요의 변동에서 초래되는 것으로 인식하고 있었는데 1973년에 촉발된 오일쇼크로 인한 총공급의 충격도 경기변동에 지대한 영향을 줄 수 있음을 인식하는 계기가 되었다.

원유가 급락과 디플레이션 우려

상기 [그림 5-7]은 원유가의 상승으로 인한 총공급의 감소를 초래한 총공급의 부정적인 충격을 나타낸다. 우리나라는 기름 한 방울 생산되지 않아 원유의 도입으로 한해에 수백억 달러를 지불한다. 한해에 약 9억 배럴의 원유를 도입하고 있다. 국제유가가 배럴당 10달러만 상승하여도 원유도입 추가비용이 90억달러(약 10조 원)이 들어간다. 따라서 원유가격의 변동에 의해서 우리나라 산업생산이 큰 영향을 받는다. 국제원유가격이 급상승한 1970년대 후반에 경기둔화를 겪게 된 주요 원인이 국제원유가 상승과도 긴밀한 관계에 있다. 위의 [그림 5-7]에서 보듯이 원유가격의 상승은 총공급곡선을 왼쪽으로 이동시켜 총생산을 줄이고 물가도 인상시키는 스태그플레이션을 겪었다. 이런 논리라면 국제원유가격이 떨어질수록 우리나라의 경제에 좋을 것이라고 생각하기 쉽다. 그런데 꼭 그렇지 않다. 예를 들면 2014년에는 국제유가가 빠른 속도로 떨어져 우리나라 경제에 오히려 부작용을 초래하고 있다. 얼핏 생각에는 원유가격의 하락은 생산비 하락으로 총공급곡선(*AS*)을 우측으로 이동시켜 긍정적인 공급충격이 될 것 같은데, 그렇지 않은 현상이 벌어지고 있다. 원유가의 급락은 우리나라의 석유화학 및 석유화학 제품에 대한 수출을 급감시켜 총수요를 떨어뜨려 경기후퇴를 초래하는 부작용을 낳고 있다.[5] 국제원유가격의 급락은 원유수출국의 소득을 감소시켜 그들의 수입수요를 큰 폭으로 떨어뜨려 우리나라의 석유화학제품 및 다른 제품에 대한 수출을 감소시키는 부작용을 낳고 있다. [그림 5-8]에서 보는바 와 같이 2년 전인 2013년도에 배럴당 100달러를 넘던 것이 2015년에는 반토박이 나버렸다. 세계적인 불경기로 원유가가 하락되었다.

[그림 5-9]에서 보는 바와 같이 원유가격의 하락은 생산비용을 떨어뜨려 총공급곡선(AS)을 우하향시키는 효과도 있지만, 원유가 급락에 따른 총수요곡선(AD)을 좌측으로 더 크게 떨어뜨려 소득감소와 함께 물가가 하락하는 디플레이션을 야기시킬 수 있다. 따라서 원유가격의 급격한 상승이나 하락은 우리 경제에 상당한 정도의 부정적인 충격을 줄 수 있다.

---

5) 2015년도에 우리나라의 수출품목 중에서 석유화학 및 석유화학제품에 대한 수출이 급감되었다. 2015년 당시 우리나라의 수출은 상당기간 동안 감소세를 보였다. 이런 여파로 2015년도엔 1조 달러 달성에 실패했다.

[그림 5-8] 국제유가(두바이/bbl 기준) 추이

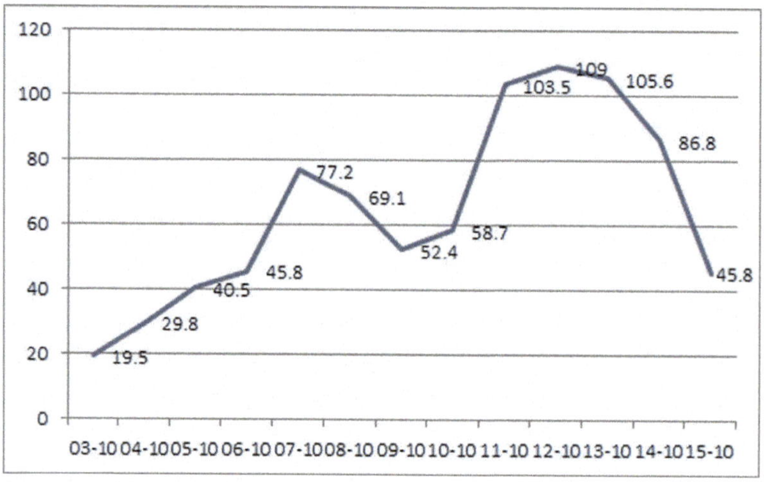

[그림 5-9] 원유가 급락과 디플레이션 효과

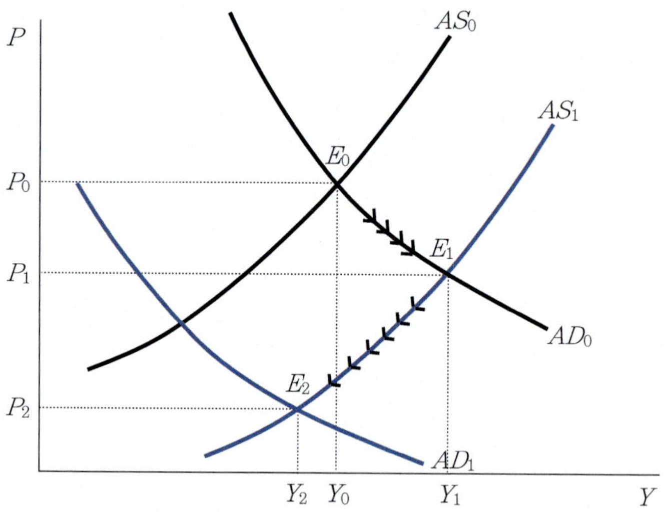

시사 : 중국쇼크: China Inside[6]와 중국경제 리스크

우리나라 경제의 주요한 특징의 하나는 중국 편중현상이 심화되고 있다는 사실이다. 2005년을 기점으로 중국이 우리의 제1수출시장이 되고 있다. 2014년 기준으로 총수출 6,212억$ 중 대중국 수출이 1,324억$로 전체 수출의 21.3%를 차지하고 있으며, 대략 평균적으로 25% 내외를 차지하고 있다. 중국은 한국으로부터 수입한 소재, 부품 및 중간재를 활용하여 싼 인건비를 이용하여 제조하여 미국, 유럽 시장 등에 수출하는 전략을 구사하였다. 그러나 이제는 중국이 기술축척을 통하여 많은 중간재 및 부품을 자체 생산하기 시작하여 한국제품과 경쟁관계에 있다. 중국의 많은 기업들이 중국 내 생산된 부품을 사용하기 시작하였다. 또한 중국에 진출한 한국의 기업들도 상대적으로 가격이 저렴한 중국부품을 사용하기 시작하였다. 이러한 현상을 "China inside" 충격이라고 한다. 이 China insde 충격으로 과거에 중국에 소재 및 부품 등 자본재를 수출하던 많은 중소기업들이 중국시장에서 고전하고 있다. 최근 한 연구보고서[7]에 의하면 중국의 중간재 자급률이 1%씩 증가될 때 마다 우리나라의 대중국 수출이 8.4%씩 감소되며 GDP는 0.5% 감소될 것이라고 추정하였다.

또 하나의 중국 리스크는 중국이 과거처럼 고도성장을 기대하기 힘들다는 점이다. 중국경제는 2008년 세계 금융위기에서도 비교적 빨리 회복하여 견실한 경제성장을 보였으나 최근 경제성장률이 기대에 미치지 못하고 있다. 중국경제는 한 동안 8%의 성장률을 마지노선으로 하고 있다가 2010년대 초반부에는 7%대의 안정적인 성장률을 달성했다.[8] 그러나 최근(2018) 미국과 중국 간의 무역전쟁으로 중국경제에 상당한 부정적인 영향을 끼치고 있어 6%대의 저성장기조가 예상된다. 중국 경제성장률이 서서히 안정적인 경제성장률로 안착하는 것이 중요하다. 만일 중국의 경제성장률이 급락하는 경우(하드랜딩, hard-landing) 세계경제에 큰 영향을 끼치게 된다. 한국은 대 중국시장에 대한 의존도가 높아 그 만큼 더 큰 경제적인 충격을 받게 될 것이다.

---

6) 우리나라의 대중국 수출품목 중에 소재 및 부품, 자본재 수출의 비중이 전체 수출액 중 65.6%(2014년도 기준, IBK경제연구 추정)에 이르고 있다. 대부분의 중소(견)기업들이 자본재를 수출해왔다. 중국은 한국으로부터 중간재 및 부품을 조달받아 저임금을 이용하여 완제품을 만들어 미국 등 제3세계에 수출하는 전략을 구사하였다. 그런데 이젠 중국도 자체 기술을 개발하고 R&D투자를 강화하여 한국제품과 경쟁관계에 놓이게 되었다. 자본재를 중국 내의 기업들로부터 조달하는 것을 'china inside'라고 한다. 중국에 진출한 한국의 대기업들이 현지 부품조달이 늘고 있어 중국에 수출하던 중소기업들의 수출 감소가 2014년도부터 나타나기 시작했다. 흥미로운 사실은 우리나라의 상당수의 거시경제 지표들이 2014년 이후 악화되고 있다는 점이다. 경제성장률의 둔화, 한동안 상승하던 고용탄력성이 급격히 하락 추세로 반전되었다.

7) 현대경제연구원, "중국 경제의 자급률 상승이 한국 경제에 미치는 영향," 2015. 7. 22 보고서 참조.

8) 2015년 중국경제 성장률은 6.9%, 2016년 6.7%에 머물렀다. 향후에도 중국경제는 저성장기조에 머무를 것으로 예상되고 있다.

[그림 5-10] 한국의 대중국 수출비중 추이(2001-2017년, %)

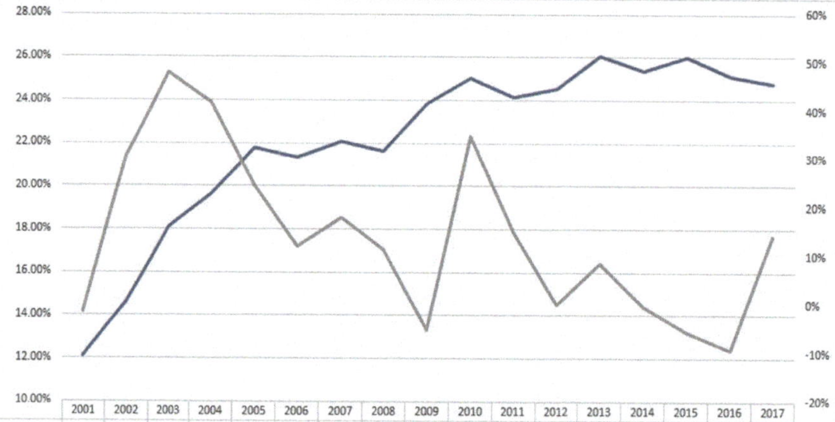

	2001	2002	2003	2004	2005	2006	2007	2008	2009	2010	2011	2012	2013	2014	2015	2016	2017
중국수출비중	12.09%	14.62%	18.11%	19.60%	21.77%	21.34%	22.07%	21.66%	23.85%	25.05%	24.17%	24.52%	26.07%	25.37%	26.03%	25.12%	24.77%
중국수출증가율	-1%	31%	48%	42%	24%	12%	18%	11%	-5%	35%	15%	0%	9%	0%	-6%	-9%	14%

중국수출비중 중국수출증가율

5.3 긍정적인 총공급충격 : ICT 기술충격

총공급함수에 긍정적인 충격(favorable or beneficial shock)은 총공급곡선을 우측으로 이동시킨다. 예를 들어 새로운 기술 출현으로(기술충격) 생산성이 증가된 경우 총공급함수는 우측으로 이동한다. 또한 경영혁신으로 비용을 절감하여 생산성을 높여도 총공급함수가 우측으로 이동하게 된다. 이런 경우는 바람직한 공급충격(favorable shock)으로 이해된다. 이러한 대표적인 사례가 아마도 1990년대에 일어난 정보기술충격이 적합한 사례로 여겨진다. 이를 디지털혁신 충격(digital innovation shock)이라고도 한다. 광범위한 컴퓨터 도입과 인터넷 보급은 경영에 엄청난 영향을 끼쳐왔다. 중간 거래비용이 획기적으로 절감되고 연결망 외부효과로 생산성이 향상되고 가격은 떨어져서 산출량은 증대되고 실업이 감소되는 이른바 새로운 경제(new economy)현상이 한 동안 나타났다. 이런 현상은 미국에서 가장 활발하게 일어나고 있다. 미국의 경우 지난 1995년에서 1999년까지 정보통신기술(IT)이 성장에 기여한 몫이 30%에 달했고, 이미 IT산업이 경제를 선도하고 있으며 전산업으로 그 효과가 파급되고 있다.

[그림 5-11] 유리한 총공급충격 ; IT효과

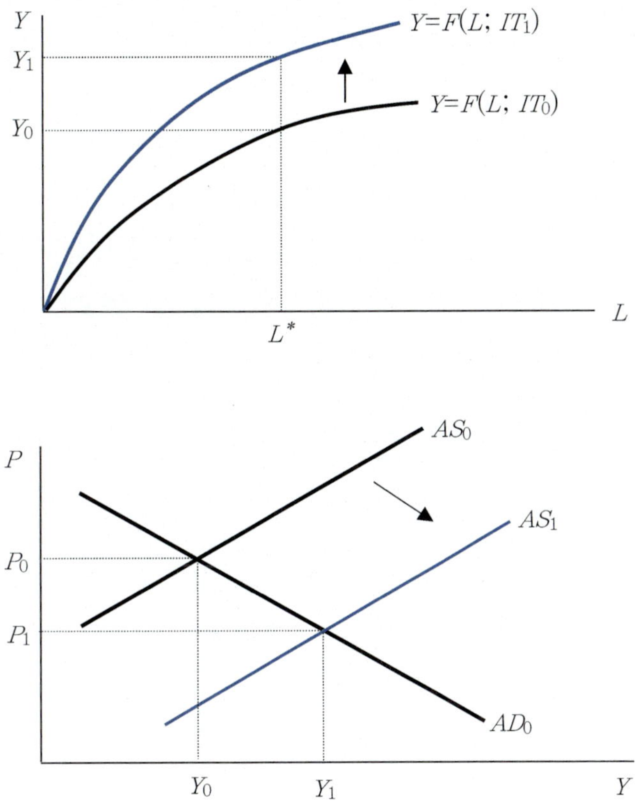

최근에는 3D 프린팅 기술, IoT 기술, 로봇을 활용한 생산기술로 스마트 공장 등 새로운 융복합 기술이 등장하여 또 한 차례의 생산성 향상을 일으킬 것이다. 다만 이런 새로운 기술추세가 고용에 어떤 영향을 미칠 것인가에 대해서는 논란이 많지만 총생산을 증대시킬 것으로 기대된다.

요약정리

1. 총공급곡선의 도출은 노동시장과 긴밀한 관계가 있다. 먼저 노동의 수요함수와 공급함수를 도출하여 균형노동량을 구한 다음 (주어진 자본스톡과 기술수준에서) 총생산함수를 이용하여 총공급을 결정한다. 노동수요(공급)는 실질임금에 대하여 감소(증가)함수로 나타난다. 우상향 기울기의 노동공급함수는 대체효과가 소득효과보다 크다는 조건에서 도출된다.

2. 불완전정보모형인 루카스 공급곡선은 거시경제학에서 총공급함수를 설명하는데 매우 중요한 역할을 한다. 루카스에 의하면 총공급함수의 국제적인 비교를 통하여 총공급곡선의 기울기가 총수요변화에 의하여 영향받음을 보여주었다.

3. 총공급곡선(*AS*)의 기울기가 중요한 의미를 갖는다. 총공급곡선(*AS*)은 단기에는 수평에 가깝지만 장기에는 수직에 가깝게 된다. 케인즈모형의 경우는 수평에 가까운 총공급곡선을 상정하고 있으며 고전학파 모형은 수직인 총공급함수에 기초하고 있다. 그러나 현실적으로는 총공급함수도 우상향하는 기울기를 갖는다.

4. 총공급함수의 기울기에 따라 총수요관리정책의 효과가 달라지기 때문에 총공급곡선의 기울기를 규명하는 것은 중요한 의미를 갖는다. 수직인 총공급함수에서는 총수요관리정책이 실물부문에는 전혀 영향을 주지 못하고 물가만 인상시키는 결과를 초래하고, 반대로 수평적인 총공급에서는 총수요관리정책이 매우 유효하게 작용된다.

5. 총공급에 미치는 충격은 산출물을 증가시키는 방향으로 작용되는 긍정적인 충격(예: 생산성 혁신, 디지털충격 등)과 산출물은 감소시키는 방향으로 작용하는 부정적인 충격(예: 국제 원유가 인상 등)이 있다.

연습문제

1. 노동시장의 임금이 상승함에 따라 나타나는 대체효과와 소득효과를 그림을 통해서 나타내시오? 그리고 대체효과가 크게 나타나는 경우 노동수요가 증가할 경우 균형노동량의 변화를 설명하시오.

2. 만일 상기 1번에서 대체효과와 소득효과의 크기가 동일할 경우에 노동공급곡선은 어떤 모양일까?

3. 다른 조건이 일정할 때, 이자율이 올라가면 노동공급은 어떻게 변할까?

4. 노동시장에서 노동자가 인플레이션의 변화를 정확하게 예측하여 실질임금의 변화에 대하여 정확하게 예측할 수 있으며, 동시에 노동수요의 경우에도 인플레이션 변화를 정확하게 예측하고 있으며, 생산기술의 변화가 전혀 없다고 한다면, 총공급곡선의 모습은 어떠한 모습으로 나타나가겠는가?

5. '화폐적 환상'이란 무엇인지 기술하시오.

6. 총공급곡선의 모양이 수직, 수평, 우상향의 모양으로 나타날 수 있는데, 각각의 경우에 공급곡선의 특징을 설명하시오.

7. 어떠한 경우에 물가상승 없이 총공급이 증가하겠는가? 이 경우 확대 재정정책을 실시할 경우 나타나는 산출량 및 물가의 변화는 무엇인가?

8. 루카스 공급곡선의 도출과정을 설명해보라. 또한 만일 합리적 기대로 인플레이션율을 예측할 때 루카스 공급곡선은 어떻게 변하나?

9. 루카스 공급곡선과 관련된 가정을 설명하고 현실의 경제문제에 비춰 비판해보라. 만일 스마트 폰 및 인터넷의 발달로 정보소통이 획기적으로 개선되어 불완전한 정보가 없어진다면 루카스 공급곡선은 어떻게 될까?

10. 1차, 2차 오일쇼크를 조사하고, 이러한 유가상승으로 인하여 우리나라 경제에 나타난 경제적 변화를 물가상승률, 실업률, GDP의 변화를 기술하고, 총수요 및 총공급에 미치는 영향을 그래프를 통해서 설명하시오(통계청 자료 참조).

11. 최근 국제유가가 하락하였음에도 불구하고 우리나라의 경기회복이 지연되는 이유는 무엇인가? $AD-AS$ 곡선의 변화를 통하여 설명해 보시오.

12. IT산업의 발전이 거시경제에 미치는 영향을 총공급–총수요 측면에서 설명해보시오.

제 Ⅲ 편

개방거시경제와 총수요

제 6 장 국제수지와 환율

제1절 국제수지

국제수지(balance of payments)는 일정기간 동안에 한 나라의 거주자와 비거주자(예: 다른 나라 국민) 사이에 이루어진 모든 경제적 거래를 주어진 체계적인 방식으로 정리한 통계기록이다. 첫째, 국제수지도 일정한 기간 동안에 기록되는 것으로 유량(flow)임을 나타낸다. 우리나라의 경우는 한국은행에서 작성되며 월별로 발표되고 있다. 둘째, 거주자와 비거주자의 구분은 국적을 중심으로 하는 것이 아니라 경제활동의 주된 곳(경제적 이익중심지, center of predominant economic interest)이 어디냐가 더 중요하다. 예를 들면, 외국국적자의 경우라도 우리나라에서 주재원으로 1년 이상 주된 경제활동을 하고 있다면 거주자로 인식된다. 셋째, 모든 경제적 거래는 상품 및 서비스, 소득, 이전 금융 및 모든 형태의 거래가 포함된다. 마지막으로 체계적인 기록이란 것은 국제적인 통일기준에 의하여 기록됨을 의미한다. 복식부기의 원칙에 의해 기록된다.

1.1 경상수지

경상수지(current account: CA)는 재화나 서비스의 무역거래와 이전거래(transfer payments) 등을 포함하고 있다. 경상수지는 다시 **상품수지, 서비스수지, 본원소득수지, 이전소득수지**의 4 부분으로 구성되어 있다. 상품수지는 상품의 수출입을 통한 차이를 반영한다. 상품수지는 재화(자동차, 선박, 반도체, 기계, 석유화학 제품 등)에 대한 수출 및 수입의 수지를 나타낸다. 수출이 수입보다 클 경우 상품수지 흑자(과거 무역수지 흑자)를 나타내며 반대의 경우는 상품수지 적자를 나타낸다. 서비스수지는 외국과의 서비스거래 결과 생긴 수입과 지급의 차이를 반영한다. 예를 들면 우리나라 배가 외국상품을 실어 나르고 받은 운임, 외국관광객이 쓰고 간 돈, 무역대리점의 수출입 알선 수수료 등이 수입이 된다.

반면에 우리나라가 외국 항공사에 지불한 운항경비, 여행경비, 특허권 사용료 등은 서비스 지급으로 계산된다. 본원소득수지는 투자소득, 임금 및 급료 등의 수지를 반영한다. 예를 들면, 우리나라가 외국에 투자하여 벌어들인 수입과 외국인이 우리나라에 투자하고 벌어가는 돈의 차이를 반영한다. 본원소득수지는 거주자가 외국에 나가 단기간(보통 1년 이내)에 벌어들인 급료와 외국인이 국내에 머물면서 벌은 돈의 차이를 반영하는 급료 및 임금이 포함된다. 이외에도 거주자가 외국에 투자하여 벌어들인 배당금, 이자와 비거주자가 국내에 투자한 대가로 지급된 배당금, 이자의 차이를 반영하는 투자소득수지가 있다. 마지막으로 이전소득수지는 송금, 증여와 같이 반대급부 없이 재화나 서비스가 국가 간에 일방적으로 이동하는 거래를 의미한다. 경상수지계정 관계를 국제수지표 구성에서 어떻게 구성되어 있는가를 요약 정리하면 다음과 같이 나타낸다([그림 6-1] 참조).

[그림 6-1] 국제수지표

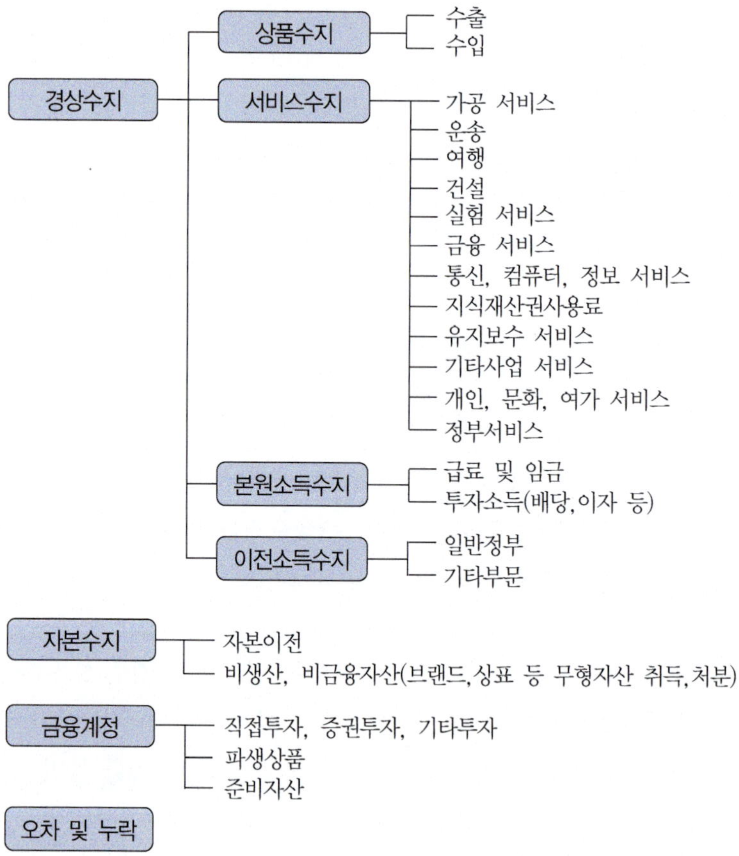

우리나라의 2017년 기준으로 교역(수출 + 수입) 세계 6위권으로 추정되고 있다. 세계 시장에서 차지하는 우리나라의 교역비중은 약 3.6%에 이르고 있다. 2017년 현재 1조 달러 달성 국가는 세계 9개 국가이다. 미국과 중국의 교역규모는 3조 달러에 이르며, 독일은 2조 달러 달성 국가이고 나머지는 1조 달러 달성 국가군이다. 한국은 2011년도에 무역 1조 달러를 돌파하여 세계 9위 무역대국이 된 이래 2014년도 까지 연속 4년을 무역 1조 달러를 달성하여 세계 무역규모 8~9위를 유지하였다. 그러나 2015~2016년에 무역 1조 달러 달성에 실패했다가 2017년 다시 1조 달러를 달성했다. 아래의 표는 지난 1995년도 이래 우리나라의 국제수지 결과를 보여주고 있다. 자세한 것은 〈표 6-1〉을 참조할 것.

| 표 6-1 | 우리나라의 최근 국제수지 현황 (단위: 백만$)

국제수지계정별	1995	1996	1997	1998	2000	2005	2010	2015	2016	2017
경상수지	−9,751.5	−23,830.9	−10,285.3	40,056.9	10,444.3	12,654.8	28,850.4	105,939.6	99,243.0	78,460.2
상품수지	−6,518.3	−16,698.9	−6,216.8	39,545.7	15,630.9	32,312.5	47,915.4	122,269.2	118,895.4	119,888.7
서비스수지	−1,484.4	−4,762.1	−1,360.3	2,779.5	−972.7	−9,130.3	−14,238.4	−14,916.8	−17,737.4	−34,472.2
본원소득수지	−2,039.9	−2,101.9	−3,053.3	−5,087.0	−3,999.6	−7,269.1	489.9	3,572.4	3,851.7	122.0
이전소득수지	291.1	−268.0	345.1	2,818.7	−214.3	−3,258.3	−5,316.5	−4,985.2	−5,766.7	−7,078.3
자본수지	0.0	0.0	0.0	441.7	38.4	−0.6	−63.2	−60.2	−46.2	−31.3
금융계정	−11,517.0	−23,467.9	−17,785.3	33,969.4	9,619.7	18,770.7	23,190.0	106,299.2	102,566.8	87,100.4
준비자산	7,044.9	1,388.6	−11,921.7	30,975.0	23,771.2	19,805.8	26,970.6	12,052.6	7,615.2	4,360.0
오차및누락	−1,765.5	363.0	−7,500.0	−6,529.2	−863.0	6,116.5	−5,597.2	419.8	3,370.0	8,671.5

주: 금융계정에서 자산 · 부채증가(+), 자산 · 부채감소(−)

우리나라의 국제수지표의 특징은 1990년대 후반 이후부터 상품수지는 흑자를 유지하고 있다. 그러나 서비스수지는 적자를 벗어나지 못하고 있는 실정이다. 서비스수지 적자규모도 최근에 점차 확대되는 추세이다. 관광수지 및 기술이전료 등에서 적자를 기록하고 있다. 우리나라의 대외투자 수익 및 해외서 벌어들인 임금 등으로 대변되는 본원소득수지도 과거의 적자에서 2010년 이후부턴 흑자를 나타내고 있어 고무적이다.[1] 선진국일수록 상품을 팔아서 벌어들이는 수익(상품수지)보다는 해외의 투자수익으로 벌어들이는 수익(본원소득수지 흑자)이 많다. 본원소득흑자가 점차 증가하는 추세를 보이고 있다. 우리나라도 이제는 경상수지의 대부분을 상품수지 흑자에 의존하는 구조

1) 경제가 성숙할수록 자산소득(stock)이 늘어난다. 개인도 처음에는 임금이나 사업소득이 주류를 이루지만 점차 자산소득(부동산, 주식 등 스톡자산)이 늘어난다. 이렇듯이 개인이나 국가도 경제가 성숙해갈수록 자산스톡 소득에서 벌어들이는 소득이 늘어난다.

에서 본원소득수지와 균형을 맞추는 구조로 전환할 필요가 있다. 그리고 우리나라의 수출시장은 몇몇 국가에 치중되는 경향을 보이고 있다. 10대 수출국의 비중은 2018년 4월 현재 69.2%를 차지하고 있으며, 1990년 72.8%에 이르던 것과 비교하면 아직도 수출시장을 다변화 할 필요가 있다. 〈표 6-2〉에서 지역별로는 중국 등 아시아권에 치중되고 있으며, 눈에 띄는 지역은 베트남의 부상이다. 최근에는 미국, 일본, 유럽시장의 비중은 줄어들고 아시아 시장의 비중이 증대되고 있다.[2)]

| 표 6-2 | 우리나라의 10대 지역별 수출비중(%)

	2018.4	2016	2010	2005	2000	1995	1990
중국	26.4	25.1	25.1	21.8	10.7	7.3	
미국	11.2	13.4	10.7	14.5	21.8	19.3	29.8
베트남	8.1	6.6	2.1				
홍콩	7.4	6.6	5.4	5.5	6.2		5.8
일본	5.2	4.9	6	8.4	11.9	13.6	194
대만	2.7	2.5	3.2	3.8	4.7	3.1	1.9
인도	2.5	2.3	2.5				
싱가포르	2.1	2.5	3.3	2.6	3.3	5.3	2.8
필리핀	2						
멕시코	1.7	2					
인도네시아			1.9	1.8	2	2.4	1.7
독일			2.3	3.6	3	4.8	4.4
영국				1.9	3.1	2.3	2.7
말레시아				1.8	2	2.4	

자료: 한국무역협회 자료 이용 정리함.
주: 빈칸은 수출비중이 미미하거나 작아 10시장에 들어가지 못함을 시사함.

》수출둔화와 불황형 흑자

경상수지 흑자는 보통 수출의 증가로 나타난다. 수출의 증가율이 수입증가율보다 커서 수출증가를 통한 경상수지 흑자가 일반적이다. 그 동안 우리나라는 자동차, 철강, 일반기계류, 석유화학 제품, 선박 및 조선, 반도체, 가전을 중심으로 제조업 중심의 수출을 증대시켜왔다. 특히 중국에는 중간재를 대량 수출하여 대중국 무역흑자를 누려왔다. 그러나 최근에 세계경제 침체 및 원유가의 하락으로 인한 경기침체가 길어지고 유럽, 중국의 경기후퇴로 우리나라 수출품에 대한 수요가 줄어들고 있다. 또한 중국은 그동안 기술 및 제품의 품질화로 중간재 및 부품을 자국 내 생산공급하는 산업구조의 고도화 전략을 구사하여 한국의 중간재

2) 최근 미국의 트럼프 대통령이 미국경제 우선주의(American first)를 취하면서 중국과의 무역전쟁이 심화되고 있다. 중국과 미국의 수출비중이 38%에 이르고 있어 우리나라의 수출에 지대한 영향을 끼칠 것으로 우려된다.

수출에 타격을 주고 있다.3) 이에 따라 우리나라의 수출은 2012년을 정점으로 점차 수출증가율이 감소하는 추세를 보이다가 2015년부터는 수출증가율이 마이너스를 보이고 있다. 2015년 연중으로 수출증가률이 "-"를 보였다. 수출증가율은 둔화되는 가운데 경상수지는 대규모 흑자를 기록하는 이변을 나타내고 있다. 이는 수출둔화율 이상으로 수입감소율이 더 커서 궁극적으로는 경상수지 흑자가 확대되는 현상을 보이고 있다. 이는 국내산업활동이 둔화됨에 따라 수입도 빠른 속도로 줄어들기 때문이다. 경기가 침체에 들어서면서 원유, 원자재 및 부품 등의 수입이 큰 폭으로 줄어들어 경상수지 흑자를 기록하고 있다. 수입감소는 경기가 상당한 기간 동안 회복되지 않을 것이란 기대심리가 반영되고 있어서 불황이 길어질 수 있다. 이런 불황형 흑자는 바람직하지 않다. 대개 불황형흑자는 경기불황 직후에 잘 나타난다. 경기불황으로 수입이 급감하여 수출증가율이 정체되는 경우에 종종 나타난다. 이러한 사례는 1998년도의 외환위기 직후의 경우와 2008년도 금융위기 직후에도 경상수지가 대규모 흑자를 기록한 바 있다.

1.2 자본수지 및 금융계정

자본수지는 자본이전 및 비생산 비금융자산의 수지를 나타낸다. 자산의 소유권 무상이전, 채권자에 의한 채무면제 등의 자본이전거래를 기록한다. 비생산 비금융자산은 브랜드 및 상표 등 마켓팅 자산과 기타 양도 가능한 무형자산의 취득과 처분이 기록된다. 금융계정은 거주자인 내국인과 비거주자인 외국인 간에 거래되는 직접투자, 증권투자, 기타투자, 파생상품 등에 대한 거래가 기록된다. 국제수지표는 복식부기의 원리에 따라 기록되므로 차변(debit, '–')에는 상품수입, 서비스지급, 배당금지급, 금융자산 증가, 금융부채 감소 등을 기록하고, 대변(credit, '+')에는 상품수출, 서비스수입, 이자・배당금, 금융자산 감소, 금융부채 증가 등이 기록된다. 경상계정은 각 항목별로 수입과 지출을 각각 차변과 대변항에 기록하지만, 금융계정은 각 항목별로 자산의 증가에서 감소액을 뺀 순자산 증감액을 기록한다. 예를 들면, 외국인증권투자 항목에서 투자액에서 회수액을 차감한 순투자액을 기록한다. 금융계정에서 순유출입액을 기준으로 '+'는 순유입초(유입>유출)를 나타내며 '–'는 순유출초(유입<유출)을 나타낸다. 따라서 금융계정이 '–'라는 것은 외화유입액이 외화유출액보다 작아서 순자본유입(net capital inflow)이 음(–)의 값을 갖는다는 것을 나타낸다.

금융계정에 준비자산항목이 있다. 준비자산이 '–'은 외화자산의 증가를 나타내며 '+'는 준비자산의 감소를 나타낸다. 준비자산(flow임)은 국제수지 작성기간 동안의 중앙은행의 외환보유액의 변동과 긴밀한 관계에 있다. 일정기간 중에 국내로 유입된

3) 중국은 과거 한국의 중간재를 공급받아서 가공하여 제3국에 재수출하는 방식에서 벗어나 필요한 중간재 및 부품을 자체적으로 공급하고 있다. 이에 따라 그 동안 중국에 자본재를 수출하던 한국의 수출업자들(주로 중소기업)이 대중국 수출에 큰 타격을 받고 있다. 이러한 현상을 차이나 인사이드(china inside) 충격이라고 한다.

자금이 유출된 자금보다 많다면 그만큼 중앙은행의 외환보유액(stock임)을 증가시킬 것이다. 그런데 준비자산은 중앙은행의 대차대조표에는 준비자산이 증가된 경우에는 −로 기록되는 점에 유의해야 한다. 이는 중앙은행의 입장에선 금융(통화성)부채이기 때문이다. 국제수지는 복식부기의 원리로 기록되므로 차변과 대변의 금액이 일치해야 하므로 다음과 같은 관계가 성립된다.

$$\text{경상수지(CA)} + \text{자본수지(KA)} + \text{금융계정(MA)} + \text{오차 및 누락} = 0$$

가 성립됨을 알 수 있다. 오차 및 누락항목을 무시하면, 경상수지(CA)와 자본수지(KA) 및 금융계정(MA)를 합하면 다음과 같은 관계가 성립된다.[4)]

$$\text{경상수지(CA)} + \text{자본수지(KA)} + \text{금융계정(MA)} = 0 \tag{6.1}$$

2017년도의 국제수지표를 보면, 상품수출이 수입을 증가하여 경상수지(CA)에서 78,460백만$ 흑자를 기록한 반면에 자본수지(KA) 및 금융계정에서 각각 −31.3백만$, −87,100백만$의 순유출초(외화유출〉외화유입)를 나타낸다(〈표 6-1〉 참조). CA (78,460) + KA (−31.3) + MA (−87,100) + 오차누락(8,671) = 0 임을 알 수 있다.[5)] 식 (6.1)에 대하여 직관적으로 다음과 같이 해석할 수 있다. 예를 들면, 우리의 일상생활에서 소득을 초과하는 소비를 할 경우 우리는 재산을 처분하거나 차입을 하여 부족분을 메워야 한다. 국가 간의 거래에서도 마찬가지이다. 만약 어떤 나라가 수입이 수출보다 많아 경상수지 적자(NX < 0)를 겪고 있다면 그 적자분은 국내 자산(금융자산)판매 또는 해외차입(순유입으로 KA+ MA > 0)을 통하여 충당되어야만 한다. 이러한 자산판매와 해외차입은 순자본유입(순유입초), 즉 자본수지 및 금융계정의 흑자를 의미한다. 따라서 경상수지 적자는 그에 상응하는 자본수지 및 금융계정 흑자를 수반하게 되는 것이다.

하지만 경상수지 적자의 누적에도 불구하고 만약에 대외신용도의 하락으로 자산판매나 해외차입이 불가능하고 중앙은행의 외환보유고가 충분하지 못하다면 그 나라는 국제수지 균형을 달성하는 데에 있어 커다란 어려움에 직면하게 되고 국가적 위기에 봉착할 수도 있다. 1994년 멕시코의 외환위기와 1997년 한국의 외환위기는 좋은 실례에 속한다.

---

4) 실제로는 오차 및 누락이라는 항목을 통해서 조정하고 있다.

5) 금융계정에서 금융자산이 87,100백만$ 만큼 순증가되었다는 것은 해외로 자금($)이 순유출되었음을 의미한다. 예를 들면 거주자가 해외채권투자한 경우에 해당된다.

1.3 해외자본 유입과 환율변동

지난 2010년 11월에 미국의 FRB는 6,000억 달러에 달하는 대규모의 **양적완화정책**을 실시한다고 발표하였다. 이는 달러 유동성을 증폭시켜 이 중 상당액이 신흥개도국으로 유입되어 이들 나라의 자국화가치 상승으로 환율이 급락하였다. 이런 사례는 2008년에도 나타났었다. 미국의 초저금리(FRB이자율이 0.25%)로 우리나라를 비롯한 중국, 일본, 홍콩, 대만, 싱가포르 등 소위 이머징 마켓(emerging market)에 막대한 달러가 유입되고 있다. 우리나라에도 달러캐리 자금이 국내자본 및 외환시장으로 유입되고 원화가치가 상승되고 있어 수출둔화를 일으켰다. 이런 개방대국의 해외 이자율이 하락하면, 국내로 자본이 유입되어 원화가치를 상승(원달러 환율 하락)시킨다.

미국의 초저금리로 인하여 고수익을 노리고 신흥국으로 달러가 유입되고 있어 적지 않은 문제를 유발시킨다. 통화당국은 지나친 환율하락이 국내수출을 둔화시켜 경기후퇴를 유발시킬 수 있으므로 과도한 환율하락을 방지하기 위한 외환시장 개입을 하게 된다. 이 과정에서 외환($)매입을 위한 국채(외평채)를 발행하게 되고 이로 인한 국내의 유동성이 과도하게 증가되어 자산버블과 인플레이션이 우려된다. 인플레이션이 목표치 이상으로 증가하는 경우엔 통화안정증권을 발행하여 유동성을 흡수한다. 이 경우 적지 않은 통화관리 비용이 발생된다.

그러나 2014년말 양적완화정책 종료 후에 미국의 기준금리 인상으로 지난 수년동안 신흥시장으로 유입되었던 달러화 자금이 미국으로 환류하게 되는 부작용이 우려된다. 만일 달러화 자금이 급격히 환류될 경우 신흥국은 심각한 외환위기를 겪을 우려가 있다. 실제로 2018년 상반기 현재 아르헨티나, 터키, 브라질 등에선 외환위기 조짐이 보여 긴장하고 있다.[6)]

변동환율제도 하에서 과도한 단기자본 유입은 환율하락을 통하여 자국의 소득수준을 떨어뜨릴 것이다. 이를 피하기 위하여 많은 나라들이 외환시장에 개입(외환매입)하여 자국환율이 급격히 떨어지는 것을 억제시키려 한다.[7)] 이 경우 중앙은행의 외환매입은 외환유입을 증대시켜 그만큼 준비자산증가를 유발시켜 외환보유고를 높이는 결과

6) 우리나라의 경우는 한국은행을 중심으로 통화 스와프(일종의 외환 마이너스 통장 격)을 체결하여 위기 시를 대비하고 있다. 예를 들면, 중국 (560억$), 캐나다 (무제한), 스위스 (100억$), 인도네시아 (100억$), 호주 (77억$) 등이다.

7) 미국이 바로 이 부분에서 국제무역의 불공정행위라고 주장한다. 인위적인 외환시장 개입은 자국의 수출제품 가격을 떨어뜨리기 때문에 외환시장 개입에 대한 보복조치를 취하려 한다. 미국은 매년 상반기에 환율조작대상국(또는 관찰대상국)을 공표한다. 우리나라는 최근 수년간 관찰대상국으로 분류되고 있다.

를 낳는다. 신흥국가들의 외환보유고가 급증하고 있는데, 이는 단기자본 유입에 따른 외환시장 개입의 결과로 추측된다. 또한 아래의 [그림 6-2]는 우리나라의 외환보유고 변동과 원·달러 환율의 변동 간의 관계를 보여주고 있다. 대체적으로 외환보유고($)의 변동과 원·달러 환율의 변동은 상반된 방향으로 움직이고 있음을 보여주고 있다. 외환보유고의 증가는 (국제수지의 흑자 또는 자본유입, 또는 외환시장 개입 결과 등) 원·달러 환율과 반대 방향으로 움직인다. 상당기간(1990~2016)의 이들 두 변수 간에 상관관계가 -0.39임을 보여주고 있다. 상관관계를 구간별로 살펴보면, 2000년대는 -0.62, 2010년대의 경우는 -0.64로 최근에 올수록 에 더 강한 음(-)의 관계를 보여주고 있다. 즉, 외환보유고가 급증한 시기는 원·달러 환율이 하락하고 하고 있어 자본유입으로 인한 원화의 가치가 상승되고 있음을 시사하고 있다. 환율에 영향을 미치는 요인은 국내로 유입되는 다양한 외환의 (외국인의 국내직접 투자, 차입 등) 유입량에 의해 영향을 받는다.

[그림 6-2] 우리나라의 원달러 환율변동 vs 외환보유고($) 변동의 관계

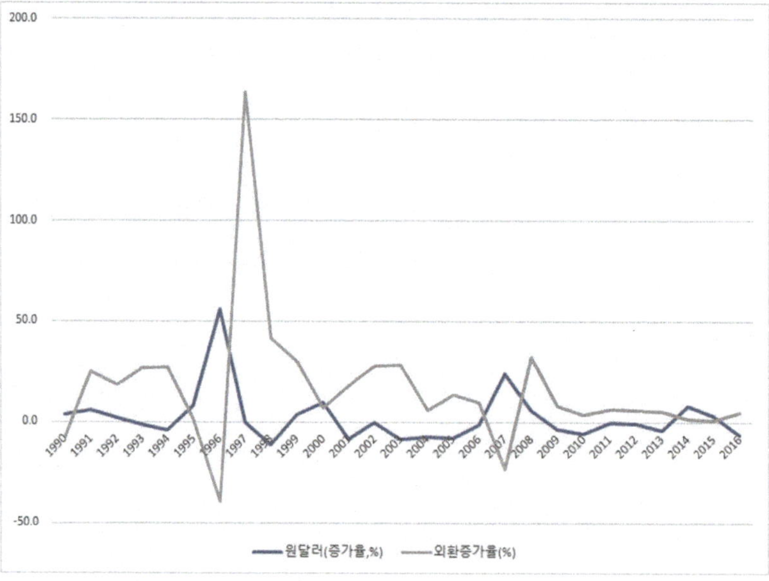

주: 외환보유고 및 원달러 환율은 전기대비 증감율(%)을 나타냄.

》외환보유고는 많을수록 좋은가?

우리나라는 지난 1997년말 외환위기를 겪을 때 달러가 부족하여 IMF의 금융지원을 받는 과정에서 국내 경제 주권을 일부 제약당하는 수모를 당하였다. 그리고 2008년 미국에서 발생된 금융위기 때도 외화 유동성의 부족에 시달려 결국엔 미국과 통화스왑을 통해서 위기를 벗어났다. 이렇듯이 한국과 같은 개방소국은 금융위기에 대비하여 외화 유동성(달러)을 싸놓고 있어야 한다. 그래서 가능하면 많은 외환보유고를 유지하려 노력한다. 외환보유고의 증가는 국가 신용도에 긍정적인 영향을 주어 한국처럼 대외 의존적인 국가에선 유리한 면이 있다. 대외신용도가 상승하여 국제금융시장에서 유리한 조건으로 외화를 차입할 수 있다. 그러나 개방경제체제 하에서 과도한 외환보유고는 적지 않은 문제점을 유발시킬 수 있다. 첫째, 과도한 외환보유고는 기회비용을 초래한다. 산업자금으로 활용되지 못하고 금융자산으로 보유케 되는 경우 기회비용이 발생된다. 둘째, 외환보유고의 증가는 국내 외환시장에 영향을 미쳐 자국화의 가치상승(appreciation)을 유발시킨다. 이 경우 환율인하를 저지하기 위하여 중앙은행이 매입하는 경우(달러를 매입하는 형태로) 국내신용이 증가하여 유동성 증가로 인플레이션 우려가 발생된다. 셋째, 외환시장을 통해 증가된 유동성이 부동산투자 등 투기성 자금으로 몰릴 경우 자산버블을 형성시켜 경제에 적지 않은 부담을 준다. 이런 가능성을 막기 위하여 정부는 증가된 유동성을 환수하기 위하여 통화안정증권을 발행하여 시중의 증가된 통화공급량을 흡수한다. 이를 **불태환정책**이라 한다. 통화안정증권은 원리금 상환의 형태로 국민경제에 부담이 된다. 통화관리 비용으로 들어가는 비용이 클수록 국민경제에 부담을 준다. 우리나라와 같이 소규모 개방경제 하에선 금융위기시에 외환보유액은 많으면 많을수록 좋지만, 그에 따른 외환관리 및 통화관리 비용이 만만치 않다는 것을 이해해야 한다.

제2절 국제수지와 국민소득 관계

2.1 국제수지와 국민소득 계정

국제수지는 개방경제 하의 국민소득 계정과 긴밀한 관계에 있다. 즉, 수출과 수입이 국민계정에 포함된다. 개방경제 하에선 소비의 경우 국내에서 생산된 국내 상품 및 서비스만 소비하는 것이 아니고 수입품도 포함하고 있다. 따라서 개방경제 하에선 국내수요(domestic demand)와 국내상품에 대한 수요와 구분할 필요가 있다. 개방경제 하의 국내총생산이란 국내에서 생산된 산출물에 대한 소비(C_d), 투자(I_d), 정부지출(G_d), 그리고 외국인에 의한 소비(수출, X)을 포함한다. 즉,

$$Y = C_d + I_d + G_d + X \tag{6.2}$$

그런데 가계의 소비나 기업의 투자 및 정부의 지출에는 국내에서 생산된 제품이나 서비스만 있는 것이 아니고 수입품도 포함되어 있다. 따라서 국내상품에 대한 수요를 정의하기 위해서는 다음과 같은 조정이 불가피하다. 우선 국내수요에서 수입이 차지하는 부분을 제거하고 다음에 국내상품에 대한 해외수요분을 첨가하면 국내상품에 대한 수요가 정의된다.[8] 수입에 의한 소비, 투자 및 정부지출을 각각 C_m, I_m, G_m 으로 표시하자. 국내 및 수입품이 포함된 소비(C), 투자(I), 정부지출(G)이라고 할 때 다음과 같이 쓸 수 있다.

$$\begin{aligned} Y &= (C - C_m) + (I - I_m) + (G - G_m) + X \\ &= C + I + G + X - (C_m + I_m + G_m) \\ &= C + I + G + X - IM \end{aligned} \tag{6.3}$$

수입된 소비, 투자 및 정부지출의 총계는 수입총액이 되므로 $C_m + I_m + G_m = IM$이 된다. 수출입의 차인 무역수지(혹은 경상수지)를 NX라 하면, $NX = X - IM$이 된다. 식 (6.3)의 앞 부분($C+I+G$)은 재화에 대한 국내수요를 가리킨다. 만약 폐쇄경제를 가정하면 이것은 물론 국내상품에 대한 수요를 의미한다. 그러나 개방경제 아래에서 이 부분이 의미하는 바는 수입을 포함하고 있는 국내수요이다.

2.2 저축, 투자 및 경상수지 관계

폐쇄경제에서 상품시장의 균형조건은 저축과 투자 간의 관계로 표현될 수 있다. 개방경제 아래서는 저축과 투자의 관계에 경상수지 개념이 포함된다. 우리는 상품시장이 개방된 상태에서 경상수지, 저축과 투자의 관계를 살펴보고자 한다. 개병경제의 국민소득 균형조건은 아래와 같다.

$$Y = C + I + G + NX \tag{6.4}$$

식 (6.4)의 양변에서 $(C+T)$를 차감하면 다음과 같은 식이 만들어진다.

$$Y - C - T = I - T + G + NX \tag{6.5}$$

8) 식 (6.3)에서 주의할 점은 수입(IM)의 가치가 국내상품 기준으로 전환되었다는 사실이다. 만약 해외상품 수입량이 IM^*라면 국내상품 기준 수입의 가치는 IM^*에 ϵ(실질환율)를 곱한 값이 된다.

그런데 식 (6.5)의 좌변($Y-C-T$)은 가처분소득($Y-T$)에서 소비를 제한 민간저축(S)을 의미한다. 이를 이용하여 식 (6.5)를 재정리하면 식 (6.6)이 만들어진다.

$$NX = \mathrm{S} + (\mathrm{T}-\mathrm{G}) - \mathrm{I} = (S-I) + (T-G) \tag{6.6}$$

여기서 $(T-G)$는 정부저축을 나타낸다. 따라서 $[S+(T-G)]$는 민간저축과 정부저축을 합한 총저축을 나타낸다. 그러면 식 (6.6)이 의미하는 바는 무엇인가? 위 식은 바로 상품시장의 균형상태에서 경상수지가 총저축에서 총투자(I)를 차감한 값과 같게 된다는 것을 가리킨다. 이에 따라 경상수지 흑자는 투자를 초과하는 저축과 상응하며 경상수지 적자는 저축이 투자에 미치지 못함을 의미한다.

위에서 살펴본 경상수지와 자본수지 간의 관계를 식 (6.1) 기억하면 우리는 경상수지, 투자 및 저축 간의 관계를 좀 더 쉽게 이해할 수 있다. 독자들은 경상수지 흑자가 자본의 순유출을 의미한다는 것을 기억할 것이다. 또한 경상수지 적자는 자본의 순유입을 가리킨다. 다시 말하면 수출을 초과하는 수입을 감당하기 위해서는 해외차입이 필요하다. 즉, 국내총저축($S+T-G$)보다 더 많은 투자를 하게 되면 식 (6.6)의 우변은 음(−)의 값을 갖게 되는데 이는 바로 해외차입이 필요하다는 것을 의미한다. 따라서 경상수지는 적자가 된다. [그림 6-3]은 제2장에서 배운 소득순환모형을 개방경제모형으로 확대하여 경상수지와 자본수지 간에 관계를 보여준다. 경상수지 흑자를 통하여 벌어들인 외환을 금융시장에 융통시켜 외화자산을 증대시킨다. 증가된 외화자산은 해외자산을 구입하거나 해외투자에 충당되어 자본유출로 나타난다.

[그림 6-3] 소득순환 모형에서 경상수지와 자본수지의 관계

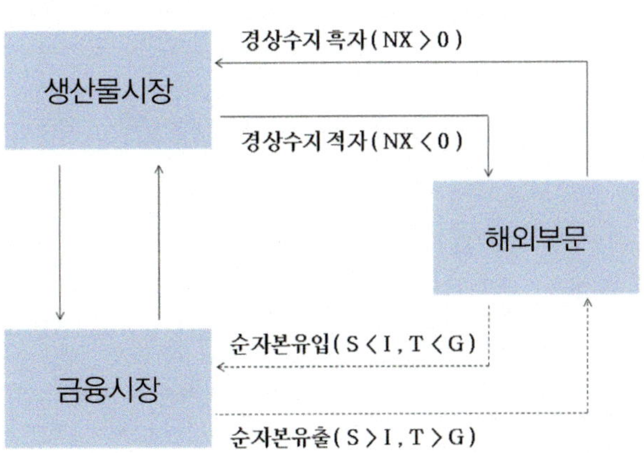

그런데 식 (6.6)을 해석하는 데에 있어 주의할 점이 있다. 식 (6.6)은 항등식으로 어떤 경제여건의 변화에 대한 결과적 현상만을 보여줄 뿐, 그 결과에 도달하는 전개과정을 설명하지는 못한다. 좌우 변수들에 대한 관계를 나타내는 것이지 인과관계까지 반영하는 방정식은 아니다.

》 미국의 쌍둥이 적자와 글로벌 불균형 문제

미국의 쌍둥이 적자 문제는 원래 1980년대(레이건 행정부시절)에 대두된 문제인데 그 후 미국경제의 아킬레스건으로 작용하고 있다. 쌍둥이 적자란 경상수지 적자와 재정수지가 모두 적자인 경우를 일컫는데 미국의 경우에 그 규모가 크고 국제금융시장에 미치는 영향이 커서 많은 관심을 끌고 있다. 쌍둥이 적자에 대한 이론적인 관계는 상기의 식 (6.6)에 기인한다. 1980년대 공급중심경제학을 한 축을 이루고 있는 **래퍼곡선**과 관계가 있다. 세율을 인하시키면 경기가 그 이상으로 호전되어 정부의 세수입이 증대된다는 가설인데, 레이건 행정부시절에 그 예상은 빗나가고 오히려 세수만 감소하고 정부지출(특히 구 소련과의 군비경쟁으로 군비지출 급증)은 증가되어 대규모 재정적자를 초래하였다. 재정적자와 소비증대로 인한 저축감소는 수입을 증대시켜 경상수지 적자를 동반한다. 이렇듯 경상수지 적자와 재정수지 적자가 동반되어 쌍둥이 적자 문제가 생겼다.

미국의 쌍둥이 적자가 왜 문제인가? 그것은 미국이 **기축통화**[9](key currency)를 공급하는 나라기 때문에 쌍둥이 적자는 미국의 국내문제가 아니라 국제경제 문제로 비화된다. 재정 적자와 경상수지 적자는 달러화의 공급을 증대시켜 달러가치의 하락을 초래한다는데 근원적인 문제가 있다. 달러가치의 하락은 국제금융시장의 투자자들 뿐만 아니라 외환시장에도 큰 영향을 끼쳐 환율의 불안정성을 높여 국제경제의 불확실성을 증대시키는 요인이 되고 있다. 경제학자들은 미국의 무역 적자와 재정 적자(쌍둥이 적자)가 동시에 심화되는 시기에 달러가 약세를 보이는 경향이 있다고 분석하고 있다. 1973년 변동환율제 이후, 1985년 **플라자합의** 이후, 1994년의 초엔고 현상, 2004년의 달러 폭락시기는 미국의 쌍둥이 적자가 심화됐던 시기와 맞물린다는 주장이다. 감세와 이라크

전쟁에 주력한 부시 대통령 임기 말에 쌍둥이 적자가 심화되면서 달러가 약세를 보이는 것은 어느 정도 예견할 수 있었다. 또한 달러는 지난 2002년부터 유로화나 캐나다 달러 등 주요 선진국 통화에 대해 약세를 나타내기 시작했다. 여기에 2008년에 발생된 서브프라임 금융위기의 회복과정에서 미국은 양적완화(QE)정책을 통하여 천문학적인 달러화를 방출하여(2008년 10월 제1차 양적완화 실시 후 2014년 10월 제4차 QE정책기간 동안 약 4조5000억$에 달하는 대규모 통화증가) 미국의 달러화 가치하락 압력이 상존하고 있다. 미국의 경기가 빠르게 회복되어 금리인상을 단행하였으며, 2018년 7월 현재 미국의 금리가 한국의 금리보다 높아 달러화 강세가 예상되고 있다.

---

9) 기축통화는 국제거래에서 널리 통용되는 통화를 일컫는다. 상품거래뿐만이 아니라 금융거래까지 포함하여 널리 통용되는 통화로 현재는 미국의 달러화가 기축통화이다. 기축통화를 사용하면 국가 간 교역할 때 거래비용이 절감되고 회계단위 일치로 인한 편리성 등이 있다. 기축통화로 인정받기 위해선 세계교역에서 차지하는 비중이 크고, 해당 통화에 대한 금융시장 및 자본시장이 잘 발달되어야 하고, 해당 통화의 안전성이 확보되어야 한다. 지금까지 기축통화로 통용되던 대표적인 화폐는 금, 영국의 파운드, 미국의 달러 등이다. 그러나 최근 미국의 달러화가 안정성을 잃어 기축통화를 새로 바꾸자는 논의가 제기되고 있다. 중국과 프랑스가 적극적으로 바꾸자는 입장이다. 현재로서는 달러화를 대체할 국제적인 통화가 없어 현 체제를 유지할 것이나 달러화의 약세기조로 환율의 변동성이 커질 우려가 있다.

》 글로벌 불균형과 미국의 보호무역주의

미국은 2017년 기준으로 미국의 대중국 무역수지 적자는 3752억$ 달하고 있다. 이는 미국의 총무역수지 적자 5,660억$의 66%에 이르는 대규모 액수이다. 2007년도의 무역수지 적자규모가 2500억$에 이르던 것이 불과 10년 사이에 1200억$ 달러 늘어났다. 2017년 대미 무역흑자국은 멕시코 710억$, 일본 688억$, 독일 642억$, 아일랜드 381억$, 이태리 316억$, 말레시아 245억$, 인도 245억$, 한국 229억$, 태국 204억$ 등으로 주요 10개국과 무역수지 적자규모가 7395억 $에 이르고 있다. 이런 무역불균형을 해소하겠다고 트럼프 대통령이 관세보복의 칼을 빼든 것이다.

트럼프 대통령은 이런 중국 등 주요국과의 교역에서 발생된 대규모 무역수지 적자가 미국 근로자들의 일자리를 빼앗으며 미국의 국익에 부합되지 않는다는 주장을 하면서 중국과 무역전쟁을 벌이고 있다. 미국으로 수출되는 철강제품 등에 대하여 높은 관세를 부과하여 중국, 캐나다, 유럽, 한국 등과 무역마찰을 일으키고 있다. 이런 미국의 관세부가에 대하여 중국도 보복관세로 맞서고 있어 세계 무역환경이 보호무역주의로 치닫고 있다. 이런 보호무역주의 환경은 한국과 같은 수출주도형 국가에겐 치명적일 수 있다.

미국은 대중국과의 무역수지 불균형을 해소시키고자 지난 수년 동안 중국에 대하여 위안화 가치상승을 요구하나 중국은 이에 응하지 않고 있다. 역사적인 학습효과가 있기 때문이다. 1970~1980년대 미국의 최대무역수지 흑자국은 일본이었으며, 일본의 대미 무역수지 적자를 줄이기 위하여 1985년에 **플라자(Plaza) 협정**을 맺었다. 플라자 협정으로 인해 일본의 엔화 가치는 급등하여 일본기업의 수출경쟁력을 약화시켜 일본기업의 해외진출로 일본 내 산업공동화가 생기고 고용창출이 줄어드는 등 잃어버린 20년의 시발점이 되었다. 이런 역사적인 경험으로 중국은 쉽사리 위완화 가치 절상에 응하지 않고 있다.

미국은 중국의 위안화 가치를 상승시켜 미국 상품에 대한 경쟁력을 회복하여 대규모 경상수지 적자를 줄이려하는데 중국이 이에 응하지 않고 있다. 중국은 미국의 위안화 절상압력 요구에 대하여 미국의 압솝션(absorption: 소비+투자+정부지출 등 국내총지출의 크기)을 줄여야 미국의 경상수지가 줄어든다는 것을 역설하고 있다. 미국 경제 주체들의 큰 씀씀이가 미국 경상수지 적자의 주된 원인이지 중국의 위안화의 환율문제가 아니라는 항변이다. 미국은 낮은 저축률과 높은 소비로 내수시장이 매우 활성화된 나라이다. 지난 1950~1980년대의 미국의 개인소비가 GDP에서 차지하는 비중이 62%로 안정세를 보이던 것이 1980년대에 64.6%, 1990년대 67.3%, 2001~2008년엔 69.8%, 2009년엔 70%에 육박하고 있다.

중국의 이런 주장에 대해 미국 측의 견해는 다른 방향에서 바라보고 있다. 특히 미국의 FRB 의장인 버냉키(B. Bernanke)는 미국의 대규모 경상수지 적자와 글로벌 불균형문제는 미국의 과소비 때문이 아니라, 중국을 위시한 동아시아의 대규모 **과잉저축(global saving glut)**에 기인하고 있다고 주장하고 있다. 중국, 일본 등 동아시아의 국가들이 대미 경상수지의 흑자로 벌어들인 달러를 미국에 재투자하는 이른바 '달러리사이클링'(dollar recycling)이라는 구조적인 문제라는 것이다. 특히 중국은 자국민의 경제후생 증진을 위해서도 내수부문을 강화하여 중국의 위안화가치를 올리라는 주문이다. 경제가 성장하고 소득이 증가되면 자국통화의 가치가 올라가는 것은 자연스런 현상인데 중국정부가 인위적으로 막고 있다는 것이다.

2.3 국제수지와 통화량

국제수지 변동은 국내 통화량에 영향을 미친다. 통화량에 결정적인 영향을 끼치는 것이 **본원통화**(monetary base)이다. 본원통화는 민간이 보유하고 있는 현금과 금융기관의 지급준비금으로 구성된다. 중앙은행(한국은행)이 공급한 본원통화는 일부는 민간이 현금으로 보유하고 나머지는 예금취급기관으로 예금된다. 은행의 예금 중 일정부분은 예금자가 찾아갈 것에 대비하여 지불준비금의 형태로 보관되고 나머지는 대출 등으로 통화가 공급된다. 대출되는 과정에서 예금과 대출을 거치면서 본원통화의 수배에 달하는 승수과정(통화승수)을 거치게 된다. 따라서 "통화량(M) = 통화승수(m) × 본원통화(MB)"만큼 증가한다.

한편 통화의 공급경로를 보면 중앙(지방)정부, 민간(기업 및 가계부문), 국외 등 주체별로 나눌 수 있다. 통화공급 경로를 이해하려면 중앙은행의 대차대조표를 들여다보면 알 수 있다. 자산항목으로는 예금기관대출금, 순정부대출 및 순기타자산을 합친 것을 순국내자산(domestic asset) 또는 국내신용(domestic credit)이라고 한다. 순국내자산에 순해외자산을 합하면 중앙은행의 자산이 된다. 부채항목은 본원통화가 된다. 즉, MB = DA + NFA인 관계가 성립한다.

| 표 6-3 | 중앙은행의 대차대조표

자 산	부 채
순국내자산(Domestic Asset: DA) –예금기관 대출 –순정부대출 –순기타 자산 순해외자산(Net Foreign Asset: NFA)	본원통화 (MB) –화폐발행(M1 or M2) –지불준비금

〈표 6-3〉에서 보는 바와 같이 국내신용이나 순해외자산의 변동이 있으면 본원통화량이 변동되어 통화량이 변하게 된다. 경상수지 흑자는 중앙은행의 해외자산을 증가시키고 이는 본원통화량을 변동시키므로 통화량 증가로 이어진다. 또는 해외자본의 유입도 역시 같은 과정을 거쳐 국내통화공급량을 증대시킨다. 즉, 통화공급량을 나타내는 식 $M = mMB$인 관계에서 $M = m(DA + NFA)$로 나타낼 수 있다. $\Delta M = m(\Delta DA + \Delta NFA)$인 관계에 있으므로 국내신용이 일정할 때, 순해외자산이 증대되면 통화증발로 나타난다.

고정환율제도 하에선 일정한 환율수준을 유지하기 위하여 중앙은행은 외환시장에 개입하게 되는데 이 과정에서 해외자산(예: 미 달러화 등)을 매입하거나 매도하는 개입을 하게 되는데 이 과정에서 순해외자산의 변동을 초래케 된다. 예를 들면, 미국의 서브프러임 사태 이후 미국의 초저금리로 인해 달러캐리 자금이 한국 등 신흥국으로 많이 유입되었다. 이는 환율을 인하시켜 수출경쟁력을 약화시킬 우려가 있어 중앙은행은 달러화를 매입한다. 이는 중앙은행의 해외자산을 증대시켜 통화증발의 요인이 된다. 인플레이션을 우려하여 중앙은행은 다시 증가된 통화량을 흡수하기 위하여 통화안정증권을 발행하는 **불태화정책(sterilization policy)**을 쓰게 된다. 통화안정증권에 대한 원리금은 결국엔 국민들의 부담으로 귀착하게 된다. 개방경제 하의 과도한 국제수지 흑자나 자본유입은 자국 내 통화관리 비용으로 전가될 수 있다. 해외자산의 증감은 변동환율제도에선 환율의 상승이나 하락을 통하여 흡수되지만, 고정환율제도하에선 통화관리 비용이 더 들 수 있다.

제3절 환 율

1990년대 중반부터 우리나라는 OECD가입 그리고 WTO체제의 출범으로 경제개방화의 폭을 더욱 넓히고 있다. 상품시장의 개방뿐만 아니라 자본시장 및 외환시장의 개방도 대폭적으로 이뤄져 우리나라의 경제는 세계경제의 흐름에 직접적으로 노출되어 있다. 그만큼 해외시장의 충격에 쉽게 영향을 받기 쉬운 개방소국경제의 형태를 갖고 있다. 개방거시경제에선 환율이 매우 중요한 또 하나의 가격변수이다. 환율의 움직임과 국제수지는 매우 긴밀하고 중요한 관계가 있다. 환율은 국제수지 및 해외자본의 움직임에도 매우 민감하다. 국내의 외국인 주식투자자들의 움직임에 따라 우리나라의 환율이 출렁일 때가 많다.

3.1 환율의 여러 개념

1. 명목환율

명목환율(nominal exchange rate: E)은 자국화폐와 외화 간의 교환비율이다. 환율은 외국화폐의 1단위 가격을 우리나라 화폐로 표시하거나 우리나라 화폐 1단위 가격을 외국화폐로 표시할 수 있다. 이 책에서는 환율을 자국화폐로 표시된 외국화폐의 1단위 가격으로 정의한다. 예를 들어, 2015년 11월 12일 기준으로 대미 원달러 환율(₩/$)이 1,154.9원(2010년 11월말 1,157.3원)이다. 즉, 미화 1달러의 가격을 우리나라 화폐 단위인 원화로 표시한 것이다. 환율이 1,157.3원/$에서 1,154.9원/$으로 하락했다면 이는 원화가치가 약간 상승(원달러 환율은 하락)한 것을 의미한다. 지난 5년(2010~2015)간 우리나라의 원달러 환율은 큰 변동이 없음을 시사한다. 환율상승은 외국화폐기준으로 우리나라 화폐의 가치가 하락하였다는 것을 의미한다. 반면에 환율의 하락은 원화가치의 상승 또는 원화표시 달러가격의 하락을 의미한다.

환율이 시장충격에 따라 자유롭게 변동하는 자유변동환율제도(flexible exchange rate system) 아래에서는 환율은 매일매일(사실상 매분마다) 변한다. 이러한 환율의 변화를 우리는 환율상승(depreciation) 또는 환율하락(appreciation)이라고 말한다. 환율이 하락하였다는 것은 외화의 원화표시가격이 하락하였다는 것으로 외국화폐대비 우리나라 돈의 가치가 상승하였음을 나타낸다.[10)]

이렇듯 환율변화와 원화가치의 변동이 반대방향으로 움직이는 이유는 환율에 대한 정의에서 비롯된다. 만약에 우리가 환율을 외화로 표시된 원화 1단위 가격으로 정의하였다면 환율상승은 원화의 가치상승을, 환율하락은 원화의 가치하락을 각각 나타낼 것이다.

2. 환율의 장기적 추세(PPP 이론)

환율은 단순히 다른 나라 화폐의 가치를 우리나라 화폐액으로 표시한 화폐의 상대적 가격이다. 그런데 이러한 명목환율은 과연 어떻게 결정되는가? 다른 모든 가격변수가 수요와 공급에 의하여 결정되는 것처럼 환율도 단기적으로는 외환 수요와 공급에 의해서 결정된다. 하지만 장기적으로 보면, 환율은 어떠한 값에 가까워지려는 경향이 있다. 이 어떠한 값은 바로 구매력평가 기준에 의한 환율이다. 환율의 장기적 추세를 설명하는 **구매력평가설(Purchasing Power Parity)**은 앞서 배운 상품시장 개방을 통한 무역거래와 밀접하게 연관되어 있다.

구매력평가설을 이해하는 출발점은 바로 일물일가의 법칙이다. 일물일가의 법칙은 똑 같은 상품이라면 모든 시장에서 동일한 가격에 거래되어야 함을 요구한다. 이해를 쉽게 하기 위해 다음과 같은 예를 살펴보자. 맥도널드에 가면 빅맥이란 햄버거가 있다. 미국 뉴욕에서 빅맥의 가격이 2달러이고 한국의 서울에서 똑 같은 상품의 가격이 2,500원이라면 우리는 미국달러대비 원화의 환율이 1,250원/$이라고 생각할 수 있다. 이것이 바로 구매력평가설에 의거한 명목환율 계산법의 한 예이다.

---

10) 환율변화에서 우리가 흔히 들을 수 있는 전문용어로 평가절상(revaluation) 또는 평가절하(devaluation)라는 말이 있다. 이러한 용어들은 고정환율제도를 사용하는 나라에서 사용된다. 이 제도 아래에서는 환율상승은 평가절하로 환율하락은 평가절상으로 불린다.

물론 이 세상에는 빅맥 이외에도 수많은 상품들이 존재한다. 따라서 상기된 논리를 일반화시키면 구매력평가 기준에 의한 명목환율은 두 나라 간의 상대적 물가수준으로 다음과 같은 관계로 표현된다.

$$E = \frac{P}{P^*} \tag{6.7}$$

여기서 E는 명목환율, P는 국내물가수준, P^*는 해외물가수준을 각각 나타낸다. 위 식은 $P = EP^*$의 관계로 표시될 수 있다. 다시 말하면 원화표시 해외물가수준은 국내물가수준과 같도록 환율이 결정되어야 한다는 것이다.

위 식을 이용하여 구매력평가설은 다음과 같이 또 다른 방법으로 표현될 수 있다.

$$\dot{E} = \dot{P} - \dot{P}^* \tag{6.8}$$

여기서 $\dot{E}$는 명목환율상승률, $\dot{P}$는 국내물가상승률, $\dot{P}^*$는 해외물가상승률을 각각 나타낸다. 즉, 명목환율상승률은 국내물가상승률에서 해외물가상승률을 차감한 값이 된다. 따라서 환율의 변화는 오로지 물가상승률의 차이에서 비롯된다. 구매력평가설이 시사하는 중요한 사실은 바로 해외 물가상승률에 비해 높은(낮은) 물가상승률을 기록하는 나라는 자국화폐의 가치하락(가치상승)을 경험한다는 것이다.

국제무역의 증진은 명목환율이 구매력평가 기준에서 크게 벗어나지 않도록 하는데 도움이 된다. 예를 들어, 실제환율이 구매력평가 환율보다 낮다면 이는 원화표시 해외물가가 국내물가보다 낮다는 것을 의미한다. 이러한 상황에서는 국내상품에 대한 수요가 줄어들고 해외상품에 대한 수요가 늘어나 수입의 증가가 초래될 것이다. 국내상품에 대한 수요감소는 다시 국내상품의 가격을 하락시키거나 명목환율을 상승시키는 시장의 힘으로 작용하여 실제환율은 구매력평가 환율에 근접하게 된다. 하지만 이러한 시장의 힘은 즉각적으로 발생하지 않고 상당히 장기적인 현상으로 나타난다. 그렇다면 우리는 다음과 같은 의문점을 가질 수 있다. 왜 구매력평가 환율의 결정은 즉각적인 현상으로 나타나지 않는가? 다시 말해서, 왜 시장의 힘은 환율을 구매력평가 기준에 부합시키는데 천천히 작동하는가? 구매력평가설이 환율의 장기적 추세를 설명하는데 적합할 뿐, 단기적인 환율변화를 설명해 주지 못하는 이유는 다음 몇 가지로 요약된다.

첫번째 이유는 다음 절에서 배우겠지만 환율결정의 단기적 요인에서 찾아진다. 환율은 단순히 무역거래에 의하여 결정되기보다는 금융자산의 국제적 거래 및 투기적 외환거래에 의해서도 단기적으로 변화할 수 있다. 금융자산의 국제적 거래로 인한 자본의 이동 그리고 투기적 외환거래는 해당 국가들의 화폐에 대한 수요와 공급에 영향을 끼칠 수 있기 때문이다. 둘째, 구매력평가설의 또 다른 문제점은 두 나라의 모든 상품들이 동일하다는 가정 아래 일물일가의 법칙을 적용하여 구매력평가설이 만들어졌다는 데에서 비롯된다. 나라마다 상품의 질과 구성이 다르다는 사실은 일물일가법칙의 엄격한 적용을 어렵게 한다. 따라서 아무리 경제개방화가 진전되었다 하더라도 상품의 질과 구성의 차이는 국내외 물가수준의 차이를 좁히는데 장애요소로 작용할 수 있다. 셋째, 무역장벽(trade barriers)은 구매력평가설의 신속한 적용을 어렵게 한다. 무역장벽에는 수송비와 같이 어쩔 수 없는 무역장벽이 있고 관세와 같이 정부에서 부과하는 인위적인 장벽이 있다. 구매력평가설의 적용을 어렵게 하는 마지막 이유는 많은 상품들이 비교역재(non-tradable goods)라는 사실에서 찾을 수 있다. 상품의 성격상 운송이 불가능하거나 그 나라 사람들만 소비하는 것들이 비교역재에 속한다. 토지가 비교역재의 대표적인 예이다.

》 시사 : 빅맥지수(Big Mac Index)

빅맥지수란 영국의 저명한 경제잡지인 이코노미스트(www.economist.com)가 발표하는 환율지수로, 미국의 맥도날드사의 햄버거 제품인 빅맥을 기준으로 하기에 붙여진 이름이다. 세계적으로 품질, 크기, 재료가 비교적 표준화되어 있어 어느 곳에서나 가격이 거의 일정한 빅맥 가격을 기준으로 할 경우 각국의 통화가치를 비교할 수 있다는 데 착안하여 작성되고 있다. 환율은 각국 통화의 구매력에 따라 결정된다는 구매력평가설(purchasing power parity)과 동일 제품은 어느 곳에서나 가격이 동일해야 된다는 일물일가의 법칙을 전제로 하고 있다.

이러한 논리에 의거하여 <이코노미스트>지는 1986년부터 전 세계 120여 개국에서 판매되고 있는 빅맥가격을 미국의 빅맥가격과 비교하여 적정환율(빅맥환율)을 작성한다. 이렇게 작성된 환율과 실제 시장의 환율과는 차이가 나타나기 마련인데, 이 차이가 그 나라 통화의 가치가 미국의 달러화와 비교하여 평가절상 되었는지 아니면 평가절하 되었는지에 관한 정보를 제공해 준다.

예를 들면 2018년 1월 기준으로 미국에서 빅맥가격이 $5.28이고, 동질적인 빅백이 우리나라에서 4,400원이라면, 빅맥가격으로 환산된 빅맥환율은 833.33/$(4,400원/5.28$=833.33)이 된다. 그런데 당시 실제 환율은 1069.25으로 적정 환율(833.33) 보다 22.1%저평가되어 있다. 빅맥환율을 기초로 할 때 원화가치는 달러($)화에 비하여 22.1%만큼 떨어(저평가)짐을 의미한다. 이는 우리나라의 화폐가치가 그만큼 저평가(under-valuation)된 것을 뜻한다. 현재 자국화가 저평가(환율은 높다는 의미)되었다는 것은 미래에 환율은 떨어질 것이란(원화의 가치는 상승) 예측이 가능하다.

빅맥지수를 비교함으로써 국제 간의 수출가격 경쟁력(다른 조건은 일정하다는 가정)을 가늠해 볼 수 있다. 2018년 1월 기준으로 각국의 빅맥환율 지수는 미국 달러화에 대하여 중국 위안화 -43.1%,, 일본 -26.0% 만큼 저평가됨을 나타내고 있다. 일본과 중국의 경우 우리나라의 -22.1%보다 상대적으로 더 저평가(depreciation)되고 있음을 나타낸다. 이는 국제시장에서 우리나라의 수출상품 가격경쟁력에서 일본이나 중국 제품의 가격에 비하여 불리함을 시사한다. 빅맥지수가 저평가된 경우는 수출가격 가격경쟁력에서 그만큼 유리함을 나타낸다.

빅맥지수는 시장환율과 적정환율 차이를 개략적으로 파악할 수 있다는 점에서 의미가 있는 지표이지만, 빅맥지수의 기준이 되는 빅맥의 가격이 원재료의 가격만으로 결정되지 않고 임대료, 인건비 등과 같은 비교역재도 반영이 되기 때문에 상대적으로 물가가 높은 북유럽 국가들의 지수가 미국보다 항상 높게 나타나는 경향이 있다. 나라마다 음식문화가 다양하고 세금, 관세, 판매 경쟁의 정도 등도 서로 다르기 때문에 빅맥지수가 항상 현실을 반영하는 것은 아니다.

3. 실질환율

실질환율(real exchange rate)은 같은 화폐단위로 표시된 해외물가와 국내물가간의 비율로써 다음과 같이 정의된다.

$$\text{실질환율(e)} = \frac{EP^*}{P} \tag{6.9}$$

식 (6.9)에서 분자는 원화로 표시된 해외물가수준, 분모는 국내 물가수준을 각각 나타낸다. 따라서 실질환율은 해외물가와 국내물가의 상대적 비율이다. 실질환율의 개념을 쉽게 이해할 수 있도록 맥도널드 빅맥의 예를 다시 한번 들어보자. 만약에 미국 뉴욕에서 빅맥의 가격이 2달러이고 명목환율이 1200원/$인 상황에서 똑 같은 상품의 가격이 서울에서 2000원이라면 빅맥만을 고려한 실질환율은 1.2가 된다. 즉, 미국에서 빅맥 1개의 가격은 우리나라에서 빅맥 1.2개의 가격과 같다는 것이다. 하지만 이 세상에는 수많은 상품들이 존재하기 때문에 식 (6.9)는 경제전반의 물가수준으로 실질환율을 표현하고 있다.

실질환율이 1보다 크다는 것은 국내상품에 비하여 해외상품이 더 비싸다는 것을 의미한다. 다른 모든 조건들이 같다면 이것은 국내상품에 대한 수요가 국내외적으로 증가할 수 있음을 시사한다. 다시 말하면 우리나라 상품들이 국제무역에서 가격경쟁력을 갖고 있다는 것이다. 그런데 실질환율이 1이라면 그것은 무엇을 의미하는가? 그것은 바로 원화표시 해외물가가 국내물가와 정확하게 일치하고 있음을 뜻한다. 앞서 언급한 명목환율과 관련지어 설명하면 명목환율이 구매력평가 기준에 의하여 결정되었다고 말할 수 있다. 실질환율이 1이면 원화표시 해외물가(EP^*)가 국내물가(P)와 같게 되고 이는 명목환율(E)이 구매력평가 환율(P/P^*)에 있는 것이다.

하지만 실질환율이 1보다 크다 또는 작다라는 사실은 그렇게 중요한 내용을 담고 있지는 않다. 앞서 배웠듯이, 상품의 구성이 나라마다 다를 뿐만 아니라 물가지수는 기준년도에 1로 시작하기 때문에 상대적 물가지수인 실질환율은 임의적 수치일 뿐이다. 중요한 것은 실질환율의 수준보다는 실질환율의 변화방향이다. 따라서 구매력평가설이 현실적으로 의미하는 바는 실질환율이 1이 아닌 어떤 평균수준으로 돌아가려고 한다는 것으로 우리는 바꾸어 생각할 수 있다. 이것이 바로 상대적 구매력평가설(Relative PPP)이다. 만약에 실질환율이 장기평균수준 위에 있다면 구매력평가설은 명목환율이 앞으로 하락할 것이라고 예측할 것이다.

실질환율상승(real depreciation)은 국내물가수준이 해외물가수준에 비하여 더 낮아졌다는 것을 의미하며 국제무역에서 우리나라의 상품들의 가격경쟁력이 제고되었음을 뜻한다. 이와는 반대로 실질환율하락(real appreciation)은 국내물가수준이 상대적으로 더 높아졌다는 것을 의미한다. 명목환율의 변화는 화폐의 상대적 가격이 변화하였음을 나타내지만 실질환율의 변화는 재화나 서비스의 상대적 가격이 변화하였음을 나타낸다. 따라서 7장에서 배우겠지만 실질수출과 실질수입에 영향을 미치는 가격변수는 명목환율이 아니라 실질환율이다.

4. 실질실효환율

우리는 이제까지 두 나라(예를 들어, 한국과 미국) 간의 명목 또는 실질환율에 중점을 두어 환율의 개념을 설명하였다. 하지만 현실적으로 우리나라의 무역상대는 미국뿐만 아니라 세계 여러 나라를 포함하고 있다. 〈표 6-4〉는 1998년과 2008년 기간 동안 우리나라 무역의 지리적 분포도 변화를 보여주고 있다.[11] 이 표를 통하여 우리나라의 제1의 수출시장이 미국에서 중국으로 바뀌고 미국과 일본의 비중은 줄어들고 중국 및 중동의 비중이 높아졌음을 보여주고 있다. 수입의 경우도 수출의 동태적 변화와 유사하다. 미국과 일본 및 EU의 시장비중은 줄어들고 중국 및 중동의 비중이 높아졌다. 지역 간 무역비중은 환율의 움직임과도 밀접한 관계가 있다. 원칙적으로 환율변동은 무역비중이 높은 나라의 통화에 더 많은 영향을 받을 것이다. 그러면 두 나라 간의 실질환율 개념이 어떻게 모든 교역대상국들을 고려한 실질환율 개념으로 전환될 수 있는가? 이것은 바로 실질실효환율(effective real exchange rate)의 작성을 통하여 가능하다.

11) 〈표 6-4〉는 재화의 수출과 수입만을 고려하고 있다. 여행이나 관광과 같은 서비스 거래는 제외되고 있다.

| 표 6-4 | 우리나라 무역의 지리적 분포 (단위: %)

	수출비중		수입비중		수출입 비중	
	1998년	2008년	1998년	2008년	1998년	2008년
총 계	100	100	100	100	100	100
미 국	17.5	10.9	22.0	9.1	19.3	10.0
E U	14.5	14.6	11.6	9.3	13.3	11.9
일 본	9.4	7.7	17.9	13.7	12.8	10.7
중 국	9.1	21.6	6.8	17.3	8.1	19.5
중 동	4.7	7.2	12.1	22.9	7.7	15.0
기 타	44.8	38	29.6	27.7	38.8	32.9

자료: 저자 계산.

실질실효환율은 모든 무역상대국의 평균물가수준과 국내물가수준 간의 상대적 비율이다. 여기서 주의할 점은 모든 무역대상국의 평균물가수준이 결정되는 방법이다. 무역대상국의 평균물가수준은 무역의 비중에 의한 가중평균으로 계산된다. 무역비중의 산정은 우리나라와 각 교역상대국 간의 무역액을 우리나라의 전체무역 규모로 나누어 줌으로써 가능하다. 이러한 작성방법 때문에 실질실효환율은 무역가중실질환율(trade−weighted real exchange rate)이라고도 불린다. **실질실효환율**은 교역상대국과의 교역비중과 상대적인 물가차이를 반영한 종합적인 환율이란 의미를 갖는다.

다음의 [그림 6-4]는 2009년부터 2015년 1/4분기까지의 주요 국가들(미국, 일본,

[그림 6-4] 주요국의 실질실효환율(%) 비교

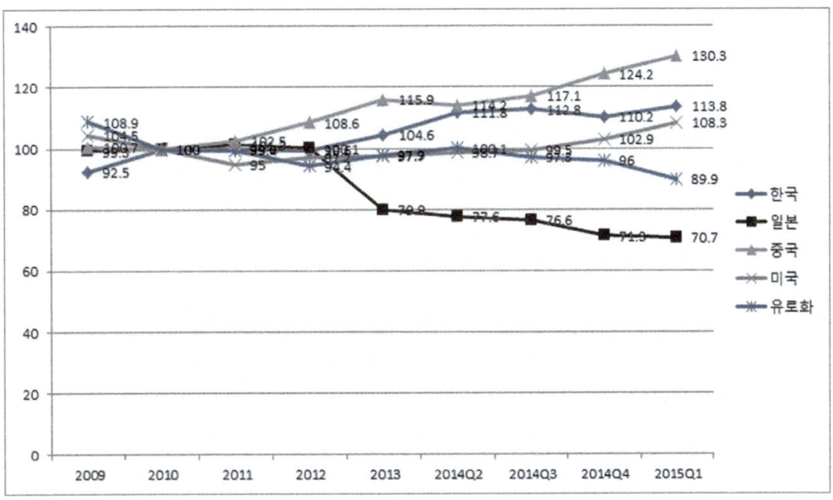

자료: 국제결제은행(www.bis.org)에서 필자 작성

중국, 유로지역)과의 실질실효환율을 비교한 것이다. 실질실효환율은 2010년도를 기준(100)으로 하여 지수화하였으며, 지수가 100보다 크다는 것은 자국화의 가치가 2010년도에 비하여 고평가(over valuation 또는 appreciation)됨을 의미하고 100보다 작은 경우는 저평가됨을 의미한다. 중국의 위안화가 가장 많이 고평가되고 있으며 그 다음이 우리나라의 원화가치도 2010년도에 비하여 13.8%가 고평가되고 있음을 나타내고 있다. 반면에 일본은 아베노믹스의 일환으로 엔저 정책(양적완화정책)에 힘입어 엔화가치가 기준연도에 비하여 30%나 저평가되고 있다. 유로화도 유럽경제의 침체의 영향을 받아 크게 저평가되고 있다. 미국의 달러화는 양적완화정책으로 달러화가 저평가되는 추세에서 2014년도의 양적완화정책의 중단 이후 미국 금리기대에 힘입어 달러화가 2014년도 4/4분기 이후 2010년도에 비하여 8.3%가 고평가됨을 보여주고 있다.

3.2 환율변동과 이자율 관계: 환율의 단기변동

우리는 이제까지 환율의 장기적 추세를 설명할 수 있는 구매력평가설을 살펴보았다. 하지만 환율의 변동이 오로지 국내외 물가차이의 변화에 의해서 야기된다는 구매력평가설은 매일 매일 발생하는 환율의 급격한 변화를 설명하기에는 너무나 부족하다. 따라서 우리는 환율의 단기적 변동을 설명할 수 있는 이론을 발전시켜야만 한다.

환율의 단기적 변동은 금융시장개방을 통한 금융자산의 국제적 거래와 밀접하게 연관되어 있다. 실제로 전 세계적으로 매년 거래되는 외환량은 총무역량의 수십 배에 달하고 있다. 이러한 통계는 금융자산거래의 규모가 무역거래에 비하여 훨씬 더 크다는 것을 의미하며 환율결정과정에서도 금융자산거래의 역할이 단기적으로는 더 중요할 수 있다는 것을 시사한다. 환율의 단기적 변동을 설명하는 대표적인 이론은 바로 **포트폴리오 선택이론**(theory of portfolio choice)에 의거한 **자산시장 접근방법(asset market approach)**이다.[12]

금융시장개방은 투자자들에게 국제분산투자의 기회를 제공한다. 국내투자자들은 우리나라의 금융자산뿐만 아니라 해외 금융자산을 소유할 수 있는 기회를 갖게 되고 외국인투자자들 역시 자국의 금융자산 이외에도 세계 여러나라의 금융자산을 소유할 수 있게 된다. 자산시장 접근방법을 쉽게 이해할 수 있도록 다음과 같은 간단한 예를 들어보자. 여러분들은 지금 미국의 1년 만기 채권과 우리나라의 1년 만기 채권 중에서

12) 자산시장 접근방법에 대한 자세한 내용은 다음 책을 참조하라. P. Krugman and M. Obstfeld, *International Economics*, 4th ed.(Reading, Mass: Addison Wesley Longman), 1997.

어느 것을 선택해야 하는지 고민 중에 있다. 포트폴리오 선택이론에 의하면, 어느 자산을 소유할 것인가에 대한 의사결정과정에서 가장 중요한 요소는 물론 기대수익률이다. 만약 국내채권에 비하여 미국채권의 기대수익률이 높다고 판단되면 여러분들은 미국채권을 선호할 것이다.

기대수익률의 비교를 위하여 국내채권의 이자율을 i_t라 하고 미국채권의 이자율을 i^*_t라 하자. 만약 우리가 국내채권을 보유하기로 결정하였다면 1원의 투자액은 1년 뒤에 $(1+i_t)$원이 될 것이다. 하지만 우리가 미국채권에 투자하기로 결정하였다면 어떻게 될까? 미국채권에 투자하기 위해서는 우리는 우선 미국 달러를 사야만 한다. E_t를 현재의 명목환율이라 하면 1원에 대해 우리는 $1/E_t$달러를 얻을 수 있다. 따라서 미국채권에 1원을 투자하게 되면 우리는 1년 뒤에 $(1/E_t)(1+i^*_t)$달러를 갖게 될 것이다. 여기서 1년 후의 기대환율이 E^e_{t+1}이라면 우리는 궁극적으로 미국채권에 투자한 대가로 $(1/E_t)(1+i^*_t)E^e_{t+1}$원을 얻게 된다.

합리적인 투자자들은 가장 높은 수익률이 보장되는 자산만을 소유한다고 가정하였을 때, 국내채권과 미국채권이 모두 소유되고 있다는 사실은 두 채권의 기대수익률이 동일하다는 것을 의미한다. 자본의 이동이 완전히 자유로운 상태에서 만약 두 채권의 기대수익률이 같지 않다면 상대적으로 낮은 기대수익률을 갖는 채권에 대한 수요는 사라지게 될 것이기 때문이다. 따라서 다음과 같은 재정관계(arbitrage relation)가 반드시 성립해야 한다.

$$1+i_t = (1/E_t)(1+i^*_t)E^e_{t+1} \text{ 또는}$$
$$1+i_t = (1+i^*_t)\{1+(E^e_{t+1}-E_t)/E_t\} \tag{6.10}$$

식 (6.10)이 바로 **이자율평가설(interest parity relation)**이다. 이 식은 국내 명목금리, 해외 명목금리, 그리고 환율의 기대상승률 사이의 관계를 나타내고 있다. 그런데 투자자들이 가장 높은 기대수익률을 갖는 금융자산만을 소유할 것이라는 기본적인 가정은 물론 비현실적이다. 왜냐하면 그러한 가정은 금융자산의 국제적 거래에서 파생되는 거래비용(transaction costs)과 위험(risk)을 전혀 고려하고 있지 않기 때문이다. 하지만 금융시장의 개방이 상당히 진척되어 있고 자본시장이 잘 발달되어 있는 국가들 간에는 위 식이 의미하는 관계는 크게 문제되지 않는다. 식 (6.10)은 다음과 같은 관계로 다시 표현될 수 있다.

$$i_t = i^*_t + (E^e_{t+1}-E_t)/E_t = i^*_t + \triangle E^e \tag{6.11}$$

식 (6.10)에서 $i^*_t(E^e_{t+1}-E_t)/E_t$의 크기는 무시할 수 있을 정도로 작기 때문에 식 (6.10)은 식 (6.11)로 재정리될 수 있는 것이다. 식 (6.11)은 해외금리에 환율의 기대상승률($\triangle E^e$)을 더한 값은 국내금리와 같다는 것을 의미한다. 여기서 환율의 기대상승률이 양의 값을 취한다면 그것은 앞으로 국내화폐의 가치하락이 예상된다는 것을 나타낸다. 따라서 이자율평가설을 다른 각도로 표현하면 다음과 같다. 국내금리는 해외금리에 외환의 기대가치상승률을 합한 것과 동일하다. 즉, 국내채권을 구입하여 얻는 수익률은 단순히 국내채권의 이자율에 그치는 반면에 해외채권을 구입하여 얻는 수익률은 해외채권의 이자율에 외환의 가치상승률을 더한 것이 된다.[13)]

이자율평가설의 시사점을 이해하는 데에 도움이 되도록 다음과 같은 예를 살펴보자. 만약 1년 만기 국내 및 미국 채권의 이자율이 각각 10% 그리고 5%라면 여러분들은 어느 채권을 선호하겠는가? 이 질문에 대한 답은 미국달러 대비 우리나라 원화의 가치변동에 달려있다. 만약에 향후 1년동안 환율상승률(원화의 가치하락률)이 5% 이상일 것이라고 예상된다면 여러분들은 미국채권을 선호할 것이다. 비록 미국채권의 명목금리가 우리나라 채권의 명목금리보다 낮지만 앞으로 발생할 달러가치의 상승률이 두 나라 간의 금리차이를 상쇄하고도 남음이 있기 때문이다. 그러나 식 (6.11)의 재정관계에 나타나 있듯이, 시장내부에서는 평균적으로 향후 1년 동안 미국달러대비 원화의 가치가 5% 하락할 것을 예상하고 있다.

그러면 이자율평가설이 어떻게 환율의 단기적 변동을 설명할 수 있는지에 대해서 알아보자. 이자율평가설에 의하면 환율을 변화시킬 수 있는 요인으로는 국내금리, 해외금리, 그리고 다음 기의 기대환율 등을 꼽을 수 있다. 우선 해외금리의 변화는 환율에 어떠한 영향을 끼칠까? 1년 후의 기대환율(E^e_{t+1})이 주어진 상황에서 국내금리는 변하지 않고 만약 해외금리가 상승한다면 해외 금융자산에 대한 기대수익률 역시 상승할 것이다. 따라서 식 (6.11)의 재정관계가 유지되기 위해서는 환율의 상승이 반드시 뒤따라야 한다. 즉, 다른 모든 상황들이 일정하다고 가정하였을 때, 해외금리의 상승은 환율상승을 초래한다.

이러한 결과는 다음과 같이 설명될 수도 있다. 해외금리의 상승으로 인한 해외채권 기대수익률의 상승은 해외채권에 대한 수요를 증가시키고 국내채권에 대한 수요를 감소시킬 것이다. 이에 따라 외환에 대한 수요가 증가하고 원화에 대한 수요는 감소하여 원화의 가치하락(환율상승)이 야기될 것이다. 반대로 국내금리가 올라가면 우리나라 채

13) 우리는 여기서 수익률(the rate of return)과 이자율의 개념을 동일하게 취급하고 있다. 채권의 수익률과 이자율은 대개 다른 의미로 사용되지만 채권만기와 보유기간이 같은 경우에는 수익률과 이자율은 같은 의미를 나타낸다.

권의 상대적 매력이 더 커져 외국인들의 국내투자가 늘어난다. 그 결과, 외환의 공급이 증가하여 환율은 내려가게 될 것이다. 재정관계를 이용하여 설명하여도 결과는 마찬가지이다.

이와 같이 이자율의 변화는 금융자산거래에 영향을 주어 환율의 변화를 가져오게 된다. 그런데 중요한 것은 환율의 변화가 물가, 수출입, 그리고 소득의 변화까지 초래한다는 것이다. 따라서 한 나라의 금리정책은 그 나라 경제뿐 아니라 다른 나라 경제에도 영향을 미치는 결과를 가져온다. 이에 따라 국제적으로 비중있는 어떤 특정한 나라의 금리정책은 모든 나라의 공동 관심사가 될 수밖에 없다. 경제개방이 진척될수록 이러한 경제정책의 상호의존성은 더욱 강하게 나타날 것이다.

식 (6.11)의 재정관계는 환율변동을 가져올 수 있는 요인으로써 국내 및 해외금리 이외에 또 다른 요인을 지적하고 있다. 바로 1년 후의 기대환율(E^e_{t+1})이다. 이번에는 국내금리와 해외금리가 일정하다고 가정하고 단지 기대환율이 하락하였다고 생각해 보자. 즉, 환율상승률이 내려갈 것이라고 예상된다면 해외자산에 대한 기대수익률이 작아져 우리나라 금융자산의 매력이 상대적으로 더 커지게 된다. 이에 따라 외국인들이 우리나라 자산을 사기 위해 더 많은 외환을 공급하게 되면 환율은 실제로 내려가게 된다. 애초에는 앞으로 기대환율이 하락할 것이라고 예측했을 뿐이지만 실제로 그와 같은 현상이 나타나게 되는 것이다.

더욱이 순전히 환차익을 얻는 데만 목적을 둔 외환투기(foreign exchange speculation)가 늘어나면서 기대환율의 변화로 인한 환율변동의 가능성은 한층 더 커졌다. 외환투기를 하는 사람들은 가치가 떨어지리라고 예상되는 화폐를 팔아 버리고 가치가 올라가리라고 예상되는 화폐를 사들이는 전략을 쓴다. 이러한 투기행위는 환율의 실제 움직임을 기대환율의 변화대로 순응시키는 역할을 담당하게 된다.

3.3 환율제도

1. 고정환율제도

외환보유고의 증감으로 나타나는 중앙은행의 외환시장개입은 국제수지의 균형달성에 필수적이라고 앞 절에서 배운 바 있다. 그런데 이러한 중앙은행의 개입정도 및 방법은 환율제도에 따라 커다란 차이가 있다. 이에 따라 본 절에서는 환율제도와 중앙은행의 외환시장 개입방식 간의 관계에 대하여 살펴보기로 한다. 환율제도에는 자유변동환율제도(flexible exchange rate system)와 고정환율제도(fixed exchange rate system)가 있다.

고정환율제도란 중앙은행이 외환시장개입을 통하여 환율을 일정 수준으로 유지하는 제도를 일컫는다. 이러한 고정환율제도는 제2차 세계대전이 끝날 무렵인 1944년부터 1973년까지 세계통화질서의 중요한 틀로 자리잡았다.[14] 최근에는 많은 나라들이 자유변동환율제도를 택하고 있지만 아직도 몇몇 나라들은 고정환율제도를 유지하고 있다.

환율을 일정 수준으로 유지하기 위해서는 중앙은행의 외환시장개입이 반드시 뒤따른다. 이것은 농산물시장에서 쌀의 가격을 안정시키기 위해서는 반드시 정부의 수량조절이 필요한 것과 마찬가지이다. 그렇다면 중앙은행의 개입정도는 어떻게 결정되는가? 바로 국제수지의 규모가 중앙은행의 개입정도를 정확히 측정한다.

만약에 한국이 미국에 대하여 국제수지 적자를 기록하고 있다면 우리나라 외환시장에서 미국달러에 대한 초과수요가 존재할 것이다. 미국달러에 대한 초과수요는 한국은행이 외환시장에서 고정된 환율에 의거하여 달러화를 매각하고 그 대가로 원화를 사들임으로써 해소된다. 따라서 환율의 변화 없이 외환에 대한 초과수요나 초과공급을 해소하기 위해서는 중앙은행의 외환시장 개입이 어쩔 수 없이 뒤따른다. 물론 중앙은행의 시장개입은 충분한 외환보유고가 있어야 가능하다.

중앙은행이 충분한 외환을 보유하고 있는 한, 외환시장에서의 개입은 지속될 수 있고 환율도 일정한 수준에서 계속 유지될 수 있다. 그러나 만약에 국제수지 적자가 누적되면서 중앙은행의 외환보유고가 고갈된다면 외환시장개입은 지속될 수 없다. 이러한 상황이 도달하기 전에 중앙은행은 자국통화의 평가절하를 단행할 것이다. 환율의 평가절하를 통하여 중앙은행은 외환의 수급을 조절하고 외환보유고의 고갈이라는 압박에서 벗어날 수 있기 때문이다.

1979년 이래, 몇몇 유럽 국가들은 유럽환율제도(European exchange rate mechanism: ERM)를 통하여 자기들의 환율을 일정 범위 내에 묶어 두려는 시도를 계속해 왔다. 사실상의 고정환율제도를 유지하려는 이러한 시도에서 한발 더 나아가 1999년부터는 아예 단일통화인 유로(Euro)화가 만들어져 유럽통화연합(European Monetary Union: EMU)에 속한 유럽국가들 간에 사용되고 있다.

---

14) 고정환율제도는 1944년 미국의 **브레튼우즈(Brettonwoods)**에서 개최된 국제회담에서 주요 선진국 간에 체결된 협의사항들 중의 하나이다. 브레튼우즈 체제는 다음 두 가지 점에서 주목할 만한 특징을 갖고 있었다. 하나는 고정환율제도의 채택이고 다른 하나는 미국달러가 세계통화의 기축통화 역할을 담당하게 되었다는 점이다.

2. 변동환율제도

고정환율제도 아래에서는 외환에 대한 초과수요 또는 초과공급으로 나타나는 국제수지의 불균형이 중앙은행의 외환시장개입을 통하여 제거된다고 앞서 밝힌 바 있다. 하지만 자유변동환율제도에서는 이와는 대조적으로 환율의 변동으로 외환의 수급이 조절되기 때문에 중앙은행의 시장개입은 불필요하게 된다. 구체적으로 실례를 한번 들어보자.

현재 미국달러대비 원화의 환율이 1,200원/$인 상태에서 만약 미국상품에 대한 우리나라의 수입이 증가하였다면 국내에서는 달러에 대한 수요가 늘어날 것이다. 이러한 달러 수요증가에 대해 한국의 중앙은행은 환율의 상향조정을 기다릴 뿐, 어떤 시장개입도 하지 않는다는 것이 자유변동환율제도의 핵심이다. 예를 들어, 환율이 외환시장에서 1,230원/$으로 상승한다면 미국 상품은 더 비싸지게 되고 이에 따라 우리나라의 미국상품에 대한 수요는 감소하고 달러에 대한 수요가 줄어들게 될 것이다.

중앙은행의 외환시장개입 없이 환율이 외환의 수요와 공급에 따라 자유롭게 결정되는 제도를 우리는 순수자유변동환율제도(clean floating)라고 일컫는다. 이러한 제도 아래에서는 중앙은행의 공식적인 외환거래가 존재하지 않는다. 다시 말해서, 환율은 경상수지와 자본수지의 합이 0이 되도록 시장상황에 따라 움직이기 때문에 국제수지 역시 0이 되는 것이다.

그러나 현실적으로 순수자유변동환율제도를 채택하고 있는 나라는 없다. 환율의 변동을 허용한다 하더라도 모든 나라들은 어느 정도는 관리변동환율제도(managed, or dirty floating)를 선호하고 있다. 관리변동환율제도 아래에서는 말 그대로 중앙은행이 환율의 변동에 영향을 끼치기 위하여 외환의 매매를 통해 외환시장에 개입한다. 따라서 중앙은행의 공식적인 외환거래가 0이 되질 않게 된다.

물론 외환시장에서의 정부개입은 나라마다 정도의 차이가 있다. 어떤 나라들은 단기적으로 환율의 급격한 변화를 상쇄시키기 위하여, 또 다른 나라들은 자국통화의 고평가 또는 저평가 상태를 유지하기 위하여 외환시장개입에 나설 수 있다. 그렇다면 환율이 시장의 상황에 따라 결정되도록 내버려두지 않고 왜 세계각국의 중앙은행들은 외환시장개입을 하려고 하는가?

이 질문에 대한 답은 다음 몇 가지로 요약될 수 있다. 중앙은행의 시장개입이 필요하다는 첫 번째 근거는 환율의 불확실성이 불필요한 소득변화를 야기할 수 있다는 믿음으로부터 출발한다. 자본의 빈번한 유출입은 환율변동에 대한 불안정한 기대심리를 부추기고 이러한 불안정한 기대심리는 기업의 생산활동에 지장을 주어 산출량의 변화를 초래할 수 있다는 것이다. 환율의 단기적 불확실성을 제거한다는 목적 이외에도 중앙은행은 실질환율의 조정을 통한 무역수지의 개선을 위하여 바람직한 방향으로의 명목환율의 변화를 꾀할 수 있다.

마지막으로 중앙은행은 국내 물가안정을 위해 환율의 상승 또는 자국통화의 저평가를 억제하려는 시도를 종종 한다. 환율상승은 수입상품의 가격을 증가시키는 효과를 가져와 국내 물가상승을 초래할 수 있기 때문이다. 또한 외환의 과도한 국내유입은 자국화가치를 상승시켜(환율인하 압력) 수출상품의 가격경쟁력을 약화시킨다. 2008년 서브프라임 사태 이후 미국의 초저금리는 달러캐리 트레이드를 불러와 신흥시장의 하나인 우리나라에도 달러 뭉치 돈이 대량 유입된 것으로 파악되고 있다. 이때 중앙은행은 급격한 환율하락을 억제시키기 위하여 외환시장에 대하여 구두개입뿐만 아니라 외환을 매입하고, 그 결과 외환보유고가 증가하게 된다. 우리나라에서 2009년도 하반기에 이런 현상이 나타났다.

3.4 국제수지와 환율

1. 환율과 국제수지

국제수지의 변동은 외한시장에 영향을 끼쳐 환율을 변동시킨다. 예를 들어 어떤 나라가 무역수지(혹은 경상수지)가 흑자인 경우(NX > 0) 환율을 인하시킬 것이다. 무역수지가 흑자인 것은 수출이 수입보다 큰 것을 의미하는데, 이는 자국 외환시장에서 외환의 초과공급을 뜻한다.[15] 외환 초과공급은 외환가치를 하락시켜 자국화표시 환율(₩/$)의 하락을 의미한다. 반대로 무역수지 적자는 환율을 상승시키는 압력이 작용한다. 만약 변동환율제도라면 무역수지 흑자국은 환율의 하락을 통하여 수출증가와 수입증가로 무역수지가 줄어들어 무역수지 균형을 이룰 것이다. 이렇듯이 변동환율제도의 장점은 무역수지(국제수지)를 균형시키는 내생적인 요인이 작동한다. 고정환율제도 하에선 무역수지 적자가 지속될 경우 고정환율 유지를 위하여 보유하고 있는 외환을 공급해줘야 한다. 중앙은행이 일정한 규모의 외환보유고액을 유지해야 한다.

국제 간의 자본거래가 활발해지고 국제금융시장의 규제가 줄어들고 금융혁신으로

---

15) 환율결정이론 부분을 참조할 것. 수출업자는 자국 내 외환시장에서 주요한 외환공급자이고 수입업자는 외환수요자로 인식한다. 무역수지가 흑자라는 의미는 자국 외환시장에서 외환에 대한 공급이 수요를 초과하여 외환가치는 떨어지는 것이다. 이는 자국의 환율이 하락하게 됨을 의미한다. 국제수지접근법에 의한 환율결정이론 외에도 자산시장(asset market)에 기초한 통화론적인 접근법이 있다. 보다 자세한 내용은 국제금융론을 참조할 것.

인하여 최근에는 국제 간에 자본(외환)거래가 무역결제성 자금거래보다 훨씬 큰 규모로 자본거래가 이루어지고 있다. 따라서 무역수지(경상계정)보다는 자본거래까지 포함된 국제수지 규모를 파악할 필요가 있다. 예를 들어 어떤 나라의 경상수지는 적자인데 대규모의 자본수지가 흑자인 경우(대규모 자본유입으로) 국제수지는 흑자가 되어 환율은 오히려 하락할 수 있다. 이런 현상이 2010년 하반기에 한국을 비롯한 신흥개도국으로 대규모 외국자본이 유입되어(주식이나 채권에 투자목적으로) 자국 내 외환시장에 외화유동성($)이 넘쳐 자국통화 가치가 상승하는 현상이 일어났다. 이런 대규모 외국자본 유입에 대한 규제조치가 이뤄지기도 했다.[16] 따라서 최근의 환율은 경상수지의 흐름뿐만 아니라 자본수지에 의해서 더 큰 영향을 받고 있다.

상기에선 국제수지의 변동이 환율변동을 초래한다는 것을 살펴보았다. 환율변동은 다시 국제수지에 영향을 끼친다. 환율상승은 무역수지와 소득에 어떠한 파급효과를 가져올까? 실질환율의 상승은 해외시장에서 우리나라의 수출상품의 상대가격을 싸게 만들어 그만큼 가격경쟁력이 생겨 수출이 증가하게 된다. 예를 들면, 자동차의 국내가격이 1,200만원 짜리 자동차가 미국시장에서 10,000달러에 팔린다고 하자. 이때 원달러 환율은 1,200원/$이라 하자. 이때 단지 원달러 환율이 1,250원으로 50원 상승한다면, 달러로 환산한 가격은 9,600달러로 떨어져 그만큼 가격경쟁력이 생겨 한국 자동차 수요가 증가될 것이다. 이렇듯 (실질)환율의 상승은 수출을 증가시키고 수입을 감소시켜 무역수지를 개선시키는 것으로 알려졌다.

» 사례분석: 무역수지 흑자시에 왜 환율이 상승했나?

2010년 7월에 우리나라의 무역수지는 74억 달러 흑자를 달성하여 역대 최고였지만, 한 달간 원-달러 환율은 종가기준으로 19원70전이나 올랐다. 일반적으로 무역수지와 환율이 반대로 움직이는 것이 상식인데 같은 방향으로 움직였다. 왜 그럴까? 이는 자본수지의 흐름을 고려하지 않았기 때문이다. 과거에는 외환(달러)에 대한 수급이 주로 국제무역 목적으로 이루어졌지만, 최근에는 무역결제용 외환수급보다 훨씬 큰 규모로 투자목적의 외환(달러)수급이 급증하였다. 외국인의 국내주식투자를 목적으로 한 자본거래가 커졌다. 자본수지는 2010년 4월까지만 해도 순유입이었으나, 유럽의 재정위기 조짐이 보이자 외국인 투자자들의 국내 주식 및 채권에 투자했던 자금을 회수하여 자본수지가 5, 6월에는 순유출로 돌아섰다. 이는 무역수지 흑자로 인한 달러 공급량보다 자본수지 적자에 의한 달러 수요가 더 커서 달러가치가 상승된 것이다. 즉, 원-달러 환율이 상승한 것이다. 이러한 현상은 2015년 하반기에 들어서면서 미국의 출구전략(양적완화 정책의 종료를 의미[17])의 일환으로 미국 금리인상에 대한 기대감이 형성되면서 미국의 달러화가

16) 브라질은 유입되는 외국자본에 대하여 외화 거래세(토빈세라고 함)를 만들어서 2010년 11월 기준으로 6%를 부과하였다.

17) 미국의 양적완화정책의 종료란 미국의 금리인상을 뜻한다. 그 동안 2008년도의 금융위기로 인하여 자금난을 덜어주기 위하여 제로(0)%에 가까운 초저금리정책을 시행해왔다. 그러나 이런 비정상적인 금리정책을 계속 유

강세를 나타내고 있다. 이런 미국 달러화의 예상가치 상승이 반영되어 실질실효환율 지수도 상승추세를 보이고 있다 ([그림 6-4] 참조). 따라서 원-달러의 움직임을 무역수지와의 관계뿐만 아니라 자본수지의 흐름도 함께 고려해야 한다. 국제금융시장이 불안해지면 상대적으로 안전자산인 달러에 대한 수요가 증대되어 환율이 상승하는 경우가 많다.

2. 환율상승의 동태적 효과: *J*커브 효과

환율이 상승한다고 곧 바로 무역수지(경상수지)가 개선되는 것은 아니다. 환율의 변동과 경상수지 간의 동태적 관계를 설명하는 이론이 마셜-러너조건이다. 여기에서는 **마샬-러너(Marshall-Lerner)**정리를 이용하여 좀 더 자세하게 공부하기로 한다. 무역수지함수는 다음과 같이 표현될 수 있다.

$$NX = X(Y^*,\ e) - eIM^*(Y,\ e) \tag{6.12}$$

여기서 IM^*은 해외상품 기준수입량이다. IM^*에 실질환율(e)를 곱해야 국내상품 기준수입량(IM)이 도출된다. 식 (6.12)는 실질환율이 수출입 모두에 영향을 끼친다는 것을 알 수 있다. 통상 단기에는 수출수요와 수입수요가 비탄력적이어서 가격변동분만 반영되고 물량(수출 및 수입물량)변동은 제대로 반영되지 않는다. 식 (6.12)에서 보듯이 초기에는 환율인상에 따른 수입액이 증대되어 무역수지를 악화시키지만, 시간이 지남에 따라 수출량은 증가하고 수입량은 감소되어 무역수지가 개선되는데 이런 현상을 ***J*커브 효과**라고 한다. 실질환율의 상승이 시차를 두고 무역수지를 개선시킨다는 주장은 마샬-러너 조건에 따른 것이다. 즉, 수출증대와 수입감소의 효과가 수입가격 상승효과보다 커야만 환율상승에 따른 무역수지 개선효과가 나타난다. 여기서 수출증대와 수입감소의 효과는 수량효과(volume effect), 그리고 수입가격 상승효과는 가격효과(price effect)라고 일컬어진다.

경험적으로 보면 가격효과는 즉시 나타나는 반면에 수량효과는 어느 정도 시간이 걸린다. 예를 들어, 우리나라 환율이 10% 상승하였다고 생각해 보자. 이러한 환율상승은 단기적으로 수량변화보다는 상대가격의 변화를 가져온다. 국내에서 수입품의 가격은 올라가고 해외에서 한국 상품의 가격은 내려가게 된다. 하지만 수출과 수입의 물

지할 수는 없어 미국의 경기가 회복되는 정황을 참작하여 금리를 정상적인 수준으로 되돌리기 위한 금리인상의 시기를 저울질했다. 이를 출구전략(tapering)이라고 한다. 출구전략의 핵심인 금리인상 시기를 놓고 미국의 FRB는 2015년 9월에 인상하려다가 중국경제 및 유럽경제의 저성장 여파를 고려하여 2015년 12월 중순에 금리를 0.25%P 인상했다.

량은 상대적으로 천천히 조정된다. 단기적으로 수량효과가 아주 작을 수 있다는 사실은 환율상승의 초기에는 무역수지가 악화될 수 있다는 것을 의미한다. 그렇다면 환율상승으로 인한 수량효과가 왜 천천히 작동하는가? 이 질문에 답은 경제주체들의 적응기간에서 찾을 수 있다. 소비자들과 생산자들이 상대가격 변화에 적응하는 데에는 어느 정도 시간이 걸린다. 예를 들어, 보다 싼 국내산 기계의 구입을 통한 생산시설의 전환이라든가 또는 생산시설의 국제적 재배치 등은 수일 내에 끝낼 수 있는 것들이 아니다. 소비자들의 해외관광 역시 환율변동에 따라 곧바로 바뀌지는 않는다. 그러나 시간이 경과함에 따라 상대가격변화에 의한 수량조정은 점차 강하게 나타나 결국에는 마샬-러너의 조건이 충족되어 환율상승은 무역수지의 개선을 초래한다. 다시 말하면 단기적 수량효과는 너무 작아서 가격효과를 감당할 수 없지만 장기적 수량효과는 가격효과를 상쇄시키고도 남음이 있어 마샬-러너의 조건은 결국 충족된다.

[그림 6-5]는 시간이 경과함에 따라 환율상승에 대한 무역수지의 증감이 어떻게 변화하는지를 보여주고 있다(환율상승 후 무역수지가 즉시 개선되는 것이 아니라 처음에는 무역수지가 오히려 악화되다가 점차 개선된다). 환율상승에 따라 수입가격은 즉시 올라가지만 수출물량과 수입물량은 단기적으로 변화가 없어 무역수지가 악화된 것이다. 하지만 시간이 지남에 따라 수출이 증가하고 수입이 감소하여 무역수지가 점차 개선되고 결국에

[그림 6-5] J커브

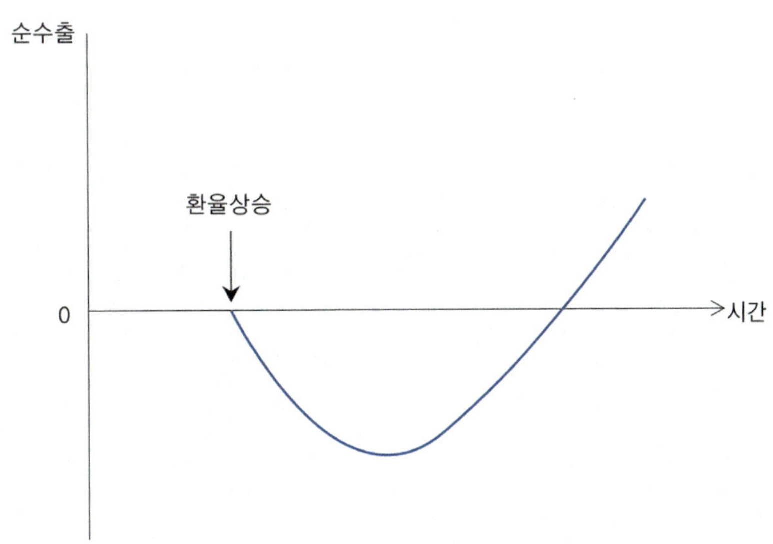

는 최초의 무역수지 적자보다 작게 된다. 이러한 전개과정은 J모양과 흡사하다 하여 J 커브라고 불린다.

실질환율, 수출과 수입의 동태적 관계에 대한 실증분석결과에 의하면, 일반적으로 실질환율상승이 무역수지 개선효과를 초래하는 데에는 약 6개월에서 1년의 시간이 걸리는 것으로 알려졌다. 실질환율의 상승과 무역수지의 개선 사이에 존재하는 이러한 시차로 인하여 환율상승의 초기에는 소득의 감소효과가 나타난다. 환율상승의 초기에 순수출이 감소하면 국내상품에 대한 수요가 줄어들어 산출량 역시 감소하기 때문이다.

》시사: G20 국제공조 vs 보호무역주의

과거에는 세계경제의 주요한 의제를 논의하기 위한 G7회의가 열렸었다. 세계의 주요 선진국 7개국(미국, 영국, 일본, 독일, 프랑스, 이탈리아, 캐나다, 후에 러시아 참가 G8)이 모여서 세계경제의 현안을 논의하고 공조를 하였다. 그러나 2008년 금융위기 이후 주요 7~8개국으로 세계경제 현안을 논의하는데 한계가 있었다. 우선 가장 큰 변화는 중국경제의 변화이다. 세계경제를 논의하면서 중국, 브라질, 한국 등 신흥국가들을 제외하고 논의하는데 한계가 있다는 주장에 대하여 기존의 G7선진국에 신흥개도국을 포함하여 20개 나라로 확대개최된 것이 G20 회의이다.

2010년 11월 11-12일에 서울에서 제5차 G20정상회의가 개최되었다. 주요 의제는 환율불안정 해소였다. 2008년 금융위기의 여파가 가시지 않은 상황에서 각국은 해외수출수요를 증진시키기 위하여 환율인상(자국화가치 하락)을 단행하여 환율의 불확실성이 높았다. 환율전쟁으로 일컬어지고 있는 국제금융시장의 불안요인을 해소시키는 일이었다. 환율전쟁은 표면적인 요인이고 그 보다 근원적이고 구조적인 문제는 글로벌 무역불균형 문제이다. 구체적으로는 미국의 대규모 무역수지 적자와 중국의 대규모 무역수지 흑자로 인해 파생된 문제이다.

미국은 세계경제 불안정성이 **글로벌 불균형(global imbalance)**에 기인하고 있다면서 중국의 위안화 절상을 통하여 중국의 대미 무역수지 흑자규모를 줄여야 한다고 압박했다. 그러나 중국은 글로벌 불균형을 바라보는 시각에서 미국과 큰 차이를 보이고 있다. 즉, 미국의 막대한 규모의 무역수지 적자는 환율 때문이 아니고 근원적으로 미국의 국내경제의 산업경쟁력 등 구조적인 문제라는 것이다. 미국의 경상수지 적자는 미국 내의 투자 부진과 낮은 저축률 및 과소비에 기인하는 바가 크다는 것이다.[18] G20 참석차 방한한 후진타오 국가주석은 "중국은 자신의 문제를 남의 탓으로 돌리지 않을 것"이란 말로 미국의 태도에 대해 불만을 표시했다. 이런 주장에 독일도 은근히 거들고 있다. 미국이 2010년 11월 초에 추가로 6,000억 달러에 달하는 통화공급량을 늘려 미국 내의 경기를 회복시키고자 달러화 약세를 유도한데 대한 반발로 미국내의 구조적인 문제점(낮은 저축률과 낮은 산업 경쟁력의 결과로 무역수지가 적자라는 뜻)을 꼬집었다. 독일의 쇼이블레 재무장관은 "독일의 수출이 성공적인 것은 환율조작이 아니라 독일기업의 생산성 향상 때문"이라면서, 이런 시장의 결과를 무시하고 경상수지 규모를 인위적으로 제한하려는 시도에 강한 반감을 갖고 있다. 위에서 보듯이 글로벌 불균형에 대한 시각차이로 합의점 도출이 쉽지 않은 구조를 갖고 있다. 문제의 해결책으로 환율조정과 경상수지 목표관리제(경상수지 규모를 GDP 대비 ±4%로 제한하자는 안으로 알져짐)라는 두 축을 들고 나왔다.[19]

---

18) 국내총생산(GDP)을 "$GDP = C + I + G + NX$"인 관계로 나타낼 수 있다. $NX = GDP - (C + I + G)$인 관계로 볼 수 있는데, 가계의 소비지출이 과도하게 증가하고 정부지출이 방만하면 무역수지는 적자로 된다. 중국은 미국의 무역수지 적자가 근원적으로 미국의 방만한 지출에 있다고 보는 것이다.

19) 환율움직임을 경상수지와 연계시켜 해결하려는 것은 실효성이 의문시 된다. 오늘날 국제금융시장에서 자본거래

과거(2015. 11. 15~16)의 G20회의는 터키(안탈리아)에서 개최되었으며 G20 정상선언문에서 보는 바와 같이 성장, 일자리, 공조를 통한 실행을 강조하고 있다.

“중략...우리는 성장이 견고하고 포용적이며, 더 많은 양질의 일자리를 창출할 수 있도록 해야 한다는 확고한 의지를 가지고 있다. 우리는 포용적 성장을 촉진하고 신뢰를 구축하는 데 있어 모든 정책적 수단의 활용과 핵심 이해관계자들의 적극적인 참여가 필요함을 인식하고 있다. 우리의 목표를 추진함에 있어, 올해 우리는 공약 달성을 위한 기존 공약의 결단력 있는 ‘이행’, 강력한 성장 동력인 ‘투자’의 촉진, 성장의 혜택을 모두가 함께 누릴 수 있도록 하는 ‘포용성’의 증진이라는 세 가지 축에 관한 포괄적 의제를 채택하였다. 중략...

결론: 우리는 경제의 실질 및 잠재성장을 촉진하고, 고용창출을 지원하며, 회복력을 강화하고, 개발을 촉진하며 정책의 포용성을 증진시키기 위한 공동행동을 지속해야 한다는 확고한 의지를 가지고 있다.”

구체적으로 G20은 세계경제의 저성장 극복을 위하여 2018년까지 G20의 GDP를 2% 이상 상향하는 것을 목표로 하고 종합적인 성장전략에 대한 이행점검을 하기로 했다. 효과적인 이행점검을 위하여 국제기구(IMF, OECD 등)와 회원 간 협의를 거쳐 성장효과가 큰 350개의 중점과제를 선정해 이행상황을 점검하고 평가하기로 했다. 또한 글로벌 금융불안에 효과적으로 대응하기 위하여 IMF 긴급지원 체계, 통화스왑, 외환보유고, 지역금융안전망 등 글로벌 금융안전망을 강화하기로 결의했다.

그러나 이런 국제 간의 정책공조가 미국의 트럼프 대통령의 미국우선주의 정책으로 각국 간에 무역갈등이 심화되어 국제 간의 공조에 금이 가고 있다. 이제는 각자도생의 길을 가고 있어 세계 경제환경에 불확실성(uncertainty)이 높아져 경제를 위축시키고 있다.

(투기성 자본이 상당한 비중임)가 절대적이기 때문이다. 경상거래와 관련된 외환거래는 매우 작은 것으로 알려지고 있다. 이런 현실적인 상황을 고려할 때 환율결정을 경상수지의 변동에 연계하는 것은 실질적인 영향이 미미할 가능성이 크다.

요약정리

1. 상품시장은 재화나 서비스의 수출과 수입을 통하여 개방되고 이러한 국제무역은 총수요를 결정하는 중요한 요소이다.

2. 일정기간 동안에 한 나라와 다른 나라들 사이에 이루어진 모든 경제적 거래를 정리한 국제수지는 경상계정과 자본수지 및 금융계정으로 구분된다. 정상계정은 재화나 서비스의 무역거래와 이전거래를 포함하고 있고 자본수지 및 금융계정은 자산거래를 통한 자본의 이동을 보여준다.

3. 경상계정은 국제수지의 중요한 계정이며, 경상수지는 다시 상품수지, 서비스수지, 소득수지, 경상이전수지로 구성된다.

4. 국제수지통계에서 경상수지 + 자본수지 + 금융계정 = 0이 된다. 금융계정을 무시하면 경상수지의 적자는 자본수지의 흑자가 되어야 국제수지 균형에 이른다. 국제수지 흑자는 외환보유고의 증가분을 의미하며 경상수지 흑자와 민간부문 순자본유입의 합으로 표현된다.

5. 국제수지의 순수출은 국내상품에 대한 순수출(NX=X−IM) 수요를 증대시켜 국내소득을 증가시킨다. 따라서 수출의 증가는 국내소득을 증대시킨다. 국내총저축과 총투자의 갭은 순수출과 관련이 있다. 정부지출이 균형을 이루고 있다면, 국내의 총투자율이 총저축률을 넘어선다면 무역수지는 적자인 관계가 성립된다.

6. 경상수지 흑자나 자본유입으로 인한 순해외순자산(net foreign asset)이 증가되면 중앙은행의 본원적통화가 증가하여 통화량이 증가된다. 외화자산 유입이 클 경우 인플레이션이 일어날 우려가 있어 중앙은행은 증가된 통화량을 환수하는 불태환정책(sterilization policy)을 실시하는 경우가 많다.

7. 명목환율은 우리나라 화폐로 표시한 외국화폐의 1단위 가격이다. 환율상승은 원화가치의 하락을 의미하며 환율하락은 반대로 원화가치의 상승을 나타낸다.

8. 구매력평가설은 환율의 장기적 추세를 설명한다. 상품시장이 개방되어 국제무역이 증진되면 환율은 장기적으로 두 나라 간의 상대적 물가수준으로 수렴하려는 경향이 있다.

9. 환율의 단기적 변동은 금융시장개방을 통한 금융자산의 국제적 거래와 밀접하게 연관되어 있다. 이자율평가설에 의하면 국내금리는 해외금리와 환율의 기대상승률을 합한 값과 같게 된다. 다른 모든 상황들이 일정하다고 가정하였을 때, 국내

금리의 상승은 환율하락, 해외금리의 상승은 환율상승, 기대환율의 상승은 환율상승을 각각 가져온다.

10. 실질환율은 국내 화폐단위로 표시된 해외물가와 국내물가 간의 비율로써 국제무역에서 가격경쟁력을 나타낸다. 실질환율의 상승은 우리나라 상품의 경쟁력이 향상되는 것을 의미한다.

11. 실질실효환율은 모든 교역대상국을 고려한 실질환율 개념이다. 이것은 국내 화폐단위로 표시된 모든 무역대상국의 평균물가수준과 국내물가수준 간의 비율이다. 모든 무역대상국의 평균물가수준은 우리나라와의 무역비중에 의거하여 가중평균으로 계산된다.

12. 고정환율제도 아래에서는 중앙은행이 환율을 일정수준으로 유지하기 위해 적극적인 외환시장개입에 나선다. 외환시장개입은 외환에 대한 초과수요나 초과공급을 제거하기 위해 고정된 환율에서 외환의 매각이나 매입을 통하여 이루어지며 이는 외환보유고의 증감으로 나타난다.

13. 자유변동환율제도에서는 환율의 변화를 통하여 외환의 수요와 공급이 일치하게 된다. 순수자유변동환율제도 아래에서는 정책당국의 외환시장개입이 필요 없어 국제수지(외환보유고의 증감)는 0이 된다. 그러나 대부분의 나라들은 관리변동환율제도를 채택하고 있다.

연습문제

1. 경상계정의 구성에 대하여 설명하라.

2. 투자소득, 외채이자 등 경상수지 계정에 관한 질문 할것

3. 〈표 6-1〉에서 2014년도의 국제수지표에 관한 아래의 내용에 대해 설명하시오.
   (a) 경상수지는 적자다. (b) 자본유출이 유입보다 많았다.
   (c) 준비자산은 증가하였다. (d) 2014년도 외환보유고 증가분은 감소되었다.

4. 국민경제의 총투자률이 총저축률보다 높으면 무역수지는 (   )인 관계에 있다.

5. 우리나라의 건설업체들이 중동지역에서 건설수출을 통하여 대규모의 외화를 벌어들이고 있다. 다른 사정이 일정하다면 우리나라의 통화량은 어떻게 변할 것인지 설명하라.

6. 개방경제에서 "국내수요에는 수입은 포함되고 수출은 포함되지 않는다"는 것에 대하여 진위 여부를 가리고 타당성을 설명하라.

7. 우리나라의 인플레이션율이 미국에 비하여 높은 경우 환율(₩/$)은 상승할 것이다. 이에 대한 진위 여부를 가려라.

8. "다른 조건이 일정할 때, 자국의 금리상승은 그 나라의 수출품의 가격경쟁력을 높일 것이다"라는 명제는 옳은가?

9. 미국의 초저금리가 달러캐리 자본이동을 일이키는 과정을 설명하라. 미국이 당분간 금리를 인상하지 않는다는 예상이 생길 때, 국내의 금리 상승은 달러캐리 자금의 유입억제에 도움이 되겠는가?

10. 고정환율제도 하에선 자국의 통화정책 독립성이 보장되지 않는다는 주장에 대하여 설명하시오.

11. 금본위제도 하에서는 어떻게 국제수지가 자동조정되며, 환율이 안정화되는지 그 메카니즘에 관하여 설명하라. 또한 금본위제도하에선 인플레이션이 안정적인가?

12. 고정환율제도의 장단점을 변동환율제도의 경우와 비교 설명하라.

13. 브레튼우드체제에 대하여 알아보고, 브레튼우드체제와 오늘날의 달러 기축통화제도는 어떤 관계가 있는가에 대하여 알아보라.

14. 브레튼우드 체제가 붕괴되고 변동환율제로 이행하는 과정에 대하여 알아보라.

15. 브레튼우드 체제 하에서 달러의 기축통화문제에 대한 문제점을 지적한 "트리핀 딜레마"란 무엇인지 알아보라.

16. 환율상승이 언제나 무역수지를 개선시키는 것은 아닌데, 그 이유에 대하여 설명하라.

17. 일본은 1985년 플라자 협정 이후 일본 기업들의 해외직접투자가 증가하였다. 왜 그런 현상이 일어났는지 알아보고, 그리고 그 여파에 대하여 알아보라.

제 7 장 개방경제 하의 균형국민 소득결정

우리나라는 전형적인 개방소국(small open economy)이다. 총국민소득(GNI) 대비 수출입 비중(수출입/GNI, % 경제개방도지표로 사용함)이 2010년대(2010~2017) 평균 98%에 달하고 있다. 동 지표가 1970년대 연평균 52%, 1980년대 66.9%, 1990년대 56.8%, 2000년대 77.8%였으며 그 후에도 지속적으로 증가하는 추세를 나타내고 있다([그림 7-1] 참조). 금융위기 직전인 2008년도엔 104.5%에 달한 후에 금융위기 여파로 줄어들었다가 2011년도에 113.5%로 정점을 찍은 후에 2014년 이후부터 하강하고 있다. 2014년 98.6%, 2015년 86.7%, 2016년 80.9%, 2017년 84.0%로 약간 상승하고 있다.

지난 2008년의 세계적인 금융위기와 1997년 말의 외환위기 때 국내경기 침체에도 불구하고 빠른 회복세를 보인 것은 수출증가를 통한 해외수요가 국내수요 감소를 상쇄

[그림 7-1] 우리나라의 경제개방도(GNI 대비 수출입 비율, %)

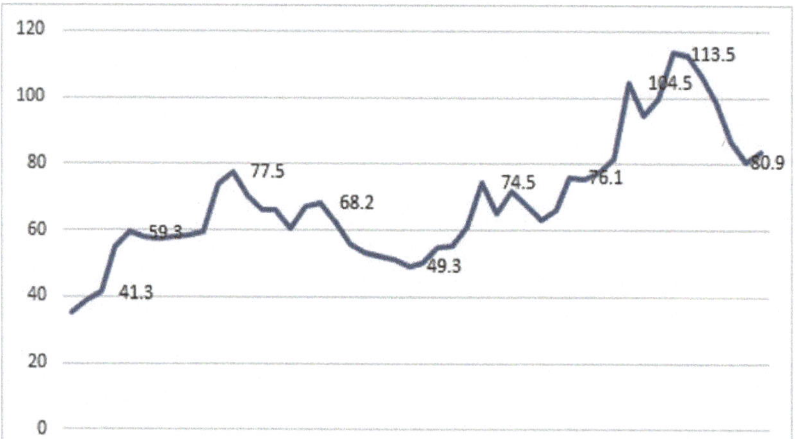

자료: 한국은행, 통계청

했기 때문이다. 그러나 과도하게 해외 의존도가 높은 것은 그만큼 해외부문의 충격에 쉽게 노출될 수 있다는 약점이 되기도 한다. 우리나라의 국내총생산(GDP)의 약 85%가 해외부문과 연계되어 있다는 의미로 그만큼 해외요인에 취약할 수밖에 없는 구조이다. 무역의존도를 줄이고 내수시장의 수요를 증대시켜 내수와 해외시장의 적절한 균형이 경제안정화에 도움이 된다. 환율은 수출입에 결정적인 영향을 미치므로 환율도 중요한 변수이다.

제1절 경제개방의 효과

세계화가 빠르게 진전됨에 따라 경제개방도가 높아지고 있다. 우리나라는 상품시장은 거의 대부분 품목이 개방되었으며 금융시장도 상당히 개방되었다. 아직 해외자본에 대한 규제가 남아 있지만, 점차 개방도를 높이고 있다. 경제개방은 장점과 단점을 동시에 지니고 있어 양날의 칼이다. 개방화에 따른 이점으로는 해외시장의 진출에 의한 규모의 경제효과와 경쟁력 강화의 효과를 기대할 수 있다. 상품시장 개방에 따른 경쟁압력으로 국내산업은 경쟁력강화에 치중하여 산업경쟁력을 높일 수 있는 효과가 있다. 또한 시장개방은 수출의 증대뿐만 아니라 수입증대도 함께 일어나 국내소비자들의 다양한 소비로 선택의 폭을 넓힐 수 있는 이점도 있다. 수입품의 등장으로 국내산업은 그만큼 경쟁압력으로 품질을 높이려는 노력을 할 것이다. 가격도 떨어질 것이며 더 좋은 품질로 소비자의 후생이 증대되는 이점도 기대할 수 있다. 하지만 국내산업 경쟁력이 취약한 부분에서는 국내산업이 도태되는 단점도 있다. 실제로 많은 중소기업이 생산하는 경공업 제품 중에서 값싼 중국제품의 수입으로 국내산업이 도산한 사례는 부지기수이다. 이렇듯이 시장개방은 잘 활용하면 경쟁력을 한 단계 높일 수 있는 기회이며, 소비자의 후생수준을 높일 수 있는 장점이 있다. 그러나 국내산업의 경쟁력이 낮은 상태에서 개방은 국내산업의 도태를 초래할 수 있다. 이런 개방화에 대한 장단점에도 불구하고 우리나라는 구조적으로 해외의존도가 매운 높은 개방소국이다.

경제개방과 관련하여 고려해야 할 사항이 경제개방의 대상과 속도이다. 준비가 미흡한 상태에서 성급하게 개방할 경우 심각한 부작용을 야기할 수 있다. 경제개방은 시장에 대한 개방과 금융시장(자본시장 포함)에 대한 개방이다. 보통 상품시장을 먼저 개방하고 그 뒤에 금융시장을 개방한다. 이는 금융시장의 개방은 그만큼 거시경제에 미치는 영향이 포괄적이고 크기 때문이다.

1.1 상품시장의 개방

상품시장의 개방은 무역(수출과 수입)을 통하여 이루어진다. 국제무역이 진전됨에 따라 소비자들은 국내상품과 외국상품 사이에서 선택의 폭을 넓힐 수 있다. 그러나 이러한 선택의 폭이 완전하게 자유로운 나라는 이 세상에 존재하지 않는다. 아무리 자유무역을 추구하는 나라라도 일부 상품들에 대해서는 관세나 쿼터 등의 무역장벽을 설정하고 있다. 무역장벽을 극복하고 우리나라는 수출주도 성장을 추구하여 성공한 대표적인 나라이다. 우리나라와 같이 대외의존도가 높은 나라의 경우는 수출의 역할이 중요하다. 지난 2008년 서브프라임 금융위기에도 예상했던 것보다 덜 경기침체를 겪은 것도 우리나라의 수출증가에 기인한다고 볼 수 있다. 세계적인 경기침체로 수출수요가 줄어들었지만 환율인상의 효과와 수출시장의 다변화로 해외부문의 수요가 중요한 역할을 하였다.

경제규모(명목 GDP)대비 무역(수출+수입)의 비중(무역의존도)은 경제개방의 대략적 지표로써 종종 사용되고 있다. 무역의조도를 기준할 때, 우리나라도 경제개방의 정도는 매우 높은 편이다. 무역의존도가 2000년도에 59.2%에서 10년 후인 2010년에 81.5%, 2011년 89.8%, 2012년 87.3%, 2014년 75.%을 차지하고 있다. 지난 2010년 이후에 우리나라의 GDP는 3/4 이상 4/5 정도가 해외부문과의 거래에서 이뤄져 글로벌경제임을 알 수 있다. 일반적으로 아시아 지역이 다른 지역에 비하여 무역의존도가 높은 편이다. 참고로 2014년을 기준으로 할 때, 중국 41.5%, 대만이 110%, 베트남 160%, 미국 23%, 프랑스 43%, 독일 39%, 영국 38% 등으로 나타나고 있다. 미국이나 유럽 국가들도 2008년도 금융위기 이후 국내수요 위축을 타개하기 위하여 수출증대 정책을 펴고 있어 무역의존도가 높아지는 경향을 보이고 있다.[1)]

수출증대나 해외시장 개척 등 개방도를 높이는 정책은 해외부문의 수요창출효과로 GDP를 높일 수 있는 장점이 있지만 해외부문 충격에 취약한 단점도 있다. 개방도가 높았던 유럽의 아일랜드(FDI에 의한 개방도가 높았음)가 2008년도 금융위기 충격에 큰 영향을 받았다. 2008년도의 금융위기로 인한 충격을 가장 크게 받은 대표적인 나라가 아일랜드이다. 아일랜드는 2010년 11월에 IMF와 EU로부터 구제금융을 받기에 이르

1) 선진국들이 최근 국내경기 위축을 타개하고 산업경쟁력을 높이기 위한 전략의 일환으로 제조업의 경쟁력을 높이는 정책을 펴고 있다. 미국의 Remaking America, 독일의 Industry 4.0, 일본의 산업재흥플랜, 영국도 금융중심의 산업구조에서 제조업으로 전환시켜 일자리 창출에 박차를 가하고 있다. 이런 선진국의 제조업 중시 정책이 한국의 제조업 중심 수출정책에 많은 도전이 될 것이다.

렸다. 우리나라도 대외 의존도가 높아 내수부문의 성장이 중요한 과제로 떠올랐다. 금융위기시에 대외 의존도가 높을 경우 해외충격에 쉽게 노출될 우려가 있어 내수부문과 해외부문 간에 균형을 맞출 필요가 있다.

| 표 7-1 | 주요국의 대외 의존도 비교 (%)

국가별	1998	1999	2000	2005	2010	2015	2016
한국	60.2%	55.0%	59.7%	61.2%	81.4%	69.5%	63.8%
일본	16.4%	15.8%	17.3%	22.8%	25.0%	28.0%	24.5%
싱가포르	246.7%	258.6%	286.1%	361.1%	281.9%	226.9%	219.1%
대만	76.3%	75.7%	85.7%	98.8%	116.2%	96.3%	93.3%
미국	17.7%	18.0%	19.6%	19.9%	21.5%	20.3%	19.8%
프랑스	38.9%	38.8%	43.7%	41.7%	41.7%	43.1%	41.7%
독일	45.5%	46.6%	54.0%	60.9%	66.5%	69.2%	67.9%
아일랜드	135.0%	137.4%	147.7%	97.9%	96.9%	85.6%	81.8%
영국	35.4%	35.3%	37.5%	34.7%	40.1%	37.6%	38.5%

자료: 통계청 DB

1.2 금융시장의 개방

경제개방화의 또 다른 경로는 금융시장개방을 통한 국가 간의 자본이동이다. 국가 간 자본흐름에 대한 규제가 사라지고 금융시장이 개방되면 국내투자자들은 국내 금융자산뿐만 아니라 외국의 금융자산도 매입하여 소유할 수 있다. 마찬가지로 외국인투자자들도 국내 주식이나 채권을 구입할 수 있고 직접투자 형식으로 공장을 건설할 수도 있다. 따라서 금융시장개방은 투자자들에게 포트폴리오 선택(portfolio choice) 과정에서 국제분산투자(international diversification)의 기회를 제공한다.

이러한 자본의 국제적 이동은 환율, 금리 등 가격변수를 포함하여 통화정책의 효율성 그리고 궁극적으로 소득에까지 영향을 미치게 된다. 1997년 말에 발생한 우리나라의 외환위기와 2008년의 금융위기를 기억한다면 자본의 국제적 이동이 국내경제활동에 얼마나 큰 영향을 끼칠 수 있는지 우리는 쉽게 알 수 있다. 외환위기시에는 보통 외국자본의 국내순유입이 충분하지 않거나 급격한 외국자본의 유출로 인한 외환부족 현상이 발생한다. 최근에 들어 금융시장개방이 급속도로 진척되면서 국가 간 자본의 유출입이 빈번해지고 세계의 금융시장은 통합되어 가는 추세에 있다. 금융시장의 통합은 자칫 어느 한곳에 위기가 발생하면 순식간에 세계로 퍼지는 전영병과 같은 속성을 갖고 있어 자본이동에 대한 규제가 필요하다는 주장이 힘을 얻고 있다.[2)] 지난 2010년 서울에서 열린 G20회의에서 급격한 자본유출입은 신흥국의 외환시장에 충격을 주어 급격한 환율변동을 야기시켜 불확실성을 높이므로 일정한 조건 하에서 규제할 수 있다는 원칙이 제시되었다.

제2절 개방경제 하의 총수요

폐쇄경제 아래에서는 **재화에 대한 국내수요(domestic demand for goods)**와 **국내재화에 대한 수요(demand for domestic goods)**가 같다. 그러나 상품 및 서비스시장이 개방되어 국제무역이 존재하면 이 둘은 반드시 일치하지는 않는다. 국내수요의 일부분은 수입을 포함하고 있고 국내생산의 일부분은 수출로 이어지기 때문이다. 우리는 기존의 케인지언 모형을 확장시켜 국제무역, 환율, 그리고 소득 간의 관계를 살펴볼 것이다. 따라서 케인지언 모형의 기본가정은 그대로 유지된다. 즉, 물가수준은 단기적으로 고정되어 있고 수요가 소득을 결정한다.

제3장에서 우리가 배웠던 IS곡선은 폐쇄경제 아래에서 도출된 상품시장의 균형조건이다. 개방경제에서는 국내생산의 일부분은 해외로 팔리고 국내지출의 일부분은 수입품을 사들이는 데 사용된다. 따라서 국내수요가 더 이상 국내생산을 결정하지 못한다. 대신에 국내상품에 대한 수요가 국내생산을 결정한다.

2.1 총수요의 결정요인

개방경제에서 국내상품에 대한 수요(Z)와 국내수요(DD)는 다르다. 국내상품에 대한 수요(Z)를 다음과 같이 표현된다. 국내수요(DD)는 내국인이 소비한 모든 재화 및 서비스를 포함되며 수입품도 포함된다. 반면에 국내상품에 대한 수요는 해외수요(수출)도 포함되어야 하며 수입품은 제외시켜야 한다. 이를 수식으로 나타내면 아래와 같다.

$$Z = (C + I + G) - IM + X = (C + I + G) + NX \tag{7.1}$$

2) 자본 및 금융시장에 대한 규제에 대한 논란이 끊이지 않고 있다. 금융위기가 발생한 것은 규제를 완화해서 일어난 것이 아니라, 정부의 잘못된 규제 탓으로 돌리는 주장도 있다. 대체적으로 유럽지역은 과도한 자본거래에 일정한 규제가 필요하다는 입장인 반면에, 월가를 중심으로 한 미국은 규제조치 강화에 부정적인 시각을 나타내고 있다.

여기서 C는 소비, I는 투자, G는 정부지출, IM은 수입, X는 수출, NX는 순수출(상품수지)을 각각 나타낸다.[3] 수요가 공급을 결정한다는 가정 아래, 국내상품에 대한 수요는 국내생산을 결정한다. 개방경제 하에서 국내상품에 대한 수요는 간단하게 총수요라고 일컬어질 수 있다. 총수요의 결정요인을 파악하기 위해서 우리는 편의상 총수요를 세 부분으로 구분하여 각각의 결정요인을 차례대로 살펴볼 것이다.

1. 재화에 대한 국내수요

국내수요(DD)는 $C+I+G$로 표현된다. 여기서 국내수요(DD)를 다른 용어로는 **압솝션(absorption)**[4]이라고도 한다. 국민이 사용한 재화 및 서비스의 총량으로써 소비, 투자, 정부지출의 합으로 나타내는데 수출은 제외되고 수입은 포함된다. 즉, $Y = C + I + G + NX = A + NX$인 관계로 나타낼 수 있다. 여기서 $A = Y - NX$로 총국내생산(Y)에서 순수출을 뺀 것과 같으며, 이는 $NX = Y - A$인 관계로도 나타낼 수 있다. 만일 A가 지나치게 커지면 상품수지(NX)가 적자가 된다.

식 (7.2)에서 보는 바와 같이 A는 실질소득과 실질이자율에 의하여 결정된다. 물론 개방경제에서는 약간의 차이가 존재한다. 예를 들어, 실질환율의 변화는 소비지출의 구조에 영향을 끼칠 수 있다. 실질환율이 상승하면 국내상품에 대한 수요는 증가하고 외국상품에 대한 수요는 감소하여 소비수요의 구조가 바뀌게 된다. 투자의 경우도 마찬가지이다. 실질환율의 변화는 국내산 기계와 외국산 기계의 구성비율에 영향을 미칠 수 있을 것이다. 하지만 소비지출이나 투자지출의 총량은 여전히 소득과 이자율에 의해 결정된다고 보고 정부지출이 외생변수로 취급된다면 재화에 대한 국내수요는 다음과 같은 함수형태로 표현될 수 있다.

$$C + I + G = C(Y-T) + I(r) + G = A(\underset{+}{Y},\ \underset{-}{T},\ \underset{-}{r}) \tag{7.2}$$

위 식에서 Y는 소득, T는 세금, r은 이자율을 각각 나타낸다. $Y-T$는 가처분소득이다. 재화에 대한 국내수요는 소득의 증가에 따라 늘어나고 세금의 증가와 이자율의 상승에 따라 감소한다.

---

3) 모든 변수는 명목개념이 아니라 실질개념이다.
4) 일정기간 국민이 사용한 재화 및 용역의 총량을 총자원사용량 또는 압솝션이라 한다.

2. 수 입

수입은 국내소득과 실질환율에 의해서 결정된다. 소득이 높아질수록 수입품에 대한 수요가 증가한다. 반대로 소득이 낮아지면 수입수요는 감소한다. 또한 실질환율의 변화는 수입의 증감을 초래한다. 앞서 배웠듯이, 실질환율은 외국상품과 국내상품의 상대적 가격이다. 실질환율이 높아지면 외국상품은 상대적으로 더 비싸져 수입의 감소가 야기된다. 반대로 실질환율이 낮아지면 외국상품의 상대적 가격은 하락하여 수입의 증가가 뒤따를 것이다. 따라서 수입은 소득과 정의 관계에 있고 실질환율(e)과 역의 관계에 있다.

$$IM = IM(\underset{+}{Y},\ \underset{-}{e}) \tag{7.3}$$

3. 수 출

어느 한 나라의 수출은 다른 나라의 수입을 의미한다. 그러므로 우리나라 수출의 결정요인은 외국의 수입을 결정하는 요인과 동일하다. 'A'국의 수입은 'A'국의 소득과 실질환율에 의해서 결정된다. 바꾸어 말하면, 우리나라의 수출은 해외소득과 실질환율에 의해서 결정된다.

$$X = X(\underset{+}{Y^*},\ \underset{+}{e}) \tag{7.4}$$

여기서 Y^*는 해외소득을 나타내며, 해외소득은 우리의 소득순환 흐름 밖에서 결정되므로 외생변수로 취급된다. 해외소득의 증가는 외국의 수입을 증가시키는데 해외의 수입증가는 곧 우리나라의 수출증가이다. 이에 따라 해외소득의 상승은 우리나라의 수출을 늘릴 것이다. 만일 해외경기가 나빠지면 외국의 수입이 감소함에 따라 우리나라의 수출 역시 줄어들 것이다. 실질환율의 상승은 국내상품의 상대적 가격을 낮추어 수출의 증가를 초래한다. 즉, 수출과 실질환율 사이에는 정의 관계에 있다.

4. 순수출

수입과 수출의 함수관계를 종합하여 우리는 순수출, 즉 무역수지의 결정요인을 다음과 같이 나타낼 수 있다.

$$NX = X(\underset{+}{Y^*},\ e) - IM(Y,\ e) = NX(\underset{-}{Y},\ \underset{+}{Y^*},\ \underset{+}{e}) \tag{7.5}$$

무역수지는 국내소득, 해외소득 및 실질환율에 의해서 결정된다. 다른 모든 것들이 일정하다고 가정하였을 때, 국내소득의 상승은 수입수요를 증가시켜 무역수지를 악화시킨다. 반면에, 해외소득의 상승은 수출의 증대를 가져와 무역수지의 개선과 총수요의 증가를 초래한다. 마지막으로 실질환율의 상승은 수출의 증가와 수입의 감소를 가져온다. 따라서 무역수지가 개선되고 총수요의 증대가 뒤따른다.

2.2 개방경제 하의 총지출

[그림 7-2]의 DD는 국내수요($C+I+G$)를 나타낸다. 소득이 상승함에 따라 국내수요는 증가한다. 물론 국내수요의 증가와 소득의 상승은 1:1관계에 있지 않다. 국내수요의 증가분은 소득의 상승폭 보다 작다. ZZ는 국내상품에 대한 수요, 즉 개방경제 하의 총수요를 나타낸다.

그런데 [그림 7-2]의 (1)에서 주목해야 할 것은 DD와 ZZ의 기울기가 같지 않다는 사실이다. 그 이유는 바로 수입의 역할에서 찾을 수 있다. DD는 수입을 포함하고 있지만 ZZ는 수입을 포함하고 있지 않고 국내소득의 변화와 무관한 수출을 포함하고 있다. 소득이 상승하면 소득증가분의 일부가 수입품구매에 사용된다. 그러므로 소득이 상승함에 따라 DD의 기울기는 더 가파르게 나타나게 된다. 바꾸어 말하면, DD의 기울기는 **한계수입성향(marginal propensity to import)**까지 고려하고 있는 것이다.[5)]

식 (7.1)로부터 무역수지는 국내상품에 대한 수요(Z)에서 국내수요($C+I+G$)를 차감한 값이다. [그림 7-2]의 (2)는 개방경제 하의 총수요에서 국내수요를 뺀 무역수지의 크기를 보여주고 있다. 국내수요와 개방경제 하의 총수요가 일치하는 점에서 무역수지의 균형이 달성된다. 소득수준 Y_{TB}에서 순수출은 0이 되어 수출과 수입이 같기 때문이다.

무역수지 균형점의 왼편에서는, 예를 들어, 소득수준이 Y_1이라면 수출이 수입보다 더 커서 AB만큼의 무역수지 흑자가 발생한다. 반면에 소득수준이 Y_2라면 CD만큼의 무역수지 적자가 발생한다. 따라서 우리는 무역수지가 국내소득과 역의 관계에 있음을 알 수 있다. 소득이 상승하면 수입은 증가하고 수출은 변화가 없어 순수출은 줄어들게 된다.

5) 한계수입성향은 소득의 증가분(dY)에 대한 수입의 증가분(dIM)이다.

[그림 7-2] 국내상품에 대한 수요와 무역수지

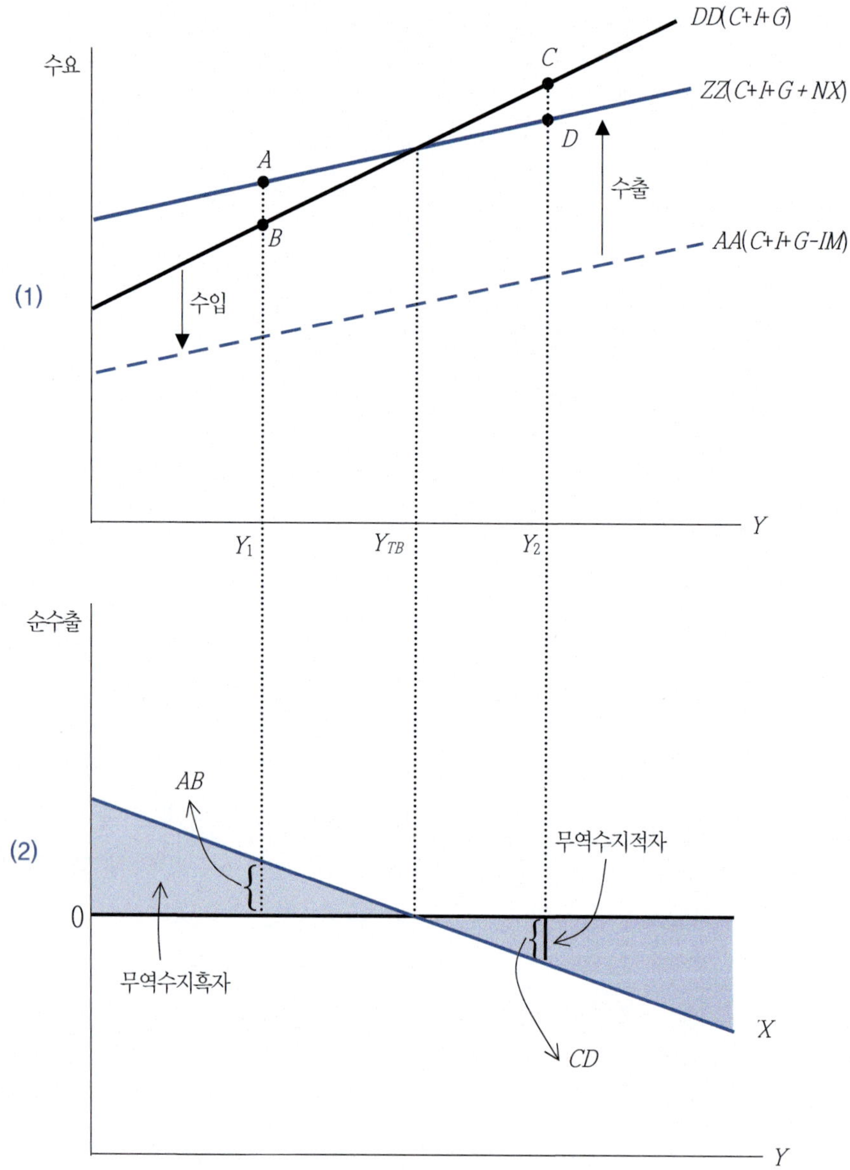

2.3 개방경제 하의 균형소득 결정

개방경제 하의 총수요(Z)가 국내생산(Y)과 같을 때에 상품시장의 균형이 달성된다.

$$Y = Z = A(Y,\ T,\ r) + NX(Y,\ Y^{*},\ e) \tag{7.6}$$

식 (7.6)의 균형조건은 균형소득과 균형이자율의 조합을 결정한다. 이 식이 바로 개방경제 하의 IS곡선이다. 균형소득은 세금(T), 해외소득(Y^{*}), 실질환율(e)과 같은 모든 외생변수들의 함수형태로 표현될 수 있다. [그림 7-3]은 식 (7.6)의 조건을 도표로

[그림 7-3] 균형소득과 순수출

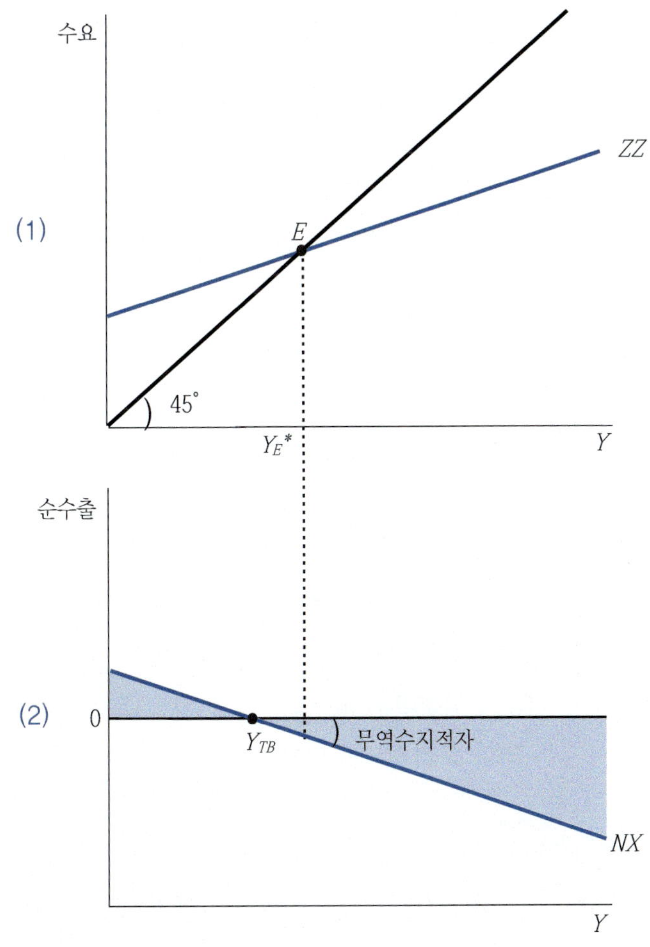

나타내고 있다. 이 그림에서 ZZ는 [그림 7-2]에서와 마찬가지로 총지출곡선을 의미한다. 총지출곡선은 우상향하고 그 기울기는 1보다 작다. 또한 45° 각도를 갖는 직선은 총수요와 총공급이 일치하는 점들의 집합, 또는 수요에 의해 결정되는 공급을 나타낸다. 따라서 균형소득은 총수요와 총공급이 정확하게 일치하는 E점에서 결정된다.

[그림 7-3]의 (2)는 무역수지를 소득의 함수로 표현하고 있다. 여기서 주의할 점은 균형소득, Y와 무역수지 균형을 달성하는 소득 Y_{TB}가 반드시 일치할 이유가 없다는 것이다. 균형소득은 총수요(ZZ)와 총생산(공급) 간의 관계에 의하여 결정되는 반면에 무역수지는 총수요(ZZ)와 국내수요(DD) 간의 관계에 의하여 결정되기 때문이다.

제3절 총수요의 변화

총수요는 국내상품에 대한 국내수요와 해외수요로 구분될 수 있다. 본 절에서는 이러한 수요의 변화가 균형소득과 무역수지에 미치는 영향에 대해서 공부하기로 한다. 우선 정부지출의 변화가 균형소득과 무역수지에 미치는 영향을 분석해 보고 다음으로 해외 경기변동의 효과에 대하여 살펴보자.

3.1 정부지출의 증가

현재 우리나라 경제가 침체기에 있다고 생각해 보자. 정부는 이러한 경기침체를 벗어나기 위하여 여러 정책대안 중에서 정부지출의 증가를 고려할 수 있을 것이다. 그러면 이러한 확대재정정책은 과연 균형소득 및 무역수지에 어떠한 영향을 끼칠 수 있을까? [그림 7-4]는 확대재정정책의 효과를 보여주고 있다. ZZ는 국내상품에 대한 수요, 즉 총수요를 나타낸다. 균형소득은 총수요와 총공급이 같게 되는 A점에서 결정되어 현재 우리나라 산출량은 Y_0이다. 바로 이 소득수준에서 무역수지는 균형을 이루어 Y_0와 Y_{TB}는 같다고 가정하자. 물론 앞서 밝혔듯이, Y_0와 Y_{TB}가 반드시 같을 이유는 없다.

정부지출의 증가($\triangle G$)는 총수요의 증가로 이어져 ZZ곡선의 상향이동을 초래한다. 이에 따라 균형점은 A에서 A'로 이동하고 균형소득은 Y_0에서 Y_1로 상승한다. 또한 승수효과로 인하여 소득 증가분($\triangle Y$)은 정부지출 증가분($\triangle G$)보다 크게 된다. 그러면 무역수지에 대한 정부지출증가의 효과는 어떠한가? 정부지출은 수출과 수입에 직접적인 영향을 주지 않기 때문에 정부지출의 증가는 [그림 7-4]의 (2)에 있는 무역수지곡선의 이동을 초래하지 않는다. 다만 정부지출의 증가로 인한 소득의 증가가 무역수지 적자

[그림 7-4] 정부지출 증가의 효과

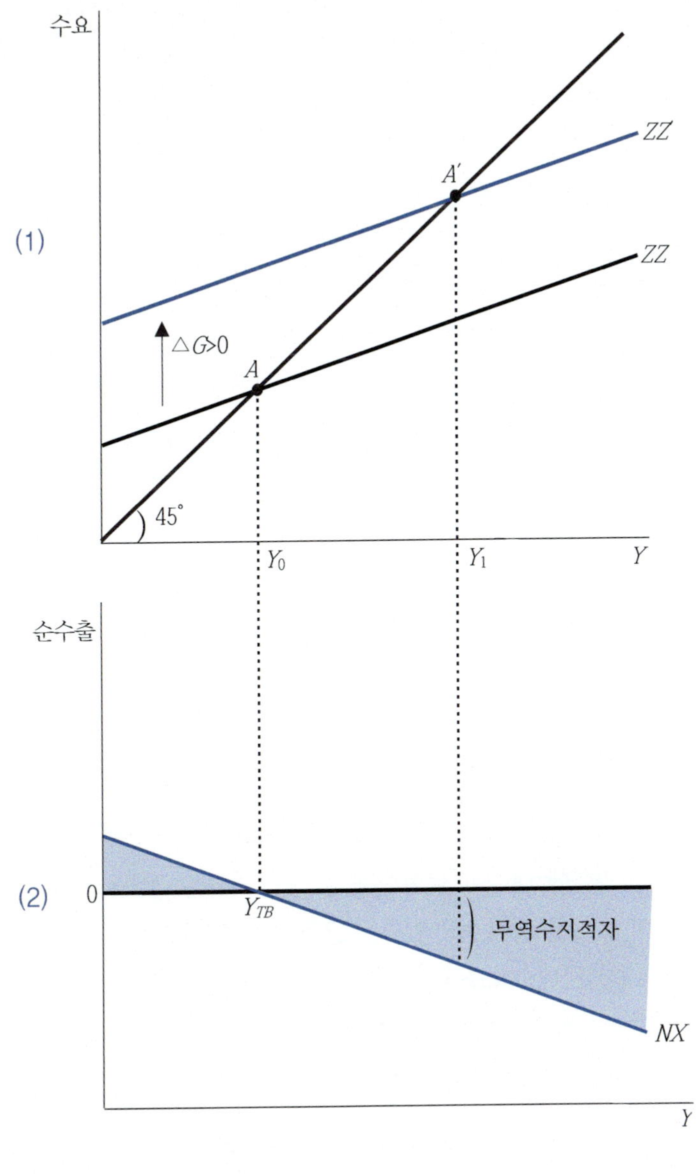

를 유도한다. 수출은 국내소득의 변화와 무관한 반면에 수입은 국내소득의 증가로 상승하기 때문이다.

개방경제 아래에서의 정부지출 증가는 무역수지를 악화시킬 수 있다. 이에 대한 대표적인 사례가 1980년대의 미국 경제의 "쌍둥이 적자" 문제이다. 당시 미국은 재정적자와 경상수지 적자를 동시에 겪고 있다.[6] 미국은 재정수지를 국채를 발행하여 충당했는데 이것이 미국의 국내금리를 인상시켰다. 국내금리 인상은 미 달러화의 가치를 상승시켜 미국 수출품의 가격경쟁력을 떨어뜨리는 결과를 초래하여 경상수지 적자가 확대되었다. 뿐만 아니라 폐쇄경제 상황과 비교하여 승수효과의 감소를 야기한다. 개방경제 하에서는 증가된 소득이 수입수요를 유발시켜 수입의 누출항목으로 인해 소득이 일부가 빠져나가 국민소득이 감소된다.

무역수지의 악화와 승수효과의 감소는 물론 수입이라는 동일한 이유에서 비롯된다. 정부지출의 증가는 폐쇄경제에서와 같이 국내상품만 구매하는 것이 아니라 국내상품과 해외상품도 함께 구매한다. 해외상품 구매만큼 국내상품에 대한 수요는 줄어들어 국내소득 증가가 줄어들게 된다. 따라서 정부지출의 증가 결과는 수출이 일정한 경우(수출은 외생변수 취급) 수입이 증가함에 따라 무역수지는 악화된다.

무역수지의 악화와 승수효과의 감소로 나타나는 경제개방 하의 확대재정정책의 효과는 다음과 같은 중요한 정책적 시사점을 갖고 있다. 경제의 개방화가 진척될수록 국내수요 확대정책의 효과(국내소득 증가 기준)는 폐쇄경제와 비교하여 줄어들게 된다. 그러나 이런 분석은 우리가 수출이 일정하다는 비현실적인 가정을 하고 있기 때문이다. 경제가 개방화됨에 따라 우리의 수출이 수입증대 이상으로 증가할 경우 사정을 달라진다.

3.2 해외수요의 증가

이번에는 해외소득(Y^*)의 변동으로 인한 해외수요의 변화가 국내소득과 무역수지에 미치는 영향에 대하여 살펴보자. [그림 7-5]는 국내소득과 무역수지에 대한 해외소득 증가의 효과를 보여주고 있다. ZZ곡선과 DD곡선은 각각 국내상품에 대한 수요와 재화에 대한 국내수요를 각각 가리키고 최초의 균형점은 A점에서 위치하고 있다. A점에서 ZZ곡선과 DD곡선이 교차한다는 것은 균형소득 Y_0에서 무역수지 또한 균형상태에 있음을 의미한다.

---

6) 미국은 여전히 쌍둥이 적자(경상수지 적자와 재정수지 적자)문제에 시달리고 있다. 지난 2008년 하반기에 발생한 서브프라임 위기로 인한 대규모의 재정지출로 재정적자는 더 악화될 가능성이 높다.

해외소득의 상승(경기가 호황이거나 경제성장률이 높을 경우)은 우리나라 수출을 증가시킬 수 있는 직접적인 계기를 마련해 준다. 주어진 소득수준에서 수출증가($\triangle X$)는 같은 양만큼 국내상품에 대한 수요를 증대시킨다. 따라서 [그림 7-5]의 (1)에 나타나 있

[그림 7-5] 해외수요 증가의 효과

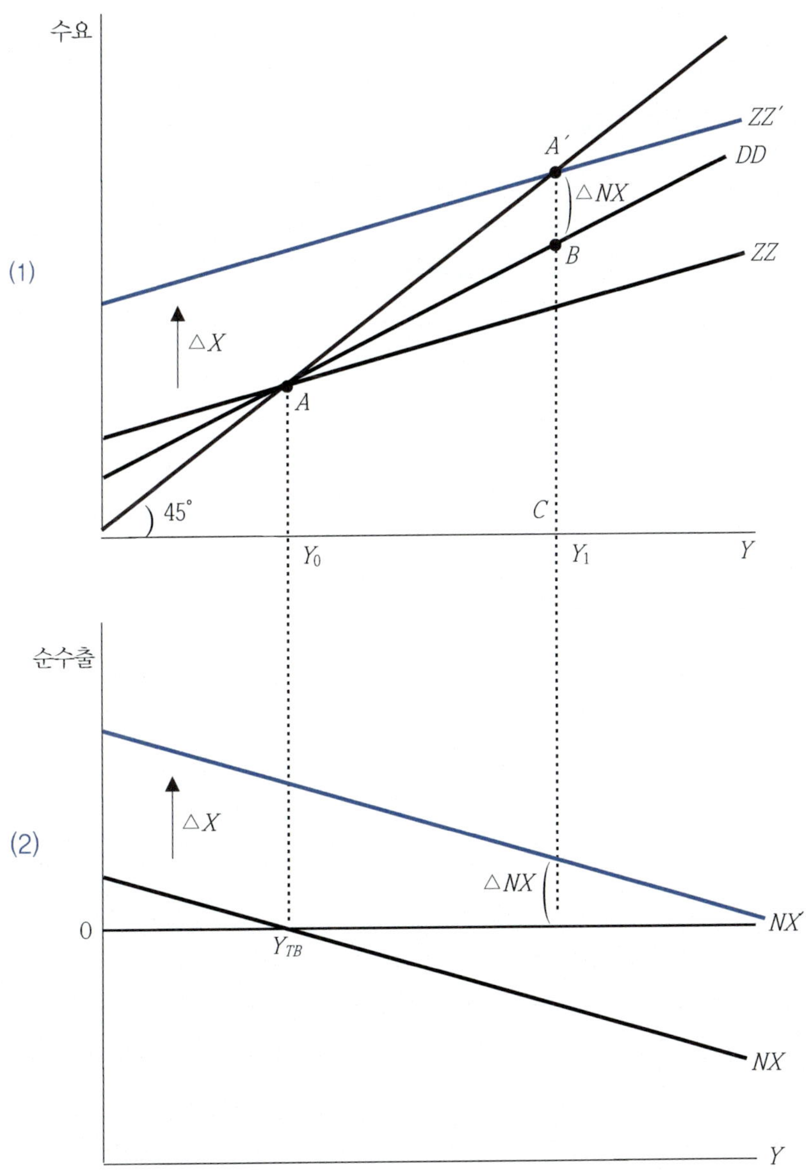

듯이, ZZ곡선의 상향이동이 초래된다. 또한 해외소득 상승으로 인한 수출증가는 주어진 소득에서 무역수지 개선효과를 가져와 무역수지곡선은 [그림 7-5]의 (2)에 나타나 있는 것처럼 $\triangle X$만큼 위로 이동하게 된다. [그림 7-5]의 (1)은 새로운 균형점 A' 에서의 균형소득 Y_1을 보여주고 있다. 우리는 해외소득의 상승이 궁극적으로 국내소득의 증대를 초래한다는 것을 알 수 있다. 그러면 무역수지에 대한 파급효과는 어떠한가? 우리는 해외소득의 상승이 수출증대를 가져와 무역수지가 개선될 것이라고 쉽게 짐작할 수 있다. 그러나 주의할 점은 무역수지 개선효과가 정확하게 $\triangle X$만큼이 아니라는 것이다. 수출증가로 인한 국내소득의 상승은 수입을 증가시켜 부분적으로 수출증가 효과를 상쇄시킴으로써 무역수지 개선효과는 $\triangle X$보다 작아지게 된다. [그림 7-5]의 (1)에서 볼 수 있듯이, 수출증가로 ZZ곡선은 위로 이동한다.

따라서 소득수준 Y_1에서 무역수지(순수출)의 크기는 두 곡선의 차이인 $A'B$로 표현된다. Y_1의 소득수준에서 국내수요의 크기는 BC로 나타나고 국내상품에 대한 수요는 $A'C$로 주어지기 때문이다. 결론적으로 해외소득의 상승은 우리나라 무역수지의 개선을 초래한다.

3.3 실질환율 상승의 효과

실질환율 상승시에는 자국상품에 대한 가격이 해외제품에 비하여 상대적으로 저렴하므로 수출수요를 증대시킨다. [그림 7-6]은 실질환율 상승의 효과를 분석하고 있다. 이 그림의 내용은 [그림 7-5]의 내용과 아주 흡사하다는 것을 독자들은 쉽게 알 수 있을 것이다. 실질환율의 상승은 주어진 소득에서 총수요와 무역수지의 증가를 초래하기 때문에(마샬-러너의 조건을 받아들인다면), ZZ곡선과 NX곡선이 위로 이동하게 된다. 균형점은 A에서 A'로 움직이고 소득은 Y_0에서 Y_1로 증가한다. 비록 소득상승으로 인한 수입의 증가 때문에 무역수지 개선효과가 축소되었지만($\triangle NX$에서 $\triangle NX'$로) 순수출은 여전히 증가하고 있다. 결론적으로 실질환율의 상승은 국내상품에 대한 수요를 증가시켜 소득상승과 함께 무역수지도 개선시킨다. 해외소득의 상승과 환율상승이 소득의 상승과 무역수지의 개선을 초래한다는 점에서 같은 효과를 보여주고 있지만, 이 둘 간에는 중요한 차이점이 존재한다. 환율상승은 수입상품의 가격을 더 비싸게 만든다. 이것은 주어진 소득에서 소비자들의 생활수준을 떨어뜨리는 결과를 가져온다. 반면에 기업에게는 수출증가로 인하여 기업이익을 증대시켜 줄 것이다.[7] 이는 소비자

7) 환율상승에 의한 수출증대효과가 과거와는 달리 그 효과가 크지 않은 것으로 추정되고 있다. 중국의 대량 저가품

[그림 7-6] 환율상승의 효과

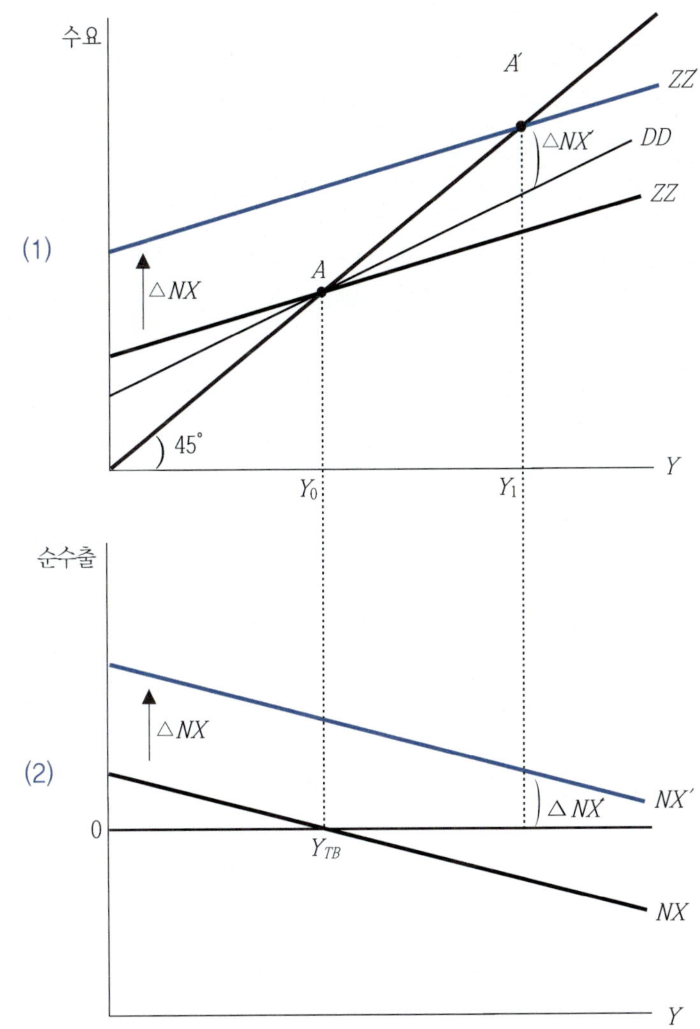

들의 후생은 감소되고 기업의 이익은 증대되는 결과를 초래한다.

환율상승은 자국의 소득과 무역수지를 개선시키는 효과가 있어 불경기에 각국은 자국의 화폐가치를 떨어뜨려 환율을 인상시키려 한다. 심지어 기축통화국인 미국도 2010년 상반기에 오바마 행정부는 자국의 일자리 창출과 경상수지 적자규모 축소를

이 넘쳐나고 있으며 고가품은 가격탄력성이 작아 환율상승으로 인한 효과가 예상한 것만큼 크지 않다. 환율상승 시 바이어로부터 가격인하 압력을 받으므로 기업의 채산성을 개선시키지 못할 수 있다.

위하여 미 달러화 가치를 떨어뜨리는 정책을 시도하였다. 이런 미국의 확대금융 정책은 외화 유동성을 급팽창시켜 신흥개도국의 환율을 떨어뜨려 환율갈등을 유발하였다.

확대재정정책(G 증가)은 자국과 다른 나라들의 소득을 모두 증대시키지만 환율상승은 자국의 소득만을 증가시킬 뿐, 타국의 소득을 감소시키게 된다. 상대방 국가의 환율을 떨어뜨려 수출과 GDP를 감소시킨다. 이런 의미에서 환율상승에 의한 소득증대 정책을 **근린궁핍화정책(beggar-thy-neighbor policy)**이라고 한다. 이웃 나라를 거지로 만드는 정책이란 뜻이다. 각국이 환율상승(자국화 평가절하) 경쟁을 할 경우 자칫 환율전쟁으로 치달을 수 있다. 환율시장이 불안정적일 경우 불확실성이 높아져 경제에 부정적인 영향을 끼치게 된다. 이런 환율전쟁의 분위기가 고조되어 2010년 서울에서 열린 G20정상회담의 주요 주제가 환율안정화 조치였다. 미국과 유럽, 중국 및 신흥개도국 간에 환율안정화를 위한 조치로 '보다 시장 결정적'(more market determined) 환율운용 방식과 '경쟁적인 통화절하'(competitive devaluation)를 자제하자는 원칙에 합의하였다.

》 시사 : 환율시장 개입 비용 vs 환율조작국 지정 갈등

2008년의 세계적인 금융위기로 인해 미국, 일본, 유럽, 중국 등 경제 규모가 큰 국가들에서 저금리(거의 '0' 금리) 정책이 이뤄졌다. 선진국 경제권에서 풀린 돈이 선진국 경제 내에 머무르기 보다는 높은 수익률을 쫓아 신흥경제국가로 대규모로 유입되는 국제자금 이동이 일어났다. 예를 들면, 미국의 초저금리(0.25%)는 달러 캐리트레이드를 야기시켜 우리나라에도 상당한 규모의 달러화가 유입되었다. 대규모 외환유입이 실물부문으로 유입되기도 하지만 투기화되는 경향도 있어 자산버블을 일으키는 경우도 많다. 또한 환율시장에도 큰 영향을 끼친다. 신흥개도국으로 유입된 대규모의 외환은 환율을 떨어뜨리는(자국화가치 상승) 부작용을 낳았다. 한국도 2008년 이후 한 동안 원화가 고평가(환율하락)되는 압력을 받고 있다. 미국의 양적완화정책이 본격적으로 실행된 이후인 2010년 3/4분기 1,183원으로 원화가치가 상승하기 시작하여 2011년 3/4분기 1085.07으로 원화가치가 상승추세에 있었다.

원화의 고평가는 수출가격경쟁력을 약화시킬 우려가 있으므로 정부는 가능한 환율이 떨어지는 것을 방지하기 위해 환율시장에 개입하여 달러화를 매입한다. 한국도 대규모의 외화자금이 국내 주식 및 채권시장으로 유입되어 주식가격을 상승시키는 주요한 요인이 되었다. 그런데 문제는 달러화 매입이 중앙은행의 순해외자산 증가로 나타나 국내 통화공급을 증가시킨다. 이러한 순해외자산의 증가는 중앙은행의 본원통화를 증대시켜 통화공급량을 늘린다. 이는 다시 통화창출 과정을 거쳐 국내 통화공급이 증대된다. 이렇게 증대된 통화량은 인플레이션을 유발시킬 가능성이 높아 이를 차단시키기 위하여 시중에 증대된 통화량을 흡수하려한다. 이를 **중화정책 또는 불태화정책(sterilization policy)**이라고 하는데, 이 과정에서 중앙은행은 국내통화량 흡수를 위하여 통화안정증권이란 것을 발행한다. 통화안정증권이란 한국은행이 발행하는 특별유가증권으로 통화량 조절목적으로 발행된다. 통화공급을 수축할 필요가 있다고 판단할 때는 통화안정증권을 발행하여 시중의 통화량을 흡수한다. 반대로 통화공급을 증가시키려 할 때는 이를 환매하거나 만기전에 상환할 수 있다.

통안증권은 한국은행이 시중의 통화량을 조절하기 위해 금융기관을 상대로 발행하는 채권이며 통화량을 줄일 때는 발행량을 늘리고 통화량을 늘릴 때는 발행량을 만기량보다 줄이는 방식으로 통화량을 조절한다.

통안증권 발행 잔액이 늘어나면 그만큼 이자지급이 증가해 세금부담이 커질 수 있다. 2017년 7월말 현재 175조4000억원으로 2016년말과 비교해 7조원 가량 늘어난 것으로 나타났다. 한때 통안증권 발행잔액이 184조9,400억원 (2015년 3월 기준)까지 누적되었다가 줄어들어 현재는 175조원에 이르고 있다.

한편 통화안정증권은 수출을 늘리기 위한 비용이라는 의견도 있다. 경상수지 흑자가 지속적으로 증가하는 경우에 시중에 그만큼 유동성이 증가하여 금리와 환율이 떨어질 가능성이 있다. 이 경우 시중에 늘어난 유동성을 흡수하여 (통화안정증권을 발행을 통하여) 금리와 환율을 안정시켜 수출가격 경쟁력을 유지시킬 수 있다. 그런데 바로 이 부분에서 통상마찰을 일어날 수 있다. 미국은 이런 환율시장 개입으로 인해 미국 수출기업들이 상대적으로 불이익을 받고 있다고 주장하면 환율조작국을 매년 발표하고 있다. 환율조작국에 지정되면 그에 상응하는 무역제재를 받을 수 있다. 우리나라는 지난 수년간 환율조작 관찰대상국(중국, 한국, 일본, 독일, 대만 등)에 들어있다. 미국은 (i) 대미무역수지 흑자 200억$ 이상, (ii) 경상수지 흑자가 GDP 대비 3% 이상, (iii) 환율하락 유도 GDP대비 2% 이상 외환매수의 세 가지 조건을 모두 만족시키는 경우 환율조작대상국으로 지정한다. 우리나라는 이 세 가지 중에 두 가지 조건을 충족시키고 있어 관찰대창국으로 분류되고 있다.

3.4 국제적 협력의 중요성: 상호의존성

개방경제 하에선 상호의존적인 관계로 인하여 상대방 국가의 경제정책에 의한 영향을 받게 된다. 때로는 상대국가의 어떤 정책이 상대국가에는 이득이지만 자국에는 불리를 초래할 수도 있어 국가 간의 협력이 중요하다. 예를 들면, 정부지출의 증가 또는 세금삭감과 같은 국내수요 확대정책은 국내소득의 증가와 무역수지 악화를 초래한다. 그러나 해외의 정부지출 증대는 해외소득의 증대를 통한 수출수요를 유발하여 자국의 소득이 증가되는 긍정적인 외부효과(spill-over effect)를 얻을 수 있다. 반면에 해외의 긴축정책은 자국의 소득감소를 초래할 수 있다.

이러한 결과들을 놓고 보았을 때, 대다수 국가들은 무역수지를 악화시키는 국내수요의 증가(예: 정부지출 증대)보다는 해외의 정부지출(G^*)에 의한 파급효과(해외소득 Y^* 증가 → 수출수요 증대로 인한 자국의 소득증대와 무역수지 개선효과)를 선호할 것이다. 만일 세계적인 불경기(2008년의 금융위기와 같이)시에 각국은 상대방 국가가 재정지출을 증대시켜 주길 기다릴 것이다. 그러면 경기회복의 시기도 늦춰질 것이다. 이런 부작용을 회피하기 위하여 2008년 금융위기가 발생하자 G20회의에서 각국은 공동보조를 통하여 신속하게 재정지출을 함께 하기로 국제적인 협력을 다짐하였다. 오늘날과 같이 세계경제가 개방화되고 상호의존적인 경우에는 국제 간의 거시정책 협력이 대단히 중요하다. 상호 무역의존도가 높은 특정지역의 국가들을 생각해 보자. 상호 무역의존도가 높다는 것은 경제가 서로 개방되어 어느 한 나라의 수요증가가 다른 나라들의 상품에 대한 수요증가와 직결되어 있음을 의미한다.

국내 총수요 관리정책은, 앞서 배웠듯이, 약간의 국내소득을 증가시킬 뿐, 자국의 무역수지를 악화시키고 타국의 무역수지를 개선시키는 효과를 갖는다. 따라서 각국은 다른 나라들이 수요확대정책을 펴기를 기다릴 것이다. 바로 여기서 문제가 발생한다. 서로 미루는 정책당국의 자세는 경기침체의 지속만을 가져올 뿐, 아무 것도 치유하지 못하게 된다.

그러면 이러한 상황을 타개할 방안은 존재하지 않는가? 만약 모든 나라들이 국내수요를 동시에 증가시킬 수 있도록 거시정책수립에 협력한다면 그들은 상호간에 무역수지의 악화를 경험하지 않고 침체기에서 벗어날 수 있을 것이다. 그 이유는 간단하다. 국내수요의 동시증가는 각 나라의 수입뿐만 아니라 수출까지 상승시켜 주기 때문이다. 다시 말하면, 국내수요의 증가로 인한 수입증가는 해외수요의 증가로 인한 수출증가로 상쇄된다.

개방경제 하에서 국가 간의 정책협조는 매우 중요한 비중을 차지하고 있다. 그래서 초기에는 세계 주요 선진국 모임인 G7(미국, 일본, 프랑스, 독일, 영국, 이태리, 및 캐나다)으로 국가 간 협조를 주도하였고 그 후 러시아(구 소련)가 추가되어 G8으로 모이게 되었다. 그러나 2008년 하반기 미국발 전 세계적인 금융위기가 지구촌으로 퍼지자 선진국만의 협조로는 한계가 있음을 깨닫고 신흥개발도상국인 한국, 중국, 인도, 브라질, 인도네시아, 호주, 터키, 멕시코, 남아공, 사우디아라비아 등 20개국으로 확대되었다. 2010년에 한국에서 제5차 G20 정상회의가 열렸고 G20정상회의는 세계경제 주요현안과 경제정책의 협력에 대하여 종종 논의한다. 그러나 불행하게도 경제정책을 수립하는 과정에서 국가 간 완벽한 협조는 찾아보기 힘들다. 금융위기 확산을 막고 세계경제의 빠른 회복을 위하여 G20에서 보호무역주의를 취하지 말자는 협의를 하였으나 미국을 위시한 중국 등에서 보호부역주의 성격이 강한 조처를 취하였다. 경기침체의 확산을 억제키 위한 정부재정 투입과정에서 자국의 기업들에게 유리한 조치를 취하여 보호무역이란 비난을 받았다.

국가 간의 정책협조가 쉽지 않다는 것은 간단한 게임모형을 이용하여 쉽게 이해된다(〈표 7-2〉 참조). 〈표 7-2〉에 의하면 협조하면 모두에게 유익이 되지만, 상대방(해외)이 협조할 경우 나(자국)는 협조하지 않으면 더 많은 이익을 얻을 수 있는 인센티브가 존재하기 때문이다. 국제적 협조없이 각국이 자국의 이익만을 추구한다면 경제적 실익이 작은 내쉬균형인 (0.0)을 취하게 될 것이다. 그러나 〈표 7-2〉에서 보듯이 국제 간에 협력하면 상호 이익이 큰 (5.5)를 얻을 수 있다. 따라서 개방경제 하에서는 국제 간의 공조가 중요하다. 지난 2008년 금융위기시에는 G20에서 각국의 신속한 정부지출 확대 정책으로 인한 협조가 잘 되었다. 그러나 경기회복세가 나라마다 다른 속도로 차이가 나타나자 각국의 정책기조 변화(이른바 출구전략)는 협조가 잘 안 된다. 경기부양을 위해 대규모의 지출을 증대시켜 자산버블 우려가 있어 경기회복세가 빠른 국가들은 국내금리를 인상하는 정책을 추진하려 하고 있다(미국의 경우에 해당). 반면에 유럽 선진국들은 아직은 회복세가 뚜렷하지 않으니 금리인상이 시기상조니 금리인상을 자제하고 확대정책 기조에 보조를 맞추자고 하지만, 일부 국가들은 협조하지 않고 있다. 회복세가 완연한 국가의 경우는 금리인상 시기를 논하지만 자산버블로 인한 인플레이션 기대심리를 차단하지 못할 우려가 있어 비협조적인 게임이 유리하다고 판단하기 때문이다. 비협조를 통해 얻을 수 있는 이득이 많을수록 국제적인 정책공조는 어렵다(〈표 7-2〉 참조).

| 표 7-2 | 국제 간 경제정책협조 게임

		B국	
		협조	비협조
A국	협조	(5, 5)	(−5, 10)
	비협조	(10, −5)	(0, 0)

정책협조가 쉽지 않은 데에는 다음 몇 가지 이유가 있다. 첫째, 정책협조의 필요성에 대하여 국가 간에 정도의 차이가 존재할 수 있다. 지역 내의 많은 국가들 중에서 일부 국가들만 경기침체를 겪고 있다고 생각해 보자. 그러면 경기침체를 겪고 있지 않는 나라들은 자국의 수요증대에 별로 관심을 기울이지 않을 것이다. 또한 일부 나라들이 이미 대규모의 재정적자에 시달리고 있다면 확대재정정책의 수립이 쉽지 않다. 이에 따라 그들은 다른 나라들이 더 적극적인 수요증대 노력을 기울이길 원할 것이다. 하지만 다른 나라들이 과연 이러한 제안을 순순히 받아들일지는 의문스럽기 때문에 국가 간 정책협조는 쉽지 않게 된다. 정책협조의 두 번째 문제는 도덕적 해이(moral hazard)에서 비롯된다. 많은 나라들이 정책협조의 필요성에 대하여 공감하고 협력을 약속하였지만 실제로는 약속이행을 제대로 실천하지 않으려는 유인을 갖고 있다. 자기는 약속을 아예 지키지 않거나 최소화하고 다른 나라들이 실천한 수요증대 노력으로부터 자국의 무역수지개선이라는 이득을 취하려는 소지가 충분히 존재한다. 이러한 약속불이행은 원만한 정책협조의 장애요소로 작용한다. 비협조시에 응징하기가 쉽지 않다.

제4절 개방경제 하의 상품시장 및 화폐시장의 균형

4.1 경제개방과 상품시장

개방경제 아래에서 상품시장의 균형은 앞 장에서 이미 자세하게 소개된 바 있다. 그러나 이번에는 상품시장의 균형조건을 *IS–LM* 형식으로 도표화하기 위하여 우리는 상품시장의 균형조건을 간략하게 재조명해 볼 것이다. 상품시장의 균형조건인 식 (7.6)을 약간 바꾸어 표현하면 식 (7.7)이 만들어진다.

$$Y = C(Y-T) + I(r) + G + NX(Y,\ Y^{*},\ e) \tag{7.7}$$

상품시장의 균형이 이루어지기 위해서는 산출량이 국내재화에 대한 수요와 일치하여야 한다. 국내재화에 대한 수요는 물론 소비, 투자, 정부지출, 그리고 순수출의 합으로 정의된다. 소비는 가처분소득과 정의 관계에 있다. 투자는 이자율이 상승하면 줄어든다. 정부지출은 정책변수로써 외생변수로 취급된다. 마지막으로 순수출은 국내소득, 해외소득, 그리고 실질환율의 함수로 표현된다. 국내소득의 상승은 수입을 증가시켜 순수출을 줄이는 반면에 해외소득의 상승은 수출을 증가시켜 순수출을 늘린다. 또한 실질환율의 상승은 마샬–러너의 조건에 의하여 순수출의 증가를 초래한다. 식 (7.7)의 중요한 시사점은 바로 가격변수인 이자율과 환율의 역할에서 찾을 수 있다. 첫째, 실질이자율의 상승은 투자수요를 감소시켜 국내재화에 대한 수요를 줄이고 이는 다시 승수효과를 통하여 소득의 감소를 초래한다. 둘째, 실질환율의 상승은 앞 절에서 배웠듯이 해외수요의 증가를 통하여 총지출곡선의 이동과 더불어 소득의 증가를 가져온다. 독자들도 기억하겠지만 단기적으로 물가가 고정되어 있다는 것은 *IS–LM* 모형의 기본가정이다. 이러한 가정을 바탕으로 우리는 식 (7.7)에 포함되어 있는 두 개의 가격변수들을 다른 형태로 표기할 수 있다. 우선 환율의 경우, 물가고정의 개념을 국내물가에만 국한시키지 않고 해외물가에도 적용시킨다면 실질환율($e = EP^{*}/P$)과 명목환율(E)은 같이 움직이게 된다. 그런데 만약 P와 P^{*}를 동일한 기준년도에 맞추게 되면 P^{*}/P는 1이 되어 실질환율(e)은 명목환율(E)과 같게 된다. 또는 단기모형이므로 국내외 물가수준이 고정되어 있다고 가정하면 명목환율의 변동은 실질환율의 변동과 같게 움직인다. 즉, 실질환율과 명목환율은 1:1 관계에 있게 됨에 따라 우리는 식 (7.7)의 e를 E로 대체할 수 있다. 또한 이자율의 경우에서도 물가가 고정되어 있다면 인플레이션이 존재하지 않기 때문에 명목금리와 실질금리는 일치한다. 따라서 식 (7.7)의 실질금리(r)는 명목금리(i)로 대체될 수 있다. 이러한 변형을 통하여 식 (7.7)은 다음과 같이 표현된다.

$$Y = C(Y - T) + I(i) + G + NX(Y,\ Y^{*},\ E) \tag{7.8}$$

산출량은 이제 실질가격변수보다는 명목금리와 명목환율에 의해서 좌우된다.[8)] 식 (7.8)은 상품시장의 균형상태를 의미하므로 산출량과 이자율의 관계로 표시되는 *IS*–*LM*형식을 빌어 [그림 7–7]의 (1)과 같이 도표화될 수 있다. 그런데 이 그림에서 주의할 점은 개방경제 하의 *IS*곡선이 폐쇄경제의 경우에 비하여 더 가파른 기울기를 갖는다는 사실이다. 그 이유는 바로 수입의 역할에서 찾을 수 있다. 이자율이 내려가서 투자수요가 증가하고 이에 따라 소득이 상승하였다고 생각해 보자. 폐쇄경제 아래에서는 투자수요 증가가 전부 국내재화 수요증가로 이어지겠지만 개방경제 하에서는 투자수요 증가의 일부분이 수입의 증가로 이어져 소득의 상승폭은 줄어들게 될 것이다.

개방경제 하의 *IS*곡선은 순수출의 역할을 포함하고 있다. 따라서 순수출의 규모에 영향을 주는 실질환율 또는 명목환율의 변화는 당연히 *IS*곡선의 이동에 영향을 끼치게 된다. 환율상승은 국내재화에 대한 수요를 증가시키기 때문에 *IS*곡선을 우로 이동시킬 것이다. 반면에 환율하락은 *IS*곡선을 좌로 이동시킨다. 또한 해외소득의 증가는 국내재화에 대한 수요의 증가, 즉 순수출의 증가를 가져오기 때문에 *IS*곡선을 우로 이동시킨다. [그림 7–7]의 (2)는 해외소득 상승의 효과를 보여주고 있다. *IS*곡선의 우측이동으로 인하여 해외소득의 상승은 소득증가와 함께 이자율의 상승을 가져온다.

앞의 분석은 화폐시장의 균형, 즉 *LM*곡선을 전혀 고려하지 않았다. 환율상승은 해외소득의 상승과 마찬가지로 *IS*곡선을 우측으로 이동시켜 소득과 이자율의 상승을 초래한다. 그러면 이러한 이자율상승은 국가 간의 자본이동 및 환율과 어떠한 관계에 있는가? 이 질문에 대한 답은 다음 장에서 살펴볼 것이다.

---

8) 명목통계치(예: 명목금리나 명목환율)는 명목치가 변할 때 소득에 미치는 영향을 직관적으로 파악할 수 있는 잇점이 있다. 그러나 장기적으로는 물가가 변하기 때문에 실질변수에 의하여 영향을 받는다.

[그림 7-7] 개방경제하의 *IS*곡선

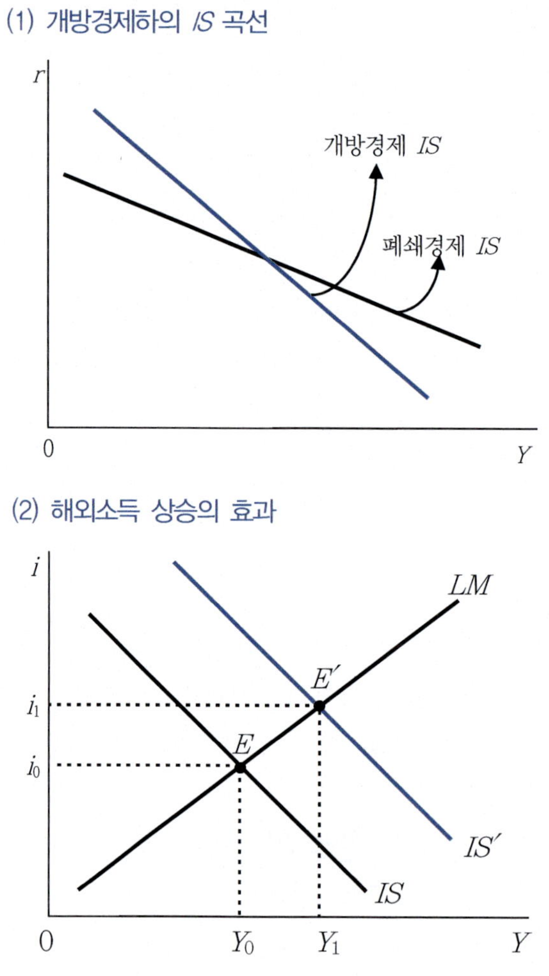

》 폐쇄경제와 개방경제에서의 *IS*곡선의 기울기 차이

*IS*곡선의 기울기를 폐쇄경제와 개방경제의 경우로 나누어 살펴보기로 한다. 우선 폐쇄경제의 경우는 $Y=C(Y-T)+I(i)+G$로 나타낼 수 있다. 이를 각각 i과 Y에 대하여 전미분을 하여 정리하면 $(1-c')dY = I'di$이 된다. 따라서 *IS*곡선의 기울기는 아래와 같이 표시된다.

$$\frac{di}{dY}\Big|_{IS} = \frac{1-c'}{I'}$$

위 식에서 I'이 클수록 (즉, 탄력적일수록), 그리고 한계소비성향(c')이 클수록 *IS*곡선의 기울기의 절대값은 작아지므로 *IS*곡선의 기울기는 완만하게 된다. 이제 모형을 개방경제모형으로 확대하면 $Y=C$

$(Y-T)+I(i)+G+X-IM(Y)$이 된다. 폐쇄경제에 순수출 [수출{X}-수입{IM(Y)}]을 더한 후 이를 i과 Y에 다하여 미분정리하면 IS기울기는

$$\frac{di}{dY}\mid_{IS}=\frac{1-c'+m'}{I'}$$

으로 된다.

상기 식으로부터 IS곡선의 기울기는 한계소비성향(c')이 클수록, 투자의 이자율탄력성이 클수록(탄력적일수록), 그리고 한계수입성향(m')이 작을수록 완만해질 것이다. 반대의 경우는 IS곡선의 기울기는 가파르게 될 것이다. 또한 개방경제와 폐쇄경제의 경우 다른 사정이 일정하다는 가정하에 IS곡선의 기울기는 폐쇄경제의 경우가 개방경제의 경우보다 완만하다. 즉, $\frac{1-c'}{I'}<\frac{1-c'+m'}{I'}$으로 [그림 7-6]과 같게 된다.

이는 이자율이 하락할 때 소득증대효과가 개방경제의 경우 폐쇄경제에 비하여 작음을 뜻한다. 개방경제의 경우 추가적으로 수입수요 ($m'\triangle Y$)만큼의 누출이 생기기 때문에 소득증대효과가 일부 상쇄되기 때문이다.

4.2 경제개방과 화폐시장

개방경제 하의 화폐시장의 균형조건은 폐쇄경제의 경우와 기본적으로는 같다. 하지만 앞에서 살펴본 바와 같이 순해외자산의 증가는 중앙은행의 본원적통화를 증가시키고 이는 통화공급량을 증가시킨다. 화폐시장의 균형조건은 아래와 같이 표시된다.

$$M/P=L(i,\ Y),\ \text{단}\ M=DA+NFA \tag{7.9}$$

여기서 DA는 국내순자산으로 일명 **국내신용(domestic claims)**[9]이라고도 한다. NFA(Net Foreign Assets)는 순해외자산을 나타낸다. 순해외자산은 국제수지의 흐름과 관계있다. 예를 들어 경상수지가 흑자이거나 자본수지가 흑자일 경우 외화가 국내에 유입되어 은행들의 외화자산을 증가시킨다. 시중은행들은 외환을 원화로 바꾸는 과정에서 중앙은행의 외화자산 매입으로 순외화자산이 증가하는 동시에 중앙은행의 본원통화도 증가되며, 국내 통화공급량이 증대된다. 따라서 다른 사정이 일정하다고 할 때 경상수지 흑자나 자본수지 흑자는 중앙은행이 중화정책을 집행하지 않는 한 통화량 증가를 초래한다. [그림 7-8]에서 보는 바와 같이 총통화공급(M_2) 증감률과 경상수지(CA) 증감률이 2000년대 초반까지 동조화 현상을 보이고 있다. 아마도 2000년대 이후에는 중앙은행의 불태화정책 개입으로 인하여 상관관계가 떨어지는 것 같다.

---

9) 국내신용(domestic credit or claims)은 국내순자산(domestic asset)과 같은 개념으로 본다. 중앙은행 대차대조표의 자산항목(asset)으로 표기한 것이며, 순국내자산은 정부대출, 예금취급기관대출 및 순기타자산 등으로 구성되므로 정부나 민간부문에 대하여 채권(claims or credit)으로 표시할 수도 있다.

[그림 7-8] 개장경제하의 화폐시장 균형

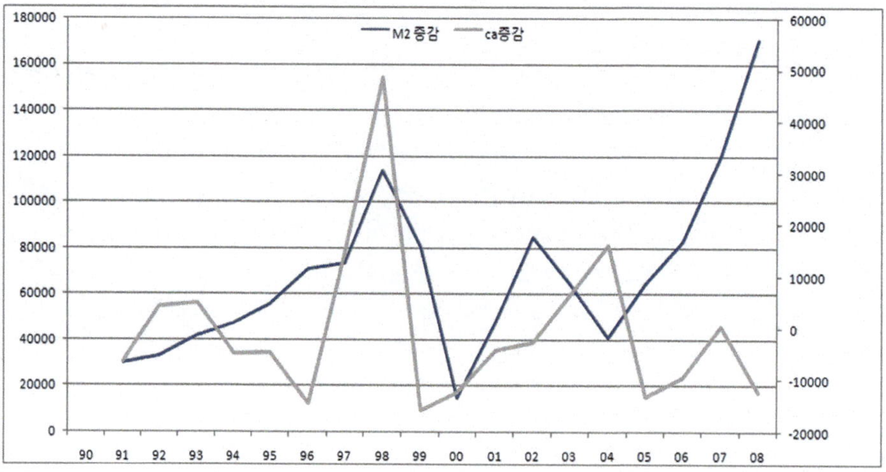

요약정리

1. 개방경제 하에서는 국내수요와 국내상품에 대한 수요 간에 개념상의 차이가 존재한다. 국내수요의 일부분은 수입을 포함하고 있고 국내상품에 대한 수요의 일부분은 해외수요와 연결되어 있기 때문이다. 국내생산을 결정하는 것은 국내상품에 대한 수요이며, 이것은 재화에 대한 국내수요와 무역수지의 합으로 정의된다.

2. 국내수요는 국내소득과 이자율에 의하여 결정되고 무역수지는 국내소득, 해외소득 및 실질환율에 의해서 결정된다. 다른 모든 것들이 일정하다고 가정하면 국내소득의 상승은 수입의 증가로 무역수지를 악화시키고 해외소득의 상승은 수출의 증가로 무역수지를 개선시킨다. 또한 실질환율의 상승은 수출의 증가와 수입의 감소를 가져와 무역수지를 개선시킨다.

3. 개방경제 하의 상품시장균형은 국내상품에 대한 수요가 국내생산과 같을 때에 달성된다. 균형소득은 반드시 무역수지균형을 나타내는 소득을 의미하지는 않는다.

4. 국내수요의 증가는 소득상승과 함께 무역수지 악화를 초래하는 반면에 해외수요의 증가는 소득상승과 무역수지의 개선을 가져온다. 이러한 이유로 모든 나라들은 국내수요를 증대시키는 정책보다 해외수요의 증가를 기다리려는 정책적 전략을 선호한다.

5. 상호 무역의존도가 높은 나라들 간에 정책협조가 힘든 이유는 다음 두 가지 요인 때문이다. 하나는 국가별로 정책협조의 절박함이 다르다는 점이고 다른 하나는 도덕적 해이에 따른 약속 불이행이다.

6. 실질환율의 상승이 무역수지 개선효과를 가져오기 위해서는 수입증가를 충분히 상쇄하고 남음이 있을 정도로 수출증가와 수입감소가 이루어져야 한다. 이러한 조건은 마샬-러너의 조건이라고 불린다. 실증적으로 이 조건은 타당한 것으로 나타나고 있다.

7. 실질환율의 상승은 궁극적으로 국내상품에 대한 수요의 증가를 초래하여 소득의 상승과 함께 무역수지의 개선을 가져온다. 하지만 이러한 효과는 약 6개월에서 1년의 시차를 두고 나타난다.

8. 환율상승의 초기단계에서는 수량효과보다 가격효과가 훨씬 더 커서 소득이 감소하고 무역수지는 악화된다. 그러나 시간이 경과함에 따라 강화된 수량효과는 가격효과를 충분히 상쇄하고 남음이 있어 결국에는 마샬-러너의 조건이 충족된다. 이러한 환율상승의 동태적 파급효과를 우리는 J커브 효과라고 일컫는다.

9. 상품시장의 균형조건을 통하여 *IS*곡선을 도출할 수 있다. 개방경제 하의 IS곡선은 폐쇄경제의 경우와 비교하여 가파르다. 이는 개방경제의 경우는 이자율 하락으로 인한 소득증가가 수입수요로 인한 누출이 발생하여 폐쇄경제의 경우보다 소득증가의 효과가 감소된다.

10. 환율상승으로 인한 순수출 증가는 *IS* 곡선을 우측으로 이동시키며, 해외소득의 증가(호경기)도 자국상품에 대한 수출을 증대시켜 *IS*곡선을 우측으로 이동시킨다.

11. 개방경제 하의 화폐시장의 균형조건은 폐쇄경제의 경우와 같다. 단 화폐공급 메카니즘에서 차이가 난다. 순해외자산의 증가는 중앙은행의 본원통화를 증대시켜 통화공급을 증가시킨다. 순해외자산의 증감은 국제수지의 흐름과 관계가 있다. 경상수지 흑자나 자본수지의 흑자로 인한 외화자산의 국내유입은 중앙은행의 중화정책이 없는 한 국내 통화공급량을 증대시킨다.

연습문제

1. 개방경제 하에서 자국의 실질환율이 하락할 경우 이에 따른 경제적 효과를 압숍션과 순수출곡선을 이용하여 설명하시오.

2. 자국의 환율상승으로 인하여 자국상품의 가격하락을 유도하여 수출을 촉진하고 수입을 억제함으로써 경제적 이득을 얻으려는 과정에서 교역상대국을 거지로 만든다는 정책을 '근린궁핍화정책'이라고 한다. 그러나 자국화의 가치하락을 우려하여 자국의 자본이 해외로 먼저 빠져나간다면, 자국경제에 어떠한 영향이 있을지 분석하시오.

3. 다음은 생산물시장의 상황을 나타내고 있다. 물음에 답하시오.

$$Y_d = Y - T,\ \ C = 0.6Yd,\ \ I = -0.01r + \overline{I}$$
$$X = 0.02Y_f + 0.03E,\ \ M = 0.02Y_d - 0.02E$$

Y: 자국소득, T: 세금, I: 투자, $\overline{I}$: 독립투자
X: 수출액 , Y_f : 외국소득, M: 수입액, E: 환율

3.1 폐쇄경제의 IS곡선의 기울기를 구하시오
3.2 개방경제의 IS곡선의 기울기를 구하시오
3.3 자국의 소비성향이 0.8로 증가할 경우 나타나는 *IS*곡선 기울기를 개방경제와 폐쇄경제를 비교 설명하시오.
3.4 환율이 1% 상승하면, 경상수지에 몇 %영향을 미치는가?

4. 다음의 내용을 조사하고 왜 이러한 현상이 발생하였는지 설명하시오.
4.1 스무트-호트리(Smoot-Hawtrey Tariff Act)
4.2 불태화정책(sterilization policy)

5. 미국이 물가인상을 우려하여 금리를 올리고 있다. (i) 미국의 금리인상이 미국경제의 환율, 수출, 수입, 국민소득(GDP)에 미치게 될 영향에 대해 분석하라. (ii) 또한 상기 (i)을 기초로 우리나라의 환율, 수출, 수입, GDP에 미치게 될 영향을 분석하라.

6. 변동환율제도 하에서 자국의 통화가치를 평가절하시킬 경우 자국소득에 미치게 될 영향을 $\frac{\partial KA}{\partial(i-i^*)}$가 각각 0, ∞, 0과 ∞ 사이의 값을 갖게 될 경우를 비교 설명하시오. 이 결과를 기초로 할 때, 정부가 자본유출입을 통제할 경우 그 효과에 대한 시사점을 설명하시오.

7. 2008년 세계적인 금융위기가 닥쳤을 땐, 대부분의 나라들이 정부의 재정지출을 확대하고, 통화공급량을 늘려 위기를 극복하자는 국제적인 협력이 잘 추진되었다. 그러나 그 후 경기회

복 조짐을 보이자 각국은 '출구전략'을 둘러싸고 국제적인 공조가 잘 이루어지지 않았다. 왜 그런가?

8. 개방경제 하에서의 정부의 재정지출을 늘리는 재정정책을 실시할 경우 자국경제에 미치는 효과를 설명하라. 그리고 외국의 재정지출 증가 정책이 자국경제에 미치는 효과와 비교하시오.

9. 2008년 금융위기시에 우리나라는 고환율정책 기조를 유지하였다. 고환율정책에 대한 장단점을 설명하시오. 국민소득, 물가, 국제수지 등을 중심으로 설명하시오.

10. 개방경제의 IS곡선이 폐쇄경제의 IS곡선과 비교하고, 차이가 나는 이유를 설명하시오.

제 8 장 개방경제와 총수요: 먼델-플레밍 모형

제1 절 자본의 국제적 이동과 국제수지

1.1 이자율과 자본의 이동

국가 간 자본이동에 대한 규제가 점차 사라지고 자본유출입이 빈번해지면서 세계 각국의 금융시장은 이제 뚜렷한 동조화 현상을 보여주고 있다. 우리나라도 1990년대 중반 OECD에 가입한 이후에 급속한 자본자유화를 경험하였다. 특히 1990년대 중반 이후 정보통신혁명으로 세계 금융시장은 이제는 지구촌시장이 되었다. 과거의 간접투자방식에서 직접투자방식으로 급변하였다. 또한 세계 각국은 경제개방을 성장전략으로 삼아 외국인직접투자(FDI) 등을 통하여 자본유치에 혈안이 되었다. 주식시장, 외환시장, 채권시장 및 단기금융시장의 개방이 대폭 확대되면서 외국자본의 유출입은 국내금리 및 환율에 커다란 영향을 끼치고 있다. 또한 국내금리 및 기대환율의 변화는 빈번한 자본유출입을 초래하기도 한다. 만약 국가 간에 정치적 위험이나 세금의 차이가 전혀 존재하지 않는다면, 국제적 자본이동의 초점은 어느 나라에서 어떠한 금융자산이 가장 높은 수익률을 보장하느냐에 모아진다. 수익률 비교를 위한 대표적 지표는 이자율이다.

개방경제 분석에서 유용하게 사용되는 가정은 국가 간 **자본의 완전이동(perfect capital mobility)**이다. 이것은 국가 간 자본이동에 대한 규제가 전혀 없어 무제한적으로 자본이동이 가능하고 거래비용이 무시할 수 있을 정도로 작다는 것을 의미한다. 자본의 완전이동은 금융시장의 통합화를 통하여 어느 한 나라의 이자율 수준이 다른 나라의 이자율 수준과 밀접하게 연관되어 움직이도록 한다. 최근에 좋은 사례가 "달러캐리 자금" 투자이다. 미국의 초저금리를 이용하여 싼 비용으로 달러를 차입하여 다른 나라 신흥개도국에 투자하여 차익(이자율 차익 및 환차익)을 얻으려는 거대한 자금이 한국, 중국, 대만 등 신흥국으로 자금이 유입되어 자산버블을 우려하는 목소리가 높다.

만약에 이때 한국의 금리를 높인다면[1] 한국의 금융자산에 대한 매력이 상대적으로 더 증가하고 미국의 금융자산에 대한 투자자들의 선호도가 감소함에 따라 우리나라는 막대한 자본유입을 경험하고 미국은 반대로 자본유출을 경험하게 될 것이다. 이러한 자본의 유출입은 한국의 금리수준을 세계금리수준으로 맞추는 요인으로 작용한다. 따라서 어느 한 나라의 금리변화는 국제수지측면에서 그 나라뿐만 아니라 다른 나라의 자본수지에 커다란 영향을 끼친다.

그런데 이자율 격차가 완전히 해소될 수 있다는 자본완전이동의 시사점은 모든 나라에 동일하게 적용되지는 않는다. 이 가정의 시사점은 싱가포르나 대만 또는 우리나라와 같은 **개방소국경제(small open economy)**에 가장 잘 어울린다. 개방소국경제란 경제규모가 작아 국제이자율에 전혀 영향을 미치지 못하는 나라를 일컫는다. 개방소국은 경제규모(GDP 등)의 크기에 의하여 결정되는 것이 아니라 국제금융시장에서 이자율을 독자적으로 결정할 수 있는 영향력을 행사하지 못하고, 국제금융시장에서 결정된 이자율을 주어진 가격으로 받아들이는 가격 순응자(price-taker)에 해당하는 국가를 말한다. 한국의 경제규모는 세계 10위권(11~15위)에 위치하고 있지만 국제금리수준 결정에는 영향력을 행사하지 못하고 있어 개방소국이라 할 수 있다.

개방소국경제는 아무리 많은 자금을 국제금융시장에서 빌리거나 빌려주더라도 세계금융시장에 비하여 규모의 열세에 있기 때문에 세계이자율 수준에 어떠한 영향도 미치지 못한다. 또한 국내금리가 세계금리 수준에서 조금만 벗어나더라도 금리차익을 노리는 단기성 투기자금이 얼마든지 유입되거나 유출된다. 이렇듯 주어진 세계금리수준에서 자본의 유출입이 얼마든지 일어날 수 있다는 사실은 국내금리는 세계금리와 항상 같게 된다는 것을 의미한다.

그러나 미국과 같은 **개방대국경제(large open economy)**는 국제금리의 변화에 대한 통제력을 상당 부분 갖고 있다. 만약 개방대국경제가 세계금리 이상으로 금리인상을 단행하면 비록 자본의 유입이 진행된다 하더라도 국내자본시장의 엄청난 규모 때문에 세계금리와의 격차는 완전히 제거되지 못한다. 이에 따라 자본완전이동이란 가정의 시사점은 개방대국경제에 적용되기 어렵다. 하지만 분명한 사실은 국제수지측면에서 개방대국경제 역시 금리차이로 인하여 자본수지의 변화를 경험한다는 점이다. 단지 개방소국경제에 비하여 정도의 차이가 존재할 뿐이다.

이자율 차이에서 비롯되는 이러한 자본수지 및 국제수지의 변화는 우리에게 다음과

---

1) 2008년 금융위기로 인한 대규모 지출과 통화공급을 증가시켜 경기회복에 대비한 이자율상승 시기(흔히 언론에선 이를 출구전략이라고 함)를 장시간 저울질하다 드디어 기준금리를 2015년 12월 17일에 0~0.25%에서 0.25~0.5%로 올렸다. 선진국과 개도국 간에 금리차가 생기면 국제금융시장의 불안정성이 높아질 우려가 있다.

같은 중요한 정책적 시사점을 제공한다. 첫째, 국내통화정책과 재정정책의 효과는 경상수지의 변화에만 국한되지 않는다. 이러한 정책들은 국내 이자율의 변화를 초래하기 때문에 자본수지와 국제수지의 변화에 중요한 요인으로 작용한다. 둘째, 자본의 국제적 이동으로 인하여 통화정책과 재정정책의 파급효과는 크게 달라진다.

1.2 국제수지 균형곡선

우리는 기존의 *IS-LM*모형에 금리변화로 인한 자본유출입의 역할을 포함시키고자 한다. 우선 개방소국경제를 고려한 국제수지균형 곡선을 도출해 보자. 국제수지균형곡선의 도출은 다음과 같은 몇 가지 가정들을 필요로 한다.

우선 자본의 완전이동이란 가정이 요구된다. 자본이동에 대한 규제가 전혀 없고 자본유출입이 무제한적이다. 이에 따라 국내금리가 세계금리수준에서 조금만 벗어나더라도 무제한적인 자금유출입으로 결국 국내외 금리 차이는 해소된다. 둘째, 세계 금리수준(i^*)은 주어진 값이다. 개방소국경제는 국제이자율에 전혀 영향을 미치지 못한다. 마지막으로 우리는 환율위험이 존재하지 않는다고 가정한다. 따라서 환율의 기대변화율은 0이 되고 투자자들은 금리수준만으로 수익률을 결정한다.

개방소국경제에서 자본의 완전이동이란 가정은 국내금리(i)가 세계금리(i^*)와 같을 때에만 자본수지의 균형이 달성된다는 것을 의미한다. 국내금리가 국제금리 이상으로 상승하면 무제한적인 자본유입(자본이동에 대한 이자율 탄력성이 ∞라 가정함)으로 엄청난 자본수지 흑자가 초래된다. 반면에 국내금리가 국제금리 아래로 떨어지면 역시 무제한적인 자본유출로 인하여 막대한 자본수지 적자가 발생한다. 오직 국내금리와 세계금리가 같을 때에 한하여 자본의 이동이 일어나지 않아 순유입이 0이 되어 자본수지의 균형이 달성된다. 그런데 자본수지의 균형은 무역수지의 균형을 뜻하고 이는 다시 국제수지가 0임을 의미한다. 식 (8.1)은 국제수지균형(*BP*)곡선을 함수형태로 표현하고 있다.

$$NX(Y, Y^*, E) + KA\,(i - i^*) = 0 : BP\text{균형식} \tag{8.1}$$

여기서 *NX*는 경상수지이고, *KA*는 자본수지로써 국내외 금리차의 함수로 표기된다. *BP*곡선을 이자율과 소득의 좌표상에 도표화하면 [그림 8-1]의 (1)이 된다. *BP*곡선이 수평인 것은 바로 자본유출입에 대한 국내외 간 이자율의 탄력성이 무한대이기 ($\frac{\partial KA}{\partial(i-i^*)} = \infty$)때문이다. 주어진 세계금리수준에서 국내금리의 미세한 변화는 무제한

[그림 8-1] 국제수지균형(*BP*)곡선

(1) 개방소국 *BP*곡선

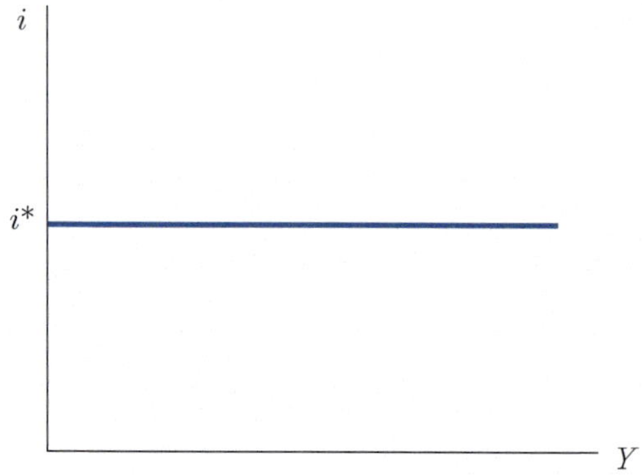

(2) 개방대국 경제 *BP*

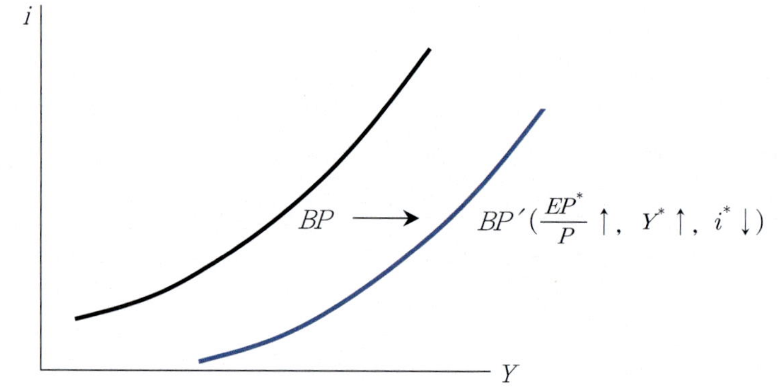

적인 자본유출입을 초래한다. 한편, 국내외 이자율의 차이에 대하여 자본의 이동이 전혀 일어나지 않는 경우(자본통제나 자본시장을 개방치 않은 경우)는 *BP*곡선이 수직이 될 것이며 그때의 자본이동에 대한 이자율 탄력성은 0이 될 것이다.

따라서 어떠한 소득수준에 상관없이 국내금리가 세계금리와 같을 때에 한하여 자본수지의 균형 및 국제수지의 균형이 달성된다. 다시 말하면 비록 소득이 상승하여 무역수지가 악화된다 하더라도 아주 미세한 국내금리의 상승은 이를 충분히 상쇄시킬 수 있다.

그러면 개방대국경제의 *BP*곡선은 어떠한 모습을 갖고 있는가? 개방대국경제는 국내금리의 움직임뿐만 아니라 세계금리 수준에 영향력을 행사할 수 있다. 국내금리가 세계금리 수준에서 벗어나 상승하면 개방대국경제는 자본의 순유입을 경험하지만 이자율격차가 완전히 해소되지는 않는다. 또한 경제규모가 커서 국제금융시장에서 더 많이 차입할수록 개방대국경제는 더 높은 금리를 치러야 한다. 이에 따라 개방대국경제의 자본수지는 국내금리수준과 정의 관계를 갖는다. 즉, $\frac{\partial KA}{\partial (i-i^*)}$은 0과 ∞의 어떤 양(+)의 값을 갖는다.

자본수지와 국내금리 간의 정의 관계는 BP곡선을 [그림 8-1]의 (2)와 같이 우상향하는 모습으로 만든다. 국내금리의 상승은 자본의 유입으로 자본수지 흑자를 초래하는데, 국제수지의 균형이 달성되기 위해서는 소득상승으로 인한 수입수요가 증가되어 경상수지는 악화된다. 즉, 금리와 소득 간에는 정의 관계가 존재한다. 이러한 관계는 식 (8.1)을 통해서도 쉽게 이해될 수 있다. 소득과 경상수지는 음의 관계에 있고 국내금리와 자본수지는 정의 관계에 있기 때문에 국제수지의 균형을 위해서는 금리와 소득은 정의 관계에 있어야 한다.

또한 국제수지곡선(BP)은 해외소득(Y^*) 상승, 실질환율($e = EP^*/P$)의 상승이나, 국내물가(P)의 하락에 의한 수입물가의 상대가격(EP^*/P) 상승 등으로 인한 경상수지가 개선(흑자)될 경우 오른쪽으로 이동한다. 이는 주어진 이자율에서 국제수지 균형을 이루기 위해서는 국내소득의 증가를 통하여 수입을 촉진시켜 경상수지를 감소시켜 국제수지의 균형화를 의미한다. 국제금리(i^*)의 하락은 자본수지를 증가시켜 국제수지의 균형달성을 위해서는 국내소득의 증가를 통한 경상수지를 줄여야 하므로 BP곡선을 우측으로 이동시킨다.

제2절 개방소국경제모형: 먼델-플레밍 모형

자본의 완전이동이 가능한 개방소국경제에서 경제정책의 파급효과를 살펴보자. 여기서 소개되는 모형은 우리가 제4장에서 배운 기존의 IS-LM모형이 확장된 것으로써 **먼델-플레밍(Mundell-Fleming)** 모형이라 일컬어지고 있다. 이 모형은 다음과 같이 세 방정식으로 구성되어 있다.

$$Y = C(Y-T) + I(i) + G + NX(Y, Y^*, E): IS \tag{8.2}$$

$$M/P = L(Y, i),\ M = DA + NFA: LM \tag{8.3}$$

$$NX(Y, Y^*, E) + KA(i - i^*) = 0 : BP\text{균형식} \tag{8.4}$$
$$\text{그리고 } i = i^* \text{ 조건}$$

식 (8.2)는 개방경제 하의 *IS*곡선으로 생산물시장의 균형을 나타낸다. 식 (8.3)은 화폐시장의 균형을 보여주는 *LM*곡선이며 식 (8.4)는 앞 절에서 도출한 국제수지균형 곡선이다. 먼델-플레밍 모형의 균형은 *IS*, *LM*, *BP*곡선이 만나는 점에서 이루어진다. 식 (8.4)에서 해외이자율(i^*)은 주어진 것으로 외생변수 취급하며 자본의 유입(출)은 국내이자율(i)의 변동에 의하여 일어남을 의미한다.

[그림 8-2]는 개방소국경제의 균형을 보여주고 있다. *IS*곡선과 *LM*곡선의 교차점이 반드시 *BP*곡선상에 존재해야 하는 이유는 간단하다. 만약 *IS*곡선과 *LM*곡선의 교차점이 *BP*곡선 위에 있게 된다면 국내금리가 세계금리보다 높아져 개방소국경제의 국제수지균형은 달성될 수 없다. 상품시장의 균형, 화폐시장의 균형 및 국제수지의 균형이 동시에 이루어지기 위해서는 *IS*곡선과 *LM*곡선이 반드시 *BP*곡선 상에서 만나야 한다.

[그림 8-2] 개방소국경제의 균형

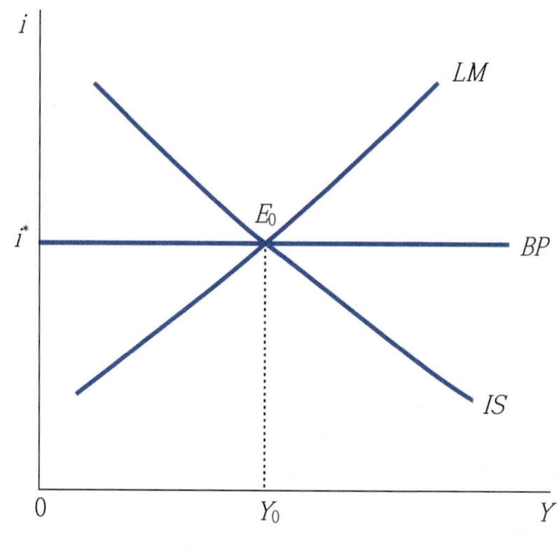

개방소국경제의 정책변화는 균형의 이동을 가져온다. 그러나 환율제도에 따라 정책변화로 인한 파급효과는 달라진다. 지금부터 고정환율제도 및 변동환율제도 아래에서 서로 다르게 나타나는 정책변화의 파급효과에 대하여 구체적으로 살펴보도록 하자.

2.1 고정환율제도 하에서의 거시경제정책 효과

고정환율제도는 정책당국이 명목환율을 일정수준으로 유지하는 제도이다. 우리는 이러한 제도 아래에서 정책의 변화가 자본이동이 완전히 자유로운 개방소국경제에 어떠한 파급효과를 가져오는지를 설명하려고 한다. 물가가 단기적으로 고정되어 있다는 *IS-LM* 모형의 기본가정은 그대로 유지된다.

1. 통화정책

자본의 완전이동이 가능하고 고정환율제도를 채택하고 있는 개방소국경제에서는 중앙은행이 독립적인 통화정책을 수립할 수 없다. 중앙은행이 금리상승을 유도하기 위하여 긴축통화정책을 실시하였다고 생각해 보자. 그런데 금리가 상승하면 곧 바로 막대한 자본이 국내로 들어오면서 엄청난 국제수지 흑자가 발생한다. 이러한 자본유입은 외환의 초과공급(또는 자국통화의 초과수요)을 초래하여 자국통화의 가치가 평가절상(환율하락)된다.

하지만 고정환율제도를 채택하고 있는 정책당국은 환율을 일정 수준으로 유지하기 위하여 외환매입을 통해 외환시장개입에 나서야 한다. 이러한 외환시장개입은 결국 국내통화량의 증가를 가져오고 원래의 긴축통화정책을 소용없게 만들어 버린다. 외환시장개입은 물론 국내외금리차가 없어질 때까지 지속될 것이다. 따라서 개방소국경제는 독자적인 통화정책을 수립할 수 없게 된다.

이번에는 개방소국경제의 *IS-LM-BP* 모형을 이용하여 확대통화정책의 효과에 대해서 알아보자. [그림 8-3]에 나타나 있듯이, 최초의 균형점은 E_0이다. 만약 중앙은행이 통화량을 증가시켰다면 *LM* 곡선은 우로 이동하게 된다. 폐쇄경제에서는 금리가 i_1, 국민소득이 Y_1인 E_1이 새로운 균형점이 될 것이다. 그러나 E_1은 개방소국경제의 새로운 균형점이 아니다. 이자율의 하락은 엄청난 규모의 자본유출과 국제수지의 적자로 이어지고 환율의 평가절하 압력으로 작용한다. 이에 따라 중앙은행은 외환매각 및 자국통화매입을 통한 외환시장개입에 나서야 한다. 이는 국내 통화공급의 감소를 가져오고 *LM* 곡선의 좌측이동을 초래한다. 이러한 과정은 최초의 균형점인 E_0가 회복될 때까지 계속된다. 자본의 완전이동이 가능하다면 균형점 E_1이 될 수 없다. 왜냐하면 국제자본이동은 매우 신속하게 진행될 수 있기 때문이다. 결론적으로 개방소국경제의 확대통화정책은 세계금리수준에서 벗어난 국내금리 하락을 유도할 수 없고 국민소득을 증가시킬 수 없다. 고정환율제도 하에서 중앙은행의 독자적인 통화정책이 무력하게 됨을 보여주고 있는데, 이를 통화의 내생성문제라고 한다. 또한 개방소국경제 하에서 고정환율제도이며 완전한 자본이동을 가정할 경우 독립적인 통화정책의 효과를 달성할 수 없다는 것을 불가능한 삼위일체 (impossible trinity)라고도 한다.

비록 자본의 완전이동이란 가정이 극단적이지만, 이 가정은 현실세계에 유용한 시사점을 제공한다. 중요한 시사점은 고정환율제도 하에서 통화가 내생적으로 결정된다는 사실이다. 환율을 일정 수준으로 유지시키기 위하여 중앙은행은 외환이나 자국통화를 시장수요에 따라 대응해야만 한다. 따라서 고정환율제도 아래에서는 자본의 이동이 완전하지 않다 하더라도 중앙은행은 국내통화량 조절에 제한적인 영향력을 행사할 수 밖에 없다.

[그림 8-3] 고정환율제도하에서의 확대통화정책의 효과

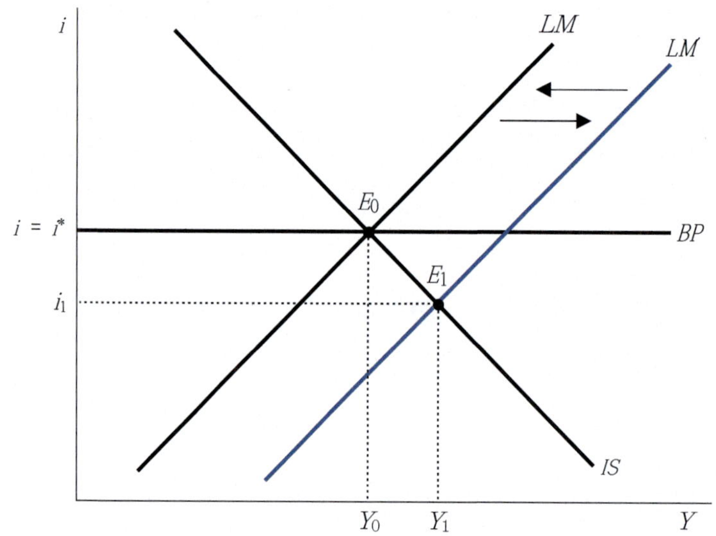

2. 재정정책

고정환율제도 아래에서 통화정책은 소득의 변화에 아무런 영향력을 행사할 수 없지만 재정정책은 효과적이다. 즉, 재정정책은 경제안정화 정책으로써 강력한 효과를 발휘한다. [그림 8-4]는 확대재정정책의 효과를 보여주고 있다. 재정정책의 확대는 *IS*

[그림 8-4] 고정환율제도하에서의 확대재정정책의 효과

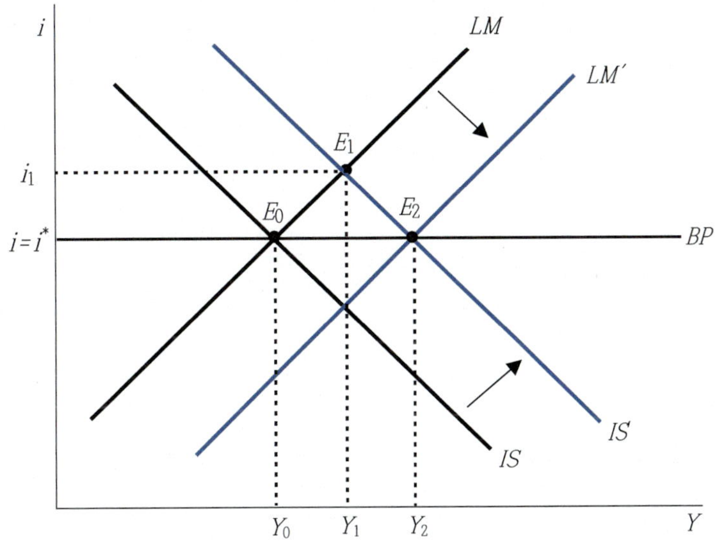

곡선을 우상향으로 이동시킨다. 이에 따라 최초의 균형점인 E_0는 새로운 균형점인 E_1으로 움직이게 된다. 하지만 E_1은 개방소국경제의 균형점이 될 수 없다. 균형점 E_1에서는 국내금리가 세계금리보다 높기 때문에 막대한 자본유입이 초래되어 자국화 가치의 절상압력으로 작용할 것이다.

$$G\uparrow \longrightarrow i\uparrow \longrightarrow KA\uparrow \text{(외국자본 유입 효과)} \quad ①$$

$$G\uparrow \longrightarrow Y\uparrow \longrightarrow NX\downarrow \text{(경상수지 적자 효과)} \quad ②$$

국제수지(BP)의 종합효과는 경상수지와 자본수지의 합으로 구성되므로 위의 두 상반되는 효과를 합한 ① + ②으로 나타나는데, 개방소국의 경우는 자본이동에 대한 이자율탄력성을 ∞로 상정하므로 자본유입에 따른 자본수지 흑자효과가 더 크게 나타나 BP>0이 된다. 그런데 중앙은행은 고정환율을 유지하기 위하여 외환을 매입하고 자국통화를 매각하는 중화정책을 실시하게 된다. 이러한 통화량 증가는 LM곡선의 우측이동과 함께 새로운 균형점인 E_2를 만들어 낸다. 다시 말해서, 국내금리가 세계 금리수준에 도달할 때까지 통화량 증가는 계속될 것이다.

개방소국경제의 확대재정정책은 통화정책과는 달리 국민소득의 증가를 초래한다.

폐쇄경제에서 확대재정정책은 이자율의 상승을 초래하여 소비수요와 투자수요가 위축되는 구축효과를 유발시킨다. 그러나 고정환율제도 하의 개방소국경제에서는 자본유입이 통화증발효과로 인하여 구축효과는 없어지고 국민소득의 증가효과가 훨씬 더 커지게 된다. 물론 이러한 효과는 단기적으로 물가가 고정되어 있다는 가정과 고정환율제도의 산물이다.

3. 평가절하

고정환율제도 아래에서도 경제적 상황에 따라 정책당국은 종종 환율수준을 변경한다. 예를 들어, 만성적인 경상수지 적자를 기록하는 나라들은 자국상품의 가격경쟁력을 제고시켜서 경상수지의 개선을 유도하기 위해 평가절하(depreciation)를 단행할 수 있다.

식 (8.2)를 통해 알 수 있듯이, 평가절하는 환율수준의 상향조정으로 수출증가 및 수입감소를 통해 순수출의 증가를 가져온다. 이는 총수요의 증대효과로 이어져 *IS*곡선의 우상향이동을 초래한다. 따라서 평가절하의 경제적 파급효과는 확대재정정책의 효과와 동일하다. [그림 8-4]에서와 같이 평가절하는 결국 국민소득의 증가를 가져온다. 이러한 이유로 경상수지 적자와 경기침체를 겪고 있는 개발도상국가들이 평가절하 정책을 자주 시도하게 된다. 그러나 평가절하를 포함하여 확대통화정책 및 확대재정정책 등 정책변화의 파급효과를 논함에 있어 반드시 우리가 기억해야 할 중요한 사실이 있다. 그것은 바로 우리가 지금 다루고 있는 먼델-플레밍 모형은 단기적으로 물가가 고정되어 있다고 가정한다는 점이다. 자국통화의 평가절하(E 증가)는 수입물가의 상승을 불러와 장기적으로 물가상승을 야기한다. 물가가 고정된 단기에는 실질환율이 상승하지만 시간의 경과에 따라 국내물가가 상승하여 실질환율은 다시 하락하게 된다. 실질환율의 하락은 경상수지의 악화로 이어지고 국민소득의 감소를 가져온다. 따라서 경기부양정책으로 평가절하를 사용하는 나라들은 같은 정책을 빈번하게 사용할 수밖에 없다. 또한 자국통화 평가절하정책은 상대국의 환율평가 절하를 초래하여 자칫 환율전쟁으로 국제경제환경을 불안정하게 만든다. 평가절하정책은 상대국의 소득을 감소시키는 **근린궁핍화정책(beggar-thy-neighbor)**으로 볼 수 있다. 마지막으로 해외소득의 상승충격 역시 확대재정정책이나 평가절하와 같은 효과를 낳는다. 여기에 대한 분석은 독자들에게 맡긴다. 일본의 아베노믹스의 특징의 하나가 양적완화정책을 통한 엔저정책이다. 일본의 엔저정책으로 인해 한국 수출기업들이 해외시장에서 겪는 어려움에 대하여 분석해보라.

2.2 변동환율제도 하에서의 거시경제정책 효과

우리는 지금부터 먼델-플레밍 모형을 자본이동이 완전히 자유롭고 변동환율제도를 채택하고 있는 나라에 적용시키고자 한다. 비록 환율은 시장상황에 따라 자유롭게 움직이지만 물가는 여전히 고정되어 있다고 가정하자. 자유변동환율제도 하에서는 중앙은행이 외환시장개입을 하지 않는다. 대신에 외환시장의 균형은 외환수급에 따른 환율의 변동으로 달성된다. 환율은 이제 외환시장의 균형을 이루게 하는 가격변수이다. 따라서 중앙은행의 개입 없이도 국제수지는 항상 0이 된다. 경상수지와 자본수지의 합이 항상 0이 되도록 환율이 자동적으로 조정한다.

1. 통화정책

자유변동환율제도 하에서 통화량의 증가는 국민소득의 증가와 환율의 상승을 초래한다. [그림 8-5]는 확대통화정책의 효과를 보여주고 있다. 최초의 균형점 E_0에서 중앙

[그림 8-5] 변동환율제도 하의 확대통화정책의 효과

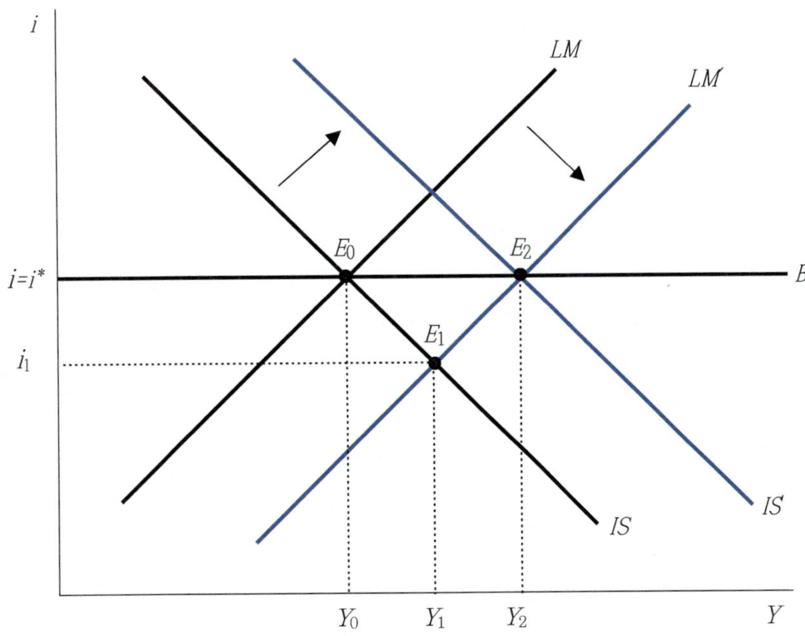

은행이 통화량을 증가시켰다고 생각해 보자. 주어진 물가수준에서 명목화폐의 증가는 실질화폐 공급의 상승으로 이어져 LM곡선의 우측이동을 가져온다. 하지만 E_1은 개방소국경제의 균형점이 아니다. 비록 E_1에서 상품시장과 화폐시장의 균형이 이루어졌으나 국제수지의 균형은 달성되지 못하고 있다. 국내금리가 세계금리수준 이하로 떨어져 막대한 자본유출이 초래되고 이는 환율의 상승을 유도할 것이다. 이러한 환율상승은 순수출의 증가로 이어져 IS곡선을 우상향으로 이동시킨다. 결국 개방소국경제의 균형점은 E_2가 되고 여기서 환율상승은 멈추게 된다. 오로지 E_2에서 세계금리 수준과 양립하는 개방소국경제의 균형이 달성된다.

결과적으로 확대통화정책은 국민소득의 증가와 환율상승을 가져온다. 그런데 우리는 이러한 결과를 다음과 같은 방법으로도 생각할 수 있다. 주어진 물가수준에서 명목화폐의 증가는 실질화폐잔고를 높인다. 따라서 화폐시장의 균형이 복구되기 위해서는 실질화폐수요의 증가가 반드시 뒤따라야 한다. 실질화폐수요를 결정짓는 변수가 소득과 이자율이라면 실질화폐수요의 증가는 소득의 증가로 이루어질 수밖에 없다. 왜냐하면 개방소국경제에서는 이자율이 세계금리수준에서 벗어날 수 없기 때문이다. 물론 소득의 상승은 환율상승으로 인한 순수출의 증가로부터 야기된다. 그러나 이러한 경상수지의 개선은 소득상승으로 인한 순수출의 감소로 상쇄되어 궁극적으로 경상수지는 균형을 이루게 된다.

2. 재정정책

변동환율제도에서 통화정책은 경기부양책으로써 강력한 수단이 되지만 재정정책은 이와는 대조적으로 아무런 힘을 발휘하지 못한다. [그림 8-6]은 정부지출의 증가 등을 통한 확대재정정책의 효과를 보여주고 있다. 최초의 균형점이 E_0인 상태에서 정부지출의 증가는 IS곡선을 우상향으로 이동시킨다. 그러나 E_1에서는 국내금리가 세계금리보다 높아 해외로부터 엄청난 자본이 유입된다. 이러한 외환의 초과공급은 환율하락과 함께 순수출의 감소로 이어져 IS곡선이 다시 왼쪽으로 움직이게 된다. IS곡선의 왼쪽이동은 최초의 균형점인 E_0에 도달할 때까지 계속될 것이다. 이에 따라 변동환율제도하의 확대재정정책은 국민소득에 아무런 영향도 미치지 못한다.

자유변동환율제도를 채택하고 있는 개방소국경제의 확대재정정책은 완전한 구축효과를 낳는다. 그러나 독자들은 구축효과의 파급경로에 있어 개방경제와 폐쇄경제 간에 중요한 차이점이 존재한다는 것을 기억해야 한다. 폐쇄경제에서의 구축효과는 이자율을 매개로 하여 발생한다. 확대재정정책은 이자율을 상승시켜 소비수요와 민간투자

[그림 8-6] 변동환율제도 하의 확대재정정책의 효과

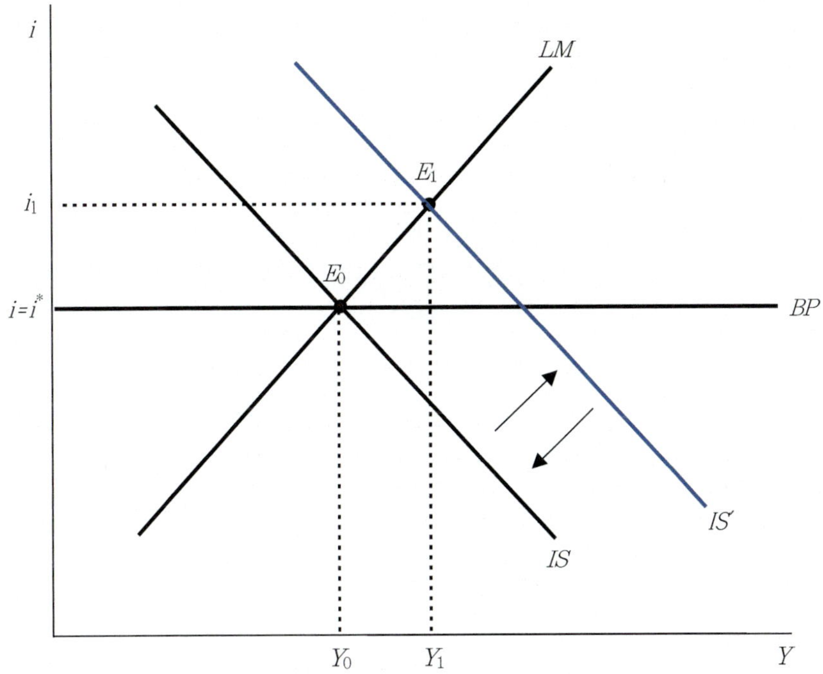

수요를 감소시킨다. 그러나 개방소국경제에서는 자국통화의 가치가 상승하여 순수출이 감소된다. 이러한 순수출의 감소가 정부지출의 증가와 완전히 상쇄되어 총수요와 소득은 결국 변하지 않게 된다. 따라서 개방경제하의 국제구축효과가 폐쇄경제하의 국내구축효과를 대신한다.

확대재정정책의 무력성은 우리에게 다음과 같은 중요한 시사점을 제공한다. 첫째, 정부지출의 증가 등으로 인한 재정적자의 확대는 순수출의 감소로 상쇄되며 재정적자의 증가분은 해외차입으로 충당된다. 왜냐하면 최초의 균형점 E_0로 돌아온 상태에서 국내저축과 투자는 변함없기 때문이다. 둘째, 재정정책을 포함하여 *IS*곡선을 움직이는 어떠한 실물적 충격도 변동환율제도 하에서는 균형국민소득에 영향을 끼치지 못한다. 환율변화로 인한 순수출의 변동이 실물적 충격을 완전히 상쇄시켜 버리기 때문이다. 변동환율제도 하에선 해외의 어떤 충격도 환율의 변동을 통하여 충격을 흡수하여 국내경제에 미치는 영향을 차단하는 효과가 있다. 고전환율제도 하에선 해외경제 충격이 국내에 지대한 영향을 미치게 된다. 환율제도에 따라서 파급효과가 달라진다는 점에 유의하기 바란다. 다음에 소개될 해외소득 증가의 파급효과를 참조하기 바란다.

3. 해외소득의 증가

[그림 8-6]의 최초 균형점인 E_0에서 이번에는 해외소득이 증가하였다고 생각해 보자. 이러한 해외소득의 증가는 순수출을 증대시켜 IS곡선을 우상향으로 이동시킨다. 이는 확대재정정책의 경우와 똑같은 상황이다. 그러나 E_1은 국제수지의 균형에서 벗어나 있기 때문에 개방소국경제의 균형점이 될 수 없다. 소득상승으로 화폐수요의 증가가 뒤따르고 이는 금리상승을 초래할 것이다. 세계금리보다 높은 국내금리수준은 자본유입을 가져오고 이는 자국화의 가치를 상승시켜 환율하락 요인으로 작용한다. 환율하락은 물론 수출을 감소시키고 수입을 증가시켜 순수출의 감소를 초래한다. 따라서 IS곡선은 다시 왼쪽으로 이동하고 개방소국경제의 균형은 최초의 균형점에서 이루어진다. 결과적으로 해외경기의 호전으로 야기된 순수출의 증가는 환율하락으로 인한 순수출의 감소로 완전히 상쇄된다. 해외 경기변동의 충격을 변동환율제도 하에선 환율의 조정을 통하여 흡수되어 국내경제에 미치는 영향을 차단시킨다.

》 무역제한정책의 효과는?

경기가 침체국면일 경우 수입의 증가는 경상수지를 악화시키고 자국의 해당 산업기반을 위협하여 일자리가 소멸된다는 주장을 많이 한다. 이런 보호무역주의적인 기류는 특히 정치인들과 관련 산업관계자 및 근로자들의 주장에 힘을 얻게 된다. 이런 분위기는 지난 2008년의 서브 프라임 여파로 심각한 불경기를 겪은 미국의 자동차업체들 및 철강업체 등을 중심으로 확산되었다. 국내의 경우에도 중국산 제품으로 경쟁력을 잃고 있는 한계업체들이 이런 주장을 많이 하게 된다. 그런데 이런 수입제한조치는 변동환율제의 환경하에선 먼델-플레밍 모형에 따르면 별효과가 없게 된다. 왜 그렇게 되는지는 [그림 8-6]을 참조하여 설명해보라. 그러나 고정환율제도의 경우는 다른 결과를 나타낸다. 수입제한조치는 자국의 순수출을 증대시켜 국제수지 흑자가 된다. 이때 국제수지 흑자는 환율하락 압력이 생긴다. 그러나 고정환율제도 하에선 환율유지를 위해 외환매입과 자국화 매각을 통하여 통화량의 증가로 LM곡선이 우측으로 이동한다. 이는 소득증대를 의미한다. 이렇듯이 고정환율제도 하에선 무역제한조치가 영향력을 발휘할 수 있다. [그림 8-6]을 참조하여 고정환율제도 하에서 무역제한조치가 소득에 미치는 영향을 직접 그려보기 바란다.

4. 시사점

자유변동환율제도 하에서는 국제수지가 자동으로 조정된다는 특징과 함께 또 하나의 중요한 시사점은 통화의 내생성문제가 발생하지 않는다는 점이다. 고정환율제도하에서는 자본의 유출입에 따라 수반되는 중앙은행의 외환시장개입이 통화량을 내생변수화해서 자국의 독자적인 통화정책이 보장되지 않았다. 하지만 자유변동환율제도는 중앙은행의 개입을 필요로 하지 않기 때문에 통화량은 중앙은행의 의지대로 조절할 수 있어 독자적인 통화정책이 유효하게 된다. 또한 자유변동환율제도의 또 하나의 특징은 환율변화가 *IS*곡선을 이동시킨다는 점이다. 예를 들면 정부지출의 증가로 인한 국내금리의 상승은 막대한 자본의 순유입을 가져와 외환의 공급증가와 함께 환율하락으로 이어진다. 이러한 환율하락은 순수출을 감소시켜 *IS*곡선을 좌하방으로 이동시킨다. 반면에 국내금리의 하락은 자본의 순유출을 초래함으로써 환율상승으로 이어진다. 환율상승은 국내상품의 국제경쟁력을 제고시켜 순수출을 증가시킨다. 이에 따라 *IS*곡선은 우상향으로 이동하게 된다. 이러한 자유변동환율제도의 특징들은 재정정책의 효과를 축소시킨다. 자유변동환율제도는 해외의 각종 경제충격(예: 서브프라임 같은 경기침체 충격 등)으로 부터 환율변동을 통하여 자국경제로 전파되는 것을 차단시키는 효과가 있다. 따라서 자유변동환율제도 하에선 해외의 경기침체 충격이나 호황경기 영향이 국내경제에 미치는 영향력을 차단시키는 효과가 있다. 환율의 변동을 통하여 충격을 흡수하는 효과가 있다. 만일 현재의 세계경제가 고정환율제도(1945년에서 1970년대 초반까지의 브레튼우드체제)를 취하고 있었다면, 2008년도의 미국발 서브프라임의 경제충격은 더 심각했을 것이다. 미국 등 선진국의 해외경기 침체의 충격을 환율이 조정해주지 못하고 국내경제에 그대로 전파되어 국내의 불경기는 더 심화되었을 것이다.

제3절 개방대국경제 모형

국내금리가 세계금리 수준으로부터 결코 벗어날 수 없는 개방소국경제와는 달리 개방대국경제는 국내금리의 변화에 대해 상당부분 통제력을 지니고 있다. 국내정책기조의 변화에 의하여 비록 국내금리가 상승한다 하더라도 자본시장의 규모가 워낙 커서 자본유입이 국내외금리 차이를 완전히 없앨 수 없다. 즉, 자본의 완전이동이란 가정이 사실상 성립되기 어렵다.

앞에서 살펴보았듯이, 개방소국경제의 *BP*곡선은 세계금리수준(i^*)에서 수평한 직선으로 묘사되었지만 개방대국경제의 *BP*곡선은 양의 기울기 값을 갖는 곡선으로 표현된다. *BP*곡선의 기울기가 가파를수록 이자율에 대한 자본이동의 탄력성이 작아(이자율 차이에 대한 자본유입(출)이 작게 일어남)짐을 의미한다. 이자율의 변동에 따른 자본의 이동이 민감하게 움직일수록 *BP*곡선의 기울기는 완만해진다. 국내금리가 상승하면 지속적인 자본유입으로 개방대국경제는 자본수지 흑자를 경험한다. 그러나 전반적인 국제수지의 균형이 달성되기 위해서는 자본수지 흑자는 경상수지 적자로 상쇄되어야만 한다. 경상수지 적자는 소득의 상승으로부터 만들어진다. 소득상승으로 인한 순수출의 감소(소득상승→수입증가로 인해)가 경상수지 적자를 초래하고 결국 국제수지의 균형을 달성시킨다. 이러한 이유 때문에 국제수지의 균형은 금리와 소득 간에 정의 관계를 요구하는 것이다.

개방대국경제에서도 개방소국경제에서와 같이 어떤 환율제도를 채택하고 있느냐에 따라 균형의 결정과정과 정책변화의 파급효과가 달라진다. 따라서 우리는 환율제도에 따라 정책변화의 효과가 어떠한지를 살펴보고자 한다.

3.1 고정환율제도 하의 거시경제정책 효과

1. 통화정책

고정환율제도 아래에서 개방대국경제의 통화정책은 개방소국경제와 마찬가지로 무력하다. 통화공급의 증가는 국내이자율을 하락시키는데, 이는 자본유출을 일으킨다. 동시에 통화공급의 증가로 인한 소득증가는 수입수요를 증대시켜 경상수지 적자를 초래한다. 따라서 국제수지 적자가 되어 환율하락 압력이 나타난다. 하지만 고정환율제도에선 중앙은행은 환율을 일정수준으로 유지시키기 위하여 외환의 매각과 원화의 매입을 통하여 *LM*곡선은 원래의 위치로 돌아간다. 따라서 *BP*곡선의 기울기에 관계없이 고정환율제도는 통화량을 내생화시킨다. 통화공급의 증가는 국내이자율의 하락을 유도하고 이는 자본의 해외유출을 가져온다. 이러한 자본유출은 환율상승 압박으로 작용하는데 환율을 일정수준으로 고정시키기 위해서는 중앙은행의 외환시장 개입이 수반된다.

이때 외환매각과 자국통화 매입시에 국내통화량을 다시 감소시키는 결과를 초래한다. 이는 *LM*곡선을 원위치로 이동시켜 통화정책에 대한 효과가 나타나지 않는다. 따라서 개방소국경제에서와 마찬가지로 고정환율제도 하에서 통화정책은 국민소득과 이자율에 영향을 미치지 못한다.

[그림 8-7] 고정환율제도하의 통화정책 효과

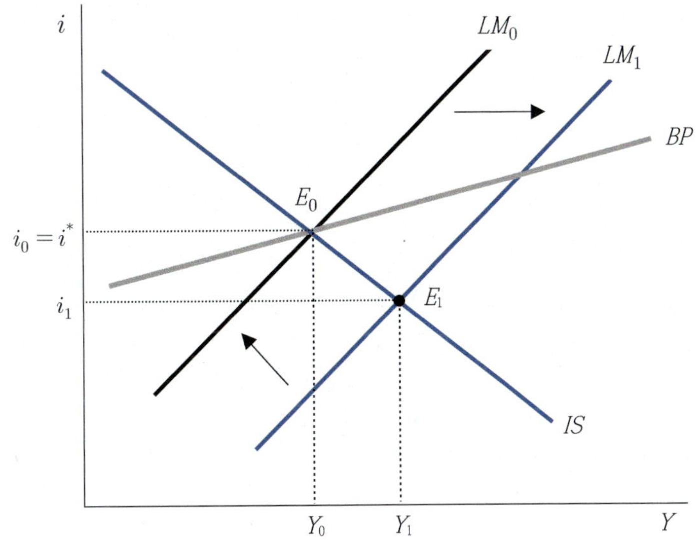

2. 재정정책

반면에 재정정책은 효과적이다. 하지만 그 효과는 개방소국경제의 경우보다 작게 나타난다. 이러한 결과는 국내금리가 세계금리수준에서 벗어날 수 있다는 사실에서 비롯된다. 개방소국경제에서는 확대재정정책의 파급효과가 소득의 증가로 전부 나타나지만 개방대국경제에서는 소득의 증가와 금리의 상승이 함께 나타난다. [그림 8-8]은 이러한 결과를 보여주고 있다. 확대재정정책은 *IS*곡선을 우상향으로 이동시키고 이에 따른 금리상승은 자본유입을 초래한다. 여기서 *BP*곡선의 기울기는 *LM*곡선의 기울기보다 완만하다고 가정하고 있다. 이자율에 대한 자본의 이동탄력성이 상당히 높다는 가정을 하고 있다.

즉, $G\uparrow \rightarrow i\uparrow \rightarrow KA\uparrow$, 한편 $G\uparrow \rightarrow Y\uparrow \rightarrow NX\downarrow$. $BP = NX + KA$ 이므로 어느 쪽이 크냐에 따라 *BP*의 크기가 결정되는데, 여기선 KA의 효과가 더 크다고 가정하였다(*BP* 곡선의 기울기가 *LM*보다 완만함). 따라서 E_1에서는 $BP > 0$가 된다. 고정환율제도 하에서 이러한 자본유입은 통화량 증가로 나타나 *LM*곡선을 우측으로 이동시킨다. 결국 균형점은 최초의 균형점 E_0에서 E_2로 움직인다. [그림 8-8]에서 *BP*곡선의

[그림 8-8] 고정환율제도 하의 확대재정정책의 효과

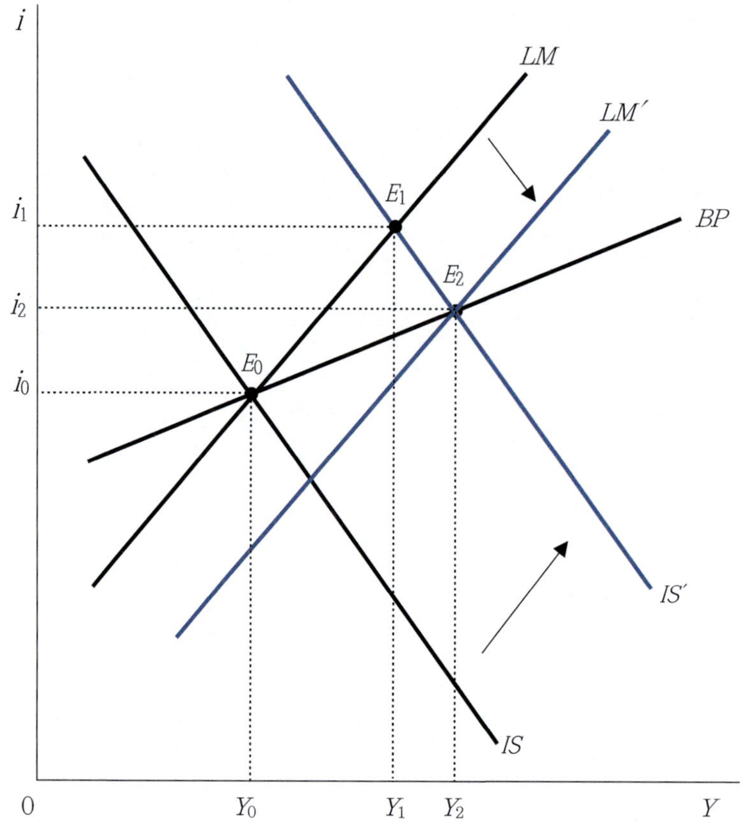

기울기가 *LM*곡선보다 가파르다면(즉, 자본이동에 대한 이자율 탄력성이 작다면) 약간 상이한 결과가 도출된다. 즉, G 증가로 인한 자본유입의 효과가 경상수지 적자 효과보다 작아져 국제수지 적자($BP < 0$)가 된다. 이는 환율상승압력을 초래케 되는데 고정환율제도 하에선 중앙은행의 환율유지를 위해 국내통화공급이 감소되어 *LM*곡선의 왼쪽으로 이동한다. 이로서 소득증가가 [그림 8-8]의 경우보다 작아진다. 이는 *BP*곡선의 기울기가 클수록(자본이동의 이자율 탄력성이 작을수록) 소득증가의 효과는 작아짐을 시사한다. [그림 8-8]을 이용하여 독자들이 각자 해보기 바란다.

3.2 변동환율제도 하의 거시경제정책 효과

1. 통화정책

변동환율제도를 채택하고 있는 개방대국경제의 통화정책은 개방소국경제와 마찬가지로 강력한 효과를 발생시킨다. 통화량의 증가는 *LM*곡선을 우측으로 이동시켜 금리 하락을 유도한다. 즉, $M\uparrow \rightarrow i\downarrow \rightarrow KA\downarrow$(자본유출 효과)와 통화량의 증가로 인한 소득증대는 경상수지 *NX*를 감소시켜 국제수지는 적자가 된다($BP<0$). *BP*곡선의 기울기에 관계없이 통화량 공급 증가는 이자율 하락과 소득증대를 통하여 국제수지 적자를 초래한다. 국제수지 적자는 환율(E)의 상승을 초래하고 이러한 환율상승은 순수출의 증가로 이어져 *IS*곡선과 *BP*곡선을 우측으로 이동시킬 것이다.[2] [그림 8-9]는 이러한 균형의 이동을 묘사하고 있다. 최종 균형점인 E_2에서 보면 확대통화 정책은 궁극적으로 국민소득을 대폭 증가시킨다.

[그림 8-9] 변동환율제도하의 확대통화정책의 효과

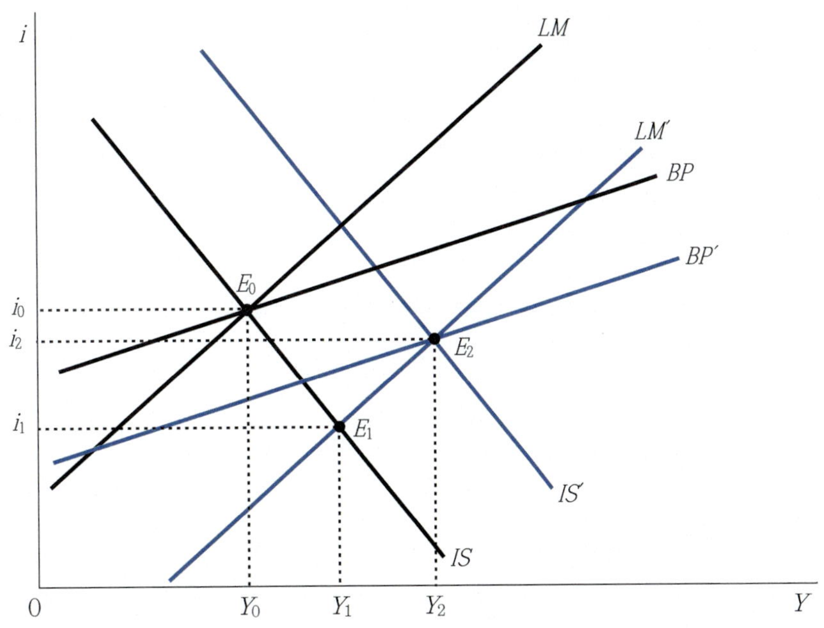

2) *BP*곡선의 이동은 식 (8.4)에 표기되어 있는 *BP*곡선의 함수형태로부터 쉽게 이해될 수 있다. 이자율과 소득의 좌표에서 환율의 변동은 *BP*곡선의 이동을 초래한다.

》 미국의 양적완화정책의 효과는?

미국은 2008년 금융위기후에 지난 7년 동안 세 차례의 양적완화정책을 통하여 시장에 약 4조5,000억 달러 통화를 공급하여 경기침체를 막았다. 당시 FRB 의장인 버냉키는 양적완화정책(국채매입에 의한 통화량 공급)에 의한 대규모 통화공급($)은 미국의 이자율을 인하시키고, 이는 소비와 투자를 증대시켜 국내총수요 증대를 통하여 GDP를 증가시킬 수 있다고 보았다. 또한 달러화 공급은 달러가치를 하락시켜 미국의 대외수출품의 가격경쟁력을 높여 수출증가에도 일조할 것으로 보고 있다. 이런 주장에 대해 반대편 견해는 이미 미국의 단기 이자율이 거의 0%에 가까워 더 이상 이자율이 떨어지지 않는 유동성 함정 현상이 나타나 통화정책의 효과가 나타나지 않을 것이란 주장이다. 또한 미래 경기회복에 대한 불확실성이 높아 소비와 투자가 기대한 것만큼 증대되지 않을 것이란 주장이다. 그러나 미국경제는 다른 지역에 비하여 견실한 경제성장을 이룩하여 2014년도 10월말에 양적완화정책을 종료하고 1년여의 기간 동안에 시장을 안정화시킨 후에 2015년 12월에 드디어 미국의 금리를 인상(0~0.25% → 0.25~0.5%)하였다.

미국의 양적완화정책이 집행되는 동안에 미달러($)화는 미국뿐만 아니라 전세계 금융시장에 막대한 영향을 끼쳤다. 중국을 위시한 신흥개도국들은 과잉공급된 국제 유성동(미 달러화)이 신흥국으로 대규모 유입되어 신흥개도국의 통화가치를 상승시켜(환율하락) 수출수요 감소로 경기둔화를 일으키는 부작용도 초래하였다. 신흥개도국으로 과잉 유입된 외국자본이 주식, 채권, 부동산 등 자산버블을 일으킬 위험도 있다는 점에서 과도한 자본유입을 억제키 위한 조치가 강구되었다.

미국의 양적완화정책의 효과를 먼델-플레밍 개방대국 모형을 이용하여 분석해 보고, 상기의 주장들에 대해 검토를 해보자. 기본적인 모형은 [그림 8-9]를 기초로 할 수 있다. 버냉키의 주장대로 미국은 확대통화정책이 예상한 대로 작동된다면 [그림 8-9]와 같이 미국의 국내소득을 증대시킬 수 있다. 미국경제의 부흥은 수출수요의 파급효과(spill over effect)를 통하여 다른 나라들에게도 유익하다. 이 논리로 신흥개도국을 설득하였다. 버냉키의 주장대로 통화정책의 효과가 나타나려면, 통화정책의 전달과정(monetary transmission) 3가지 측면에서 잘 작동되어야 한다. (i) 통화량 공급 증대 → 이자율 하락 채널, (ii) 이자율 하락 → 소비 및 투자 증대 채널, (iii) 달러가치 하락 → 미국의 수출증대 채널 등 상기의 3 채널이 잘 작동되어야 한다. 유동성 함정에 빠질 경우 *LM*곡선이 거의 수평으로 되어 통화정책의 효과를 기대하기 어렵다. 또한 불확실성이 높아 기업의 투자마인드가 위축될 경우 기업은 투자를 미루고, 소비자는 소비를 줄일 것이다. 즉, 투자마인드 위축으로 야성적 충동(animal spirit)이 크게 감소하면 *IS*곡선이 매우 가파르게 되어 통화정책의 효과가 줄어든다(제4장 참조). 잠정적으로 미국의 양적완화정책은 미국의 경우엔 성공적이었다고 볼 수 있다. 미국에서 발발된 금융위기로 미국은 대규모의 양적완화정책을 통하여 미국경제는 회복세를 보이고 있지만, 다른 지역(유럽, 중국 등)은 경기회복이 지연되고 있다.

2. 재정정책

변동환율제도 아래에서 개방대국경제의 확대재정정책은 개방소국경제의 경우와 같이 완전히 무력하지는 않다. [그림 8-10]에서 볼 수 있는 것처럼 확대재정정책은 *IS* 곡선을 우상향으로 이동시킨다. 이에 따른 이자율의 상승은 자본유입을 가져오고 환율 하락을 유도한다. 즉, 정부지출의 증가는 소득증대와 이자율 상승을 초래한다. 이자율 상승은 자본유입의 증대를, 소득증가는 무역수지(경상수지) 적자를 만들어 국제수지가 흑자인지 적자인지 불분명해진다. [그림 8-10]에서와 같이 BP곡선이 LM곡선보다 완만한 경우는 IS곡선과 LM곡선의 교차점이 BP곡선 위쪽에 위치하여 국제수지가 흑자($BP > 0$)임을 나타낸다. 국제수지 흑자로 인해 환율하락이 유발된다. 하지만 환율하락은 순수출을 감소시켜 IS곡선을 다시 좌하향으로 이동시키고 BP곡선도 좌상방으로 이동시킨다. 결국 개방대국경제의 균형은 E_1에서 달성된다. [그림 8-10]은 자본의 이동성이 비교적 높은 경우(BP곡선의 기울기가 LM곡선의 기울기보다 완만한 경우)를 상정한 것이다.

[그림 8-10] 변동환율제도 하의 확대재정정책의 효과

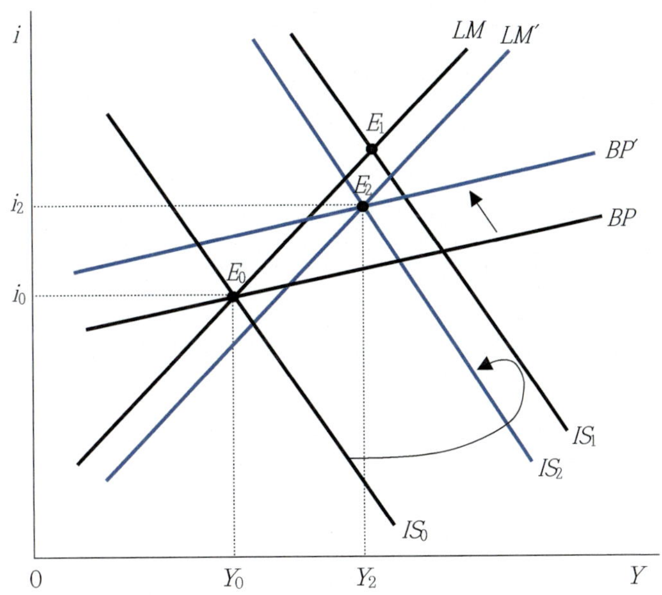

만일 자본의 이동성이 상대적으로 낮을 경우 BP곡선의 기울기는 LM곡선보다 가파르게 된다. 이럴 경우 자본유입은 작게 나타나고 경상수지 적자가 크게 나타나 종합적으로 국제수지는 적자($BP < 0$)가 된다. 이 경우에는 환율이 상승되어 IS곡선과 BP곡선을 모두 더 추가적으로 우측으로 이동시켜 소득증대 효과가 크게 나타날 수 있다. 극단적으로 BP곡선이 수직인 경우는 재정지출에 대한 효과는 크게 나타날 것이다. 변동환율제도 하에서의 재정정책의 효과는 자본이동에 대한 이자율 탄력성이 작을수록 소득증가의 효과가 크게 나타나고 있다. 그래프에 의한 설명은 독자가 해보기 바란다.

개방소국경제와 비교하여 다른 점이 있다면 그것은 국제적 구축효과가 크지 않다는 사실이다. 물론 이러한 결과는 *BP* 곡선의 기울기 차이에서 비롯된다. 따라서 변동환율제도 하에서 개방대국의 경우 확대재정정책은 이자율 상승과 함께 약간의 국민소득 증가를 초래한다. 반면에 이미 살펴본 바와 같이 변동환율제도 하에서 개방소국의 경우는 재정정책은 국제적 구축효과를 통하여 소득증대 효과가 완전히 소멸되었다. 개방대국은 개방소국과 달리 정부지출에 의한 이자율 상승과 함께 자본유입을 초래한다. 이자율에 대한 자본이동의 탄력성이 클수록(즉, BP 곡선의 기울기가 완만할수록) 자본유입에 의한 자국화의 가치상승(환율하락)된다. 환율하락은 *IS* 곡선과 *BP* 곡선을 왼쪽으로 이동시켜 소득의 일부를 상쇄시킨다. 개방소국의 경우는 자본유입이 매우 커 환율하락의 폭도 커서 *IS*곡선이 완전히 원위치되지만, 개방대국의 경우는 자본이동에 대한 탄력성이 개방소국보다는 작아 일부분만 이동되어 부분적인 소득증가로 나타난다.

결국, 먼델-플레밍 모형의 개방대국 및 개방소국에 대한 재정정책 또는 통화정책의 효과는 자본이동에 대한 이자율의 탄력성에 의존한다는 것을 알 수 있다. 이를 종합적으로 정리해 보자. 먼델-플레밍 모형을 이용한 통화 및 재정정책의 효과의 크기를 다음의 〈표 8-1〉과 같이 정리할 수 있다. 해외이자율(i^*)은 주어진 외생변수로 간주하여 국내의 이자율변동에 의하여 해외 자본의 유출입이 결정된다고 가정한다.

| 표 8-1 | 먼델-플레밍 모형하에서 통화 및 재정정책의 효과 비교

환율제도	BP 곡선의 형태	통화정책 효과	재정정책 효과
고정환율제도	수평BP(개방소국) $\partial KA/\partial i=\infty$	무 (0)	유 (+++)
	중간BP(개방대국) $\partial KA/\partial i=$중간	무 (0)	유 (++)
	수직BP(자본통제) $\partial KA/\partial i=0$	무 (0)	무 (0)
변동환율제도	수평BP(개방소국) $\partial KA/\partial i=\infty$	유 (+++)	무 (0)
	중간BP(개방대국) $\partial KA/\partial i=$중간	유 (++)	유 (++)
	수직BP(자본통제) $\partial KA/\partial i=0$	유 (+)	유 (+++)

주: ( ) 안의 0은 효과가 없음을 의미하고, +는 상대적인 효과의 크기를 나타냄.

상기 〈표 8-1〉을 정리하면, (i) 고정환율제도 하에선 *BP*곡선의 기울기에 관계없이 통화정책은 효과가 없음을 나타낸다. 이는 통화의 내생성문제로 통화정책을 독립적으로 집행할 수 없음을 나타낸다. (ii) 변동환율제도 하에선 *BP*곡선의 기울기가 완만할수록(자본이동에 대한 이자율탄력성이 클수록) 통화정책의 효과가 크게 나타낸다. (iii) 반면에 고정환율제도 하에선 *BP*곡선의 기울기가 완만할수록(자본이동에 대한 이자율탄력성이 클수록) 재정정책의 효과가 큼을 나타낸다.

》미국의 양적완화정책이 한국경제에 미치는 영향 : 먼델-플레밍 모형을 중심으로

미국의 세 차례의 양적완화정책으로 인해 대규모 달러($)가 미국내외로 유통되었다. 한국도 상당한 정도의 달러가 국내금융시장으로 유입되어 한국경제에 큰 영향을 끼쳤는데, 이를 먼델-플레밍 모형을 이용하여 분석해보자. 한국은 개방소국이라고 가정하고, 변동환율제도이며 자본의 이동이 완전하다고 가정하자. 미국의 대규모 통화량 증가 → 이자율 인하 → 미국 내 소비 및 투자 증대 → 미국소득 증대가 예상된다. 미국의 소득증가(Y^*)는 수출수요 증대를 통하여 한국소득을 증가시킨다. [그림 8-11]에서 보는 바와 같이 IS곡선을 우측으로 이동시켜($IS_0 \rightarrow IS_1$) 소득이 증가된다. 미국의 이자율(i^*) 하락(개방대국)은 개방소국인 우리나라의 BP곡선을 아래쪽 BP_1으로 이동시킨다. 하지만 b점은 국제수지 흑자를 나타낸다. 변동환율제도 하에서 국제수지 흑자는 환율하락을 유도하여 수출수요 감소를 통하여 IS_2로 이동시켜 자국소득을 감소시킨다. 또한 미국의 초저금리정책과 양적완화정책은 대규모의 달러화가 한국 등 신흥국으로 유입되어 한국의 원화가치를 절상시키는 효과도 있다. 우리나라의 원달러환율(₩/$)은 미국의 양적완화정책을 실시한 전후를 보면 원달러환율은 하락하는 추세를 보였다. 2009년 연평균 원달러환율은 미달러 당 1,276.35원에서, 2010년 1,156.0원, 2011년 1,107.9원, 2012년 1,126.7원, 2013년 1,095.04원, 2014년 1,053.12원을 기록하였다. 이는 대미수출에서 우리나라의 수출품의 가격경쟁력이 약화되었음을 의미한다. 미국은 규모의 양적완화정책을 통하여 미국의 자국경제가 상당히 회복되었지만 우리나라는 미국경제 회복에 대한 파급효과를 그다지 누리지 못하였다.[3)]

[그림 8-11] 미국의 양적완화 정책이 한국경제에 미치는 영향

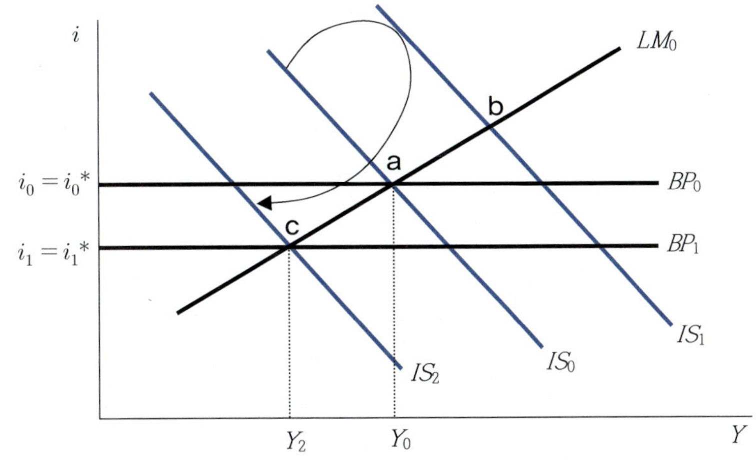

3) 2018년 현재 미국경제는 호황국면이지만 한국경제는 부진을 면치 못하고 있다. 또한 우리나라의 수출구조는 미국보다는 중국에 더 많이 의존하는 구조이다. 대중국수출 비중이 약 25% 내외를 차지하는데 반해 대미국시장 수출의존도는 15% 내외이다. 이런 수출시장의 구조 때문에 미국경제의 회복세보다는 중국의 경제성장률에 더 민감하다. 최근 중국경제는 미·중 간 무역전쟁으로 인해 저성장기조에 직면하고 있다.

그런데 만일, 국내로 유입되는 외화자본을 통제하여 자본유입이 차단된다면 환율하락도 없을 것이고, 그에 따른 총수요 감소도 없을 것이다. 자본을 통제하는 경우는 *BP*곡선이 이자율의 움직임과 무관한 수직의 모양을 취한다. 해외소득(미국경제 회복세로 인한) 증가의 효과로 *IS*곡선이 우측으로 이동하게 된다. [그림 8-12]에서 점 *b*는 국제수지 적자를 나타낸다. 자본이동이 통제되므로 자본수지는 변함이 없지만, 자국소득의 증가로 수입이 증대되어 무역수지가 적자가 된다. 국제수지 적자는 환율상승을 초래하여 추가적인 수출증가로 IS_2까지 증대되고 BP_1으로 이동된다. 새로운 균형점은 *c*점으로 *a*점과 비교하여 국내소득이 증가하여 미국의 통화팽창 정책의 수혜를 누릴 수 있다. [그림 8-12]는 극단적인 자본통제이지만, *BP* 곡선의 기울기가 *LM*곡선보다 가파를 경우에도 소득증가 효과를 기대할 수 있다. 현실적으로 자본의 이동에는 여러 가지 제약요인들이 많아 *BP*곡선이 *LM*곡선보다 가파른 경우가 보다 현실적일 것이다. 이러한 경우 소득증가의 효과는 수직인 *BP*곡선의 경우보다는 작을 것이다. 각자 확인하기 바라며 이 부분에 대한 그림 설명은 생략한다.

실제로 말레시아는 1997년 동아시아 외환위기 때 자본을 통제하여 외환위기를 넘겼다.[4] 2010년 11월에 열린 G20 서울회의에서 선진국의 대규모 자본이 신흥개도국으로 과도하게 유입되는 경우 일정한 조건에서 자본유출입에 대한 규제를 허용키로 했다. 브라질은 이미 외국자본에 대한 거래세(일명 **토빈세**) 6%를 부과한 바 있다. [그림 8-12]가 시사하는 바는 자본통제로 자국 내 경제를 외국의 경제충격으로부터 보호할 수 있다는 점을 보여주고 있다. 그러나 자본통제는 국제금융시장에서 자금조달을 어렵게 하는 위험이 있어 쉽게 쓸 수 있는 카드가 아니다. 이런 점을 반영하여 2011년 G20 재무장관-중앙은행총재회의와 정상회담은, 주요국의 무질서한 통화정책으로 신흥시장국의 금융시장 불안이 높아질 경우 거시건전성 차원의 자본이동 규제를 허용할 수 있다는 '자본이동관리원칙'의 가이드라인을 제시한 바 있다. 이런 국제적인 원칙에 입각하여 우리나라도 자본유출입에 대한 규제제도를 갖추고 있다. 이들 규제를 강화하면 외국인 자본유입이 억제되고 완화하면 자본유출을 막는 효과가 있다(우리나라의 자본규제는 아래 시사 참조).

4) 자본통제는 그에 따른 비용도 수반된다. 자본통제하에선 외국 자본유입을 기대할 수 없다. 당시 말레시아는 국제적인 비난을 감수해야 했다. 말레시아는 고무, 천연가스, 석유 등 천연자원이 풍부하여 우리나라와는 경제구조가 다르다. 우리는 석유, 천연가스 등을 전적으로 해외수입에 의존해야 하는 구조적인 취약점을 안고 있다.

[그림 8-12] 해외 자본유입에 규제를 가할 경우 국내소득에 미치는 영향

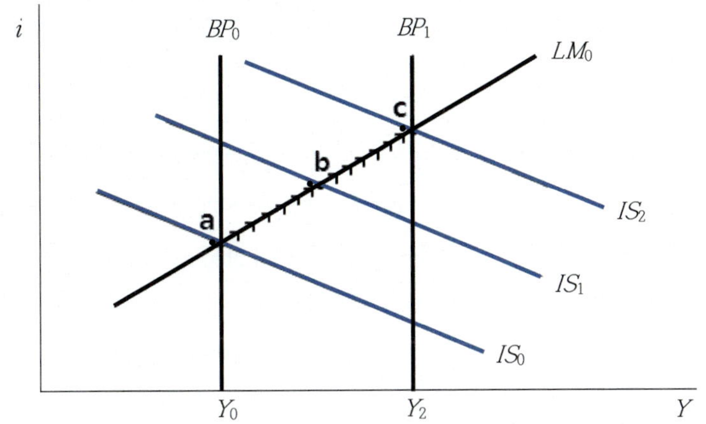

》우리나라의 자본규제 도입 정책

미국 및 유럽 등 선진국들이 자국 내 경기회복을 위하여 대규모의 통화공급량을 대폭 증가시켰다. 대표적인 것이 미국의 세 차례에 걸쳐 실시된 양적완화정책이다. 이렇게 단기간에 급증된 국제유동성(달러화)이 중국, 한국, 브라질, 인도네시아, 대만 등 신흥개도국으로 대규모로 유입되어 각종 부작용(신흥국의 환율인하, 자산버블 가능성으로 인한 인플레이션 우려, 원유 및 국제원자재 가격 상승 등)을 유발하였다. 특히 신흥개도국의 화폐가치를 상승시켜 수출경쟁력을 떨어뜨리고 자산버블(금융자산 및 부동산 등)을 우려하여 과도한 외환 및 해외자본 유입을 억제하려 한다. 또 다른 문제는 이들 자금의 상당부분이 투기성 단기자금으로 일시에 외환이 빠져나갈 때 외환위기를 일으킬 우려가 있기 때문에 신흥개도국은 과도한 자본유(출)입을 경계하고 여러가지 조치들을 취하였다.

변동환율제도 하에선 위에서 살펴본 바와 같이 해외의 금융충격시에 자본이동에 대한 통제를 가하는 경우 자국(개방소국)의 경제적 이익에 부합되는 경우가 있다. 이런 연유에서 신흥개도국은 자본유출입에 대한 규제를 가하려 한다. 해외의 핫머니에 대한 규제를 한 대표적인 나라가 브라질이다. 브라질은 금융거래세(토빈세)를 처음에 2%에서 시작하여 2010년에는 6%까지 올렸다. 이외에도 태국은 외국인 채권투자 수익에 15% 과세를 하였으며, 인도네시아는 채권투자시에 최소한 1개월을 보유토록 하였다. 우리나라도 급격한 외환의 유출입을 규제하기 위해 2010년도에 '거시건전성 3종 세트'를 내놓았다. 구체적인 내용으로는 도입한 (i) 선물환 포지션 규제, (ii) 외환건전성 부담금, (iii) 외국인 채권투자 과세제도를 일컫는다. 선물환 포지션 규제는 은행의 자기자본 대비 선물환 보유액 비율을 일정비율로 정해놓은 것이다.

은행이 선물환 매수에 따른 위험을 회피하기 위해 현물환을 매도하며 과도하게 달러를 차입하는 것을 막기 위한 규제다. 외환건전성 부담금은 은행이 외국에서 과도하게 자금을 빌리는 것을 방지하기 위해 부과하는 부담금으로 2011년 8월에 처음 생겼다. 이후 2015년 7월부터 은행뿐만 아니라 여신전문기관, 증권사, 보험사 등에도 외환건전성 부담금을 부과할 수 있도록 개편됐다. 또한, 부과대상도 잔존만기 1년 미만 외채로 한정해 단기부채에 높은 부담을 매겼다. 외국인 채권투자 과세제도는 과도한 외국인 자본 유출입을 방지하기 위한 제도다. 외국인 채권투자가 과도하게 확대되면 달러-원 환율 급락과 채권금리 하락이 우려된다. 반면, 외국인 자본이 급격히 빠져나가면 유동성 위기를 겪을 수 있다.

제4절 개방경제 하의 총수요 곡선

4.1 총수요 곡선의 유도

폐쇄경제의 경우와 마찬가지로 개방경제 하에서도 한 나라의 총수요(AD)를 유도할 수 있다. 우리가 앞에서 살펴본 먼델-플레밍 모형은 기본적으로 단기모형(물가고정)인데, 여기서 물가가 변하는 경우 물가변동과 산출량(소득변동)과의 관계를 유도할 수 있다. 개방소국경제와 자유변동환율제도를 가정한다. 총수요곡선은 물가가 변할 때 산출량과의 관계를 유도하므로 이제는 환율이나 이자율이 물가가 반영된 실질환율($e = EP^*/P$)과 실질이자율($r = i - \pi$)로 수정해서 분석하기로 한다. r, i, π는 각각 실질이자율, 명목이자율, 인플레이션율을 나타낸다. 앞의 식 (8.2)~(8.4)을 아래와 같이 변형할 수 있다.

$$Y = C(Y-T) + I(r) + G + NX(Y, Y^*, EP^*/P) \text{ : } IS\text{곡선} \tag{8.5}$$

$$M/P = L(r, Y), \text{ 단, } \mathrm{M} = DA + NFA \text{ : } LM\text{곡선} \tag{8.6}$$

$$BP = NX(Y, Y^*, \ EP^*/P) + KA(r - r^*) = 0 \text{ : } BP\text{균형조건} \tag{8.7}$$

개방소국경제 하에서의 총수요곡선을 유도하기로 한다. 총수요곡선은 물가와 산출량(소득)과의 관계이기 때문에 물가(P)가 변동될 때 소득이 어떻게 변동될 것인가를 규명해야 한다. 위의 식에서 보는 바와 같이 물가변동은 생산물시장, 화폐시장 및 국제수지 균형조건에 영향을 끼친다. 폐쇄경제의 경우엔 화폐의 실질잔고(real balance)인 M/P의 변동을 통해서 LM곡선의 이동을 초래했지만, 개방경제의 경우엔 화폐의 실질잔고(M/p)의 변동뿐만 아니라 무역수지의 변동을 통하여 국제수지 및 생산물시장에도 영향을 끼친다.

먼저 물가가 P_0에서 P_1으로 하락했다고 하자. 물가하락은 화폐의 실질잔고를 증가시켜 LM곡선을 $LM(P_0)$에서 $LM(P_1)$으로 오른쪽으로 이동시킨다. 또한 국내물가 하락은 수입상품에 대한 상대가격(EP^*/P)을 상승시켜(수입품이 상대적으로 비싸짐) 수입을 감소시켜 무역수지(경상수지) 흑자(NX 증가)를 초래한다. 그러나 [그림 8-13]에서 보듯이 LM곡선의 우측이동은 대내균형점이 BP선 아래에 위치해(자국내금리가 국제금리 수준보다 낮아 자본유출이 일어남) 국제수지는 적자가 된다. 변동환율제도 하에선 국제수지 적자는 환율의 상승을 초래한다. 실질환율의 상승은 순수출(NX)을 증가시킨다. 이는 NX를 증가시켜 IS곡선을 우측으로 이동시킨다.

이로 인해 균형점은 E_0에서 E_1으로 이동하여 균형국민소득도 Y_0에서 Y_1 증가된다. 균형국민소득의 변화와 그에 상응하는 물가수준 P_0 와 P_1을 연결한 점의 궤적을 개방경제하의 총수요곡선(AD_0)이 된다. 폐쇄경제의 경우는 소득수준이 Y_2까지만 증가하여 폐쇄경제 하에서의 총수요곡선은 개방경제의 경우보다 가파른 AD_c가 된다. 이는 국내물가가 하락하는 경우 총수요에 미치는 효과가 국내소비 증진에만 있는 것이 아니라 해외물가보다 상대적으로 싸기 때문에 해외수출 수요까지 증대되어 총수요의 증대효과가 더 커짐을 시사한다.

[그림 8-13] 개방경제하의 총수요 곡선 유도

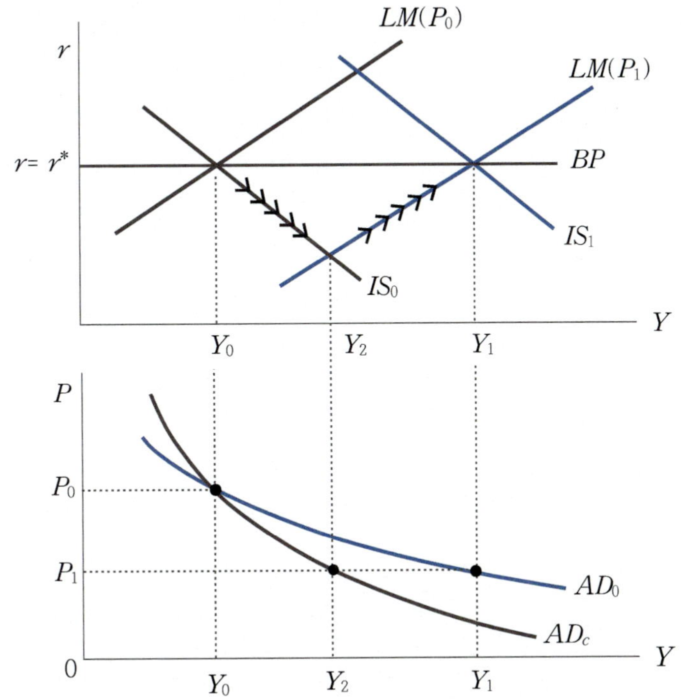

4.2 총수요곡선의 기울기 및 이동

개방대국의 경우도 [그림 8-13]과 같은 논리로 유도할 수 있으며 역시 우하향하는 총수요곡선을 얻을 수 있으며, 개방경제 하의 총수요곡선(AD_0)의 기울기가 폐쇄경제 하에서의 AD_C 보다 완만하다. 동일한 물가변동이 있을 경우 개방경제 하에서 소득변동이 폐쇄경제의 경우보다 더 큼을 시사한다. 이는 수입 때문에 그렇다. 예를 들면, 국내물가가 하락하는 경우 폐쇄경제의 경우는 국내수요만 증가하지만, 개방경제의 경우는 실질환율 상승으로 순수출이 증가하여 소득수준은 더 증가된다. 소득순환 모형에서 수출은 주입(injection)임을 기억하라. 상기의 [그림 8-13]을 이용하여 설명될 수 있다. 폐쇄경제의 경우라면, 물가하락에 의한 충격은 통화시장에만 영향을 끼쳐 LM 곡선만 우측으로 이동하여 소득수준은 Y_1보다 작은 Y_2까지만 증가된다. 폐쇄경제 하의 총수요곡선인 AD_C는 개방경제 하의 총수요곡선인 AD_0 보다 가파르다. 그러나 국내 물가상승률이 높을 경우에는 소득감소 효과는 폐쇄경제의 경우보다 더 크다. 그 이유는 국내가격 상승시 상대적으로 싼 수입품이 증가하여 누출증가로 국내소득이 감소한다. 그만큼 개방경제 하에서의 경제변동성은 커지게 된다.

다음은 개방경제 하의 총수요곡선을 이동시키는 요인에 대하여 알아보자. 총수요곡선을 오른쪽으로 이동시키는 요인으로는 국내통화(M) 공급증대, 재정지출(G) 증대, 투자(I) 증가, 조세(T) 감소, 물가(P) 하락, 명목환율(E) 상승, 해외소득(Y^*) 증가, 해외물가(P^*) 증가, 실질환율(EP^*/P) 상승을 들 수 있다. 이른 수식으로 나타내면,

$$AD = AD(\underset{-}{P},\ \underset{+}{I},\ \underset{+}{G},\ \underset{+}{M},\ \underset{-}{T},\ \underset{+}{E},\ \underset{+}{P^*},\ \underset{+}{Y^*})$$

이다.[5] 다른 사정은 일정하다고 가정하고 단순히 물가와 소득만을 고려하여 $AD=AD(P)$인 관계로 나타낸다.

---

5) 엄밀한 먼델-플레밍 모형하에선, 해외충격(Y^*등)은 자국의 소득에 영향을 끼치지 못한다. 따라서 AD곡선의 이동도 없다. 하지만 현실적으로 완전한 자본이동이 불가하고 시차문제 등으로 인해 변동환율제도라 해도 해외충격이 국내경기에 영향을 끼치게 된다는 점을 반영하고 있다.

4.3 개방경제 하의 거시경제안정화 정책

1. 재정정책(실물충격)

(1) 고정환율제도 하에서 재정정책 및 실물부문 충격

개방경제 하의 경제안정화 정책은 상기의 〈표 8-1〉을 참조하여 다음과 같이 정리할 수 있다. 재정정책은 고정환율제도 하에서 효과적이고 변동환율제도 하에선 효과적이지 못하다. 정부지출의 증가 등으로 *IS*곡선의 이동과 함께 *LM*곡선도 이동시켜 소득을 증가시킨다([그림 8-4] 참조). 이 경우 물가가 일정한 수준에서 소득증가는

[그림 8-14] 고정환율제도하의 실물부문 충격(Y^*)의 영향

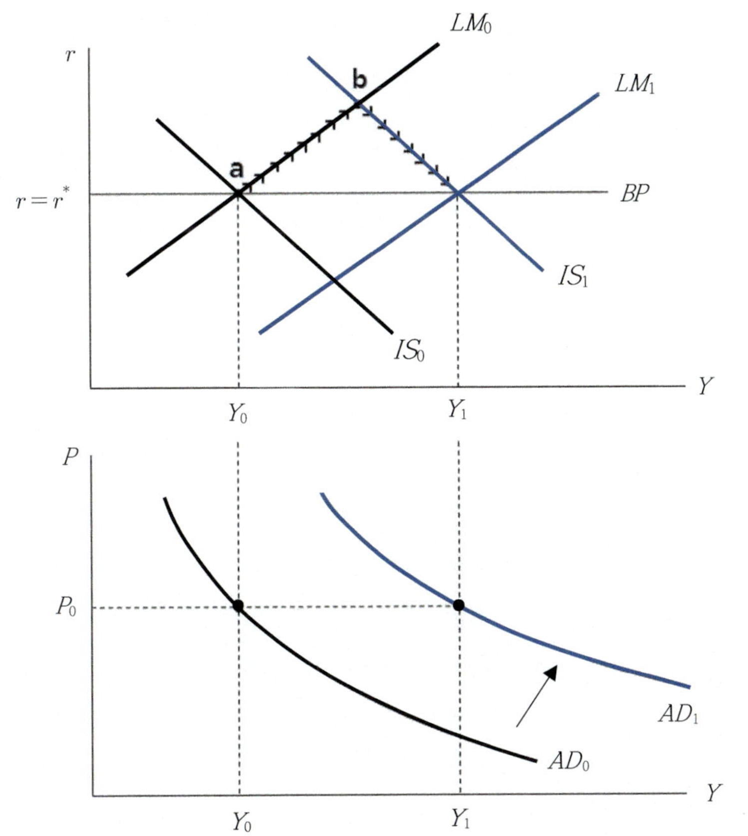

총수요(AD)곡선이 오른쪽으로 이동함을 의미한다([그림 8-14] 참조). 생산물시장(IS)에 실물적 충격이 가해질 때의 효과는 재정정책의 경우와 유사하다(IS 곡선 및 LM 곡선의 이동 메카니즘이 유사함). 예를 들면, 실물충격(해외소득의 증가나 감소, 신기술 충격 등)이 자국경제에 미치는 효과에 대하여 살펴보자. [그림 8-14]는 고정환율제도 하에서 개방소국의 경우를 상정하고 해외의 경기회복(해외소득 Y* 증가)이 AD곡선을 오른쪽으로 이동시킨다. 해외소득(Y^*)의 증가는 자국상품에 대한 수출수요를 증가시켜 IS 곡선을 우측으로 이동시킨다. 이는 국제수지 흑자를 유발하는데, 고정환율제도 하에선 국내 통화공급량을 증대시켜 LM을 우측으로 이동시킨다. 이는 주어진 물가수준(P_0)에서 AD곡선이 우측으로 이동함을 의미한다. 만일 해외 불경기로 인해 Y^*이 감소된 경우엔 자국의 소득도 줄어 AD곡선이 왼쪽으로 이동할 것이다. 개방대국의 경우에도 AD곡선을 우측으로 이동시킨다. 독자들이 직접 유도해보기 바란다.

(2) 변동환율제도 하에서 재정정책 및 실물부문 충격

변동환율제도 하에선 재정정책 및 실물부문의 충격(예: 해외소득 증가 등)이 자국 내에 미치는 효과는 고정환율제도의 경우와 다르다. 변동환율제도 하에선 정부지출 증대 IS곡선을 오른쪽으로 이동시키는데, 이는 국제수지 흑자를 초래하게 되고, 이는 다시 환율인하를 통하여 IS곡선을 원래의 위치로 환원시켜서 소득변화가 없다([그림 8-6] 및 〈표 8-1〉 참조할 것). 즉, 개방소국의 경우는 생산물 시장(IS 곡선)에 영향을 미치는 어떤 (해외의) 실물충격도 자국의 경제에 영향을 끼치지 못함을 위에서 이미 살펴보았다(〈표 8-1〉 참조). 해외소득의 증가를 통한 국제수지 흑자는 곧 바로 환율하락을 통하여 IS곡선이 원위치되어 자국의 소득에 영향을 끼치지 못한다. 따라서 총수요(AD)를 이동시키지 못한다. 해외의 실물충격(Y^*)을 환율의 변동을 통하여 흡수함으로써 자국의 경제에는 영향을 차단한다. 이는 해외경기(호황이나 불황 등의 충격) 파급효과가 변동환율제도에선 환율의 움직임을 통하여 충격이 흡수됨을 의미한다.

변동환율제도 하에선 무역정책도 그다지 효과적이지 못하다. 2008년도 금융위기시에 각국은 보호무역적인 정책을 집행하려는 압력에 직면케 되었다. 외국제품의 수입증대로 자국산제품의 매출이 줄어들어 국내 일자리 보호를 위하여 수입제한적인 보호무역정책에 대한 압력이 높았다. 그러나 이런 수입제한적인 무역정책도 변동환율제도 하에선 효과적이지 못하다. 그 이유는 수입제한으로 무역수지가 흑자인 경우 자국화의 가치상승(환율인하)으로 인하여 그만큼 순수출이 줄어들어 IS곡선이 원위치로 되기 때문이다. IS곡선에 영향을 주는 해외부문에서의 어떤 실물적인 충격도 환율의 변화로 흡수되기 때문이다. 만일 당시에 고정환율제도였다면 서브프라임 충격 여파가 국내경제에 미치는 영향은 훨씬 컸을 것이다.

2. 금융정책의 효과

(1) 고정환율제도 하에서의 금융정책 효과

먼델-플레밍 모형 하에선 금융정책은 고정환율제도 하에선 효과적이지 못하다. [그림 8-3]에서 보는 바와 같이 확장적인 통화공급의 증가는 LM곡선을 우측으로 이동하나 국제수지가 적자상태가 된다. 국제수지 적자는 환율상승 압박이 생기는데 환율유지를 위하여 중앙은행의 외환시장 개입(외환매각 및 자국화 매입)으로 증대된 통화량이 환수되어 LM곡선이 원위치로 돌아온다. 이로 인해 국민소득(Y)이 변동되지 않으므로 총수요(AD)곡선은 변화가 없다. 따라서 고정환율제도 하에선 확장적인 통화정책은 총수요곡선을 변화시키지 못해 총수요관리정책에 효과가 없다. 즉, 고정환율제도 하에선 통화의 내성성 문제와 연계되어 있어서 통화정책의 효과가 없다.

》 고정환율제도 하에서 해외양적완화정책의 효과

해외의 팽창적 통화공급(예: 미국의 대규모 양적완화정책)으로 인해 해외 실질이자율(r^*)이 하락한 경우에 대하여 살펴보기로 하자. 먼저 고정환율제도의 경우를 생각해보자. 고정환율제도 하에선 해외 통화정책에 대한 효과는 개방소국의 경우는 해외이자율(r^*) 하락으로 국내이자율이 상대적으로 높아져($r > r^*$) 국내로 무한대의 자본유입이 증대되어 국제수지가 흑자($BP > 0$)가 되어 환율인하 압력이 생긴다. 국제수지 흑자는 고정환율제도 하에선 국내 통화공급이 증대되어 LM곡선이 우측으로 이동된다. 또한 국내통화량의 증대로 국내이자율도 하락시켜 $r = r^*$ 수준에서 결정되므로 BP곡선을 하향으로 이동시킨다. 이는 주어진 물가수준에서 국내 AD곡선의 우측이동을 의미한다([그림 8-15] 참조). 이는 해외의 팽창적 통화정책은 그 효과가 자국의 경제에 긍정적인 영향을 끼친다.

[그림 8-15] 고정환율제도하의 해외양적완화충격(r^* 인하)이 AD에 미치는 영향

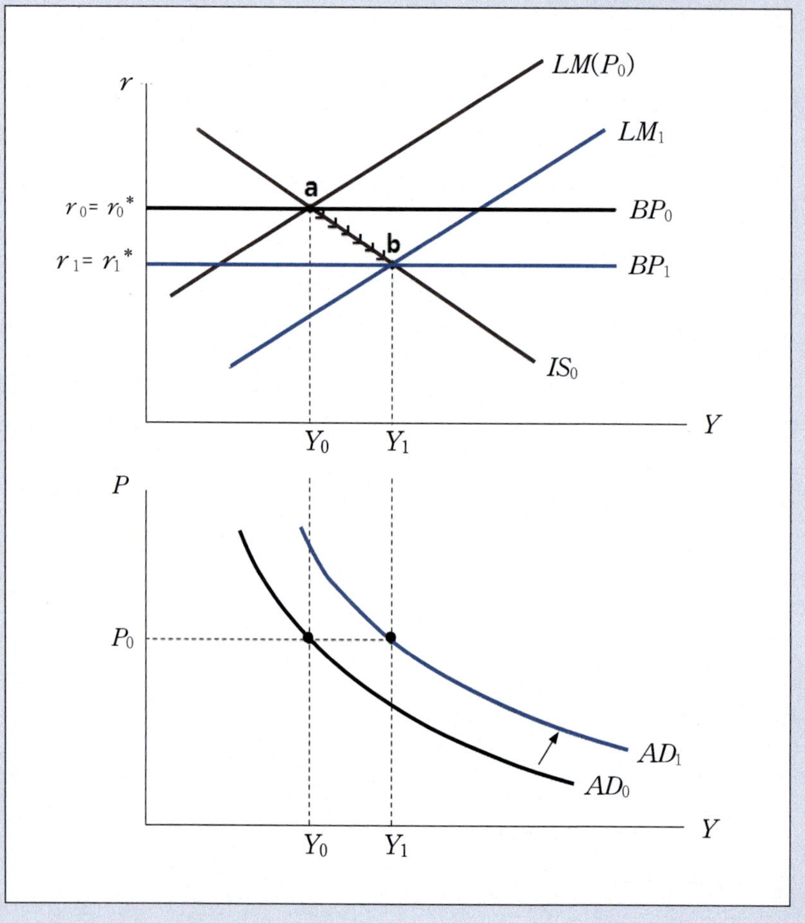

(2) 변동환율제도 하에서의 금융정책의 효과

먼델-플레밍 모형에선 확장적 금융정책은 소득을 증대시키는 효과가 있다. 확장적 통화공급은 *LM*곡선을 우측으로 이동하지만 *BP*곡선의 아래쪽에 위치하여 국제수지는 적자가 된다. 변동환율제에선 국제수지 적자는 환율상승을 통하여 수출을 증대시켜 *IS*곡선을 우측으로 이동시켜 소득이 증대된다([그림 8-16] 참조). 물가가 주어진 상황에서 소득증대는 *AD*곡선의 우측이동을 의미한다.

[그림 8-16] 변동환율제도하에서 확장적 금융정책과 총수요(*AD*) 이동

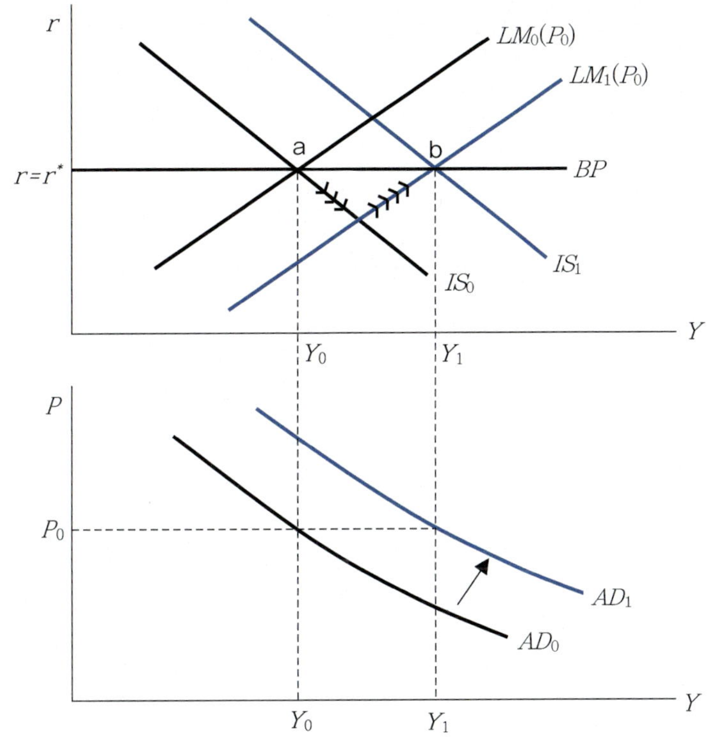

》 미국 양적완화정책(금리인하)이 우리나라 *AD*에 미치는 효과

미국금리(r^*)가 하락하여 $r > r^*$인 경우, 대규모의 자본수지 흑자로 국제수지 흑자가 환율을 하락시킨다(변동환율제도 가정). 이는 *IS*곡선을 왼쪽으로 이동시키고 *BP*곡선도 아래쪽으로 이동시켜 소득이 감소된다.[6] *AD*곡선을 왼쪽으로 이동시켜 국내소득이 줄어드는 효과를 초래한다([그림 8-17] 참조). 개방대국의 대규모 통화정책(달러가치 하락시키는 일종의 환율정책 효과임)은 인근 국가의 소득을 감소시키는 **근린궁핍화정책(beggar-thy-neighbor policy)**이다. 이런 현상은 일본의 아베노믹스의 엔저정책에서도 나타나고 있다. 우리나라는 해외수출 시장에서 일본제품과 경합적인 상품이 많아 엔저로 인해 우리의 해외수출시장에서 수출둔화 영향이 크다. 실제로 엔저로 인해 2104년 이후 자동차, 철강, 전자제품 등에서 수출둔화가 눈에 띠게 나타났다.

6) 미국의 경기회복으로 우리나라의 수출이 증대되는 효과(IS곡선 우측이동 효과)가 있지만 개방소국에서는 자본완전이동을 가정하므로 대규모의 자본유입으로 환율인하(자국화가치 상승)로 IS 곡선이 왼쪽으로 이동한다.

그러나 중장기적으로 미국의 금리인하는 미국경제를 회복시켜 우리나라 경제에도 파급효과(대미수출 증대효과)를 끼칠 수 있다.

[그림 8-17] 변동환율제도 하에서 금융충격(r^* 하락) 효과

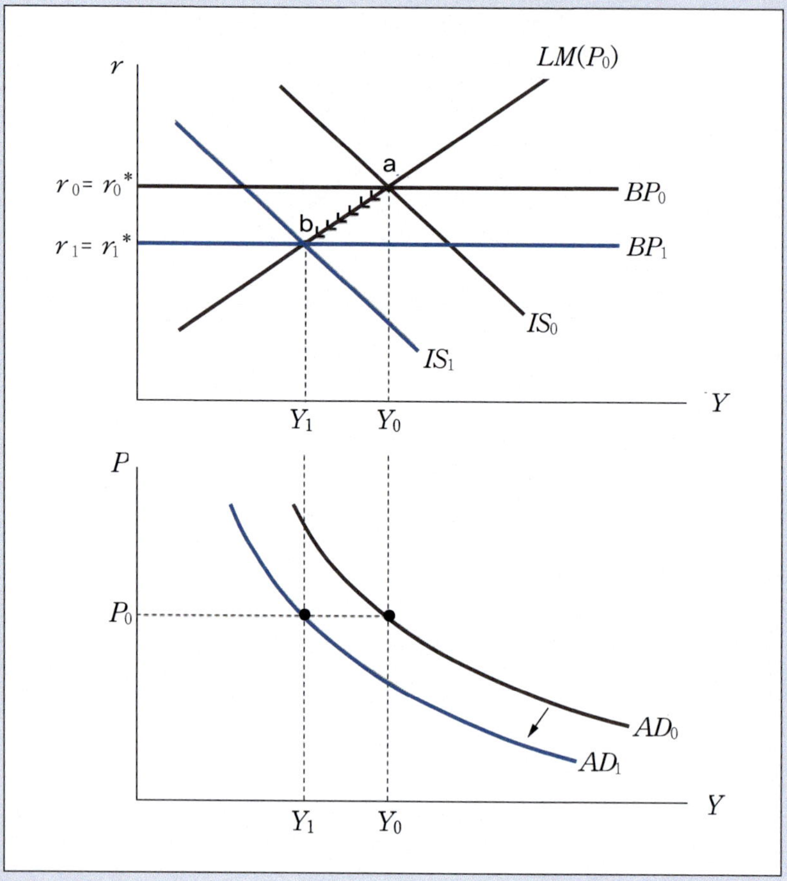

》미국 출구전략(금리인상 경우: $r < r^*$)의 영향은?

미국은 2008년 금융위기 이후 6년에 걸쳐서 약 4조5,000억 달러에 이르는 막대한 양의 달러화를 공급하였으며, 이 중 상당액이 국제금융시장으로 유입되었다. 금리도 0~0.25%로 제로금리를 유지하였다. 그러나 이는 정상적인 금융환경이 아니다. 미국은 경제가 회복조짐을 보이자 2014년 양적완화정책을 중단하고 금리인상시기를 저울질하다가 드디어 2015년 12월에 금리를 0.25% 포인트 인상(0.25~0.5%로)하였다. 이런 변동환율제도 하에서 개방대국의 금리인상이 한국경제에 미치는 효과는 어떨까?

개방대국인 미국의 금리상승은 대규모 자본유출을 일으켜 우리나라 국제수지가 적자가 된다. 국제수지 적자는 원달러환율을 상승시켜 수출을 증대시켜 *IS*곡선을 오른쪽으로 이동시킨다. [그림 8-18]에서 보는 바와 같이 균형점 'a'에서 'b'로 이동하여 국민소득을 Y_0에서 Y_1로 증대시킨다. [그림 8-18]에서 보는

바와 같이, 주어진 물가수준(P_0)에서 국민소득 증가는 총수요곡선이 AD_0에서 AD_1으로 우측으로 이동된다([그림 8-18] 참조).

[그림 8-18] 미국의 출구전략(금리인상)이 한국AD에 미치는 영향

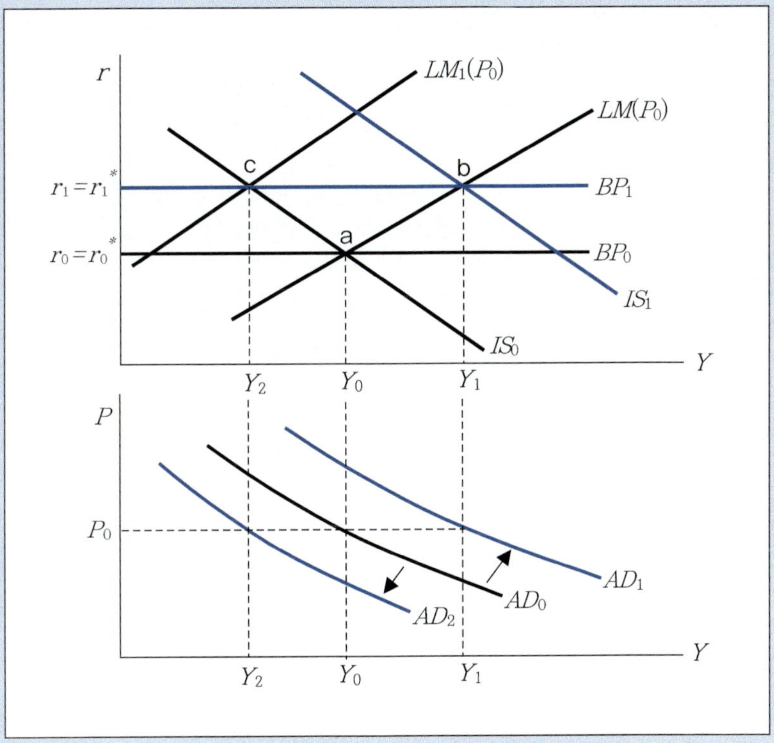

그런데 대부분의 경우 미국의 출구전략(금리인상)은 한국 등 신흥국가에 위협적인 충격이 될 수 있음을 경고하고 있다. 왜 이론적인 모형인 [그림 8-18]과 다를까? 우선 [그림 8-18]에서 점 'a'에서 'b'로의 이동은 약간 비현실적인 가정(자본완전이동)과 다른 사정이 일정하다고 가정 (미국의 금리상승 외에는 일정불변임을 가정함)하는 이상적인(비현실적인) 가정을 하고 있다.

우선 현실적인 상황을 고려하여 [그림 8-18]을 다시 분석해보기로 하자. 우선 자본의 완전이동 가정을 완화하여 분석하면, 미국금리 인상으로 대규모의 자본유출이 일어나지 않을 수도 있다.[7] 또한 미국의 금리인상은 시차를 두고 국내금리 인상 → 국내투자 감소 및 소비감소(특히 가계부채 및 한계기업의 파산우려로 인한 투자위축) 효과가 환율상승으로 인한 수출증가효과 보다 클 경우엔 IS곡선이 원점으로 되돌아 올 수 있다. 즉, 총수요에 큰 변화가 없어 IS곡선이 원위치로 돌아올 것이다. 원래의 먼델-플레밍 모형은 대규모의 자본유출(대규모의 국제수지 적자)로 환율상승을 통한 수출증가효과가 국내투자 감소를 상쇄시켜 총수요를 증대시킨다는 것을 상정하고 있다.

---

7) 미국이 2015. 12. 17일에 금리를 0.25% 포인트 인상하였는데, 그후 2018년 7월 현재 미국은 금리를 꾸준히 인상시키고 있지만, 우리나라에서 자본유출이 크게 일어나지 않았다. 그러나 아르헨티나 등 일부 신흥국의 경우 외환위기가 우려되고 있다

만일 국내금리 인상으로 많은 한계기업이 부도나고 급증된 대규모의 가계부채 상환에 문제가 생기면 자금경색이 일어날 가능성이 크다. 이는 시중에 통화공급이 줄어들 수 있다. 실제로 자본(외환)유출은 국내 통화공급을 감소시키는 효과가 있다. 중앙은행의 순해외화자산(net foreign asset: NFA)의 감소는 중앙은행의 본원통화 감소로 나타나고 이는 국내통화공급을 감소시키는 요인으로 작용된다.[8] 미국의 금리 인상으로 자본유출이 증대되는 경우 우리나라 중앙은행의 순해외자산이 그만큼 감소되고 이는 국내통화공급을 위축시키게 된다. 국내통화량이 감소되는 메카니즘을 다른 방식으로도 설명될 수 있다. 국내금리인상은 국내통화공급을 감소시킨다. 전통적인 *IS*-*LM* 모형은 금리가 내생변수이고 통화량이 외생변수(정책변수)이지만, 이미 오래전에 대다수의 중앙은행들은 금리를 정책변수(외생변수)로 취급하고 통화량은 내생화하였다. 통화수요가 일정한 상태에서 금리를 올리면 통화공급량이 줄어들 수밖에 없다. 통화공급의 감소는 *LM*곡선을 왼쪽으로 이동시켜 자국소득(생산)을 감소시킨다. 이는 우리나라의 총수요(*AD*)곡선을 AD_0에서 AD_2 왼쪽으로 이동시킨다. 먼델-플레밍 모형을 비현실적인 가정을 수정하여 현실적으로 보완하여 설명하면 총수요곡선이 왼쪽으로 이동하여 미국의 출구전략이 우리나라의 경제에 부정적인 영향을 끼칠 수 있음을 보여준다. 최근 한 연구에 의하면[9] 미국의 정책금리를 0.25% 포인트 인상하면 우리나라의 GDP는 금리인상 이후 3년간 0.013% 축소될 것이란 것을 보여주었다.[10] 미국의 금리 인상은 중국의 대미수출 감소를 통하여 한국경제가 간접적으로 영향을 받는 것으로 추정하였다. 중국이 우리나라의 제1의 수출시장이란 현실을 반영하고 있다. 중국도 대미 무역의존도가 높아 미국의 금리정책에 큰 영향을 받는다. 우리나라는 중국에 대한 의존도가 높아 간접적으로 영향을 받는 것으로 나타나고 있다.

---

8) 중앙은행의 본원통화증감($\triangle H$)이 국내여신증감($\triangle DC$)과 순해외자산증감($\triangle NFA$)으로 구성된다고 할 때 국내여신이 일정할 경우($\triangle DC = 0$)본원통화의 증감은 순해외자산의 증감과 같게 된다.

9) 한국은행, "글로벌 거시경제 분석 모형", 2010. 11월

10) 위에서 학습내용과 어떤 점에서 차이가 있는지 검토하기 바람. 한은의 분석은 미국금리 인상이 직접 한국에 미치는 영향보다는 중국을 매개로 미치는 효과(간접효과)가 더 크다는 가정을 하였다. 또한 무엇보다도 본절에서 상정하고 있는 비현실적인 가정(학생 교육용)인 완전한 자본이동을 가정하고 있다. 현실적으로는 자본이동의 이자율에 대한 탄력성이 그렇게 높지 않는 경우가 많다. 자본이동은 단지 이자율 차이에 의해서 움직이는 것이 아니고 다양한 변수들(성장잠재력, 컨트리 리스크 등)에 의하여 이동된다는 점을 고려해야 한다.

요약정리

1. 개방경제의 *IS*곡선은 폐쇄경제의 *IS*곡선보다 더 가파른 기울기를 갖는다.
2. 물가가 고정되어 있다는 가정 때문에 상품시장의 균형에 영향을 미치는 가격변수는 명목이자율과 명목환율이다.
3. 해외소득의 상승과 환율상승은 국내소득과 이자율의 상승을 가져온다.
4. 자본의 완전이동이란 가정은 국가 간 자본이동에 대한 규제가 전혀 없어 무제한적으로 자본이동이 가능하고 거래비용이 무시할 수 있을 정도로 작다는 것을 의미한다.
5. 자본의 완전이동을 가정한 소규모 개방경제는 국내금리가 세계금리수준일 때에 한하여 국제수지균형을 달성한다. 국내금리가 세계금리수준을 조금만 벗어나도 소규모 개방경제는 막대한 자본의 유출입으로 국제수지의 불균형을 경험한다.
6. 개방대국경제는 국내금리 및 국제금리의 움직임에 영향력을 행사할 수 있다. 국내금리의 상승은 자본의 유입으로 나타나지만 국내외 금리차이는 완전히 해소되지 않는다. 국제수지균형은 국내금리의 상승에 대하여 소득상승을 요구한다.
7. 고정환율제도 아래에서 개방소국경제의 재정정책은 강력한 경제안정화 효과를 갖는 반면에 통화정책은 무력하다. 평가절하의 경제적 파급효과는 확대재정정책의 효과와 동일하다.
8. 변동환율제도 아래에서 개방소국경제의 통화정책은 상당히 효과적이지만 재정정책은 국제적 구축효과로 인하여 무력하다. 환율의 변동으로 인하여 해외소득의 증가는 확대재정정책과 같은 효과를 초래한다.
9. 고정환율제도 아래에서 개방대국경제의 통화정책은 무력하다. 개방대국의 재정정책은 효과적이지만 그 효과는 개방소국경제의 경우에 비하여 작게 나타난다.
10. 변동환율제도를 채택하는 개방대국경제의 통화정책은 경제안정의 강력한 수단이 된다. 또한 확대재정정책은 개방소국경제의 경우와 같이 완전히 무력하지는 않아서 금리상승과 함께 약간의 소득증가를 가져온다.
11. 고정환율제도 하에선 실물충격(예: 해외소득 증가 등)은 자국경제에 영향을 주지만(*AD*곡선 이동), 변동환율제도 하에선 해외의 실물충격은 자국경제에 영향을 끼치지 못한다(AD곡선 불변).
12. 해외의 통화충격은 환율제도에 따라서 달라진다. 예를 들면, 해외이자율의 하락시, 고정환율제도 하에선 국내의 *AD*곡선이 우측으로 이동하지만 변동환율제도 하에선 좌측으로 이동한다.

연습문제

1. 아래의 용어를 간략히 설명하라.

(1) 토빈세　　(2) 압솝션(absorption)

(3) 실질환율 및 실질실효환율　　(4) 통화의 내생성

(5) J 커브 효과　　(6) 중화정책 (불태화정책)

2. 브레튼우드 체제의 기본기능과 특징을 설명하고, 브레튼우드 체제 하에서 미국의 경상수지 불균형과는 어떤 관계가 있나?

3. 정부지출(G)의 증가가 국민소득에 미치는 효과를 개방경제와 폐쇄경제의 경우를 각각 비교 설명하라. 특히 증가된 소득의 일부가 상쇄되는데 폐쇄경제의 경우와 개방경제(변동환율제도 상정)의 경우는 그 메카니즘이 어떻게 다른가를 설명하라.

4. 개방경제 하에서 정부지출이 증가되었을 경우 자국소득 및 경상수지에 미치는 효과를 설명하고, 국제 간 상호의존성(interdependence)의 중요함을 설명하시오.

5. 최근 미국과 중국 사이에 국제 간의 불균형(global imbalance)문제가 관심을 끌고 있다. 국제 간 불균형문제의 핵심사항이 무엇인지 설명해보라.

6. 외국의 한국상품에 대한 수입제한 조치가 우리나라 경제에 미치게 될 영향을 개방소국의 먼델–플레밍 모형을 이용하여 분석해보라. 동 분석을 고정환율제도의 경우 변동환율제도의 경우를 각각 비교해보라.

7. 개방소국인 A국이 외국 상품에 대한 수입제한 조치를 취할 경우 자국의 소득과 경상수지에 어떻게 영향을 끼치게 될지 먼델–플레밍 모형을 이용하여 고장환율제도의 경우와 변동환율제도의 경우를 각각 비교 분석해보라. 단, 완전자본이동(perfect capital mobility)을 가정한다.

8. 상기(문 7)에서 A국가가 변동환율제도를 취하고 있을 경우, 만일 자본이동을 통제할 경우 어떻게 달라지겠는가? 실제로 말레시아는 1997년 아시아의 외환위기 때 자본통제를 실시한 바 있다.

9. 지난 2008년 하반기 미국에서 발생된 서브프라임 경제위기 충격이 우리나라의 경제에 미칠 효과를 개방소국의 먼델–플레밍 모형을 이용하여 분석하되, 고정환율제도의 경우와 변동환율제도의 경우를 각각 비교 설명해보시오.

10. 개방경제 하에서의 총수요곡선(ADo)이 폐쇄경제의 총수요곡선(ADc)보다 더 탄력적(완만)인 것을 보이고, 왜 그런가에 대한 이유를 설명해보라.

11. 변동환율제도 하에서의 개방경제 총수요곡선이 고정환율제도의 그것보다 더 완만한 기울기를 갖고 있음을 보여라.

12. 개방경제 하에서 해외로부터의 실물경제충격이 있을 경우 자국경제에 미치는 효과를 고정환율제도와 변동환율제도의 경우와 각각 비교해보라. 이를 기초로 다음 사항에 답하라. 현재 우리나라는 변동환율제도이다. 만일 우리나라가 고정환율제도였다면 2008년도의 서브프라임의 경제충격에 대한 파급효과가 변동환율의 경우와 비교하여 어떠했을까?

13. 통화수요함수가 현재의 소득(Y) 대신에 가처분소득의 함수라고 가정하여 $M/P = L(r, Y-T)$라고 하자. 단, 소비는 항상소득(Y^P)의 함수이다. 자본이동에 대한 이자율 탄력성이 무한대(∞)이다. 정부는 금년에 한해 세금을 삭감하기로 했다. 이런 조건에서 먼델-플레밍 모형을 이용하여 다음에 대해 답하라. (i) 통화시장의 변화에 대하여 설명하라. (ii) 상기 (i)을 근거로 소득(Y)변동, 환율변동, 국제수지가 어떻게 변동되는지 고정환율제도와 변동환율제도로 나누어 각각 분석하라. (iii) 만일, 소비가 가처분소득의 함수라고 가정하면, 상기 (ii)의 결과가 어떻게 달라지는지가?

14. 미국의 제2차 양적완화(quantitative easing)로 6,000억달러에 달하는 통화를 공급하기로 하였다. (i) 이 양적완화정책이 미국경제의 수출, 물가, 소득에 미치게 될 영향을 분석하고, (ii) 상기의 (i)을 기초로 먼델-플레밍 모형을 이용하여 우리나라의 환율, 소득, AD에 미치게 될 영향을 설명하라. 단 미국은 개방대국, 우리나라는 개방소국임과 자본의 완전이동을 가정한다. (iii) 만일, 이때 우리나라가 자본유입을 통제한다면 어떻게 달라질 것인가에 대해 상기 (ii)의 결과와 비교하라.

제 Ⅳ 편

거시경제 안정화 정책

제9장 경제안정화 정책

제1절 총수요-총공급 동시균형

1.1 일반균형 모형

경제안정화 정책을 이해하기 위해선 국민소득결정 메카니즘과 총수요-총공급 체계를 이해해야 한다. 경제안정화 정책은 총공급곡선(AS)과 총수요곡선(AD)의 이동을 통해서 이루어지기 때문에 $AS-AD$의 체계에 영향을 주는 요인들을 살펴봐야 한다. 이러한 관계를 나타낸 것이 아래의 [그림 9-1]이다. 총수요(AD)는 생산물시장의 균형을 나타내는 IS곡선과 화폐시장의 균형조건인 LM곡선의 동시균형을 통하여 이루어진다. 생산물시장에서 재화와 서비스의 거래가 균형을 이룰 때 그 거래를 원활하게 해줄 수 있는 화폐의 공급과 그에 따른 수요가 일치하는 조건에서 양 시장의 균형이 이루어진다. 반면에 총공급(AS)은 생산요소시장의 균형과 아주 긴밀한 관계에 있다.

[그림 9-1] 총수요-총공급 체계도

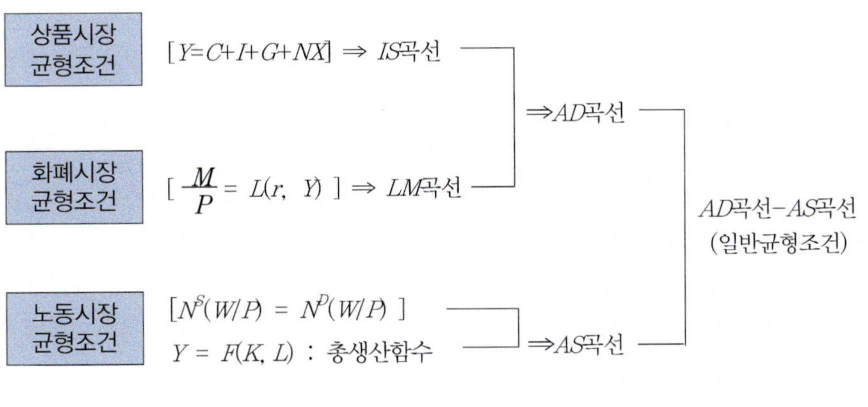

단기적으로는 자본은 고정되어 있다고 가정하고 노동시장만을 분석하여 노동시장의 균형조건과 총생산함수로부터 총공급(*AS*)을 도출한다.

1.2 경제안정화 정책

1. 총수요 조정

경제안정화 정책은 총수요측면을 주로 활용한다. 총공급측면의 정책은 생산의 주체가 기업이기 때문에 민간기업의 생산활동에 정부가 적극적으로 개입할 수 없는 한계점이 있다. 또한 생산활동에 영향을 끼치는 자본, 기술의 변화는 단기간에 쉽게 변하지 않으며 정부의 개입으로 제어할 수 있는 통제수단이 한정되어 있다. 반면에 총수요측면의 정책도구인 통화, 재정정책은 정부에서 쉽게 할 수 있는 통제수단들이다. 이런 이유로 인하여 경제안정화 정책에는 총수요관리 정책이 주로 동원되며, 구체적인 총수요관리 정책수단으로는 통화정책이나 재정정책이 있다.

다음 절에서 상세하게 살펴보겠지만 불경기에 통화공급을 증대시키면 이자율이 하락하고, 이는 다시 투자증대를 통해서 고용, 소비 등에 영향을 주어 경제안정화에 기여한다. 그리고 개방경제의 경우엔 통화의 변동은 환율을 변동시켜 순수출을 변화시킨다. 이렇듯이 정부의 통화나 재정정책은 복잡하고 다양한 메카니즘을 통하여 총수요측면의 구성요소들을 변화시켜 경제안정화 목표에 영향을 줄 수 있다. 물론 재정 및 화폐정책의 효과에 대한 논란은 있지만 경제안정화 정책에서 총수요측면의 역할이 중요시되고 있다. 재정이나 통화정책을 통하여 투자, 소비, 저축 등을 조정할 수 있고 이들은 총수요의 구성요소들이기에 총수요를 통하여 경제안정화를 꾀할 수 있다. 이런 이유로 경제안정화 정책은 주로 총수요측면의 관리를 통하여 이루어진다. 따라서 세계 각국은 불경기에 정부가 적극적으로 나서서 총수요를 진작시키는 정책을 취한다.

2. 총공급 조정

위에서 언급한대로 총공급 조정정책은 총수요관리 정책에 비하여 제한적이다. 주로 조세정책과 보조금정책을 이용하여 직・간접적으로 총공급에 영향을 미칠 수 있다. 예를 들면 생산을 증대시키기 위해서는 노동자의 근로의욕과 기업의 투자의욕을 증진시켜야 한다. 정부는 이런 경우 법인세율을 인하 또는 투자공제액제도 등을 이용하여 투자의욕을 고취시킬 수 있다. 개인의 경우에도 개인소득세를 인하시켜 더 많은 근로를 유도할 수 있다. 정부의 조세감면정책을 통하여 총공급에 자극을 주어 경제를 안정화 시키려는 일련의 정책을 **공급중심 경제학**[1](supply side economy)이라고 한다. 공급중심 경제학의 핵심은 개인의 소득세를 감면하여 노동공급을 증가시키도록 유도하고, 기업에겐 법인세 인하를 통하여 기업의 투자의욕을 높인다. 이는 총공급의 잠재력을 높여 성장과 경제안정을 도모할 것이다. 그리고 신개발투자 등에 보조금을 지급하여 투자를 촉진시키는 정책도 자주 사용되는 정책이다. 새로운 기술개발에는 많은 자금이 필요하기도 하지만 자본투하에 대한 리스크가 커 적절한 유인정책이 필요하다. 이때 흔히 사용되는 정책으로는 기술개발준비금제도, 투자세액공제제도, 조세의 직접감면 등이 있다. 그러나 WTO체제 이후로는 정부의 보조금 지급정책이 특별한 경우 외에는 금지되고 있다.

1.3 경제안정화 정책에 대한 두 견해

거시경제도 미시경제와 마찬가지로 기본적인 분석의 틀은 수요와 공급 곡선을 통한 분석이다. 지금까지는 한 나라를 대표할 수 있는 총수요와 총공급을 각각 분리해서 분석했다. 이제는 총수요와 총공급의 동시분석을 통하여 **경제안정화 정책**(stabilization policy)을 살펴보기로 한다.

경제안정화 정책은 정부의 직·간접적인 개입을 의미하므로 이에 대한 논쟁이 많다. 이는 시장의 메카니즘에 대한 신뢰와 깊은 관계가 있다. 고전학파는 시장이 자동적인 조절기능(self-fulfilling)을 내재하고 있어 정부의 조정기능이 필요 없다는 것이다. 고전학파들은 이러한 생각에 기초하고 있어 정부의 개입정책을 경계하여 왔다. 따라서 이들은 정부란 최소한의 개입만을 정당화하고 나머지는 시장에 맡기는 작은 정부(small government)를 주장하였다. 이러한 생각이 당시의 주류경제학자들의 생각이었다. 그러나 이러한 생각에 일대 도전을 준 사건이 대공황(1929)이었다. 대공황은 시장의 자율적인 조정기능에 대하여 심각하게 재고하는 계기가 되었다. 대공황 당시의 처방은 시장의 자율적인 기능에 맡기고 자율적인 조정을 통하여 회복되기를 기다리자는 것이었으나 상황은 점차로 나빠져 갔었다.

고전파와는 다른 시각에서 케인즈는 정부의 적극적인 개입이 필요함을 주장하였다. 그는 정부가 적극적으로 개입하여 적자재정을 통하여 부족한 유효수요를 증대시켜주

1) 부록 참조할 것.

어 불황을 극복해야 한다고 주장하였다. 케인즈가 정부의 적극적인 개입정책을 주장하게 된 것은 시장경제의 자율적인 조정이 보장되지 않는다고 보았기 때문이다. 즉, 시장실패로 인해 시장기능이 원활히 작동되지 않을 경우엔 정부의 적극적인 개입이 필요하다고 보았다. 이러한 시장경제의 자율적인 조정기능에 대한 믿음의 차이가 거시정책의 방향에 결정적인 영향을 주었다.

》금융위기 후의 정부의 개입 논쟁 재연: 적극적 개입 vs 소극적 개입

금융위기 극복과정에서 대부분의 국가들은 케인즈의 적극적인 개입정책을 채택하였다. 그러나 그 정책 효과에 대한 논란은 세계적인 경제대가들 사이에서도 논쟁이 끊이지 않고 있다. 첫째, 케인즈의 후예들이다. 대표적인 학자로는 폴 크루그만(P. Krugman), 버냉키(B. Bernanke) 등을 들 수 있다. 그들은 적극적인 개입주의자이다. 통화 및 재정지출을 증대시키는 확대정책을 펴야한다는 주장이다. 이런 생각 하에 버냉키는 FRB의장을 수행하면서 과감한 통화증대 정책(양적완화정책)을 실행하여 미국경제의 불황의 늪에서 건져냈다. 크루그만도 일본의 장기불황에 대해 과감한 정부지출을 주문했었다. 적극적인 개입주의자이면서도 버냉키는 재정정책보다는 확장적 통화정책을 지지하는 편이다.

반면에 국제결제은행(BIS)은 팽창적인 통화정책을 과도하게 집행할 경우에 자산, 부동산 버블이 생기고 버블이 꺼질 경우 진짜 디플레이션이 발생될 우려가 있음을 일관되게 경고해왔다. BIS의 이러한 주장의 기저에는 신자유주의 경제철학이 밑에 깔려 있다. 금융위기 이후 각국 정부의 과도한 정부개입은 필경 부작용을 부른다는 것이다. 금융 및 재정부문에서의 적극적인 확장정책은 오히려 시장기능의 불확실성을 높여 장기적으로 침체의 늪으로 빠질 수 있다는 것이다.

니얼 퍼거슨(N. Fegurson)을 위시한 재정긴축론자들의 경고도 참고할 필요가 있다. 단기적으로는 지출증대가 효과 있을지 모르지만 장기적으로는 재정위기로 더 큰 위기에 직면할 수 있음을 경고하고 있다. 국가부채의 증가는 장기적으로 금리상승과 저성장을 초래하여 근원적인 처방이 아니라는 것이다. 재정긴축정책을 채택하고 있는 대표적인 나라가 영국(보수당 집권으로 가능)이다. 최근(2015)은 그리스 사태 이후에 영국은 재정건전성에 정책의 초점을 두고 있다. 국가부채에 대하여 획기적인 연구를 한 케네스 로고프(K. Rogoff)와 카르멘 라인하트(C. Reinhart)는 40여 개국의 200여 년간의 방대한 자료를 조사한 결과 정부부채와 경제성장 간에는 마이너스의 관계가 있음을 발견하였다.[2] 즉, 그들에 의하면 정부부채 비율이 GDP 대비 90%를 넘는 경우 그들 나라의 경제성장률이 평균 -0.1%로 추정되었다. 이들의 주장은 정부의 과도한 부채는 장기적으로 경제성장 잠재력을 떨어뜨린다는 것으로 재정건전성 유지가 중요함을 지지한다.

---

2) K. Rogoff and C. Reinhart, *This time is different*, 최재형, 박영란(역) 『이번에 다르다』, 다른세상, 2010 참조.

제2절 총수요관리 정책

2.1 통화정책을 통한 총수요관리 정책

1. 통화공급 증대를 통한 총수요관리 정책

IS–*LM*분석 및 *AD*–*AS*모형을 이용하여 통화정책이 미치는 효과를 살펴보기로 한다. 통화량 증대는 이자율을 하락시키고 이는 다시 투자를 촉진시켜 생산과 고용을 증대시킨다. 즉, 총수요곡선을 우측으로 이동시켜 생산과 고용을 증대시키고 물가를 상승시키는 효과가 있다. [그림 9–2]에서 보는 바와 같이 명목통화 공급의 증대는 처음에

[그림 9–2] 통화공급증대를 통한 확대수요정책

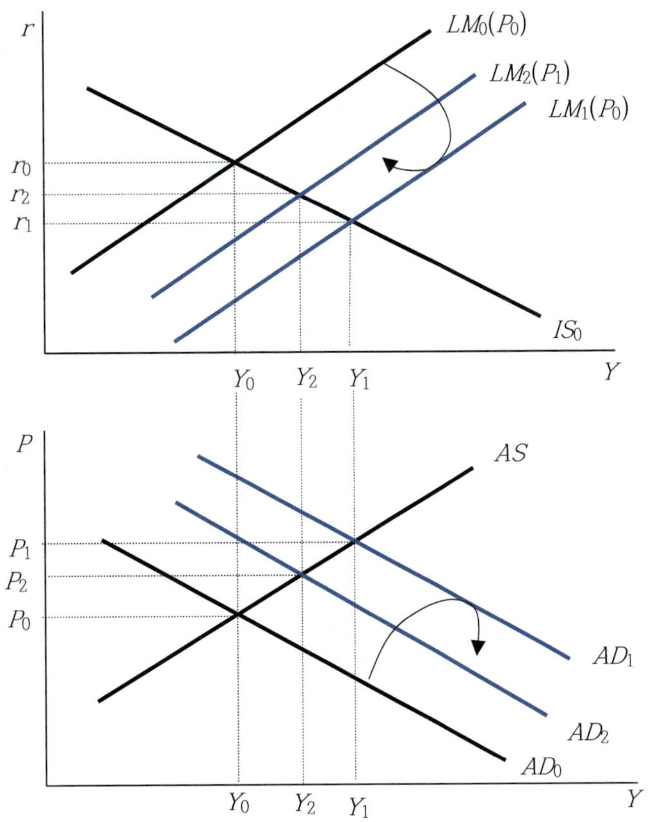

는 LM곡선을 이동시켜($LM_0 \rightarrow LM_1$) 소득과 물가를 상승시킨다. 이러한 관계를 $AD-AS$ 패러다임에 나타낸 것이 [그림 9-2]의 아래 그림에서 AD 곡선의 $AD_0 \rightarrow AD_1$ 이동이다. 총수요의 증가는 물가를 상승시킨다. 그런데 물가상승은 화폐의 실질잔고를 부분적으로 감소시켜 LM곡선이 왼쪽으로 조금 이동케 되어 $LM_2(P_1)$으로 이동한다. 이러한 현상을 반영한 것이 AD곡선이 $AD_1 \rightarrow AD_2$로 이동한 것이다. 일련의 조정과정을 거쳐 경제는 Y_2, P_2, r_2에서 균형을 이루게 된다. 이것이 케인지언들이 생각하고 있는 통화정책을 통한 경제안정화 정책이다. 불경기시에 경기를 진작시키기 위하여 통화량을 증대시키면 소득이 증대되고 실업은 감소하지만 물가가 상승하는 대가를 치르게 됨을 시사하고 있다. 필립스곡선의 내용이 다름 아닌 $IS-LM$과 $AD-AS$ 패러다임에서 살펴본 것에 지나지 않는다.

2. 유동성 함정과 통화정책 효과

통화공급량을 얼마만큼 증가시켜야 정책목표에 접근할 수 있는지는 IS, LM곡선의 기울기에 따라서 달라질 것이다. 이는 다시 AD곡선의 이동 및 기울기에 영향을 준다. 제4장에서 살펴본 대로 통화정책의 효과는 IS곡선의 기울기는 완만할수록, 그리고 LM곡선은 가파를수록 경제에 미치는 효과는 크다. 여기서 만일 극단적으로 LM곡선이 수평이라면(이자율에 대한 화폐수요 탄력성이 무한대인 경우) 통화공급의 증대는 아무런 효과가 없다. 이런 경우를 **유동성 함정(liquidity trap)**에 빠졌다고 한다. 통화공급을 증대시켜도 더 이상 이자율이 하락되지 않는다. 현재 이자율이 너무 낮아(예를 들면 명목금리가 0에 가까운 경우) 앞으로 올라갈 것이라는 예상을 하고 있기 때문에 채권을 사는 사람은 없고(현재 이자율이 낮다는 것은 채권가격이 현재는 지나치게 높다는 것을 의미함) 누구나 화폐(현금)로 보유케 됨을 나타낸다. 이는 추가적으로 통화공급이 증대되어도 모두 화폐(현금)로 흡수되기 때문이다.[3] 이런 경우 통화정책의 효과를 기대할 수 없다. 이자율 하락으로 투자, 소비, 그리고 수출수요가 증대되어 총수요를 증대시켜 소득이 증대되어야 하는데 이자율이 더 이상 하락하지 않으면 이런 정책의 효과를 기대할 수 없다.[4]

---

3) 채권가격은 이자율과 반대로 움직인다. 이자율이 너무 낮다는 것은 채권가격은 너무 높아 자본이득(capital gain)을 기대할 수 없어 아무도 채권을 사지 않고 화폐의 형태로 보유하려 한다. 이자율이 너무 낮은 상황에서는 대부분의 사람들이 앞으로는 이자율이 상승할 것이란 기대를 한다. 이 경우 채권가격이 떨어질 때를 기다려 현재는 화폐의 형태로 보관하고 있게 된다. 이럴 때 중앙은행이 추가적으로 통화공급을 증대시켜도 이자율을 떨어뜨리지 못한다. 증가된 통화공급이 전부 화폐수요로 흡수되어 이자율을 하락시키지 못하게 된다는 것이 케인즈의 유동성 함정(liquidity trap)이다. 이 경우 화폐수요에 대한 이자율의 탄력성(L_r)은 무한대에 가깝게 된다. 이에 상응하는 LM곡선의 기울기 $dr/dy = -(L_y / L_r) \approx 0$이 되어 LM곡선이 수평선에 가까운 모양으로 그려진다.

4) 최근 1990년대 후반에 일본의 경우가 이와 유사한 경험을 하고 있다. 일본은 1980년대 말 이래로 버블이 꺼지면

》 유동성 함정(liquidity trap)이란?

함정(trap)이란 덫 또는 함정(동물 잡으려는 목적으로 파놓은 구덩이 등)을 뜻하는 말인데, 유동성과 결합하여 좀 이해하기 힘든 용어가 되었다. 케인즈가 사용한 말로 알려졌는데, 최근에 2008년도 금융위기 과정에서 미국이 양적완화정책(quantitative easing policy)을 집행하면서 일반인들에게도 익숙한 용어가 되었다.

중앙은행이 이자율을 떨어트려 통화공급을 증대시켜 투자도 늘어나고, 소비도 증가하게 되어 전반적으로 경기상황이 호전되는 것이 일반적이다. 그런데 어떤 특수한 경우가 생기면 중앙은행이 아무리 많은 통화를 공급해주어도 돈(유동성)이 시중에서 유통이 안 되는 경우가 있다. 불황이 심해지면 현재 및 미래가 불안하고 불확실하여 개인이나 기업부문에서 돈(현금)을 투자나 소비하는데 쓰지 않고 보유한다.[5] 시중에 공급된 돈이 기업부문에 투입되어 시설투자나 원자재도 사고 생산활동에 투입되고, 소비자는 소비에 사용될 때 경제가 활성화되는 것이다. 이처럼 돈(통화)이 중앙은행을 통하여 공급되었음에도 불구하고 민간부문에서 유통되지 않고 대량으로 보유되어 돈이 마치 구덩이(함정 trap)에 빠져 있는 것처럼 되는 형상을 유동성 함정(liquidity trap)이라 한다. 유동성 함정에 빠지면 중소기업나 자영업자 등은 자금난에 봉착하게 되어 부도날 우려가 있다.

유동성이 발생된 대표적인 사례가 1929년의 대공황이었다. 불황이 닥치면 사람들은 미래의 불안에 대비하기 위하여 일단 손안에 들어온 돈은 쓰지 않고 보유하려는 성향이 매우 강해진다. 기업은 미래의 매출 감소에 대비하여 현금을 보유하려 하고, 개인도 미래의 소득흐름(언제 해고당할지 모름)이 불확실하여 돈을 보유하려 한다. 이런 현상이 경제전반에 걸쳐 나타나는 현상을 케인즈는 유동성 함정(liquidity trap)이라 하였다. 불확실성이 높아지면 사람들은 미래에 대해 극심한 불안을 느껴 현금보유 성향이 높아지므로, 불확실성을 제거하는 것이 매우 중요하다. 유동성 함정은 대개의 경우 불황과 함께 나타나는 경우가 많은데, 이 경우 물가와 이자율이 아주 낮아져 통화량을 증대시켜도 더 이상 이자율이 떨어지지 않는다. 일본의 경우도 이미 명목이자율이 0%에 머물렀으며, 2008년 금융위기 당시의 미국도 기준율이 실질이자율이 0%에 가까웠다. 이런 연유에서 미국의 FRB는 이자율 인하 대신에 중앙은행이 직접 금융자산을 직접 매입하는 방식의 양적완화정책을 실시하였다. 일단 유동성 함정에 빠지면 통화정책은 무력하게 된다. 이자율이 아주 낮은 상태에서(거의 0%에 가까운 근처) *LM*곡선은 수평에 가깝게 되어 통화공급량을 늘려도 *LM*곡선이 이동하지 않는 유동성 함정에 걸린다. 경제가 유동성 함정에 걸리면, 통화정책은 효력을 발휘하기 힘들어, 정부가 직접 나서서 지출을 늘려주는 재정정책을 실시하는 것이 효율적이다. 유동성 함정의 원인이 되는 불확실성을 제거해주는 것이 원천적인 방법이다. 이런 이유에서 많은 나라에서 경기가 극심한 불황임에도 불구하고 부실 금융기관이나 부실 기업을 구조조정을 통하여 경제의 불확실성의 근원을 제거하는 것이다.

2.2 재정정책을 통한 안정화 정책

1. 적자재정을 통한 총수요관리 정책

재정정책은 통화정책과 더불어 정부가 집행하는 총수요관리 정책의 매우 중요한 정

서 자산 디플레이션이 일어나 물가하락과 함께 이자율이 제로에 근접하는 초저금리로 유동성 함정과 유사한 지경에 빠지게 되었다. 이런 상황에선 통화정책은 효과를 기대하기 힘들다. 재정정책이 오히려 보다 효과적일 수 있다.

5) 경기가 불경기이고 미래에 대한 사업전망이 불투명하면 기업은 이익이 많이 생겨도 투자하지 않고 미래의 불확실에 대비하여 현금을 쌓아둔다. 실제로 한국의 대기업들도 사내유보율이 높았다. 특히 대기업들이 막대한 이익을 내고도 투자하지 않고 사내유보금으로 쌓아두는 경향을 보였다.

책도구이다. 정부의 실업수당지출, 정부구매, 국공채발행을 통한 정부지출, 세율 인하 및 인상 등을 통하여 재정정책이 이루어진다. 흔히 재정정책은 경기역행적(counter-cyclical) 방법으로 사용된다. 예를 들면 불경기일 경우엔 실업수당지급, 영세민 생활 보조금 지급, 그리고 정부의 구매수요를 증가시키거나 정부에서 발주하는 공사를 앞당겨 확대재정정책을 집행한다. 반대로 호경기엔 가급적 정부지출을 줄여 인플레이션 압력을 미리 차단한다. 호경기엔 실업수당지출이 줄어들고 세입이 증대하여 재정적자가 줄어들어 자동적으로 경기의 과열을 억제하는 자동조절기능도 갖고 있다. 이를 흔히 **자동안정화장치(automatic stabilizer)**라고도 한다.

여기선 간단한 재정정책의 효과를 *IS*–*LM* 및 *AD*–*AS* 패러다임을 이용하여 정부지출을 증가시키는 경우를 상정하기로 한다. [그림 9-3]에서 보는 바와 같이 정부지출증가는 *IS*곡선을 우측으로 이동시켜 소득과 이자율을 상승시킨다. 재정정책이

[그림 9-3] 정부지출을 통한 총수요 확대정책

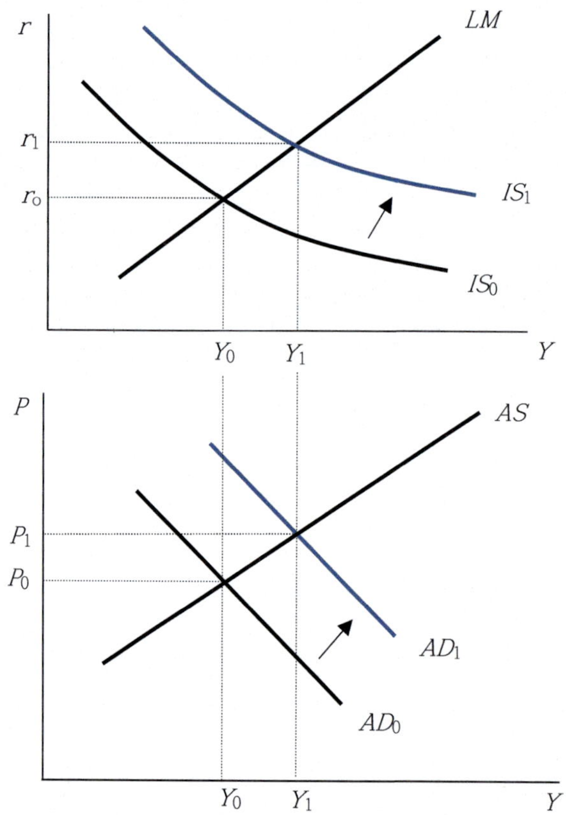

소득에 미치는 메카니즘에 관해서는 이미 제4장에서 살펴본 바 있으므로 생략한다. 정부지출에 의해 증가된 소득은 [그림 9-3]에서 보는 바와 같이 총수요곡선을 역시 우측으로 이동시켜 소득과 물가를 상승시킨다. 재정정책이 소득과 물가에 영향을 미치고 있음을 보여주고 있다.

2. 구축효과와 재정정책효과

재정정책의 경우도 각 학파별로 재정정책의 효과에 이견이 있다. 우선 케인지언들은 재정정책이 상당한 효과가 있다고 믿는다. 그러나 통화론자들은 재정정책효과가 생각보다 크지 않을 수 있다는 것을 지적한다. 재정정책은 보통 국채를 발행하여 자금을 조달하는데 이때 이자율이 상승한다. 이자율 상승은 다시 투자 일부를 상쇄시켜 소득이 부분적으로 감소되는 효과를 **구축효과**(crowd-out effect)라고 한다. 통화주의자들은 이 구축효과가 상당히 크다고 믿어 재정정책의 효과가 크지 않다는 점을 강조한다. 반면에 케인지언들은 구축효과는 미미하여 재정정책의 효과가 크다고 보는 것이다. 상대적으로 가파른 *LM*곡선을 가정하고 있는 통화론자들의 경우 구축효과가 크게 나타난다. 수직의 *LM*곡선의 경우 정부지출의 증대는 소득증대에는 일체 기여하지 못하고 이자율만 상승시키는 결과를 초래한다. 반면에 *LM*곡선이 완만함을 가정한 케인지언은 구축효과가 작다고 본다. 특히 불황과 같은 경우엔 *LM*곡선이 수평에 가깝게 되어 재정정책이 매우 효과적이라고 본다(구축효과가 전혀 나타나지 않음). 이렇듯이 구축효과 논쟁은 *IS*, *LM*곡선의 상대적인 기울기에 따라서 달라진다. 이는 이론적인 문제가 아니라 다분히 실증적인 문제이다.

구축효과가 시사하는 바는 정부 투자지출 증대로 민간부문의 투자가 위축되어 경기가 위축된다는 것이다. 민간부문의 투자와 정부의 지출(투자) 사이에 경합적인 관계에 있다고 보는 것이다. 민간부문의 투자감소는 생산감소 및 고용감소를 초래하게 된다. 반면에 정부투자와 민간기업의 투자활동을 보완관계로 보려는 시각도 있다. 정부에서 각종 사회간접자본6)을 증대시킬 경우 기업들에게 물류비용 절감효과를 안겨 줘 보완적인 관계로 여기는 경향이 있다. 특히 디지털경제 시대엔 정부의 초고속정보망 구축이라든가 디지털경제 시대에 맞는 법제도 등을 정비하여 기업의 거래비용을 대폭 낮춰주는 역할을 한다.

---

6) 사회간접자본은 social overhead capital이라 하여 SOC라고 하는데 주로 물리적 자본(도로, 철도, 항만시설 등)을 뜻한다. 그러데 최근에 사회간접자본의 개념을 물리적인 자본뿐만 아니라 법률제도 등을 포함하여 사회 인프라자본(social infrastructure)라 하여 인프라자본이라고도 한다.

》PIGS의 재정적자와 케인즈 재정정책의 한계

2008년 금융위기의 여파로 각국은 대규모 통화공급과 함께 재정지출을 단행하였다. 금융위기는 대부분 재정위기를 동반하는 경향이 있다. 2010년에 그리스를 시작으로 재정위기 문제가 시작되었다. 그리스는 1천100억 유로의 구제금융을 받았다. 그리스를 시발로 유로존의 국가들 중 포르투갈, 아일랜드, 스페인까지 재정적자의 위험이 있다고 하여 PIGS(포르투갈, 아일랜드, 그리스, 스페인의 첫 글자) 문제가 화제가 되었다. 그리스가 2010년 상반기에 구제금융을 받은 후 아일랜드는 2010년 11월에 EU와 IMF로부터 850억 유로(약 130조원)에 달하는 구제금융을 받았다. 그러나 여전히 재정적자에 시달리고 있고 2015년 7월 현재 그리스도 국가부도 위기에 직면하여 IMF 및 EU로부터 재차 구제금융을 받았다. 최근 (2015년) 그리스의 국가부도로 그리스 경제가 사면초과에 빠진 생태이다. 그리스는 EU로부터 긴급구제 금융을 받는 조건으로 재정건전성 확보를 위하여 복지 및 노동시장개혁 등의 경제주권을 볼모로 잡히고 있다. 그리스는 유로화 회원국이기에 자신의 통화였던 드라크마를 사용하지 못해 통화정책을 집행할 수 없어 재정정책만이 유일한 총수요관리 정책이다. 그러데 재정적자로 인하여 재정정책을 집행할 수 없는 딱한 상황에 직면한 것이다.

케인즈의 재정정책은 국가의 재정상태가 건전하다는 것을 묵시적으로 가정하고 있다. 만일 재정적자가 심각한 수준이라면 재정지출을 통한 불황극복이 불가능해진다. 오늘날의 남유럽의 재정위기가 시작된 이유도 여기에 있다. 한국이 지난 1997년도의 외환위기와 2008년도의 경제위기를 비교적 수월하게 극복한 것도 한국이 재정건전성을 유지하고 있었기 때문이다. 만일 이때 통화시장이 유동성 함정에 빠진다면 불황극복을 위한 정책이 재정정책인데, 재정적자에 직면할 경우엔 재정정책도 쓸 수 없다. 그리스는 유로 존에 편입된 국가로 독자적인 통화정책을 수행할 수 없다.

그리스, 스페인 등은 2018년 현재 경제가 상당히 회복되었다. 미국을 위시한 세계경제의 회복과 자국 내의 강력한 재정구조 개혁으로 경제회복이 이뤄졌다.

2.3 합리적 기대와 정책무력성

1. 통화정책 무력성

합리적 기대를 도입하면 통화정책의 효과가 없어진다. 합리적 기대 하에선 통화를 증가시키면 물가가 상승한다는 것을 모든 경제인들이 사전적으로 인지하고 있으므로 실질 통화공급량은 변화가 없다. 위의 [그림 9-2]에선 물가상승이 사전적으로 인지되지 못하기 때문에 실질 통화량이 실질잔고에 영향을 미치게 된다. 예를 들면, 합리적 기대를 도입하면 통화당국에서 통화량을 10% 증가시킨다고 발표하는 순간 이미 사람들은 물가도 10% 오를 것이란 것을 인지하고 예상물가수준을 감안하여 경제행위의 최적화를 다시 조정한다. [그림 9-2]를 이용하여 이러한 상황을 설명하면 일단 통화증가로 LM곡선이 우측으로 이동하지만 합리적 기대 하에서 예상물가를 고려하면 실질잔고에 변화가 없으므로 LM곡선은 다시 원래의 자리($LM_1 \rightarrow LM_0$)로 되돌아간다. 이는 *AD*곡선도 원래의 위치로 되돌아감을 의미하여 통화정책의 효과가 무력화된다. 이런 현상을 **통화정책의 무력성(monetary policy ineffectiveness)**이라 한다. 후술하게 될 재정정책의 경우도 이와 유사한 결과가 도출되어 합리적 기대 하에선 어떤 예상된 정책도 효과가 없어지는 **정책무력성(policy ineffectiveness)** 명제가 도출된다.

통화정책에 대한 합리적 기대학파의 견해는 아주 혁명적이다. 이미 위에서 살펴본 대로 합리적 기대 하에선 예상된 통화공급의 증대는 실질변수에 영향을 주지 못하므로 예상치 못한 통화정책만이 소득에 영향을 줄 수 있다. 예를 들면 중앙은행이 통화공급량을 10% 증가시킨다고 발표하고는 실제로는 15%를 증가시키는 경우 차이 5% 만큼은 실질소득에 영향을 줄 수 있을 것이다. 그러나 이 경우엔 또 다른 중요한 문제에 직면하게 된다. 즉, 정부가 민간부분을 속임으로써 실질소득 증대엔 성공했을지 몰라도 정책의 신뢰성을 상실하게 되는 중대한 도전을 받게 된다. 처음에는 속지만 그 다음부터는 정부의 어떤 정책 발표도 믿지 않게 된다. 소위 **동태적인 시간불일치(dynamic time inconsistency)** 문제가 발생한다. 그때의 상황에 따라서 재량적인 정책을 실시하는 정부의 입장에서는 자신들에게 유리한 경우엔 사전에 발표한 원칙을 지키고 싶지 않은 유혹에 쉽게 빠지고 일관성이 상실된 정책을 남발하게 된다. 그때마다 민간주체는 정부로부터 속임을 당하게 되어 더 이상 정부를 신뢰하지 않는 정책의 신뢰성을 상실케 되는 비용을 치르게 된다.

2. 재정정책 무력성

합리적 기대가설을 도입하면 재정정책의 효과도 없어진다. 예를 들어 정부에서 국·공채를 발행하여 정부지출을 증대시키는 경우 채권을 소지한 민간부문은 매년 일정한 원리금을 받아 금융자산이 증대된 것으로 여겨 소비를 증가시킨다는 것이 전통적인 생각이었다. 제11장 소비이론에서 상세히 다루겠지만 금융자산이 소비에 영향을 미친다는 것은 확인되었다. 그러나 합리적 기대이론을 고려하면 그렇지 않음을 알게 된다. 근시안적으로 보면 국·공채는 자산으로 간주될 수 있지만 합리적 기대 하에선 그렇지 않다. 정부는 현시점에서 발행된 국·공채를 상환하기 위하여 미래에 조세를 증가시킬 것이다. 따라서 합리적인 경제라면 현재 소비를 증가시키기보다는 미래의 증대될 세금을 대비하여 소비대신 저축을 증대시켜 총수요에는 아무런 변화가 없게 된다.

이러한 관계를 [그림 9-3]에 적용시켜 설명하면, 정부지출의 증가는 미래의 조세증가를 대비하여 저축을 증가시키므로 소비가 줄어드는 소비의 구축효과가 발생하여 *IS* 곡선도 움직이지 않고 총수요곡선이 이동하지 않아 실질소득에 아무런 영향을 끼치지 못한다. 이를 좀더 구체적으로 살펴보기로 한다. 합리적 모형에선 소비도 미래소득을 계산하여 소비를 한다. 현재 정부지출을 조세증가를 통한 재정지출 대신에 국채를 발행한 재원조달로 재정지출을 충당한다고 할 때, 합리적 기대 하에선 현재 세금이 줄어드는 만큼 미래시점에 세금이 증가하게 되므로 미래시점까지 고려한 소득(이를 항상소득이라 함. 자세한 것은 제11장 참조)은 변화가 없으므로 소비도 변화가 없다. 소비에 변화가 없으므로 (다른 사정이 일정하다는 가정 함) *IS*곡선은 이동되지 않고, 이에 따라 *AD*곡선도 이동하지 않는다. 합리적 기대도입으로 말미암아 정책의 무력성이 다시 한 번 확인되고 있다.

전통적으로 재정정책의 효과에 대한 논란을 정리하면 다음과 같다. 원래 고전학파에서는 소득은 총공급측면에서 결정되고 총수요관리 정책은 실질변수에 어떤 영향도 미치지 못하므로 재정정책효과는 없다. 케인즈학파는 재정정책의 효과에 대해 큰 기대를 했으며, 특히 대공황과 같은 불경기에는 재정정책의 효과를 신뢰하였다. 반면에 통화론자들은 재정정책의 효과를 인정했지만 구축효과가 크다고 믿어 케인지언들이 기대한 것만큼 크지 않음을 강조하였다. 합리적 기대와 함께 **리카도 등가정리(Ricardian Equivalence Theorem)**[7] 하에선 재정정책의 효과가 전면적으로 부정된다. 그러나 이런 정책무용성(policy ineffectiveness)이 성립되기 위해선 보다 엄격한 가정이 필요하다. 현실적으론 이런 가정을 만족시키기 힘들어 리카도 등가정리가 성립한다는 보장이 없다.

합리적 기대와 리카도 등가정리가 결합되어 재정정책의 효과가 무력하다는 주장은 이론적으로는 매우 정교한 체계를 갖추고 있으나 현실적으로 적용하는데는 무리가 따른다. 그래서 아직도 많은 국가에서 불경기에 조세를 인하하고 국채를 발행하여 재정지출을 충당한다. 지난 1997년 한국도 외환위기 이후 국채를 발행하여 재정지출 수요를 충당했으며 그로 인해 경기회복이 빨랐다. 예를 들면 오늘 발행된 국채를 미래의 시점에서 상환하게 되는데 미래시점까지 고려치 않을 수도 있다. 상환은 현세대가 죽은 다음 미래세대의 몫이다. 현세대는 오늘 소비를 증가시킬 수 있다. 즉, 재정정책은

7) 리카도 등가정리(Ricardian Equilvalence)란 정부지출의 재원이 조세이든 국채이든 간에 재원조달방식은 경제에 미치는 영향은 차이가 없다는 것이다. 이런 의미에서 등가란 용어를 사용하고 있으며 이런 문제를 처음 제기했던 리카도를 따라 리카도 등가정리라 한다. 참고문헌으로는 D. Bernheim, “Ricardian Equivalence: On Evaluation of Theory and Evidence,” *NBER Macroeconomics Annual*, 1987; Barro, R., “Are Government Bonds Net Wealth?” *J.P.E.*, 1974, 117~127 참조할 것.

효과가 있게 된다. 또한 리카도 등가정리를 도출할 때 정액세를 가정했는데 소득세를 가정한다면 문제가 달라진다. 소득세를 도입하면 노동자의 노동공급결정에 영향을 주어 실물에 영향을 줄 수 있게 된다.

》 리카디안 등가정리(Ricardian Equivalence)

리카디안 등가정리(Ricardian Equivalence)란 정부지출 및 통화공급량이 일정하고 정액세를 가정할 때, 정부의 재정적자를 국공채로 충당하건, 아니면 조세를 통해 충당하건 실질변수에는 아무런 영향이 미치지 못한다는 것을 의미한다. 즉, 민간부문이 소비하고 있는 국공채를 부(wealth)의 증대로 보지 않아, 총수요에도 영향을 끼치지 못하는 재정정책의 무력성을 시사한다. 리카도 등가정리는 합리적인 기대가설을 기초로 한다. 합리적 기대가설을 기초로 할 때 통화정책의 무력성을 주장한 것과 같이 재정정책에서의 무력성을 강조하고 있다. 이러한 생각은 리카도(David Ricardo, 1772~1823)에 의하여 정부지출을 조달하는 방법에서 있어서 어떤 방법이든 실제로는 차이가 없다는 것이다. 오늘날의 정치화된 이론에 의하여 다시 부활되어 리카도 등가정리라 명명되고 있다.

정부지출이 일정한 상황에서 세율인상을 통하지 않고 국채를 발행하여 정부지출을 증대시키는 경우에 민간부분의 소비가 증가될까? 또는 정부지출을 감소시키지 않고 세금을 인하시킬 경우 민간부문의 소비는 증가할까? 이러한 질문에 대하여 전통적인 케인지언들의 입장은 소비가 증대된다고 보았다. 이러한 전통적인 생각에 대하여 총수요에 영향을 미치지 못한다는 주장을 한 것이 리카디안 등가정리이다. 국채발행을 통하여 재원을 조달할 경우 그것은 단지 현재 내야할 세금을 유보시켜 주는 대신에 미래의 세금(국채발행의 원리금 상환용)인상을 뜻한다. 따라서 미래의 증대될 세금인상을 위하여 오히려 저축을 증대시켜 현재의 소비는 증가되지 않는다. 결국 국채란 민간부문이 부담해야 할 미래의 세금으로 본 것이다. 이러한 관계를 관계식으로 살펴보면 아래와 같다.

$$\frac{G_t}{P_t}+r_{t-1}\frac{B_{t-1}}{P_t}=T_t+\frac{\Delta B_t}{P_t}+\frac{\Delta M_t}{P_t}$$

통화량이 일정하다고 가정할 때 주어진 재정수요($G+r\frac{B}{P}$)를 충당키 위한, 국채발행은 현재의 세금감면으로 볼 수 있다. 그러나 미래시점을 고려한다면 현재의 세금감면 대신에 발행된 국채발행은 곧 미래의 세금증가를 의미하므로 민간부문의 富는 불변으로 볼 수 있다. 민간부문의 부가 일정하다는 것은 곧 항상소득(permanent income)도 변하지 않을 것이므로 현재의 소비에 영향을 미치지 못하게 되었다. 민간경제 주체들이 합리적인 기대를 할 경우 자신들이 보유하고 있는 국채를 금융자산의 증가로 여기지 않기 때문에 소비에 영향을 주지 못한다. 이렇게 되면 정부의 재정적자는 민간부문의 저축증대로 상쇄되어 실질변수에 아무런 영향을 미치지 못한다.

또한 정부지출삭감 없이 정부에서 세금을 인하시키는 경우 민간부문의 소비가 증가될 것인가 하는 문제이다. 전통적인 견해에 따르면 세금삭감은 개인의 가처분소득이 증가하므로 소비가 증대된다고 보았다. 그러나 여기서도 합리적 기대와 수명이 무한하다는 가정을 하면 사정은 달라진다. 정부지출 변화 없는 세금삭감은 재정적자를 의미한다. 미래의 어느 시점에서 세금을 인상할 것으로 예측하므로 민간부문의 부의 증대로 보지 않아 소비에는 역시 아무런 영향을 끼치지 못한다. 현재의 세금감소는 장래의 세금증가를 의미하므로 소비에도 변화가 없을 것이다. 즉, 조세를 통하든 국채발행을 통하든 아무런 차이가 없다는 의미에서 등가(equivalence)관계에 있다는 것이다. 리카도 등가정리가 성립되기 위해서는 몇 가지의 가정이 필요하다. 첫째, 민간주체는 무한한 계획기간을 가진다는 가정인데 이는 곧 영원히 생존할 수 있음을 의미한다. 둘째, 자본시장이 완전하여 현재와 미래 간에 자원을 원활히 배분할 수 있어야 한다. 셋째, 정액세(lump-sum tax)를 가정하고 있으며 정부의 재정적자는 버블이 아니어야 한다. 넷째, 민간주체는 합리적인 기대를 한다는 가정 등이 필요하다. 이러한 가정에 대한 비판도 만만치 않다. 우선 수명이 영원하다는 현실성이 없다. 그리고 자본시장은 불완전하고, 세금도 정액세가 아니라 소득의 함수인 경우가 일반적이다. 국채발행에 대한 원리금상환을 미래세대로 계속 연기할 때 일정한 조건 하에서 어떤 세대도 미래세금에 대한 부담이 없다. 공채의 버블(bubble)이 가능하다. 만일 영원히 산다는 가정을 완화시키면 현시점의 국채발행에 대한 원리금은 미래세대가 상환한다면 현재의 세대는 상환책임을 질 필요가 없으므로 그들의 소비는 증가될 수 있다. 국채발행을 통한 정부지출 증대는 소비를 증가시킬 경우 재정정책이 효과적임을 나타낸다.

이러한 주장에 대하여 배로(R. Barro, 1974)는 현재의 세대와 미래세대 간에 상속의 개념을 통하여 설명하였다. 즉, 현재세대는 자신의 소득을 다 쓰고 죽지 않고 일정한 부분을 상속으로 미래세대에게 넘겨준다(미래의 증세를 위한 부의 이전으로 볼수 있음). 미래의 세대는 다름 아닌 자식들의 세대이기 때문에 자식 사랑하는 애타심(altruism)이 작용한다고 보는 것이다. 그 증거로서 부모세대들은 자식세대에게 유산을 물려준다. 현세대가 모두 소비할 수 있음에도 불구하고 일부를 남겨 유산으로 물려주는 것은 미래세대의 후생감소(세금증대로 인한)를 보상해주려는 심리가 작용하고 있다고 본 것이다. 국채발행을 통한 정부재정 적자정책은 현세대가 경제적인 편익을 누리고 미래세대는 상환의 부담을 지니게 되는 불공평성을 안고 있다. 유산을 남겨줌으로써 현세대가 누리고 있는 편익에 대한 대가를 미래세대에게 물려주고 있다고 볼 수 있다. 이러한 세대 간의 자금이전으로 무한히 생존하는 것과 유사한 결론에 이르게 된다는 것을 보여주었다. 미국의 경우 1974년 자료를 기준으로 미국인 총자산의 81% 정도가 세대 간에 자금이전에 기인한 것으로 추정되었다.[8)]

제3절 준칙 대 재량정책(Rule vs Discretion)

3.1 준칙 대 재량정책 논쟁

재량정책(discretion)이냐 **준칙(rule)**이냐 하는 문제는 거시경제학의 오랜 논쟁이었으며 아직도 계속되고 있다. 실제 경제정책을 집행하는 관리들에겐 중요한 관심사이다. 준칙과 재량정책은 정부의 경제정책을 사전적으로 어떤 규칙을 정해놓고 일관되게 수동적으로 집행하느냐, 아니면 경제흐름의 상황에 따라서 그때마다 정부가 능동적으로 개입하여 재량권을 갖고 집행하느냐 하는 집행방식의 문제이다. 일정한 규칙을 사전적으로 정해놓고 피동적으로 집행하는 방식을 준칙(rule)주의라 하고, 경기의 상황에 따라서 정부가 능동적으로 개입하는 방식을 재량(discretion) 정책이라 한다.

이러한 논란이 나오게 된 배경은 이미 앞에서 언급한 대로 자본주의 시장기능에 대

8) Kotlikoff and Summers, "The Role of Intergenerational Transfers in Aggregate Capital Accumlation," *JPE.*, 1981, 706~732 참조.

한 신뢰의 차이에서 연유한다. 재량정책은 주로 케인지언들의 입장을 대변하고 있다. 그들은 기본적으로 자본주의 시장의 가격기능이 완전치 못하고 시장실패가 존재하여 그때마다 정부가 적절히 개입하는 것이 보다 효율적이라고 보는 것이다. 대표적인 사례가 미국에서 일어난 1929년의 대공황 사건이다. 당시의 주류 경제학의 사조는 시장의 자연적인 기능이 치유할 것이라 믿었지만 사태는 점차로 악화되었다. 최근 2008년 금융위기 후에도 대부분의 국가에서 적극적인 재량정책을 집행하여 케인즈의 부활이라고 까지 하였다. 언제까지 기다려야 시장이 제대로 작동하느냐를 놓고 케인즈는 "We are all dead in the long run."이라는 유명한 말을 남겼다.

재량정책은 보통 경기흐름의 방향과 반대방향인 경기역행적(counter-cyclical) 방법으로 정책이 집행된다. 예를 들면, 불경기엔 정부가 나서서 정부지출을 증대시키고 통화공급을 늘려 총수요곡선을 우측으로 이동시키는 확대정책을 집행하여 경기가 회복국면에 들어서도록 유도한다. 호경기엔 실업수당도 감소되고 세수입도 증대되어 정부재정은 흑자기조로 되고 정부지출도 줄어든다. 호경기엔 통화공급도 물가상승압력을 억제시키기 위하여 억제하는 방향으로 집행한다. 이렇듯이 재량정책은 경기흐름과 반대방향으로 집행된다. 이런 재량정책은 대공황 이후 케네디 행정부를 거쳐 1970년대 스태그플레이션이 나타나기 전까지 전성기를 구가했다. 언뜻 보기엔 재량정책이 유용한 것 같지만 재량정책을 집행하는데 많은 문제점들이 나타나게 되었다.

준칙주의를 신봉하는 사람들의 주장은 경제의 흐름을 정책결정자 몇몇 사람들의 개인의 정보판단에 맡길 수 없고, 특히 경제문제를 정치가들의 이해에 맡길 수 없다는 배경이 깔려 있다. 우리는 선거 때가 가까워오면 경기흐름에 관계없이 세율을 감면해 주는 등의 선심성정책을 남발하여 선거 전후로 경기의 흐름이 많은 영향을 받는 것을 자주 본다. 이미 오래전에 노드하우스(Nordhaus, 1975)는 선거의 주기와 맞물려 경기변동이 일어난다는 **정치적 경기변동론(political business cycle)**을 주장하였다. 또한 역대정권이 바뀔 때마다 경기는 정권의 재량적인 정책에 맡겨져 경제에 충격을 주는 문제점이 노출되고 있다. 일례로 미국의 경우 공화당이 당선되면 대개 축소정책을 실시하여 2년 차부터는 성장률이 둔화되는 경험을 겪는다. 공화당의 기본정책노선이 실업은 감수하지만 인플레이션을 더 두려워한다는 점에 기인한다. 반면에 민주당은 근로자들을 정치적인 기반으로 하고 있어 실업은 싫어하고 차라리 인플레이션을 감수하고자 하여 확대정책을 실시한 결과 민주당 집권후에는 고성장률이 나타난다는 것이다.[9] 다음은 재량정책에 대한 문제점들에 관하여 살펴보기로 하자.

---

9) Mankiw, *Macroeconomics*, 4th edition, Table 14-1 in p. 394 참조.

3.2 재량정책의 쟁점

1. 시차문제

재량정책에 대한 비판 중에 대표적인 것이 시차(time lag)의 문제이다. 시차에는 여러 단계의 시차가 존재한다. 첫째, 정책당국에서 현실의 경제문제를 인식하기까지의 시차이다. 현재의 경제상황을 정확히 파악한다는 것은 매우 어려운 일이다. 경제통계를 수집하고 가공 분석하여 발표하기까지는 상당한 시간이 걸린다. 공표된 자료는 이미 지나간 과거의 경제를 반영하는 것이다. 둘째, 정책을 집행하는데 소요되는 시차가 있다. 통화정책의 경우에 통화공급을 결정하기까지의 시차(금융통화운영위원회의결정에 걸리는 시간)가 있다. 반면에 재정정책의 경우는 더 긴 시간이 필요한 경우도 있다. 조세정책 같은 경우 법을 개정하여야 할 경우 입법과정에서 상당한 시간을 필요로 한다. 셋째, 정책이 집행되어 효과가 나타나기까지의 시간이 걸린다. 집행된 정책의 결과를 보고 계속 집행할 것인지 아닌지를 결정해야 하는데 효과가 나타나기까지 상당히 긴 시간이 소요된다. 경제학은 자연과학과 같이 실험실에서 실험을 할 수 없기 때문에 결과를 관찰하는데 시간이 많이 걸린다. 이 과정에서 정책의 혼선이 일어날 수 있으며 잘못 집행하는 실수를 범하게 될 가능성이 높다. 아래 [그림 9-4]를 이용하여 설명하기로 한다. 예를 들어 경기가 *A*점과 같이 하강국면이라고 판단하여 세율인하를 통하여

[그림 9-4] 시차와 경제정책 문제

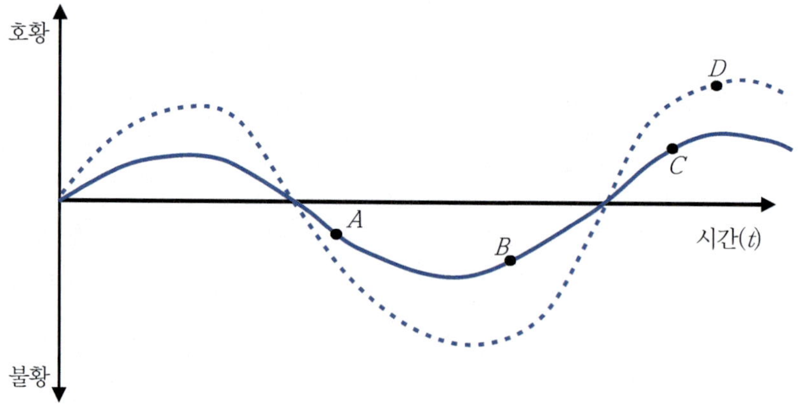

총수요를 증대시키려는 정책을 계획하고 있는 경우를 생각하자. 입법과정을 통하여 정책을 집행할 즈음이면 이미 실제 경기는 B점에 도달해 있는데도 불구하고 확대정책을 집행하면 경기는 C점을 지나는 것이 아니라 과열(over-heating)되어 D점을 지나게 되어 경기변동을 더 악화시킨다. 만일 아무런 정책도 실시하지 않고 그냥 놔두면 자연스럽게 경기가 적정범위 안에서 유지될텐데 정부에서 잘못 개입함으로써 경기순환을 더 악화시키는 우를 범하게 된다.

통화주의자들과 같은 준칙주의자들은 위에서 언급한 바와 같이 경제정책의 시차가 길기 때문에 단기적인 시각에서 정부의 임의적인 재량정책은 오히려 경기변동을 악화시킨다고 주장하였다. 이런 현상을 흔히 샤워용 수도꼭지에 비유한다. 샤워하기에 적당한 온도를 맞추려고 수도꼭지 더운물을 틀면 갑자기 너무 뜨거운 물이 나오거나 조금 차가운 물을 틀면 이번에 너무 찬물이 나와 소스라치게 놀란다. 재량정책은 이와 같이 경제에 충격을 주어 오히려 경기의 자연스러운 경기순환의 흐름을 악화시킨다는 것이다. 이러한 경제정책을 냉탕온탕방식(cold turkey)이라고도 한다. 경기과열을 진정시키기 위하여 갑자기 긴축정책을 집행하면 경기가 갑자기 급랭되어 불경기로 치달을 가능성이 있다.

재량정책이 경기역행적인 방법으로 정책을 집행되는데 시차의 존재로 경기의 진폭이 [그림 9-4]의 점선처럼 더 증폭된다. 경기과열시 정부에서 긴축정책을 실시하면 시차의 존재로 실제로 긴축효과가 나타나는 것은 경기침체기에 나타나 불황이 증폭되고 불황기간이 더 길어져 후생을 떨어뜨린다. 반대로 불황기에 확대정책을 실시하면 경기가 과열되어 인플레이션이 나타나는 부작용이 속출하게 된다. 이렇듯이 정부의 개입은 오히려 경기순환의 흐름을 악화시키므로 자의적인 개입 없이 일정한 준칙(rule)에 따라 집행되는 것이 바람직하다는 것이 준칙주의자들의 주장이다. 재량정책의 한계는 정책을 담당하는 관리나 조언(advisor)하는 그룹들이 시장에 대해 잘 알 수 없다는 점이다. 인간의 지혜로 시장의 흐름을 사전에 파악한다는 것은 거의 불가능하다.

2. 루카스 비판

루카스 비판(Lucas, 1976)[10]에 의하여 재량정책은 이론적인 측면에서 결정적인 한계점이 노출되었다. 위에서 언급된 시차의 문제는 이론적인 문제라기보다는 정책집행 과정에서의 실무적인 문제였다. 시차문제는 세심한 주의를 기울이면 실수를 줄일 수

10) Lucas, R. E., "Econometric Policy Evaluation: A Critique," *Carnegie-Rochester Conference on Public Policy* 1, 1976, 19~46.

있는 가능성이 있다. 그러나 **루카스 비판**은 재량정책에 대한 근본적인 문제점을 제기해 주의를 끌었다. 재량정책은 축약형태의 거시경제모형(reduced form equations of macromodel)으로부터 얻어지는 각종 계수(parameters)에 의하여 결정된다. 예를 들면 정부지출을 증가시키는 경우 재정지출의 정책적 효과는 간단한 모형을 가정할 때 승수효과 $\frac{1}{1-b}$에 의하여 결정된다. 승수효과는 결정적으로 한계소비성향의 패러미터 값 b의 크기에 의하여 결정된다. 재량정책 선호자들은 한계소비성향 b는 매우 안정적이라고 보고 있다. 실제로 한계소비성향은 다른 변수에 비하여 안정적인 모습을 나타내고 있다. 그러나 합리적 기대를 도입하여 정책이 바뀌면 사람들은 추가적으로 입수된 정보(정부의 정책이 바뀐 사실에 대한 정보)를 이용하여 자신들의 소비수준(소비성향 포함), 노동공급시간 결정 등에 관한 모든 최적화 행위(optimization behavior)를 바꿀 것이다. 이는 한계소비상향 b의 값도 바뀌게 되어 재정정책의 효과가 기대에 미치지 못하거나 아니면 지나치게 될 가능성이 있어 경기변동을 악화시킬 수 있다. 이는 소비자들이 이제는 더 이상 정부의 정책에 대하여 단순히 피동적으로 순응하는 것이 아니라 적극적으로 정부의 정책에 대응하여 자신들의 이익을 극대화시키는 것을 의미한다. 정부와 경제인들 간에 일종의 게임이 시작됨을 의미한다. 전통적인 재량정책 집행자들은 경제인들의 행위는 일정하다고 보고(즉, 소비성향 등 각종 패러미터가 일정하다는 가정) 정책을 집행하면 소비자들은 따라올 것이라 여겼었다. 이는 정부에서 어떤 정책을 실시하든 소비자를 비롯한 민간경제인들은 시시각각으로 주어진 정보상황에 따라 최적행위를 바꾼다. 일정하다고 여겼던 패러미터가 이제는 더 이상 일정치 않게 되어 정책의 오차가 존재하게 됨을 뜻한다.[11)]

합리적 기대가설에 기초할 경우 재량적인 통화 및 재정정책도 경제인들이 자신들의 최적화를 바꿈으로써 패러미터가 일정하다는 가정 하에 집행된 재량정책의 효과가 의미가 없게 된다. 이 주장이 옳다면 정부에서 정책에 기초자료로 활용하고 있는 각종 정보들, 가령 한계소비성향이나 총공급곡선의 기울기 등이 아무런 의미가 없어진다. 새로운 정책을 실시할 경우 경제인들은 다시 자신들의 최적화에 맞는 새로운 패러미터를 설정할 것이기 때문에 과거의 패러미터는 쓸모 없게 된다. 이것이 루카스 비판의 핵심내용이다.

그러나 루카스 비판내용은 이론적으로는 맞는 것이지만 실제로 그 변화란 무시해도

11) 예를들어 정부지출 100억원을 증대시킬 경우, 한계소비성향 b=0.9라하면 소득증대는 1,000억원이 증대케 된다. 그런데 만일 정부의 새로운 정책으로 인해 b=0.7로 약간 감소될 경우 소득증대 효과는 333억원 증가에 그친다. 한계소비성향이 조금만 변해도 소득에 미치는 효과는 매우 큼을 보여준다.

좋을 정도로 미미하다는 비판도 있다. 따라서 실제경제정책을 집행하는 과정에서 그 오차는 미미하여 크게 신경쓸 것 없다는 반론도 만만치 않다. 이러한 반론에 대한 대표적인 학자가 테일러(Taylor, 1979)이다.[12] 또한 합리적인 기대를 가정해도 가격의 경직성을 도입하면 화폐정책은 실물에 영향을 줄 수 있음을 보여주었다. 테일러모형에서 임금계약과 가격계약이 중첩되는 부분이 있기 때문에 일정기간 동안 가격의 경직성을 나타낸다. 임금의 경직성을 가정하면 지난 번에 이미 계약된 결정에 의해 이번 기까지 계속 경직적이고 어떤 임금은 이번 기의 계약이 다음 기까지 계속 경직성을 띄게 된다. 이렇게 지난 번의 경직성이 금기의 경직성을 나타내면 이번 기의 총수요에도 영향을 주어 실물에 영향을 준다.

3.3 준칙주의 정책

1. 통화준칙주의

준칙주의란 위에서 언급된 재량정책의 한계점을 인식하고 사전적으로 정해진 준칙(rule)에 따르는 것이다. 경기의 상황에 관계없이 언제나 일정한 준칙에 의거하는 방법이다. 준칙의 대표적인 것이 프리드만(M. Friedman)의 $k\%$ 통화공급 준칙정책이다. 미국의 경우를 예를 든다면

$$\text{화폐공급률} = 3\% + (\text{실업률} - \text{자연실업률}) \qquad (9.1)$$

로 구성할 수 있다. 만일 실제실업률이 자연실업률과 같아진다면 매년 통화공급률을 3%로 증가시키라는 것이다. 실제실업률이 자연실업률을 1%초과 할 때마다 화폐공급을 추가적으로 1%씩만 증가시키라는 것이다. 이런 준칙주의 장점은 미리 사전적으로 통화공급을 증가시키면 사람들의 인플레이션 기대심리가 안정적으로 된다는 점이다. 예측 가능성이 높아져 불확실성이 대폭 낮아지거나 제거되는 장점이 있다. 실제인플레이션이 기대인플레이션에 접근하여 인플레이션을 안정화시키는 데 크게 기여한 것도 사실이다. 식 (9.1)은 통화정책에 대한 준칙이며 이자율에 대한 준칙을 소개하기로 한다.

각국의 중앙은행의 관심사는 고용과 생산에 큰 변동을 주지 않으면서 이자율을 일정한 범주에 머무르게 할 수 있는 준칙을 어떻게 설정하는가 하는 문제이다. 이러한 질

---

12) Taylor, J. B., "Estimation and Control of a Macroeconomic Model with Rational Expectations," *Econometrica*, 1979.

문에 대한 답을 **테일러**(Taylor, 1994)가 제시하였다. 그의 간략한 **테일러준칙**은 다음과 같이 표시된다.[13)]

$$i = r^* + \pi + \alpha_\pi(\pi - \pi^e) + \alpha_y(y - y^*) \qquad (9.2)$$

여기서 i는 적정기준(명목)금리, r^*은 장기균형실질 기준금리, π, π^e는 각각 인플레이션과 기대인플레이션율, y, y^*는 각각 실질성장률과 잠재적 성장률을 나타낸다. α_π, α_y는 각각 인플레이션 갭과 경제성장률 갭의 가중치로 나타낸다. 즉, 테일러의 이자율 준칙은 인플레이션 갭과 *GDP*갭의 가중평균값으로 나타낸다.

실례로 미국의 경우에 테일러 준칙의 한 사례를 살펴보기고 하자. 미국의 경우 테일러 이자율준칙으로 $i = \pi + 2.0 + 0.5(\pi - 2.0) - 0.5(y^* - y)$과 같이 추정된 바 있다. 여기서 i는 FRB 금리(Federal Fund Rat로 은행 간 자금거래시 적용되는 단기 명목이자율)를 나타낸다. y^*는 자연산출량을 나타낸다. 미국의 경우 인플레이션율 갭이 매 1% 포인트 상승할 때마다 이자율은 0.5% 만큼 상승해야 함을 시사하고 있다. 또한 산출량이 자연산출수준을 매 1% 초과하는 경우엔 0.5%의 이자율 인상을 권고하고 있다. 반대로 실질 *GDP*가 자연산출수준 이하로 떨어지면 연방준비은행의 실질금리를 매 1%의 소득격차에 대해 0.5% 하락할 것을 권고하고 있다. 테일러준칙은 기본적으로 과거의 행태를 반영하기 때문에 미래의 경제활동에 영향을 미치는 적정기준금리를 결정함에 있어서 참고자료로 활용되고 있다. 특히 글로벌화로 자본시장이 개방되고 금융위기 이후로 금융시장의 불확실성이 높아짐에 따라 시장금리의 기능이 예전처럼 작동되지 못한다는 비판도 잇따르고 있다.

2. 재정준칙 주의

준칙주의 하면 통화정책에 대한 준칙을 생각하는데 재정정책에도 적용할 수 있다. 재정에 있어서 준칙이란 보통 균형예산(balanced-budget)이나 재정적자를 일정한 범위로 제한하는 방식이다. 미국의 경우 일부 주정부에서는 법률로 재정예산을 규율하고 있는 곳이 있다. 그러나 대부분의 국가에선 균형예산을 준칙으로 정하고 있지 않다. 재정정책의 경우는 통화정책의 경우와 달리 몇 가지의 문제점들이 있기 때문이다. 경

13) John, Taylor, "The Inflation/Output Variability Tradeoff Revisited," in *Goals, Guidelines, and Constraints Facing Monetary Policymakers*, Federal Reserve Bank of Boston, 1994. 그리고 Mankiw, *Macroeconomics,* 4th ed. Ch. 18 참조. Mankiw는 테일러의 준칙을 일명 FRB의장인 알런그린스팬 준칙(Alan Greenspan's Rule)이라고 부르고 있다.

제학자들도 다음의 이유를 들어 법으로 균형예산을 규정하는 것에 찬동하지 않고 있다. 첫째, 재정 적자나 흑자가 경제안정화에 더 기여할 때가 많다. 엄격하게 균형예산을 고집할 경우 안정화 정책에 도움이 안 된다. 예를 들면 불경기에는 실업수당이 증가되고 세수가 줄어들어 자연히 적자재정으로 된다. 이때 적자재정으로 경기가 더 이상 불황으로 빠지는 것을 억제하는 효과가 있다. 이때 만일 엄격한 재정지출을 고집한다면 가뜩이나 불황인데 세수를 확보하기 위하여 세율을 올려야 하는 문제에 직면하게 된다. 세수를 올리면 경기는 지나친 불황으로 치달아 경기의 진폭과 불황기간을 길게 하는 부작용이 나타날 것이다. 둘째, 재정적자는 자원을 현세대와 미래세대 간에 분배하는 기능이 있다. 예를 들어 현세대가 전쟁을 하느라고 대규모의 재정적자를 유발시켰다면 그 재정적자는 자유에 대한 비용으로 미래세대(아들세대)가 자유를 누리는 대가로 지불하는 것으로 볼 수 있다. 셋째, 재정 적자나 흑자는 조세부담을 평준화시키는 작용을 한다. 즉, 불경기엔 정부지출을 늘려주는 동시에 세율을 낮춰 조세부담을 줄여주는 효과가 있다. 반면에 호경기엔 불경기에 비해 상대적으로 높은 세금을 부담하여 전 기간을 통하여 조세부담을 평준화시키는 역할을 한다. 이를 조세평준화(tax smoothing) 과정이라 한다.

제4절 경제안정화 정책의 한계점

4.1 준칙 및 재량정책의 한계점

재량정책의 한계점이 많다 하여 그 대안으로 준칙주의가 등장하게 되었다. 그러나 준칙주의도 완전치 못하여 아래와 같은 한계점들이 노출되고 있다. 준칙주의는 재량정책의 한계점을 극복하기 위하여 대안적으로 제시된 정책으로 나름대로 큰 기여를 했지만 그 역시 한계점을 지니고 있다. 인플레이션이 한창 심했던 지난 1970년대의 통화준칙주의는 인플레 기대심리를 안정화시키는데 결정적인 기여를 했다는 평가를 받고 있다. 하지만 1980년 이후 금융혁신, 개방화 그리고 정보통신혁신의 영향을 받아 그 효율성이 점차로 약화되고 있다. 그 한계점을 정리하면 다음과 같다. 첫째, 통화공급을 일정하게 공급하라는 $k\%$ 준칙은 화폐수요함수가 일정하다는 가정과 통화공급을 외생적으로 운용할 수 있다는 전제조건이 필요한데 이런 조건들이 현실적으로 받아들이기 쉽지 않다. 금융혁신으로 새로운 금융상품이 등장하게 되었으며 정보통신혁명은 각종 신용카드, 그리고 전자화폐 등장으로 화폐수요가 과거처럼 안정적이라고 주장하기 힘들다. 또한 통화공급도 사실상 내생적으로 이루어지고 있어 일정한 *k%*로 공급할 수 없게 되었다. 개방화로 인한 외환과 외국자본이 국내로 대량 유입되는 상황에서 통과공급을 독립적으로 일정한 준칙에 의해 조정하기가 쉽지 않다. 더욱이 정보통신혁명으로 기존의 화폐를 대체할 수 있는 금융지불수단이 등장하여 화폐의 정의 자체가 어려워지고 있는 상황이다. 둘째, 재량정책이 경제의 불확실성을 증대시킨다고 하여 준칙주의를 도입했지만 준칙주의를 도입했다고 하여 불확실성 자체가 제거되는 것은 아닙니다. 경제 내에 존재하는 불확실성과 준칙주의는 별개의 것이다. 예를 들면 유가의 등락에 따른 공급측면의 불확실성은 준칙주의와는 무관하게 여전히 존재한다. 셋째, 준칙주의를 흔들림 없이 지켜나갈 수 있겠는가 하는 집행과정상의 문제이다. 심각한 불경기 상황에서 기업이 부도로 넘어갈 때 여론이나 정치권의 압력으로부터 중립을 지킬 수 있는가 하는 현실적인 문제이다. 준칙주의를 따른다고 공표해 놓고 자의적으로 집행한다면 정책의 신뢰성에 치명적인 타격을 주고 **시간불일치(time inconsistency)** 문제에 직면하게 된다. 요즘은 준칙주의나 재량정책 중 어느 하나를 선택하는 선택의 문제가 아니라 적절한 혼합형태를 선호하는 것 같다. 준칙을 기본으로 하되 지나친 준칙주의에 집착하기보다는 필요에 따라 적절한 재량정책이 혼합되고 있다.

4.2 정책의 신뢰성과 시간불일치 문제

1. 정책의 신뢰성과 불확실성 문제

정책의 일관성이 대단히 중요하다. 특히 민간부문의 기대형성과 관련하여 일관성 있는 정책이야말로 대단히 중요한 요소이다. 이런 점에서 재량적인 정책보다는 준칙주의가 선호되고 있다. 경제안정화에 불확실성 증대는 아주 좋지 않은 영향을 끼친다. 불확실성의 증대는 미래에 대한 투자를 위축시킬 뿐만 아니라 위험부담을 증대시켜 리스크 프리미엄을 높인다. 또한 불확실성은 거래비용을 높여 전반적인 경제의 효율성을 떨어뜨린다. 정부의 안정화 정책에서 가능한 정책의 투명성을 요구하는 것도 불확실요인을 줄이려 하기 때문이다. 불확실이 증대될 때 투자의 **야성적 충동(animal spirit)**이 위축되어 투자가 줄어든다. 우리는 특히 외환위기 이후 정책의 투명성과 신뢰성이 얼마나 중요한가를 매우 비싼 대가를 치르고 배우게 되었다. 경제주체자들은 합리적 기대 하에선 현재의 비용만 계산하는 것이 아니라 미래의 더 큰 부실을 예측하고 있으므로 투자를 안하는 것이다. 시장참여자들은 미래의 부실까지를 이미 계산하기 때문에 정부의 미봉책은 효과가 없는 것이다. 이런 식으로 계속 미봉책을 내놓는 경우 시장으로부터 신뢰를 잃게 될 뿐만 아니라 비용도 만만치 않게 들어간다. 이럴 때 차라리 처음에 큰 비용이 들더라도 시장에 확실한 신뢰를 주는 것이 보다 효율적일 것이다. 그런데 정책담당자들은 처음의 커 보이는 비용에 겁을 먹고 자꾸 미봉책을 내놓는 경우 결국엔 비용은 비용대로 다 들어가고 시장으로부터 신뢰도 잃게 된다.

2. 동태적 시간불일치 문제

동태적 시간불일치(dynamic time inconsistency)는 위에서 언급한 정책의 신뢰성과 연관이 깊다. 이 시간의 불일치문제는 재량정책 및 준칙주의와 다 관련이 있다. 예를 들어 정부는 인플레이션을 낮추기 위하여 인플레이션을 목표로 정하고 통화공급을 일정한 룰에 의하여 공급한다고 하자. 그러면 사람들의 기대인플레이션이 실제인플레이션과 같아지면 정부는 이제 생각이 달라진다. 정부는 낮은 인플레이션을 달성하기 위하여 그 동안 묵인해온 높은 실업률을 낮추고 싶은 유혹에 빠진다. 낮은 필립스곡선에서 더 나은 상태가 생기기 때문이다. 처음의 약속을 깨고 슬그머니 얼마간의 인플레이션을 허용하면서 실업률을 낮추는 확대정책을 집행한다. 처음의 일정한 통화공급을 약속한 준칙주의(k % rule)를 벗어나 재량적인 정책으로 선회를 하게된다. 이렇게 되면 정책의 일관성을 상실하게 된다. 이러한 문제를 동태적 시간불일치라 한다. 사람들은 이제 자신들이 속은 것을 알고 다음부터는 정부를 신뢰하지 않는다.

시간불일치 문제는 흔히 테러와 정부의 협상과정과 자주 비유된다. 정부는 테러리스트들과는 어떤 협상도 않겠다는 원칙을 천명하나 시간이 흘러감에 따라 여론의 압력이라든가 인질들의 생명에 대한 위협 등으로부터 정부는 테러범들과 비밀리에 협상을 통하여 해결하고 싶은 유혹에 빠진다. 테러범들은 이런 정부의 예상행동을 알고 처음부터 강경하게 나오게 된다. 시간의 불일치행동으로 나타난다. 이렇게 되면 테러범들을 근절할 수 없다. 정부의 시간불일치에서는 테러리스트들은 일단 인질은 잡아놓고 강경하게 나가면 정부는 처음에는 협상 안하겠다고 강경하게 대응한다. 하지만 시간이 흐름에 따라 협상테이블로 나오게 된다는 것을 테러리스트들은 과거의 경험으로 알고 있으므로 테러를 자주 일으켜 자신들의 요구를 관철시키려 한다. 반대로 정부의 원칙대로 끝까지 테러범과 협상을 하지 않고 준칙을 지킬 경우 처음에는 인질의 희생을 피하기 힘들겠지만 제2, 3의 테러범을 근절할 수 있는 시간일치성을 확보할 수 있다.

4.3 개방화와 경제안정화 정책

지금까지 폐쇄경제를 가정하여 경제안정화 정책을 논하였으나 현실적으로 대단히 제약적인 상황을 상정하고 전개하였다. 이미 전 세계경제는 개방화되어 상호의존적인 상황에 있기 때문이다. 그리고 최근에 **상호의존적(interdependent)**인 성향이 심화되고 있어 한 나라 경제정책이 다른 나라에 지대한 영향을 끼치고 있다.[14] 최근에는 우리나라의 제1의 수출시장이 미국에서 중국으로 바뀌어 중국의 경제환경에 많은 영향을 받고 있다. 중국경제의 저성장 기조는 우리나라의 경제에도 큰 영향을 끼친다. 또한 중국 제조업의 기술발달과 신기술과 기업가정신으로 무장된 벤처기업들의 등장으로 한국경제에 큰 영향을 끼치고 있다.

또한 개방화가 촉진됨에 따라 경제안정화 정책의 효과도 제약을 받는다. 준칙주의에 의한 통화정책에서도 대외적인 요인에 의해 영향을 받는다. 예를 들어 국제수지가 흑자이면 중앙은행의 외화자산이 증가하여 통화량이 증대되어 *LM* 곡선을 오른쪽으로 이동시킨다. 반대로 국제수지 적자의 경우는 *LM* 곡선이 왼쪽으로 이동된다. 이때 중앙은행은 국내의 물가수준을 고려하여 국제수지에 의해 조정되는 국내통화량을 공개시장조작 등을 통하여 조정할 수 있다. 국제수지 불균형이 국내통화에 미치는 효과를 차단하는 정책을 **불태화정책(sterilization policy)**이라고 한다. 그러나 불태화정책은 단기적으로 효과가 있지만 장기적으로 사용하기엔 한계가 있다. 구조적인 국제수지 적자나 흑자의 경우 지속적으로 불태화정책을 집행할 수 없기 때문이다.

또한 해외요인을 고려하면 환율이 총수요관리정책에 큰 영향을 미친다. 변동환율제도 하에선 환율이 또 다른 내생변수로 작용하여 정부의 직접적인 통제에 한계가 있다. 환율의 변화는 *IS*곡선에 영향을 미쳐 *AD*곡선에 영향을 준다. 환율이 상승(평가절하)하여 자국의 수출가격 경쟁력이 높아져 수출이 증가되어 소득이 증대될 것이다. 이는 *IS*곡선의 우측으로 이동하고 이는 *AD*곡선을 우측으로 이동시키는 방향으로 작용한다. 예를 들면 2010년에 시행한 제2차 미국의 양적완화정책으로 인하여 달러화가 국내로 대량 유입되는 경우 환율인하로 인하여 우리나라의 수출부문에 부정적인 영향을 줄 우려가 있다. 이는 결국 *AD* 곡선을 왼쪽으로 이동시킬 것이다. 이와는 반대로

---

14) 상호의존적인 경제에선 각국 정부가 상호 협력할 필요성이 높다. 이러한 필요성에 따라 이미 오래 전부터 서방 7개 G7(미국, 일본, 영국, 프랑스, 독일, 이태리, 캐나다)은 주요한 경제현안에 대하여 협조와 공조를 다지고 있다. 그러나 2008년 금융위기 이후에는 서방뿐만 아니라 신흥개도국까지 포함하여 G20정상회담으로 확대하였다. 2010년 11월에 제5차 G20정상회의를 서울에서 개최한 바 있다.

2008년 금융위기를 극복하는 과정에서 우리나라는 고환율정책(depreciation)을 실시하여 수출부문이 경기진작에 결정적인 역할을 하였다. 이렇듯이 소규모 개방경제인 우리나라에서 환율은 *AD*변동에 큰 영향을 미친다.

부록: 공급중심 경제학

공급중심 경제학(supply side economy)은 세계적인 경기침체였던 스태그플레이션의 대안으로 1980년대에 등장하였다. 당시 세계경제는 원유가 급등으로 인한 공급부문의 비용인플레이션을 초래하였다(제1장의 [그림 1-4] 참조). 전통적으로는 경기침체시에는 정부의 적극적인 총수요관리정책에 의하여 불경기로부터 탈출할 수 있었다. 그러나 원유가 급등으로 인한 공급부문의 충격은 총수요관리정책으로는 효과가 극히 제한적이었다. 그리고 전에 없는 새로운 현상이 나타났다. 실업률과 인플레이션이 동시에 오르는 전에 없는 현상인 소위 스태그플레이션이 나타났다. 스태그플레이션 현상 앞에선 전통적인 케인즈방식의 총수요관리정책이 작동되지 않았다. 이러한 현상을 예견하고 처방전을 내 놓은 사람이 밀튼 프리드만(M. Friedman, 1912-2006)이다. 그는 자연실업률가설이란 주장을 통하여 실업률을 인위적으로 낮추려 할 경우 인플레이션만 조장하는 대가를 치룰 수 있다고 경고하였다.

불경기에 전통적으로 총수요곡선을 이동시키는 총수요관리정책을 실시해왔는데, 발상의 전환을 통하여 총공급곡선도 이동시킬 수 있다는 대안이 제시되었다. 총공급곡선의 우측이동은 공급량을 늘려주면서 물가도 낮추는 이중적인 효과도 있다. 공급을 늘려주는 정책을 실시하여 불경기를 타파하자고 주장하는 일련의 학자들을 공급중심경제학(supply side economy)이라고 한다. 1980년 초에 미국의 레이건 대통령이 취임하면서 이런 대안적인 정책들이 수립되기 시작하였다. 이와 비슷한 시기에 영국에선 마가리트 대처 수상이 이끄는 정부에서도 공급측면에 인센티브를 주어 총공급을 확대시켜 경기를 부흥시키고 경제성장을 도모하려 했다.

총공급중심경제학의 주체들은 기업이다. 공급의 주체는 민간기업들이기 때문이다. 따라서 이들에게 공급을 늘릴 수 있게끔 인센티브를 주어 총공급 역량을 증대시켜 실업도 낮추면서 물가도 낮추자는 일종의 혁신적인 정책대안으로 등장한 것이다. 첫째, 기업의 투자를 증대시켜 주기 위한 일련의 조치로서 세금인하(법인세 및 소득세 인하)가 적극적으로 추진되었다. 둘째, 규제완화 및 규제철폐가 도입되었다. 각종 규제로 인하여 기업의 투자가 상당히 제한되었기 때문이다. 각종 규제를 철폐하기 위해선 공공부문을 줄여야 한다. 공무원이 많으면 규제가 많이 생기기 때문이다. 셋째, 민간부문의 경제활동을 넓혀주기 위해서 작은 정부를 지향하였다. 이런 조치의 일환으로 공공부문의 민영화가 추진되었다. 이때 많은 공기업들이 민영화되었다. 정부는 매각대금으로 정부재정적자를 줄이는 부수적인 효과도 노렸다. 넷째, 시장기능 신봉주의자들이다. 시장실패가 존재하지만 크지 않으며 어떤 경우에도 시장을 이길 수 없다는 확고한 신념이다. 정부는 필요한 최소한의 기능만 하고 나머지는 시장에 맡기라는 시장기능을 신봉한다. 따라서 정부의 개입에 대하여 부정적인 시각을 갖고 있다.

여기서 논란이 되었던 부분이 세수감소이다. 세율인하는 정부의 세수감소를 초래하는데 정부기능에 적지 않은 제약요인이 되기 때문이다. 이런 주장에 반론을 제기한 사람이 래퍼이고 그의 유명한 래퍼곡선으로 공급중심경제학은 탄력을 얻게 되었다.

》 래퍼곡선(Laffer curve)

래퍼곡선은 래퍼(Arhtur B. Laffer)가 제시한 가설로써 공급중심경제학의 이론적인 배경이 되고 있는 간단한 곡선이다. 세율의 변화와 조세수입과의 관계를 나타낸 것으로 정부의 조세수입은 세율을 낮춤으로써 오히려 더 증대시킬 수 있다는 주장이다. 래퍼곡선은 세율이 낮을수록 노동의욕, 저축의욕 및 투자의욕이 제고된다는 가정을 전제로 한다. [그림 9-5]에서와 같이 조세수입을 극대화시키는 적정세율(t^*)이 있다고 본다. 세율이 0%이면 전액 면세이니 조세수입도 0이 되는 것은 당연하다. 그러나 극단적으로 세율을 100% 부과시키면 아무도 일을 하려 하지 않을 것이다. 이런 상황에서 근로자들은 노동공급을 중단할 것이며 기업도 생산활동을 중단하여 자연히 정부의 조세수입도 0이 된다. 이런 극단적인 세율 사이에 정부의 조세수입을 극대화시켜줄 수 있는 적정세율 t^*이 존재한다는 것이다. 만일 현재의 세율이 t_1으로 적정세율보다 높을 경우 세율을 인하시키는 것이 노동공급 증대, 저축 증대 및 투자 증대와 함께 정부의

[그림 9-5] 래퍼곡선

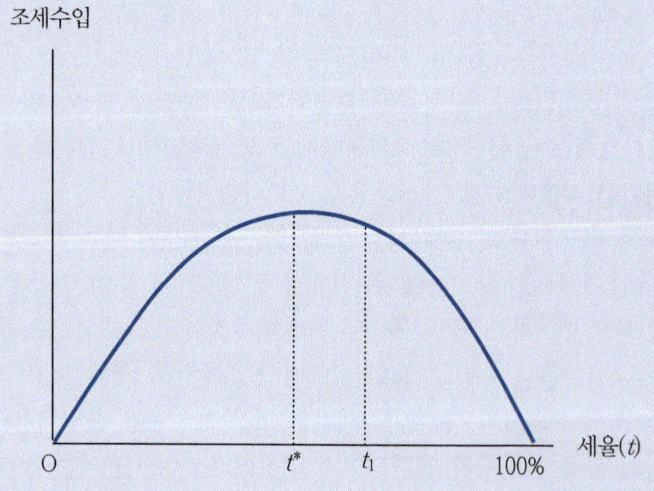

재정수입도 증대될 수 있다. 세율이 적정세율인 t^* 이상으로 증가될 경우 기업 및 근로자들의 경제활동 유인이 없어질 뿐만 아니라 지하경제가 번성하게 되어 탈세가 만연될 가능성이 높다. 뿐만 아니라 세율이 인상됨에도 불구하고 조세수입이 감소될 수 있음을 보여주고 있다. 래퍼곡선의 아이디어는 신선한 것이었지만 적정세율을 어떻게 구하느냐 하는 문제는 언급되지 못한 한계점이 있다. 또한 적정세율을 설사 안다 해도 세율인하가 민간경제활동을 자극하여 생산성 증대로 나타나기까지는 상당한 시차가 소요되는데 그 효과를 측정하기가 대단히 어렵다는 현실적인 문제에 직면하게 된다.

미국의 경우 세율을 인하하였지만 재정적자는 더 증대되어 래퍼곡선의 가설이 빗나갔다. 레이건 행정부 이후에 미국의 재정적자는 크게 확대되어 쌍둥이적자[15] 문제로 미국경제의 복병이 되었었다. 공급중심경제학은 빤짝하고 큰 지지를 얻지 못했지만, 그 철학은 오늘까지도 이어지고 있다. 오늘날 신자유주의경제학의 철학적 기반이 되고 있다. 신자유주의경제학이 지향하는 바가 바로 공급중심경제학과 일맥상통하기 때문이다.

15) 미국의 대규모 재정적자와 함께 경상수지도 적자가 되어 이 두 가지 적자를 쌍둥이 적자라고 한다.

요약정리

1. 총수요안정화정책은 총수요곡선의 이동을 통해서 이루어지므로 재정 및 금융정책을 통해 총수요곡선(AD)을 이동시켜 경기흐름을 조정한다. 총수요안정화 정책은 보통 경기역행적인(countercyclical) 방법으로 이루어진다.

2. 경기역행적으로 실시되는 재정정책은 경기변동을 자동적으로 조절하는 자동안정장치(automatic stabilizer) 기능도 갖고 있다. 예를 들면, 불경기에는 실업수당 지급 증대 등을 통하여 정부지출이 증대될 때 경기를 진작시키는 효과가 있어 경기의 흐름을 자동적으로 조절해주는 기능이 있다.

3. 총공급정책에는 간접적으로 영향을 줄 수 있는 조세정책이나 보조금정책 등을 들 수 있다. 예를 들면, 세율인하는 기업의 세후이익(after-profit)을 증대시켜 줌으로써 고용과 생산이 증대될 수 있다. 이러한 아이디어에 기초하여 미국의 레이건 행정부시대에 공급중심경제학(supply side economy)이 등장하였다.

4. 경제안정화정책에는 두 가지 견해가 있다. 정부가 적극적으로 시장에 개입하여 경기흐름에 따라 재량적으로 조절해야 한다는 재량주의(discretion)와 일정한 사전적인 준칙에 의해 이루어져야 한다는 준칙주의(rule)로 대별된다. 재량주의는 시장실패로 인하여 정부가 적절히 개입하는 것이 바람직하다는 견해이다. 반면에 준칙주의는 정부의 개입은 오히려 부작용을 낳는다는 것이다. 시장의 자율적인 조정기능에 맡기는 것이 보다 바람직하다는 견해이다.

5. 재량정책은 케인즈학파의 정책기조를 나타내며 준칙주의는 통화주의, 합리적기대학파, 새고전학파 등이 선호하고 있는 정책기조이다. 현실적으로는 완전한 의미의 준칙주의를 고수하기보다는 준칙주의를 재량정책과 적절히 안배하여 정책을 실시하는 경우가 대부분이다.

6. 준칙주의자들은 재량정책의 문제점을 지적하면서 시차문제를 자주 언급한다. 시차에는 3가지 단계의 시차문제가 내포되어 있다. 즉, 경제상황을 인식하는데 따른 시차, 정책집행을 준비하는데 따른 시차문제, 그리고 정책집행의 효과를 인식하는데 따른 시차문제 등이 있다. 시차문제로 인하여 실제 경제상황과 정부에서 인식하고 있는 경제상황은 상당한 거리가 있어 재량정책은 한계점이 많다는 것이다.

7. 재량정책의 문제점을 지적한 것은 시차문제 외에도 보다 근원적인 문제점을 지적한 것이 바로 루카스 비판이다. 합리적인 기대 하에선 모든 경제주체들은 정

부의 정책이 바뀜에 따라 그들의 최적화 행동을 수시로 바꿔 기존의 경제패러미터들도 변한다. 따라서 기존의 패러미터 값들이 일정하다고 가정하고 실시되는 재량정책은 효과가 없다.

8. 합리적 기대이론이 도입되면서 케인즈류의 재량정책이 효과가 없다는 정책무력성 명제(policy ineffectiveness)가 많은 관심을 끌었다. 합리적 기대 하에선 재정 및 통화정책에 의한 총수요곡선을 이동시킬 수 없어 안정화 정책의 목표를 달성할 수 없게 된다.

9. 재정정책의 무력성을 보여주는 리카도 등가정리(Ricardian Equivalence)란 세금을 통한 것이나 국채발행을 통한 재정정책의 효과에는 차이가 없다는 것이다. 국체발행을 통한 재정지출은 미래의 세금 증대를 의미하게 때문에 사람들의 항상소득이 바뀌지 않아 소비가 증가되지 않는다는 것이다.

10. 합리적 기대와 루카스 비판에 의하여 재량적인 정책효과는 기대할 수 없게 되었다. 예상된 어떤 통화공급은 실물부분에 영향을 미칠 수 없고, 재정정책도 리카도 등가정리에 의하여 무력해 질 수밖에 없다. 따라서 민간부문이 예상하지 못하는 통화공급만이 실물부문에 영향을 줄 수 있다.

11. 준칙주의나 재량주의 정책을 집행하는 과정에서 정책의 신뢰성 및 시간불일치(time inconsistency) 문제가 대두되고 있다. 처음에는 준칙에 따라 정책을 집행하다가 장기간에는 준칙을 변경하고 싶은 유혹이 생겨 준칙을 지키기가 쉽지 않다.

12. 경제개방화는 상호의존성(interdependence)과 공동성(co-movement)으로 폐쇄경제에 비해 독립적이지 못해 적지 않은 제약을 받는다.

연습문제

1. 경제안정화정책이란 무엇이며, 우리나라의 현정부가 추진하고 있는 대표적인 경제안정화정책에 대해 조사하고 설명해보시오.

2. 상품시장의 균형조건과 화폐시장의 균형조건을 통해서 총수요곡선을 도출하였고, 노동시장의 균형조건과 총생산함수를 이용하여 총공급곡선을 도출하였다. 이때 통화량 증가가 총수요곡선을 어떻게 움직이는지 그래프로 나타내고 그 경제적 효과발생의 경로를 순차적으로 기술하시오.

3. 1997년 말 대한민국은 외환위기를 경험하였다. 외환위기의 상황을 1996년에서 1998년까지 경제지표(물가상승률, 실업률, GDP, 경상수지, 민간소비지출)를 조사하고, 이러한 경제적 상황에서 정부가 실시한 총수요안정화정책을 조사하시오(통계자료는 통계청 자료(kostat.go.kr)를 참조).

4. 조세감면이 총수요와 총공급에 미치는 효과를 비교 설명하시오.

5. 케인지언의 정부의 재량적 개입정책에 대한 루카스 비판내용은 무엇인가?

6. 미국의 대규모 양적완화정책으로 인해 한국경제에 미치는 영향을 (i) 환율에 미치는 영향, (ii) 생산물시장에 미치는 영향, (iii) 총수요에 미치는 영향을 각각 분석해보시오.

7. 유동성 함정의 발생의 원인은 무엇이며, 경제가 유동성 함정에 빠진 경우에 금융당국은 양적완화정책의 효과는 어떻게 나타나겠는가?

8. 재정확대정책을 실시할 경우 나타나는 '구축효과'의 원인은 무엇인가? 재정확대정책을 실시하여도 구축효과로 인하여 산출량이 전혀 변화가 없는 경우를 예로 설명하시오.

9. 2009년 말에 PIIGS 국가는 재정위기에 접하고 있다. 재정확대정책으로 인하여 재정건전성의 위기를 맞고 있다. 재정위기에 왜 문제가 되는지 설명해보시오. 그리고 재정위기를 겪는 국가의 경우 재정정책과 통화정책을 실시함에 있어 어떤 애로사항이 있을까?

10. 우리나라의 재정수지에 대하여 조사해보고, 1997년 외환위기 및 2008년도의 세계적인 금융위기시에 집행된 재정정책에 대하여 조사해보시오. 만일 당시에 우리나라의 재정수지 적자가 심각했었다면 두 차례의 경제위기를 어떻게 극복했을까?

11. 리카도 등가정리란 무엇이며, 이러한 상황에서 재정정책의 효과가 낮게 나타나는 이유는 무엇인가?

12. 프리드만의 k% 통화공급 준칙주의에 의하면, 현재 실업률이 5%이고, 자연실업률이 3%이라고 한다면, 화폐공급률을 몇 %하여야 하는가? 왜 프리드만은 이러한 준칙주의를 주장하는가?

13. 정부의 재원조달방법으로 국채발행방법이 있다. 우리나라의 국채의 유형을 조사하고, GDP 대비 국채를 비중의 변화추이를 조사하고 외국과 비교해보시오.(www.bok.or.kr 참조)

14. 래퍼곡선은 무엇이며, 그 의미하는 바가 어떤 것인가? 래퍼곡선의 핵심내용을 설명하고, 그에 대한 비판을 해보시오. 또한 래퍼곡선의 이론과 케인즈의 재정정책(조세인하 효과)를 비교 설명해보시오.

제10장 실업 및 고용과 인플레이션

제1절 실업과 고용

1.1 실업의 경제적 의미 및 개념

실업이란 경제활동인구 중에서 일할 의사가 있으며 능력은 있으나 일할 수 있는 기회를 찾지 못하여 실직된 상태를 말한다. 여기서 일할 의사가 있다는 것은 적극적인 구직활동을 포함한다. 일하고 싶은 마음만 있어서는 안되고 일자리를 찾는 적극적인 구직활동을 해야 한다. 취업자라 함은 조사대상 주간에 수입목적으로 1시간 이상 일한 사람, 주당 18시간 이상 일한 무급가족종사자 및 일시적인 병이나 연가, 교육, 노사분규 등으로 일시적으로 일하지 못한 일시휴직자를 포함한다. 실업자라 함은 조사대상 기간을 포함하여 지난 4주간 수입이 있는 일을 하지 않았고 적극적으로 구직활동을 하지 않았으나 일할 기회가 주어지면 즉시 일할 수 있는 사람을 의미한다. 또한 비경제활동인구라 함은 육아, 가사, 통학(정규교육기관, 입시학원, 취업을 위한 학원, 기관), 연로, 심신장애, 그 외(취업준비, 진학준비, 군대입대 대기, 쉬었음 기타 등)로 분류된다. 비경제활동인구는 실업자로 분류되지도 않아 실업률 통계에도 잡히지 않는다. 상당수의 비경제활동인구는 실질적으로는 실업자(잠재적 실업자)로 실업률지수에 착시를 일으킨다.

또한 어떤 이유든 자발적인 실업(본인이 일할 의사가 없어 실업상태로 남아 있는 경우)은 실업분석 대상에서 제외한다. 실업은 국가적으로도 손실이지만 개인에겐 더 말할 수 없는 고통을 안겨준다. 따라서 실업은 국민경제의 주요한 관심사가 되어왔으며, 2008년 금융위기 이후엔 관심이 더 고조되고 있다. 특히 한국의 경우에는 1970년대 이래로 계속 고성장세를 유지한 까닭에 실업의 심각성을 그다지 크게 실감하지 못하다가 1997년대 말의 경제위기 이후 대량의 실업자가 한꺼번에 발생하여 실업문제의 심각성을 피부로 느끼기 시작하였다.

1.2 한국의 실업 및 고용 관련 통계

우선 실업률을 알아보기 위해선 인구의 구성을 살펴봐야 한다. 전체 인구 중에 15세 이상 인구를 생산가능인구라고 한다. OECD 통계는 생산가능인구를 통상적으로 15~64세 인구로 잡고 있다. 우리나라의 생산가능인구(15세 이상 인구)는 2018년 5월 기준으로 약 4,414만1천명에 이르고 있다. 생산가능인구 중에 경제활동에 참여하는 경제활동인구(2,818만4천명)와 경제활동에 참여하지 않은 비경제활동인구(1,595만6천명)로 구분한다. 경제활동인구는 다시 취업자(2,706만4천명)와 실업자(112만1천명)로 구분된다. 이들 인구의 구성을 기초로 경제활동참가율, 실업률, 고용률 등이 계산된다([그림 10-1] 참조).

2015년 6월 현재 통계청의 고용동향에 따르면 전체 실업자는 105만 명으로 실업률은 3.9 %를 나타내고 있다. 같은 기간 중 미국의 실업률 5.5%, 일본 3.4%, 독일 4.6%, 프랑스 10.0%, 스페인 22.3% 등 유럽국가들에 비해서는 낮은 편이다.[1] 반면에 청년층(15~29세) 실업률은 대부분의 국가에서 전체 실업률보다 상당히 높아서 청년층 실업문제가 국제적인 이슈가 되고 있다. 한국의 경우 2015년 6월 기준으로 청년 실업률은 10.2%로 전체 실업률(3.9%) 보다 2.5배 이상 높다. 해외 선진국의 청년층 실업률이 미국 13.7%, 일본 5.7%, 독일 7.1%, 프랑스 22.6%%, 스페인 46.4%로 프랑스나 스페인에 비하면 양호한 편이지만 일본이나 독일에 비하면 상당히 높은 편이다. 청년층의 실업률 비교는 청년의 범위가 다른 점에 유의해야 한다.[2] 한국의 경우도 청년층 실업률은 최근에 급증하는 추세임을 보여 준다(〈표 10-1〉 참조).

노동시장의 취업 및 실업 상태를 정확히 알아보기 위해선 실업률 지표만으로는 부족하다. 실망실업자 등 비경제활동인구도 고려해야 하므로 고용률[3] 지표와 함께 살펴봐야 한다. 생산인구(15~64세)를 기준으로 한 고용률을 주요 선진국과 비교해보면 다음과 같다. 2017년 기준으로 우리나라는 66.6%, 미국 70.1%, 일본 75.3%, 영국 74.1%, 독일 75.3%, 네덜란드 75.9%, 프랑스 64.8%, 캐나다 73.4%로 대부분의 선진국들에 비하여 낮은 편이다.

---

1) 미국은 2015년 6월, 나머지 국가들은 2015년 5월 기준 임.
2) 미국의 청년층 16~24세, 나머지 국가들은 15~24세임. 미국 및 한국 2015년 6월 기준 나머지는 2015년 5월 기준임.
3) 고용률은 취업자수를 15세 이상 인구로 나누어 계산된다. 실업률 = (실업자/경제활동인구)로 계산되므로, 비경제활동인구는 실업률 통계에서 빠져 착시를 일으키는 요인이 된다.

[그림 10-1] 우리나라의 취업자와 실업자 구성(2018. 5월 기준)

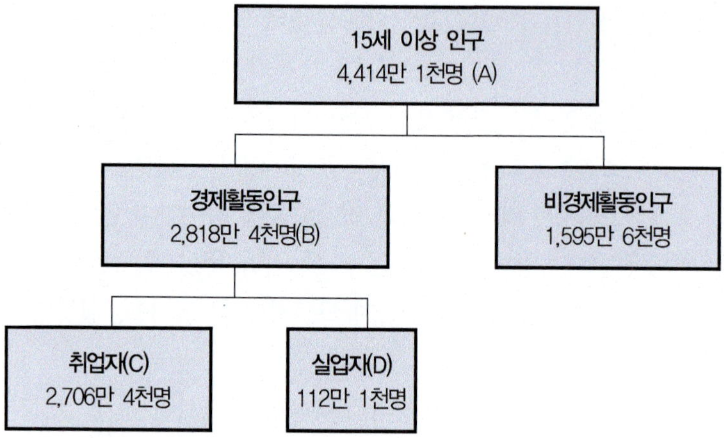

실업률 = (D/B) × 100 = 4.0%
경제활동참가율 = (B/A) × 100 = 63.8%
고용률 = (C/A) × 100 = 61.3%

| 표 10-1 | 우리나라의 연령층별 실업률 추이 (%)

연령계층별	2000	2005	2010	2012	2014	2016	2017	2018. 05
15 ~ 29세	8.1	8.0	7.9	7.5	9.0	9.8	9.8	10.5
30 ~ 39세	3.6	3.3	3.5	3.0	3.1	3.1	3.3	3.7
40 ~ 49세	3.5	2.5	2.5	2.0	2.2	2.1	2.1	2.4
50 ~ 59세	3.2	2.5	2.5	2.1	2.2	2.3	2.2	2.6
15 ~ 64세	4.6	3.9	3.8	3.3	3.6	3.8	3.8	4.2
계	4.4	3.7	3.7	3.2	3.5	3.7	3.7	4.0

자료: 통계청

최근 우리나라의 실업률은 2014년 이후에 서서히 상승하기 시작하여 4%대를 넘었다. 실업률을 연령별로 살펴보면 청년층(15~29세)의 실업률이 제일 높으며 전체 실업률의 2.5배를 넘어 섰다. 반면에 중장년층의 실업률은 낮아 대조를 보이고 있다. 이는 고령화 현상으로 많은 중장년들이 은퇴 이후에도 계속 일자리를 찾고 있음을 시사하고 있다.

| 표 10-2 | 고용률의 국제비교

구 분	2000	2005	2010	2015	2016	2017
한 국	61.51 (58.5%)	63.75 (59.9%)	63.39 (58.9%)	65.91 (60.5%)	66.08 (60.6%)	66.63 (60.8%)
일 본	68.99	69.37	70.29	73.39	74.45	75.33
네덜란드	72.95	73.23	74.68	74.15	74.83	75.85
영국	71.23	71.78	69.38	72.73	73.50	74.13
독 일	–	65.45	71.25	73.98	74.65	75.25
프랑스	–	63.75	64.00	63.83	64.20	64.75
캐나다	70.90	72.44	71.48	72.51	72.57	73.44
미 국	74.09	71.53	66.69	68.71	69.35	70.11
OECD	–	65.28	64.46	66.26	66.95	67.69

( )는 고용부기준: 15세 이상 인구 대비 취업자비율, OECD 기준(15~64세 인구)

최근 우리나라의 고용의 특징을 살펴보면, 첫째, 실업률 자체는 낮지만 비경제활동인구가 많아 착시현상을 일으킨다. 실업률 자체만 비교하는 것은 신중해야 한다. 고용률 지표와 함께 살펴봐야 한다. 둘째, 고용률이 선진국에 비하여 낮고, 특히 여성경제활동의 참여율도 낮다. 셋째, 비정규직 고용률이 높다. 전체 근로자 중에서 임시직, 일용직 및 자영업자는 경기변동에 민감하여 고용불안을 내포하고 있다. 자영업자 및 무급가족종사자수 비율도 다른 선진국에 비하여 매우 높은 편이다. 이것이 실업률을 낮추는 요인이나 고용의 질적인 면에서는 불안정한 고용으로 잠재적인 실업률을 높이는 요인으로 작용한다. 넷째, 비경제활동인구가 점차 증가하고 있다. 비경제활동인구는 크게 가사 및 육아, 연로 및 심신장애, 재학 및 수강, 기타로 나눌 수 있는데, 이 중에 취업준비생이 2018년 5월말 기준으로 680천명으로 비경제활동인구의 4.3%를 점유하고 있다. 또한 비경제활동인구 중 기타로 분류되는 '쉬었음'의 비중도 11%인 1,760천명에 이르고 있다. 이들 중에 상당수는 실망하여 취업을 포기하는 구직단념자로 넘어갈 가능성이 높다. 특히 20대의 젊은 근로자를 중심으로 확산되고 있다. 2018년 5월 현재 구직단념자가 466천명에 달한다. 이들 구직단념자들은 비경제활동인구로 잡혀 실업자와 실업률을 계산할 때 배제되어 실업률을 낮추는 요인이 된다.

》 추락하는 고용탄력성과 고용 없는 성장(jobless growth)

전 세계적으로 고용없는 성장현상이 일어나고 있지만 우리나라의 경우는 그 정도가 심한 것 같다. 요즘 일자리 창출이 우리나라 뿐만 아니라 전 세계적인 현안이다.

우리나라의 고용탄력성은 2000~2008년을 기준으로 할 때 매우 낮은 것으로 나타나고 있다. OECD평균이 0.49인데 반해 우리나라는 0.31로 OECD 평균치의 63%에 그치고 있다. 그런데 우리나라의 경제성장률은 반대로 OECD의 평균치보다 2배 이상 높다. 이것은 무엇을 시사하는가? 고용탄력성 상위 10개국의 평균 경제성장률 보다 높은데 고용탄력성이 낮다는 것은 경제성장을 해도 일자리는 그만큼 늘어나지 않는다는 것을 시사하고 있다. 경제성장을 통해서 일자리가 만들어지고, 이 과정에서 가계부문의 소득이 증대되어 경제성장의 과실이 민간부문에 흘러들어가는 선순환이 원활하게 이뤄지지 않고 있다는 것을 의미한다. 이런 현상이 오늘날의 청년층의 낮은 일자리 창출률과 무관치 않다. 경제성장의 과실이 국내 고용을 창출하는 일자리 선순환 구조를 이뤄야 하는데, 우리나라의 경우는 OECD국가들에 비하여 고용 없는 성장이 더 심각함을 의미한다.

[그림 10-2] 고용탄력성의 국제비교(2000-2008)

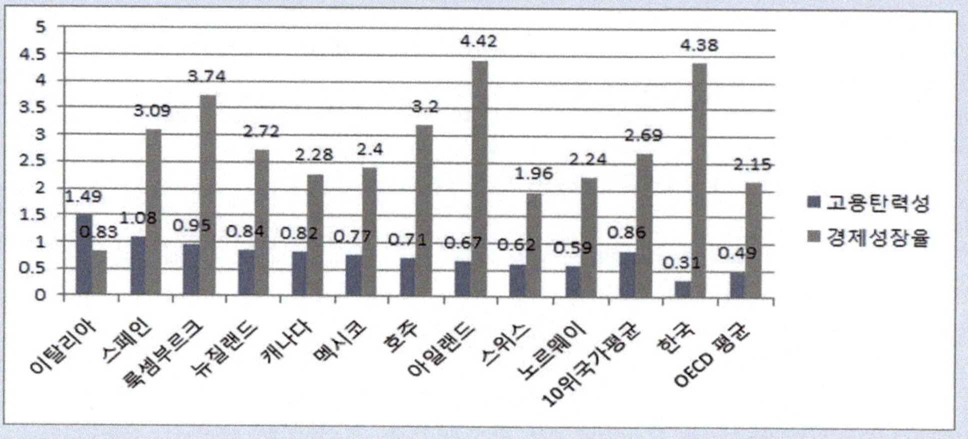

자료: 이규용 외, "고용탄력성과 국제비교", 한국노동연구원, 2011. 인용

》하락 추세에 있는 취업유발계수와 고용탄력성

일자리 창출능력을 알아볼 수 있는 대표적인 지표 중의 하나가 취업유발계수이다. 취업유발계수란 생산액 10억원당 일자리 창출되는 정도를 나타낸다. 우선 취업유발계수를 살펴보면 전반적으로 하락되는 추세를 보이고 있어 고용없는 성장이 산업별 취업유발계수에서도 확인되고 있음을 알 수 있다. 고용탄력성도 전반적으로 하락하는 추세를 보이고 있어 취업유발계수 하락과 궤를 같이 하고 있음을 보여주고 있다. 또한 최종수요 항목별 취업유발계수(최종수요 10억원 당 직·간접적으로 유발되는 취업자수)도 감소하고 있음을 보여준다(<표 10-3> 참조). 특히 수출의 경우는 취업유발계수가 급격히 하락하고 있다. 소비와 투자도 일자리 창출력이 줄어들지만 수출보다는 서서히 줄어드는 모습을 보여주고 있다. 과거에는 수출이 촉진되면 중소기업과 국내 일자리도 함께 늘어나는 동반상승의 효과가 있었는데, 그 효과도 빠르게 떨어지고 있다. 수출에 의한 일자리 창출 감소율이 가장 높게 나타나고 있어 수출에 의한 파급효과가 줄어들고 있음을 보여준다. 일자리 창출은 수출보다는 내수부문(소비와 투자의 합계)이 효과적임을 보여준다.

| 표 10-3 | 최종수요 항목별 취업유발계수 (단위: 명/10억원, %)

구 분	1995	2000	2005	2010	2011	2012	2013
소 비	29.3	21.4	17.8	16.5	15.8	15.7	15.5
투 자	18.4	15.0	13.6	13.7	13.2	13.3	13.4
수 출	24.0	15.3	10.8	8.3	7.5	7.7	7.8
평 균	24.8	18.4	14.9	12.9	12.0	12.0	12.0

자료: 2005년 전의 통계는 국명수, 정영호(2008), 2005년 이후의 통계는 한국은행 산업연관표

[그림 10-3] 우리나라의 취업계수 및 고용탄력성 추이

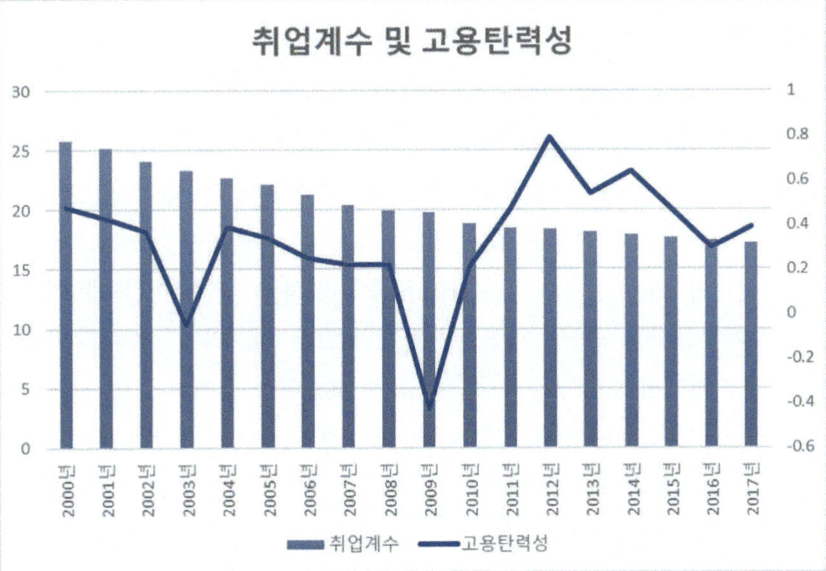

1.3 자연실업률

실업률은 경기변동과 밀접한 관계가 있다. 호경기에는 실업률이 낮아지고 불경기엔 실업률이 높아지는 것이 일반적인 현상이다. 케인지언적인 총수요관리정책이 광범위하게 도입됨에 따라 경기변동은 총수요관리정책과 긴밀한 관련성을 갖게 되었다. 따라서 실업률의 움직임도 총수요관리정책과 상관관계를 갖게 된다. 총수요 변동과 관련없이 결정되는 실업률을 **자연실업률(natural rate of unemployment)**이라고 한다.

자연실업률의 도입배경에는 케인즈 vs 통화주의자 간의 총수요관리정책에 대한 실효성의 논란과도 긴밀한 관계가 있다. 케인지언들은 확장적인 정책(금융 및 재정)은 실업률을 일정한 수준으로 감소시킬 수 있으나 그 대가로 어느 정도의 인플레이션은 피할 수 없다는 것을 주장하였다. 이런 사고를 반영한 것이 필립스 곡선이다. 반면에 프리드만(M. Friedman)을 중심으로 한 통화주의자들은 확장적인 통화정책은 단기적으로 실업률을 감소시킬 수 있지만 장기적으로는 인플레이션을 유발시키고 실질변수에 영향을 끼치지 못한다는 **화폐의 중립성(monetary neutrality)**을 강조하였다. 그 결과 장기적으로는 일정한 수준 이하로 실업률을 감소시키지 못하며 인플레이션만을 상승시

킨다는 점을 강조하였다. 장기적으로 줄일 수 없는 실업률을 **자연실업률(natural rate of unemployment)**이라고 정의하였다. 확장적인 총수요관리정책의 무용성을 강조하기 위한 강력한 도구로 자연실업률 개념이 도입되었다. 프리드만(M. Friedman)[4]이 처음으로 제시한 자연실업률은 완전고용상태의 실업률이라고도 하며 잠재적 산출량에 해당되는 실업률 개념으로 자연실업률은 영(0)이 아니다. 완전고용수준 하에서도 실업률은 0이 아니고 최저율의 적정한 실업률을 유지하게 된다. 이때의 실업률을 흔히 자연실업률(natural rate of unemployment)이라고 한다. 따라서 자연실업률은 노동시장의 동적인 균형상태(dynamic equilibrium)를 반영하는 실업률이란 개념도 내포하고 있다.

노동시장에서는 끊임없이 노동시장에 새로운 일자리를 찾아 유입되는 신규 노동력과 노동시장에서 퇴출되는 노동력의 움직임이 항상 일어나고 있다. 일정한 기간동안에 노동시장에 유입되는 신규 노동자와 퇴출노동자 수가 동일해질 때 그 노동시장은 균형을 이루게 될 것이다. 따라서 자연실업률은 일종의 장기적인 균형실업률이다.

자연실업률 도출과정을 통하면 더 분명하게 이해된다. 전체 인구를 경제활동인구와 비경제활동인구로 나눈다. 이 중에 경제활동인구(L)를 다시 실업자(U)와 취업자(E)로 나누면 다음과 같은 관계식이 성립된다.

$$L = E + U \tag{10.1}$$

그런데 위에서 언급한 것처럼 노동시장에선 실업자와 취업자가 한 상태에서 머무르지 않고 끊임없이 구직과 구인 과정을 거치면서 신규로 채용되기도 하고 퇴출되기도 한다. 실업자 중에서 일자리를 찾는 비율을 입직률(f)이라 하고, 같은 기간동안에 취업자 중 일자리를 잃는 비율을 이직률(s)이라 하자. 그렇다면 일정한 기간동안 새로 일자리를 찾은 입직자수는 fU이고, 실직자수는 sE가 된다. 만일 그 기간동안에 $sE = fU$라면 추가적인 실업자의 변화($\triangle U$)는 없다. 이럴 경우 노동시장은 균형을 이루고 이때의 실업률을 자연실업률이라 한다. 따라서 노동시장의 균형조건은

$$sE = fU \tag{10.2}$$

가 된다. 식 (10.2)를 (10.1)을 이용하여 약간 변형하면

$$fU = s(L-U) \tag{10.3}$$

---

4) M. Friedman. "The Role of Monetary Policy," *American Economic Review*, March 1968 참조.

이 된다. 이를 U에 대하여 정리하고 실업률 정의(U/L)로 나타내면

$$자연실업률 = \frac{s}{s+f} \tag{10.4}$$

자연실업률을 나타내는 식 (10.4)에서 보듯이 실업률은 이직률(s)이 클수록, 그리고 입직률(f)이 작아질수록 자연실업률은 높아진다. 따라서 입직률과 이직률에 영향을 미치는 어떤 요인이 발생할 경우에 자연실업률은 변화된다.

이외에도 자연실업률에 영향을 주는 요인으로는 **실업보험제도(unemployment insurance)**가 있다. 실업보험제도는 자연실업률을 높이는 방향으로 작용하고 있는 것으로 알려져 있다. 실업보험제도가 잘 갖춰져 있으면 실직자들이 직장을 찾으려는 인센티브가 약해져 입직률이 낮아질 것이다. 또한 이직할 때도 쉽게 현 직장을 떠나게 되어 이직률을 높이는 결과를 초래할 것이다. 지난 20여년 간 유럽이 다른 지역에 비하여 자연실업률이 높았던 것은 상대적으로 잘 갖춰진 실업보험제도가 작용한 것으로 판단하고 있다. 또한 최저임금제도도 자연실업률을 높이는 작용을 한다. 최저임금법이 도입되면 노동생산성이 낮은 미숙련노동자들은 채용하려 하지 않는다. 지불해야 할 임금수준이 노동생산성보다 높을 경우 그 노동자를 고용하면 이익이 감소되기 때문이다. 따라서 최저임금은 특히 미숙련공의 실업을 높이는 결과를 초래하여 전반적으로 입직률이 낮아져 자연실업률이 높아질 수 있다.[5]

》 한국의 자연실업률은?

자연실업률은 관찰을 할 수 없기에 계량경제학적인 방식으로 추정되는데, 그 동안 우리나라의 자연실업률은 한국개발연구원, 한국은행, 국회예산정책처 등을 중심으로 간헐적으로 추정되었다.

최근 한국은행의 자료에 따르면 우리나라의 자연실업률은 2006~2013년 평균 3.4%의 실업률을 보이다가 2014년 이후에 조금씩 상승하여 자연실업률도 상승되어 3.7%에 이른 것으로 추정된다.

자연실업률과 실제실업의 갭은 경기변동에 관한 정보를 제공해주어 정책적 자료로 유익하게 활용된다. 산출량과 자연실업률 갭 사이의 관계를 오쿤의 법칙을 이용하여 설명할 수 있다. 만일 실제실업률이 자연실업률 보다 높다면(U > UN) 실제산출량(Y)은 자연산출량(Y*) 보다 작아 경기가 침체국면에 빠져 있을 수도 있다. 반면에 실제실업률이 자연실업률보다 낮다면 반대로 경기는 활황국면에 있을 가능성이 높다.

5) 최저임금 인상이 고용에 미치는 효과에 대한 실증분석 결과는 혼재되어 있다. 지역 · 산업 · 시기에 따라서 고용에 미치는 효과가 달라질 수 있다. 그러나 많은 경우 최저임금 인상이 고용창출에 부정적인 영향을 끼치는 것으로 알려져 있다.

[그림 10-4] 우리나라의 자연실업률 추이

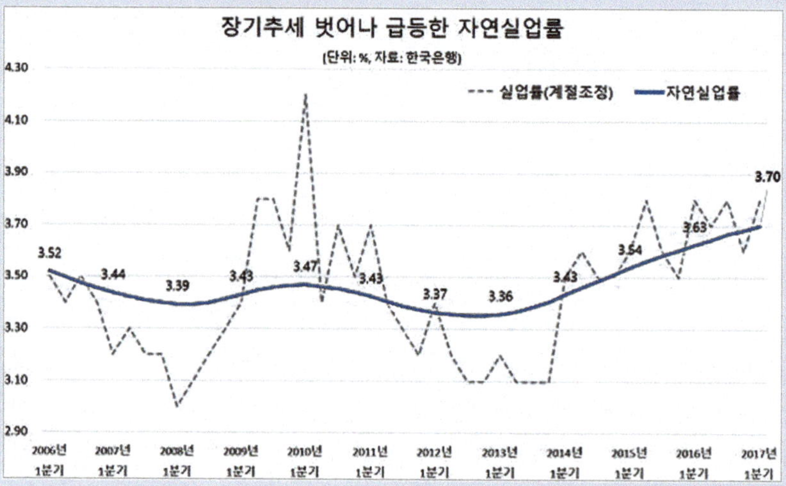

출처: http://biz.chosun.com/site/data/html_dir/2017/04/29/2017042901415.html

1.4 기술혁신 및 글로벌화와 고용관계

일반적으로 기술발달이 고용에 미치는 효과는 이중적이다. 기술의 발달은 노동을 자본(자동화, 최근엔 로봇설비)으로 대체시켜 일자리를 줄일 수도 있지만, 다른 한편으로는 새로운 형태의 직업이나 직무를 창출하여 새로운 고용을 창출시키는 플러스효과도 있다. 일반적으로 단기적으로 고용이 줄어들 수도 있으나 장기적으로는 신기술 혁신에 의한 새로운 산업이 탄생되고 그로 인한 일자리가 더 많이 생긴다고 믿었다. 예를 들면 스마트폰으로 가정이나 사무실의 전화기 수요는 급격히 줄어들어 이 산업에 종사하는 노동력은 감소되지만 스마트폰의 수요 증가와 함께 다양한 앱(App)시장이 활성화되어 소프트웨어 인력이 더 많이 증가하고 있어 고용창출에 긍정적이라고 평가되고 있다.

그러나 최근 기술의 일자리 창출에 대한 긍정적인 효과에 대하여 회의적인 시각이 증대되고 있다. 지난 2016년 다보스 포럼에서 4차 산업혁명 여파로 향후 5년 동안 선진 15개국에서 약 500만 개 일자리가 사라질 것이란 암울한 전망이 제기됐다. 특히 4차산업혁명 여파는 사무직이나 관리직 종사자들에게 직접적인 타격을 안겨줄 것으로 예상됐다.[6)]

6) 2016년 세계경제포럼(WEF)은 '일자리의 미래(The Future of Jobs)'란 보고서에서 인공지능 기술 등이 주도할 제4차 산업혁명으로 인해 직업군과 개념 규정이 근본적으로 달라질 것이라고 경고했다.

글로벌화(시장개방도)가 고용에 미치는 효과에 대한 논란도 많다. 국내 인건비 증가나 강성노조, 각종 규제 등으로 제조원가 비용이 증대되어 해외로 기업(생산공장 등)을 옮기는 경우가 많다. 이런 경우 국내의 고용은 통상적으로 줄어든다고 보고 있다. 그러나 이에 대한 반론도 만만치 않다. 만일 어떤 기업이 해외로 진출하여 매출이 증대되고 성장률이 높아지면 국내공장에도 긍정적인 영향을 끼쳐 국내고용도 증대시키는 효과가 크다는 것이다. 만일 그 기업이 경영활동에 유리한 글로벌(해외)시장으로 진출하지 않고 국내에서 안주할 경우 단기적으로 기업이 생존하겠지만 장기적으로는 사업부진으로 폐업하게 되면 국내고용은 더 크게 줄어들게 된다. 이렇듯 기업의 해외진출에 대한 고용효과는 매우 다이나믹한 장기적인 관점에서 파악해야 한다. 현실의 경제는 거의 모든 부분이 글로벌화 시장과 연계되어 있다. 국경없는 경제로 기업환경에 가장 유리한 지역으로 기업 및 생산거점이 쉽게 이동된다. 따라서 각국은 세계의 유수한 기업들을 자국 내로 유치하기 위하여 각종 혜택(세제 및 보조금 지급, 각종 규제 철폐 등)을 경쟁적으로 제공해주고 있다.

또한 FTA 등으로 국내시장을 개방할 경우 일부 경쟁력이 취약한 업종은 매출감소와 함께 고용감소가 일어날 것이다. 그러나 경쟁력 있는 업종이나 기업의 시장개방은 세계시장의 접근성을 높여 새로운 기회가 된다. 이런 업종이나 기업의 경우는 고용증대가 일어날 것이다. 이런 연유에서 FTA를 둘러싸고 업종 간에 이견이 크다. 국내의 한 연구소에 따르면,[7] 시장개방의 지속적인 확대는 우리나라의 고용증가에 긍정적인 영향을 미치는 것으로 나타났다. 시장개방으로 일부 제조업의 고용은 감소하나 경제 전체의 고용은 증가하는 것으로 나타났다. 제조업의 고용은 감소하는데 전체의 고용이 증가는 것은 산업 간 고용조정이 발생하면서 다른 부문(예: 서비스산업)에서의 고용기회가 확대됨을 시사한다. 이런 의미에서 서비스업의 경쟁력 강화가 중요하다.

시장개방은 해외 아웃소싱을 강화한다. 이 역시 고용을 감축시키기도 하지만 동시에 고용창출의 기회이기도 하다. 예를 들면 미국 벤처기업들이 소프트웨어 산업부문에서 인도에 해외진출(아웃소싱)하여 중장기적으로 매출을 증대시키고 미국 내의 고용도 증대시키는 효과도 있다. 최근 우리나라의 자동차 부품산업의 경쟁력 강화로 선진국의 자동차 메이커들로부터 납품부품의 주문량이 꾸준히 증가하고 있다. 이 부분에 대한 고용은 증가시킬 것이다. 한 연구에 의하면,[8] 글로벌 아웃소싱은 근로자들의 숙련도에 따라서 달라진다는 점을 강조하였다. 즉, 1998년 외환위기 이전의 시장개방은 비

7) 산업연구원, “시장개방과 고용창출”, 2006 참조.
8) 서진교 외, 『시장개방과 글로벌 아웃소싱이 고용에 미치는 영향분석』, 대외경제정책연구원, 2008.

숙련노동자들의 고용이 증가되었는데, 외환위기 이후 최근에는 숙련노동자들의 고용이 더 많이 증가하고 있음을 보여주었다.

제2절 인플레이션

인플레이션은 물가가 일정기간 동안에 지속적으로 상승하는 현상을 일컫는다. 인플레이션은 기본적으로 화폐의 가치(구매력)를 떨어뜨린다. 실물량 보다 화폐량이 많아질 때 화폐의 가치가 하락된다는 점에서 인플레이션의 요인을 화폐적인 현상으로 파악하고 있으며, 이는 주로 통화론자의 견해이다. 화폐적인 요인은 고전적인 **화폐수량설**을 기초로 하고 있으며, 후에 프리드만(M. Friedman)을 주축으로 한 통화주의자들에 의하여 **신화폐수량설**로 정교하게 재구성되었다. 프리드만에 의하면, 인플레이션은 언제 어디서나 화폐적인 현상이라고 주장하였다. 통화의 공급은 단기적으로는 명목소득에는 영향을 미치지만 장기적으로는 실질변수에 영향을 못 미치고 물가에만 영향을 끼친다는 **화폐중립성**에 이론적인 근거를 두고 있다.

반면에 케인지언들은 인플레이션을 총수요와 총공급의 갭에서 인식하고 있다. 총수요가 총공급보다 큰 경우에는 초과수요로 물가가 상승하려는 압력이 지속될 때 인플레이션이 발생된다는 것이다. 인플레이션을 실물부분에서 파악한 것은 케인지언 접근이다. 총수요가 총공급을 초과할 때 **인플레이션 갭(inflationary gap)**에 의하여 발생한다고 보는 **수요견인설(demand-pull inflation)**에 기초하고 있다. 또한 경제가 완전고용수준에 접근해 갈 때 일부 생산요소 부족현상이 발생하여 공급애로가 생겨 제품가격이 오르게 되는 물가상승을 **병목인플레이션(bottleneck inflation)**이라고도 한다.[9] 이러한 견해의 차이는 화폐의 전달과정(transmission of money)과도 긴밀한 관계가 있다. 본 절에서는 인플레이션의 유형 및 효과 등은 경제원론에서 다룬 것으로 간주하고 인플레이션과 관련이 있는 중요한 토픽을 중심으로 살펴보기로 한다.

---

9) 1980년대 중반에 주택 200만호 정책에 따라 대규모 아파트 건설이 진행될 때 아파트 건설에 필요한 시멘트, 철강, 모래 등의 가격이 급등한 적이 있다. 이렇듯이 일부 제품에서 공급애로가 생겨 물가가 급등하는 경우가 있다. 이를 병목인플레이션이라고 한다.

2.1 화폐와 인플레이션

1. 화폐수량설

인플레이션과 화폐의 연결고리는 화폐수량설에 근거하고 있다. 실물의 흐름이 커질수록 화폐의 유통량도 많아야 한다. 따라서 화폐량은 소득순환 흐름에서 거래량(transaction)에 비례할 것이다. 이러한 관계를 나타내면 $M \times V = P \times T$로 나타낼 수 있다. 여기서 M은 통화량, V 화폐의 유통속도, P 물가수준, 그리고 T는 거래량을 나타낸다. 우측항에서 T는 일정기간 동안 거래되는 재화 및 서비스를 나타내는 총량이고 P는 각각의 가격을 나타내므로 PT는 거래된 물량을 시장가격으로 표현된 것이고 MV는 유통된 화폐의 총량을 나타낸다. 이는 우리가 이미 살펴본 소득순환 흐름 모형에서 한편으로는 실물(real goods)이 흐르고 반대방향으로는 화폐가 흐른다는 것을 상기할 필요가 있다. 예를 든다면 한 나라의 총거래금액이 400조원이라 하고 통화공급량이 400조원이라 한다면 화폐유통속도 $V = PT/M$으로부터 1이 된다. 이는 공급된 화폐가 평균적으로 1번 순환하였음을 의미하고, 그 비율이 0.5이면 절반만 화폐가 사용되었음을 의미한다.

위의 식을 약간 변형하여 거래량을 소득으로 바꾸어 $M \times V = P \times Y$가 되고 V는 **화폐의 소득유통속도(income velocity of money)**가 된다. 이 식에서 유통속도 V는 사회적 관습 및 제도적으로 일정하다고 하자. 소득 또한 단기간에 크게 변하지 않는 일정하다고 하면 $\hat{M} = \hat{P}$이 되어 통화공급량하고 인플레이션이 비례관계를 갖게 된다. 여기서 '^'은 증가율을 나타내고 유통속도와 소득의 증가율은 일정한 값의 증가율이므로 '0'이 된다. 통화와 인플레이션 간에 아주 긴밀한 관계가 성립되어 인플레이션은 화폐적인 현상이란 명제가 등장하게 된 것이다. 실제로 장기간 동안 통화공급량과 인플레이션 사이에는 긴밀한 관계가 있음이 관찰되었다. 통화공급량이 높았던 나라들은 대개가 높은 인플레이션에 시달리고 있었다.

[그림 10-5]를 보면 통화공급량과 인플레이션은 대체적으로 정(+)의 관계가 있음을 알 수 있다. [그림 10-5]는 우리나라의 1970년부터 2017까지 총통화(M2기준)의 증가율과 인플레이션율(CPI 기준) 간에 대체적으로 정(+)의 관계가 있지만 상관관계의 정도는 떨어지는 것으로 추정된다. 우리나라의 통화량 증가율과 인플레이션(CPI) 간의 상관관계를 살펴보면, 1970~1999년의 상관계수는 0.61인 반면에 2000~2017년은 0.231로 급격히 줄어들고 있음을 보여주고 있다. 이들 두 변수 간의 상관관계를 10년

[그림 10-5] 우리나라 통화량(M2)증가율과 인플레이션 관계

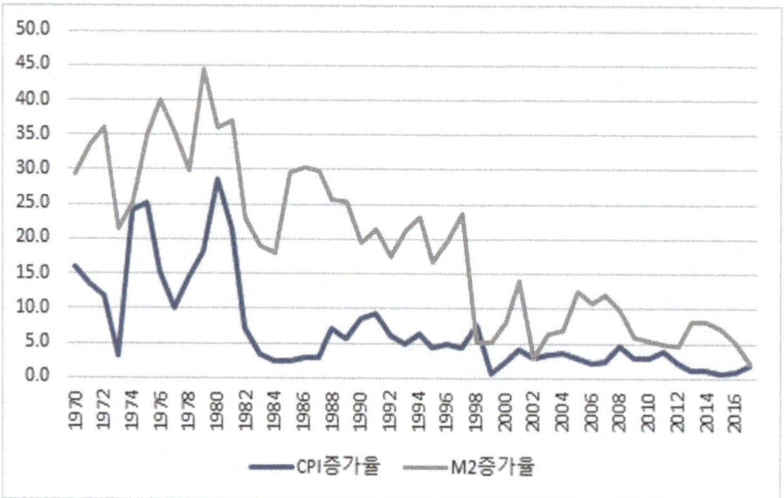

단위로 살펴보면 1970년대는 0.25, 1980년대는 0.705, 1990년대 0.33, 2010년 이후에는 -0.42로 음(-)의 관계를 보여주고 있다. 이는 2008년 금융위기 이후의 세계적인 디플레이션 상황을 반영하는 듯하다. 1970~1980년대에는 통화량과 인플레이션의 긴밀한 정의 관계를 보여주고 있다. 특히 1970년대는 스태그플레이션으로 인플레이션률이 매우 높았는데, 당시에 통화공급량도 상당히 높았음을 보여주고 있다.

통화량과 인플레이션율 간에 정(+)에 상관관계가 점차 엷어지고 있다. 2008년도 이후 미국을 위시한 일본, 유럽 대부분의 선진국에선 대규모 통화공급(양적완화 정책의 일환)을 늘렸지만 인플레이션의 조짐이 보이지 않고 있다. 오히려 디플레이션의 추세에서 벗어나지 못했다. 지난 2017년 경부터 미국을 비롯한 일본, 유럽 등 국가에서 완만한 경기회복 조짐이 나타나고 있지만 인플레이션 징후는 나타나지 않고 있다.[10] 경기회복이 지연됨에 따라 미래의 불확실성이 높아져 기업 및 개인이 현금보유를 증대시키는 준유동성 함정 현상으로 공급된 통화가 퇴장되고 있다. 이럴 경우 인플레이션율을 낮출 수 있다.

10) 통화공급량이 증가되어도 유통속도가 줄어들 경우 물가상승 압력이 둔화될 수 있다.

2. 화폐의 소득 유통속도

위에서 관건이 되고 있는 것은 화폐의 유통속도가 과연 일정한 것인가 하는 문제이다. 만일 일정하지 않다면 $\widehat{M} = \widehat{P}$ 가 성립하지 않게 되어 통화론자들의 인플레이션 명제에 치명적인 타격을 입히게 된다. 유통속도의 안정성 문제는 인플레이션에 관한 문제뿐만 아니라 화폐수요함수의 안정성 문제와도 긴밀한 관계가 있어 통화론자들에겐 매우 중요한 사안이었다. 화폐유통속도는 이자율, 예상인플레이션, 소득 및 금융자산, 금융시장의 기술혁신 충격 등에 의하여 영향을 받는다.

특히 최근에는 스마트 뱅킹 및 핀테크 금융혁신이 진행됨에 따라 화폐에 대한 수요가 급변하고 있다. 또한 이자율 및 인플레이션 하락은 화폐보유의 기회비용을 낮춤으로써 통화수요를 증가시켜 유통속도를 하락시킨다. 소득의 감소는 거래규모를 위축시켜 역시 통화유통속도를 낮추는 작용을 할 것이나, 다른 한편으로는 화폐수요 자체를 감소시키는 효과에 의해 부분적으로 상쇄될 것이다. 일반적으로 통화유통속도는 장기추세를 보면 경제성장률, 시장금리 및 물가상승률과 같은 방향으로 움직이며 특히 금융자산의 축적 정도를 나타내는 금융자산・소득비율(금융자산잔액/명목소득)과 반대방향으로 움직이는 것으로 나타나고 있다. 과거 1970년대에 들어서면서 금융시장에서 기술혁신(financial innovation)이 서서히 일어나기 시작하면서 화폐의 유통속도가 전과 같이 안정적이지 못하다는 연구결과가 보고되었다. 최근에는 블록체인 금융혁신, 스마트 폰 결제 및 핀테크(Fintech) 금융의 영향으로 사람들의 화폐소지(수요)가 현격하게 줄어들었다. 또한 전자화폐 및 암호화폐 등의 등장으로 현금없는(cashless) 사회도 도래하고 있다. 스웨덴이 가장 대표적인 국가로 꼽히고 있는데, 현금(지폐 및 동전)의 유통량이 국내총생산(GDP) 대비 2%로 미국(7.7%)과, 유로를 화폐로 쓰는 유로존(10%)보다 상당히 작다. 우리나라는 4.7%로 잠정 집계됐다. 현금이 사라진 자리는 신용・직불카드와 앱이 메우고 있으며 앱의 비중이 갈수록 상승세다.[11] 전자화폐 및 암호화폐 등의 도입은 사람들이 굳이 현금을 갖고 다닐 필요가 없어져 화폐수요는 더 줄어들 것이며 유통속도의 불안정성이 더 커질 것이다.[12]

화폐의 유통속도가 일정하지 않을 경우 통화공급과 물가상승률 간의 일 대 일 대응관계가 깨져 물가상승률은 단순한 통화공급량에 비례하는 것이 아니라 통화공급의 변화율(%)과 화폐유통속도의 변화율(%)의 합에 의존하게 되어 $\widehat{M} + \widehat{V} = \widehat{P}$로 표현된다.

---

11) http://www.hani.co.kr/arti/economy/economy_general/724024.html #csidxf2e51887638dddaadf7af68e09c35d7을 참조할 것.

12) 화폐의 유통속도에 관한 것은 제13장 2.2 화폐유통속도의 안정성 문제를 참조할 것.

이 경우엔 통화공급량을 10% 증가시킬 경우 유통속도가 일정한 경우엔 물가가 10% 상승하지만 유통속도가 일정치 않을 경우엔 물가는 10% 보다 높거나 낮은 비율로 상승케 되어 통화량과 인플레이션 간의 긴밀도가 떨어진다.

또한 예상 물가상승은 화폐실질잔고에 **인플레이션 조세(inflation tax)**로 작용하여(실질화폐가치가 줄어듬으로 마치 세금증가와 같은 작용을 한다는 의미) 실질화폐수요가 줄어들고 이는 다시 유통속도를 증대시킬 것이다.

2.2 인플레이션과 이자율

인플레이션은 이자율에도 영향을 끼쳐 명목이자율과 실질이자율 간에 차이가 생기게 한다. 예를 들어 은행에서 대출해줄 때 명목대출 이자율을 10% 부과했는데 그 동안에 인플레이션이 3% 일어났다면 은행의 실질이자소득은 그 만큼 감소된다. 따라서 은행은 예상물가상승률을 감안하여 명목이자율을 부과하려 할 것이다. 이렇듯이 명목이자율은 실질이자율에 예상인플레이션을 더한 값과 같아진다. 이자율과 인플레이션과의 관계를 규명한 미국의 저명한 경제학자였던 피셔(Irving Fisher, 1867~1947)의 이름을 따 **피셔가설(Fisher hypothesis)**이라 한다. 이를 관계식으로 나타내면 $i = r + \pi^e$가 된다. 여기서 i는 명목이자율, r은 실질이자율, 그리고 π^e는 예상인플레이션을 각각 나타난다. 실질이자율은 금융시장에서 결정되기 보다는 실물자본의 수익률에 의존하여 일정하다고 본다. 실질이자율이 일정한 경우, 명목이자율과 인플레이션율 혹은 기대인플레이션율 간에는 1:1의 대응관계가 성립된다. [그림 10-6]은 우리나라

[그림 10-6] 우리나라 인플레이션율과 이자율(대출이자율) 관계

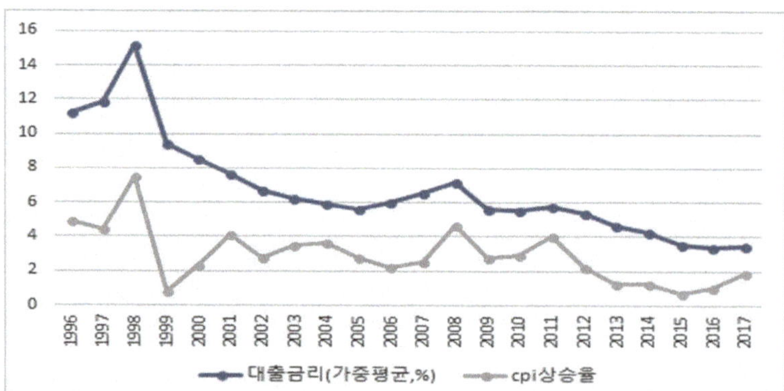

자료: 통계청 및 한국은행

의 인플레이션율(CPI 기준)과 이자율(가중평균된 대출이자율, %)의 움직임이 비슷한 패턴을 보여주고 있음을 확인시켜주고 있다. 지난 1997~2017년 동안 이들 두 변수의 상관관계가 0.752로 꽤 높게 나타났다.

또한 피셔가설이 정책적으로 시사하는 바는 통화량 증가가 명목이자율에 영향을 미친다는 것이다. 통화가 증가되는 경우 인플레이션율이 상승하면 시차를 두고 명목이자율도 상승하게 된다는 것이다.

2.3 경제개방화와 인플레이션

2000년대에 전세계 경제의 특징의 하나는 낮은 물가상승률이라는 것이다. 이는 1970년대 후반부의 고인플레이션과는 매우 대조적이다. 낮은 인플레이션의 요인으로는 낮은 통화공급량을 꼽기도 하지만 경제개방화와도 깊은 관계가 있다는 주장이 제기되고 있다. 경제가 개방화됨에 따라 국내시장의 개방도 함께 증가할 수밖에 없다. 국내시장의 개방은 국내 물가를 떨어뜨리는 효과가 있어서 인플레이션 압력을 낮추는 효과가 있다. 일례를 들면, 칠레와 FTA를 추진하기 전에는 국내에서 와인 값이 매우 비쌌다. 칠레와 FTA를 체결 한 이후로 칠레뿐만 아니라 이태리, 프랑스 및 미국 등 해외의 유수 브랜드 와인들이 수입되어 와인가격이 하락되어 서민들도 와인을 즐기게 되었다.

국내경제 개방과 인플레이션에 관한 학술적인 논쟁은 David Romer(1993)[13]에 의하여 개방도와 인플레이션 간에는 강한 부(−)의 관계가 있음을 보여주었다. 그러나 Romer (1993)의 주장에 대한 이의를 제기하는 주장(Terra, 1998)[14]도 있었다. 경제개방도와 인플레이션 간의 관계는 1990년대에는 잘 맞지만 시대별 및 지역별(국가)에 따라 다르게 나타날 수 있다는 주장이 제기되었다. 그러나 일반적으로 경제개방은 인플레이션 압력을 낮추는 것으로 인식하고 있다. 로머나 테라의 상반된 주장에 대하여, Gruben and McLeod[15]은 경제개방과 인플레이션 간의 부(−)의 관계는 여전히 유효하고, 변동환율제도 하에서 더 잘 나타나는 것으로 알려져 있다.

---

13) David Romer, "Openess and Inflation: Theory and Evidence," *Q.J.E.*, 1993.
14) Terra, "Openess and Inflation: A New Assessment," *Q.J.E*, 1998.
15) Gruben and McLeod, "The Openess–Inflation Puzzle Revisited," *Applied Economics Letters*, 2004.

》 시사사례: Inflation Targeting(물가안정목표제)

과거의 중앙은행은 물가안정을 위하여 총통화공급량 목표제를 채택했었다. 1970년대 스태그플레이션으로 인한 인플레이션율이 전 세계적으로 높은 시기였다. 대표적인 통화공급량 목표제를 실시한 것은 미국의 폴 볼커(P. Volcker) 연방준비이사장 재임시절을 들 수 있다. 한국의 경우도 한국은행은 당시 총통화공급량(M2)를 채택했었다. 그러나 1980년대 이후에 금융자율화와 금융혁신으로 인하여 통화량과 최종목표 관계가 불안정해지고, 통화량을 잘 관리해도 물가안정이 잘 이루어지지 않는 사례가 생겨났다. 이 때문에 통화량을 중간목표로 하는 통화량목표제의 효율성이 떨어져 각국의 중앙은행은 새로운 통화정책을 모색하게 되었다. 1990년에 뉴질랜드가 중앙은행의 물가안정목표제를 처음으로 도입하여, 그 후 영국, 캐나다, 호주 등에서 도입하여 널리 퍼지게 되었다. 물가안정목표제는 중앙은행이 일정기간 동안에 달성해야 하는 물가상승률의 목표치를 미리 설정한 후에 이에 탄력적으로 통화정책을 실시하는 방법이다. 중앙은행의 목표물가수준을 미리 공표하여 이를 기준으로 임금수준 결정, 각종 경제행위를 선택하도록 유도하여 경제주체들로 하여금 인플레이션 기대심리에 영향을 미치게 하여 물가를 일정 목표 내로 안정화시키려는 것이다. 물가목표 안정제에선 중앙은행과 경제주체들 간에 신뢰확보가 매우 중요하다.

우리나라는 1998년에 한은법이 개정되면서 물가안정목표제로 바꾸었다. 도입 초기에는 근원인플레이션(소비자물가지수에서 가격변동이 큰 석유류와 일부 농수산물 가격을 제외하고 작성됨)을 기초로 하였다. 일시적인 급등락 요인에 의한 영향을 제외하고자 한 의도였으나, 소비자들의 일상생활과 긴밀한 관련이 있는 품목을 제외할 경우 체감물가와 괴리가 생긴다는 지적에 따라 2007년 이후에는 소비자물가지수(CPI)를 목표지수로 삼고 있다. 한국은행은 1998년부터 2003년까지는 매년 물가안정목표제를 운용하였으나, 2004년부터는 3년 단위로 바꾸었다. 그 이유는 중앙은행이 실시하는 통화정책의 효과가 짧게는 6개월 길게는 12개월 이상을 가는 경우가 있어 1년 단위의 물가안정목표제는 의미가 없기 때문이다. 지난 2007~2009년 동안의 물가안정목표는 3±0.5%였다. 현재(2018)는 2%의 범위로 물가안정목표제를 시행하고 있다. 그러나 2008년도 금융위기 이후 세계경제는 준 디플레이션에 빠져서 물가안정목표제가 무색하게 되었다.

제3절 실업과 인플레이션 관계: 필립스곡선

3.1 필립스곡선과 거시정책 함의

1. 필립스곡선이란?

필립스곡선은 인플레이션과 실업률 간에 상충관계(trade-off)가 있음을 나타낸다. 원래는 영국의 통계학자 필립스(A.W. Phillips, 1958)에 의하여 명목임금상승률과 실업률 간에 통계적으로 매우 유의한 상반관계(trade-off)에 있다는 것이 발표된 후, 립시(R. Lipsey, 1960)에 의하여 인플레이션율과 실업률의 관계로 발전되어 오늘에 이르고 있다. 외형상으로는 간단한 이론과 곡선으로 되어 있지만 케인즈 경제정책 집행시 매우 중요한 도구로 사용되어 왔다. 실업과 인플레이션을 동시에 낮출 수 없다는 정책딜레마를 내포하고 있어 경제사정에 따라서 정부가 개입해야 함을 시사하고 있다.

흔히 신문이나 방송에서 거시경제 정책목표를 말하면서 두 마리 토끼를 동시에 잡을 수 없다는 표현을 쓸 때가 있는데 이는 보통 실업률을 낮추면서 동시에 인플레이션률도 낮출 수 없다는 것을 시사한다. 따라서 정부는 필립스곡선 상의 임의점을 선택하여 거시경제를 운용해야 함을 나타내는데 이때 두 목표(인플레이션과 실업) 중 어느 하나를 희생시켜야 하는 정책의 선택이 필요함을 뜻한다. 인플레이션율과 실업률을 어느 정도에서 용인할 것인가는 선택의 문제이다. 아래 [그림 10-7]에서 보는 바와 같이 필립스곡선 상에서 점 A와 B를 비교하면, A점은 상대적으로 낮은 인플레이션율과 높은 실업률을 나타내는데, B점은 상대적으로 높은 인플레이션율과 낮은 실업률을 나타낸다. 필립스곡선이 시사하는 함의는 실업률과 인플레이션율을 동시에 낮출 수 없다는 것이다. 어느 하나를 선택할 경우에 다른 하나를 희생시켜야 함을 의미한다. 요즘처럼 실업문제가 심각하다고 생각하면 정부는 A점 보다는 B점을 택할 것이다. 실업률을 낮추는 대신에 어느 정도 인플레이션율은 용인해야 함을 나타낸다.

[그림 10-7] 필립스곡선의 함의

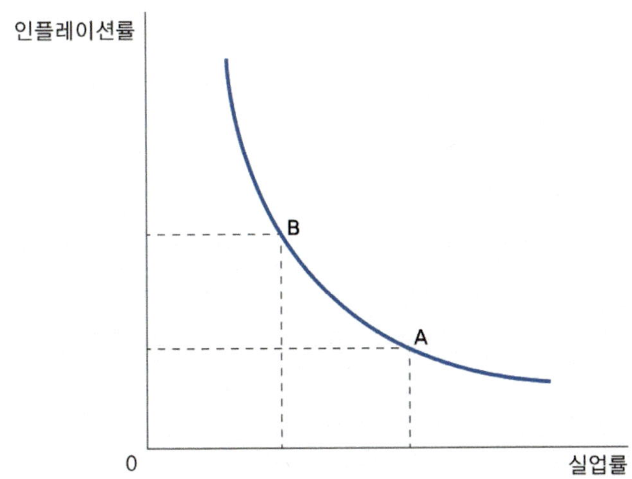

2. 희생률(sacrifice ratio)

현재 인플레이션율이 너무 높아 인플레이션율을 조금 낮추고 그 대신 실업률이 얼마간 상승하는 것을 용인할 의사가 있다고 판단하면 정부는 총수요 억제정책을 통하여 어느 정도의 실업은 감수하려 할 것이다. 인플레이션을 낮추기 위하여 감수해야 하는 실업률의 상승은 인플레이션을 낮추는데 드는 (기회)비용으로 생각할 수 있다. 이러한 비용을 희생률(sacrifice ratio)이라고 한다. 희생률은 인플레이션율(π) 1%를 낮추기 위하여 포기해야 하는 실업률(u)의 정도를 비율($\frac{du}{d\pi}$)로 나타낼 수 있다. 예를 들면, 1970년대 미국의 경우 인플레션율 1%P 낮추기 위해서는 연간 GDP의 5%P가 희생되어야 하는 것으로 추정되고 있어 인플레 비용이 상당함을 나타내고 있다.[16] 생산의 감소는 곧 실업의 증대를 의미함으로 인플레이션의 비용을 실업률의 증가 관점에서 파악할 수도 있다. 오쿤(A. M. Okun, 1928~1980; 1962)의 법칙에 의하면 실업률 1%의 변화는 GDP 2% 변화를 의미하므로, GDP 5%의 감소는 실업률 2.5%의 증가를 의미한다고 볼 수 있다. 따라서 인플레이션율 1%P 감소는 실업률의 관점에서 측정하면 실업률 2.5%P 증대를 감수해야 함을 의미한다. 그러나 이 수치는 1970년대 스태그플레이션(고인플레이션과 함께 고실업을 동반한 현상)으로 몸살을 앓고 있을 때의 경제상황을 반영한 것으로 당시 인플레이션률 1%P 낮추는데 많은 희생(상당히 큰 실업의 증가)이 뒤따름을 의미한다. 그러나 지금의 경제상황은 저물가로 디플레이션을 걱정해야 할 형편이므로 1970년대 당시와는 경제상황이 많이 달라졌다는 점을 감안해야 한다.

희생률의 크기는 필립스곡선의 기울기에 의존한다. 필립스곡선의 기울기가 완만할수록 희생율은 커지고(인플레이션을 낮추는 대가가 큼) 기울기가 가파를수록 희생의 정도가 작아진다. 극단적으로 만일 필립스곡선이 수직이 될 때 희생률은 0%가 된다. 통화론자의 대표자인 밀튼 프리드만(M. Friedman)이 주장한 **자연실업률이론**이 바로 이런 경우이다. 이는 실업증가나 생산의 감소 없이도 인플레이션율을 낮출 수 있음을 뜻한다. 동시에 수직의 필립스곡선의 존재는 필립스곡선이 갖는 정책적인 시사점을 부정한다. 필립스곡선은 케인즈의 거시경제 안정화정책의 핵심적인 요소이다. 필립스곡선은 실업과 인플레이션 간에는 역(−)의 상관관계가 있음을 나타낸다. 경기가 불황일 경우에 정부의 재정지출 증대를 통하여 실업을 줄일 수는 있지만 다소간의 인플레이션을

16) A. M. Okun, "Efficient Disinflationary Policies," *American Economic Review*, May 1968, 348~352; R. J. Gordon and S. R. King, "The Output Cost of Disinflation in Traditional and Vector Autoregressive Models," *Brookings Papers on Economic Activity*, 1982:1, 205~245. N. Gregoy. Mankiw, *Macroeconomics*, 4th ed., 371~372에서 재인용함.

피할 수 없다는 것이다. 과연 이러한 이상적인 정책이 항상 가능할까? 프리드만은 합리적 기대를 이용하여 수직의 필립스곡선 존재의 가능성(이를 자연실업률가설, the natural rate of unemployment)을 제시하였다. 실제로 1970년대 후반 이후에는 우하향하는 안정적인 필립스곡선 대신에 필립스곡선 자체가 우상방으로 이동하여 때론 수직모양의 불안정한 필립스곡선이 나타나기 시작하였다. 아래의 경우 우리나라의 필립스곡선 모양을 보여주고 있다.

》 시사 : 우리나라의 필립스곡선 모양은?

우리나라의 필립스곡선은 [그림 10-8]에서 보는 바와 같이 1960년대에서 1970년 초반까지는 대체적으로 안정적인 필립스곡선을 나타내지만, 그 후에는 안정적인 trade-off 관계를 보이지 않고 있다.[17] 오히려 우측 상방 나선형으로 이동하면서 필립스곡선이 불안정적으로 변화되는 모습을 보이고 있다. 어떤 구간에서는 수직이나 정(+)의 관계를 보이고 있다. 이런 현상은 후술하게 될 자연실업률 가설과 관련이 있는 듯하다. 이는 우리나라만의 현상이 아니고 1970년대 당시의 오일쇼크로 인한 스태그플레이션의 영향을 받은 탓이다. 인플레이션율과 실업률의 관계를 시계열 상에서 좀 더 구체적으로 확인하기 위하여 [그림 10-9]을 사용하였다. [그림 10-8]에 의하면, 어떤 시기에는 인플레이션율과 실업률은 반대방향(trade-off 관계)으로 움직이다가도 어떤 시기엔 서로 같은 방향으로 움직이고 있음을 보여주고 있다. 전통적인 필립스곡선에선 이 두 지표는 상호 반대방향으로 움직여야하는데 같은 방향으로 움직인다는 것은 필립스곡선이 안정적인 trade-off 관계에서 이탈되고 있음을 시사한다.

[그림 10-8] 한국의 필립스곡선의 추이(1965~2014)

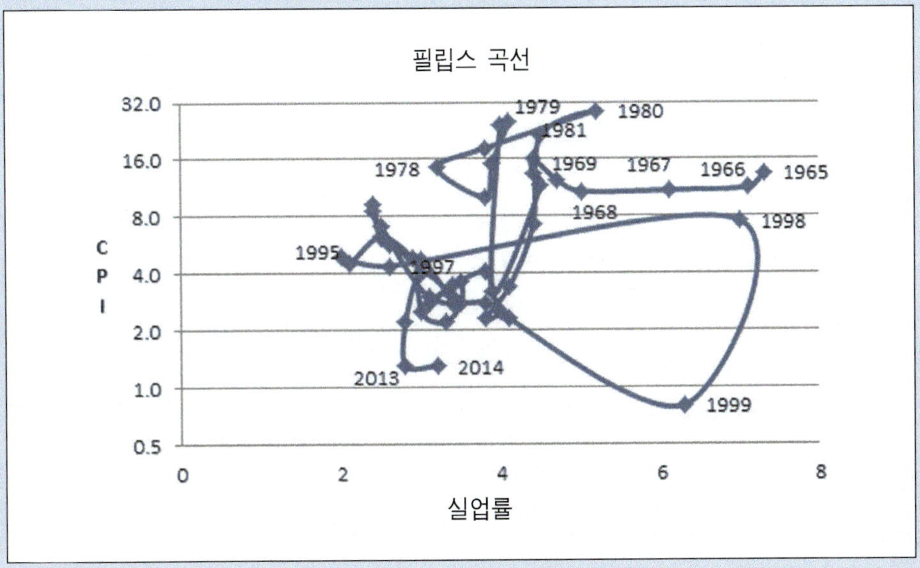

17) 실업률을 계산하는 과정에서 실업자의 정의를 1주간 적극적으로 구직활동을 안한 경우를 상정하고 있다. 그러나 1999년 이후에는 구직기간이 4주로 바뀌었다. 본서에는 실업률 통계의 일관성을 위하여 실업률 통계를 1주간

[그림 10-9] 우리나라의 실업률과 인플레이션율의 변화 추세

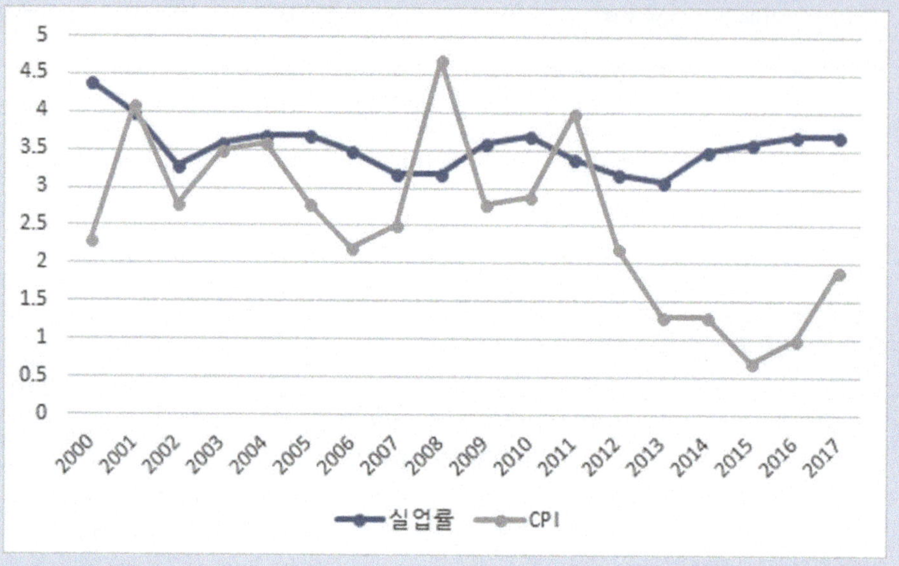

최근 우리나라의 실업률과 인플레이션률 간의 관계를 살펴보면 안정적인 trade-off 관계를 보여주지 못하고 있는 듯하다. 지난 2000-2017년 간의 상관관계를 보면 0.019로 전통적인 trade-off관계를 반영하지 못하고 있다. 실업률과 인플레이션률 간에 반대방향으로 진행되는 것이 아니고 매우 약한 정(+)의 상관관계를 보여주고 있다.[18)]

3. 스태그플레이션과 필립스곡선

필립스곡선은 정부의 개입정책 근거로 매우 중요하게 활용되기도 하였지만 1970년대에는 스태그플레이션 현상으로 필립스곡선에 근거한 정책효과가 현격하게 떨어졌다. 한때 안정적인 관계를 보이던 인플레션율과 실업률이 1970년대 오일쇼크를 거치면서 안정적이던 필립스곡선이 우측으로 이동하여 불안전성을 보이기 시작하였다. 안정적이던 필립스곡선이 나선형(spiral outward movement)의 이동이 나타나기 시작

구직활동 기준으로 계산되었다. 실업률의 변동이 현격하게 크지 않아서 필립스 곡선의 기본적이 형태를 바뀔 정도는 아니라고 생각된다.

18) 구간을 나눠보면, 2000~2009년 기간에 인플레이션율과 실업률 간에 상관관계가 0.149인 반면에 금융위기 이후인 2010~2017년은 -0.09로 두 변수 간에 trade-off인 관계를 보여주고 있다. 금융위기 이후 세계 경제는 불황을 벗어나기 위하여 팽창적인 통화 및 재정정책을 실시하였다. 아마도 그 결과 실업율 감소와 인플레이션율이 완만하게 증가한 상태를 반영하는 듯하다.

하였다. [그림 10-8]은 우리나라의 필립스곡선의 동태적 추이를 보여주고 있다. 전통적인 필립스곡선의 안정적인 trade-off 관계를 보여주는 구간은 1960년대 중반 이후에서 1980년대 초반까지 이고, 나머지 구간에서는 나선모양을 보여주고 있다. 특히 1970~1980년대는 스태그플레이션 현상을 나타내고 있다.

필립스곡선이 어느 구간에서는 우상향하는 모양을 나타내는 구간이 있어도 전반적으로 바깥쪽으로 이동하는 불안정을 나타냈다. 이러한 사실들이 이미 1960년대 말에 프리드만(M. Friedman, 1968)과 펠프스(E. S. Phelps, 1967)에 의해 예견되었다. 전통적인 필립스곡선에 예상 인플레이션의 개념을 도입하여 새로운 형태인 수직형태의 필립스곡선을 제창하였다. 프리드만(M. Friedman)에 의한 자연실업률 가설이론은 우하향하는 필립스곡선을 더 이상 받아들이지 않았다. 자연실업률에 해당하는 수준에서 수직을 이루는 필립스곡선을 제시하여 인플레이션과 실업 사이에 (장기적으로) 더 이상 trade-off 관계가 존재치 않는다고 하여 큰 파장을 일으켰다. 새로운 형태의 필립스곡선의 등장은 케인즈정책의 중요한 이론적 근거였던 필립스곡선이 이제는 케인즈의 경제안정화정책을 공박하는 최대의 약점으로 전환되었다. 필립스곡선의 이동과 안정성에 관해 케인즈언들과 통화론자들 사이에 논쟁을 거쳐 다음과 같은 합의점에 도달하였다. 즉, 단기적으로는 trade- off가 존재하지만 장기적으로는 자연실업률 가설에 따른다는 것이다.

3.2 필립스곡선과 총공급함수와 상호관계

1. 기대첨가 필립스곡선

총공급함수를 이용하여 필립스곡선과의 관계를 살펴볼 수 있다. 총공급함수는 $Y=Y^*+\alpha(P-P^e)$로 나타내는데, 이를 $P=P^e+\frac{1}{\alpha}(Y-Y^*)$로 고쳐쓸 수 있다. 여기서 각 변수가 로그함수의 형태라 하고 이 식을 약간 변형하여 인플레이션율로 나타내면

$$\pi = \pi^e + \frac{1}{\alpha}(y - y^*) \tag{10.5}$$

가 된다. 여기서 **오쿤의 법칙(Okun's Law)**을 이용한다. 오쿤(A.M. Okun, 1962)[19]에 의해 발견된 산출물과 실업률 간에 일정한 관계가 성립함을 미국의 경제를 통하여 확인하였다. 오쿤의 경험법칙은 본질적으로 필립스곡선의 또 다른 변형이라 할 수 있다.

19) Arthur M. Okun, "Potential GNP : It's Measurement and Significance." 1962 reprinted in A.M. Okun, *Economics for Policymaking*, MIT press, 1983.

즉, 오쿤의 법칙이란

$$u - u_n = -v[(y - y^*)/y^*)] \tag{10.6}$$

로 나타낼 수 있다. u는 현재의 실제 실업률, u_n은 자연실업률, y^*은 잠재적산출량을 각각 나타낸다. 식 (10.6)에서 총수요의 증가로 잠재적 산출량을 초과하는 생산을 하게 되면 인플레이션(수요견인 인플레이견)이 발생하여 인플레이션이 일어나게 된다. 따라서 식 (10.6)의 우측항은 **인플레이션 갭(inflationary gap)**으로 바꿀 수 있고, 이는 바로 다름 아닌 실업률과 인플레이션 갭 간에 상충관계($-v$)를 나타내고 있다. 이제 식 (10.6)과 (10.5)를 참고하여 정리하면

$$\pi = \pi^e - \varphi(u - u_n) \tag{10.7}$$

이 된다. 필립스곡선의 기울기는 $-\varphi$로 나타난다. 흥미 있는 사실은 위의 식 (10.7)에서 필립스곡선이 예상인플레이션율과 매우 긴밀한 관계가 있음을 나타내고 있다. 자연실업률 가설을 설명하는 키워드가 바로 이 예상인플레이션율이다. 만일 여기서 예상인플레이션율(π^e)이 실제인플레이션율(π)과 같아진다면 실제 실업률도 자연실업률과 같아지게 된다. 따라서 프리드만의 자연실업률은 실제인플레이션율이 예상인플레이션율과 같아질 때의 실업률이라 정의할 수 있다. 동시에 식 (10.5)과 (10.7)을 참고하면 자연실업률이란 산출량(Y)이 잠재적 산출량(Y^*)과 같아질 때의 실업률로도 나타낼 수 있음을 보여주고 있다.

상기의 식 (10.7)과 같은 필립스곡선을 기대첨가 필립스곡선(expectation-augmented Phillips curve)이라 하며 프리드만(M. Friedman)과 펠프스(E. S. Phelps)에 의하여 발전되었다. 전통적인 필립스곡선과의 차이점은 예상인플레이션의 역할이 매우 중요하다는 점이다. 전통적인 필리스곡선과 기대가 가미된 필립스곡선의 조화로운 해석은 장단기간의 차이로 설명하고 있다. 즉, 기대가 첨가된 필립스곡선이 도출되었다고 하여 전통적인 필립스곡선이 완전히 사장된 것은 아니다.

2. 필립스곡선의 동태적 조정

단기간에는 전통적인 필립스곡선을 따라 움직이지만 장기적으로는 인플레이션의 기대형성에 영향을 받는다는 것을 강조한다. 동태적인 측면에서는 단기의 필립스 곡선이

이동하여 수직인 필립스곡선을 나타나게 된다는 것이다. 이 과정은 아래의 [그림 10-10]을 보면 쉽게 이해할 수 있다. 어느 시점에서의 단기 필립스곡선 $SRPC_1$의 a점에서 균형을 이루고 있다고 하자. 이 점에서의 실업률은 자연실업률 수준에 머무르고 있으며 인플레이션율은 2%에 머무른다고 하자. 이제 정부에서 실업수준을 자연실업률 이하로 더 줄이려고 통화량이나 정부지출을 증대시키는 확대정책을 실시한다고 하자. 확대정책의 결과로 실업률은 자연실업률(u_n) 이하로 떨어진다. 여기까지가 전통적인 필립스곡선의 이론의 내용이다. 단기에는 사람들이 물가가 오르지 않고 원래의 수준에 머무른다고 생각하여 물가수준이 원래의 수준에서 유지된다고 가정하여 $\pi^e=0$가 된다. 따라서 실업률은 잠정적으로 자연실업률 이하로 줄어든다. 그러나 실업률을 줄이는 대가로 물가는 상승하게 된다. 물가가 2%에서 4%로 상승함에도 불구하고 고정된 기대 하에서는 예상인플레이션이 실제 물가상승률을 쫓아가지 못하므로 예상하지 못한 인플레이션율이 $\pi > \pi^e$만큼 발생하게 되어 실업률은 자연실업률 아래로 떨어지게 되어 $u < u_n$이 된다. 이러한 단기간의 실업률과 인플레이션율 사이에 trade-off 관계가 생기는 것을 단기필립스곡선(short-run Phillips curve: SRPC)이라 한다. [그림 10-10]에서 a 점에서 b점으로 필립스곡선을 따라서 이동한 것으로 나타난다.

[그림 10-10] 필립스곡선의 동태적 조정

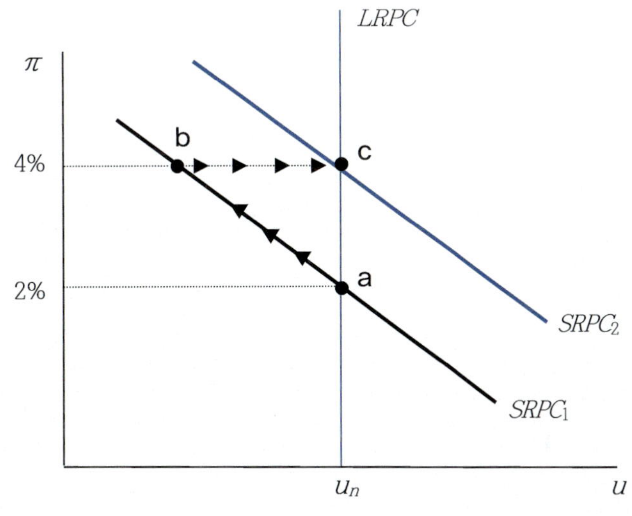

그러나 사람들은 시간이 지남에 따라 물가가 상승했다는 것을 알게 되고 기대인플레이션율도 상승하여 $\pi^e = 4\%$가 된다. 기대인플레이션이 상승하면 명목임금도 상승하여 실질임금이 전과 같은 수준으로 올라 기업의 고용은 줄어들고 실업률은 이전의 수준으로 되돌아가게 된다. 그림에서 $b \rightarrow c$로 이동함을 의미한다. 이러한 과정이 반복되면 결국엔 점 $a \rightarrow c$를 연결한 수직선 모양의 장기필립스곡선(*LRPC*)이 된다. 이렇듯이 전통적인 필립스곡선에 기대인플레이션을 도입하면 단기적으로는 사람들이 **화폐환상(moneny illusion)**에 빠져 trade-off인 관계를 갖는 단기 필립스곡선이 형성되지만 장기적으로는 사람들이 화폐환상에서 벗어나 기대인플레이션을 정확히 예측하여 실업률을 자연실업률 이하로 낮추지 못하고 물가만 상승케 된다는 이른바 프리드만의 **자연실업률 가설(natural rate of unemployment)**에 이르게 된다.

여기서 합리적 기대(rational expectation)를 가정하면 매우 흥미로운 결과가 도출된다. 합리적 기대 하에선 예상되어진 기대물가가 실제로 기대치와 같아진다는 가설이다. 그러면 정부에서 통화량을 증대시키면 사람들은 조만간에 물가가 상승할 것이란 기대를 한다. 이때 합리적인 기대를 따른다고 가정하면 실제로 기대물가는 현실화되어 실제인플레이션과 기대인플레이션이 같아져 위의 식 (10.7)에서 보듯이 실업률도 항상 자연실업률과 같아진다. 따라서 정부의 어떤 정책도 – 통화공급 증대라든가 정부지출 증대 등 – 사람들은 정확하게 합리적 기대 형성과정을 통하여 실업률은 자연실업률과 일치한다. 이것이 의미하는 정책적인 시사점은 정부가 총수요관리정책을 통하여 실업률을 자연실업률 이하로 줄일 수 없으며 일시적(단기적)으로는 실업률이 자연실업률에서 벗어날 수 있지만 종국에는 장기균형수준인 자연실업률 수준으로 돌아온다는 것이다. 따라서 확장적인 총수요 관리정책을 통하여 실업률을 자연실업률 이하로 줄이려 고집할 경우엔 결과적으로는 실업률을 자연실업률 이하로 줄이지 못하면서 인플레이션만을 증폭시킨다는 것이다. 70년대의 스태그플레이션이 공급측면에 의한 충격영향을 많이 받았지만 총수요 관리정책에 의한 영향도 인플레이션이 가속되는데 일조했다는 것이다.

》 오쿤의 법칙과 한국경제

경제성장률과 실업률 간에는 경험적으로 볼 때 매우 긴밀한 상관관계를 갖고 있다. 즉, 경제가 성장하면 고용이 증대되어 실업이 줄어들 것이다. 오쿤(A. Okun, 1962)은 미국의 경제성장률과 실업률의 데이터를 분석한 결과 이 두 변수 간에 장기적인 부(–)의 상관관계가 있음을 보여주었다. 오쿤에 따르면 미국경제의 경우 경제성장률이 매 1%씩 성장할 경우 실업률은 약 0.3% 감소됨을 발견하였다. 기존의 연구에 의하면 오쿤의 법칙이 작동되고 있는 것으로 알려져 있다. 호경기의 경우에는 오쿤의 법칙이 약하게 나타나는 반면에 불경기의 경우에는 더 강하게 나타나는 것으로 보고되고 있다.

우리나라의 경우에도 오쿤의 법칙에 대한 실증연구가 있는데, 최근 연구(조대형,[20] 2015)에 따르면 전체 실업률의 경우 오쿤의 계수가 -0.103인 반면에 청년실업률의 경우는 약 -0.18로 추정되었다. 이는 경제성장률이 1% 증가할 경우 실업률은 전체 실업률을 기준할 때 약 0.1% 감소되지만 청년실업률의 경우엔 이보다 약간 큰 0.18% 실업을 감소시키는 효과가 있음을 보여주고 있다. 즉, 경제성장이 청년층의 실업률을 더 크게 낮춤을 나타낸다. 이는 다른 시각에서 보면 경제성장이 청년층의 실업해소책에 보다 효과적임을 시사한다. 또한 조대형(2015)에 따르면, 글로벌 금융위기 이후에 경제성장률과 실업률의 관계가 약화됨을 나타내고 있다. 이는 오쿤의 법칙이 금융위기 이후에 느슨하게 작동되고 있을 나타낸다. 이에 대한 연구는 보다 심층적인 후속연구가 필요하다. 글로벌화로 인한 국내기업들의 해외진출로 인한 국내고용의 감소, 기계화 및 자동화로 인한 생산은 증대되지만 고용증대가 약화되는 고용없는 성장(jobless growth)과도 관련이 있는 듯하다.

3.3 이력가설(hysteresis hypothesis)

지난 1970~1980년대는 거시경제학계에 퍼즐이 하나 있었다. 미국은 비교적 실업률이 낮고 안정적인 인플레이션을 누리고 있었는데, 유럽지역은 높은 실업률로 고통을 겪고 있었다. 당시에 유럽의 실업문제가 세계적인 관심사로 떠올랐다. 실업률이 장기간 동안 계속 높은 상태를 유지했다. 자연실업률 가설에 의하면 장기간 동안에는 실업률이 일정하거나 적어도 일정한 범위 안에서 움직여야 하는데 실업률은 계속 높아지는 추세에 있었다. 무엇보다도 실업이 한번 높아지면 장기간 계속되는 실업의 지속성(persistence of unemployment) 특징을 지니고 있다. 일부 거시경제학자(O. Blanchard, L. H. Summers, 1988)[21] 등은 총수요의 변화가 장기에 있어서도 생산과 고용에 영향을 미칠 수 있다는 의견을 제시하였다. 과거에 지속되어 온 경제상황이 자연실업률 결정에 영향을 미쳐 이력현상(hysteresis)이 생긴다. **이력현상**이란 원래는 물리학이나 의학에서 사용되는 용어이다. 그 의미는 어떤 조작이 가해질 때 현상이 달라지는데 변화를 초래케 한 원래의 요인이 제거되었음에도 불구하고 원래의 상태로 회복되지 않고 계속 변화된 반응을 보이는 현상을 일컫는다. 불경기 중에 일시적으로 높아진 실업률이 경기가 호전되면 실업률이 낮아져야 함에도 불구하고 계속 높은 상태로 남아 있어 이력현상이라 칭하게 되었다.

이러한 이력현상이 자연실업률 가설에 대해 회의심을 갖게 만들었다. 원래 자연실

20) 조대형,"한국의 경제성장과 실업률 간의 관계 변화에 관한 연구", 한국산업경제학회 춘계학술대회 발표, 2015
21) Oliver J. Blanchard and Lawrence H. Summers, "Beyond the Natural Rate Hypothesis," *American Economic Review*, May 1988, pp. 182~187.

업률 가설에서는 총수요의 변동이 단기적으로는 실업에 영향을 미치지만 장기적으로는 영향을 미치지 못한다는 점에서 단기와 장기의 효과를 구분하여 설명했다. 그런데 이력현상 하에서는 장단기의 구분이 의미가 없어졌다. 그러나 왜 그리고 어떤 메카니즘에 의하여 이력현상이 일어나는가에 대한 설득력 있는 설명이 없어 한계점을 나타내고 있다.

정부의 총수요 확대정책으로 일시적으로 낮아진 실업률은 다시 원래 위치의 자연실업률로 돌아와야 하는데 유럽지역에서는 예외적이었다. 유럽지역의 경우는 실업을 낮추기 위하여 확대정책을 실시했음에도 불구하고 실업률이 낮아지다 다시 높아지는 경기순환에 부합되는 패턴을 나타내지 않았다. 이러한 현상들이 유럽의 여러 국가에서 관찰되어 유럽의 어떤 특수한 상황이 반영된 것이 아니냐하는 문제로 초점이 모아졌다. 유럽의 노동관행 및 제도를 감안한 모형이 소개되었다. 그 중에 대표적인 것이 **내부자 · 외부자 모형**(insider-outsider)과 **이력현상**(hysteresis) 등이 있다.

내부자 · 외부자 모형에 의하면 강력한 노동조합이 노조회원들(내부자)의 이익만을 고집하여 노조 비가입자나 구직자들(외부자)의 고용에 반대하거나 방치하여 노동시장에서의 입직률을 낮추는 결과를 초래하여 실업이 높은 상태로 유지된다는 것이다. 노조가입률을 비교하면 대체로 유럽지역이 다른 지역에 비하여 높다. 노조가입률이 높다는 것은 그만큼 노동시장의 유연성이 낮다는 것을 시사한다. 이외에도 유럽지역의 사회보장제도를 원인으로 설명하려는 시도가 있다. 상대적으로 다른 지역에 비하여 잘 발달된 사회보장제도는 사람들로 하여금 노동하려는 의지를 약화시키며 한번 실업자로 전락되면 다시 구직하려는 노력과 의지가 약화되어 장시간 실업자로 남아있게 된다는 것이다. 그래서 요즘 유럽지역에서는 지나친 사회보장제도는 오히려 성장에 장애가 된다고 하여 사회보장제도를 개혁하고 있다. 생산적 복지제도 개념이 그것이다. 유럽에서는 잘 구비된 복지제도도 장기간 동안 실업상태에 머무른다면 의미가 없다. 최대의 복지는 일자리를 창출해 고용의 기회를 확대시켜주는 것이란 인식이 널리 확산되었다. 우리나라에서도 최근 사회복지제도의 기본방향을 생산적 복지제도를 도입하려 하고 있다. 일률적으로 장기간 동안 실업수당을 지급하는 경우 생산현장으로 되돌아가려는 인센티브가 적어 가능한 수당이 지급되는 시기까지 실업상태로 남으려 하는 폐단이 있다. 이는 정부의 재정수요를 늘릴 뿐만 아니라 전반적인 근로의지도 떨어뜨리고 생산성 향상에도 악영향을 끼친다. 그래서 최근 각국 정부는 이러한 폐단을 막기 위하여 실업수당기간을 줄여 생산현장으로 복귀를 유도하고 있다. 대신 실업기간동안에 받는 교육 · 훈련비용을 보조해주어 생산현장으로 복귀시키려 한다.

부록: 기대이론(Expectation)

거시경제학에서 70년대 이후의 가장 큰 발전 중의 하나가 각종 거시경제이론에 기대형성이론을 도입한 것이다. 경제행위의 주체는 인간이기에 인간의 심리상태나 특히 미래시점의 상황변화가 매우 민감하다. 예를 들면 노동조합 간부들이 회사 경영진과 임금협상을 벌일 때 중요한 쟁점의 하나가 예상임금상승률인데 계약기간동안 물가가 얼마나 상승할 것인가를 파악하는 일이 관건이다. 그러나 미래의 가격이기에 인간의 능력으로는 추측(guess)하는 수밖에 없다. 이렇듯이 미래의 가치를 예측하는 방법에 대하여 그 동안 경제학자들은 많은 노력을 기울여 왔는데 대체로 다음의 3가지 방법으로 정리할 수 있다.

(1) 정태적 기대(stationary expectation)

가장 간단한 예측방법으로 미래의 가격은 오늘의 가격과 같을 것이란 단순한 가정을 하는 것이다. 이러한 가정은 오늘의 가격은 어제의 가격과 같아야 하므로 미래의 가격은 과거의 가격과 같아진다. 즉, $P_t^e = P_t = P_{t-1}$으로 가정하는 것이다. 이러한 가정은 단순히 가격은 일정하다고 놓는 것이다. 간편한 방법이긴 하나 현실성을 제대로 반영하지 못하는 치명적인 단점이 있다.

(2) 적응적 기대(adaptive expectation)

적응적 기대는 정태적 기대보단 진일보된 가설로 현실적인 상황을 많이 반영하고 있다. 예를 들면 노조간부는 예상물가상승률을 계산하는데 있어 지난해의 실제 물가상승률을 감안하여 올해의 물가상승률도 지난해와 비슷한 수준일 것이라 예측하고 올해의 특수한 상황을 반영하여 얼마간 조정을 하여 예상물가상승률을 정할 것이다. 즉, 현시점에서 미래의 가격을 예측하는데, 과거에서 오늘의 가격을 예측했을 때 발생된 예측오차율을 적용하는 방법이다. 이러한 관계를 수식으로 나타내면

$$P_{t+1}^e = P_t^e + \theta(P_t - P_t^e)$$

이 된다. 현재 t기에 다음 기(t+1)의 물가를 예측할 때 이번기의 예상치에다 이번기에 범한 오류의 일부를 수정해서 더한다. 여기서 θ는 예측오차를 반영하는 정도의 조정계수를 나타내고 $0 < \theta < 1$의 값을 갖는다.

이는 거시변수가 갑자기 변하는 경우보다는 보통 일정한 추세(trend)를 갖기 때문에 지난해의 변화율이 올해에도 영향을 미친다는 점에서 이 방법은 정태적 기대보다는 진일보된 것이다. 적응적 기대형성은 과거의 오차를 미래에 적용시킨다는 측면에서 오차수정모형(error correction model)이라 한다. 문제는 과거의 예측오차를 미래의 예측에 적용하는 조정계수(θ)가 고정되어 있다는 점이다. 과거의 예측오차를 가능한 줄여 실제치와 접근시키려는 것이 보다 합리적일 것이다. 또 하나의 문제점으로 지적되고 있는 것이 조정계수가 어떻게 결정되는가에 대해선 알 수 없다. 이러한 문제점들을 개선하기 위해 등장한 것이 다음에 설명하는 합리적 기대가설이다.

(3) 합리적 기대(rational expectation)

합리적 기대가설(rational expectation)은 무스(J. F. Muth, 1961)에 의하여 제시된 기대가설을 그 후 싸전트(T. J. Sargent), 루카스(R. E. Lucas), 왈라스(N. Wallace), 프레스캇(E. Prescott), 그리고 배로(R. Barro) 등에 의하여 발전되어 오늘에 이르고 있다. 합리적 기대를 도입하게 된 근본적인 배경은 적응적 기대 하에선 한번 저질러진 실수가 계속 같은 실수가 거듭된다는데 불만이 있다. 가능하면 새로운 정보를 수집하여 실수를 줄이려는 노력을 보여야지 계속되는 **체계적인 오류(systematic error)**를 범하는 것은 비합리적이라는 것이다. 적응적 기대와 다른 점은 계속해서 같은 실수를 반복하지 않는다는 점이 핵심적으로 다른 내용이다. 이를 체계적인 오류(systematic errors)를 범하지 않는다고 한다. 즉, 합리적이란 의미는 모든 이용가능한 정보를 이용하여 전보다는 개선시켜 예측오차를 줄인다는 뜻이다. 예측에는 어쩔 수 없이 항상 오차가 따르지만 단지 계속 반복되는 실수를 줄임을 뜻한다. 또한 예측이란 미래의 가치를 예측하는 것이므로 미래의 상황이 많이 반영되어야 한다. 그럼에도 불구하고 적응적 기대는 근본적으로 과거지향적인(backward looking) 정보에 기초하고 있는 문제점을 내포하고 있었다.

이러한 한계점을 극복하기 위한 대안으로 경제인들은 현재시점에서 얻을 수 있는 이용가능한 모든 정보를 활용하여 예측오차를 줄이려한다는 것이다. 이러한 행동은 적응적 기대와는 달리 계속해서 반복되는 체계적인 오류를 방지할 수 있어 예측치가 실제치와 같게 된다. 이러한 기대형성 방식을 합리적 기대라고 하는데, 합리적 기대에 의하여 예측된 예측치는 추후 실제치와 같아진다는 것이 이 가설의 핵심내용이다. 그런데 이 과정에서 종종 많은 사람들이 혼동을 한다. 합리적인 기대에 의해 예측된 값이 나중에 실제값과 같아진다고 하여 마치 전지전능한 신이 예측하듯이 완전한 예측(perfect forecast)이라 착각하는데 그게 아니다. 합리적 기대 하에서도 예측오차는 존재한다. 그렇다면 어떻게 예측치가 실제치와 같아진다는 말인가? 이를 이해하기 위하여 합리적 기대형성과정에 대하여 좀더 자세히 살펴볼 필요가 있다.

예측은 개개인이 주관적인 판단 하에서 예측을 한다. 이때 어떤 경제변수에 대하여 자신이 이용할 수 있고 유용한 모든 정보를 활용하여 예측을 할 때 그 사람이 생각하고 있는 주관적인 확률분포에서의 평균치가 그 경제변수의 실제 확률분포의 평균치와 같아짐을 의미한다. 따라서 당연히 개개인의 예측오차는 존재한다. 즉, 개인은 그가 입수할 수 있는 모든 이용가능한 정보(all available information)를 최대한 효율적으로 이용하여 미래의 상황에 대한 자신의 주관적인 예측을 한다. 이때 그가 예측한 주관적인 확률분포가 실제의 객관적인 확률분포와 일치하도록(평균치가 같아지도록) 기대를 형성한다는 것이다. 이런 의미에서 합리적 기대란 조건부 기대치(conditional expectation)이다. 어떤 경제변수 X에 대하여 합리적 기대를 한다는 것은

$$X_t^e = E(X_t \mid I_{t-1})$$

로 표시한다. 여기서 $t-1$기까지의 정보집합을 I_{t-1}라하고, 이 정보집합을 조건으로 하는 조건부 기대치이다. 따라서 $X_t = {}_{t-1}X_t^e + u_t$이고 u_t는 예측치가 실제치에서 벗어나는 예측오차를 반영하고 있다.

예를 들면 거시경제학을 수강하는 50명의 학생들이 자신들이 갖고 있는 모든 이용가능한 정보를 이용하여 1달 후의 주식지수를 합리적인 방법으로 예측한다고 하자. 50명 각각이 예측한 주식지수의 평균치가 750이라 할 때 실제로 1달 후에 주식지수가 750이 된다는 것이다. 그러나 개개인은 예측오차가 발생한다. 어떤 사람은 760, 740 등으로 예측할 때 개개인의 예측오차는 존재하지만, 집단의 평균치 750은 실제치와 같아진다는 것이다.

합리적 기대가설이 거시경제학에 미친 영향은 실로 막대하여 합리적 기대혁명이라고 까지 한다. 전통적으로 믿어왔던 총수요관리정책의 기반이 합리적 기대가설로 치명적인 도전을 받아 정부의 **미세 조정정책(fine tuning policies)**의 근거가 크게 흔들리게 되었다. 그러나 합리적 기대가설이 이론적으로는 훌륭하지만 과연 현실적으로 그 적용이 가능하냐 하는 문제는 논란이 있다. 예를 들면 이용가능한 모든 정보를 수집하고 분석하는데 드는 비용이 그 편익보다 클 경우 경제인들이 자신들의 최적화 행위를 변경하겠느냐 하는 문제가 제기된다. 그리고 모형설정시 종종 가정하는 가정들의 현실성 문제이다. 이를테면 정책당국과 정보능력에 차이가 없다는 가정이라든가, 변수들의 확

률분포를 알고 정부의 반응함수도 안다는 가정, 그리고 모든 경제인들이 'true' 모형을 알고 있다는 가정도 지나치게 강한 가정들이다. 그러나 정보입수비용에 대한 논란은 최근 인터넷 등으로 정보가 신속하게 그리고 거의 공짜로 유통되기 때문에 논란의 소지가 줄어들 것으로 보인다. 디지털 경제 하에선 정보의 공유, 정보의 비대칭성 해소, 신속한 정보확산이 기대되기 때문에 합리적 기대모형은 더 설득력이 있을 것으로 기대된다.

요약정리

1. 실업률에는 노동시장에서 일정기간 동안에 경제활동인구 중에서 실업자가 차지하는 비율을 나타낸다. 특히 자연실업률(natural rate of unemployment)이란 노동시장의 동태적인 관점에서 일정기간 동안에 노동시장에 유입되는 신규노동력과 퇴출되는 노동력이 균형을 이룰 때의 실업률을 의미한다. 자연실업률에 영향을 미치는 주요한 요인으로는 이직률과 입직률이 있는데, 이직률이 클수록 그리고 입직률이 작을수록 자연실업률은 높아진다.

2. 경제가 자연산출수준(또는 잠재산출수준)을 이룬다고 하여 실업률이 0이 되는 것이 아님에 유의해야 한다. 노동시장은 끊임없이 새로운 노동에 대한 수요과 공급이 흐르는 유동적인 시장이므로 노동의 수급균형을 위한 탐색조정기간이 필요하다. 따라서 탐색기간 동안에는 일시적인 실업이 존재한다.

3. 정보통신기술혁신에 의한 노동시장의 영향은 일률적으로 말하기 어렵다. 기술충격은 새로운 고용기회를 창출하기도 하지만 기존의 일자리를 없애는 역할도 하므로 고용에 미치는 순효과를 예측하기 어렵다.

4. 인플레이션을 화폐적인 현상으로 파악하고 있는 화폐수량설에 따르면 인플레이션은 통화의 공급에 비례한다. 이때 화폐의 유통속도가 일정하다는 가정이 중요하다. 만일 유통속도가 일정치 않다면 화폐와 인플레이션과의 안정적인 관계는 보장되지 않는다. 최근에 금융혁신과 정보통신기술의 발달로 화폐의 유통속도는 예전보다는 상당히 불안정해지고 있는 것으로 알려져 있다.

5. 인플레이션과 명목이자율의 비례적인 관계를 피셔효과(Fisher effect)라고 한다. 이는 인플레이션이 예상되면 명목이자율도 상승할 것임을 예고한다는 정책적인 시사점을 제공해주고 있다.

6. 인플레이션과 실업률 간의 상충적인 관계(trade-off)를 설명하는 이론이 필립스곡선이론이다. 필립스곡선이 시사하는 바는 실업률과 인플레이션을 동시에 모두를 줄일 수는 없다는 정책적인 함의를 제공해주고 있다. 즉, 인플레이션율 1% 줄이는데는 실업률 상승이라는 희생(대가)이 따르고 그 비율을 희생률(sacrifice ratio)이라 한다.

7. 스태그플레이션을 겪으면서 안정적이라고 믿었던 필립스곡선은 나선형으로 이동하는 불안정성을 나타냈다. 이러한 필립스곡선의 이동을 설명하는데 매우 유용한 이론이 자연실업률가설이다. 프리드만과 펠프스는 기대인플레이션의 개념을

도입하여 자연실업률가설을 제시하였다. 자연실업율가설은 전통적인 필립스곡선 이론에 기대인플레이션의 영향을 첨가하여 인플레이션과 실업률 간에 수직적인 관계를 설명해주고 있다.

8. 자연실업률가설로도 설명하기 곤란한 현상들이 1970~1980년대 나타났는데 유럽을 중심으로 번진 고실업의 지속성 문제이다. 이러한 현상에 대해 이력가설이나 내부자-외부자 모형 등이 제시되고 있다. 그 밖에도 최근에 논쟁 중이긴 하지만 디지털경제효과에 의한 신경제현상도 필립스곡선의 이론으로 설명하기 어렵다.

연습문제

1. 다음과 같은 경제적 상황을 가정하자.
15세 이상인구 1,000만명, 경제활동인구수 800만명, 취업자 600만명, 실업자 400만명
1.1. 고용률은 얼마인가?
1.2. 비경제활동인구의 인구의 수는 얼마인가?
1.3. 현재 우리나라의 실업률과 고용률을 조사하고 OECD국가와 비교해보시오.

2. 다음은 취업자를 정의하고 있다. 이 기술 중에 틀린 내용을 바로 잡으시오.
"조사대상 주간에 수입목적으로 8시간 일한 사람, 주당 18시간 이상 일한 무급가족종사자 및 일시적인 병이나 연가, 교육, 노사분규 등으로 일하지 못한 일시휴직자를 포함한다."

3. 입직률이 45%이고 이직률이 5%라고 한다면, 자연실업률은 얼마인가?

4. 병목인플레이션(bottleneck inflation)의 의미는 무엇이고, 이러한 인플레이션을 막기 위한 정책을 기술하시오.

5. 현재는 완전고용상태이다. 이때 통화유통속도의 증가율이 2%이고, 통화량 증가율이 3%이라고 한다면 물가상승률은 얼마이겠는가?

6. 피셔가설에 의하면, 현재 명목이자율이 7%이고, 예상물가승률이 4%라고 한다면 실질이자율은 얼마인가?

7. IT산업의 발전이 물가하락 요인으로 작용하였다면, 그 경로를 설명하시오.

8. 급속한 IT산업의 발전으로 물가가 하락하고, 산출량이 증가하였다면 그러한 현상이 나타날 수 있는 총수요곡선과 총공급곡선을 이용하여 설명하시오.

9. 다음의 용어를 설명하시오.
9.1. 희생률(sacrifice ratio)
9.2. 화폐환상
9.3. 자연실업률 가설
9.4. 장기필립스 곡선
9.5. 이력현상
9.6. 내부자-외부자 모형

10. 오쿤의 법칙이란 무엇인가? 이를 이용하여 인플레이션과 실업률의 관계를 도출해보시오.

11. 프리드만의 자연실업률가설에서 만일, 경제주체들이 화폐환상(money illusion)에 빠진다면 어떻게 달라질까?

12. 최근 국제유가가 배럴당 100달러에 육박하고 있다. 이러한 외적 충격으로 인해 국민경제는 영향을 받고 있다. 이에 대한 다음의 문제에 답하시오.

12.1. 인플레이션 요인에 대하여 간략히 설명한 후, 상기의 경우 어떠한 메카니즘을 통해서 국내인플레이션에 영향을 미치는가?

12.2. 이러한 경제환경 변화가 생산에 미치는 효과를 $AD-AS$모형으로 설명하시오

12.3. 위 문제와 같은 상황에서 정부의 대응책은 무엇일까? 전통적 경제안정화정책과 합리적 기대이론을 고려할 경우 결과는 어떻게 달라질까? 또한 소득정책과도 비교 설명하시오?

제 V 편

거시경제학의 미시경제적 기초

제 11 장 소 비

제1절 소비의 중요성 : 재평가

1.1 내수의 중추적인 역할로서의 소비

전통적으로 거시경제학자들은 소비함수에 많은 관심을 기울여 왔다. 우선 소비는 총수요에서 가장 큰 비중을 차지하는 가장 커다란 구성요소이다. 아래 [그림 11-1]에 의하면 우리나라의 경우는 소비/GDP 비중이 50%대에 머물고 있는데 반해 OECD 국가들은 60%대에 이르고 있는 것으로 나타났다. 미국은 가계소비지출 비중이 금융위기 전 수준을 상회하는 내수회복세를 보이고 있지만, 우리나라는 50% 수준에서 정체되고 있다. 우리나라는 상대적으로 미국에 비하여 수출주도 경제임을 나타내고 있다. 또한 소비비중이 낮은 이유로는 소비의 원천인 낮은 가계소득에 기인할 것이다. 특히 2008년 미국의 금융위기 이후 내수시장의 중요성이 부각되고 있는데, 내수시장의 중요한 원천이 가계부문이다. 경기침체 후 경기회복의 관건은 내수시장의 회복이고 그 중심에는 가계부문의 소비회복이 중요하다. 이에 따라 소비에 대한 거시경제정책의 파급효과는 빼놓을 수 없는 중요한 분석대상이 되어 왔다.

[그림 11-1]에서 보는 바와 같이 우리나라의 소비는 영국이나 일본에 비하여 낮은 편인데, 이는 내수의 비중이 낮다는 것을 의미한다. 내수와 해외부문의 조화로운 발전이 바람직한데, 우리나라는 상대적으로 수출의 비중이 높고 내수의 비중은 낮다. 이런 추세는 〈표 11-1〉를 통하여 확인하기 바란다. 또한 최근 2008년 금융위기 이후로 소비의 증가율이 경제성장률 보다 낮게 나타나고 있는데, 이는 경기둔화의 요인이 되기도 한다.

[그림 11-1] 주요국가의 민간소비지출 대비 GDP(%)

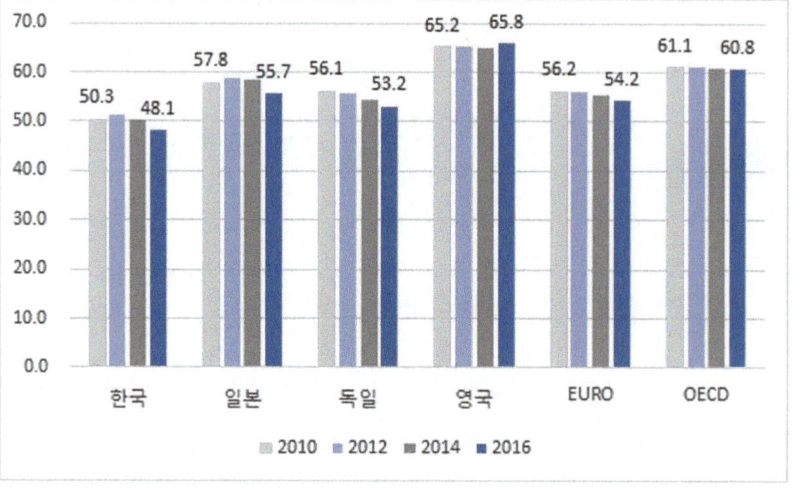

주: 최신자료에 대한 통계가 일본과 미국은 2016년 자료이고 나머지 국가들은 2017년 데이터 임.
자료: OECD, *National Accounts at a Glance 2017.*

| 표 11-1 | 한국의 소비변동

(단위: %)

	'91~'97	'98~'00	'00~'07	'08~'10	'11~'17
가계소비증가율	7.1	2.2	4.6	1.9	2.2
민간소비/ GDP	51.1	51.9	53.3	51.5	50.0
경제성장률	7.3	3.7	4.5	3.2	3.0

자료: 한국은행, 『조사통계월보』 및 OECD 통계 활용

또한 소비는 *GDP*에 비하여 변동률이 작게 나타나는 특징을 갖고 있다. 이러한 소비의 안정적 변화는 새로운 소비이론을 발전시키는 데에 중요한 역할을 담당하였다. 경제가 경기순환과정에서 호황과 침체를 겪는 것처럼 소비 역시 증가와 감소를 반복한다. 그러나 실질*GDP*와 실질소비의 변화율을 장기시계열자료로 분석해 보면 소비의 변동률이 *GDP*의 변동률보다 작게 나타난다(〈표 11-1〉 참조할 것). 그렇다면 왜 *GDP*에 비하여 소비의 변동폭이 더 작을까? 이 질문에 대한 부분적인 답은 가처분소득의 행태에서 비롯된다.

케인즈의 **절대소득가설**에 의하면 소비는 가처분소득에 의하여 결정된다. 따라서 가처분소득의 변동폭이 *GDP*의 변동폭보다 작다면 소비의 변동폭도 *GDP*의 변동폭보다 작

아질 수밖에 없다. 실제로 가처분소득의 변동폭은 *GDP*의 변동폭보다 더 작다. 예를 들어, 경기가 침체국면이면 세금은 줄고 실업수당이 늘어나면서 가처분소득은 *GDP*보다 덜 감소하게 되는 것이다.[1] 하지만 가처분소득의 변동폭이 *GDP*의 변동폭보다 더 작다는 사실이 소비의 안정적 변화를 완전히 설명하지는 못한다. 특히 급격한 경기변동에 따라 나타나는 가처분소득의 커다란 변화에 대하여 여전히 소비의 변동폭은 훨씬 더 작기 때문이다.

우선 우리는 실증적 차원에서 케인즈의 소비이론인 **절대소득가설**의 문제점을 지적하고 새로운 형태의 소비함수들을 조명해 볼 것이다.

》 소비와 소득 간의 괴리[2]

전통적인 소비함수에 따르면 소득증가는 소비증가로 이어진다. 그런데 최근 이런 소득-소비 간의 상관관계가 떨어지는 조짐을 보이고 있다. 한국은행(2015.8)에 따르면 가계소득과 소비 간의 상관관계가 금융위기 이전 0.7~0.8에서 금융위기 이후에는 0.4로 급락하고 있음을 보여준다. 이런 상황이 지속될 경우 가계소득이 소비로 파급되는 '소비-성장'의 선순환을 기대하기 어렵다. 최근 정부는 내수진작을 통한 국내경기 부양을 기대하고 있는데, 소비-성장 간의 연관관계가 약화되면 정책효과도 반감될 수 있다. 특히 이런 조짐은 금융위기(2008년) 이후에 두드러진 현상으로 파악되고 있다. 아래 표에서 보는 바와 같이 금융위기를 전후로 실질GNI증가율은 큰 변화가 없는데 가계소비 증가율은 현격하게 둔화되고 있음을 알 수 있다(<표 11-2> 참조).

| 표 11-2 | 가계소비 및 국민총생산(GNI) 증가율 추이

연 도	2000-2007	2008-2010	2011-2017
실질 GNI 증가율	4.5	3.2	3.9
가계소비 증가율	4.6	1.9	2.2

주: 실질GNI는 2011~2016년도 까지임.

소득-소비 간의 관계가 약화된 배경으로 가계부채 증가, 임차주거비 증가 등으로 소비여력이 줄어들어든 것이 주요 요인 중의 하나로 꼽힌다. 또한 세계적인 경기침체로 미래의 불확실성이 높아져 현재의 소비를 줄이고 저축을 늘리려는 성향도 작용한 듯하다. 고령화로 인한 인구구조 변화도 소비성향에 영향을 끼쳐 소비감소를 촉진한 것으로 추정된다. 마지막으로 소득양극화도 소비부진에 기여를 한 것으로 추정된다. 소비성향이 높은 저소득층(취약계층)의 소득부진이 두드러지게 나타나고 있는데, 이들의 소비둔화가 작용한 듯하다.

---

1) 실업수당과 같은 이전금액 및 세금의 변화는 가처분소득의 안정성을 제고하기 때문에 종종 **자동안정장치**(automatic stabilizers)라고 불린다.

2) 이홍직 · 최지원, "글로벌 금융위기 이후 가계소비 부진 배경분석", 『조사통계월보』, 2015.8을 참조하여 정리한 것임.

1.2 소비와 이자율의 관계

소비에 미치는 요인으로는 우선 소득을 들 수 있다. 소득변화 외에도 소비에 영향을 끼칠 수 있는 변수는 이자율이다. 실질이자율 상승은 소비자들로 하여금 더 많은 미래소비를 위해 현재의 소비를 줄이도록 하는 유인을 제공한다. 다시 말해서 실질이자율은 현재소비와 미래소비의 상대가격에 영향을 주는 요인으로 작용한다.

실질이자율이 상승하면 미래소비의 상대가격은 낮아지고 현재소비의 상대가격은 올라간다. 그 이유는 같은 돈으로 현재보다 미래에 더 많은 상품을 살 수 있기 때문이다.[3] 이에 따라 실질이자율의 상승은 현재소비를 줄이고 미래소비를 늘리는 결과를 초래할 수 있다. 현재소비가 줄어든다는 것은 물론 저축의 증가를 의미한다. 즉, 소비는 실질이자율과 역의 관계에 있고 저축은 실질이자율과 정(+)의 관계에 있다. 우리는 이러한 관계를 **대체효과(substitution effect)**라고 부른다.

하지만 이자율의 변화가 대체효과만을 초래한 것은 아니다. 실질이자율의 변화는 소득의 변화를 가져온다. 예를 들어, 만약에 이자율이 상승하면 이미 축적된 재산에 대한 이자수입이 증가한다. 이러한 이유로 이자율의 상승에 따라 소비는 늘어날 수 있다. 우리는 이를 **소득효과(income effect)**라고 부른다. 실질이자율의 상승은 현재의 소비를 줄이기도(대체효과) 하지만 다른 한편으로는 현재의 소비를 증대시키는(소득효과) 상호 반대방향으로 영향을 끼쳐 대체효과와 소득효과의 상대적인 크기에 따라 달라진다. 이자율 변화가 현재의 소비 또는 저축에 어떠한 영향을 미치는지 이론적으로는 분명하지 않다. 그렇다면 실증적으로는 어떠한가? 실증분석 결과 많은 연구결과들을 종합해 보면 소득효과보다는 대체효과가 크다고 믿는다. 따라서 실질이자율은 현재의 소비를 감소시키고 저축(미래의 소비)를 증대시키는 것으로 간주한다.

이런 관계를 간단한 수식과 그림을 이용하여 설명해보자. 소비자는 두 기간에 걸쳐 소비를 선택할 수 있다고 하자. 현재의 소비량과 미래의 소비규모를 결정하는데 있어서 이자율이 중요한 상대가격의 역할을 담당한다. 소비자는 두 기간에 걸친 예산제약 조건식에서 소비를 결정한다.

$$C_1 + \frac{C_2}{1+r} = Y_1 + \frac{Y_2}{1+r} \tag{11.1}$$

---

3) 돈의 시간가치(time value of money)라는 개념을 생각해 보라. 현재 명목금리가 10%이고 향후 1년간 기대인플레이션이 5%라면 실질이자율은 5%가 된다. 따라서 오늘의 1만원의 가치가 내년에는 1만 5백원이 된다. 즉, 어떤 상품 20개를 살 수 있었던 현재의 1만원으로 우리는 내년에 같은 상품을 21개 구입할 수 있다.

하첨자 '1'과 '2'는 각각 제1기 및 제2기에 소비와 소득수준을 나타낸다. 두 기간에 걸쳐 다 소비한다는 가정이다. 소비자의 효용을 극대화시키는 소비는 이 예산선과 소비자의 선호를 나타내는 무차별곡선과 접하는 곳에서 소비가 결정될 것이다. 소비자는 제1기의 소비와 제2기의 소비 사이에서 얼마큼 소비할 것인가는 개인의 소비선호에 달려 있다. 두 기간 간의 효용함수는

$$U(C_1, C_2) = U(C_1) + \frac{1}{1+\rho} U(C_2) \tag{11.2}$$

라고 하자. U는 개인의 효용함수이며, 두 기간에 시점의 차이가 존재하므로 효용을 일정하게 유지시켜 줄 할인율(ρ)이 필요하다. 식 (11.2)에서 할인율이 클수록, 제2기의 소비에 대한 현재가치가 작아지는데 이는 현재의 소비를 더 중시하게 된다는 것을 시사한다. 반대로 할인율이 작아질수록 미래의 소비를 중시하는 경향을 나타낸다. 극단적으로 할인율이 0에 수렴할 경우에는 현재의 소비와 미래의 소비 간에 선호의 차이가 없게 된다. 할인율이 무한대라면 미래의 소비는 없고 오직 현재의 소비만 존재하게 된다. 이런 사례는 불확실성이 커지면 미래의 소비를 줄이고 현재의 소비를 증대시키려 한다. 미래의 불확실성이 클수록 할인율도 그만큼 증대한다.

식 (11.1)과 (11.2)를 함께 그림으로 나타낸 것이 [그림 11-2]이다. 소비자의 균형은 'a'점에서 이루어진다. 효용을 나타내는 무차별곡선의 기울기는 현재의 소비 1단위를 증가시키기 위하여 미래의 소비 몇 단위를 포기해야 하는가를 반영한다. 이 기울기가 한계대체율(MRS, marginal rate of substitution)이라고 하는데, 이것이 예산선의 기울기 [$-(1+r)$]과 같아야 한다. 따라서 점 a에서는 한계대체율과 예산선의 기울기가 같아져 $MRS = MU(C_1)/MU(C_2) = 1+r$이 된다. 즉, $MU(C_1) = (1+r)MU(C_2)$이 된다. 이때 만일 이자율이 r_0에서 r_1으로 상승하는 경우 예산선의 기울기가 가파르게 변하여 무차별곡선의 b점에서 새로운 균형을 이룬다. 점 b는 현재의 소비(C_1)는 줄어들고 미래의 소비(C_2)는 증가하는 것으로 나타나고 있다. 이 경우는 상대적으로 비싸진 현재의 소비를 줄이고 저렴해진 미래의 소비를 늘리는 대체효과가 소득효과보다 크다고 상정한 경우다. 직관적으로 가격선의 기울기가 가파르게 변한다는 것은 X축의 재화(C_1)이 상대적으로 비싸진 것을 의미하므로 오늘의 소비를 줄이고 미래의 소비(C_2)를 증대시킨다.

[그림 11-2] 이자율과 소비의 관계

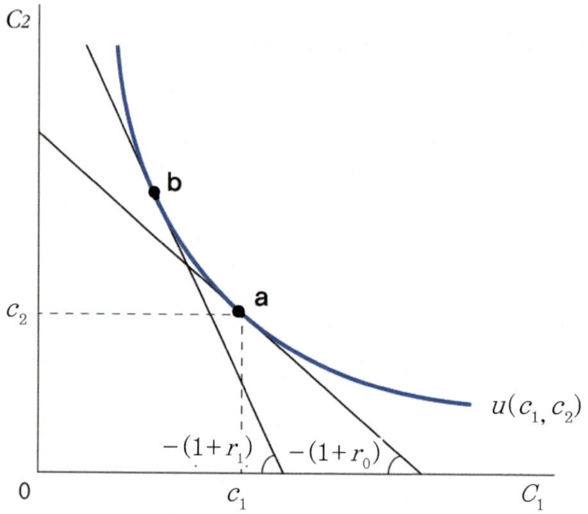

$r_1 > r_0$인 경우

제2절 케인즈 소비함수와 소비이론 논쟁

케인즈의 소비함수는 현재의 소비는 현재의 **가처분소득**(Y_d)의 함수로 알려졌다. 제3장에서 이미 살펴본 바와 같이 $C_t = a + bY_d$으로 표현된다. 소비는 가처분소득의 크기에 따라서 비례하는 것으로 나타난다. 즉, 한계소비성향(b)의 크기와 가처분 소득의 크기에 의해서 결정된다. 그리고 현재의 소비는 현재의 가처분소득에 의하여 결정된다고 보았다.

제2차 세계대전 후에 세계경제는 다시 불황에 직면하게 될지도 모른다는 불안감이 있었다. 그 근거가 케인즈의 소비이론에 있다. 케인즈의 소비이론에 따르면, 내수의 크기를 결정하는 소비는 가처분소득의 함수인데 제2차 세계대전으로 세계는 가처분소득이 줄어들었다. 이것이 경기침체를 가져올 것이라고 생각했는데, 결과적으로 세계경제는 전후에 호황을 누리게 된다. 그리고 많은 사람들은 할부구매나 외상구매를 한다. 특히 가전제품, 자동차 등 내구재는 대부분 할부구매를 한다. 이는 현재의 소비는 현재의 가처분소득에 의존한다는 이론으로 명쾌하게 설명하기 곤란하다.

또한 쿠즈네츠(S. Kuznets)에 의한 연구결과는 케인즈의 소비이론과는 다른 각도에서 해석되었다. 쿠즈네츠는 미국의 장기간 시계열자료(1869~1929)를 조사한 결과 평균소비성향(APC)이 장기간에 걸쳐 안정적이란 사실을 발표하였다. 이 기간 동안 소득은 비약적으로 증가하였지만 평균소비성향은 하락하지 않았다. 그러나 케인즈의 소비함수에 따르면, 소득이 증가할수록 평균소비성향은 감소한다. 쿠즈네츠의 시계열 분석과 케인즈의 소비이론 간에 부조화가 생긴 것이다. 가계조사(cross-section)와 시계열조사(time series)에 의하면 평균소비성향이 다른데 이를 어떻게 조화롭게 설명하느냐 하는 문제에 직면하게 되었다. 장기적인 시계열의 관점에서 평균소비성향은 일정한데 반해, 횡단면 자료를 이용한 분석에선 소득이 증대됨에 따라 평균소비성향이 감소하는 경향을 나타내는데, 이를 통합하여 설명할 수 있는 이론체계가 필요케 되었다.

또한 소비와 가처분소득 간의 관계를 단순히 1차 함수로 표현한 케인즈의 소비이론은 소비의 안정적 변화를 설명할 수 없다는 문제점을 안고 있다. 소비가 가처분소득과 비교하여 변동률이 작다는 사실은 가처분소득 변화에 대한 소비의 반응이 단기적으로 부분적이라는 것을 의미한다. 이러한 부분적 반응은 [그림 11-3]에 나타나 있는 것처럼 장기 한계소비성향과 단기 한계소비성향의 개념을 이용하여 설명될 수 있다.

[그림 11-3] 장 · 단기 한계소비성향

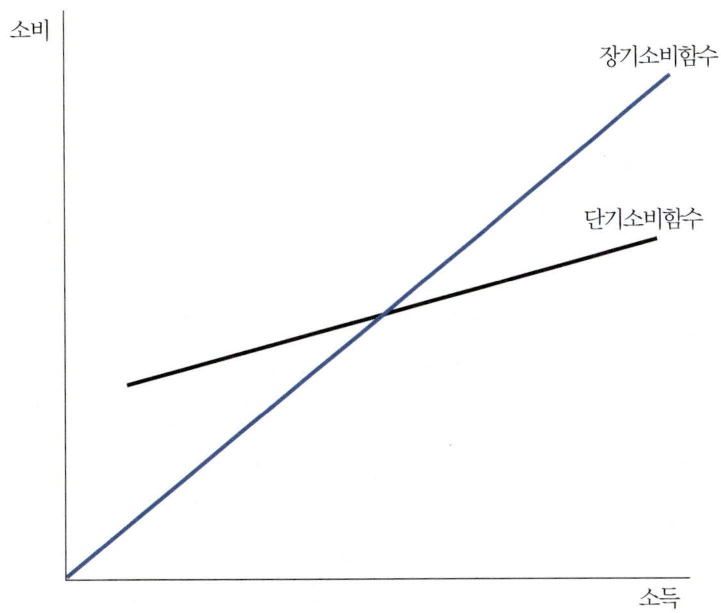

장기 한계소비성향은 장기소비함수의 기울기로써 가처분소득이 상승하면 장기적으로 전체 소비가 어느 정도 증가하는가를 보여준다. 반면에 단기소비성향은 가처분소득의 상승에 대한 소비의 단기적 반응을 나타낸다. [그림 11-3]은 장기소비성향이 단기소비성향보다 크다는 실증적 사실을 보여주고 있다. 일반적으로 장기 한계소비성향이 단기 한계소비성향보다 높은 것으로 알려져 있다($MPC^L > MPC^S$). 장기적인 계획을 갖고 소비하는 경우는 소비의 계획도 함께 갖고 있어 증대된 소득은 대부분 계획하고 있던 곳에 소비되는 경향이 있다. 단기에 계획되지 않은 소득이 증대된 경우에는 소비의 계획도 갖고 있지 않으므로 미래의 소비를 위하여 현재의 소비를 유보할 것이다. 이러한 현상을 보다 설득력 있게 설명하기 위하여서는 소득의 개념도 미래의 예상되어지는 소득까지 함께 고려해야 할 것이다. 다시 말해서 소득변화로 인한 소비의 변화는 몇 년에 걸쳐 분산되어 나타남에 따라 소비의 변동률은 가처분소득의 변동률에 비하여 작게 된다 .

케인즈의 소비이론은 단기 한계소비성향이 장기 한계소비성향보다 작다는 실증적 사실을 잘 설명하지 못하고 있다. 이 이론에 따르면 현재의 소비는 단지 현재의 가처분소득에 의해 결정되기 때문에 한계소비성향은 장/단기에 관계없이 비슷하게 나타나야 한다. 그러나 많은 실증분석결과들은 장기 한계소비성향이 단기 한계소비성향보다 훨씬 더 클 뿐만 아니라 1에 가깝다고 밝히고 있다. 따라서 장기 시계열자료를 이용하여 가처분소득과 소비 간의 단순한 관계로 도출된 장기 한계소비성향은 1에 가까운 높은 값을 지니게 된다. 케인즈의 소비이론과 최근의 소비이론 간에 쟁점이 되어 왔던 것은 한계소비성향의 크기에 대한 상반된 견해였다. 한계소비성향의 크기는 거시정책의 파급효과와 밀접하게 연관되어 있다. 한계소비성향이 높다면 승수효과가 커져 정책변화의 파급효과는 확대되기 때문이다. 다음 절에서 소개될 발전된 형태의 소비함수들은 케인즈 소비함수의 문제점을 이론적으로 보완하고 있다.

상기에서 살펴본 바와 같이 장기 소비함수와 단기 소비함수 간에 부조화를 해결하기 위한 노력이 여러 가지의 소비함수 이론을 낳게 하였다. 소비는 소득, 자산(부), 이자율 등 여러 요인에 의하여 영향을 받지만, 가장 중요한 변수로 소득을 꼽고 있다. 그런데 소득을 어떻게 인식하느냐에 따라 여러 가지 소비이론이 제시되고 있다. 케인즈는 현재의 소비는 현재의 소득수준에 의하여 결정된다고 하여 **절대소득가설(absolute income hypothesis)**을 제기하였다.

반면에 프리드만(M. Friedman)은 소비는 미래의 소득까지 포함된 일종의 예상소득인 항상소득에 의하여 결정된다고 보았다. 많은 사람들은 소비를 할 때(특히 내구재 소비) 현재의 소득수준을 넘는 고가품을 구입한다. 또한 할부구매시에는 미래소득의 흐름을 예상하여 소비한다. 미래의 평균예상소득을 프리드만은 **항상소득(恒常所得 혹은 permanent income)**이라 하였으며, 소비는 미래소득까지 반영된 예상소득(또는 기대소득)에 의하여 결정된다고 보았다. 이와 유사한 이론을 제시한 안도-모딜리아니의 **생애주기가설(life-cylce hypothesis)**도 있다. 생애소득도 일종의 기대소득 또는 예상소득이다. 일생동안 벌어들일 것으로 추정되는 기대소득이며, 소비 역시 기대소득에 의하여 결정된다는 것이다.[4)]

제3절 미래지향적 소비이론

오늘날 학계에서 가장 널리 인정받고 있는 소비이론들은 **항상소득가설(permanent income theory)**과 **생애주기이론(life-cycle theory)**이다.[5)] 이 두 이론들은 모두 미래지향적(forward-looking) 의사결정을 중시한다는 점에서 상호 밀접하게 연관되어 있다. 생애주기이론은 붙여진 명칭이 시사하는 대로 "주어진 소득변화에 대하여 소비자들이 일생에 걸쳐 어떻게 소비지출을 결정하는가?"라는 선택문제를 강조한다. 반면에 항상소득가설은 소득을 **항상소득(permanent income)**과 **일시소득(transitory income)**으로 구분하여 소득의 성격에 따라 소비자들의 소비행태가 어떻게 달라지는가를 규명한다. 비록 두 이론들은 이론의 전개방법에서 약간의 차이를 보여주지만 미래지향적 의사결정과정을 중시한다는 기본적인 시각은 서로 같다.

3.1 생애주기 이론

케인즈의 소비이론처럼 생애주기이론도 경제주체들의 소비는 가처분소득을 바탕으로 결정된다고 가정한다. 그러나 절대소득가설과는 대조적으로 생애주기이론은 현재의 소비가 현재의 가처분소득에 의해서 결정된다고 보지 않는다. 대신에 소비자들은 현재의 가처분소득뿐만 아니라 미래의 근로소득, 미래의 자산소득 및 미래의 세금변화 등을 감

---

4) 듀젠베리(Duesenberry)에 의한 상대소득가설(relative income hypothesis)도 있다. 개인의 현재의 소득을 과거 자신의 최고치의 소득과의 상대적인 크기 및 다른 사람의 상대적인 소득에 의하여 영향을 받는다는 것이다. 인간의 심리적인 요인을 많이 반영한 것으로, 경제학에선 합리적인 경제인을 가정한다는 가정과 부합되지 않아 경제학자들은 큰 관심을 보이지 않고 있다.

5) 항상소득가설은 프리드만(Friedman)의 저서, 『*A Theory of the Consumption Function*(1957)』에서 소개되었고 생애주기이론은 비슷한 시기에 안도(Ando)와 모딜리아니(Modigliani)에 의해 발전되었다.

안한 미래의 가처분소득까지 고려한다. 이러한 일생에 걸친 평생소득을 바탕으로 소비자들은 효용을 극대화시킬 수 있는 최적의 현재와 미래의 소비를 결정한다. 따라서 현재의 소비에 대한 의사결정은 마치 인생계획에 의거한 결과인 셈이다.

그런데 사람에 따라 인생계획이 다를 수 있다. 어떤 사람은 노후를 전혀 고려하지 않고 젊었을 때에 미래소득을 담보로 돈을 빌려 너무 많이 소비할 수도 있고 또 다른 사람들은 젊었을 때에 상당히 절약하면서 소비하여 아주 풍요로운 노후를 설계할 수 있다. 그러나 대부분의 사람들은 안정적인 소비를 유지할 수 있는 인생을 선호한다. 생애주기이론은 대부분의 사람들이 급격한 변화를 갖는 소비행태보다 일생에 걸쳐 상당히 안정적인 소비행태를 선호한다는 것을 가정하고 있다. 이러한 가정의 가장 간단한 형태는 사람들이 매년 같은 양의 소비를 한다는 것이다.

[그림 11-4]는 보통 사람들의 전형적인 소득의 흐름과 이에 의거한 안정적인 소비행태를 보여주고 있다. 근로소득은 65세의 정년까지 점진적으로 증가하지만 정년퇴직 이후부터 평균수명 90세에 이를 때까지 근로소득은 0이 된다. 이러한 평생소득의 추세를 바탕으로 소비자들은 안정적으로 일정한 수준의 소비지출을 유지한다. [그림 11-4]를

[그림 11-4] 평생소득과 안정적 소비의 예

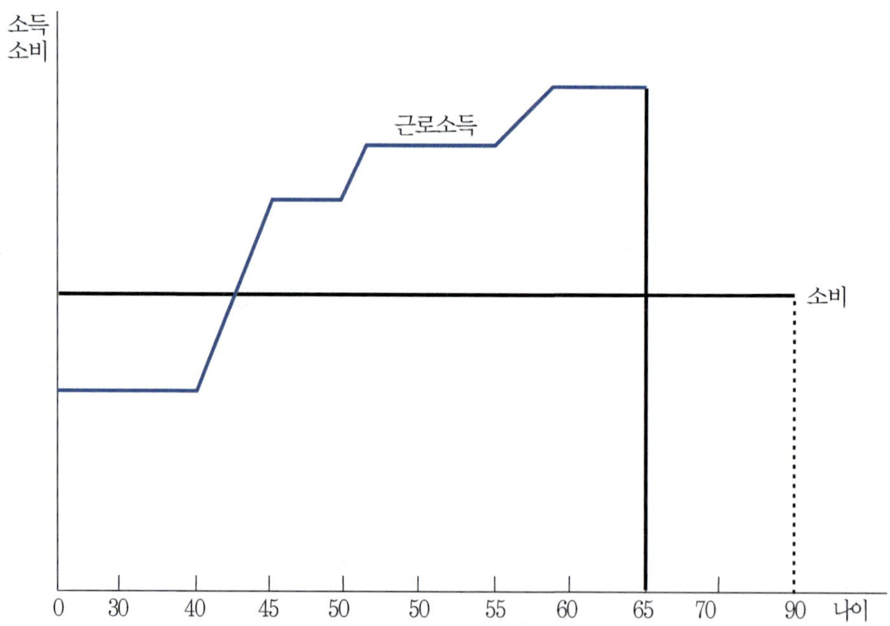

참조하면 30대 후반 이전에는 약간의 빚을 지게 되고 그 이후에는 소득이 소비보다 많아 저축이 쌓이게 된다. 이렇게 축적된 저축은 젊은 시절의 빚을 갚는데 쓰이고 정년 이후의 소비를 충당하게 되는 것이다.

》장년층의 순저축률이 낮은 이유?

우리나라는 2010년에 통계청, 한국은행 및 금융감독원이 합동으로 1만 가구를 표본으로 하여 가계금융 실태조사를 하였다.[6] 조사결과 소비와 관련하여 몇 가지 흥미로운 사실이 있어 소개한다. 첫째, 소득이 높을수록 저축액 비중도 높았다. 5분위[7] 소득의 저축비중 16.6%, 1분위 소득의 경우 9.8%로 나타났다. 이는 케인즈의 소비함수를 반영하고 있다. 고소득층의 평균소비성향이 낮고(평균저축성향이 높음을 의미) 저소득층의 평균소비성향이 높다는 것을 확인시켜주었다. 둘째, 자산은 50대 가구주가 가장 많은 약 3억5천만원이고 그 다음이 60대로 약 2억9천만원 이었다. 이는 안도-모딜리아니의 가설과도 부합된다. 즉 장년층의 소득이 청년층이나 노년층보다 높다는 가설을 뒷받침하고 있다. 셋째, 50대인 장년층이 소득도 가장 높았지만 부채(dis-saving)도 가장 높게 나타났다. 연령별 부채규모를 살펴보면, 30대 미만의 평균부채 1,920만원, 30대의 평균부채 5,632만원, 40대 7,513만원, 50대 8,806만원 60세 이상 7,613만원으로 나타났다. 50대 장년층이 가장 부채가 많고 그 다음이 60세 이상 및 40대 인 것으로 나타났다. 평균 금융 자산부채 비율(금융부채/금융자산)을 연령별로 살펴보면 30세 미만 0.37, 30대 0.68, 40대 0.72, 50대 0.88, 60세 이상 0.82로 역시 50대 장년층의 평균 자산부채 비율이나 절대부채액에서 가장 높았다. 이는 우리나라의 현실을 잘 반영하고 있다. 취직하여 결혼하고 30~40대에는 주택구입을 위한 금융기관 대출로 부채가 증가하기 시작하여, 50대에 이르면 자녀교육비 및 혼인 등의 비용으로 부채액 및 자산부채 비율이 정점을 이루는 것을 시사한다.

생애주기가설에 따르면, 장년층의 저축액이 가장 높고 저축률도 높다. 노후의 소비를 위해 장년기에 저축을 높인다는 것이 핵심이다. 그리하여 일생동안 적절한 수준의 소비를 유지하려는 **소비의 평준화**(consumption smoothing)를 꾀한다는 것이다. 그런데 상기의 가계금융조사에 의하면 장년층은 저축을 할 수 없는 구조다. 일생 중에 가장 높은 부채를 짊어지고 있어 저축률이 낮다. 서구사회와는 달리 현 세대의 부모들은 자녀들의 양육비용(교육비용, 혼인 및 주택구입 비용까지 일부 부담하는 경향)으로 소비의 평준화를 꾀하기 힘들다. 서구사회는 성인자녀들의 경제문제는 자녀들의 몫으로 스스로 해결하게 한다. 아직 우리나라의 부모들은 자녀들의 경제문제를 자신의 문제라고 인식한다. 더 큰 문제는 현 부모세대들은 장년기에 자신의 노후준비를 못해(자녀 교육비와 혼인비용 등으로) 노년기에 소비를 할 수 없는 곤경의 세대라는 것이다.

우리는 간단한 예를 통하여 생애주기이론의 의미와 시사점을 더욱 쉽게 이해할 수 있

6) 통계청, "2010년 가계금융조사 결과," 보도자료, 2010.12.30 참조.
7) 상위 20%의 고소득층을 5분위 소득이라 하고, 하위 20%의 저소득층을 1분위 소득이라 함.

다. 나이 25세가 되어 직장생활을 시작한 평범한 사람을 한번 생각해 보자. 만약 그 사람이 65세까지 일하고 연간노동소득(YY)이 3,000만원이라면 평생총소득은 연간 노동소득과 직장 생활기간($WL = 65 - 25 = 40$)을 곱하여 12억원(3,000만*40)이 된다.[8] 그런데 이 사람의 수명이 75세이라면 남은 인생 50년 동안 일정한 수준의 소비가 유지된다면 연간 평균소비는 2400만원(12억원/50)이 될 것이다. 이를 일반화시키면 다음과 같은 수식이 만들어진다.

$$C = (WL/NL) * YY \tag{11.3}$$

위 식에서 NL은 남은 인생의 기간을 의미한다. 그러면 이러한 소비함수에서 소득의 성격에 따라 한계소비성향의 값이 어떻게 달라질 수 있는가에 대하여 살펴보자. 우선 연간소득이 영구적으로 300만원 인상되었다면 평생총소득은 1억 2,000만원(300만*40년) 만큼 늘어나고 이에 따라 연간소비의 증가는 240만원(1억 2,000만/50년)이 될 것이다. 바꾸어 말하면, 평생 생애소득 연평균의 한계소비성향은 0.8(240/300)이 된다.

이와는 대조적으로 300만원의 소득증가가 올해에만 국한된다고 생각해 보자. 이러한 경우에는 평생총소득 증가분 300만원이 50년에 걸쳐 나누어지게 되어 연간소비는 6만원(300만*1/50)의 증가에 그친다. 따라서 임시소득(transitory income)의 한계소비성향은 0.02(6/300)가 된다. 비록 우리가 살펴본 예는 생애주기이론을 단순화시킨 모형에 불과하지만 다음과 같은 시사점을 제공하고 있다. 그것은 바로 영구소득의 한계소비성향은 높지만 일시소득의 한계소비성향은 매우 낮다는 사실이다.

이러한 생애주기이론의 시사점은 케인즈 소비이론이 설명하지 못하는 소비의 안정적 변화를 설명할 수 있다. 앞서 밝혔듯이, 절대소득가설은 단기 한계소비성향이 장기 한계소비성향보다 작다는 실증적 사실을 설명하지 못한다. 즉, 단기 소득변화에 대한 소비의 변동이 장기 소득변화에 대한 소비변동 보다 작게 나타난다. 예를 들어, 만약 소비자들이 경기침체로 인한 소득의 감소를 일시적인 것으로 생각한다면, 소비의 감소는 많지 않게 된다. 마찬가지로 소비자들은 경기호황시에도 소비를 대폭 늘리지 않을 것이다.

생애주기이론의 또 다른 시사점은 자산가격의 변화에 대한 소비의 반응에서 찾을 수 있다. 생애주기이론은 자산가격 변화에 대한 한계소비성향이 일시소득의 한계소비성향과 같이 아주 낮을 것으로 판단한다. 그 이유는 간단하다. 일시소득과 마찬가지로 자산가격변화로 인한 재산증가분이 남은 인생기간에 골고루 나누어 소비되기 때문이다. 그러나 재산의 한계소비성향은 작아도 자산가격변화에 대한 소비의 절대증가액은 클 수

8) 우리는 논리전개의 편의상 여기서 저축에 대한 이자(자산소득) 및 세금의 효과를 완전히 무시하고 있다.

있다. 예를 들어, 주식시장의 활황은 소비를 대폭 증가시킬 수 있다. 소득의 변화에 비하여 주식시장의 가치변화는 상대적으로 더 클 수 있기 때문에 자산가격변화에 대한 한계소비성향이 작아도 전체소비는 크게 늘어날 수 있는 것이다.

안도(Ando)와 **모딜리아니(Modigliani)**는 생애주기이론의 실증분석을 위하여 소비가 현재소득과 자산의 가치에 의해 결정되도록 소비함수를 설정하였다.[9] 따라서 그들의 소비함수는 현재소득의 변화가 영구적인 소득변화를 표시하는 것으로 되어 있다. 즉, 현재의 소득이 모든 미래의 소득을 대표하고 있는 것이다. 그들의 선형회귀분석은 다음과 같은 형태를 취하고 있다.

$$C = b_1 Y_d + b_2 A \tag{11.4}$$

위 식에서 Y_d는 가처분소득, A는 자산의 가치를 각각 나타낸다. 그리고 b_1과 b_2는 상수이다. 식 (11.4)는 절대소득가설과 비교하여 소비의 결정요인으로 가처분소득 외에 자산변수를 포함하고 있다. 생애주기이론의 시사점을 입증하기 위해서는 미래소득을 나타내는 현재소득의 한계소비성향(b_1)은 높고 일시소득을 나타내는 자산가격 변화에 대한 한계소비성향(b_2)은 낮아야만 한다. 그들의 실증분석결과에 의하면 b_1의 값이 0.7, 그리고 b_2의 값이 0.06으로 나타나 생애주기이론은 현실적인 설득력을 지닌 것으로 판명되었다.

》 시사 : 자산소득변동이 소비에 미치는 효과

일반적으로 사람들은 주식시장이나 부동산시장이 호황국면일 때 소비도 증가하는 것으로 믿고 있다. 자산시장이 호황국면이면 사람들은 해외여행도 전보다 더 다니고 주택도 큰 평수로 늘리고 자동차도 새 모델로 바꾸려 한다. 주식가격이 상승했으니 그만큼 자산소득이 증가하여 소비도 증가하는 것으로 이해되었다. 생애소득 가설 모형에서 살펴본 바와 같이 자산가치는 소비에 크지는 않지만 영향을 미치는 것으로 분석되었다. 자산가격의 변동과 소비변동에 관한 많은 실증분석 연구가 뒤 따랐다.

한국은행의 한 연구에 따르면[10], 자산가격 상승 및 가계자산 구성의 변화가 소비에 어떤 영향을 끼치는가에 대하여 실증분석을 하였다. 미국의 경우 주식자산의 소비에 대한 한계소비성향이 0.03~0.07 정도로 추정되고 있다. 그린스팬(Greenspan)은 이를 기초로 할 때 주식자산 가치가 1달러 올라갈 때 소비는 약 3~4 % 증가하여 소비가 증가하고 저축이 감소하는 현상은 자산효과와 긴밀한 관계가 있음을 지적하였다. 미국의 FRB모형도 주식가격이 1달러 상승하면 소비는 3.5센트 증가하는 것으로 추정되었으며, 다른 연구에서도 3~10 센트 증가하는 것으로 추정되었다. 한편 미국의 경우 주택가격 상승이 주식가치 상승보다

9) A. Ando and F. Modigliani, "The 'Life-Cycle' Hypothesis of Saving: Aggregate Implication and Tests", *American Economic Review*, Vol. 53 (March 1963), pp. 55~84.

소비에 미치는 영향이 더 큰(약 2배) 것으로 알려졌다. 반면 다른 선진국의 경우는 자산효과가 소비에 미치는 영향이 미국보다는 작은 것으로 분석되고 있다. 캐나다, 일본, 독일, 네덜란드, 영국 등은 주식가격의 소비에 대한 한계소비성향이 0.01~0.035인 것으로 추정되었다. 주택가격 상승이 소비에 미치는 영향은 선진국 간에 차별적인 것으로 알려졌다. 영국, 네덜란드, 일본 등은 상당한 정도 소비에 영향을 끼치는 것으로 나타났으나 프랑스 및 이탈리아는 유의할 만한 주택자산 효과가 없는 것으로 보고되었다.

한편 한국의 경우는 주식자산의 소비에 대한 한계소비성향이 0.05, 주택자산에 대한 한계소비성향이 0.02로(주식 및 주택 가격이 1,000원 증가할 때 가계소비가 각각 50원 및 20원이 증가), 미국과 비교할 때 주식자산에 대한 한계소비성향은 비슷하나 주택자산에 대한 한계소비성향은 낮은 것으로 추정되었다. 또한 동 연구는 주가변동이 소득계층별 소비에 미치는 영향이 다르다는 것을 보여주었다. 즉, 중간소득 이상의 계층에선 주가가치 상승이 소비에 유의하게 나타났다. 이는 중간소득 이상의 계층에서 주식 등 금융자산의 축적이 더 많아 주가상승이 자산소득효과가 크게 나타나는 것으로 추측된다.

3.2 항상소득가설

프리드만(Friedman)에 의해 소개된 항상소득가설 역시 생애주기이론과 마찬가지로 미래지향적 소비행위를 중시한다. 소비는 현재소득에 의해 결정되는 것이 아니라 장기적 관점에서 추정된 소득, 즉 항상소득에 의하여 결정된다. 여기서 항상소득은 현재 및 미래기대 소득의 현재가치(present value)를 바탕으로 만들어진 예상 연평균소득의 개념으로 정의된다. 기대되지 않았던 다른 모든 소득은 임시소득으로 분류된다. 프리드만은 항상소득의 한계소비성향은 1에 가까울 정도로 높은 반면에 임시소득의 한계소비성향은 0에 가깝다고 밝히고 있다. 가장 간단한 형태로써, 항상소득가설은 다음과 같이 표현된다.

$$C = bY^P \tag{11.5}$$

Y^P는 항상소득, b는 상수로 한계소비성향의 정보를 담고 있다. 소비의 증가는 오로지 항상소득의 증가로부터 비롯된다. 실제 관찰되는 소득 Y는 항상소득(Y^P)과 임시소득(Y^T)으로 구성되었다고 본다. 그리고 소비도 소득개념과 같이 항상소비(C^P)와 임시소비(C^T)가 있다고 보았다. 임시소득은 부정기적인 강연료 등과 같이 일시적인 요인에 의하여 생기는 소득으로 전체적으로 보면 임시소득의 평균은 0이 될 것이다. 임시소득이 양(+)일 때도 있지만 음(−)일 때도 있기 때문이다. 임시소비란 통상적이지

10) 최요철, "가계소비의 자산효과 분석과 시사점," 「조사통계월보」, 한국은행, 2007. 10월호 참조.

않은 일시적인 소비(갑작스런 자동차 수리용 등)는 국민경제 전체로 보면 평균소비는 0이 될 것이다. 임시소득이나 임시소비는 평균적으로 소비에 영향을 끼치지 않으므로 항구적인 소비에 영향을 미치는 것은 항상소득이다. 이를 상관관계로 나타내면, $\rho(Y^P, Y^T) = \rho(C^T, Y^T) = 0$인 관계가 성립된다.

따라서 소비에 영향을 주는 것은 항상소득의 규모가 중요하지 임시소득은 중요치 않다. 그러면 소득이 상승하였을 때, 소비자들은 이 소득증가가 항상소득의 상승인지 또는 임시소득의 상승인지 어떻게 구별하는가? 예를 들어, 어떤 직장인이 특별 연말상여금을 받았다고 생각해 보자. 만약에 특별상여금이 열심히 일한 대가로써 직장의 상여금제도에 의한 결과라면 그 상여금은 항상소득으로 간주될 수 있다. 반면에 특별상여금이 단지 (일시적인) 경기호황의 결과라면 그 상여금은 임시소득으로 간주되어야만 한다. 그러나 일반적으로 어느 한 개인이 항상소득과 임시소득의 구분을 명확히 한다는 것은 쉽지 않다. 그렇다면 항상소득가설의 실증분석은 어떻게 가능한가?

항상소득가설의 실증분석을 위하여 프리드만은 항상소득을 현재소득 및 지난 몇 년간 소득의 평균치로 대신할 수 있다고 주장한다. 따라서 소비는 현재소득뿐만 아니라 과거 소득에 의해서도 영향을 받게 된다.[11] 과거소득은 물론 기대미래소득을 대신하여 포함된 것이다. 이러한 기대형성방법은 **적응적 기대가설(adaptive expectations hypothesis)**의 한 예에 속한다.

비록 항상소득이 현재소득과 과거소득의 평균치로 대체된다 하더라도 항상소득가설의 시사점은 크게 훼손되지 않는다. 만약에 현재의 소득이 어떠한 이유로 갑자기 증가하였다면, 과거 수년간의 평균개념인 항상소득의 증가는 상대적으로 미약할 것이다. 이러한 결과는 항상소득가설의 시사점과 일치한다. 왜냐하면 사람들이 현재소득의 증가를 항상소득의 증가로 간주하기 위해서는 앞으로 수년간 지속적인 소득증가가 뒤따라야 하기 때문이다.

생애주기이론과 항상소득가설에 의하면, 일시소득으로부터의 지출은 수년간에 걸쳐 분산되기 때문에 소비는 소득에 비해 안정적 변화를 갖게 된다. 특히 급격한 경기호황과 경기침체에서 나타나는 소비의 안정적 변화는 이 두 이론의 시사점을 입증하고 있다.

항상소득가설이나 생애주기이론의 요체는 사람들이 미래의 평균적인 소득흐름을 예상하여 그에 맞춰 소비를 한다는 것이다. 미래의 평균소득 수준에 따라 소비함으로써 소비도 일정하게 유지하려 한다. 즉, **소비의 평균화(consumption smoothing)**를 꾀하려 하여

11) 원래 항상소득의 이론적인 개념에는 문제가 없으나, 실제로 측정하는 경우에는 미래의 소득흐름을 계측하는 것이 어려워 합리적 기대 대신에 적응적 기대 개념을 이용하여 추정하는 문제점이 있다.

평균소비성향이 일정해진다. 평균소비성향이 일정하다는 것은 소득 한 단위 증가에 따른 한계소비성향과 평균소비성향이 일치되어 $APC = MPC$ 됨을 의미한다. 이는 사이먼 쿠즈네츠의 연구결과, 즉 단기 시계열적으로는 케인즈의 소비함수이론이 타당하지만, 장기적으로는 평균소비성향이 대체적으로 일정하다는 경험적 사실을 확인시켜 주고 있다.

이러한 현실 설명력 이외에도 미래지향적 소비이론들은 다음과 같은 중요한 정책적 함의를 갖고 있다. 예를 들어, 정책당국이 경기과열을 막기 위하여 1년간 세율의 인상을 단행하였다고 가정해 보자. 절대소득가설에 의하면 이러한 세율인상은 가처분소득의 하락을 가져와 소비의 감소가 뒤따를 것이다. 하지만 미래지향적 소비이론에 의하면 소비자들은 이러한 단기적 정책처방의 효과는 단지 일시적 소득감소로 이어진다고 생각한다. 따라서 소비감소효과는 미미해지고 총수요에 별로 영향을 미치지 않아 단기적 정책효과는 지속되지 못한다.

우리가 이제까지 설명한 미래지향적 소비이론들은 기대미래소득의 역할을 부각시키고 있다. 따라서 기대미래소득의 측정방법 또는 기대형성방법은 이론의 전개과정에서 중요한 사안이다. 그러나 앞서 살펴보았듯이 안도-모딜리아니 및 프리드만은 사람들의 기대형성방법에 대하여 상당히 간단한 가정을 택하고 있다. 현재의 소득 또는 현재와 과거소득의 평균치가 기대미래소득을 대신하고 있는 것이다.

이러한 문제점을 보완하기 위하여 우리는 다음 절에서 **합리적 기대가설(rational expectations hypothesis)**에 기반을 둔 새로운 소비이론을 소개하고자 한다. 또한 미래지향적 소비이론들이 암묵적으로 가정하고 있는 자본시장의 유연성에 대해서도 논의될 것이다. 만약 항상소득이 현재의 소득보다 크다면 안정적 소비를 선호하는 소비자들은 높은 미래소득을 담보로 돈을 빌려 현재의 소비에 보충하고자 할 것이다. 그러나 자본시장의 경직성으로 차입이 불가능하다면 미래지향적 소비이론의 시사점과는 다르게 안정적 소비행위는 어렵게 된다. **유동성제약(liquidity constraints)**이라 불리는 이러한 상태에서는 사람들의 소비행위가 현재의 가처분소득이나 일시소득의 변화에 민감하게 반응할 수 있다.

3.3 합리적 기대가설에 따른 소비이론: 랜덤워크 소비이론

합리적 기대가설은 기대형성에 관한 통계학적 기법으로써 소비이론뿐만 아니라 각종 거시경제학 이슈에서 활용되고 있다. 이 가설에 의하면 단순히 현재 및 과거의 소득을 바탕으로 미래소득이 추정되는 것이 아니라 향후 경제여건의 변화 및 정책의 변화 등 이용 가능한 모든 정보를 바탕으로 미래소득의 기대치가 형성된다는 것이다. 미래지향적 소비이론에 합리적 기대가설을 접목시켜 홀(Hall)은 새로운 형태의 소비함수를 발전시켰다.[12] 홀의 소비함수는 소비자들의 평생소비에 대한 효용극대화 과정에서 도출된다. 평생효용(lifetime utility)과 평생예산제약조건(lifetime budget constraint)의 개념을 이용하여 다음과 같은 효용극대화 문제부터 생각해 보자.

$$\text{평생효용} = u(C_t) + u(C_{t+1}) + \cdots + u(C_{T-1}) + u(C_T) \tag{11.6}$$
$$\text{st. } C_t + C_{t+1} + \cdots + C_{T-1} + C_T =$$
$$A_t + Y_t + Y_{t+1} + \cdots + Y_{T-1} + Y_T$$

위 식에서 C는 소비, A는 재산, Y는 소득을 각각 나타낸다.[13] 소비자들은 주어진 제약조건에서 매기마다 평생효용을 극대화시키는 소비를 결정한다. 우리가 미시경제학에서 배웠듯이, 최적의 선택은 물론 매기의 소비에 대한 한계효용이 서로 같을 때에 달성된다. 즉, $MU(C_t) = MU(C_{t+1})$인 관계다. 만약에 t기의 소비에 대한 한계효용[$MU(C_t)$]이 $(t+1)$기의 소비에 대한 한계효용[$MU(C_{t+1})$]보다 크다면 $(t+1)$기의 소비를 t기에 약간 옮겨줌으로써 평생효용은 증가될 수 있다. 왜냐하면 t기의 효용이득이 $(t+1)$기의 효용손실보다 절대치 기준으로 크기 때문이다. 이러한 근거로 오직 매기의 소비에 대한 한계효용이 서로 동일할 때에 평생효용은 극대화된다. 확실성의 세계에선 $MU(C_t) = MU(C_{t+1})$를 만족하기 위해선 각 기간의 소비도 같아야 한다 $(C_t = C_{t+1})$. 문제는 현재의 효용과 그에 대한 한계효용 값은 아는데, 미래의 한계효용은 모른다는 것이다.

이제 미래에 대한 불확실성이란 개념을 고려해 보자. 앞서 언급한 효용극대화 조건에서 미래의 한계효용은 불확실하기 때문에 소비자들이 그 조건을 실제로 이행하는 것은 현실적으로 거의 불가능하다. 소비자들이 지금 할 수 있는 일은 현재의 한계효용이 미래 한계효용의 기대치와 같도록 하는 것이다. **홀(R. Hall)**은 미래소비의 기대치를 해결하기 위하여 합리적 기대가설을 활용하였다.

---

12) R. Hall, "Stochastic Implications of the Life Cycle-Permanent Income Hypothesis: Theory and Evidence", *Journal of Political Economy*, Vol. 86, December 1978, pp. 971~988.

13) 식 (11.6)은 다음 두 가지 요인을 무시하고 있다. 하나는 효용함수에서 현재소비와 미래소비사이에 존재하는 선호도의 차이이며 다른 하나는 예산제약조건에서 미래소비액과 미래의 노동소득을 현재 가치화하는 할인율이다.

즉, $MU(C_t) = MU(C_{t+1})$조건을

$$MU(C_t) = E[MU(C_{t+1})] \tag{11.7}$$

으로 수정되어야만 한다. 여기서 $E[MU(C_{t+1})]$은 미래의 한계효용에 대한 기대치로서, 현재(t기) 모든 정보를 이용하여 합리적 기대로 예측한 한계효용값의 기대값이다. $MU(C_{t+1}) = MU(C_t) + \varepsilon_{t+1}$인 관계를 이용하고 여기에 기대치($E$)를 취하고, $E(\varepsilon_{t+1}) = 0$를 이용하여 정리하면 식 (11.7)을

$$C_t = E(C_{t+1}) \tag{11.8}$$

로 쓸 수 있다. 미래소비의 기대치[$E(C_{t+1})$]가 현재의 소비(C_t)와 같을 때에 수정된 극대화 조건은 성립한다. 식 (11.8)이 시사하는 바는 현재의 소비는 미래 소비의 예측치와 같게 된다. 합리적 기대 하에서 소비자는 예상되는 평생소득(항상소득)을 계산하여 소비계획을 세우게 되는데, 현재의 소비수준도 그런 소비계획에 의하여 결정된 것이다. 따라서 현재의 소비도 장래의 소득과 소비계획의 일환으로 결정된 것이기에 현재의 소비에 미래의 소비정보가 이미 포함되어 있다. 이 가설에 의하면 실제 미래소비(C_{t+1})는 미래소비의 기대치[$E(C_{t+1})$]와 오차(unpredictable error)의 합으로 정의된다. 따라서 합리적 기대가설과 $E(C_{t+1}) = C_t$의 등식을 합하면 홀의 소비함수가 만들어진다.

$$C_{t+1} = C_t + \varepsilon_{t+1} \tag{11.9}$$

여기서 오차(ε)는 전혀 예측할 수 없는 임의행보(random walk) 요소이다. 식 (11.9)에서 ε는 임의행보적 오차를 나타낸다. 미래의 불확실성을 고려한 홀의 소비함수는 내일의 소비가 오늘의 소비와 예측할 수 없는 오차의 합으로 이루어져 있음을 보여주고 있다. 이러한 형태의 소비함수에 의하면, 소비의 변화는 오로지 예기치 못한 소득의 변화로부터 야기된다. 다시 말해서 예기치 못한 소득화가 없는 한 현재의 소비는 미래의 소비와 동일하게 된다. 예기치 못한 오차 ε는 그 평균값이 0이므로 평균적(기대값)으로 현재(미래)의 소비는 과거(현재)의 소비수준과 동일하다는 결과에 이른다. 즉, $E[C_{t+1}] = E[C_t]$ 가 성립되어 이는 시점 간에 **소비의 평균화**를 꾀하는 소비의 안정성을 시사한다. 이러한 홀의 소비함수는 미래지향적 소비이론의 시사점인 소비의 안정적 변화를 더욱 견고하게 설명하고 있다.

제4절 미래지향적 소비에 영향을 주는 요인들

4.1 유동성 제약이 소비에 미치는 영향

비록 합리적 기대가설에 기반을 둔 미래지향적 소비이론은 소비의 안정적 변화를 설명하는 데에 진일보한 기틀을 마련해 주었지만 많은 실증분석 결과들은 이 세상의 적지 않은 소비자들이 케인즈의 절대소득가설에 의하여 소비행위를 영위하고 있다고 밝히고 있다.[14] 그렇다면 왜 많은 소비자들이 현재소득 또는 일시소득의 증가에 대하여 민감한 반응을 보여줄까? 그 이유는 **유동성 제약**이라는 개념을 이용하여 설명될 수 있다.

미래지향적 소비이론에 의하면 소비자들은 젊었을 때에 또는 불경기로 인하여 일시적으로 소득이 감소하였을 경우에 더 높은 수준의 미래소득을 담보로 돈을 빌려서 항상적 수준의 소비를 추구한다. 그런데 만약 미래지향적 소비이론들의 암묵적 가정과는 다르게 소비자들이 자본시장에서 쉽게 돈을 빌릴 수 없다면 어떻게 될까? 이러한 소비자들의 소비행위는 아무래도 소득변화가 항상소득의 변화이건 혹은 일시소득의 변화이든지 관계없이 현재의 가처분소득의 증감에 따라 민감하게 반응하게 된다. 따라서 이들의 소비행태는 절대소득가설에 의해서 더 잘 설명될 것이다. 우리는 소비자들의 이러한 상황을 유동성 제약이라고 부른다.

현재보다 더 높은 미래소득이 기대됨에도 불구하고 유동성 제약으로 인하여 미래지향적 소비이론들이 시사하는 소비수준을 영위할 수 없다면 소비는 일시소득의 변화에 대하여 높은 반응을 보이고 이에 따라 단기적 정책의 파급효과도 달라질 수 있다. 그러면 유동성 제약을 받고 있는 사람들의 비중은 과연 얼마나 될까? 우리는 자본시장이 발달하지 않은 나라일수록 그 비중은 상대적으로 높으리라는 것을 쉽게 짐작할 수 있다. 자본시장이 발달한 미국에서도 소비행태의 절반정도가 항상소득보다는 현재소득에 의해서 설명되는 것으로 밝혀지고 있다.[15]

14) 대표적인 논문으로 M. Flavin의 The Adjustment of Consumption to Changing Expectations about Future Income, *Journal of Political Economy*, October 1981을 참조할 것.

15) J. Y. Campbell and N. G. Mankiw, "Consumption, Income, and Interest Rates: Reinterpreting the Time Series Evidence", NBER Macroeconomics Annual, 1989.

》 신용카드로 인한 가계부채와 소비둔화[16)]

정부는 1997년 외환위기 이후 경기를 회복시키고자 내수(소비)진작 정책을 추진하였다. 지난 2000년대 초반에 소비증대를 통하여 경기를 진작시키고 세수증대도 꾀하고자 신용카드 사용을 장려하였다. 연말소득공제 때 일정부분을 공제해주는 인센티브도 도입하였다. 그로 인해 신용카드 사용이 급증되었다. 문제는 신용카드사들은 개인의 신용상태를 제대로 파악하지도 않은 채 무분별하게 신용카드를 발급하였으며, 신용카드 원래의 기능인 결제기능 외에 각종 부가기능(현금서비스 등)을 추가하였다. 신용카드사의 가계일반대출의 대부분이 현금서비스이며 이것이 가계부문의 부실화 및 신용불량자 양산의 원천이 되었다. 이렇게 해서 생긴 신용불량자가 2004년도 상반기 현재 약 380만명에 이르며, 각종 제세공과금 미납자까지 합치면 약 400만명에 육박했다. 이는 신용불량자 리스트에 오른 경우이며, 여기에 잠재적인 신용불량자를 합치면 약 450만명에 이르는 것으로 추산된다. 신용불량자 400만명은 전체 경제활동인구 2,300만명의 17.4%에 해당되는 것으로 대략 근로자 6명당 1명이 신용불량자인 셈이다. 이것이 소비를 침체시키는 주요 요인으로 작용했다. 또한 당시 가구당 평균부채 규모도 약 3,000만원에 이르고 있어 구조적으로 가계부문의 소비증가를 기대하기 힘들게 되었다.

[그림 11-5]을 이용하여 설명하자. 그림에서 보는 바와 같이 차용제약이 가해지는 경우 예산선은 Y_2BY_1 으로 된다. 그리하여 소비가능집합은 OY_2BY_1 내의 면적으로 줄어든다. 원래 소비 희망점은 미래의 소득을 차용하여 A점에서 소비하고 싶지만, 차용제약으로 인해 B점에서 이루어진다. 소비점 B는 A점보다 열등한 효용수준을 나타낸다.

위에서 살펴본 바와 같이 가계부문에서 신용불량자가 급증할 경우엔 항상소득이 크게 변한다. 가계부문에서 대규모의 빚을 지고 있기 때문에, 항상소득은 대폭 줄어든다. 따라서 소비도 줄어든다. 신용불량자들의 대부분이 기존의 빚을 갚기 위해 소위 "돌려막기"를 한 경우가 많았는데, 신용불량자를 줄이기 위한 조처로 돌려막기를 못하게 만들었다. 이로 인해 차용제약(borrowing constraint) 혹은 유동성 제약(liquidity constraint)에 직면해 있다. 차용제약이 가해지는 경우 미래의 예상소득을 활용할 수 없어 현재의 소비는 현재의 가용 가능한 소득범주 내에서 이루어지게 된다. 유동성 제약이 가해지는 경우는 [그림 11-5]에서 보는 바와 같이 시점 간 소비최적화(intertemporal consumption optimization)가 제약을 받게 된다. 유동성 제약이 가해지는 경우는 현재의 소비는 현재의 가용 가능한 소득수준에서 결정되는 케인즈의 절대소득가설이 더 설득력 있음을 시사한다.

---

16) 이윤재, "최근 가계부채와 그로 인한 불확실성이 소비, 투자 및 총수요에 미치는 영향," 『고시계』, 2004. 8월호에 게재된 내용의 일부를 수정 요약한 것임.

[그림 11-5] 차용(유동성) 제약이 가해지는 경우의 소비

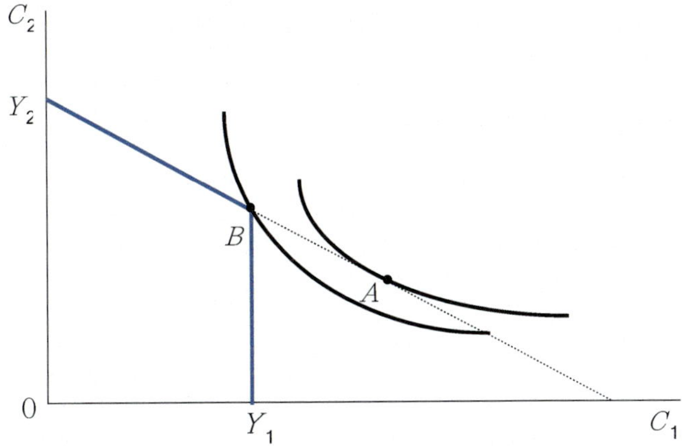

4.2 불확실성이 소비에 비치는 영향?

지난 2003년부터 시작된 경기둔화는 소비부진 및 불확실성과 긴밀한 관계가 있다. 2000년대 초반에 신용카드에 의한 무분별한 소비증진정책으로 2002년 경제성장률은 7.2%에 이르렀으나, 신용불량자와 가계부채 문제로 인해 그 다음 해인 2003년엔 경제성장률이 2.8%로 뚝 떨어지고 2005년도에 이르기 까지 경제성장률은 5%를 벗어나지 못했다. 이런 문제의 근원은 신용불량자 양산 및 가계부문의 부채누증으로 소비가 위축되고, 이는 다시 기업부문의 매출에도 영향을 주어 경기부진으로 이어진다. 기업부문은 고용감축과 생산감량으로 불황에 대처하는 과정에서 경제 전반적으로 미래에 대한 불확실성이 높아진다. 불확실성이 증대되면 가계부문은 미래의 불확실한 소득흐름에 대비하여 소비를 줄이고 저축을 늘려 소비위축→기업매출 감소→고용감소 및 실업증대의 악순환 구조가 된다.

경기가 좀처럼 회복되지 못하고 있으며, 실업률은 여전히 높은 상태이다. 특히 청년층의 실업률은 이례적으로 높다. 국내의 기업은 국내투자에는 소극적이며 해외투자에 더 많은 관심을 갖고 있다. 더욱이 정부의 경제정책이 일관성을 유지하지 못하고 표류하여 정책혼선에서 초래되는 불확실성도 높으며, 국민들의 반기업정서가 높아 기업인들의 사기가 떨어져 있다. 이런 복합적인 요인들이 기업의 투자를 위축시키고 있다. 고정자산

의 감소는 결국 잠재생산력을 떨어뜨릴 것이다. 이는 미래의 소득흐름이 감소될 수 있음을 시사하므로 미래소득에 대한 불확실성이 증대됨을 의미한다. 이런 경우 소비자들은 현재의 소비를 줄이고 저축을 늘리려 한다. 미래의 소득흐름이 불확실할 경우 소비자들은 미래의 소비를 위하여 현재의 소비를 줄이려 한다.

이런 경험은 이미 일본이 지난 1990년대 이후 불황을 겪으면서 일본의 내수가 극심한 침체에서 벗어나지 못하여 장기 침체국면에 빠졌었다. 당시 일본은 실업의 지속적인 증가와 노령인구의 증가와 함께 노령연금에 대한 불확실성으로 인해 소비를 극도로 줄이는 태도를 보였다. 최근 우리나라의 경제침체 상황이 일본의 1990년대 초반의 상황과 유사하게 전개되고 있어 우리나라에서도 일본식의 장기불황이 일어나는 것이 아닌가 하는 우려의 목소리가 높다.

아래 시사문제에서 제기된 것처럼 지난 2010년도의 가계부채문제도 잠복된 불확실성으로 이를 사전에 적절히 제거하지 않으면 미래경기둔화의 요인이 될 가능성이 높다.

》 시사문제 : 가계부채와 소비둔화 문제

우리나라의 경제전망을 부정적으로 보는 대표적인 요인의 하나가 가계부채 문제이다. 가계부문의 소득(가처분소득)에 비해 가계의 빚 부담이 빠르게 증가하고 있기 때문이다. 특히 2014년 이후 가처분소득 대비 가계부채 비율도 큰 폭 상승해 주요 선진국보다 높은 수준인 것으로 파악되도 있다. 한국은행 발표에 따르면, 2017년말 기준으로 우리나라 가계신용 잔액이 전년보다 108조원(8.1%) 증가한 1451조원으로 집계됐다고 발표했다. 가계부채를 종합적으로 보여주는 지표인 가계신용은 은행 등 금융회사로부터 빌리는 가계대출과 카드로 물건을 구입한 뒤 아직 결제가 이뤄지지 않은 판매신용을 포함한다. 지난 2015년부터 2016년까지의 가계부채 연평균 증가량은 129조원으로 지난 2007년부터 2014년까지 7년간의 연평균 증가량(60조원)의 2배를 넘어섰다. 가계부채 증가세가 가처분소득 증가세를 상회하면서 2014년 이후 가처분소득 대비 가계부채 비율은 크게 늘어났다. 자금순환통계(가계신용+개인사업자 · 비영리단체) 기준으로 가처분소득 대비 가계부채 비율은 지난 2007년 141%였지만 2016년 말 기준으로 179%까지 증가했다.

[그림 11-6] 우리나라 가계부채 증가액(조원)

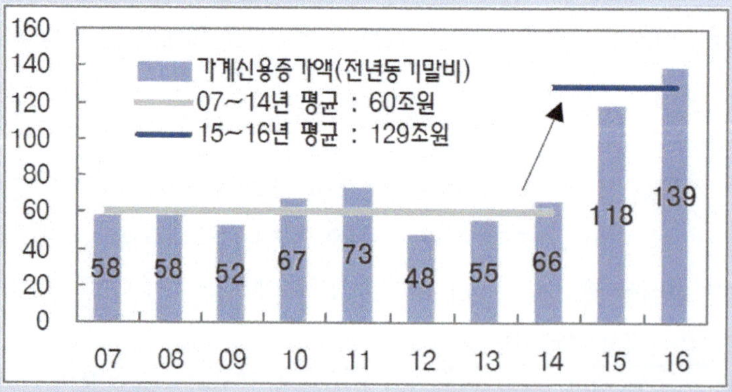

자료: 한국은행

글로벌 금융위기 이후 많은 선진국들은 가계의 부채를 줄이는데 반해 우리나라는 가계부채가 오히려 증가되고 있어 심각성이 더 하다. 2008년 말 금융위기 후로 미국 및 독일은 가계부채 대비 가처분소득비율(가계부채 상환능력으로 볼 수 있음)이 개선되었는데 한국은 오히려 증가되었다. 이러한 가계부채의 증가는 잠재적인 불확실 요인으로 작용하여 경기회복을 지연시킨다(<표 11-3> 참조).

| 표 11-3 | 주요 국가별 가처분소득 대비 가계부채 비율(%)

연도	2008년말	2009년말	2010년말	2011년말
한국	139.9	144.4	147.8	154.8
미국	126.9	127.9	121.9	116.2
독일	96.8	97.3	94.9	92.9

자료: 한국은행

가계소득의 증가율이 기업의 소득증가율보다 낮아 가계부문의 빚 상환능력이 떨어지고 있어 가계부채는 우리 경제의 심각한 뇌관으로 작용할 가능성이 크다. 지난 1997년 말 외환위기 때는 기업의 과도한 부채가 위기의 진원지가 되었었는데, 이제는 가계부문의 부채가 심각한 상황이어서 가계부문 부채관리가 현안으로 떠오르고 있다. [그림 11-7]에서 보는 바와 같이 지난 십여년 동안 가계부문의 소득비중이 기업에 비하여 작아져 그만큼 상환능력이 줄어든 것으로 볼 수 있다.

[그림 11-7] 우리나라의 GNI 대비 가계 및 기업소득의 구성비교

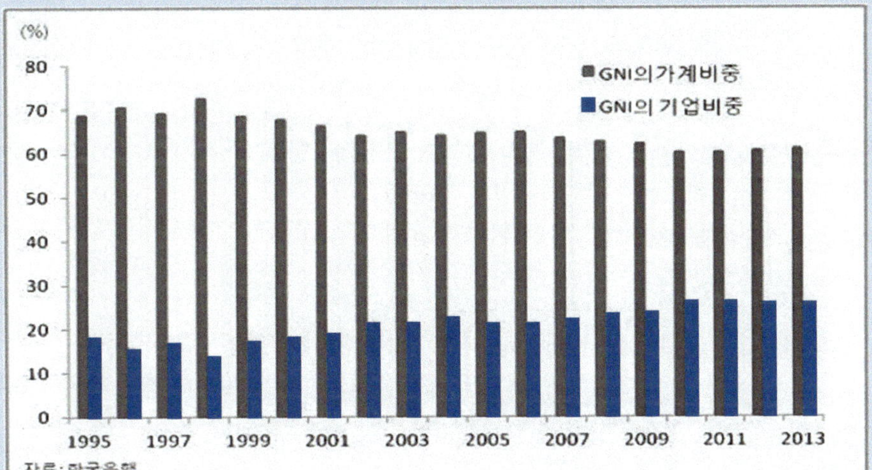

자료: 한국은행

요약정리

1. 소비는 총수요에서 가장 비중이 큰 구성요소이며 안정적으로 변화하는 특징을 갖는다.

2. 케인즈의 절대소득가설은 장기 한계소비성향이 단기 한계소비성향보다 크다는 실증적 사실을 설명할 수 없다. 가처분소득의 변화에 대하여 소비는 단기적으로 부분적인 반응을 보여준다.

3. 미래지향적 소비이론인 생애주기이론이나 항상소득가설은 기대미래소득을 바탕으로 산출된 평생소득 또는 항상소득에 의하여 현재의 소비를 결정한다.

4. 항상소득의 한계소비성향은 1에 가까울 정도로 높은 값을 갖는 반면에 임시소득의 한계소비성향은 낮은 값을 지닌다.

5. 정책변화가 소득에 미치는 파급효과가 일시적이라면 미래지향적 소비이론에 따르면 소비에 변화를 주지 못한다.

6. 합리적 기대가설을 미래지향적 소비이론에 접목시킨 홀의 소비함수에 의하면 소비의 변화는 오로지 예기치 못한 소득의 변화에서 기인한다.

7. 자본시장이 발달되어 있지 못하면 유동성 제약으로 인하여 소비행위는 일시적 소득변화에 더 민감하게 반응한다.

8. 이자율의 변화는 두 경로를 통하여 소비에 영향을 줄 수 있다. 하나는 대체효과이고 다른 하나는 소득효과이다. 대체효과는 실질이자율의 상승이 소비의 감소를 초래한다는 것이다. 반면에 소득효과는 실질이자율과 소비 간의 양의 관계를 보여준다.

9. 이자율의 변화는 노동시간의 배분과 연관되어 있다. 실질이자율이 상승하면 미래소비의 증가에 대비하여 현재의 노동시간 및 노동소득이 증가된다. 이러한 효과는 저축과 이자율간의 양의 관계를 강화시킬 수 있다.

연습문제

1. 1990년대와 2000년대 우리나라의 한계소비성향과 평균소비성향의 차이를 조사하고 이러한 차이가 나타나는 이유를 기술하시오.

2. 쿠즈네츠에 의한 소비함수와 케인즈의 소비함수의 차이를 설명하시오. 그리고 그에 따른 소비논쟁의 쟁점은 무엇인가?

3. 일반적으로 장기 한계소비소향이 단기 한계소비성향보다 높게 나타나는데, 이에 대한 차이를 소비함수이론을 이용하여 설명하시오.

4. 중앙은행은 기준금리를 조절함으로써 소비 및 투자에 영향을 미치고자 한다. 기준금리의 상승이 소비 및 투자에 영향을 미치는 경로를 프리드만과 케인즈 이론을 비교 설명하시오.

5. 이자율이 상승하였을 경우 가계의 소비패턴의 변화를 2기 모형으로 설명하시오.

6. 만일 이자율에 대한 소비의 탄력성이 매우 높다면, 정부의 재정정책 효과에 어떤 영향을 끼칠까? 힌트: *IS*곡선의 기울기와 관련, 제4장 〈표 4-1〉 참조할 것.

7. 안도(Ando)와 모딜리아니(Modigliani)는 생애주기이론의 실증분석에 의하면 소비가 자산의 가치와 가처분소득에 의하여 영향을 받는다고 주장하였다. 이러한 분석에 의거하여 시간의 흐름에 따른 한 개인 소비의 변화를 그림으로 나타내고, 한계소비성향과 평균소비성향을 설명하시오.

8. 일시적으로 정부가 감세정책을 실시할 경우 항상소득가설에 의하면 한계소비성향과 평균소비성향의 변화가 어떻게 나타나는가?

9. 한시적인 감세정책으로 인한 소비의 변화에 대한 밀튼 프리드만(Friedman)과 홀(Hall)의 견해를 비교 설명하시오.

10. 여신완화, 즉 신용카드 사용을 장려하는 1997년의 정책은 소비를 촉진하였지만, 총수요확대를 통한 산출량 증가효과가 미미하게 나타났다. 왜 이러한 현상이 나타났는지 논술하시오.

11. 생애주기이론에 따르면 노년기는 저축률이 낮다고 하는데, 일본의 경우 노년층의 저축률이 여전히 높게 나타났다. 이런 현상에 대하여 설명해보시오.

12. 소비의 평준화(consumption smoothing)를 소비이론을 이용하여 설명하시오.

13. 신용제약이나 불확실성이 소비에 미치는 영향을 설명하시오.

제 12 장 투 자

제1절 투자의 중요성

1.1 투자의 기본개념 정리

투자가 총수요에서 차지하는 비중은 소비에 비하여 작지만 총수요의 구성요소 중에서 가장 변동이 심하다는 특징을 갖고 있다. 이러한 변동은 물론 승수효과를 통하여 총생산의 변동을 초래한다. 최근에 각국이 고민하고 있는 일자리 창출도 궁극적으로는 기업의 투자가 활기 있게 이루어져야 고용이 창출된다. 정부의 재정지출을 통한 일자리 창출은 단기적이고 한시적으로 근원적인 고용문제 해결책이 아니다. 불경기에 가장 뚜렷하게 나타나는 현상이 기업의 투자감소이다. 이렇듯 투자는 경제성장(고용창출) 및 경기변동에 핵심적인 역할을 한다.

케인즈는 경기변동의 주요 원인을 변덕스러운 투자의 움직임에서 찾고 있다. 투자의 또 다른 특징은 투자가 정부의 정책과 밀접하게 연관되어 있다는 사실이다. 통화정책은 이자율을 통하여 그리고 재정정책은 조세정책을 통하여 투자수요와 관련되어 있다.

거시경제학에서 언급되는 투자는 일반적 개념의 투자와는 다르다. 일상생활에서 말하는 부동산 및 유가증권 매입은 투자로 취급되지 않는다.[1] 그 이유는 부동산이나 유가증권의 매입은 단순히 소유권의 이전을 초래하는 것으로 경제학에서 말하는 투자와는 차이가 있다. 경제학에서 의미하는 투자란 생산과정에 투입되는 실물투자(physical capital)이다.

투자수요는 크게 세 유형으로 분류된다. 우선 기업의 생산활동과 관련하여 이루어지는 **설비투자**(business fixed investment)가 있다. 우리가 흔히 투자라고 할 때의 투자 개념이 이에 속한다. 새로운 공장의 건설 또는 새로운 기계의 구입 등을 꼽을 수 있다. 두 번째 투자수요는 **주택건설투자**(residential fixed investment)이다. 새로운 주택 및

1) 매도인과 매수인 사이에서 발생되는 소유권 이전거래로 국민경제 전체적으로는 변동이 없다.

아파트의 건설이 이에 속한다. 마지막으로 투자수요를 구성하고 있는 요소는 생산된 상품이나 원료의 재고 증가를 의미하는 **재고투자(inventory investment)**이다. 투자는 국내 투자만 있는 것이 아니다. 외국인에 의한 해외직접투자도 국민경제에 미치는 영향이 매우 크다.

》투자와 이자율 관계: 이자율이 낮아도 투자가 증대되지 않는 경우도 있다!

투자는 이자율에 반비례함수이다. 이자율이 낮을수록 투자가 증가한다. 그러나 항상 그런 것은 아니다. [그림 12-1]은 우리나라의 설비투자를 나타내는 설비투자 지수와 이자율 간의 관계를 보여주고 있다. 전반적으로 이자율과 설비투자 간에 반대 방향으로 움직이고 있으나 일부 구간에서는 같은 방향으로 움직이는 것을 알 수 있다. 예를 들면, 2007년말 금융위기 이후 한 동안은 공행성이 강한 모습을 나타내고 있다. 왜 이런 모양이 나타날까? 미래에 대한 불확실성이 높아질 경우엔 투자가 이자율에 대하여 비탄력적으로 된다(이자율이 아무리 변해도 투자의 변화는 아주 작은 경우를 말함). 불경기 같은 경우를 상정해보자. 불경기가 장기화된다고 생각하면 투자수익에 대한 기대치가 낮아져 시중의 이자율이 낮아져도 투자는 증대되지 않는다. 불경기시에는 사업전망도 불투명하고 투자수익 자체가 낮아 투자가 쉽게 이루어 지지 않는다. 이런 현상을 케인즈는 **야성적 충동(animal spirit)**이 낮기 때문이라고 하였다. 사업가가 투자하여 얻을 것으로 기대하는 수익률은 정확히 계산하기 곤란하여 사업가는 투자수익률을 직관적(동물의 사냥감각에 비유)으로 계산한다. 그런데 불경기와 같이 미래가 불확실하면 은행이자율이 낮아도 투자가 좀처럼 일어나지 않는다. 불황기엔 이자율이 낮고 투자도 낮아 같은 방향으로 움직이는 것이다.

[그림 12-1] 우리나라 설비투자와 이자율의 관계

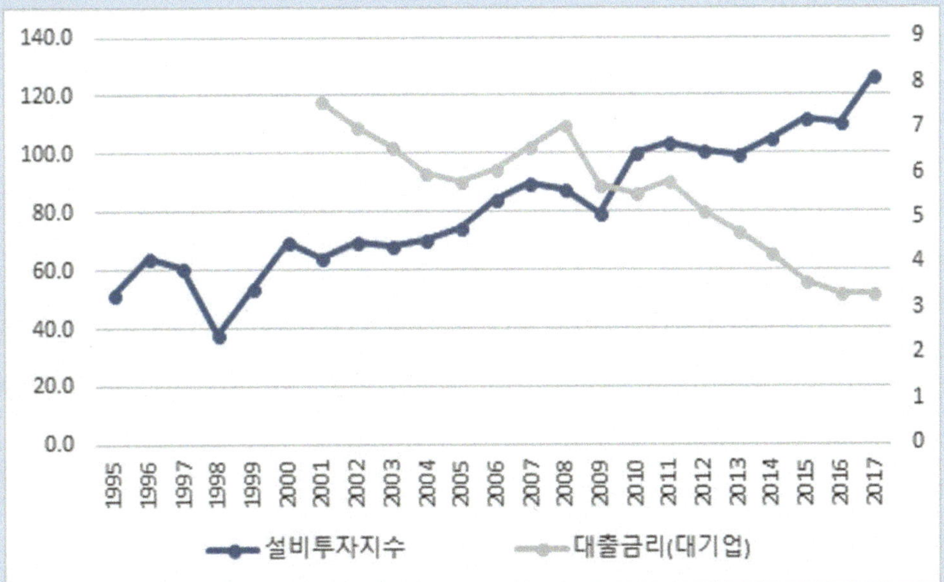

제2절 전통적 투자결정이론

신고전파의 투자이론이 나오기 전에는 가속도원리(또는 신축적 가속도이론), 순현재가치법, 내부수익률법 등에 의하여 설명되었다. 그러나 왜 이자율에 대하여 반비례 관계를 갖는가에 대한 이론적인 설명이 약한 한계점이 있었다. 이론적인 취약점을 보완한 것이 1960년대 등장한 신고전파의 투자이론이다. 그 후에 토빈의 q이론 등이 제시되었다. 신고전파이론은 전통적인 미시경제학적 방법론에 의거하여 저량(stock)개념의 적정자본량이 결정된다. 다음으로 적정자본량과 현재자본량의 차이에 의하여 유량(flow)개념의 투자함수가 도출된다.[2] 이 밖에 본 장에서는 조세정책과 투자수요 간의 관계 그리고 기타 중요한 투자수요이론들을 살펴볼 것이다. 투자수요이론을 조명하는 데에 있어 주목해야 할 점은 투자 중에서도 순투자(net investment)에 초점이 맞추어진다는 사실이다. 총투자는 자본의 감가상각분을 보전하는 데에 필요한 재투자(replacement investment)와 자본의 순증가를 의미하는 순투자로 구성되어 있다. 우리는 실제로 자본량증가의 원인이 되는 순투자의 발생이 어떠한 요인에 의하여 결정되는지에 대하여 논의할 것이다. 본 절에서는 우선 전통적인 투자이론을 소개한다.

2.1 순현재가치법(Net Present Value: NPV)

순현재가치법은 피셔(Fisher)에 의하여 구체화된 투자이론이다. 투자를 결정하는 과정에서 우리가 쉽게 생각할 수 있는 중요한 변수는 투자수익과 투자비용이다. 어떠한 투자계획을 고려하는 데에 있어 만약에 투자수익이 투자비용보다 크다면 그 투자계획을 실천에 옮기고자 할 것이다. 기대되는 투자수익과 투자비용의 현재가치를 비교함으로써 우리는 투자계획의 집행 여부를 결정할 수 있다.

순현재가치(Net Present Value: NPV)란 투자로부터 발생하는 예상수익의 현재가치에서 향후 투자비용의 현재가치를 차감한 값을 의미한다. 이를 수식으로 표현하면 식 (12.1)이 된다.

2) 이러한 방법론은 신고전학파 접근방법(Neoclassical approach)이라 일컬어지며 조겐슨(Jorgenson)에 의하여 발전되었다. D. Jorgenson, "Capital Theory and Investment Behavior", *American Economic Review*, Vol. 53, May 1963, pp. 247~259.

$$NPV = \sum_{t=0}^{T} \frac{R_t}{(1+r)^t} - \sum_{t=0}^{T} \frac{C_t}{(1+r)^t} \tag{12.1}$$

여기서 R_t는 t시점의 예상수익, C_t는 t시점의 예상투자비용, r은 미래가치를 현재가치로 전환하는 할인율, T는 투자의 종료시점을 각각 나타내고 있다. 만약에 순현재가치가 0보다 크다면 그것은 예상수익의 현재가치가 예상투자비용의 현재가치보다 크다는 것을 뜻한다. 따라서 순현재가치가 0을 초과한다면 투자계획안은 채택되어야만 한다. 그러나 기업의 투자행위는 단 한번으로 끝나는 것이 아니다. 기업의 투자활동을 연속적인 개념으로 이해한다면 순현재가치가 0이 될 때까지 투자는 계속 진행되어야 하며 바로 이때까지의 투자량이 적정투자량이 된다.[3]

2.2 내부수익률법

내부수익률법은 케인즈가 고안한 투자의 한계효율방식(marginal efficiency criterion of investment)에서 비롯된다. 이 방법은 투자와 이자율 간의 관계를 보다 명확하게 밝히기 위하여 앞서 설명한 순현재가치법을 변형한 이론이다. 케인즈는 순현재가치를 0으로 만드는 할인율(ρ)을 투자의 한계효율(marginal efficiency of investment: MEI)이라 하였는데 이는 일반적으로 내부수익률이라고 일컬어진다. 이 내부수익률은 다음과 같이 정의된다.

$$\sum_{t=0}^{T} \frac{R_t}{(1+\rho)^t} - \sum_{t=0}^{T} \frac{C_t}{(1+\rho)^t} = 0 \tag{12.2}$$

식 (12.2)에서 ρ는 바로 순현재가치를 0으로 만드는 내부수익률이다. 내부수익률은 시장이자율과는 무관하게 투자 자체의 성격과 기업의 예상에 의해서 결정된다. 투자의 기회비용은 이자율이므로 기업은 내부수익률(ρ)이 이자율(r)을 초과하는 한 투자를 계속한다. 따라서 내부수익률이 이자율과 같게 되는 상태에서 적정투자량이 결정된다.

그러면 이자율의 변화가 투자에 미치는 영향에 대하여 살펴보자. 적정투자량은 내부수익률(ρ)이 이자율(r)과 같을 때에 결정된다. 이자율이 하락하면 원래 기각되어야만 했던 어떤 투자계획의 내부수익률이 이자율과 같거나 이자율보다 더 크게 되어 투자는 늘어난다. 반대로 이자율이 상승하면 원래 채택되어야만 했던 투자계획의 내부수익률

3) 투자가 증가함에 따라 자본의 한계생산성이 감소함으로 단위투자가 만들어내는 예상순수익은 점차 감소한다.

이 이자율보다 작아져 투자는 감소한다. 그러므로 투자는 이자율과 역의 함수관계에 있다.

제3절 투자결정의 미시경제학적 기초

우리는 이제 투자함수의 직관적인 도출에서 벗어나 투자함수의 도출과정에 필요한 미시경제학적 기초를 살펴보려고 한다. 투자수요의 미시경제학적 차원에 대한 이해는 이자율변화뿐만 아니라 소득 및 생산량, 재무적 제약(financial constraints), 그리고 조세정책의 변화와 연계된 확장된 형태의 투자함수를 설명하는 데 도움이 된다. 투자수요의 결정이론은 두 단계로 나뉘어 설명될 수 있다. 우선 첫 단계로 기업의 이윤극대화 과정에서 적정자본량(desired capital)이 도출된다. 두 번째 단계는 적정자본량과 현재자본량의 격차를 바탕으로 유량개념의 투자수요가 결정되는 과정이다. 만약에 그 격차가 즉시 해소될 수 있다면 투자는 그 격차만큼 발생한다. 하지만 추가적으로 필요한 자본량의 인식과 실제 자본축적에 시차가 존재한다면 투자는 그 격차의 일부분만큼 진행될 것이다. 예를 들어, 새로운 공장의 건설과 같은 경우 몇 년이 지난 후에야 실제 자본축적이 끝난다. 따라서 투자는 적정자본의 규모뿐만 아니라 적정자본의 실현에 걸리는 시간에 의하여 결정된다.

3.1 적정자본량 결정

기업의 적정자본도출은 독자들이 미시경제학에서 배운 이윤극대화 문제로부터 출발한다. 기업들은 이윤극대화 과정에서 생산요소의 적정투입량을 결정한다. 만약 생산요소가 자본과 노동으로 구성되어 있다면 자본과 노동의 적정투입량은 각각의 한계생산의 가치가 한계비용과 동일할 때에 결정된다. 자본의 한계생산은 자본 1단위가 증가할 때에 발생하는 생산량의 증가분이다. 등량곡선의 개념을 빌어 자본의 한계생산은 다른 각도로 설명될 수 있다. 자본이 증가하면 동일한 생산을 이루는데 노동수요는 감소한다. 따라서 자본한계생산의 가치는 줄어든 노동으로 인해 절약된 임금지불액으로 표현될 수 있다.

[그림 12-2]는 자본한계생산(또는 자본의 한계이득)의 가치를 생산요소인 노동량과 생산량 간의 관계인 생산함수로부터 도출하고 있다. 주어진 자본, K_0에서 노동의 증가

[그림 12-2] 자본한계생산의 가치

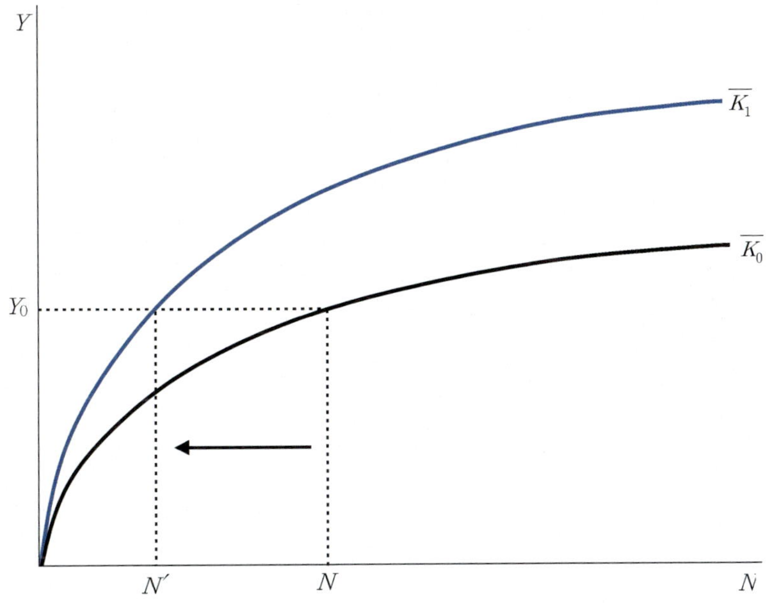

는 생산량의 증대를 초래한다. 그러나 생산량의 증가분은 노동의 증가에 따라 감소한다. 자본이 K_0에서 K_1로 증가하면 생산함수는 위로 이동한다. 주어진 노동량(N)에서 자본의 증가는 더 많은 생산량을 초래하기 때문이다. 생산함수의 이동은 같은 양의 생산을 위하여 더 적은 노동량(그림에서 N')이 요구된다는 것을 의미한다. 따라서 만약 1인당 임금수준이 W라면 자본증가로 인한 생산비용 절감액은 $(N-N')*W$가 된다.

노동과 마찬가지로 우리는 자본의 한계생산은 감소한다고 가정한다. 다시 말해서 자본이 많아짐에 따라 자본의 증가에 의한 생산함수의 이동폭이 줄어들고 이에 상응하여 노동의 감소폭이 축소된다. 이러한 가정을 바탕으로 우리는 자본한계생산의 가치(VMPK)와 자본 간의 관계인 자본한계생산곡선(marginal product of capital schedule)을 [그림 12-3]과 같이 묘사할 수 있다.[4]

4) 이 곡선은 자본수요곡선(demand curve for capital)이라고도 일컬어진다.

[그림 12-3] 자본한계생산곡선

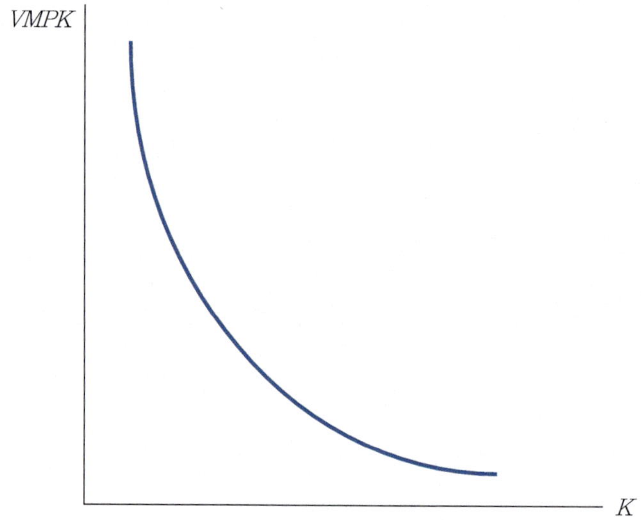

적정자본은 자본한계생산의 가치와 한계비용이 같을 때의 자본량이다. 그러면 자본의 한계비용은 어떻게 결정되는가? 자본의 한계비용은 자본 1단위를 더 사용하는 데에 들어가는 비용이다. 일정 기간(예를 들어, 1년)동안 자본의 사용자가 지불하는 비용이라는 점에서 이것은 **자본의 사용자비용(user cost of capital)** 또는 **자본의 임차비용(rental cost of capital)**이라고도 불린다.

1년 단위의 기준으로 자본의 임차비용을 도출하기 위하여 어느 기업이 은행차입을 통하여 자본재를 구입한다고 생각해 보자. 자본 1단위의 가격을 P_K라 한다면 은행차입은 어떤 금리수준(i)에서 iP_K만큼의 이자비용을 부과한다.[5] 그러나 인플레이션이 존재하는 현실에서는 명목이자 부담만으로 임차비용이 결정되지 않는다. 경제전반의 물가수준의 상승은 자본재의 가격을 상승시킴에 따라 자본이득(capital gain)을 발생시킨다. 따라서 자본의 임차비용은 명목이자 비용에서 향후 1년동안 발생하는 명목자본이득분을 빼줌으로써 도출 가능하다. 그런데 투자를 결정하는 시점에서 우리는 향후 1년간의 물가상승률을 미리 알 수 없다. 이런 이유로 기대물가상승률(π^e)이 연초 의사결정의 바탕이 된다. 명목자본이득의 크기는 π^e에 P_K를 곱한 값이기 때문에 자본의 임

5) 기업들이 설비투자를 은행차입을 통하여 하든지 또는 사내유보(retained earnings)를 통하여 하든지 임차비용은 금리수준에 의하여 결정된다. 사내유보를 통한 투자 역시 금리만큼의 기회비용을 안고 있기 때문이다.

차비용은 $(i-\pi^e)P_K$로써 실질이자율$(i-\pi^e)$의 함수로 표현된다.

자본의 임차비용을 구성하는 또 다른 요소는 바로 감가상각이다. 자본재를 구입하면 시간이 지남에 따라 그 자본재는 마모되기 때문에 감가상각비용은 임차비용 산정에서 반드시 고려되어야만 한다. 매년 일정하게 발생하는 감가상각비율이 δ라면 감가상각비용은 δP_K가 된다. 그러므로 결국 자본의 임차비용(RC)은 다음과 같은 식으로 묘사될 수 있다.

$$RC = (i-\pi^e+\delta)P_K \tag{12.3}$$

[그림 12-3]과 식 (12.3)을 종합하면 이제 우리는 적정자본을 구할 수 있다. [그림 12-4]에 나타나 있듯이, 자본한계생산의 가치가 자본의 임차비용을 능가하는 한 자본축적은 계속될 것이다. 그리고 적정자본은 이 두 곡선이 만나는 점에서 결정된다. 즉, 자본한계생산의 가치가 자본의 임차비용과 같을 때에 자본축적은 끝나게 된다. 만약에 명목금리의 상승으로 자본의 임차비용이 상승한다면(RC_0에서 RC_1로) 적정자본수준은 K_0^*에서 K_1^*로 감소하게 된다.

[그림 12-4] 적정자본의 결정과 금리상승의 효과

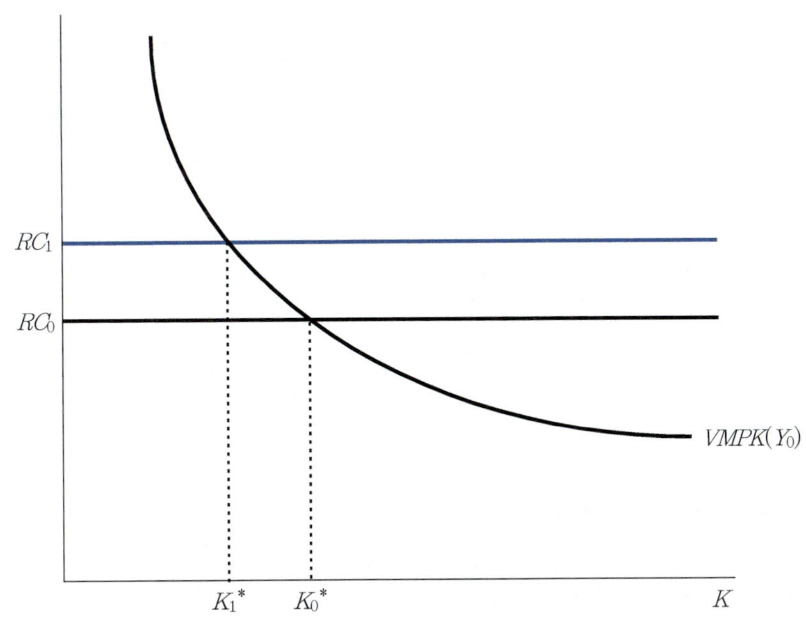

[그림 12-5] 산출량 증가의 효과

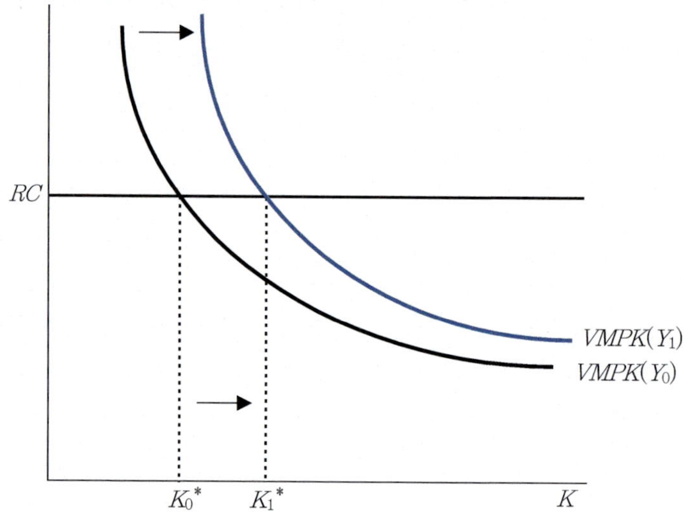

이번에는 기업들이 계획생산량을 늘렸을 경우를 생각해 보자. 동일한 자본으로 향후 생산량을 증가시킨다는 것은 주어진 자본량에서 자본의 한계생산을 높이는 결과를 초래한다. [그림 12-5]에서 볼 수 있는 것처럼 계획생산량의 증가는 자본한계생산곡선의 우측이동을 가져오고 적정자본의 증대를 초래한다. 따라서 적정자본은 소득과 금리의 함수로 표기될 수 있다.

$$K^* = f(RC, Y), \quad \frac{\partial K^*}{\partial RC} < 0, \quad \frac{\partial K^*}{\partial Y} > 0 \tag{12.4}$$

식 (12.4)는 적정자본이 자본의 임차비용과 음의 관계에 있고 산출량과 양의 관계에 있음을 밝히고 있다. 미래지향적인 기업들은 향후 경기의 흐름을 바탕으로 자본축적에 대한 의사결정을 내린다.

3.2 신고전파 투자함수의 도출

식 (12.3)은 주어진 산출량수준과 자본의 임차비용에서 이윤을 극대화하는 적정자본을 결정한다. 투자는 이러한 적정자본수준과 실제 자본량의 차이를 해소하는 과정에서 일어난다. 예를 들어, 실제자본량은 연초에 기업들이 보유하고 있는 자본량이다. 적정자본은 앞으로의 생산계획과 자본의 임차비용을 고려하여 산정된다. 따라서 기업들의 올해 투자는 산정된 적정자본과 기존자본량의 격차를 제거하는 과정에서 결정된다.

그러면 기업들이 실제자본량을 적정자본수준으로 맞추는 데에 어느 정도의 시간이 소요되는가? 만약에 적정자본수준과 실제자본량의 격차가 즉시에 해소될 수 있다면 투자는 그 격차만큼 이루어질 것이다. 하지만 자본축적과정은 실제로 자본축적에 걸리는 시간(공장 건설과 같은 경우) 및 **조정비용(adjustment costs)** 등으로 인하여 즉각적으로 끝나지 않고 점진적인 형태를 취한다. 다시 말하면 새로운 자본이 필요하다는 인식과 자본축적의 완전한 실현 사이에는 수년이 걸릴지도 모르는 시차가 존재한다. 우선 K_t, K_{t-1}, 및 K^*를 각각 올해 말의 실제자본량, 작년말의 실제자본량, 그리고 올해 산정된 적정자본량이라고 하자. 기업들은 매년 적정자본과 기존자본량 사이에 존재하는 격차 $(K^* - K_{t-1})$의 일부분(λ)만큼 투자한다. 따라서 올해 말의 실제자본량은 다음과 같이 표기된다.

$$K_t = K_{t-1} + \lambda(K^* - K_{t-1}) \tag{12.5}$$

식 (12.5)는 올해 말의 자본량이 기존의 자본량에 올해에 새로이 증가된 자본량[$\lambda(K^* - K_{t-1})$]을 더한 것과 같다는 사실을 보여주고 있다. 새로이 증가된 자본량은 올해에 발생한 투자(I)이다. 따라서 식 (12.5)를 다른 측면에서 표현하면 식 (12.6)이 된다.

$$I = K_t - K_{t-1} = \lambda(K^* - K_{t-1}) \tag{12.6}$$

투자는 기존의 자본량으로부터 목표자본량을 향하여 점진적으로 발생한다.[6] 식 (12.6)은 투자함수의 자연스런 도출을 유도한다. 투자는 적정자본과 기존 자본량에 의하여 결정되기 때문에 기대산출량의 변화와 금리의 변화 등과 같이 적정자본을 변화시키는 모든 요인은 투자에도 영향을 미친다. 식 (12.6)은 투자의 동태적 특징을 묘사하고 있다. 즉, 올해의 투자는 현재 및 미래의 경제변수뿐만 아니라 기존자본량과 같은 과거의 경제변수에 의해서도 영향을 받는다.

식 (12.6)에서 기억해야 할 점은 λ의 크기가 투자의 속도를 나타낸다는 것이다. λ의 값이 클수록 적정자본과 실제자본량 사이의 격차가 더 빠르게 해소된다. 만약 λ의 값

6) 여기서 말하는 투자는 자본량의 변화를 나타내는 순투자(net investment)의 개념이다. 감가상각을 포함하는 총투자(gross investment)는 $I + dK$(d는 감가상각률)이다.

이 1이라면 올해의 투자는 즉각적으로 일어남을 의미한다. 반면에 λ의 값이 작을수록 자본량의 변화는 늦어지고 산출량 및 금리의 변화에 대한 투자의 반응이 상당히 약화된다.

3.3 신축적 가속도원리에 적용

상기의 식 (12.5)와 (12.6)과 관련 있는 것이 **신축적 가속도원리(flexible accelerate principle)**이다. 기업의 투자는 미래의 예상 판매량(생산량 Y_t^e)에 의하여 결정된다는 것이다. 그에 따라 기업의 적정자본스톡(K^*)도 결정되므로,

$$K_t^* = \gamma Y_t^e \tag{12.7}$$

이 된다.[7] 식 (12.7)을 식 (12.6)과 결하여 정리하면,

$$I_t = \lambda(K_t^* - K_{t-1}) = \lambda(\gamma Y_t^e - Y_{t-1}) = \upsilon \Delta Y_t \tag{12.8}$$

단, $Y_t^e = Y_t$로 기대한 생산량은 실현되고, $Y_t - Y_{t-1} = \Delta Y_t$인 관계에 있다.

식 (12.8)은 순투자에 미치는 영향은 산출량 수준이 아니라 산출량의 변화(경기변동)에 의존한다는 점이다. 즉, 경기가 불경기면 산출량의 변화는 (−)가 되어 순투자는 감소하고, 호경기일 때는 산출량의 변화가 증가되어 순투자도 증가하게 된다. 이는 실제의 경기상황을 잘 설명해주고 있다. 기업의 실물투자는 경기순행적임을 보여주고 있다.

그러나 식 (12.8)은 몇 가지 한계점이 있다. 첫째, 경기변화에 대하여 실제로 산출량의 변화에 비례적으로 순투자를 증대하지 않는다는 것이다. 여러 요인들(가동률, 임금과 자본비용의 상대적 가격 등)에 의하여 영향을 받기에 가속도인자(υ)가 고정되어 있다는 것은 비현실적인 가정이다. 둘째, 최적자본량이 실제자본량보다 큰 경우($K^* > K$)는 순투자가 증가하고 그에 따라 생산량도 증가하는 모습을 보여 가속도원리가 잘 맞지만, 반대의 경우 실제자본량이 최적자본량보다 큰 경우($K^* < K$)는 유휴설비가 존재하여

---

7) 원래 가속도원리는 클라크(Clark, 1917)에 의하여 주장된 이론으로, 기업의 고정투자를 이자율이 아니라 소득의 변화(경기변동)와 더 긴밀한 관계가 있음을 보여주는 이론이다. 가속도원리에서 적정자본량(K^*)은 미시적인 이론근거 없이 자의적(ad hoc)으로 결정되는 것으로 가정하고 있어 이론적인 한계점으로 지적되고 있다. 여기에선 신고전파의 적정자본량 결정과정을 가속도원리에 적용하여 실증분석에 많이 활용되고 있는 모형을 소개하고자 한다.

순투자가 줄어들지 않고(투자의 비가역성 때문에 마이너스 투자가 안 일어남) 감가상각을 통해 자본이 조정된다. 따라서 불황일 경우에는 현실적으로 가속도원리를 적용하기 곤란하다.

이런 문제점을 보완한 것이 **신축적 가속도원리(flexible accelerate principle)**이다. 문제의 핵심은 가속도인자가 고정되어 있다는 점인데, 이를 보다 현실적인 상황을 반영할 수 있는 모형으로 수정보완된 것이다. 최적자본량과 실제자본량의 차이가 즉각적으로 해소되는 것이 아니라 시간을 두고 조정과정을 거치는데, 이를 모형에 반영시키고 있다. 가속도 인자를 시간에 따른 가중평균의 조정치를 반영하는 것이다. 즉, 현재 자본량은 먼 과거로부터 최근에 이르기까지 차등적으로 영향을 받는다는 가정하여 가속도인자를 시간에 따라 가중평균한 값을 구한다. 식 (12.8)을 아래와 같이 변형할 수 있다.

$$I_t = \sum_{s=0}^{\infty} v_s \Delta Y_{t-s} \tag{12.9}$$

식 (12.9)의 투자모형은 단순한 가속도인자 대신에 과거에서부터 현재에 이르기까지 시차를 두고 자본량이 조정되는 과정을 반영하고 있다는 점에서 보다 현실적이다.

3.4 자본가동률과 투자관계[8)]

투자는 경기변동에 민감하게 반응한다. 경기변동을 잘 반영하는 변수의 하나가 가동률 또는 자본가동률이다.[9)] 기업은 호경기의 증가된 수요에 대처하기 위하여 첫 단계에서는 공장가동률을 높여 수요 증대에 대처한다. 수요가 늘어난다고 즉각적으로 자본증가(시설 투자 등)를 못한다. 지속적인 수요 증가가 있을 때 가동률을 높여 수요에 대처하다가 시차를 두고 설비투자를 늘려 자본스톡을 증가시킨다. 이런 관계를 자본가동률(κ)의 개념을 이용하여 투자와의 관계를 설명할 수 있다. 자본가동률이 포함된 총생

---

8) 이윤재(1992), "가동률을 이용한 신축적 가속도 모형분석," 『사회과학논집』, 숭실대학교 및 Barro, R., *Macroeconomics: A Modern Approach*, 2008을 참조했음.

9) 자본가동률(capital utilization)과 가동률(capacity utilization)은 엄밀한 측면에서 다른 개념이다. 자본가동률은 자본스톡이 생산활동에 투입된 정도를 반영한 것이라면, 가동률은 일종의 잠재적 GDP의 갭과 유사한 개념이다. 가동률은 경제전체의 총수요의 압력을 반영하는 지표로 잠재적 GDP과 실제GDP의 비율로 나타낸다. 이런 차이점에도 불구하고 자본가동률이나 가동률은 시장의 총수요를 반영하는 지표로 활용된다. 시장의 수요가 증대되면 생산량도 증가하게 되어 자본가동률이 높아진다. 본 절에서는 가동률이 수요를 반영하여 투자수요를 증대시키는 역할에선 같다는 점에서 구분 없이 혼용하여 사용한다. 이에 관한 상세한 내용은 이윤재·남병탁, "제조업가동률과 인플레이션의 인과관계 검정", 『통계분석연구』, 창간호, 1996 참조할 것.

산함수 $Y = AF(\kappa K, L)$을 상정하고, 이윤극대화 조건으로 부터 최적자본량을 구한 후 투자함수를 도출할 수 있다. 기업의 이윤극대화 조건

$$\Pi = PF((\kappa K), L) - wL - RC \tag{12.10}$$

가 된다. 여기서 κ는 자본가동률을 나타내며 $0 \leq \kappa \leq 1$인 가정을 하고, RC는 자본임대비용을 나타낸다. 자본가동률이 0.5라면 자본스톡의 반만 활용되고 있어 자본효율성이 극대화되지 못하고 있음을 나타낸다. 식 (12.10)으로 부터 최적자본스톡 K^*을 구할 수 있는데 최적자본량은 자본가동률의 함수임을 알 수 있다. 최적자본량과 임대비용, 산출량 및 자본가동률의 함수로 나타낼 수 있다. 식 (12.4)를 다음과 같이 변경할 수 있다.

$$K^* = f(RC, Y, \kappa) \tag{12.11}$$

여기서 $f_{RC} < 0$, $f_Y > 0$, $f_\kappa > 0$로 상정한다. 주어진 자본임대비용(RC)과 자본스톡에서 자본가동률(κ)이 증가되는 경우 한계자본생산성이 증가된다. 이는 주어진 자본임대비용에서 MPK곡선이 오른쪽으로 이동한 것과 같아 적정자본량도 증가하게 된다([그림 12-5] 참조). 식 (12.11)을 식 (12.6)에 대입하여 정리하면 투자와 자본조정관계로 부터 투자함수를 다음과 같은 관계로 나타낼 수 있다.

$$I_t = \lambda(K_t^* - K_{t-1}) \;\Rightarrow\; I_t = \lambda f(RC, Y, \kappa) \tag{12.12}$$

따라서 자본가동률이 증가되면 투자도 증가함을 보여준다. 자본가동률은 일종의 생산능력과 시장수요를 반영하는 요소로 볼 수 있다. 자본가동률은 시장의 수요증대로 인하여 생산요소자본의 활용정도(utilization)을 반영하는 데 반해 **가동률(capacity utilization)**은 한 나라 전체의 수요압력(잠재적 산출량과 실제산출량의 갭)을 반영한다. 따라서 자본가동률을 가동률로 바꿔서 사용해도 투자와 가동률(자본가동률)의 관계를 설명하는데는 무리가 없다. 이런 관계에서 가동률지수는 경기의 흐름을 알려주는 정보를 제공해주어 투자결정에 영향을 끼친다. 우리나라의 경우 제조업부문의 가동률지수는 경기지표에서 동행지표로 활용되고 있다. [그림 12-6]은 우리나라의 설비투자 증감률과 제조업가동 증감률 간에 관계를 나타낸 것이다. 이들 변수 간에 상관계수가 0.895로 상당히 긴밀한 관계임을 나타내고 있다. 따라서 투자는 이자율, 소득 및 소득변화, 가동률의 함수임을 알 수 있다.

[그림 12-6] 우리나라 제조업체가동율과 설비투자의 관계

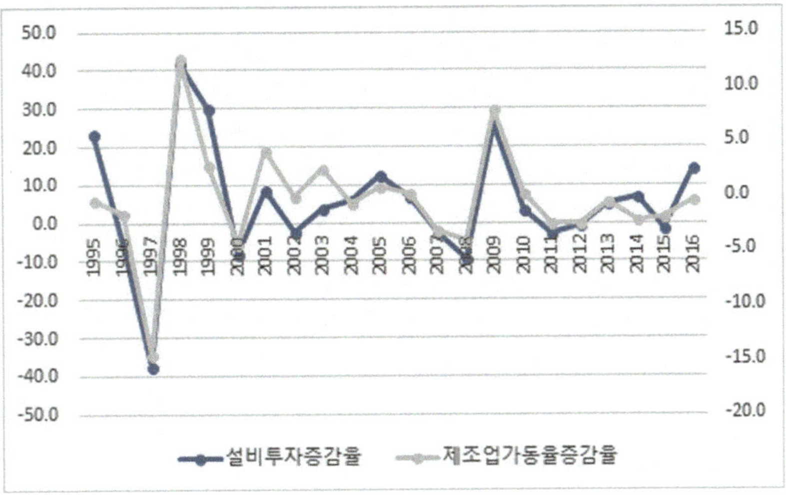

자료: 통계청 자료 이용 필자 작성

3.5 토빈의 q이론

토빈의 q이론은 투자이론으로써 아주 매력적인 장점을 갖고 있다. 투자이론은 기본적으로 투자로부터 발생되는 예상수익과 투자에 소요되는 비용을 비교하는 데서 출발한다. 따라서 투자이론의 공통적인 문제점은 "불확실한 미래의 예상수익을 과연 어떻게 측정하는가?"라는 어려움에 부딪힌다는 점이다. 토빈의 q이론은 측정하기 어려운 자본의 예상수익을 주식시장의 시장가치로 대체함으로써 투자결정에 대한 현실적인 지침을 제시하였다. 주식시장의 움직임은 경제활동의 **선행지수(leading indicator)**로 작용하기 때문에 주식가격의 변화는 기업의 미래가치를 반영하는 것으로 보고 있다. 순투자결정 모형 식 (12.2)에서 투자에 대한 기대수익률(R_t)은 주관적인 미래기대치이다. 특히 케인즈는 투자의 기대수익률에 대한 기대치가 개인마다 다르고 계산하기 어려워 직관적으로 결정된다고 보았다. 마치 동물이 사냥을 할 때 경험적인 감각에서 결정하는 것과 유사하다고 하여 **야성적 충동(animal spirit)**이라 하였다.

토빈은 투자에 대한 기대수익률의 대리변수로 주가를 반영하여 투자결정이론을 유도하였다. 주가는 어떤 A기업(going concern)의 현재부터 미래까지의 기대수익의 흐름(기업가치)을 현재가치로 환원한 것을 나타낸다는 것이다. 만일 자본시장에서 기업 A와

똑 같은 기업을 건설한다고 가정할 때, 자본재를 구입하여 설치하여 동일한 생산규모를 건설하는데 소요되는 모든 비용을 **대체비용(replacement cost)**이라고 한다. 완전경쟁시장을 가정한다. 자본재투자에는 설치기간(time to build)에 드는 시간에 대한 기회비용과 실물적인 투자비용이 들 것이다. 시장에서 평가되는 기업가치(market value)와 대치비용의 비율을 q라고 하였다. 즉

$$q = \frac{\text{기업에 설치된 자본의 시장가치(기업가치)}}{\text{동일한 자본재에 대한 대체비용}} \tag{12.13}$$

로 나타난다. q를 측정가능한 지수로 나타내면, 기업이 발행한 총주식의 시장가치와 기업이 보유하고 있는 실물자본의 **대체비용(replacement cost)**의 비율로 표시된다.[10)]

여기서 기업이 발행한 총주식의 시장가치는 이미 발행한 총주식수에 주식의 시장가격을 곱하여 산출된다. 실물자본의 대체비용은 같은 양의 실물자본(예를 들면, 삼성전자와 동일한 시설을 갖춘 공장)을 현재시장에서 구입하는 데에 드는 비용이다. 만일 q가 1보다 크다면 그 기업의 가치가 동일한 시설을 만드는데 필요한 비용(대체비용)보다 크므로 투자를 마다하지 않을 것이다. 왜냐하면 새로운 투자를 위한 비용이 주식시장에서 기업가치의 증가분보다 작기 때문이다. 다시 말하면 q가 높아질수록 투자는 증가한다.

토빈의 q이론은 증권시장의 움직임과 기업투자의 연관성을 강조하고 있다.[11)] 자사의 주식가격이 높으면 기업은 적은 주식을 발행하고도 목표 투자재원을 마련할 수 있다. 반면에 자사의 주식가격이 낮으면 똑 같은 투자재원을 마련하는 데에 더 많은 주식을 발행하여야 한다. 따라서 주주들은 같은 값이면 경영자가 주식가격이 높을 때에 투자재원을 마련하도록 종용할 것이다. 바로 이 점 때문에 주식시장의 활황장세는 기업투자의 적기인 것이다. 따라서 토빈의 q이론은 주식시장과 총수요의 관계에서 또 다른 차원을 제공한다. 이 주식가격의 상승은 가계의 재산을 증가시켜 소비의 증가를 부추긴다. 그러나 주식가격상승의 효과는 소비에만 국한되지 않고 이제 기업의 투자에도 그 영향력이 확대된다.

q이론에 대한 여러 비판도 제기되었다. 첫째, 주식시세는 단기적으로 내재가치적 요인(fundamentals)뿐만 아니라 심리적 요인 및 정치적 요인 등 비내재가치적 요인(non-fundamentals)에 의해서도 영향을 받는다. 둘째, 투자의 성격상 의사결정 시

10) q비율의 분자에 기업이 발행한 총채권의 시장가치까지 포함시킬 수 있다.
11) J. Tobin, "A General Equilibrium Approach to Monetary Theory", *Journal of Money, Credit, and Banking*, February 1969, pp. 15~29.

점과 실행 사이에는 상당한 시차가 존재하기 때문에 기업들이 빈번히 변화하는 q를 기준으로 투자량을 결정한다고 보기 어렵다. 셋째, 식 (12.13)은 완전한 자본시장의 가정 등을 기초로 하고 있으며 q측정하기가 쉽지 않으며, 기업의 설비투자 관련된 실증분석에서 q이론이 강력하게 지지되지 못하고 있는 실정이다.[12)]

제4절 정부정책과 투자

4.1 재정정책

재정정책 중에서도 특히 조세정책은 자본의 임차비용에 대한 영향력을 통하여 투자의 변동을 초래한다.[13)] 자본의 임차비용에 영향을 끼치는 조세변수들은 다음 세 가지 형태로 압축된다. 첫째, 기업의 소득에 부과되는 법인세는 자본의 실효임차비용(effective rental cost of capital)을 증가시킨다. 즉, 법인세율이 높아질수록 자본의 실효임차비용은 커지고 이에 따라 적정자본의 규모와 투자는 감소하게 된다.

두 번째 조세변수는 금융비용 및 감가상각에 대한 세금공제이다. 만약 기업의 회계원칙을 관할하는 정부의 조세정책이 기업들로 하여금 차입금에 대한 이자부담과 자본의 감가상각액을 세전소득(before-tax income)에서 공제할 수 있도록 조치한다면 기업의 납세액은 줄어들어 세후소득(after-tax income)은 커지게 된다. 다시 말하면 세금공제는 실질적으로 기업들의 차입금에 대한 이자부담 및 감가상각부담을 경감시키고 이에 따라 자본의 실효 임차비용을 감소시킨다.

자본의 임차비용에 영향을 미치는 마지막 조세변수는 **투자세액공제(investment tax credit)**이다. 투자세액공제란 기업들로 하여금 투자액의 일부분을 세전소득에서 공제토록 함으로써 납세의 부담을 덜어주는 제도이다. 이 제도는 실질적으로 자본재의 가격을 낮춤에 따라 자본의 실효임차비용을 감소시킨다. 따라서 투자세액공제는 종종 투자를 촉진시키는 정책적 도구로 활용된다.

---

12) S. Oliner, G. Rudebsch, and D. Sichel, "New and Old Models of Business Investment : A Comparison of Forecasting Performance", *Journal of Money, Credit, and Banking*, Vol. 27 (August 1995), pp. 806~26.

13) 투자결정과정에서 조세정책의 중요성은 홀(Hall)과 조겐슨(Jorgenson)의 논문에서 강조된 바 있다. 관심있는 사람은 다음 논문을 참조하라. R. Hall and D. Jorgenson, "Tax Policy and Investment Behavior", *American Economic Review*, Vol. 57, June 1967, pp. 391~414.

우리는 앞서 밝힌 세 가지 형태의 조세제도를 종합하여 자본의 임차비용에 대한 **조세승수(tax multiplier)**를 구할 수 있다. 우선 기업의 소득에 부과되는 법인세율을 t라 하고 기업들이 세금제도를 통하여 정부로부터 자본재구입액 1원당 z원(또는 자본재 가격의 z %)만큼의 지원을 받는다고 하자. 여기서 세금제도를 통한 정부의 지원은 금융비용 및 감가상각액에 대한 세금공제와 투자세금공제 등 각종 세금공제를 모두 포함하고 있다. 또한 인플레이션이 존재하지 않는다고 가정하자.

적정자본은 이제 자본생산성의 세후가치와 자본의 세후임차비용을 같게 함으로써 도출된다. 자본생산성의 가치를 VMPK라고 표시하면 세후가치는 $(1-t)$VMPK이다. 적정자본 도출조건인 VMPK = RC로부터 자본생산성의 세후가치는 $(1-t)RC$로 바꾸어 표현될 수 있다. 그런데 정부의 지원을 감안한 자본의 세후임차비용은 $(i+\delta)(1-z)P_K$이다. 따라서 적정자본의 도출은 식 (12.13)에 나타나 있듯이 자본생산성의 세후가치와 자본의 세후임차비용을 같게 함으로써 가능하다.

$$(1-t)RC=(i+\delta)(1-z)P_K \tag{12.14}$$

식 (12.14)를 $(1-t)$로 나누면 각종 세금제도를 종합한 자본의 실효 임차비용은 다음과 같이 유도된다.

$$RC=(i+\delta)(1-z)P_K/(1-t) \tag{12.15}$$

흥미로운 실험을 위하여 투자세금공제가 없다고 가정해 보자. 그러면 z와 t값이 동일하게 되어 식 (12.15)는 원래의 임차비용인 식 (12.3)으로 되돌아간다.[14] 투자세금공제가 없고 오직 금융비용과 감가상각에 대해서만 세금공제가 존재한다면 기업들이 실제로 부담하는 이자율은 $i(1-t)$가 되고 감가상각률은 $\delta(1-t)$가 되기 때문이다.

하지만 비록 투자세금공제가 없다 하더라도 현실적으로 z는 t와 같을 수 없다. 왜냐하면 기업들이 자본재를 구입할 때 차입에만 의존하지 않고 부분적으로 사내유보와 같은 자기자본으로 충당하기 때문이다. 이러한 경우에는 z는 t보다 작아져 자본의 임차비용은 증가하게 된다.

14) 인플레이션이 존재하지 않는다고 가정하고 있다는 것을 기억하라.

》 투자세액공제에서 고용증대세제로 전환!

정부가 투자에 대하여 지원해주는 대표적인 정책 중의 하나가 투자세액공제제도였다. 이는 기업이 투자를 할 때 투자액 중 일정조건을 만족하는 경우 기업이 납부해야 할 세액 중에서 일부를 정부가 공제해주는 것으로 일종의 보조금 성격을 갖는다. 예를 들면, 어떤 기업이 50억원을 투자하는 경우 투자세액공제율이 10%라면 5억원을 정부가 부담하는 것과 같은 효과가 있다. 투자세액공제제도는 정부가 민간기업의 투자를 촉진시키기 위해 도입한 제도로 모든 사업분야에 대해 적용하는 것은 아니다. 주로 연구개발투자, 생산성 향상을 위한 시설투자, 환경개선을 위한 투자 등 정부의 정책목표와 부합되는 특정분야에 대해 지원해주는 제도이다.

그런데 투자세액공제는 오랫동안 유지되다 보니 고용창출이나 신기술 개발이 줄어들고 정부의 보조금 성격의 지출이란 비판이 제기되어 특정한 기한을 정해 한정적인 기간에 지원해주는 임시투자세액공제로 변모되었다. 신규투자에 한하여 7%의 법인세 감면을 통하여 기업의 투자유인을 촉진하기 위함이었다. 그러나 고용이 경제의 주요 현안으로 떠오르자 고용창출을 유인시키기 위하여 고용창출투자세액공제로 전환되어 활용되었다. 1982년 도입된 임시투자세액공제를 전신으로 하는 고용창출투자세액공제는 경기진작을 목적으로 설비투자에 대해 세액공제를 허용했으나, 일자리 창출에 대한 간접적인 지원제도라서 고용창출 효과가 높지 않다는 이유로 일몰 종료했다. 고용창출투자세액 공제를 확대 개편하여 2018부터는 고용증대세액공제제도가 운용되고 있다.

폐지된 고용창출투자세액공제의 고용지원을 위한 추가공제와 종전 청년고용증대세제를 합해 고용증대세제를 신설했다. 투자와는 관계없이 단란주점 등 소비성 서비스업에 해당하지만 않는다면 상시근로자 증가 인원 1인에 대해 중소기업은 2년 동안 700만원을 공제한다. 청년 정규직 근로자 등의 경우에는 이보다 높은 1000만원을 인당 기본 공제액으로 한다. 지방의 경우 중소기업이 상시근로자(정규직)를 고용할 시에 1인당 1100만원을 소득세 및 법인세에서 공제해준다.

고용증대세제는 고용이 증가하기만 하면 인당 일정액을 세액공제하므로 일종의 채용보조금이라 할 수 있다. 또한 연구인력개발비 세액공제와 투자세액공제 등 대기업에게 허용했던 기존의 공제에 대해 공제율을 낮췄다.

4.2 통화정책

통화정책은 이자율의 변동을 통하여 자본의 임차비용에 영향을 끼친다. 확대통화정책은 최소한 단기적으로 명목금리의 하락을 가져온다. 이는 주어진 기대 인플레이션에서 실질이자율의 하락을 초래한다. 즉, 확대 통화정책은 자본의 임차비용을 절감시킴으로써 기업들의 적정자본 규모를 늘리고 이에 따라 투자의 증대를 가져온다. 또한 확대통화정책은 향후 경기상승에 대한 기대감을 높여 투자의 증가가 뒤따를 수 있다.

4.3 신용할당과 유동성 제약

신용할당(credit rationing)은 간단히 말해서 대출자가 차입자의 차입규모를 강제적으로 조절할 때에 발생한다. 비록 차입자가 현재의 금리수준에서 어떤 목표액만큼 빌리고 싶어 하더라도 대출자가 대출규모를 제한할 때에 신용할당이 발생한다.[15] 그렇다면 왜 신용할당 현상이 일어나는가?

신용할당을 설명하는 첫 번째 근거는 대출자와 차입자 간에 존재하는 정보의 비대칭성(asymmetric information)에서 찾아진다. 예를 들어, 어느 기업이 올해 추진하고 있는 투자계획에 의거하여 은행으로부터 자금을 빌린다고 생각해 보자. 그런데 문제는 그 투자계획에 대하여 은행이 갖고 있는 정보와 차입자가 보유하고 있는 정보가 서로 같지 않다는 데에 있다. 차입자는 은행대출의 성사를 위하여 투자계획을 부풀릴 수도 있고 투자계획의 부족한 부분에 대하여 언급하지 않을 수도 있다. 따라서 은행은 차입자에 비하여 정보의 열세에 있을 수밖에 없다. 이러한 정보의 비대칭성은 은행으로 하여금 투자위험에 상응하여 이자율을 인상하게 하는 요인으로 작용한다.

그러나 이자율인상은 더 나쁜 결과를 초래할 수 있다. 이자율이 인상되면 보수적이고 정직한 기업들은 은행대출을 포기하게 되고 오로지 대출회수의 가능성이 낮은 기업들만 여전히 은행대출을 원하게 될 것이다. 우리는 이러한 현상을 **역선택(adverse selection)**이라고 부른다. 바로 역선택문제 때문에 은행들은 위험관리를 이자율의 인상을 통해 처리하기보다는 신용할당을 통해 해결한다. 즉, 은행들은 향후 경제상황과 기업의 안정성을 고려하여 대출금액을 제한한다. 경제상황이 좋으면 차입자의 부도위험이 평균적으로 작기 때문에 신용할당의 강도는 약해지고 반대로 경제상황이 불확실하면 신용할당의 강도는 심화된다.

신용할당의 발생은 중앙은행의 통화정책에서도 비롯될 수 있다. 사회 전반적으로 인플레압력이 강화되면 중앙은행은 긴축정책의 일환으로 일반시중은행에 대하여 대출한도를 설정한다. 또한 중앙은행은 은행에게 일정기간동안 민간대출을 억제하도록 유도할 수 있다.[16]

정보의 비대칭성으로 인한 신용할당은 특히 중소기업의 투자계획에 지대한 영향을

---

15) 신용할당에 대한 포괄적인 설명은 다음 논문에 나타나 있다. D. Jaffee and J. Stiglitz, "Credit Rationing" in B. Friedman and F. Hahn(eds), *Handbook of Monetary Economics*, North-Holland, 1990.

16) 신용할당은 금리규제에서도 나타난다. 과거 1970년대 및 1980년대의 우리나라의 경험을 비추어 보면 제도권 금융기관에서 정책적으로 유지된 금리규제는 만성적인 초과자금수요를 초래하였고 이에 따른 신용할당이 지속된 바 있다.

끼친다. 이미 시장에서 높은 인지도를 갖고 있는 대기업의 경우에는 정보의 노출이 상대적으로 용이하기 때문에 정보의 비대칭성이란 제약을 크게 받지 않는다. 하지만 중소기업의 경우에는 시장에서의 인지도가 낮아 은행으로부터 신용할당을 받을 가능성이 높다. 따라서 외부에서 충분한 대출을 받을 수 없는 중소기업들은 투자재원으로써 사내유보와 같은 자기자본에 의존하여야 한다. 다시 말해서 앞으로의 생산계획과 자본의 임차비용뿐만 아니라 기업내부의 재무적 상황도 투자를 결정하는 중요한 요인이 된다.

기업의 내부자금이 투자의 장애요소로 작용하는 현상을 우리는 재무적 제약(financial constraints) 또는 **유동성 제약(liquidity constraints)**이라고 일컫는다. 신용할당문제는 외환위기 직후인 1998년에 우리나라 금융시장의 커다란 이슈로 등장한 바 있다. 그 당시 예금은행 및 제2금융권 금융기관들의 부실과 함께 국제통화기금(IMF)의 권고에 따른 은행들의 BIS기준[17]에의 집착은 금융시장에서 신용경색을 초래하였다. 은행들은 특히 신용도의 정확한 측정이 어려운 중소기업 대출에는 극도로 인색하였던 것이다.

》불확실성과 투자와의 관계

2008년도 금융위기 이후 대부분의 국가들이 저금리 정책을 유지하고 있다. 미국이나 일본, 유럽은행들은 거의 '0'를 유지해오고 있다. 심지어 일부 국가는 마이너스 금리(은행이 현금 보관비용을 받는 경우)를 실시하는 경우마저 생겼다. 전통적인 투자이론에 따르면 금리가 낮으면 투자가 증대되어야 하지만 금리가 바닥임에도 불구하고 기업은 투자를 증대시키지 않는다. 우리나라의 기업(주로 대기업)들은 많은 현금자산(사내유보금)을 보유하고 있다. 우리나라 기업의 현금성은 늘어난 반면 기업의 고정자산은 줄어든 것으로 나타났다. 이런 현상은 지난 2008년 금융위기를 겪고난 국내의 상장기업들에게서도 나타났다. 고정자산이 줄어든 것은 기업이 설비투자를 증대시키지 않았기 때문이다. 기업의 현금유보는 증가하였지만 투자는 늘지 않았다. 왜 이런 현상이 생길까?

투자를 하지 않는 이유는 여러 가지가 있지만, 그 중에서도 미래에 대한 불확실성이 큰 것이 중요한 요인으로 꼽히고 있다. 국내경기 침체로 인하여 미래의 수익률이 불투명하고, 복잡하고 또한 반시장적인 규제들, 정부의 일관되지 못하고 불투명한 정책 등으로 인해 내부적인 불확실성이 높아지고 있다. 또한 최근 해외경제도 불확실성이 높아지고 있다. 미국과 중국 간에 무역전쟁도 불확실성을 높이는 요인으로 작용하고 있다. 중국 리스크라고 불릴 만큼 중국경제의 저성장을 우려하는 목소리가 높다. 2016년 정초부터 중국의 주식시장에서 대규모 주가폭락 및 위안화 평가절하가 일어났다. 불확실성이 증대되는 상황에선 기업들은 사업전망이 불투명하여 투자를 지연시킨다.

---

17) BIS란 Bank for International Settlement의 약자로서 선진국 중앙은행 간 정책협력을 주요 기능으로 하고 있다. 우리나라는 1997년에 정식회원으로 가입하였으며 현재 44개국 중앙은행이 참여하고 있다. BIS는 금융시장의 안정성을 도모하기 위하여 각종 규정을 두고 있는데 우리에게 잘 알려진 것이 BIS기준 자기자본비율이다. BIS자기자본 비율은 (자기자본/위험가중자산)×100으로 정의된다. BIS는 은행의 건전성과 안정성 확보를 위해 회원국 은행들로 하여금 8% 이상의 자기자본 비율을 유지하도록 권고하고 있다.

투자함수에서 논란이 되는 것이 이자율에 대한 탄력성이다. 고전학파의 모형은 투자는 이자율에 대하여 매우 탄력적이라고 보았는데, 케인지언들은 투자는 이자율에 대하여 비탄력적이라고 생각하였다. 투자의 예상수익률(MEI)을 중요하게 여겼다. 문제는 투자의 수익률은 미래에 결정된다는 점이다. 투자 예상투자수익률은 주관적인 것에 많은 영향을 받게 된다. 이렇듯이 주관적인 투자의 예상수익률을 케인즈는 "animal spirit"이라고 하였다. 마치 동물이 사냥할 때 본능적으로, 감각적으로 먹이감을 낚아채듯이 기업가도 어떤 사업전망에 대해 그 사업의 예상투자수익률을 직관적으로 결정한다는 것에 빗댄 것이다. animal spirit은 예상수익에 대한 위험부담을 감수하고 과감히 투자하려는 충동을 나타낸다. 불확실성이 증폭되면 투자의 예상수익률이 불투명하여 animal spirit이 위축되어 투자하려 하지 않는다. 이런 경우에는 시중의 이자율이 떨어진다고 해서 투자를 증가시키지 않는다. 많은 경제학자들이 정부에 불확실성 제거를 주문하는 것도 이런 이유에서다.

요약정리

1. 미시경제학적 차원에서 투자수요의 결정은 적정자본의 도출로부터 출발한다. 적정자본은 자본한계생산의 가치와 한계비용이 같을 때의 자본량이다. 자본의 한계생산은 자본이 많아짐에 따라 감소한다. 자본의 한계비용(임차비용)은 자본재의 가격에 실질이자율과 감가상각률의 합을 곱한 값이다.

2. 적정자본은 이자율과 기대산출량의 함수이다. 이자율의 상승은 적정자본의 감소를 초래하고 기대산출량의 상승은 적정자본의 증가를 가져온다.

3. 투자는 적정자본과 기존 자본량의 차이를 해소하는 과정에서 비롯된다. 신축적 가속도모형은 자본축적의 시차를 바탕으로 투자의 진행속도를 결정한다. 진행속도가 빠를수록 적정자본과 기존 자본량 간의 격차는 더 빨리 해소된다.

4. 투자는 적정자본과 기존 자본량에 의해 결정된다. 따라서 투자는 이자율, 기대산출량 및 기존 자본량의 함수로 표현된다.

5. 법인세의 증가는 자본의 실효임차비용을 높여 투자의 감소를 초래한다.

6. 기업의 금융비용부담 및 감가상각액에 대한 세금공제와 투자세금공제는 실질적으로 자본의 실효임차비용을 경감시키는 효과를 낳는다. 따라서 각종 세금공제는 기업투자의 증가를 야기한다.

7. 확대통화정책은 최소한 단기적으로 금리의 하락과 경기상승에 대한 기대감으로 투자의 증가를 초래한다.

8. 금융기관의 신용할당을 설명하는 대표적인 이론은 정보의 비대칭성으로 인한 역선택문제에서 찾아진다. 또한 중앙은행의 긴축정책은 또 다른 신용할당의 원인이 된다.

9. 시장에서의 인지도가 낮은 중소기업은 외부자금조달에서 신용할당의 가능성이 높다.

10. 순현재가치법에 의하면 예상수익의 현재가치가 예상비용의 현재가치와 같아질 때까지(순현재가치가 0이 될 때까지) 투자는 계속 진행되어야만 한다.

11. 내부수익률법에 의하면 투자의 한계효율(내부수익률)이 시장금리와 같아질 때에 적정투자량이 결정된다.

12. 토빈의 q는 기업이 발행한 총주식의 시장가치를 기업이 보유하고 있는 실물자본의 대체비용으로 나누어 준 값이다. q가 높아질수록 예상수익과 투자비용의 상대적 비율이 더 높아져 기업의 투자는 증가한다.

연습문제

1. 불경기시에는 투자를 증가시키기 위하여 이자율을 인하하여도, 민간투자의 증가는 기대에 미치지 못하는 경우가 있다. 투자함수를 이용하여 이런 현상을 설명해보라.

2. 법인세 인하정책과 이자율 인하정책이 각각 투자에 미치는 영향에 차이가 있는가? 차이가 있다면 어떠한 경로 영향을 미치는지 설명하시오.

3. 재할인율 인하정책, 법정지급준비율 인하정책이 투자에 영향을 미치는 파급경로를 논리적으로 설명하시오.

4. 순현재가치법과 내부수익률법의 장·단점을 기술하시오.

5. 투자함수가 이자율과 반비례 관계에 있다는 것을 미시경제이론을 이용하여 설명하시오.

6. 자본임대가격(rental cost)이란 무엇인가? 이자율이 상승할 경우 자본임대가격에 어떤 영향을 미치며, 그로 인해 최적자본량을 어떻게 변할까?

7. 최적자본량을 구하는 과정을 보이고, 최적자본량과 실제자본량 사이에 조정되는 과정을 보이고, 이를 기초로 신축적 가속도 모형을 도출, 설명하시오.

8. 만일 완전한 자본시장(perfect capital market)이 존재하여 기업이 최적자본량을 언제든지 구입할 수 있고 자본조정에 대한 조정비용이 없다면, 투자함수에 미치는 영향은 어떨까?

9. 법인세율이 30%이고, 세금공제의 크기는 자본재 구입에 대하여 50%라고 한다면 조세승수는 얼마인가?

10. 9번에서 법인세율을 20%로 인하한 경우 조세승수의 크기는 어떻게 변화하는가?

11. 법인세율을 동일하게 유지하면서, 추가로 투자세금공제를 실시할 경우 기업의 투자가 어느 정도 더 증가하는가?

12. 투자촉진을 위한 재정정책 변수를 기술하고 차이점을 비교 설명하시오.

13. 기업의 차입규모를 조절하기 위한 방법으로 실시하는 신용할당 축소와 이자율 인상이 투자에 미치는 영향의 차이점을 비교하시오.

14. 토빈의 q이론을 설명하고, 투자와 어떤 관계가 있는지 설명하시오. 그리고 토빈의 q이론의 장단점을 설명하시오.

제 13 장 화폐시장

제1절 화폐의 정의

1.1 화폐의 기능

사람들이 왜 화폐를 사용하려 하는가? 화폐의 가장 중요한 기능은 **교환수단(medium of exchange)** 또는 교환의 매개기능이다. 예를 들어, 농부는 옷을 사기 위해 쌀가마를 지고 시장에 간다고 상상해보자. 얼마나 불편하겠는가! 화폐가 있다면 편리하다. 즉, 화폐는 쌀과 옷을 교환하는 수단 또는 매개물인 것이다. 재화교환을 매개하는 과정에서 화폐는 지불수단으로서의 기능을 수행하기 때문에 교환수단의 기능은 **지불수단(means of payments)**의 기능이라고도 일컬어진다. 화폐라는 교환의 매개체가 없다면 재화의 교환은 많은 시간과 거래비용을 수반한다. 농부의 예로 돌아가서, 쌀을 갖고 있는 농부가 그 쌀을 옷과 교환하고자 한다면 농부는 쌀을 필요로 하는 옷 장사를 만나야만 한다. 즉, **욕망의 이중적 일치(double coincidence of wants)**가 이루어져야만 물물교환이 가능하다. 그러나 욕망의 이중적 일치를 이룰 수 있는 상대방을 찾고 적절한 교환비율을 합의하는 데에는 많은 시간과 노력이 요구된다. 이러한 의미에서 직접적인 물물교환은 극히 비효율적인 교환제도이다. 화폐경제에서는 이러한 불편이 화폐를 매개로 하여 해소된다. 화폐가 갖고 있는 교환의 매개기능은 경제거래의 비용을 최소화시키고 여가시간의 증대, 전문화의 촉진 및 자원의 효율적 배분 등을 통하여 경제 전체의 효율성을 높인다.

화폐의 두 번째 기능은 **가치저장 수단(means of store of value)**이다. 이는 교환의 매개기능에서 비롯된다. 교환거래는 판매와 구매의 두 가지 거래로 분리되는데 이 두 거래가 상이한 시간에 이루어지려면 판매시기와 구매시기 사이의 기간 동안 교환가치가 잘 보존되어야만 한다. 즉, 화폐는 어떠한 재화와도 항상 교환 가능하기 때문에 화폐를 보유하는 것은 그에 상응하는 실물적 가치를 보유하는 것과 동일하다. 자산의 한 형태인 화폐는 가장 완벽한 **유동성(liquidity)**을 지니고 있다. 유동성이란 어떤 재화가 현금으로 전환될 때 소요되는 비용과 시차의 정도를 나타낸다. 예를 들어, 어떤 사람이 보유하고 있는 토지를 팔아 현금화시키려 한다고 생각해 보라. 토지의 매각은 거래성사에 걸리는 시간적 비용과 수수료와 같은 금전적 비용을 수반한다. 따라서 토지는 유동성이 낮은 자산이다. 반면에 화폐는 자체가 현금이기 때문에 유동성이 가장 높은 자산이다.

화폐의 세 번째 기능은 **회계단위(unit of account)** 또는 **가치의 척도(measure of value)**이다. 모든 재화와 용역의 교환가치는 화폐단위로 표현된다. 예를 들어, 독자들이 읽고 있는 거시경제학 교과서가 3만원이고 리바이스 청바지 한 벌이 10만원이라는 것은 화폐단위가 두 재화의 가치를 측정한다는 것을 의미한다. 또한 화폐단위는 두 재화의 상대적 가치(청바지 1벌당 교과서 3.3권)를 결정한다.

1.2 통화지표

화폐의 제도적 정의는 통화당국의 통화정책수립과 밀접하게 연관되어 있다. 각국의 중앙은행은 자국에 존재하는 모든 금융자산 중에서 지급수단의 기능에 대한 근접도에 따라 몇 개의 **통화지표(monetary aggregates)**를 설정한다. 통화와 실물경제는 밀접한 관계에 있으므로 한 나라의 통화량을 정확하게 측정할 필요가 있다. 이를 위해 한국은행에서는 *M1*(협의통화), *M2*(광의통화)의 통화지표와 *Lf* (금융기관유동성), *L*(광의유동성) 등의 유동성 지표를 작성하고 있다. 우리나라는 통화지표들 가운데 중심지표를 선정하여 1957년부터 2002년도까지 통화정책의 중간목표(*M1*, *M2*)로 활용하여 왔다. 최근에는 물가안정목표가 시행된 이후에는 금리 중심의 통화정책이 집행됨에 따라 *M1*, *M2*, *Lf* 등 각종 통화관련 지표들은 통화정책의 정보변수로 활용되고 있다.

유동성이 가장 높은 금융자산으로 구성되어 있는 *M1*은 지불수단의 기능을 강조한 협의통화 개념으로 다음과 같이 정의된다.

M1 = 현금통화 + 요구불예금 + 수시입출식 저축성예금 (은행의 저축예금, MMDA, 투신사의 MMF 포함)

현금통화의 대부분은 민간보유현금(currency in circulation)인데, 이는 가계, 기업 및 비통화금융기관 등의 민간부문이 보유한 현금통화를 일컫는다.[1] 협의통화인 *M1*은

1) 한국의 금융기관은 통화금융기관과 비통화금융기관으로 구분된다. 통화금융기관은 중앙은행과 예금은행으로 구

유동성이 매우 높은 결제성 단기금융상품을 중심으로 구성하고 있어 단기금융시장의 유동성을 파악하는데 적합한 지표이다.

총통화로 불리는 광의통화지표인 *M2*는 *M1*에 저축성 성격의 예금을 더한 것이었으나, 최근에는 새로운 금융상품이 도입되어 확대된 *M2*를 사용하고 있다.

$$M2 = M1 + \text{예금취급기관의 각종저축성예금} + \text{시장형 금융상품} + \text{실적배당형상품} + \text{금융채} + \text{거주자외화예금}$$

(단, 만기 2년 이상 제외)

*M2*는 *M1*에 비하여 지불수단의 기능이 떨어진다. 그럼에도 불구하고 이 통화지표의 의의는 다음 두 가지 측면에서 찾아진다. 우선 저축성 예금은 이자를 다소 포기하면 언제라도 현금화가 가능하기 때문에 사실상 요구불예금과 커다란 차이가 없다. 둘째, 실증적 차원에서 *M2*는 실물변수와 더 안정적인 관계를 유지한다는 것이다.[2] 이러한 이유로 우리나라 중앙은행은 통화정책수립의 주된 통화지표로서 1979년 이래 *M2* 증가율을 통화정책의 중간목표로 1997년까지 사용되었다. 이상은 통화를 나타내는 지표이고, 유동성을 나타내는 지표에는 금융기관유동성(*Lf*)과 광의유동성(*L*)을 나타내는 지표가 있다.

$$Lf = M2 + \text{예금취급기관의 만기 2년 이상 정기예금} + \text{금융채 및 금전신탁} + \text{생명보험회사의 보험계약 준비금 및 증권금융회사의 예수금 등}$$

$$L = Lf + \text{정부 및 기업 등이 발행한 기업어음, 회사채, 국공채 등 유가증권}$$

이상의 통화정의를 실제 통계치를 2018년 2월말 기준으로 정리하면 〈표 13-1〉과 같다.

성되어 있다. 예금은행은 요구불예금을 수취할 수 있는 일반은행과 중소기업은행 및 농협 등의 특수은행을 포함한다. 비통화금융기관은 한국산업은행과 같은 개발은행, 증권회사, 보험회사 및 종합금융회사 등의 금융기관들을 포괄한다. 비통화금융기관들은 요구불예금을 취급할 수 없거나 취급하더라도 그 규모가 미미하며 제2금융권이라고도 불린다.

2) 프리드만(Friedman)은 화폐가 선험적 이론에 의하여 정의되기보다는 실증적 차원에서 국민소득 및 물가와 가장 밀접한 상관관계를 보이는 금융자산의 합성체로 정의되어야 한다고 주장한다.

| 표 13-1 | 우리나라의 통화 및 유동성(계절조정 계열 기준)

(평잔, 조원)

	2016	2017	2017^r		2018	
	연간	연간	11월	12월	1월	2월^P
M1(협의통화)	734.4	802.0	821.1	824.8	829.7	832.8
	(15.4)	(9.2)	(−0.6)	(0.4)	(0.6)	(0.4)
M2(광의통화)	2,342.6	2,471.2	2,514.5	2,523.0	2,555.9	2,569.9
	(7.3)	(5.5)	(0.4)	(0.3)	(1.3)	(0.5)
Lf(금융기관유동성)	3,229.9	3,445.7	3,516.3	3,535.4	3,569.7	3,594.2
	(8.1)	(6.7)	(0.4)	(0.5)	(1.0)	(0.7)
L(광의유동성)[1)]	4,231.9	4,501.6	4,479.8	4,501.6	4,545.3	4,566.5
	(7.5)	(6.4)	(0.5)	(0.5)	(1.0)	(0.5)

주: 1) L(광의유동성)은 말잔 기준 잔액 및 증감률

2) ( ) 내는 계절조정계열 전기대비 증감률(%)

r. 계절조정계열 및 원계열의 연평균잔액이 일치되도록 2017년 중 월평잔 조정

출처: 한국은행

〈표 13-1〉에 따르면, 2017년말 기준으로 우리나라는 광의통화(*M2*)는 광의의 유동성(*L*)의 56.0%에 지나지 않아 통화 외의 유동성이 많음을 나타낸다. 따라서 과거와 같이 *M2*를 통화지표로 삼을 경우엔 시중에 공급되는 유동성의 절반 정도 밖에는 설명이 안 된다. 이런 이유로 인해 *M1*이나 *M2*와 같은 통화지표로는 실물경제를 정확히 파악하는데 제약이 따른다. 최근에는 대부분의 국가들이 통화지표(*M1*, *M2*) 대신에 이자율을 정책지표로 삼고 있다. 미국이나 우리나라도 금리(기준금리)를 정책의 지표로 삼아 시중의 간접적으로 통화공급량을 조정한다. 이자율(통상 중앙은행의 기준금리) 기준으로 할 경우엔 이자율이 정책변수가 되지만 통화공급량은 내생변수가 된다. 기준금리를 내리면 시중에 통화공급량이 증대되고 금리를 인상시키면 통화공급량이 줄어들게 된다.

제2절 화폐의 수요

왜 우리는 화폐를 보유하는가? 화폐수요의 결정요인에 대한 견해 차이는 오랜 논쟁과 다양한 이론으로 발전되었다. 화폐수요이론은 화폐의 기능 중에서 어떤 기능이 강조되느냐에 따라 달라진다. 하나는 화폐의 교환수단을 강조하는 유량(flow)적 개념의 화폐수요이론이며 다른 하나는 화폐의 가치저장기능을 강조하는 저량(stock)적 개념

의 화폐수요이론이다.

화폐는 전통적으로 거래수단의 기능이 강조되었다. 화폐를 마치 우리 몸속에 흐르는 혈액에 비유하여 실물의 흐름을 원활하게 해주는 교환수단으로써 역할로 보는 것이다. 고전학파의 화폐수요이론이 이에 해당된다. 화폐의 거래적(교환) 기능을 중시하여 유량접근(flow approach)으로 분석하였다.

하지만 1930년대 초반에 발생한 대공황은 경제학자들의 사고의 전환을 가져왔다. 화폐를 가치저장수단의 역할이 중시되었다. 사회적으로 화폐의 가치저장기능이 강조되자 케인즈는 저량접근(stock approach)을 통해 새로운 화폐수요이론을 발전시켰다.[3] 비록 케인즈는 거래적 동기의 화폐수요를 간과하지는 않았지만 그의 주요 공헌은 화폐의 자산적 가치를 중시하는 투기적 동기의 화폐수요를 창안하였다는 데에서 찾을 수 있다.

》 시사 : 불확실성과 현금 수요 관계는?

2008년 금융위기 이후 많은 기업들이 현금자산 보유를 늘리고 있는 것이 밝혀졌다. 미국의 월스트리트저널(WSJ)에 따르면 2009년 미국의 500대 비금융 제조업체들의 총자산 대비 현금비율이 9.8%로 나타났다. 1989년에는 4.4%에 불과하였다. 우리나라의 경우도 예외가 아니다. 한국거래소에 상장된 비금융제조업의 경우 2009년도에 현금보유비율이 11.1%로 나타났다. 이는 20년 전인 1990년의 6.9%에 비하여 매우 높게 나타나고 있다.[4] 흥미로운 사실은 신용도가 높고 유동성이 풍부한 우량기업이 상대적으로 더 많은 현금을 보유하고 있다는 점이다. 위험을 헤지할 수 있는 파생상품 등 금융기법이 전에 비하여 발달되어 있으며, 정보통신기술의 발달로 현금을 보유할 필요가 적어졌음에도 불구하고 기업이 과거보다도 현금보유비율이 높다. 왜 그럴까? 그 이유는 기업환경의 불확실성이 더 높아졌기 때문이다. 대규모의 자금이 수반되는 연구개발(R&D)투자를 위한 자금보유의 필요성이 높아졌으며, 연구개발투자의 성공률이 낮고, 글로벌화로 인해 초경쟁시대를 맞아 사업의 불확실성이 높아졌다. 또한 경제의 개방화 및 글로벌화는 기업생존에 위협과 기회가 되고 있어 사업 불확실성이 높아졌다. 또한 자본시장의 개방화 및 세계금융시장의 불안정성도 사업의 불확실성을 높이는데 일조하고 있다. 최근 2010년~2015년 기간 동안에 미국, 중국, 일본 및 유로존 지역의 환율전쟁(각국의 자국화 환율하락 유도)으로 국제금융시장의 불확실성이 점차 높아져 불확실성을 높이고 있다. 이렇듯이 불확실성이 높아지면 예비적 동기목적의 화폐수요가 증가하게 된다.

2.1 고전학파의 화폐수요이론

19세기부터 20세기 초반까지 지속되어온 고전학파의 대표적인 화폐수요이론은 **화폐**

3) 케인즈 이후, 프리드만은 신화폐수량설(Modern Quantity Theory of Money)을 발전시켰지만 이 이론은 고전학파의 이론과 케인즈의 이론을 융합시킨 것으로 이해된다.

4) 매일경제신문 (2010. 9. 25) A15면 기사 참조하여 정리한 것임.

수량설(Quantity Theory of Money)이다. 이 이론은 통화와 물가간의 관계를 밝힘과 동시에 화폐수요가 어떻게 결정되는지를 설명한다. 피셔(Fisher)의 **교환방정식**(equation of exchange)은 화폐수량설을 잘 설명하고 있다.

피셔의 교환방정식은 통화량(M)과 물가수준(P)에 산출량(Y)을 곱한 명목소득(PY) 간의 연결고리를 구축하는 것으로부터 출발한다. 이 연결고리를 마련해주는 개념이 **통화의 유통속도**(velocity of money)이다. 유통속도란 간단히 말해서 통화의 회전율을 의미한다. 예를 들어, 명목소득이 5조원이고 통화량이 1조원이라면 명목산출량의 거래를 완전히 소화하는 데에는 통화량이 5번 회전해야 한다. 이를 일반화시키면 **화폐의 소득유통속도**(income velocity of money)는 명목소득을 통화량으로 나눈 값으로 정의된다.5)

$$V = \frac{P \times Y}{M} \tag{13.1}$$

식 (13.1)을 정리하면 명목소득, 통화량 및 유통속도의 관계를 설명하는 교환방정식이 도출된다.

$$M \times V = P \times Y \tag{13.2}$$

식 (13.2)는 유통속도의 정의에 의거하여 도출된 항등식이다. 즉, 교환방정식은 화폐경제에서 통화량에 소득유통 속도를 곱한 값이 명목소득과 같다는 것을 의미하는 항등식일 뿐이다. 따라서 위 식에 의거하여 통화량의 상승이 명목소득의 증가를 초래한다고 할 수는 없다. 왜냐하면 통화량이 증가한다 하더라도 유통속도가 감소하면 그 효과는 상쇄되어 명목소득은 변하지 않을 수 있기 때문이다. 따라서 항등식인 (13.2)에서 경제변수 간의 관계를 밝힐 수 있기 위해서는 유통속도의 결정요인에 대한 이해가 필요하다.

피셔의 주장에 의하면 유통속도는 경제주체들의 거래방식에 영향을 주는 지급제도와 같은 제도적 요인에 따라 결정된다. 예를 들어, 거래수단으로 신용카드의 사용이 확대

5) 유통속도 대신에 소득유통속도라고 명명한 것은 피셔의 원래 유통속도개념과 다르기 때문이다. 피셔는 명목소득을 기초로 하여 유통속도를 정의하지 않고 경제내부의 총거래액을 기준으로 유통속도를 정의하였다. 총거래액의 규모는 다음 두 가지 이유에서 명목소득보다 훨씬 더 크다. 첫째, 최종재만으로 구성되어 있는 GDP는 중간재나 원자재를 포함하지 않는다. 둘째, GDP는 금융자산거래나 기존의 부동산거래를 포함하고 있지 않다. 그러나 총거래액은 측정하기 곤란하다는 문제점을 안고 있다. 이러한 이유로 거시경제학에서는 소득유통속도의 개념이 사용된다. 만약에 명목소득의 수준이 총거래액과 비례한다면 소득유통속도는 여전히 유용한 개념이 된다.

되면 화폐사용의 필요성은 줄어들어 (현금)통화수요가 감소한다. 이에 따라 주어진 명목산출량의 거래를 소화시키기 위해서는 유통속도의 증가가 요구된다. 그런데 이러한 제도적 변화는 천천히 나타나기 때문에 피셔는 유통속도가 단기적으로 변하지 않는다고 생각하였다.

유통속도가 단기적으로 일정하다는 가정은 항등식인 교환방정식을 화폐수량설로 변환시킨다. 이제 명목소득은 통화량의 변화에 의하여 결정된다. 통화량(M)이 두 배가 되면 명목소득(PY)도 두 배가 된다. 그런데 고전학파의 이론에서는 가격의 신축적인 변화로 인하여 산출량은 항상 완전고용수준을 유지한다. 또한 산출량 Y 역시 단기적으로 변하지 않는다. 그러면 화폐수량설이 우리에게 주는 시사점은 통화량과 물가는 비례한다는 점이다. 통화량이 두 배가 되면 물가수준도 두배가 된다. 물가수준의 변화는 통화량의 변화에 의하여 결정되는 것이다.

화폐수량설은 주어진 소득에서 화폐가 얼마만큼 필요한가를 나타내기 때문에 화폐수요함수의 의미도 포함한다. 이를 알아보기 위해 교환방정식의 양변을 V로 나누면 다음과 같은 식이 만들어진다.

$$M = \frac{1}{V} PY \tag{13.3}$$

화폐시장이 균형상태에 있다면 화폐공급 M은 화폐수요 M^d와 일치하여야 한다. 위 식에서 V는 일정하기 때문에 $1/V$은 상수이다. 따라서 화폐수량설에 의거한 화폐수요함수는 다음과 같이 도출될 수 있다.

$$M^d = kPY \tag{13.4}$$

식 (13.4)의 k(**마샬 *k*라고도 함**)는 $1/V$를 나타내는 상수이기 때문에 명목산출량의 거래수준이 화폐수요를 결정짓는다. 고전학파 화폐수요의 결정과정에서 가장 중요한 점은 이자율의 역할이 없다는 점이다. 결론적으로 화폐수량설에 바탕을 둔 화폐수요함수는 화폐의 교환매개기능을 강조하여 화폐수요가 오로지 경제거래의 수준에 의해 결정된다고 밝히고 있다.

2.2 화폐유통속도의 안정성 문제

일반적으로 유통속도는 화폐 1단위가 국민소득에 포함되는 재화를 구입하기 위하여 사용되는 평균 횟수를 의미한다. 예를 들어 우리나라의 명목국민소득 1,000조원과 광의의 통화량 1,500조원을 대입하면 유통속도의 값은 약 0.66이 된다. 이는 우리나라 국민들이 재화구입을 위해 통화가 평균 약 0.6번 사용되었음을 의미한다. 유통속도가 낮아진다는 것은 그만큼 사람들이 재화구입을 위하여 화폐를 덜 사용한다는 의미이다. 일반적으로 통화유통속도는 경기순응적인 것으로 알려졌다. 경기침체기에 유통속도도 떨어진다. 그만큼 사람들이 재화구입을 자주 하지 않는다는 의미다. 반대로 유통속도가 높아지면 체감경기가 호전되는 것으로 해석할 수 있다.

또한 유통속도를 화폐보유성향 측면에서도 해석할 수 있다. 유통속도가 1이라는 것은 화폐량이 1회전 한다는 것이며 이때 사람들은 12개월분에 해당되는 소득을 현금의 형태로 보유하려 한다는 것을 의미한다. 만일 유통속도가 0.5라는 것은 소득의 2년 치를 화폐의 형태로 보유하려는 성향을 나타낸다.[6] 이는 경기 침체를 대비하여 사람들이 지출을 삼가고 직장을 잃었을 때를 대비하여 현금을 모으고 있는 것으로 판단된다. 따라서 2008년 금융위기 후의 기업과 가계는 현금을 많이 보유하려고 한다. 불확실한 미래를 대비하기 위해서이다. 최근 우리나라의 대기업을 중심으로 한 현금보유량이 대폭 높아진 것도 이와 무관치 않다.

» 시사 : 우리나라 및 주요국의 통화유통속도 비교

전반적으로 통화유통속도는 십수년 동안 하락되는 추세를 보였다. 우리나라의 통화유통속도(명목국내총생산(GDP)/광의통화(M2))도 계속 떨어져 왔다([그림 13-1] 참조). 이런 현상은 우리나라 만의 문제가 아니라 세계적인 현상이기도 하다([그림 13-2 및 그림 13-3] 참조). 하지만 우리나라의 통화유통속도가 미국 등 주요 선진국에 비하여 낮은 것으로 알려졌다. 장기간 불황에 시달려온 일본에 비하면 높지만 유럽평균이나 미국에 비하면 낮은 편이다.

우리니라의 통화유통속도는 지난 2014년도에 0.94이던 것이 지속적으로 하락되어 2016년도에는 0.70까지 떨어졌다. 일반적으로 경기 수축기에는 통화유통속도가 떨어지는 것으로 알려져 있다. 우리나라의 통화유통속도는 금융위기 이후에 잠시 증가하는 모습을 보이다가 2012년 이후부터 다시 하락하는 추세를 보이고 있다. 이런 추세는 외국의 경우도 비슷하다. 미국의 경우 2007년 1.92였던 통화유통속도는 2013년 1.51까지 하락하였고, 유로지역 역시 2007년 1.26에서 2013년 1.07까지 하락되었다. 중국은 2007년 0.66에서 2013년 0.533으로 하락되었다. 잃어버린 20년 동안 장기 침체를 겪은 일본은 더 심하다. 2013년 기준으로 통화유통속도가 0.40에 지나지 않아 돈이 실물경제에

6) 식 (13.4)는 화폐수요 함수인데, 소득의 일정부분을 화폐로 보유하려는 성향인 마샬 k는 유통속도 (v)의 역수임.

[그림 13-1] 우리나라의 통화승수 및 통화유통속도 추이(2000~2016)

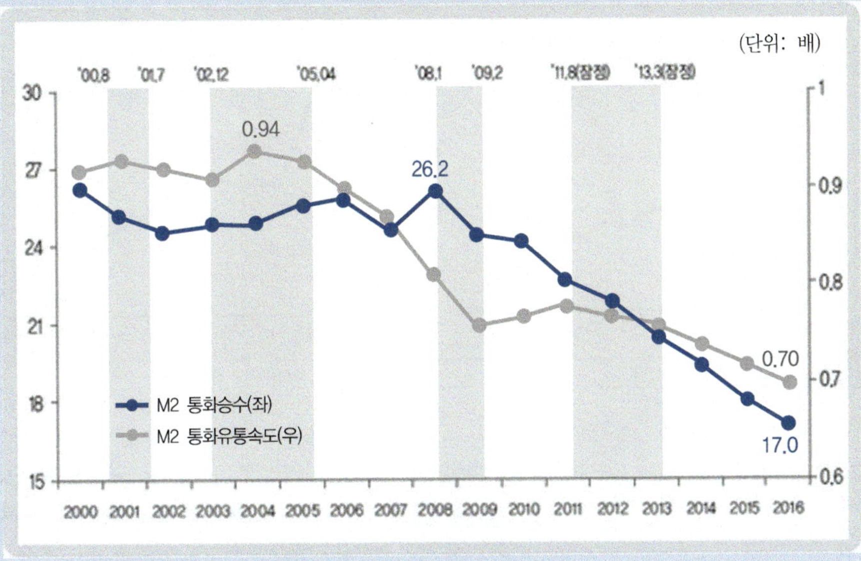

주: 1) M2 통화승수 = M2/본원통화(중앙은행 화폐발행액+예금은행 지급준비금)
2) M2통화유통속도 = 명목GDP/M2
3) 회색 부분은 통계청에서 발표하는 경기수축 기간을 보여주고 있음.

원활하게 흘러들어가지 못함을 나타내고 있다. 화폐유통속도가 장기간 낮은 상태를 유지할 경우에 유동성은 대량 공급되지만 실물경제에 도움이 되지 못하는 '**유동성 함정**'에 빠질 수도 있다([그림 13-1] 참조).

세계은행의 자료에 따르면 선진국이나 후진국을 막론하고 지난 수 십년 동안 화폐의 유통속도가 하락하는 추세를 보이고 있다([그림 13-2] 참조).

[그림 13-2] 글로벌 화폐유통속도 추이

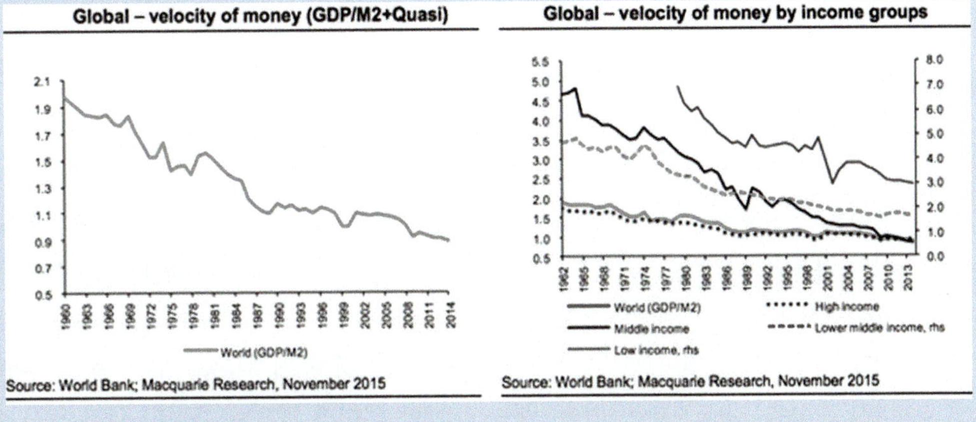

[그림 13-3] 미국과 중국의 통화유통속도 추이

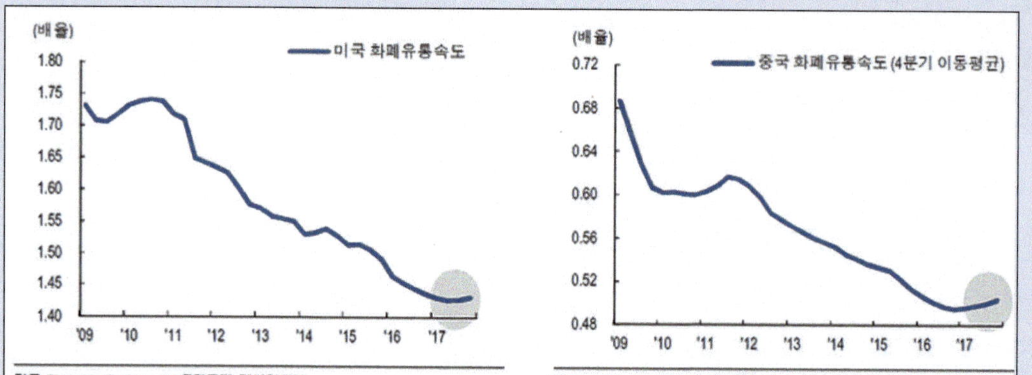

자료: Thomson Reuters, NH 투자증권 리서치본부

자료: CEIC, NH 투자증권 리서치본부

미국 및 중국의 경우를 살펴보면 2017년도 이후 통화유통속도가 하락 추세에서 반등하여 상승하는 국면을 보이고 있다([그림 13-3] 참조). 이런 추세는 우리나라의 경우에도 관찰되고 있다. 우리나라의 화폐의 유통속도가 2018년 상반기 최근 몇 달 전부터 다시 높아진 것으로 나타났다.[7] 호황국면으로 접어들면 통화유통속도도 높아지는 경향이 있다.

2.3 전자화폐 도입과 화폐유통속도의 안정성 문제

일찍이 Wicksell과 Fisher는 금융혁신과 결제수단의 발전으로 인해 통화유통속도가 상승할 것으로 예측한 바 있다. 금융혁신은 화폐수요를 줄여 유통속도를 증가시킬 수 있지만, 다른 한편으로는 신용(화폐)을 창출하는 기능을 가진 상업은행제도의 확산이 유통속도를 하락시키는 요인으로 작용할 수도 있다. 전자화폐의 도입에 따른 유통속도를 알아보기 위하여 탁승호(2006)는 우리나라의 통화량공급을 대상으로 1980~1999간의 자료를 이용하여 실증분석하였다. 그 결과 전자화폐의 도입이 통화의 유통속도를 높이는 것으로 추정되었다. 그는 전자화폐에 의한 대요변수로 상거래에서 전자거래 결제비율과 신용카드 결제비율을 사용하여 추정하였다. 추정결과 전자화폐의 사용과 통화의 유통속도 간에는 통계적으로 유의한 수준에서 정(+)의 관계가 있는 것으로 나타났다. 전자화폐의 도입은 거래비용(지급결제의 편리성 및 처리비용 경감효과)을 감소시켜 거래를 촉진시킬 것이므로 거래량(생산량)이 증가하여 거래유통속도를 높일 것이다. 따라서 소득유통속도보다는 거래유통속도가 더 의미가 있으나 추정이 쉽지 않은 단점이

7) 한국은행, "통화량과 경기의 관계 분석," 2018 참조.

있어 소득유통속도를 사용한다. 또 다른 측면의 해석은 전자화폐의 도입은 현금수요를 줄여 화폐에 대한 수요를 줄이고 거래유통속도를 증가시키는 효과가 있다. 또한 이자율 상승은 통화보유의 기회비용이 높아지므로 화폐보유성향(수요)을 낮추어 유통속도를 높인다. 이런 이자율과 유통속도 간에 정의 관계도 주상영(2002)[8]와 마찬가지로 확인되고 있다. 탁승호의 실증추정은 1999년까지의 데이터인데, 현재는 당시의 경우와 비교하여 더 획기적으로 전자화폐 결제수단이 다양하게 등장하여(예: 모바일 결제수단) 유통속도에 더 많은 영향을 끼칠 것으로 판단된다. 이런 사실들을 종합할 때 이제는 화폐의 유통속도는 안정적이지 않은 것으로 판단된다. 이는 통화량과 물가의 관계가 일대 일의 기계적인 관계가 강하게 작용하지 않을 수 있음을 시사한다.

최근에 전자화폐에서 진일보하여 디지털 통화 및 핀테크 등의 발달로 통화정책에 큰 영향을 끼칠 것으로 예상되고 있다. 디지털 통화의 광범위한 확산으로 법정통화를 상당한 수준 대체시 중앙은행이 발행하는 현금에 대한 수요는 줄어들고 은행예금도 감소됨에 따라 중앙은행의 시뇨로지 수입도 축소될 가능성이 큰 것으로 보고 있다. 이에 따라 통화량, 유통속도 등 기존의 통화지표 유용성도 떨어질 가능성이 크다. 그러나 현재 금리 중심의 통화정책 하에서 통화지표는 보조지표이기 때문에 통화정책에는 큰 영향을 받지 않을 것으로 보고 있다.[9]

2.4 케인즈 화폐수요함수와 그 이후의 관련이론

케인즈(1936)는 화폐의 유통속도가 일정하다는 고전학파의 이론을 부정하였다.[10] 특히 그는 화폐의 가치저장 기능을 중시하면서 화폐수요의 결정요인으로써 이자율의 역할을 강조하였다. 케인즈의 화폐수요이론에서 가장 중요한 부분은 투기적 동기의 화폐수요이다. 바로 이 부분 때문에 고전학파의 화폐이론과 케인즈의 화폐이론이 명확하게 구분되는 것이다. 투기적 동기의 화폐수요란 자산형태로서의 화폐수요를 말한다. 이것은 화폐가 단순히 교환의 매개물에 그치는 것이 아니라 불확실성의 세계에서 가치를

8) 주상영, "우리나라 화폐유통속도의 변화 요인," 「국제경제연구」, 2002.4, pp. 213~231.

9) 디지털 통화는 전자화폐와는 다른 형태이다. 전자화폐는 발행기관이 금융기관이나 전자금융업자인데 반해 디지털통화는 독립적인 발행기관도 없다. 또한 전자화폐는 법정통화와 1:1로 교환하지만 디지털통화는 알고리즘에 의하여 사전에 결정되는 차이점이 있다. 화폐단위도 전자화폐는 법정통화와 동일하지만 디지털통화는 독자적인 화폐단위를 갖는다. 자세한 것은 김동섭, "분산원장 기술과 디지털통화의 현황 및 시사점", 한국은행 금융결제국, 2016 참조할 것

10) J. M. Keynes, *The General Theory of Employment, Interest, and Money*, Macmillan: New York, 1936.

저장하는 적절한 수단이 될 수 있음을 의미한다.

그렇다면 사람들은 이자소득을 가져다주는 다른 자산이 있는데도 불구하고 왜 이자수익이 없는 화폐를 자산으로 보유하는가? 그것은 미래의 이자율에 대한 불확실성 때문이다. 케인즈는 경제주체가 선택할 수 있는 자산의 형태를 화폐와 채권으로 구분하여 투기적 동기의 화폐수요를 분석한다. 물론 채권 이외에도 많은 금융자산이 존재하지만 케인즈의 이론전개에서 채권은 비화폐자산(non-money assets)을 대표하고 있다.

화폐와 채권 중에서 어느 자산을 선택하느냐의 의사결정문제는 본질적으로 두 자산의 기대수익률에 달려있다. 만약에 화폐의 기대수익률이 채권의 기대수익률보다 높다면 우리들은 화폐보유를 선호할 것이다. 케인즈는 화폐의 기대수익률이 0이라고 가정한다. 따라서 채권의 기대수익률이 0보다 작은 음의 값을 갖는다면 화폐는 채권보다 더 월등한 자산이 된다.

일정기간 동안 채권의 기대수익은 확정 이자지급액(coupon)과 예상자본이득(expected capital gain)으로 구성된다. 확정 이자지급액은 채권표면에 표시된 액면가격(face value)에 표지이자율(coupon rate)을 곱한 금액이다. 자본이득이란 채권의 시장가격이 바뀌면서 발생하는 이득이다. 만약 채권의 시장가격이 자기가 구입한 가격보다 떨어지면 자본손실(capital loss)이 발생한다.

채권의 가격과 시장금리 사이에는 역의 관계가 존재한다. 왜? 채권의 가격결정모형을 생각해 보라.[11] 앞으로 시장금리의 상승이 예상되면 채권가격의 하락과 함께 자본손실이 기대될 것이다. 만약에 이러한 금리상승폭이 커서 자본손실이 확정 이자지급액을 상회한다면 채권의 기대수익률은 0보다 작게 된다. 이러한 경우 우리들은 자산보유의 형태로써 채권보다 화폐를 더 선호하게 된다.

케인즈는 이자율이 정상수준의 이자율(normal rate of interest)에 근접하려는 경향이 있다고 가정한다. 만약 현재의 이자율이 정상수준에 미치지 못한다면 앞으로 이자율의 상승이 예상되어(채권가격 하락예상) 채권의 자본손실이 기대되기 때문에 사람들은 채권의 보유를 기피하고 화폐를 보유하려고 할 것이다. 즉, 낮은 수준의 이자율에서는 화폐의 수요가 증가한다. 반대로 만약 현재의 이자율이 정상수준 보다 높는다면 향후 이자율의 하락이 예상되어 채권의 자본이득이 기대되기 때문에 사람들은 채권의 보유를 더 원할 것이다. 따라서 높은 수준의 이자율에서는 화폐의 수요가 감소한다.

---

11) 확정이자를 지급하는 채권의 가격은 다음과 같이 결정된다.

$$P = \frac{C}{1+i} + \frac{C}{(1+i)^2} + \frac{C}{(1+i)^3} + \cdot \cdot \cdot + \frac{C+F}{(1+i)^N}$$

P는 채권의 가격, C는 확정 이자지급액, F는 액면가격, 그리고 i는 시장금리를 각각 나타낸다. 따라서 시장금리와 채권가격간에는 역의 관계가 존재한다.

투기적 동기의 화폐수요는 화폐수요의 결정요인으로 소득 이외에 이자율을 추가한다. 현재의 이자율이 낮으면 화폐수요가 증가하고 이자율이 높으면 화폐수요가 감소한다. 다시 말해서 이자율과 화폐수요 간에 역의 관계가 존재한다. 이에 따라 앞서 열거한 세 가지 유형의 동기를 종합하면 화폐수요는 소득과 이자율의 함수로 표현될 수 있다.

$$\frac{M^d}{P} = f(i, Y) \tag{13.5}$$

위 식을 통해 알 수 있듯이, 실질화폐수요(M^d/P)는 명목이자율(i)과 실질소득(Y)의 함수이다. 케인즈는 실질화폐수요의 개념을 강조한다. 사람들은 명목화폐수요에 관심을 갖지 않고 구매력을 염두에 둔 실질화폐수요에 관심을 갖는다.

이자율이 화폐수요에 직접적인 영향을 미친다는 케인즈의 이론은 피셔의 화폐수요이론이 가정하는 유통속도의 일정함을 부정한다. 유통속도의 정의에 케인즈의 화폐수요이론과 화폐시장의 균형조건을 접목시키면 다음과 같은 식이 도출된다.

$$V = \frac{PY}{M} = \frac{Y}{M/P} = \frac{Y}{f(i, Y)} \tag{13.6}$$

이자율이 상승하면 이제 화폐수요 $f(i, Y)$가 감소하고 이는 다시 유통속도의 상승을 가져온다. 즉, 이자율상승으로 인한 화폐수요의 감소는 주어진 명목소득에서 화폐의 회전율을 높이는 결과를 초래한다. 이자율과 화폐의 유통속도는 경기순응적인 경향을 보인다. 호경기시에는 이자율도 상승되고 화폐의 유통속도(돈의 흐름 속도)도 빨라진다. 불경기시에는 반대의 현상을 보일 것이다. 따라서 이자율의 변동과 유통속도의 변화는 정의 상관관계에 있다.

케인즈의 유동성선호이론이 제기된 이후 케인즈학파에 속하는 경제학자들은 케인즈의 화폐이론을 더욱 정교하게 발전시켰다. 이자율의 변동은 통화정책의 수립과정에서 중요한 위치를 차지하고 있다.

1. 재고이론적 접근

보몰(Baumol)과 토빈(Tobin)은 거래적 동기의 화폐수요도 이자율의 영향을 받는다는 재고이론을 발전시켰다.[12] **재고이론적 접근(inventory theoretic approach)**은 기업

12) W. J. Baumol, “The Transactions Demand for Cash: An Inventory Theoretic Approach”, *Quarterly*

의 재고관리 개념을 거래적 동기의 화폐보유에 적용시킨 것이다. 적정재고량을 결정하는 의사결정은 전형적인 비용/편익분석(cost/benefit analysis)이다. 재고가 많으면 거래의 편리함은 증가하지만 재고관리 비용이 증가한다. 반대로 재고가 너무 적으면 갑작스런 판매증가에 대처하기 곤란해져 불편하지만 재고관리 비용은 감소한다.

거래적 화폐수요도 마찬가지이다. 거래의 편리함과 화폐보유의 기회비용을 적절히 조화시키는 수준에서 거래적 화폐수요가 결정된다. 매달 월초에 일정한 월급을 받는 직장인을 생각해보자. 이 직장인의 월급은 이자수익이 없는 보통예금 통장에 자동 입금된다. 만약 이 직장인의 지출이 월급날 한꺼번에 다 발생하지 않고 한 달에 걸쳐 천천히 나타난다면, 그 사람은 월급의 일부를 보통예금 통장에 남기고 나머지를 이자수익이 있는 금융상품, 예를 들어, 채권으로 보유하고자 할 것이다. 그리고 나중에 필요에 따라 그 채권을 화폐로 전환시킨다. 물론 채권을 화폐로 전환하는 과정에서 귀찮음이라든가 수수료와 같은 거래비용이 발생한다. 이자수익과 거래비용을 바탕으로 "보통예금 통장에 평균적으로 얼마만큼 남겨두느냐"가 바로 적정재고, 즉 적정화폐보유량의 결정에 대한 문제인 것이다.

만약 매달 초에 받는 소득 Y가 전부 보통예금 통장에 그대로 남아 있고 지출이 한 달에 걸쳐 일정한 비율로 발생한다면 화폐보유량은 [그림 13-4]과 같이 유지된다. 월초의 화폐보유량 Y가 월말에는 0이 되어 월간 평균화폐보유량(M)은 $Y/2$가 된다. 이러한 과정이 매달 지속된다면 이 직장인의 연간 평균화폐보유량, 즉 화폐수요량은 여전히 $Y/2$가 된다.

그런데 만약 이 직장인이 월초에 받는 월급의 절반을 보통예금통장에 남겨두고 나머지 절반으로 채권을 구입한다면 평균화폐보유량은 어떻게 될까? [그림 13-5]는 기간별 자산보유의 형태를 보여주고 있다. 매달 초에 그는 월급의 반인 $Y/2$를 현금으로 보유하고 또 다른 $Y/2$로 채권을 구입한다. 보름이 지나면 현금보유가 0이기 때문에 그는 이제 채권을 팔아 다시 거래적 동기의 화폐를 보유한다. 월말이 되면 현금보유가 바닥나고 월초에 다시 월급을 받아 같은 행위를 반복한다. 따라서 그의 평균화폐보유량은 $Y/4(Y/2*1/2)$가 된다.

Journal of Economics, Vol. 66, 1952, pp. 545~556. J. Tobin, "The Interest Elasticity of the Transactions Demand for Cash", *Review of Economics and Statistics*, Vol. 38, 1956, pp. 241~247.

[그림 13-4] 월급의 전부가 현금으로 유지되는 경우

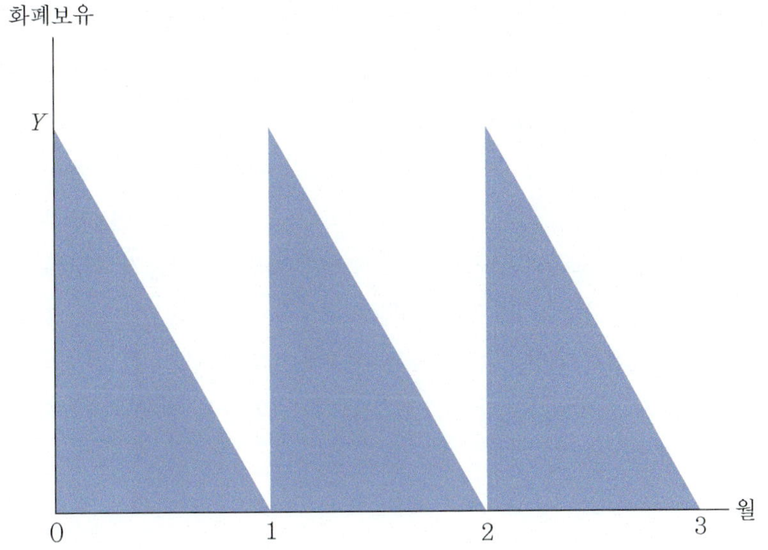

[그림 13-5] 현금보유와 채권구입에 월급의 절반씩 각각 투입하는 경우

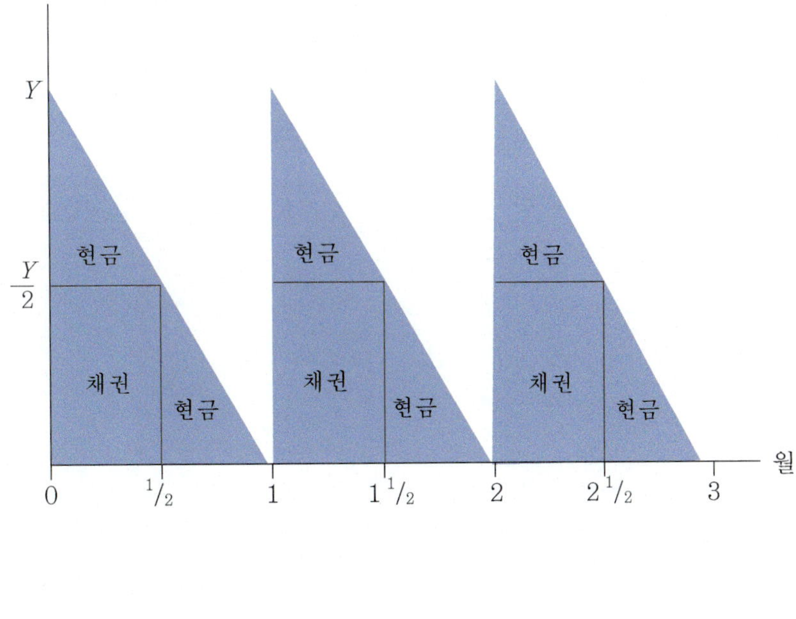

평균화폐보유량을 줄이면 이자수익은 늘어나지만 거래비용 역시 증가한다. 예를 들어, 월초에 소득의 1/3만큼 현금으로 보유하고 나머지로 채권을 구입하면 이자수익은 전보다 늘어난다. 하지만 채권의 매입과 매각은 이제 세 번에 걸쳐 발생한다. 이에 따라 증권매매수수료와 매번 보통예금통장에 입금시켜야 하는 번거로움 등의 거래비용이 증가한다. 모든 경제적 의사결정과정과 마찬가지로 적정 화폐보유량은 화폐보유의 기회비용과 채권보유로 발생하는 거래비용을 합한 총비용이 최소화되는 수준에서 결정된다.

이를 일반화시켜 수학적으로 살펴보기 위해 M_0(Initial money holdings)을 매달 초에 보유하기로 결정한 보통예금잔고라고 하자. 그러면 $Y-M_0$은 채권구입액이 된다. 보유화폐가 소진되면 채권을 매각하여 매번 M_0만큼씩 화폐로 전환된다. 따라서 채권의 매매회수는 Y/M_0이다. 평균화폐보유량은 $M_0/2$이므로 화폐보유에 따른 기회비용은 $i*M_0/2$가 된다. 여기서 i는 이자율이다. 채권의 한 번 거래에 b만큼의 거래비용이 발생하면 거래비용은 $b*(Y/M_0)$이 된다. 따라서 현금관리의 총비용(C)은 다음과 같이 표현될 수 있다.

$$C = \frac{i \cdot M_0}{2} + \frac{b \cdot Y}{M_0} \tag{13.7}$$

현금관리의 총비용을 최소화하는 화폐수요는 간단한 수학적 절차를 통하여 결정된다. 식 (13.7)을 M_0에 대해 미분하여 풀면 다음과 같은 관계식이 도출된다.

$$M_0 = \left(\frac{2bY}{i}\right)^{\frac{1}{2}} \tag{13.8}$$

위 식에서 도출된 IM은 초기의 화폐보유량이므로 평균화폐보유량을 의미하는 화폐수요는 다음과 같이 표현된다.

$$M^d = \frac{M_0}{2} = \left(\frac{bY}{2i}\right)^{\frac{1}{2}} \tag{13.9}$$

거래적 동기의 화폐수요는 소득 및 거래비용의 상승에 따라 증가하고 이자율의 상승에 따라 감소한다. 보몰-토빈의 모형은 다음 몇 가지 중요한 특징을 지니고 있다. 첫째, 소득의 상승은 거래적 화폐수요의 증가를 가져오지만 화폐수요의 증가폭은 소득의 상승에 따라 줄어든다. 다시 말하면 현금관리에 규모의 경제가 존재한다. 둘째, 화폐수요의 소득탄력도와 이자율탄력도가 각각 1/2, −1/2이다. 그러나 많은 실증분석결과에 의하면 소득탄력도는 1/2과 1 사이, 그리고 이자율탄력도는 −1/2과 0 사이의 값인 것으로 나타나고 있다.

최근 인터넷뱅킹 및 핀테크 금융 등의 발달로 거래비용 'b'가 현격하게 줄어들고 있다. 거래비용이 현격하게 줄어들면 화폐수요도 줄어든다. 실제로 현대인들은 지갑에 현금을 넣고 다니지 않는다. 현금이 필요할 경우 어디서나 손쉽게 현금화할 수 있기 때문이다.

》현금 없는 사회(cashless society)

최근에 신용카드 보급 및 스마트 폰 등 다양한 전자 및 모바일 결제수단의 등장으로 현금이 없어도 큰 불편을 겪지 않는다. 이런 추세를 반영하여 많은 사람들의 지갑에 현금을 적게 넣고 다닌다. 이런 현상은 앞으로 점차 더 심화될 것이다. 현금결제를 빠르게 줄이고 있는 대표적인 국가가 스웨덴이다. 스웨덴의 일반 상점에선 "어떠한 손님도 환영이지만 현금은 사절"이란 안내문을 쉽게 볼 수 있다. 커피 한 잔을 사도 신용카드나 스마트폰 결제만 가능하다. 스웨덴 중앙은행인 리크스방크에 따르면, 현금을 받는 소매점은 2010년 전체의 40%에서 2016년엔 15%로 줄었다. 잡지를 파는 노숙인과 노점상도 모두 카드 결제기를 곁에 두고 있다.[13] 중국도 모바일 결제가 빠르게 확산되고 있다. 거리의 노점상도 현금이나 신용카드 대신에 QR코드로 모바일 결제가 일상화되어 있다고 한다.

우리나라에서도 결제수단으로 현금을 줄이는 방향으로 나가고 있다. 특히 동전의 사용은 현저히 줄어들고 있다. 한국은행은 2017년 4월부터 '동전 없는 사회' 프로젝트를 시작하여 2만3000개의 마트, 편의점에서 시범사업을 하고 있다. 고객의 교통카드나 제휴카드에 거스름돈을 넣어주는 사업이다. 2020년까지 우리 사회에서 동전을 추방하겠다는 것이 목표다. '현금 없는 사회'로 가는 첫발이 될 전망이다. 이미 스웨덴과 덴마크는 2030년까지 현금 없는 사회에 이르는 것을 목표로 하고 있다

또한 다른 각도에서 현금없는 사회가 필요함을 강조한 학자가 있다. 영국중앙은행의 수석 이코노미스트인 앤디 홀데인(Andy Haldane)은 통화정책의 효과를 높이기 위해 현금을 없애야 한다고 주장한 바 있다. 경기가 나빠져 중앙은행이 기준금리를 마이너스로 내릴 경우 사람들이 예금을 인출해 현금으로 보유할 가능성(유동성 함정)이 작지 않다. 현금없는 사회에선 현금을 인출하여 저장을 할 수 없게 되므로 통화정책의 효용성이 높아질 것이란 주장이다.

보다 상세한 내용은 http://www.hani.co.kr/arti/economy/economy_general/724024.html #csidx4ba4600abace9a79084274420f3f99c의 **"How the death of cash could help prevent the next banking crisis"을 참조할 것.**

13) 출처: http://news.chosun.com/site/data/html_dir/2018/05/29/2018052900114.html.

2. 자산선택이론

투기적 동기의 화폐수요에 대한 케인즈의 분석은 토빈(Tobin)에 의해 더욱 정교하게 발전되었다.[14] 토빈의 화폐수요이론은 현재 경영학의 재무관리 및 투자론에서 광범위하게 사용되고 있는 **자산가격 결정모형(Capital Asset Pricing Model: CAPM)**의 탄생에 결정적인 역할을 담당하였다. 마코위츠(Markowitz)의 포오트폴리오(portfolio)이론을 바탕으로 토빈은 경제주체들의 자산선택기준으로서 케인즈가 말한 기대수익률뿐만 아니라 수익률의 위험(risk)까지 고려되어야 한다고 주장한다.[15]

사람들은 채권의 기대수익률이 화폐보다 높다고 해서 모두 채권만을 보유하지는 않는다. 비록 채권은 기대수익률이 높더라도 음의 수익률도 기록할 수 있어 수익률의 심한 변동, 즉 높은 위험을 보인다. 반면에 토빈의 가정에 의하면 화폐는 0의 수익률을 보장한다. 즉, 화폐는 위험이 없는 안전한 자산으로 분류된다. 이에 따라 비록 채권의 기대수익률이 화폐의 확실한 수익률보다 높더라도 채권의 위험이 화폐보다 높아 사람들은 그들의 포트폴리오에서 채권과 화폐를 모두 보유하게 된다. 즉, 자산형태로서의 화폐에 대한 수요는 대체자산의 기대수익률뿐만 아니라 대체자산의 위험에 의해서도 결정되는 것이다.

또한 토빈의 분석은 금융자산 보유의 다양화(diversification), 즉 분산투자를 통해 포트폴리오의 총위험이 축소된다는 것을 보여주고 있다. 즉, 화폐와 채권을 같이 보유함으로써 대부분의 위험회피적(risk-averse)인 사람들은 자기 재산의 위험을 상당 부분 축소시킬 수 있다.

제3절 화폐의 공급

화폐공급의 공급은 중앙은행이 독립적으로 결정하므로 외생변수로 취급하였다. 그러나 중앙은행의 통화공급도 일정한 공급메카니즘이 있다. 통화공급의 결정요인은 과연 무엇인가에 대하여 살펴본다. 화폐공급 조절의 정책수단으로는 어떠한 것들이 있으며 중앙은행은 이 수단들을 통해 통화공급을 어떻게 조절하는가? 통화정책의 최종목표를

---

14) J. Tobin, “Liquidity Preference as Behavior Towards Risk”, *Review of Economic Studies*, Vol. 25, 1958, pp. 65~86.

15) H. Markowitz, “Portfolio Selection”, *Journal of Finance*, March 1952, pp. 77~91.

달성하는 데에 있어 어떤 중간목표가 더 효과적인가? 지금부터 우리는 이러한 궁금증들을 하나씩 풀어보고자 한다.

3.1 통화공급의 결정과정과 통화승수

통화공급은 중앙은행, 은행 및 예금자들의 상호작용에 의하여 결정된다. 중앙은행은 민간이 보유하고 있는 현금과 은행의 지급준비금을 조절할 수 있다. 하지만 통화의 대부분을 차지하는 은행예금에 대해서는 중앙은행의 직접적인 통제가 불가능하다. 은행예금의 변화는 바로 은행과 예금자의 역할에서 비롯된다. 중앙은행의 통제를 받는 민간보유현금과 은행의 지급준비금(reserve)은 중앙은행의 대차대조표 상에서 통화성부채(monetary liabilities)이다. 이 두 개를 합한 것을 우리는 **본원통화(monetary base)**라고 부른다.

통화공급은 중앙은행의 본원통화 공급으로부터 시작한다. 본원통화의 일부인 민간보유현금은 통화공급 과정에서 같은 양의 통화공급으로 유지된다. 그러나 은행의 대출 그리고 차입자의 예금행위가 반복되면서 창조되는 은행예금의 규모는 은행의 지급준비금 규모에 의하여 결정된다. 지급준비금은 법정지급준비금(required reserve)과 초과지급준비금(excess reserve)으로 분류된다. 법정지급준비금은 법적으로 은행이 예금의 일정부분을 중앙은행에 예치해야 하는 준비금을 일컫는다. 반면에 초과지급준비금은 법정지급준비금을 초과하여 보유하고 있는 은행의 지급준비금이다. 은행의 지급준비금이 많으면 은행의 신용창조능력이 약화되어 통화공급은 줄어든다.

통화량은 본원통화를 바탕으로 **통화승수(money multiplier)**의 효과를 통해 결정된다. 통화승수는 통화량과 본원통화의 비율(M/MB)로 정의되고 은행의 신용창조능력과 예금자의 현금/예금비율에 달렸다. 지금부터 구체적으로 통화승수의 값을 구해보자. 우선 통화량(M)은 민간보유현금(C)과 은행예금(D)으로 구성되어 있다. 편의상 각종 예금을 따로 구분하지 않고 이 세상에 한 종류의 예금만 존재한다고 생각하자.

$$M = C + D \tag{13.10}$$

본원통화(MB)는 민간보유현금(C)과 지급준비금(R)으로 구성된다.

$$MB = C + R \tag{13.11}$$

지급준비금은 법정지급준비금과 초과지급준비금을 포괄한다. 본원통화와 통화량 간의 관계를 도출하는 과정은 다음 두 개의 용어에 대한 정의를 필요로 한다. 먼저 지급준비율(r)은 지급준비금의 예금에 대한 비율(R/D)이다. 둘째, 민간은 현금과 예금의 형태로 통화를 보유한다. 현금/예금 비율(c)은 민간이 보유하는 현금의 예금에 대한 비율(C/D)이다. 이 두 비율을 바탕으로 식 (13.10)와 식 (13.11)은 각각 $M = (c+1)D$ 및 $\mathrm{MB} = (c+r)D$로 표현될 수 있다. 따라서 통화량과 본원통화의 관계를 나타내는 통화공급함수는 다음과 같이 도출된다.

$$M = \frac{1+c}{r+c}MB \equiv mm \times MB, \; mm \equiv \frac{1+c}{r+c} \qquad (13.12)$$

위 식에서 mm은 통화승수이다.[16] 통화승수의 크기는 지급준비율과 현금보유비율에 의하여 결정된다. 또한 $1+c$가 $r+c$보다 크므로 통화승수는 1보다 크다. 식 (13.12)는 통화공급이 본원통화, 현금보유비율 및 지준율에 의하여 결정된다는 것을 보여주고 있다.

본원통화의 증가는 통화량의 증가를 가져온다. 중앙은행이 예금창출의 근간이 되는 본원통화를 증가시키면 통화승수의 효과를 통해 통화량이 증가한다. 은행지준율의 상승은 통화승수의 크기를 감소시켜 통화량의 감소를 초래한다. 그 이유는 간단하다. 은행의 지준율이 높아지면 은행의 대출여력이 축소되어 예금창출이 줄어들고 이에 따라 통화량이 감소한다. 마찬가지로 민간의 현금보유비율이 증가하면 통화승수는 작아져 통화량은 감소한다. 미래가 불확실할 경우 현금보유를 늘리는 경향이 있다. 우리나라의 통화승수도 2008년 금융위기 이후에 지속적으로 떨어지고 있는 것으로 나타나고 있다 ([그림 13-1] 참조).

3.2 전자화폐와 통화승수의 관계[17]

전자화폐가 본격적으로 활성화될 경우에는 민간의 현금보유 성향이 떨어져 현금수요는 감소되고 예금화폐는 증가할 것이다. 이에 따라 현금통화비율 c는 감소된다. 현금예금비율(c)이 감소하면 사람들의 현금소지도 작아지고, 그만큼 은행의 예금은 증가되어 신용창출이 증가하게 된다. 이 효과만큼 통화공급량이 증가한다. 전자화폐의 도입

16) 민간의 현금통화비율(c)을 현금/통화의 비율로 정의하면 통화승수는 $1/[c+r(1-c)]$로 정의된다.
17) 탁승호, 『전자화폐의 발전과 발권 및 통화정책에 미치는 영향』, 2006. 제3장을 참조하여 재정리한 것임.

은 현금통화비율이 낮아져, 통화공급량을 증가시킬 것이다. 전자화폐의 보급이 확산됨에 따라 사람들의 현금예금비율(C/D) 혹은 현금통화비율(C/M)이 줄어들고 통화승수는 커지게 되어 본원통화로부터 창출되는 통화공급량이 커지게 된다. 통화승수에 대한 현금예금비율(c)을 미분하면,

$$\partial\, mm / \partial\, c = (r-1)/(r+c)^2 < 0$$

이 된다. c가 하락하면 통화승수 mm이 증가하여 통화량이 증대된다. 전자화폐의 도입으로 현금이 대체되는 정도를 추정한 연구결과를 소개하면,[18] 2005년 기준으로 할 때 제1단계의 경우 화폐발행 잔액의 약 9.8%를 대체하는 것으로 추정되었다. 전자화폐가 제2단계까지 발달할 경우엔 32%를 대체하고, 제3단계의 경우엔 70%까지 대체하는 것으로 추정되었다. 그러나 이 추정은 전자화폐의 사용범위를 사전에 가정하고 추정한 것이므로 해석에 주의를 요한다. 제1단계란 전자화폐가 주로 교통카드 사용 등 소액 상거래시 사용되는 경우를 가정한다. 1,000원권의 50%, 5,000원권의 10%, 10,000원권의 5%를 대체한다는 가정이다. 제2단계는 전자화폐가 주화 및 1,000원권의 90%, 5,000원권의 50%, 10,000원권의 25%를 대체한다는 가정이며, 3단계는 전자화폐가 가치저장 이외의 모든 수단은 전자화폐를 사용한다는 가정이다.

또한 탁승호(2006)는 전자화폐의 도입과 통화승수를 실증분석한 결과 정(+)의 관계가 있음을 보여주었다. 이는 전자화폐 도입(전자결제비율을 대용변수로 함)은 통화승수를 높여 시중에 통화공급량을 높이는 것으로 나타났다. 이 같은 추정결과는 1990년대 이후 전자결제 비율의 증가로 현금통화 비율을 감소시키고, 통화승수를 높여 유동성 공급을 증가시킨 것으로 추정된다. 다만 탁승호(2006)의 추정이 1990~1999의 데이터인데, 2000년대 들어 전자화폐의 도입은 그 다양성이나 사용빈도에 있어서 획기적으로 증가하였다는 점을 반영하지 못하고 있다.

3.3 통화공급의 조절수단

중앙은행의 통화량 조절은 본원통화와 법정지급준비율의 변화를 통하여 가능하다. 초과지급준비율 및 민간의 현금보유비율은 중앙은행의 통제 밖에 있다. 통화량조절을 위해 중앙은행이 갖고 있는 정책수단(policy instruments)으로는 공개시장조작(open

18) 탁승호(2006) 전게서, 제4장 참조

market operations), 재할인율정책 및 지급준비율정책 등이 있다.

1. 공개시장조작

공개시장조작은 세 가지 유형 중에서 가장 많이 사용되는 정책수단이다. 이 방법에 의하면 중앙은행은 유동성이 높은 증권, 특히 국공채를 공개시장에서 매매하여 통화량을 조절한다. 중앙은행은 경제상황에 따라 보유하고 있는 국채를 매각하거나 시중의 국채를 매입하여 본원통화의 변화를 추구한다. 중앙은행이 시장으로부터 국채를 매입하면 지불된 대가만큼 시중의 본원통화는 증가한다. 즉, 공개시장매입은 통화량의 증가를 초래한다. 반대로 중앙은행이 자기가 보유하고 있는 국채를 증권시장에 매각하면 지불 받은 대가만큼 시중의 본원통화는 줄어든다. 따라서 공개시장매각은 통화량의 감소를 초래한다.

본원통화의 변화는 중앙은행의 외환시장개입에서도 나타난다. 중앙은행은 환율의 움직임에 영향을 주기 위하여 외환시장에서 외환을 매입하거나 매각한다. 이러한 외환매매는 본원통화의 변화를 초래한다. 만약에 중앙은행이 우리나라 환율의 상승을 억제하기 위하여 외환을 매각하면 시중의 본원통화는 지불 받은 대가만큼 줄어든다. 그런데 중앙은행은 외환시장 개입과정에서 국내통화량의 변화가 없도록 외환시장개입과 공개시장조작을 동시에 추진할 수 있다. 이러한 정책행위는 **불태화정책(sterilized intervention)**이라고 일컬어진다.

예를 들어, 중앙은행이 환율상승을 억제하기 위해 외환을 매각하면 시중의 본원통화는 감소한다. 하지만 이와 동시에 중앙은행이 공개시장매입을 추진하면 본원통화의 감소는 상쇄되어 결국 시중의 본원통화의 규모가 변화하지 않는다. 즉, 중앙은행의 외환보유는 감소하고 국채보유는 증가함에 따라 외환매각과 공개시장매입의 동시 추진은 중앙은행이 보유하는 자산의 구성 변화만을 초래한다.

우리나라의 경우, 국채시장이 발달하지 않아 공개시장조작의 대상은 주로 중앙은행이 발행하는 통화안정채권이다. 이 통화안정채권의 문제점은 보유국채의 단순매각보다 유동성 조절효과가 약하다는 것이다. 왜냐하면 통화안정채권은 발행후에 만기가 도래하면 반드시 상환되어야 하고 중앙은행이 스스로 이자부담을 안고 있기 때문이다.

2. 재할인율 정책

재할인이란 용어는 은행이 민간에게 대출하면서 할인한 민간의 어음을 바탕으로 중앙은행이 다시 할인하여 은행에게 대출한다는 과거 영국 중앙은행의 역할에서 비롯된다. 재할인율(rediscount rate)은 재할인에 적용되는 이자율이다. 중앙은행의 재할인율 조정은 은행에 대한 대출을 조절하여 본원통화를 조절한다. 만약에 중앙은행이 재할인율을 높이면 중앙은행으로부터의 은행차입이 감소하여 본원통화가 감소함에 따라 궁극적으로 통화량이 줄어든다.

중앙은행의 은행에 대한 대출은 이러한 재할인에 그치지 않는다. 지급준비금이 부족한 은행들은 중앙은행으로부터 자금을 대출받아 지급준비금의 부족분을 보충할 수 있다. 이러한 경우 중앙은행으로부터의 차입비용을 할인율(discount rate)이라고 불린다. 일반적으로 할인율이란 일시적 유동성 부족을 해소하기 위하여 자금지원을 원하는 은행에게 중앙은행이 부과하는 이자율을 의미한다. 중앙은행이 최종대부자(lender of last resort)라고 불리는 이유도 여기에 있다. 하지만 중앙은행의 은행에 대한 자금지원은 할인율 외에도 또 다른 비용을 부과한다. 은행의 건전성 차원에서 중앙은행은 한 은행에 대하여 지속적인 대출을 허용하지 않는다. 즉, 자금지원의 회수가 많아질수록 중앙은행으로부터의 차입은 더욱 힘들어진다.

할인율의 상승은 은행차입의 축소를 통하여 본원통화의 감소를 가져온다. 그러나 할인율의 진정한 역할은 신호효과(signalling effect)에서 찾을 수 있다. 중앙은행이 할인율을 높이면 금융시장은 중앙은행이 통화공급의 축소와 시장금리의 상승을 추구한다는 신호로 받아들인다. 그리고 정책의 결과는 그대로 나타난다. 1999년 말부터 2000년 중반까지 지속된 미국 중앙은행의 할인율 인상은 미국경제의 연착륙을 시도하기 위한 수단이었다. 연방준비은행(Federal Reserve Bank)의 이러한 금리인상은 미국 주식시장과 소비심리에 적지 않은 영향을 끼쳤다.

3. 지급준비율정책

지급준비율정책은 중앙은행이 은행의 법정지급준비율을 변경하여 통화량을 조절하는 정책수단이다. 식 (13.12)에 나타나 있듯이, 법정지급준비율의 인상은 통화량의 감소를 초래한다. 그러나 이 정책수단은 최근에 들어 잘 사용되지 않고 있다. 지급준비금은 이자수익이 전혀 없다. 따라서 지급준비금은 은행에 대하여 일종의 세금(implicit tax)으로 작용한다. 법정지급준비금이 증가한다는 것은 그 만큼 은행의 대출여력이 줄어든다는 것을 의미하고 이는 은행의 수익성을 악화시키는 요인이 된다.

》공개시장조작과 양적완화정책의 차이는?

공개시장조작과 양적완화정책은 국공채의 매매를 통하여 시중에 통화공급의 증감을 시킨다는 점에선 같으나 방법상 약간 다르다. 공개시장조작을 전통적으로 주로 사용하여 왔으며 양적완화정책은 최근 2008년도 금융위기 이후 미국에서 실시됨에 따라 널리 알려지게 되었다.

공개시장조작은 중앙은행이 시중은행에 국공채를 매매하여 금융기관에 유동성 변동을 통하여 통화공급량과 단기 시장금리를 조정하는 것이다. 일반적으로 중앙은행이 통화공급을 조절하는 것은 금리의 변동을 통해서다. 시중에 통화공급을 증대시키고자 할 때는 금리를 인하시키고 반대로 시중의 유동성을 흡수하고자 하는 경우엔 금리를 인상시킨다. 그런데 시중 금리가 0%와 다름없는 상황에서는 중앙은행이 기준금리를 인하하기 위해 공개시장에서 국공채 매입을 통해 통화량을 확대하는 정책은 아무런 소용이 없게 된다.

여기에서 말하는 정책금리는 단기금리에 해당한다. 미국의 정책금리인 연방기금금리는 은행들 사이에 하룻밤에 이루어지는 초단기금리이고 우리나라의 정책금리인 기준금리는 한국은행이 금융기관과 7일물 환매조건부증권(RP) 매매 등의 거래를 할 때 기준으로 삼는 단기금리이다. 중앙은행이 공개시장조작을 통해 수행하는 통상적인 통화정책은 단기금리를 겨냥하고 있다. 그러나 정책금리가 이미 0%에 근접하고 있다면 통상적인 통화정책(공개시장조작)을 수행하기는 어려울 수밖에 없다.

발상의 전환으로 미국은 단기금리에서 장기금리로 시야를 돌렸다. 보통 장기금리는 단기금리보다 높게 유지된다. 즉, 단기금리를 통해 장기금리를 조절하기보다는 직접 장기 국공채를 매입함으로써 장기금리를 하락시킨 것이다. 이와 함께 서브프라임 모기지사태의 주역이었던 주택저당증권 및 국채를 대규모로 매입하면서 금융기관의 자금사정을 호전시키고자 했다. 이런 의미에서 양적완화정책을 비전통적인 통화정책이라고 한다. 즉, 장기국채 매입 → 장기금리 하락 및 달러화($) 가치 하락 → 투자 및 소비 증대, 국제수지 개선 → 고용증대 및 소득증대를 통한 경기회복을 기대한다.

금융위기 후 미국, 일본, 유럽 등 많은 선진국에서 금리가 최저수준 근방에 머무르자 전통적인 통화정책 대신에 비전통적인 양적완화정책을 실시하였지만 미국 외에는 2016년 초 현재 별다른 효과를 거두지 못하고 있다. 대규모 통화공급을 증대시키는 목적은 실물부문(투자 및 소비, 고용 증대)을 촉진시키고자 한 것이다. 이때 만일 어떤 요인에 의하여 투자, 소비 및 고용이 증대되지 않는다면 양적완화정책에 따른 부작용만 남는다. 대규모 통화공급 증대 과정에서 인플레이션(기대 심리)이 우려되고 디플레이션에서 벗어나지 못할 수 있다.

미국, 일본, EU 등에서 실시된 대규모 양적완화 정책으로 신흥개도국(한국, 브라질, 중국, 인도 등)은 적지 않은 부작용을 겪었다. 선진국에서 풀린 대규모 자금($)이 신흥개도국으로 유입되어 자국화가 평가절상(환율인하)되고 국제수지가 악화되고 자산버블(주식시장 호황국면)이 생기는 부작용을 경험했다. 이런 연유에서 신흥개도국은 독자적인 양적완화정책을 실시하기 곤란하다. 자국의 통화공급을 증대시킬 경우에 인플레이션이 우려되기 때문이다.

3.4 중앙은행의 독립과 통화정책의 성과

"중앙은행이 정부나 국회의 압력을 받지 않고 과연 독자적인 통화정책을 집행할 수 있는가?"라는 문제는 중앙은행의 독립성과 밀접하게 연관되어 있다. 세계각국의 중앙은행들은 독립성에 있어 큰 차이를 보여주고 있다. 독일, 스위스 및 미국은 중앙은행의 독립성이 상당히 보장되어 있고 한국을 포함하여 중국, 대만 및 브라질 등의 개발도상국들은 중앙은행의 독립성이 상대적으로 낮다. 최근의 추세를 살펴보면 전 세계적으로 중앙은행의 법적 지위가 향상되면서 독립성이 강화되는 방향으로 제도가 개편되고 있다.

중앙은행의 독립성이 강화되어야 한다고 주장하는 사람들은 중앙은행이 정치적 압력을 받게 되면 방만한 통화정책으로 인하여 인플레이션의 폐해가 심각해질 것으로 생각한다. 정치인들은 대개 선거 부담으로 단기적인 안목을 지니고 있기 때문에 물가안정이라는 장기적 목표보다는 고실업률 해소와 같은 단기적 목표에 집착한다. 하지만 단기적 정책처방은 장기적으로 물가안정을 위협한다.

예를 들어, 실업률이 현재 높다고 해서 중앙은행의 통화증발을 통해 정부지출이 확대되면 단기적으로 실업률은 떨어지겠지만 장기적으로 물가가 상승할 수 있다. 이와는 대조적으로 중앙은행의 독립에 반대하는 사람들은 국가경제 전반에 영향을 미치는 통화정책수립의 권한을 몇 사람에게만 맡길 수는 없다고 생각한다. 일반국민들은 경제상황의 책임을 행정부 수반인 대통령과 국회에 묻지만 정작 중앙은행이 정부와 국회의 간섭을 받지 않는다면 책임지는 사람들만 손해를 입게 된다는 것이다. 또한 이들은 종합적이고 체계적인 정책수립을 위하여 통화정책과 재정정책이 각각 독립적으로 추진되기보다는 상호 보완적으로 추진되어야 한다고 주장한다.

중앙은행 독립에 관한 이러한 상반되는 주장에도 불구하고 최근의 연구결과에 의하면 중앙은행의 독립성이 강한 나라일수록 물가는 안정적인 것으로 나타나고 있다.[19] 비교대상이 된 17개국 중에서 중앙은행의 독립성이 가장 강한 독일과 스위스는 1973~1988기간 동안 가장 낮은 인플레이션을 기록하였다. 반면에 중앙은행의 독립도가 가장 약한 스페인과 이태리는 같은 기간 동안 가장 높은 인플레이션을 기록하였다.

19) A. Alesina and L. H. Summers, "Central Bank Independence and Macroeconomic Performance: Some Comparative Evidence", *Journal of Money, Credit and Banking*, Vol. 25, 1993, pp. 151~162.

요약정리

1. 화폐의 이론적 정의는 선험적으로 결정된 화폐의 기능을 강조한다. 화폐의 주요 기능은 교환수단, 가치저장수단 및 가치의 척도이다. 이러한 기능을 수행하는 것이 이론적으로 정의된 화폐이다.

2. 각국의 중앙은행은 통화정책수립과 관련하여 몇 개의 통화지표를 설정한다. 우리나라 통화당국은 통화지표를 *M1*, *M2*, *Lf* 및 *L*로 구분하고 있다. *M1*은 유동성이 가장 높은 금융자산으로 구성된 협의의 통화개념이며 *M2*는 광의의 통화개념이다.

3. 고전학파의 화폐수요이론에 의하면 명목소득이 명목화폐수요의 유일한 결정요인이다. 화폐의 교환수단 기능이 중시되어 화폐수요는 경제거래의 수준에 의해 결정된다.

4. 케인즈의 유동성 선호이론은 화폐의 가치저장 기능을 중시하여 투기적 동기의 화폐수요를 강조한다. 화폐수요함수에서 이자율의 역할이 명시적으로 등장하여 실질화폐수요는 소득과 이자율의 함수로 표현된다.

5. 케인즈의 화폐수요이론은 단기적으로도 유통속도의 일정함을 부정한다. 또한 케인즈의 이론은 명목소득이 통화량 이외의 변수에 의해 영향 받을 수 있음을 시사하고 있다.

6. 재고이론적 접근에 의하면 거래적 화폐수요도 소득과 이자율의 함수로 표현된다.

7. 금융혁신은 화폐수요함수의 불안정성을 초래하는 대표적인 요인으로 꼽히고 있다.

8. 통화공급은 본원통화, 현금보유비율 및 지급준비율에 의하여 결정된다. 현금보유비율 및 지급준비율의 상승은 통화승수의 감소로 이어져 통화량의 감소를 초래한다.

9. 초과지급준비율과 현금보유비율의 역할로 인하여 통화공급은 이자율과 정의 상관관계에 있다.

10. 중앙은행이 통화량을 조절하는 수단으로는 공개시장조작, 재할인율정책 및 지급준비율정책 등이 있다. 가장 많이 사용되는 공개시장조작은 국공채 매매를 통해 본원통화를 조절한다.

11. 공개시장조작과 외환시장개입의 동시 추진은 국내통화량의 변화없이 환율의 움직임에 영향을 끼칠 수 있다. 이것은 불태화정책이라 불린다.

연습문제

1. 화폐의 본원적 역할 3가지를 기술하시오

2. 마샬 k와 화폐유통속도와 관계를 설명하시오.

3. 사람들은 왜 화폐를 보유하려는지 케인즈의 이론을 이용하여 설명하시오.

4. 화폐유통 속도에 영향을 미치는 요인을 기술하고, 금융확대정책을 실시할 때 동시에 화폐유통 속도가 증가할 경우와, 일정할 경우 물가에 미치는 영향을 분리하여 설명하시오.

5. 이자율이 상승하는 경우 화폐의 소득유통속도에 어떤 영향을 미칠까?

6. 케인즈가 바로 본 화폐에 대한 수요를 설명하고, 고전학파의 화폐에 대한 수요와 차이점은 무엇인가?

7. 통화론자들은 화폐수요함수가 안정적이라고 본 반면에, 케인즈는 불안정적이라고 생각하였다. 왜 이런 견해차이를 보일까? 화폐의 수요함수 및 화폐의 소득유통속도를 기준으로 설명하시오.

8. 금융위기 이후 기업의 현금보유비율이 높아졌다. 왜 그럴까 이를 화폐수요함수 이론을 이용하여 설명하시오.

9. 전자화폐가 본격적으로 도입되어 활용도가 높아질 경우, 화폐에 대한 수요과 공급에 미칠 영향을 분석해보시오.

10. 보몰-토빈의 재고이론적 접근법에 의하면, 채권 1회 거래비용이 tc이고, 이자율이 r일 경우, 화폐수요를 나타내고, 이때 이자율이 상승하면 화폐수요는 어떠한 변화는 보이겠는가?

11. 본원통화는 MB이고, 현금/예금 비율이 10%이고, 지급준비율이 7%라고 한다면, 이에 따른 통화공급함수는 어떻게 나타나겠는가?

제 Ⅵ 편

거시경제의 동태적 변화

제14장 경제성장

제1절 왜 경제성장이 중요한가?

1.1 세계 속의 한국경제 위상

한국 경제는 지난 30~40년 동안 고성장을 누려왔다. 고성장기에는 일자리도 많이 만들어지고 소득증가율도 빨라 취업문제가 그다지 심각하지 않았다. 그러나 어느덧 한국 경제는 저성장 기조에 진입하여 여러 가지 경제문제를 야기시킨다. 우선 저성장기에는 기업의 매출이 줄어든다. 줄어든 매출은 생산 및 고용을 감축시키고, 이는 가계의 소득 감소 및 소비감소로 이어지고, 이는 다시 생산 및 매출감소의 악순환에 빠질 우려가 있다.

또한 저성장기에는 국가의 세수입도 줄어들어 꾸준히 증대되고 있는 정부의 복지성 지출을 메꿀 수 없게 된다. 국가의 재정적자도 악화될 우려가 커진다.

한국은 이제 중진국 수준(1인당 국민소득 3만 달러 내외)에 머물러 4만 달러 선진국 대열에 진입하려면 아직도 갈 길이 먼데, 경제성장률이 2~3% 머물고 향후에는 1%대에 이를 것이란 우울한 예측이 나오고 있다. 일자리를 더 많이 만들고 생산과 소득을 증대시킬 수 있는 길은 잠재성장률을 높이는 것이다. 우리나라는 2007년도에 1인당 국민소득 2만달러를 달성한 후에 10년 만에 3만달러에 진입하였다. 그러나 선진국은 그 동안 4~5만 달러로 소득수준이 더 높아져 아직도 갈 길이 멀다.

》 한국경제 11위로 도약

우리나라는 2016년 기준으로 세계 11위로 2년 전에 비하여 두 단계 도약하였다. 세계 부동의 1위는 여전히 미국으로 19.4조 달러를 기록하였으며 2위는 중국이 11.8조 달러, 3위 일본 4.8조 달러, 4위는 독일 3.4조 달러, 5위 프랑스 2.6조달러, 그 뒤로는 영국 2.6조 달러, 인도 2.4조 달러, 브라질 2.1조 달러를 달성하여 2조 달러 이상 국가군이 8개 나라이다. 이탈리아 1.8조 달러, 캐나다 1.6조 달러, 한국, 러시아, 호주 등이 1.5조 달러대를 이룩하였다. 그 뒤를 스페인, 인도네시아, 멕시코가 1조 달러대를 유지하고 있다. 이 중에서 인도네시아는 많은 자원과 젊은 층의 생산가능인구 비중이 높아 향후에 빠른 성장 가능성이 높은 나라이다.

세계 상위 15위 국가들이 전 세계 총생산의 약 3/4을 차지하고 있다. 참고로 2013년 기준으로, 세계 총 GDP 중에서 미국의 비중이 22.7%, 중국 12.4%, 일본 6.6%, 독일 4.8%, 프랑스 3.6%, 영국 3.4%, 한국 1.6% 비중을 차지하고 있다. 유럽연합은 17.4조 달러, 북미주(미국, 캐나다, 멕시코)의 경제규모는 19.9조 달러, 아시아(중국, 일본, 인도, 한국, 인도네시아) 17.9조 달러로 유럽연합을 능가한다. 이 세 지역의 경제규모가 55.2조 달러로 전세계 경제규모의 75%를 차지하고 있다. 세계 50위 권 안에 동남아 국가들이 대거 포진하고 있다. 태국 3805억$(32위), 말레이시아 3369억$(35위), 싱가포르 3071억$(36위), 이스라엘 3050억$(37위), 홍콩 2927억$(38위), 필리핀 2897억$(39위) 등이다.

국제통화기금(IMF)에 따르면 한국의 1인당 GDP(2만7633달러) 순위는 190여 개 국 가운데 29위다. 1인당 GDP 3만달러 이상인 국가는 27개국이다.

[그림 14-1] 우리나라의 경제규모 국제비교(2016기준) (단위: 조$)

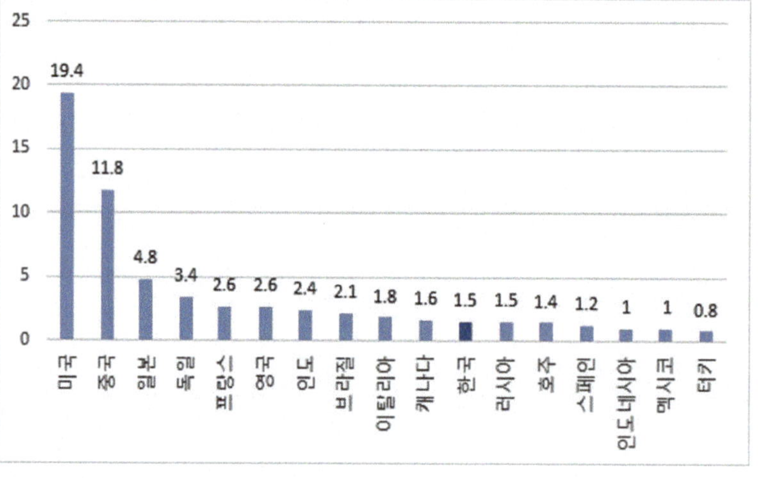

자료: IMF

전체 경제규모로는 한국이 세계 11위를 차지하고 있지만 삶의 질을 반영하는 1인당 소득에선 세계 29위로 30위권에 머무르고 있어 아직 갈 길이 멀다.

지난 40년 간에 걸쳐 우리나라가 보여준 급속한 경제성장은 정말 놀랍다. 1960년대에는 우리나라의 1인당 국민소득은 100$도 안 되었는데, 2017년도 말 기준으로 약 3만달러에 이르고 있어 지난 반세기 동안에 300배 이상 증가되었다(제1장의 [그림 1-1 참조]). 이는 지난 반세기 동안 연평균 실질성장률이 약 12% 정도 달성하였음을 의미한다. 그리고 세계에서 원조를 받던 국가에서 원조를 해주는 유일한 국가이다. 이런 모든 것이 가능한 것은 그 동안 괄목할 만한 경제성장을 이룬 덕택이다.

1.2 한국경제와 잠재성장률

경제성장률에서 중요한 것이 잠재성장률이다. 안정적인 물가수준을 유지하면서 생산할 수 있는 최대생산량을 잠재생산량(potential GDP)이라 한다. 매년 잠재생산량의 변화율을 잠재성장률이라 할 수 있다. 다른 표현으로는 인플레이션을 유발시키지 않으며 국제수지 균형을 유지할 수 있는 최대의 성장률이라 할 수 있다. 단기적으로는 총수요를 증대시켜 생산을 증대시킬 수 있지만 인플레이션 없이 장기적으로 성장률을 지속할 수 없다. 이런 의미에서 잠재성장률 제고가 중요하다. 다음은 우리나라의 잠재성장률을 보여준다.

우리나라의 잠재성장률은 1980년대의 7~8%에서 1990년대는 완만한 하락세를 나타내는 가운데 6~7 % 수준을 유지해왔다. 그러나 외환위기 이후 설비투자 부진과 구조조정에 따른 자연실업률의 상승으로 성장잠재력이 약화되었다. 특히 극심한 노사분규, 경기침체에 따른 설비투자의 감소로 잠재성장률이 하락하였다. 최근 우리나라의 경제성장은 정체현상을 보이고 있는데, 이는 저조한 투자, **총요소생산성**의 둔화 등에 기인하는 것으로 추정된다. 중진국에서 선진국으로 진입하는데 필요한 사회적 자본 및 제도적인 개선 등이 뒤따라 주지 않는 것에도 상당한 원인이 있다. 잠재성장률을 증대시키기 위해선 투자증대 등 경제적인 요인도 중요하지만 규제완화 및 제도개선이나 대외개방도 등도 중요하다.

최근 한국은행의 추정에 의하면 우리나라의 잠재성장률이 점차 하락하고 있음을 확인시켜 주고 있다. 구간별로 살펴보면 2001~2005년 중 5.2%, 2006~2010년 3.8%, 2011~2014년 3.4%, 2015~2018년 3.2%로 추정하였다. 한국의 잠재성장률이 3% 중반에 이를 것이라고 추정하였는데 그보다 낮은 3% 초반으로 나타났다.[1)]

| 표 14-1 | 잠재성장률 추이와 기여도 (단위: %)

기간	경제성장율		요인별 기여도		
	실 제	잠 재	노 동	자 본	총요소생산성
2001-2005	4.7	5.2	0.9 (17.6)	2.2 (43.1)	2.0 (39.2)
2006-2010	4.1	3.8	0.6 (15.8)	1.8 (47.4)	1.4 (36.8)
2011-2014	3.0	3.4	0.9 (26.5)	1.7 (50)	0.8 (23.5)
2015-2018	–	3.2	0.9 (28.1)	1.4 (45.1)	0.8 (25.6)

주: ( )안의 수자는 잠재성장률 기여도임.
잠재성장률은 생산함수 모형임.
자료: 한국은행, "우리나라의 성장잠재력 추정결과", 「조사통계월보」, 2015.12

1) 현대경제연구원(2016.1)에 의하면 우라나라의 향후 잠재성장률은 다음과 같이 추정하고 있다. 2016~2020년 2.7%, 2021~2025년 2.3%, 2026~2030년 2.0%로 추정하고 있다. 상세한 것은 현대경제연구원. "국내 잠재성장률 추이 및 전망", 「경제주평」, 2016.1 참조

2000년대 초반에는 우리나라의 잠재성장률을 4~5% 인 것으로 추정되었다. 그런데 2008년 발 서브프라임 금융충격으로 잠재성장률이 더 떨어졌다. 〈표 14-1〉에서 보는 바와 같이 잠재성장률이 3%대로 하락되고 있어 일자리 창출에도 많은 애로가 있을 것으로 우려된다. 경기불황으로 인한 설비투자의 감소로 자본축적이 줄어들고, **총요소생산성(total factor productivity)**이 하락된 것으로 추정된다. 〈표 14-1〉은 지난 2000년대 이후 잠재성장률 기여도에서 총요소생산성이 점차 떨어지고 있음을 보여준다. 인구의 고령화 저출산 문제는 한국경제의 노동공급을 억제시켜 잠재성장률 제고에 걸림돌이 될 것이다. 잠재성장률을 높이기 위해서 총요소생산성의 증대가 절실함을 시사하고 있다.

》 국민소득 4만 달러 달성은 언제?

진짜 선진국의 대열에 들어가려면 국민소득 4만달러는 되어야 하는데, 우리나라는 2006년도에 2만달러에 진입한 이후 근 10년째 2만 달러에 머무르고 있다. 미국, 덴마크, 일본 등은 1987년도에 2만 달러에 진입하여 우리나라와 약 20년의 시차가 존재한다. 2만 달러에서 4만 달러로 빠른 시일 안에 진입해야 하는데 잠재성장률 저하로 예상보다 길어질 우려가 있다. 일본과 노르웨이가 8년 걸렸고 미국, 독일, 프랑스, 캐나다 등이 17년 걸린 것으로 추정되고 있다. 한 연구소의 연구[2]에 의하면 한국도 17년 걸릴 것으로 예상하며 2023년에 4만 달러를 달성할 것으로 추정하고 있다.

| 표 14-2 | 국민소득 4만 달러 시기 국제비교

국 가	2만$	3만$	4만$	2만$ → 4만$ 걸린 기간
일본	1987	1992	1995	8년
노르웨이	1987	1992	1995	8년
이태리	1995	2004	2008	13
영국	1992	2003	2006	14
덴마크	1987	1995	2003	16
미국	1987	1996	2004	17
캐나다	1989	2004	2006	17
프랑스	1990	2004	2007	17
독일	1990	1995	2007	17
한국	2006	2017	2023	17

주: 한국은 1인당 GDP를 기준으로 예측한 추정치임. 나머지는 최초 달성한 연도
자료: 한국경제연구원 (2015년) 자료

2) 김창배, "OECD 국가들과 비교한 한국의 저성장 현황과 경제적 영향," 한국경제연구원, *KERI Brief*, 15~18. 2015 참조.

이제까지 밝혀진 국가별 경제성장의 특징적 현상들을 바탕으로 다음과 같은 궁금증이 생긴다. 첫째, 국가별 소득수준의 차이는 무엇 때문에 비롯되는가? 즉, 왜 미국의 소득수준은 높고 쿠바의 소득수준은 낮은가? 둘째, 지속적인 경제성장의 원동력은 무엇인가? 마지막으로 성장률의 차이는 어디에서 기인하는가? 예를 들어, 왜 신흥공업국가들의 성장률은 높은 반면에 어떤 나라들의 성장률은 그렇게 낮은가? 우리는 이러한 질문에 답하기 위하여 경제성장이론을 공부한다. 먼저 전통적 성장이론인 솔로우 모형에 대하여 설명하고, 현대의 대표적인 성장이론인 내생적 성장이론을 소개한다.

1.3 남북한 경제력 차이[3)]

북한 경제규모, 경제성장률, 산업구조, 1인당 소득 등 기초적인 데이터가 매우 중요함에도 불구하고 정교한 추정에 대한 연구가 일천한 형편이다. 한국은행이 관계 기관의 자료를 기초로 1991년 이후에 북한경제 관련 통계를 연구개발하고 있으며 최근 북한 경제성장률을 추정 발표하였다. 한국은행의 자료에 따르면, 남북한 경제력의 차이가 날로 확대되는 추세이다. 통일을 대비해서도 경제력 차이의 확대는 바람직하지 않다.

북한의 경제체제는 시장경제를 추구하지 않기 때문에 직접 비교하는 것이 적절치 않지만 대안이 없는 상황이다. 한국은행은 북한 경제성장률을 우리나라 국민소득 추계방식인 UN 국민계정체계(System of national Accounts)를 적용하여 추정했다고 밝히고 있다. 그러나 명목통계(산업구조, 1인당 GNI 등)은 북한 가격자료 등 기초자료가 없어 우리나라 가격, 부가가치율 등을 적용하여 추정계산 한 것임에 유의할 필요가 있다.

북한의 경제규모는 남한의 47분의 1에 지나지 않으며 1인당 소득수준도 23분의 1로 추정되고 있어 절대적인 경제규모에선 많은 차이가 존재함을 확인해주고 있다. 문제는 북한의 경제성장률이 최근에 지속적인 마이너스 성장률을 나타내고 있어서 격차가 쉽게 줄어들 것 같지 않다. 작년(2017)의 경우만 해도 남한의 경우는 3.1% 성장을 한 반면에 북한은 마이너스 3.5% 인 것으로 추정되고 있어 소득수준도 축소됐을 가능성이 높다. 북한도 장마당이 많이 존재하여 북한 내에서도 소득수준 및 생활수준의 격차가 점차 확대될 가능성이 있다.

3) 한국은행, “2017년 북한 경제성장률 추정 결과,” 보도자료, 2018.7.21을 참조한 것임.

| 표 14-3 | 북한의 경제규모 및 1인당 GNI

	북한 (A)		한 국 (B)		B/A(배)	
	2016	2017	2016	2017	2016	2017
명목 G N I (한국 조원)	36.4 (5.4)	36.6 (0.7)	1,646.2 (5.0)	1,730.5 (5.1)	45.3	47.2
1인당GNI (한국 만원)	146.1	146.4	3,212.4	3,363.6	22.0	23.0
인구 (천명)	24,897	25,014	51,246	51,446	2.1	2.1

주 : ( )내는 전년대비 증감률(%)
자료: 한국은행, "2017년 북한경제성장률 추정결과", 보도자료, 2018.7.21.

[그림 14-2] 남북한 경제성장률 추정(전년대비 증감율, %)

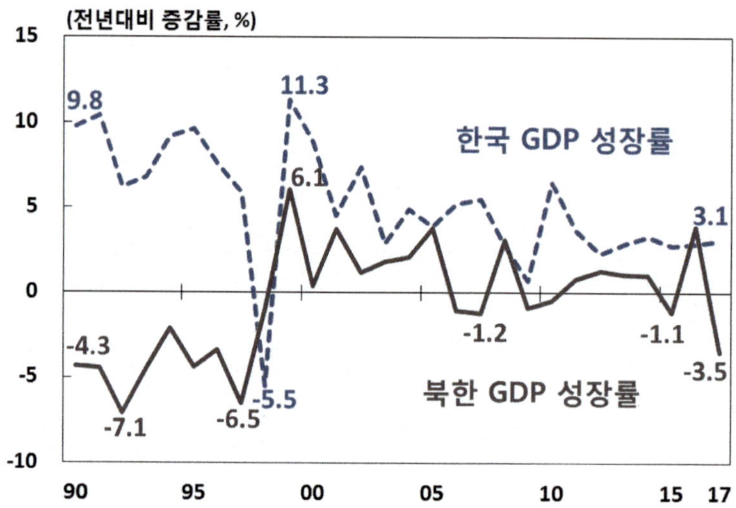

제2절 솔로우의 성장모형 : 신고전파 성장모형

솔로우의 경제성장모형은 신고전학파 성장이론의 주축이 되고 있다.[4] 이 모형의 특징은 경제성장의 주된 요인이 자본축적과정을 통하여 파악되고 기술진보(technological

4) R. Solow, "A Contribution to the Theory of Economic Growth", *Quarterly Journal of Economics*, February 1956, pp. 65~94.

progress)가 지속적인 경제성장의 원동력으로 작용한다는 점이다. 그러나 기술진보는 이 모형에서 외생변수로 취급된다.

기술진보가 외생변수라는 가정은 자본재의 축적이나 기업의 연구개발(R&D)이 기술력향상과 무관하며 단지 현재의 기술수준은 외부에서 주어진 값이라는 것을 의미한다. 솔로우모형의 또 다른 가정들은 국제무역이 존재하지 않는 폐쇄경제와 완전경쟁시장이다. 독자들의 이해를 쉽게 하기 위하여 먼저 기술진보를 고려하지 않는 솔로우의 기본모형이 소개된 후에 기술진보를 고려한 모형이 뒤이어 설명된다.

2.1 솔로우 모형의 기본방정식

솔로우모형은 생산함수와 **자본축적방정식(capital accumulation equation)**으로 구성된다. 생산함수는 산출량(Y)과 생산요소 간의 관계를 나타낸다. 생산요소로는 자본(K)과 노동(L)만이 있다고 하자. 콥-더글러스(Cobb-Douglas)형태를 가정한 생산함수는 다음과 같이 주어진다.

$$Y = F(K,\ L) = K^{\alpha}L^{1-\alpha} \tag{14.1}$$

위 식에서 α는 0과 1 사이의 값을 갖는다. 이러한 생산함수는 규모에 대한 수확불변(constant returns to scale)의 성질을 갖는다.

식 (14.1)은 1인당 GDP 개념으로 전환될 수 있다. 1인당 GDP(Y/L)를 y라 하고 1인당 자본(K/L)을 k라 하자. 식 (14.1)의 양변을 L로 나누면 식 (14.2)가 만들어진다.[5]

$$y = k^{\alpha} \tag{14.2}$$

[그림 14-3]은 식 (14.2)를 묘사하고 있다. 1인당 자본이 증가함에 따라 1인당 소득이 증가한다. 즉, 자본의 한계생산은 양의 값을 갖는다. 하지만 자본의 증가에 의한 소득의 상승폭은 자본이 많아짐에 따라 점차 감소한다. 우리는 이것을 자본의 한계생산체감(diminishing returns to capital)이라고 부른다.[6] 나중에 알겠지만 생산함수에서 가정된 이 성질 때문에 경제는 지속적으로 성장하지 않고 동태적 균형상태에 도달하게 된다.

---

5) 더 정확하게 말하면 y는 노동자 1인당 소득이고 k는 노동자 1인당 자본이다.

6) 자본의 한계생산체감은 생산함수에서 α 가 1보다 작아서 나타나는 현상이다.

[그림 14-3] 1인당 개념의 생산함수

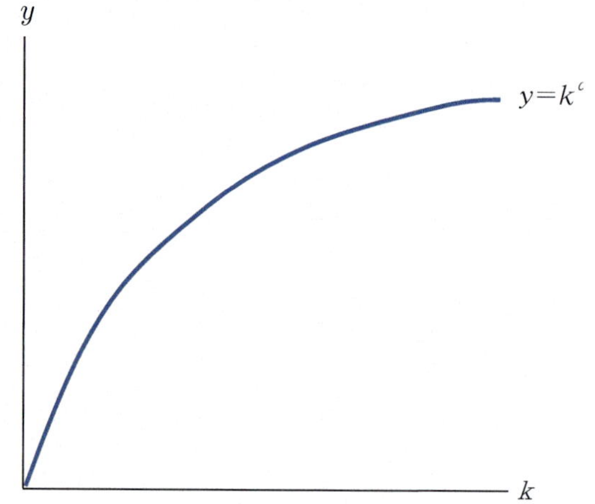

이번에는 자본축적방정식을 도출해 보자. 이 방정식은 일정기간 동안 1인당 자본이 얼마만큼 변화하는지를 결정한다. 1인당 자본의 변화는 다음 세 가지 요인에 의하여 야기된다. 첫째, 1인당 투자의 증가는 1인당 자본의 증가를 가져온다. 둘째, 기존 자본의 감가상각은 1인당 자본의 감소로 이어진다. 마지막으로 인구의 증가는 1인당 자본의 감소를 초래한다.

우리가 가정한 폐쇄경제에서는 1인당 총투자가 1인당 총저축과 일치한다. 따라서 만약에 모든 사람들이 자기소득의 일정 부분을 저축한다면 1인당 총저축은 sy가 되고 이것은 다시 1인당 총투자를 의미한다. 여기서 s는 모든 사람에게 적용되는 일정한 수준의 저축률을 가리킨다. 자본의 감가상각은 시간의 경과에 따라 자본재의 마모로 일어나는 현상이다. 만약 매년 d%의 가치하락이 발생한다면 감가상각으로 인한 1인당 자본의 감소분은 dk가 된다.

그러면 1인당 자본량 변화의 마지막 요인인 인구증가에 대하여 살펴보자. 우리는 노동참가율이 일정하게 유지되고 인구가 매년 n%만큼 증가한다고 가정한다.[7] 이러한 가정은 노동력 증가율이 바로 n이며 매년 새로운 노동력이 nL만큼 생긴다는 것을 의미한다. 즉, 만약에 새로운 투자가 없고 감가상각이 존재하지 않는다면 노동의 증가로 인

---

7) 노동참가율이 1이라고 가정하면, 즉 총인구의 수가 총노동자의 수와 일치한다고 생각하면 인구증가율은 곧 바로 노동증가율이 된다.

해 1인당 자본은 당연히 nk만큼 줄어들게 된다.

앞서 밝힌 세 가지 요인을 종합하면 1인당 개념의 자본축적방정식은 다음과 같이 표현될 수 있다.

$$\Delta k = sy - (n + d)k \tag{14.3}$$

식 (14.3)에서 Δk는 1인당 자본의 순변화를 의미한다. 1인당 총투자(sy)가 $(n+d)k$를 초과하면 Δk는 양의 값을 갖게 되어 1인당 자본은 늘어난다. 반대로 sy가 $(n+d)k$보다 작으면 Δk는 음의 값을 갖게 되어 1인당 자본은 줄어든다. 오로지 sy가 $(n+d)k$와 같을 경우에 한하여 1인당 자본은 변화하지 않고 일정한 값으로 유지된다. 즉, $(n+d)k$는 1인당 자본을 일정한 수준으로 유지하는 데에 필요한 최소투자량(required investment)이 된다.

2.2 솔로우 모형의 동태적 균형

앞서 도출된 생산함수와 자본축적방정식을 바탕으로 우리는 이제 솔로우 모형의 동태적 균형에 대하여 살펴보려고 한다. 솔로우의 기본모형은 비록 간단하지만 경제성장 경로, 저축의 증가 및 인구의 증가와 경제성장 간의 관계를 이해하는 데에 있어 중요한 첫 걸음이 된다. [그림 14-4]는 식 (14.2)와 식 (14.3)을 도표화하여 동태적 균형의 해를 보여주고 있다.

생산함수로부터 도출 가능한 $sy(sk^{\alpha})$곡선은 각각의 1인당 자본에서의 1인당 저축, 즉 1인당 투자를 나타낸다. 반면에 직선으로 표시되어 있는 $(n+d)k$곡선은 각각의 1인당 자본에서 자본/노동 비율(1인당 자본)을 일정하게 유지시켜 줄 수 있는 최소투자량을 의미한다. 이 두 곡선의 차이는 식 (14.3)에 의하여 Δk, 즉 1인당 자본의 순변화를 표시한다.

[그림 14-4]에서 최초의 자본/노동 비율이 k_0라고 상정해 보자. k_0수준의 자본/노동 비율에서는 1인당 투자가 최소투자량을 초과하여 Δk는 0보다 크게 된다. 그런데 Δk가 0보다 크다는 것은 시간의 경과에 따라 1인당 자본이 증가하고 이에 따라 1인당 소득이 상승한다는 것을 의미한다. 이러한 자본의 증가는 1인당 자본이 k^*가 될 때까지 지속될 것이다. 그렇다면 왜 k^*에서 자본증가는 멈추게 되는가? 그 이유는 간단하다. k^*수준의 자본/노동 비율에서는 $sy = (n+d)k$, 즉 Δk는 0이 되어 1인당 자

본은 일정하게 유지된다. 우리는 이러한 동태적 균형상태를 **균제균형상태(steady state equilibrium)**라고 말한다.[8)]

[그림 14-4] 솔로우 기본모형의 동태적 균형

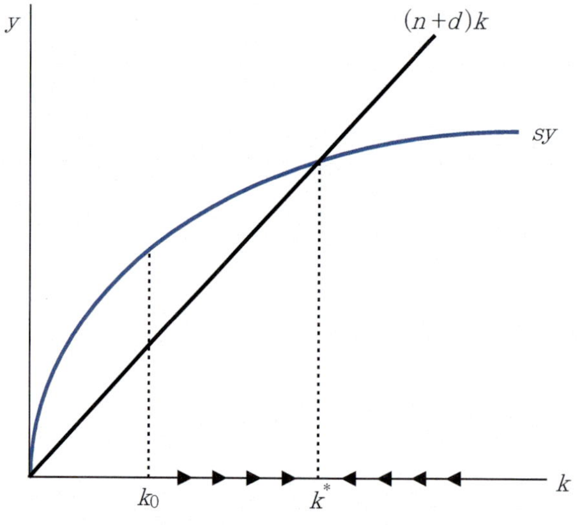

균제균형상태의 1인당 자본(k^*)은 생산함수에 의하여 균제균형상태의 1인당 소득(y^*)과 균제균형상태의 1인당 소비(c^*)를 결정한다. 그런데 인구가 매년 n%씩 증가하는 상태에서 1인당 소득과 1인당 자본이 일정하게 유지된다는 것은 소득(Y)과 자본(K) 역시 매년 n%씩 증가한다는 것을 의미한다. 따라서 기술진보를 고려하지 않은 솔로우의 기본모형에서 균제균형상태의 특징은 $\Delta Y/Y = \Delta K/K = \Delta L/L = n$이라는 점이다.

솔로우 모형의 균제균형상태는 물론 우리가 가정한 생산함수에서 비롯되고 있다. 균제상태로의 수렴은 자본의 한계생산성이 체감한다는 가정 때문에 나타나는 현상이다.[9)] 이러한 솔로우 모형은 다음과 같은 시사점을 내포하고 있다. 첫째, 1인당 소득의 증가는 균제균형상태에 도달할 때까지만 가능하고 균제균형상태에서는 Δk의 값이 0이 되어 경제성장은 멈춘다. 따라서 솔로우의 기본모형은 지속적인 소득증가를 설명하지 못

---

8) 최초의 자본/노동 비율이 k^*를 초과하는 경우에서도 시간의 경과와 함께 1인당 자본은 결국 k^*가 될 것이다.
9) 만약에 자본의 한계생산성이 일정하거나 체증한다면 균제균형상태는 존재하지 않고 존재한다 하더라도 안정적이지 못하다는 것을 독자들은 생산함수의 모양을 통하여 쉽게 증명할 수 있을 것이다.

하고 있다.

이것을 다른 각도로 표현하면 비록 국가별로 최초의 자본량이 다를지라도 만약에 생산함수, 저축률 및 인구증가율이 비슷하다면 모든 나라들은 결국 비슷한 소득수준에 수렴하게 될 것이다. 둘째, 최초의 자본량이 균제균형상태의 자본에 비하여 작으면 작을수록 1인당 자본 및 1인당 소득의 증가율은 커진다.[10] 따라서 솔로우의 기본모형에 의하면 초기에 1인당 자본이 취약한 나라일수록 경제성장률은 높게 나타난다.

2.3 정책적 시사점

균제균형상태의 소득은 생산함수의 모양(또는 α의 크기), 저축률, 인구증가율 및 감가상각률에 의하여 결정된다. 그러면 저축률 및 인구증가율의 변화는 균제상태의 소득에 어떠한 영향을 미칠까? 우리는 여기서 이러한 외생변수들의 변화가 동태적 균형에 미치는 효과에 대하여 살펴보고자 한다.

1. 저축률의 증가

현재 균제균형상태의 소득에 도달한 어떤 경제를 한번 생각해 보자. 만약에 이 나라의 국민들이 원래의 저축률(s)보다 더 높은 저축률(s')을 영구적으로 추구한다면 1인당 자본과 소득은 당연히 증가할 것이다. 왜냐하면 더 높은 1인당 저축은 더 높은 1인당 투자를 의미하며 이는 다시 더 높은 수준의 1인당 자본을 초래하기 때문이다.

[그림 14-5]은 저축률 증가에 대한 소득의 효과를 보여주고 있다. 투자율의 증가로 인해 sy곡선은 위쪽으로 이동함에 따라 $s'y$곡선이 된다. 이러한 sy곡선의 이동으로 말미암아 최초 균제균형상태의 자본 k^*에서 1인당 투자는 최소투자량을 초과하게 된다. 이에 따라 1인당 자본은 점차 증가하고 결국 1인당 투자와 최소투자량이 같게 되는 k^{**}에서 새로운 균제균형상태가 만들어진다. 생산함수를 통하여 새로운 균제균형상태의 자본은 더 높은 균제상태의 소득(y^{**})을 초래한다. 즉, 이 나라는 저축률의 증가로 전보다 더 잘 살게 된다.

10) 그 이유는 우리가 가정한 생산함수에서 비롯된다. 자본량이 작을수록 자본의 한계생산성은 높다.

[그림 14-5] 저축률의 증가와 균제상태의 이동

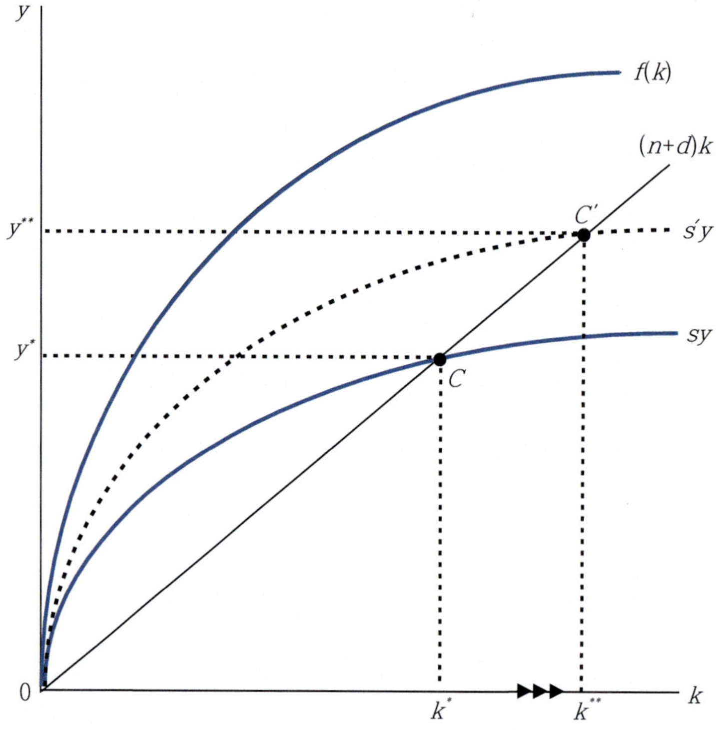

》 자본축적 촉진정책

자본의 형성을 촉진시키기 위해서는 지속적인 투자의 증대가 필요하다. 투자증대를 유도할 수 있는 대표적인 정부의 정책은 **투자세금공제(investment tax credit)**이다. 투자세금공제란 기업의 투자금액의 일부가 세금에서 공제되는 제도를 일컫는다. 즉, 투자세금공제는 투자재의 가격을 인하하는 효과를 가져와 기업의 투자수요를 증가시키는 요인으로 작용한다. 자본축적은 추가적으로 기술발전을 불러와 생산성 향상의 원동력이 된다. 이러한 자본축적의 기술유발효과는 내생적 성장모형의 주요 논의 대상이다.

그러나 최근에는 고용문제가 심각해짐에 따라 기업이 신규고용 창출할 때 감면을 해주고 있다. 투자증대 시에 고용도 창출된다는 생각이었는데 투자증대에 따른 고용증대 효과가 점차로 줄어들고 있어 고용창출을 유인하기 위한 제도로 전환되고 있다.

2. 인구증가율의 상승

이번에는 인구증가율의 상승이 균제균형상태의 이동에 어떠한 영향을 끼치는지에 대하여 살펴보자. 해외근로자 유입의 증가 등으로 인하여 인구증가율이 n에서 n'로 상승하였다고 생각해 보라. 이러한 인구증가율의 상승은 [그림 14-4]에서 직선 $(n+d)k$의 좌측이동을 초래한다. [그림 14-6]를 통해 알 수 있듯이, 최초 균제균형상태의 자본 k^*에서 1인당 투자는 이제 최소투자량보다 작다. 따라서 1인당 자본은 $sy = (n'+d)k$일 때까지, 즉 k^{**}에 도달할 때까지 계속 떨어질 것이다.

그러므로 인구증가율의 상승은 균제균형상태의 1인당 자본 및 소득을 감소시키는 효과를 낳는다. 즉, 다른 모든 것들이 일정할 때, 인구증가율의 상승은 그 경제를 가난하게 만드는 요인이 된다.

[그림 14-6] 인구증가율의 상승과 균제상태의 이동

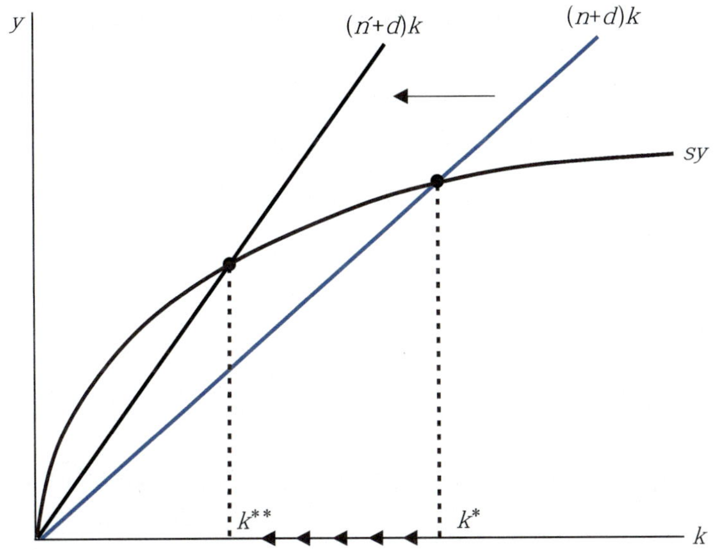

》출산율 저하로 인한 잠재성장률 하락 경고

최근 우리나라 경제의 장래를 걱정하는 요인의 하나가 출산율 저하이다. 출산율 저하가 다른 선진국에 비하여 지나치게 빠르게 이뤄지고 있다. 빠른 속도로 진행되는 인구 고령화와 함께 출산율 저하는 우리나라의 노동력 공급 원천인 생산연령 인구(15~64세) 비중을 낮추고 있다. 합계출산율[11)]이 한국은 2009년 1.15명으로 일본 1.37명, 미국 2.09명, 프랑스 2.0명, 독일 1.38명, 영국 1.96명 보다 낮다.[12)] 대부분 유럽의 선진국보다 낮다. 인구는 노동력을 제공해줄 뿐만 아니라 소비에도 영향을 미쳐 국민경제에 결정적인 영향을 끼친다. 장기적으로 인구가 감소한다는 것은 필요한 노동력이 준다는 것을 의미하여 잠재성장률을 떨어뜨린다. 이런 점에서 지금처럼 고령화가 빠르게 진척되고 출산율이 떨어지는 한(이민 등 인구보충을 실시하지 않는 경우) 한국의 잠재성장률도 급격하게 하락할 것으로 경고하고 있다.

최근 OECD의 조사에 의하면, 우리나라의 경제성장률은 2010~2011년 4%대로 OECD의 평균인 1.2%보다 높은 수준이지만 잠재성장률은 2012~2025년 2.4%로 1.6% 포인트 급락할 것으로 예측했다. 반면에 같은 기간 동안 OECD 평균 잠재성장률은 1.9%로 0.7% 포인트로 상승할 것으로 예상하고 있다. 우리나라의 중장기 잠재성장률이 급락하는 주된 이유로 출산율 저하와 높은 고령화율을 꼽고 있다. 다음의 표에서 보는 바와 같이 우리나라의 잠재성장률은 서구의 선진국에 비하여 급락하고 있다.

| 표 14-4 | 잠재성장률 추정치 비교 (단위: %, % 포인트)

국 가	2010-2011 (A)	2012-2025 (B)	(A - B)
한 국	4.0	2.4	1.6
호 주	3.2	2.9	0.3
멕시코	1.9	2.2	-0.3
캐나다	1.6	1.6	0.0
미 국	1.4	2.3	-0.9
영 국	1.2	1.8	-0.6
프랑스	1.2	1.5	-0.3
독 일	1.2	1.3	-0.1
유로존	0.8	1.5	-0.7
일 본	0.8	0.9	-0.1
OECD 평균	1.2	1.9	-0.7

자료: OECD (2010), KiRi Weekly, 보험연구원 (2010. 6. 21)에서 재인용.

11) 가임기 여성이 일생동안 출산하는 평균 출산 자녀수를 의미함.
12) 다른 나라는 2008년 기준 통계임.

》이민정책에 대한 고민이 필요한 때

우리나라에도 이젠 많은 나라 사람들이 들어와 사는 다민족 공동체로 되고 있다. 아직은 주로 중국의 동포들과 동남아시아 국가들에서 유입된 산업연수생과 결혼 등의 이유로 입국자가 많아지고 있다. 그 중에 상당수는 국적을 취득하여 한국에서 정착하고 있다. 국내 출산율의 저하와 고령화로 인하여 경제성장의 동력을 잃고 있어 이에 대한 대안으로 이민정책이 떠오르고 있다. 이민자들을 잘 활용하는 대표적인 나라가 미국이다. 외국인에 대하여 폐쇄적이었던 일본도 국내 노동력을 보충하고 늙어가는 일본경제에 활력을 불어넣기 위하여 이민정책에 적극적인 것으로 알려졌다.

이민은 동전의 양면을 지니고 있다. 단순히 국내의 부족한 노동력 보충이라는 경제적인 측면을 넘어 사회, 문화적인 충격이 크기에 다양한 접근에서 검토되어야 한다. 여기서는 경제적인 측면에 국한하여 살펴보기로 한다. 우선 국내의 부족한 생산인구를 보충해준다는 점에서 긍정적이다. 둘째, 다양성이 제고된다는 장점이 있다. 다양한 민족과 문화에서 오는 다양성이 다양한 아이디어 및 혁신을 촉진시킬 수 있는 장점이 있다. 이제는 단순한 노동력 보충에서 벗어나 고급인재 유치에 노력을 기울여야 할 것이다. 국내 대학의 경쟁력을 높여 외국인 유학생을 유치하고 그들이 자연스럽게 국내에 서 정착할 수 있도록 제도를 보완할 필요가 있다.

3. 기술진보의 효과

기술진보는 경제성장과정을 설명하는 데에 있어 빼놓을 수 없는 중요한 요소이다. 비록 자본과 노동이 증가하지 않더라도 기술진보는 산출량의 증가를 초래하기 때문이다. 기술진보를 생산함수에 포함시키는 방법 중의 하나는 노동증가적 기술진보(labor-augmenting technological progress)를 가정하는 것이다.[13] 노동증가적 기술진보란 기술진보가 노동자의 생산성 향상을 통하여 생산량을 증가시키는 경우를 말한다. 이러한 형태의 기술진보를 고려한 생산함수는 다음과 같이 표현된다.

$$Y = F(K,\ AL) = K^{\alpha}(AL)^{1-\alpha} = K^{\alpha}L_e^{1-\alpha} \tag{14.4}$$

위 식에서 A는 기술수준을 나타내는 변수이다.[14] 기술수준의 향상에 따라 1단위의 노동생산성은 높아진다. 즉, 노동자의 실제 수가 변화되지 않아도 기술진보는 마치 노동자의 수가 증가한 것과 같은 효과를 낳는다. 이에 따라 우리는 AL을 유효노동(effective labor: L_e)이라고도 한다.

13) 노동증가적 기술진보는 해로드 중립적 기술진보(Harrod-neutral technological progress)라고도 불린다.

14) 기술변수는 생산함수에서 다른 형태로 포함될 수 있다. 만약에 생산함수가 $F(AK,\ L)$로 표현되면 A는 솔로우 중립적 기술(Solow-neutral technology)이라 불리고, $AF(K,\ L)$로 표시되면 이러한 기술진보는 힉스 중립적 기술진보(Hicks-neutral technology)라고 일컬어진다.

기술변수를 도입한 솔로우 모형에서 가장 중요한 가정은 기술진보가 외생변수라는 점이다. 다시 말해서 기술진보는 모형 안에서 결정되지 않고 시간의 경과와 함께 일정한 증가율(g)로 자동적으로 발생한다. 따라서 노동증가율 n과 기술진보율을 동시에 고려하면 유효노동의 증가율은 $n+g$가 된다. 일정한 저축률 s와 폐쇄경제의 가정은 그대로 유지된다.

식 (14.4)를 유효노동당 개념으로 전환시키기 위하여 유효노동당 소득과 유효노동당 자본을 각각 $Y/AL \equiv y_e$ 그리고 $K/AL \equiv k_e$ 라고 정의하자. 따라서 식 (14.4)의 양변을 AL로 나누면 식 (14.5)가 만들어진다.

$$y_e = k_e^{\ \alpha} \tag{14.5}$$

그러면 자본축적방정식을 유효노동당 개념으로 전환하면 어떻게 표현될까? 이것은 우리가 배운 솔로우의 기본모형을 바탕으로 쉽게 유도할 수 있다. 유효노동당 자본의 증가, Δk_e는 유효노동당 저축(sy_e), 유효노동당 자본의 감가상각(dk_e) 및 유효노동의 증가율($n+g$)로 인한 유효노동당 자본의 감소[$(n+g)k_e$]에 의하여 결정되므로 다음과 조건이 성립된다.

$$\Delta k_e = sy_e - (n+g+d)k_e \tag{14.6}$$

기술진보가 발생하지 않는다고 가정하면 $g=0$, $k_e=k$ 및 $y_e=y$가 되어 식 (14.6)은 간단하게 식 (14.3)이 된다. 앞 절에서 전개한 내용과 마찬가지로 유효노동당 저축 sy_e는 유효노동당 투자이며 $(n+g+d)k_e$는 유효노동당 자본을 일정하게 유지하는 데에 필요한 유효노동당 최소 투자량이 된다. 따라서 sy_e가 $(n+g+d)k_e$보다 크면 k_e가 증가하고 반대로 sy_e가 $(n+g+d)k_e$보다 작으면 k_e는 감소한다.

이러한 관계를 나타내는 것이 [그림 14-7]이다. 최초의 유효노동당 자본이 균제균형상태수준에 미치지 못하는 k_e^0이었다고 생각해 보자. 그러면 유효노동당 투자가 최소투자량을 초과하기 때문에 Δk_e는 양의 값을 갖게 되고 유효노동당 자본은 시간의 경과에 따라 k_e^*에 이를 때까지 증가하게 된다. 균제균형상태에서는 물론 $sy_e=(n+g+d)k_e$, 즉 $\Delta k_e=0$이므로 유효노동당 자본과 소득의 증가율이 0이다. 따라서 총자본과 총소득은 유효노동의 성장률($n+g$)과 같은 비율로 성장한다. 즉, 국가의 경제성장률은 균제균형상태에서 $n+g$가 된다. 균제균형상태의 성장경로를 1인당 개념으로 살펴보면, 유효노동당 소득 및 자본의 정의에 의하여 1인당 자본 및 소득의 성장률은 기술진보율(g)이 된다.

[그림 14-7] 기술진보하의 균제균형

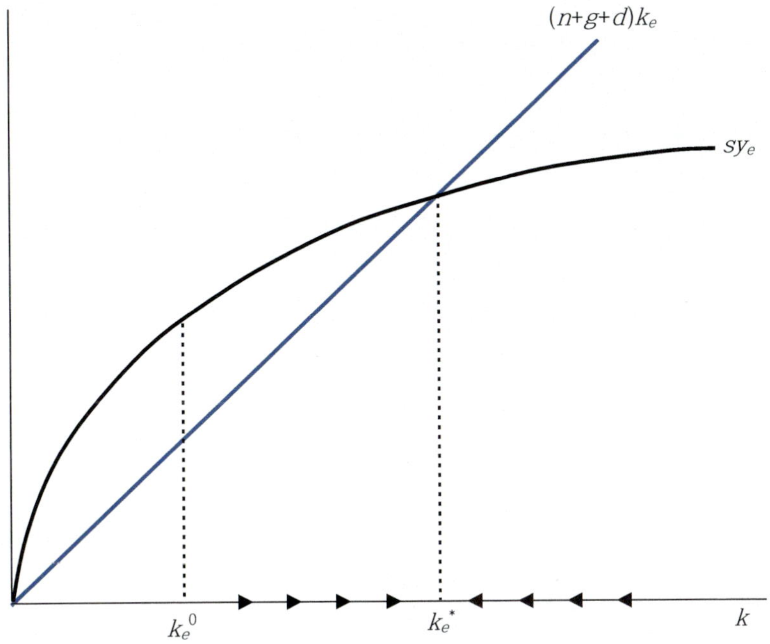

기술진보를 고려한 솔로우 모형은 1인당 소득의 지속적인 성장을 설명할 수 있다. 균제상태에 도달한다 하더라도 1인당 소득은 기술진보율(g)만큼 성장한다. 다시 말하면 지속적인 경제성장의 원천은 바로 기술진보에서 찾아지고 있는 것이다. 저축률과 인구증가율의 변화로 인한 균제균형상태의 이동은 앞 절에서 우리가 배운 내용과 상당히 유사한 결과를 초래한다.

예를 들어, 저축률의 증가는 균제균형상태의 유효노동당 자본의 증가를 가져온다. 비록 새로운 균제균형상태에 이를 때까지에 한하여 1인당 소득의 증가율은 g보다 크지만 일단 균제균형상태에 도달하면 1인당 소득의 증가율은 g로 되돌아온다. 따라서 저축률의 증가는 장기적 관점에서 단지 1인당 소득수준의 향상을 가져올 뿐 1인당 소득의 증가율에는 영향을 미치지 못한다.

» 기술진보 촉진정책

기술진보를 통한 생산성 향상은 장기적 관점에서 경제성장의 원동력이 된다. 생산성 향상을 위한 정부의 역할은 교육부문과 R&D(research and development)보조에서 가장 두드러지게 나타난다. 의무교육 및 국공립학교에 대한 정부의 지원은 생산성 향상의 주요 요인 중의 하나인 노동의 질을 높인다. 또한 과학기술 분야의 연구개발비용에 대한 정부의 적극적인 지원은 국가경쟁력을 증대시키는 중요한 역할을 담당한다. 기술진보를 위한 이러한 모든 노력은 기술진보의 내생적 성격을 반증하고 있다. 최근 우리나라의 벤처(venture)기업에 대한 각종 세제혜택은 일종의 R&D 지원책이다.

2.4 신고전파 모형의 한계

1. 소득수렴 가설

솔로우 모형의 특징은 물적 요소(자본이나 노동)가 투입될수록 요소의 한계생산성이 체감한다는데 있다. 앞에서 살펴본 바와 같이 최초의 자본이 작은 국가일수록 1인당 소득증가율은 커지고 자본이 풍부한 국가일수록 성장률은 둔화된다. 실제로 대부분의 선진국들은 지난 수십년 동안 연평균 성장률 2~3%를 유지한 반면에 개도국은 그 보다 높은 성장을 누려왔다. 이런 논리에서 본다면 장기적으로 개도국과 선진국 간에 소득수준이 비슷해 질 것이란 가설을 제기할 수 있다. 소득수렴 가설의 기본 아이디어는 솔로우 모형의 자본에 대한 한계생산성이 체감한다는 데서 기인된다. 즉, 수렴(convergence)이란 최초의 소득수준이 다른 나라들이 궁극적으로는 소득격차가 사라지면서 동일한 소득수준에 이르게 되는 현상을 일컫는다.

저축률, 인구증가율 및 기술수준이 동일한 나라들에 대하여 솔로우 모형은 **절대적 수렴(absolute convergence)**을 예견한다. 다시 말하면 비록 최초의 1인당 자본이 다르다 하더라도 대상국가들의 기타 경제적 여건들이 동일하다면 결국에는 동일한 균제균형상태에 도달하고 같은 소득수준에 이르게 된다. 즉, 균제균형상태에 도달하기까지 가난한 나라들은 부유한 나라들에 비하여 높은 성장률을 기록한다.

하지만 세계의 모든 나라들이 동일한 균제균형상태를 지니고 있지 않다면 절대적 수렴은 발생하지 않는다. 나라별로 상이한 저축률, 인구증가율 및 기술수준을 보인다면 모두 균제균형상태에 도달한다 하더라도 상이한 소득수준에 이르게 된다. 그러나 비록 균제균형상태가 서로 다를지라도 균제균형상태의 자본축적에 비하여 최초의 1인당 자본축적이 상대적으로 취약한 나라는 높은 성장률을 보이다가 균제균형상태에 이르면 결국 동일한 성장률을 기록한다. 우리는 이것을 **조건부 수렴**(conditional convergence)이라고 부른다.[15)]

소득수렴가설이 본격적으로 논쟁이 된 것인 Baumol(1986)에 의해서다. 그는 장기통계자료를 이용하여 1870년부터 1979년 기간에 걸쳐 일본이나 이탈리아 등과 같이 과거에 빈곤했던 국가들이 미국이나 프랑스와 같이 잘 사는 나라들과 비슷한 수준으로 소득이 증대되어 나라 간에 소득격차가 줄어들었다는 것을 밝혔다. 그러나 이러한 주장에 대하여 표본추출 자료의 문제, 분석기간 등의 문제를 제기하여 절대적 접근, 조건부적 접근 등의 논쟁이 벌어졌다.

신고전파의 성장모형이 본격적으로 도전을 받게 된 것은 1980년대부터 등장한 **내생적 성장이론**에 의해서다. 내생적 성장론이 등장하게 된 배경에는 신고전파 모형이 묵시적으로 상정하고 있는 소득수렴가설과 긴밀한 관계가 있다. 첫째, 산업혁명 후 약 200년이 흘렀음에도 불구하고 세계 경제는 수렴되는 현상을 보이지 않고 있다. 또한 솔로우 모형에서 보듯이 산출량이 균제균형상태에서 정체현상을 보이지 못하고 지속적으로 상승되는 현상을 보였다. 둘째, 개발도상국가들(특히 한국, 대만, 홍콩, 싱가포르 등)은 단기간 내에 비약적인 고성장을 이룩한 반면에 여타 개도국들은 정체상태를 보여 국가 간에 소득 격차는 확대되는 경향을 보였다.

》G7 국가들의 소득수렴 현상

영국의 1인당 소득은 1870년에 1996년 달러 기준으로 $3,665, 미국 $2,853, 프랑스 $2,229, 일본은 $937에 지나지 않았다. 그러나 그로부터 120년 후에는 G7 국가들의 1인당 소득은 $20,000에서 $28,000로 평준화되었다. 이들 국가에서는 소득수렴 현상을 보이고 있다. 지난 1870~1996 기간 동안 G7 모든 나라들은 소득수준의 대폭적인 상승을 경험하고 있다. 하지만 성장률의 차이가 존재함에 따라 1870년과 비교하여 1996년의 고소득순서가 바뀌고 있다. 126년 동안 가장 높은 연평균 성장률을 기록한 나라는 일본이다. 이에 따라 1870년 일본의 1인당 소득은 영국의 약 1/4 그리고 미국의 약 1/3에 불과하였으나 1996년에 이르러서는 미국에 거의 근접하였고 기타 모든 나라들을 앞지르고 있다. 지난 1870~1996 기간 동안 영국의 성장률은 가장 낮았다. 1870년만 하더라도 가장 부유하였던 영국은 가장 낮은 성장률로 인하여 1996년에는 G7 국가들 중에서 빈곤한 나라가 되었다. 반면에 제2차 세계대전의 패전국으로써 많은 공장설비가 파괴된 일본, 독일 및 이태리의 성장은 주목할 만하다. 1인당 자본량이 균제균형상태의 자본량에 비해 작으면 작을수록 성장률은 높아진다. 특히 일본은 이 기간 동안 고성장을 경험하였다.

---

15) Mankiw, N. G., D. Romer, and D. Weil, "A Contribution to the Empirics of Economic Growth", *Quarterly Journal of Economics*, Vol. 107, May 1992, pp. 407~438.

2. 외생적 기술 문제

솔로우 모형은 한 나라의 소득수준이 저축률, 인구증가율 및 기술진보율에 의하여 결정된다고 밝히고 있다. 또한 균제상태의 성장경로를 보면 장기적으로 경제성장률은 외생적으로 결정되는 기술진보율에 수렴한다.

솔로운 모형에선 기술진보가 없는 한 1인당 산출은 장기균형(균제균형)에서 전혀 성장하지 않는다. 즉, 산출량과 노동력, 그리고 자본이 같은 비율로 성장하기 때문에 1인당으로 본 산출(소득)은 균제균형상태에서는 일정하다. 그러나 어떤 이유로 인해서 기술이 진보하는 경우엔 외생적으로 주어진 기술진보율이 성장률을 결정하게 된다. 따라서 기술진보는 매우 중요한 의미를 갖게 된다. 그럼에도 불구하고 중요한 의미를 갖는 기술진보를 외부적인 요인(외생적 요인)으로 간주하고 있다는 점이 최대 약점이다. 우리가 앞으로 다루게 될 내생적 성장이론자들은 기술진보는 마땅히 성장모형 안에서 다루어져야 한다고 주장한다. 이런 의미에서 신성장이론을 주장하는 사람들의 이론을 내생적 성장이론(기술이 성장 모형 안에서 결정된다는 의미)이라 부른다.

애로(Arrow, 1962)는 **기술숙련 과정(learning-by-doing)**의 개념을 제시함으로써 외생적인 기술변화를 가정한 신고전파성장모형에 변화를 줄 수 있는 계기를 주었다. 그러나 경제성장에 대한 심층적인 이론 연구 및 실증분석이 뒤따르지 못하고 있다. 이런 분위기에서 발군의 아이디어를 제시한 대표적인 학자로 루카스(Lucas, 1988), 로머(Romer, 1986)를 들 수 있다. 루카스는 기술이란 외생적으로 결정되는 것이 아니고 지식이나 기술 등의 인적자본(human capital)의 내생적 축적에 의하여 성장에 영향을 미치는 것이라는 것을 보여주었다. 실증적인 사례로 한국과 필리핀의 성장 차이를 들었다. 로머는 기술에 영향을 미치는 또 다른 중요 요인으로는 연구개발 자본을 들기도 한다.

제3절 내생적 성장모형

본란에선 솔로우 모형의 문제점들을 극복할 수 있는 **내생적 성장이론(endogenous growth theory)**을 소개하고자 한다. 내생적 성장이론은 솔로우 모형의 한계점을 비판하면서 1980년대 후반부터 로머(Romer)와 루카스(Lucas) 등에 의해 제시되었으며 신성장이론(new growth theory)이라고도 한다.[16] 이 이론은 학자에 따라 다양한 방법

16) P. Romer, "Increasing Returns and Long-Run Growth", *Journal of Political Economy,* October 1986.

으로 전개되고 있지만 가장 간단하면서 내생적 모형의 기본 아이디어를 잘 표현하고 있는 루카스, 로머의 모형을 간략하게 소개한다.

3.1 수확체증과 외부효과

우리가 이제까지 가정했던 기술수준이 외부에서 주어진 값이라면 생산함수는 자본과 노동에 대하여 규모에 대한 수확불변의 성질을 갖는다. 그러나 기술수준이 더 이상 상수가 아니고 자본과 노동처럼 생산요소로써 경제내부에서 결정되는 변수라면 그 생산함수는 자본, 노동 및 기술수준에 대하여 규모에 대한 수확체증(increasing returns to scale)을 나타낼 수 있다.

그러면 이러한 규모에 대한 수확체증은 기술의 어떠한 특징에서 비롯되는가? 기술향상은 생산공정 또는 신제품개발에 대한 기발한 아이디어(idea)로부터 이루어진다. 새로운 아이디어는 주어진 생산요소로 질이 더 좋거나 더 많은 양의 제품을 생산 가능하게 한다. 그런데 아이디어의 기본적인 특징은 많은 사람들이 그 아이디어를 공유할 수 있다. 아이디어의 공유성은 생산공정에서도 나타난다. 신제품개발에 대한 아이디어가 한번 만들어지면 제품이 얼마만큼 생산되든지 간에 그 아이디어는 반복하여 사용될 수 있다. 예를 들어, 어떤 사람이 현재 우리가 사용하는 흔글보다 성능이 훨씬 뛰어난 새로운 워드 프로세서(word processor)를 개발하였다고 하자. 이 워드 프로세서의 첫 제품을 만들어내는 데에는 많은 노력과 자금이 소요되지만 첫 제품이 한번 만들어지면 그 다음부터는 얼마만큼 생산하든지 간에 공 디스켓에 복사하기만 하면 된다.

이러한 아이디어의 특징이 생산함수에서 규모에 대한 수확체증을 초래하는 것이다. 새로운 아이디어를 지닌 제품을 처음으로 만드는 데에는 고정비용이 들어가지만 다음 제품을 생산하는 데에는 이 고정비용이 다시 들어갈 필요가 없다. 다시 말하면 워드 프로세서의 예로 돌아가서, 두 번째 제품의 생산부터는 규모에 대한 수확체증의 가정이 적용된다. 생산함수는 자본, 노동 및 아이디어에 대하여 규모에 대한 수확체증의 성질을 갖게 된다.

규모에 대한 수확체증은 완전경쟁시장에서는 일어나지 않는다. 규모에 대한 수확체증은 가격이 한계비용보다 높을 수 있는 불완전경쟁시장을 필요로 한다. 그리고 불완전경쟁시장을 바탕으로 신제품개발에 성공한 발명가들은 이윤추구를 도모할 수 있

R. E. Lucas, Jr., “On the Mechanics of Economic Development”, *Journal of Monetary Economics*, July 1988.

다.[17] 이 점은 왜 많은 소프트웨어 가격이 한계비용보다 훨씬 더 높은가를 설명한다.

3.2 인적자본 및 연구개발 모형

지난 1960년대에 한국과 필리핀은 경제상황이 비슷했다. 저축률, 문맹률, 노동력 등이 비슷했었는데, 그로부터 약 30년이 흐른 시점에서는 한국의 성장률이 월등히 높았다. 루카스는 이런 차이를 두 나라 간 인적자본(human capital) 축적의 차이에서 설명하고 있다. 한국의 높은 교육열과 수출주도형의 성장을 하면서 현장에서 습득한 기술(learning- by-doing)의 축적을 통해서 인적자본이 필리핀에 비하여 높게 축적되었다는 것이다. 인적자본이란 물적자본(기계, 장치 등)과 구별되는 것으로 그 나라가 지니고 있는 사람에게 체화된 지식의 총계를 나타낸다. 산업사회에서는 기계설비 등이 생산에 중요한 영향을 끼쳤지만 지식, 정보화 사회로 진전됨에 따라 무형의 자본-지식이나 기술, 정보 등의 자본이 더 중요한 요인으로 작용되고 있다. 예를 들면 컴퓨터를 움직이는 운영시스템인 Windows는 무형자본(프로그램)이다. 사람이 지니고 있는 지식이나 기술은 외부로 파급되는 효과, 즉 **외부효과**(spill-over effect)가 있다. 예를 들면, 어떤 연구자가 새로운 학설을 발표하면 무료로 다른 사람이 활용할 수 있다. 창의적인 아이디어에 의하여 새로운 지식이 창출된다. 지식자본은 교육 및 훈련에 의하여 축적된다. 한 나라의 인적자본의 축적은 교육에 많은 영향을 받게 된다. 따라서 오늘 대부분의 국가에서 성장잠재력을 제고시키기 위하여 교육을 혁신시켜 인적자본의 축적을 높이려 노력하고 있다.

1. 인적자본 모형

경제성장의 원천이 인적자본에 있음을 주장한 것으로 루카스(Lucas)에 의하여 강조되었다. 단순한 노동력이 아닌 기술이나 지식이 체득된 인적자본이 생산함수에 반영되어 전체 생산성을 제고시키는 역할을 감당한다. 인적자본이 반영된 생산함수를 $Y=AK^{\alpha}(uhL)^{1-\alpha}$로 표시된다. 여기서 u는 생산활동에 투입된 시간을 나타내며, h는 인적자본(human capital) 스톡을 반영하고 있다. 이 생산함수의 특징은 단순 노동량이 아닌 인적자본 스톡을 반영하고 있다는 점이다. 인적자본을 $h=h_A+h_Y$로 구분

---

17) 로머(Romer, 1990)는 불완전경쟁시장을 도입하여 내생적 성장이론을 발전시켰다. 이 모형은 기업들이 이윤추구의 목적으로 새로운 아이디어를 만들어낸다고 보고 있다.

하여 h_A는 연구활동에 투입되는 인적자본을 나타내며 h_Y는 생산활동에 투입되는 인적자본의 비중을 나타낸다. 따라서 기술수준 A는 연구활동에 투입된 인적자본 크기에 비례하여 기술이 증가된다. 즉, $\dot{A} = \delta h_A A$의 관계로 나타낼 수 있으며, 이런 관계로부터 기술증가율 $\frac{\dot{A}}{A} = \delta h_A$로 나태낼 수 있다. 솔로우 모형에선 기술을 단순히 외부요인으로 취급하여 패러미터 A로 표시하였는데, 인적자본 모형에선 $A(h)$로 표시된다. 여기서 h는 경제 전체의 평균적인 인적자본의 크기를 나타낸다. 따라서 대표적인 기업 i 생산함수는 아래와 같이 나타낼 수 있다.

$$Y_i = A(h)F(K_i, uhL_i) \tag{14.7}$$

상기의 식은 인적자본이 축적되면 $A(h)$가 소득증대에 크게 기여하여 성장을 촉진시킬 수 있다. 솔로우 스타일의 신고전파 모형과 근본적인 차이는 바로 $A(h)$ 부분인데, 위에서 언급한 바와 같이 인적자본은 외부효과를 통하여 수익체증모형으로 전환이 가능하다. 솔로우 모형에선 자본을 투입하면 투입할수록 자본의 한계생산력이 떨어져 성장에 기여하는 정도가 낮아신다. 이것이 지속적인 성장을 빙해하는 요소가 된다. 자본의 투입량에 비례하여 산출량이 증대되지 못함을 뜻한다. 그러나 상기의 모형은 물적자본(K)의 한계생산성 하락부분을 인적자본의 외부효과인 **파급효과(spill-over effect)**를 통하여 상쇄시켜줘 전체적으로 생산성이 하락되는 것을 억제시켜 준다. 이것이 내생적 성장모형이 지속적인 성장이 가능케 되는 메카니즘이다. 이를 좀더 직관적으로 설명해보자. 인적자본이 풍부한 나라(예를 들면 한국)는 그렇지 않은 나라(예를 들면 필리핀)에 비하여 성장이 지속적으로 높아질 것이다. 소득이 높아지면 그 나라는 교육에 대한 투자를 늘려 더 많은 국민을 더 높은 질로 교육시켜 인적자본의 크기를 더 키운다. 이는 다시 그 나라의 성장을 지속적으로 증가시킬 것이다. 인적자본이 축적되지 않은 나라와 격차는 점점 더 벌어질 것이다. 이런 연유에서 교육에 대한 투자는 경제성장에 있어서 매우 중요한 요인으로 인식되고 있다. 미국, 캐나다, 일본 등 선진국에선 기차, 지하철, 버스 등을 타고 다니면서 보면 그 나라의 국민들은 독서가 일상화되어 있음을 접하게 된다. 그리고 동네마다 공공도서관 시설이 잘 되어 있다. 후진국일수록 이런 투자가 부족하고 독서에 대한 열의도 작다. 이런 사회의 인프라자본의 차이가 나라 간 인적자본의 크기를 다르게 만들고 있다.

2. 연구개발(RD) 모형

기술에 영향을 미치는 요인은 연구개발(R&D)투자이다. 로머(Romer)에 의하여 제창된 이론으로 내생적 성장모형을 발전시키는 연구로 평가되고 있다.[18] 새로운 기술은 연구개발(R&D) 자본의 총체적인 크기에 따라서 달라질 수 있다. 연구개발(R&D) 역시 인적자본과 마찬가지로 공공재적 성격을 띠고 있어 외부효과(spill-over effect)를 일으켜 지속적인 성장이 가능함을 보여준다. 기술 A는 연구자본의 총체적인 크기(R)에 의하여 결정되므로, 생산함수를

$$Y_i = A(R)F(K_i, L_i, R_i) \tag{14.8}$$

로 나타낼 수 있다. 식 (14.8)은 투입되는 생산요소 자본(K_i), 연구개발 투자자본(R_i), 노동(L_i)은 수확체감의 법칙에 따른다. 즉, 연구개발투자도 증가될수록 연구개발투자에 대한 한계수익률은 떨어진다. 그런데 국가 전체의 연구개발 및 지식자본 스톡 A(R)에서 나오는 **파급효과(spill over effect)**가 개별기업의 실물자본의 한계생산성 체감을 보충해주어 지속적인 성장이 가능해진다. 연구개발이나 지식은 한계생산성이 체감하지 않고 외부효과를 나타내는 특징이 있다. 각 국가는 그 나라의 R&D 자본을 축적시키기 위하여 많은 인센티브를 제공해 주고 있다. 기업의 연구개발에 대하여 세제상의 혜택을 주고 있으며, 국가에서 직접 대규모의 연구개발 프로젝트를 발주한다. 내생적 성장모형은 솔로우 모형에서 상정하고 있던 완전경쟁시장 가정 대신에 불완전경쟁시장을 상정하고 있다. 수익체증모형을 설명하기 위해선 불완전경쟁시장을 상정하고 있어, 새로운 혁신적인 기술을 개발한 기업은 독점적 이윤을 누리게 되어 연구개발에 더 투자할 수 있다.

》 연구개발(R&D) 효과 국제비교

정부에서 연구개발투자에 대한 여러 가지 정책적인 지원을 아끼지 않고 있다. 그 이론적인 근거가 로머의 연구개발 모형에 있다. 연구개발(R&D) 투자효과에 대한 논란이 많다. 최근 한 연구[19]에 의하면 우리나라의 연구개발 투자의 경제성장에 대한 기여도는 1971~2004년 동안에 약 30%에 달하는 것으로 추정되었다. 이는 미국의 20.8%, 캐나다의 16%보다는 높지만, 일본의 48.8%보다는 낮은 것으로 나타났다. 우리나라의 R&D에 의한 경제성장 기여도는 점차 증가하고 있는 것으로 나타났다. 즉, 1971-89년은 23.3%의 기여도를 나타냈는데 반해 1990-2004년 30.4%의 기여도를 보였다. 이는 1971-2004년 기간 중 총요소생산성 증가의 대부분이 연구개발 투자 스톡 증가와 투자의 효율성(R&D투자의 총요소생산성에 대한 탄력성)에 기인하

18) Romer, P., "Increasing Returns and Long run Growth," *Journal of Political Economy*, 1986.

는 것으로 추정된다. 동 기간 중에 우리나라의 R&D투자의 총요소생산성에 대한 탄력성이 0.182로 OECD 국가의 평균 0.19와 비슷하며 미국 0.22, 일본 0.288모다는 낮지만 캐나다 0.116, 이탈리아 0.147보다는 높게 나타났다. <표 14-5>에서 보듯이 우리나라의 경제성장은 생산요소에 의한 기여도는 둔화되고 있는 가운데 R&D 및 생산성에 의한 기여도가 높아지고 있음을 보여준다.

| 표 14-5 | 우리나라의 R&D투자 기여도 및 성장기여도 분석

	1971–1989		1990–2004		1971–2004	
	경제성장율	기여도	경제성장율	기여도	경제성장율	기여도
노동	2.22	29.1	1.17	20.4	1.75	25.9
자본	3.43	42.5	2.58	45.0	2.95	43.4
TFP	2.16	28.5	1.98	34.6	2.08	30.7
R&D스톡	1.77	23.3	1.74	30.4	2.07	30.6
실질성장율	7.62	100	5.73	100	6.79	100

자료: 과학기술정책연구원 (2007).

3.3 혁신, 경제개방, 제도(규제개혁 등)에 의한 영향

슘페터는 경제성장의 원동력이 혁신(창조적 파괴, creative destruction)에 있다고 보았으며, 그 혁신의 주체로서 기업가(entrepreneurs)에 의한 **기업가정신(entrepreneurship)**의 중요성을 강조하였다. 그런데 경제학자들이 슘페터의 혁신의 중요성을 인식하면서도 구체적으로 기업가정신이 경제성장이나 생산성에 미치는 영향에 대한 연구는 소홀하였다.[20]

혁신기술의 외부효과를 통하여 생산성이 증대되고 지속적인 성장이 도모된다. 그런데 이 혁신적인 기술은 과학적인 발명이나 혁신이 있으면 당연히 생산과정에 투입되어 생산성을 증진시킨다고 묵시적으로 가정하고 있다. 전통적인 신고전파 생산함수에서 신기술 채택시 어떤 위험이나 조정비용이 없는 것으로 간주하였다. 그러나 훌륭하고 혁신적인 기술이라도 아무런 위험이나 조정비용 없이 곧 바로 생산과정에 투입되는 것은 아니다. 과학적으로는 훌륭한 지식, 아이디어, 기술이지만 상업화에 실패하여 사장되는 기술이 많다. 혁신기술 설비투자에 대규모의 자금이 소요되며 시장

19) 과학기술정책연구원(STEPI), "연구개발투자의 경제성장기여도 국제비교 연구결과", 2007.
20) 예외적으로 Aghion, Philippe and Peter Howitt은 이 분야에 선구적인 연구를 제시하였다.

의 잠재적인 수요를 예측하기도 힘들다. 이런 위험에 과감히 도전할 수 있는 기업가 정신(entrepreneurship)을 구현하는 기업가활동(entrepreneurial activities)이 생산성 증대를 통하여 경제를 성장시킨다. 기업가활동은 혁신적인 기술, 아이디어 및 지식을 상업화(commercialization)시켜 기술과 생산과정을 연계시키는 '연결고리'(nexus) 역할을 하고 있다. 새로운 기술은 아직 시장에서 검증을 받지 않은 관계로 곧 바로 생산과정에 투입되기 힘들다. 또한 새로운 지식이나 기술이 모두 경제적인 지식(economic knowledge)으로 전환되는 것은 아니다. 기업가활동에 의하여 일반적인 지식(기술)이 경제적인 지식(기술)으로 전환된다.

기업가활동이 생산성에 긍정적인 영향을 끼치고 있음이 국내 연구에서도 확인되었다.[21] 창업활동이 생산성에 미치는 효과가 RD투자에 의한 효과에 못지 않게 추정되고 있다. 전통적으로 생산성 증대를 위해 R&D 투자의 중요성이 강조되고 있는데, 이에 못지 않게 기업가정신도 중요한 요인임을 시사하고 있다. 또한 기업가활동 및 연구개발투자가 생산성에 미치는 효과는 일정한 시차(약 2~3년)를 두고 나타남을 보여주고 있다.

또한 경제개방도 경제성장에 긍정적인 기여를 하고 있는 것으로 평가받고 있다. 첫째, 경제개방은 국내시장을 외국기업에 개방한다는 의미도 있지만, 해외의 넓은 시장에 접근할 수 있는 기회가 커져 규모의 경제효과를 기대할 수 있어 경제성장을 촉진할 수 있다. 국내시장 개방은 경쟁압력을 높여 국내 공급자들에게 혁신을 강요하여 생산성이 높아지고, 그 과정에서 경제성장에 긍정적인 효과를 기대할 수 있다. 둘째, 내생적 성장모형에서 결정적인 영향을 끼치고 있는 지식, 정보, 아이디어 자본 등의 외부효과를 높일 수 있어 경제성장에 도움이 된다. 국제교류의 확대는 기술정보를 증대시키고 이 과정에서 파급효과가 극대화된다. 이런 이유에서 대체로 많은 나라들이 경제개방에 박차를 가하고 있다. 경제개방화를 채택하는 국가들에서 높은 경제성장률이 나타나고 있다. 하지만 경제개방이 곧 성장을 촉진하는 것은 아니다. 개방화의 장점이 제대로 정착될 수 있는 여건(기술발달 정도, 제도나 규제완화 등의 조치, 노동생산성 등)이 구비되어야 경제개방의 효과가 나타나는 것이다.

신고전파의 성장모형은 경제성장에 영향을 주는 요소인 기술이 외생적으로 결정되어 정부의 역할이 제한적이었다. 하지만 내생적 성장모형은 정부의 정책에 따라 경제성장에 영향을 끼칠 수 있다. 예를 들면, 경제성장에서 연구개발투자 및 연구개발 지식, 정보, 아이디어 스톡이 경제성장에 긍정적인 영향을 끼친다. 그런데 기초연구나 새로운

21) 이윤재 · 강달원, "기업가활동이 생산성에 미치는 효과" 『경제학연구』, 2008. 참조할 것.

기술이나 혁신적인 연구개발에는 엄청난 연구개발비와 높은 위험이 있어 민간기업이 단독으로 추진하기 어렵다. 이런 기초과학분야의 연구에 국가가 연구비를 조성하여 지원하면, 그 연구결과를 민간영역에서 상업화한다. 이때 기업가정신을 갖춘 기업가들의 창업에 의하여 새로운 혁신이 일어난다. 이런 정책을 잘 추진하는 나라가 미국이다. 미국의 국방부문에서 기초연구가 민간영역에서 상업화에 성공한 대표적인 사업이 인터넷 분야이다. 또한 연구개발투자에 대한 조세감면 조치를 해주면 기업의 연구개발 투자가 증가되어 새로운 혁신기술이 촉진될 수 있다. 또한 국가에서 기초인프라(예: 광역망 인터넷 정보통신 시설 구축 등)를 잘 구축하면 그 사회간접자본으로 부터 외부효과가 발생하여 민간기업에서 투자수익을 극대화하여 생산성을 높일 수 있다.

제4절 경제성장의 실증적 분석

4.1 성장회계방식 분석

솔로우는 경제성장에 대한 각 생산요소와 기술수준의 기여도를 밝힐 수 있는 **성장회계방정식(growth accounting equation)**을 개발하였다.[22] 가장 간단한 형태의 성장회계 방정식은 다음과 같은 생산함수를 기초로 하여 만들어진다.

$$Y = AF(K, L) = AK^{\alpha}L^{1-\alpha} \tag{14.9}$$

위 식에서 A는 흔히 힉스 중립적 기술(Hicks-neutral technology)이라고 일컬어 진다. 식 (14.9)를 증가율 형태로 표기하면 다음과 같은 성장회계식이 도출된다.[23]

$$\frac{\Delta Y}{Y} = \alpha\frac{\Delta K}{K} + (1-\alpha)\frac{\Delta L}{L} + \frac{\Delta A}{A} \tag{14.10}$$

경제성장률($\Delta Y/Y$)은 자본증가율($\Delta K/K$)과 노동증가율($\Delta L/L$)의 가중평균에 기

22) R. Solow, "Technical Change and the Aggregate Production Function", *Review of Economics and Statistics*, Vol.39(August 1957), pp. 312~320.

23) 식 (14.9)에 로그(log)를 취하고 미분하면 식 (14.10)이 도출된다.

술진보율($\Delta A/A$)을 합한 것과 같다. 생산함수의 형태를 결정하는 α는 완전경쟁시장에서 자본소득이 총소득에서 차지하는 비중(rK/Y)이다. 또한 $1-\alpha$는 노동소득의 비중(wL/Y)이 된다.[24] 기술진보율 $\Delta A/A$는 **총요소생산성(total factor productivity: TFP)** 증가율이라고 일컬어지기도 한다.

식 (14.10)에서 주목만한 사실은 요인별 기여도의 차이이다. 만약에 다른 모든 것들은 일정하고 자본만이 1% 증가하면 경제성장률은 1%보다 작게 된다. 그 이유는 α가 1보다 작기 때문이다. 물론 노동만의 증가도 마찬가지의 효과를 낳는다. 가중치의 합이 1이기 때문에 오로지 자본과 노동이 동시에 1% 증가해야만 경제성장률은 1%가 된다. 반면에 힉스 중립적 기술을 가정한 생산함수의 특징으로 인하여 총요소생산성이 1% 증가하면 자본과 노동이 변하지 않아도 경제성장률은 1%를 기록한다.

그런데 총요소생산성의 증가율은 직접적으로 관찰 가능한 변수가 아니다. 그 값은 다른 모든 변수들의 자료를 토대로 간접적으로 구해진다. 식 (14.10)에서 가중치 α(자본소득의 비중)는 국민소득계정으로부터 밝혀질 수 있다. 따라서 경제성장률, 자본증가율 및 노동증가율에 대한 수치를 마련하면 우리는 총요소생산성 증가율을 식 (14.10)로부터 계산할 수 있다. 예를 들어, α를 0.3이라 하고 경제성장률, 노동증가율 및 자본증가율이 각각 5%, 2%, 그리고 3%라면 총요소생산성 증가율은 2.7%(5% − 0.3*3% − 0.7*2%)가 된다.

이러한 계산방법 때문에 많은 사람들이 총요소생산성을 **솔로우의 잔차항(Solow's residual)**이라고도 부른다. 비록 총요소생산성은 식 (14.9)의 생산함수에서 기술수준을 의미하지만 또 다른 특별한 의미를 지니고 있다. 우리가 설정한 생산함수는 생산요소로써 실물자본과 노동만을 고려한다. 그러나 실제로는 인적자본(human capital)이나 천연자원(natural resources)처럼 무시할 수 없는 생산요소들이 존재한다. 인적자본은 교육수준이나 노동숙련도와 같은 노동자들의 질적인 측면을 강조한다. 따라서 총요소생산성은 단순히 기술수준만을 의미하는 것이 아니라 말 그대로 자본과 노동 이외의 모든 생산요소들의 성장에 대한 기여분까지 포함하고 있다.

---

24) 독자들이 배운 미시경제학에서 기업의 이윤극대화 과정을 기억해 보라. 식 (14.9)을 바탕으로 이윤극대화의 1차 조건을 구하면 $MPL=(1-\alpha)Y/L=w$ 및 $MPK=\alpha Y/K=r$이 된다. 이에 따라 $\alpha=rK/Y$ 그리고 $1-\alpha=wL/Y$의 등식이 성립하고 $wL+rK=Y$가 된다. 즉, 총소득은 노동소득과 자본소득으로 완전하게 배분된다. 이러한 결과는 일차동차 생산함수(production function of homogeneous of degree one)의 일반적 특징이다.

4.2 경제의 성장 기여도 비교

1. 한국의 성장 요인 비교

성장요인 분석은 연구자가 사용하는 데이터, 추정방식에 따라 차이가 많이 난다. 특히 자본 스톡 데이터, 산출량(국민소득, 부가가치 기준), 노동투입량(근로자수, 노동시간), 추정방식, 추정기간 등에 따라 적지 않은 차이가 난다.

〈표 14-6〉에 따르면, 우리나라 경제성장의 기여도에서 1970-1980, 1990년대에는 생산요소 기여도가 절대적으로 컸음을 보여주고 있다. 2000년대 이후에는 생산요소의 기여도는 상대적으로 줄어들고 총요소생산성(TFP)의 기여도가 커져서 생산성 증가가 경제성장의 중요한 요인이 됨을 나타내고 있다. 이런 이유로 인해 과거 한국경제는 기술적인 요인(총요소생산성의 증가율로 나타남)에 의한 성장이라기보다는 요소투입에 의한 성장이라는 주장이 설득력을 얻고 있다. 2000년대 이후에는 생산성의 기여도가 절대적으로 큼을 나타내고 있다.

또 한가지 흥미로운 사실은 생산성 기여도를 세분화하여 살펴보면 1970-1990년대까지 규모의 경제효과가 생산성 증대의 주요한 원천이었다. 우리나라의 경제성장이 대기업의 수출주도 성장으로 이어졌음을 시사하고 있다. 반면에 2000년대에는 규모의 경제에 의한 생산성 증대효과는 줄어들고 기술진보에 의한 효과가 커져 기술이

| 표 14-6 | 한국경제 성장요인 분석

	'70-'80	'80-'90	'90-2000	2000-'10	2000-'05	'05-'10	'70-2000	'70-2010
경제성장율	7.8	9.3	5.8	4.6	5.0	4.2	7.6	6.9
요소기여도	5.0 (64.1)	5.1 (54.8)	3.0 (51.7)	1.7 (37.0)	2.3 (46.0)	1.1 (26.2)	4.3 (56.6)	3.6 (52.2)
노 동	3.1	3.4	1.8	1.0	1.5	0.5	2.7	2.2
자 본	1.9	1.7	1.1	0.8	0.8	0.7	1.6	1.4
총요소생산성	2.8 (35.9)	4.2 (45.2)	2.8 (48.3)	2.9 (63.0)	2.7 (54.0)	3.1 (73.9)	3.3 (43.4)	3.3 (47.8)
자원배분	0.7 (25)	0.2 (4.8)	-0.6 (-21.4)	0.8 (27.6)	1.4 (51.9)	0.1 (3.2)	0.2 (6.1)	0.3 (9.1)
규모의경제	1.4 (50.0)	1.8 (42.8)	1.1 (39.3)	0.8 (27.6)	0.8 (29.6)	0.9 (29.0)	1.5 (45.5)	1.3 (39.4)
기술진보	0.7 (25.0)	2.2 (52.4)	2.3 (82.1)	1.3 (44.8)	0.5 (18.5)	2.1 (67.7)	1.7 (51.5)	1.6 (48.5)

자료: 김동석, "한국경제의 성장요인 분석 1970-2010," 한국개발연구원, 2012.
주: ( )은 필자가 기여도(%)를 계산한 것임.

생산성 증대의 중요한 원천임을 보여주고 있다. 우리나라도 내생적성장이론이 강조하고 있는 기술이 성장의 원천임을 보여주고 있다.[25)]

2. 각국의 성장요인 비교

지난 1993년도에 세계은행은 아시아의 고도성장국(한국, 홍콩, 대만 등)은 기술부문에서 세계 조류를 따르고 있다고 분석하였다. 그러나 이러한 주장은 Krugman(1994)과 Young (1995)에 의하여 반박되었으며, 1997년대 말 아시아에 불어닥친 경제위기 이후 주목을 받기에 이르렀다. 크루그만이나 영의 주장은 동아시아 국가의 고성장은 총요소생상성의 증가에 기인하는 것이라기보다는 노동이나 자본의 물적투입에 따른 것이라고 주장하였다. 이는 효율적인 성장전략이 못되며 구소련의 실패를 따를 것이라고 지적하였다. 따라서 크루그만은 동아시아 국가들의 고성장은 경제적 기적이 아니라고 비판하였다.

다음의 〈표 14-7〉를 관찰해 보면, 한국을 비롯한 대부분의 동아시아 국가들이 선진국들에 비하여 총요소생산성이 낮은 것을 보여주고 있다. 이제는 한국도 물적투입에 의한 성장은 한계에 부딪혀 총요소생산성을 높이는 질적 성장으로 전환해야 함을 시사하고 있다.

| 표 14-7 | 각국의 성장요인 분석 비교

국 가	자 본	노 동	총요소생산성	산출량
1950-1973				
프랑스	1.6	0.3	3.1	5.0
이탈리아	1.6	0.2	3.2	5.0
일본	3.1	2.5	3.6	9.2
영국	1.6	0.2	1.2	3.0
서독	2.2	0.5	3.3	6.0
1960-1994				
중국	3.1	2.7	1.7	7.5
홍콩	2.8	2.1	2.4	7.3
인도네시아	2.9	1.9	0.8	5.6
한국	4.3	2.5	1.5	8.3
말레시아	3.4	2.5	0.9	6.8
필리핀	2.1	2.1	-0.4	3.8
싱가포르	4.4	2.2	1.5	8.1
대만	4.1	2.4	2.0	8.5
태국	3.7	2.0	1.8	7.5

자료: Yasuf (2001).

25) 한국경제는 2010년 이후(2012~2014년도) 저성장기조를 나타내고 있으며, 많은 거시경제 지표들이 악화되고 있으며, 생산성 저하 문제를 우려하고 있다. 특히 서비스부문 및 노동생산성의 하락을 우려하는 목소리가 높다. 이 부분에 대한 심층적인 연구가 필요하다.

4.3 경제불평등과 경제성장: 피케티 논쟁

1. 피케티의 주요한 주장

경제불평등과 경제성장에 관하여 많은 논란이 제기되어 왔다. (과도한) 경제적 불평등이 경제성장에 부정적인 영향을 미치고 있는 것으로 알려져 있지만 일반화시키기엔 곤란하다.[26] 경제적 불평등과 성장 간에 새롭게 논쟁의 불씨를 당긴 것은 피케티(Thomas Piketty, 1971~)의 『21세기 자본』을 통해서 이다. 피케티는 한국도 방문하여 경제적 불평등이 경제성장의 걸림돌이 되고, 현재 미국을 위시한 선진국의 자본주의는 세습자본주의로 흐르고 있어 이를 방지하기 위해 소득세와 상속세를 대폭 높이고 국제적인 연대가 필요함을 강조하였다. 피케티가 주목을 받은 것은 과거에 누구도 시도하지 않았던 300년에 걸친 장기간 동안의 자료를 수집하고 분석하여 내 놓은 결론때문이다. 대부분의 학자들이 추상적인 이론을 구상하고 그에 대한 실증분석(단기적 분석)을 시도한 데 반해 그는 장기간에 걸친 역사적인 데이터를 직접 분석한 결과 그 데이터로부터 몇 가지의 가설을 제시하였다. 경제적 불평등과 성장에 관한 기존 경제학계의 주된 가설은 **쿠즈네츠의 '역U자 가설'**이었다. 쿠즈네츠의 가설은 경제가 성장함에 따라 초기에는 경제적 불평등이 증가되지만 시간이 지남에 따라 경제성장의 과실이 저소득층에까지 흘러들어 간다는 것(낙수효과)이다. 경제성장이 촉진됨에 따라 많은 일자리가 늘어나고 그로 인해 저소득층의 소득도 증가되어 경제적 불평등이 개선된다는 것이다. 쿠즈네츠의 가설에 따르면 선 경제성장 후 소득분배의 정책을 기조로 하여 많은 국가들이 경제성장을 우선시 하였다. 쿠즈네츠의 가설에 의하면 초기의 불평등은 감내할만하다.

피케티 주요한 주장은 아래와 같이 정리할 수 있다. 첫째, 피케티가 지난 300년간 유럽의 주요 국가들의 부(wealth)를 조사해보니 쿠즈네츠의 가설이 지지되지 않았다. 최근에는 시간이 흘러감에 따라 경제적인 불평등은 오히려 심화되었다. 특히 1980년대 이후에 미국, 영국 등 주요 선진국에서 상위 1%의 소득이 증가되었으며, 그로 인해 경제적 불평등이 더 악화되었다. 둘째, 향후에도 경제적 불평등이 개선될 조짐이 보이지 않는다. 현재의 상황을 방치하면 세습자본주의로 될 우려가 높다는 것이다. 셋째, 이를 방지하기 위해선 자본에 과세를 강화하고 부유층의 역할(소득세 대폭 인상)을 강조

26) Aart Kray, "Weak Instruments in Growth Regression: Implications for Recent Cross-Country Evidence on Inequality and Grwoth," World Bank, Policy Research Working Paper 7494.

한 것이다. 고율의 누진적 소득세(실질적으로는 부유세) 및 상속세 정책을 국제적으로 연대하여 협력하자는 것이다. 넷째, 장기적인 과정에서 저소득층에 대한 교육 및 훈련을 통해서 인적자본을 강화시켜야 함을 역설하였다. 이는 기존의 내생적 성장론자의 주장과 일치한다.

2. 피케티의 주장의 이론적 체계 점검[27)]

피케티의 가설에는 두 개의 중요한 식이 있다. 자본소득분배율(자본가의 몫)인 α와 한 국가의 자본(K)/소득(Y) 비율을 나타내는 β로 구성된 간단한 항등식이다.

$$\alpha = \gamma\beta \tag{14.11}$$

$$\beta = \frac{K}{Y} = \frac{s}{g} \tag{14.12}$$

식 (14.11)에서 γ는 자본수익률을 나타내며, 식 (14.12)에서 s, g는 각각 저축률과 경제성장률을 나타낸다. 식 (14.11)과 식 (14.12)를 결합하면,

$$\alpha = \gamma\beta = s\frac{\gamma}{g} \tag{14.13}$$

이 된다.

자본가 몫인 $\alpha = \gamma K/Y$로 표시할 수 있다. 총소득(GDP) 중에서 자본가의 몫은 자본수익률(γ)에 투입된 자본량(K)을 곱하면 자본가에게 배분된 것이므로 α는 총소득(GDP) 중에 자본가에게 배분된 몫이다. 자본소득분배율인 α는 자본수익률(γ)이 커지든가 β값인 K/Y의 비율이 증가할 경우 자본가 몫이 커진다. 식 (14.11)~(14.13)을 중심으로 살펴보자.

첫째, 항등식(14.11)이 피케티 가설의 핵심이다. 역사적인 자료에 의하면, 자본/소득 비율(β)과 자본소득분배율(α)이 비슷한 방향으로 움직였다는 것이다. 대체적으로 자본수익률(γ)은 역사적으로 4~5%의 범위에서 크게 벗어나지 않았으며 비교적 일정하였다는 것이다. 따라서 자본소득배율(α)은 자본/소득(β)의 크기에 결정적으로 움직인다. 소득불평등의 주된 요인은 바로 자본/소득비율(β)로 보는 것이다. 자본축적이 경제 양극화의 주범이라는 것이다. 여기서 자본/소득비율인 β를 조금 수정하여 정리하

27) 유종일(역음), 「피케티, 어떻게 읽을 것인가」, 한울, 2015을 많이 참조하여 정리된 것임을 밝힘.

면 식 (14.12)가 되는데,[28] β값은 s/g의 상대적인 크기에 의존한다. 직관적으로 저축률이 높아지거나 경제성장률이 낮아지면 자본/소득 비율이 높아진다. 자본소득비율이 높아지면 자본가의 부가 증가되어 불평등이 높아진다.

둘째, 저축률(s)이 일정할 경우 자본수익률(γ)이 경제성장률(g)보다 높아($\gamma > g$) 경제가 성장할수록 자본집중도(α)가 커져 자본가의 부가 누적적으로 축적되어 경제적 불평등이 높아진다. 피게티는 역사적으로 자본수익률이 경제성장률보다 높았다는 것을 발견하였다. 자본수익률은 대체적으로 4~5%대에 이르는 것으로 알려졌으며, 경제성장률은 그보다 낮았다. 그는 20세기에는 경제성장률이 3.5~4%에 이르러 자본수익률과의 격차가 줄어들었으나 21세기에 들어서는 다시 격차가 벌어져 다시 경제불평등이 높아진다는 것이다. 또 다른 통계인 β인 (K/Y)의 비율도 상승되어 자본집중도가 높아지고 있다.[29] 그는 1970년대 이후 β 값의 상승을 '자본의 귀환'으로 부르면서 자본가 몫이 점차 상승하고 향후에도 높아질 것으로 예측하였다. 그 이유로 향후 인구증가률이 낮아지고 고령화로 인하여 저성장시대에 직면하게 될 것인데, 성장률이 낮아지면 자본집중도(α)이 커지기 때문이다(식 14.13 참조). 일반적으로 성장률이 낮아지면 자본수익률도 낮아지는데, 피케티는 자본수익률이 경제성상률보다 덜 하락된다고 보있다.

피케티는 소득과 부의 관계를 간단한 두 식(14.11 및 14.12, 14.13은 두 식으로부터 파생)으로 설명하고 3세기에 걸친 장기의 데이터를 분석한 결과라는 점에서 의의가 있다. 피케티의 가설을 비판하는 기존 주류의 경제학자들은 그의 주장에 대하여 부분적으로는 동조하지만 경제성장은 자본소득분배률이 β(K/Y비율)이나 γ(자본수익률) 외에 많은 요인들에 의하여 결정된다. 자본축적은 기업이 주도적인 역할을 하는데, 이때 기업가 정신이나 혁신 등의 역할이 고려되지 않았다는 점을 강조한다. 또한 자본의 개념이 다르다는 점도 지적한다. 경제학에서의 자본이란 생산과정에 투입된 실물자본을 의미하는데, 피케티의 자본개념은 부(wealth)에 가깝다. 자본과 부를 구분하지 않고 있다. 특히 주택이나 토지가격의 상승으로 인해 자본(K)이 과도하게 추정되어 β값이 상승될 수도 있으며, 실제 생산에 투입된 실물자본이 부족하여 자본수익률인 γ값이 경제성장률보다 높을 수 있음을 지적하고 있다. 또한 β값과 α가 같은 방향으로 신축적으로 움직이기 위해선 자본과 노동의 대체탄력성이 1보다 커야 한다. 실질임금이 상승될 때 자본으로 빠르게 대체되어야 하며 이때 자본수익률의 하락이 작아야 한다. 그런데 많은 경우 자본과 노동의 대체탄력성이 1에 가깝거나 1보다 작다고 한다. 피케티의 가설

28) KB금융경영연구소, "「21세기 자본」의 주요 내용과 쟁점", 2014.9 참조.
29) 김낙년(2015)은 한국도 자본집중도가 높아지고 있음을 보여주었다.

에 대해 비판적인 코틀리코프(Kotlikoff, L)나 레이(Ray, D) 맨큐(Mankiw,G) 등은 $\gamma > g$부등식은 소득분배와는 상관이 없다고 한다. 자본가의 부는 주로 저축이나 상속에 의하여 이뤄지기 때문이다.

그럼 한국의 경우는 어떤가? 김낙년, 김종일(2013)에 피케티의 방법에 따라 국세청 자료를 이용하여 추정한 결과 한국의 불평등도 심각하고 OECD 국가 중에서도 나쁜 편에 속하고 있다고 보고되었다.[30)]

》시사: 소득주도성장에 대하여

최근의 경제문제 중의 하나가 소득(경제)양극화의 심화현상이다. 다수의 경제적 취약계층이 늘어나고 소수의 상위 고소득계층으로 양분되는 소득양극화 현상이 많은 나라에서 나타나고 있다. 과거에는 복지정책을 통해 경제적 약자를 돌보았으나 이 또한 한계에 직면하게 되었다. 저성장과 고령화로 인한 재정적자 문제가 심각해졌으며, 취약계층에게도 자존감과 인간다운 삶을 영위하기 위해선 일자리 제공이 필요하다. 근로자들의 소득이 상대적으로 떨어져 (노동소득분배율 저하) 내수침체의 요인으로 작용하고 고용창출력도 떨어진다고 보았다. 이를 위한 해결책으로 내수증진이 필요하게 되었다. 내수를 증대시키면 기업의 매출(이익)이 늘어나 고용도 증대될 것으로 기대하였다. 그런데 문제는 근로자들에게 소득이 부족하므로, 일시적으로 소득을 증대시켜 (최저임금 인상을 통한 마중물 역할) 내수(소비)증진을 꾀하자는 것이 소득주도성장(income-led growth)전략의 핵심요체이다.[31)]

소득주도성장 전략은 큰 틀에선 보면 케인즈의 수요증진 정책을 중장기 동학으로 발전시킨 칼렉키 등을 중심으로 한 **포스트 케인지안(post-Keynesian)**모델이다. 그들의 주장에 의하면 빈곤층의 한계소비성향이 부자들보다 크다는 것에 착안하여 빈곤층의 소득을 증진시켜 주면 더 많은 소비증대로 이어져 유효수효를 증대시킬 수 있다는 것이다. 노동소득분배율이 저하되는 추세에선 임금근로자들의 소득이 낮아져 내수침체의 원인으로 작용되고 있다고 보아 최저임금 인상의 필요성을 제기하였다.

금융위기(2008년) 이후 세계적인 경제불황을 타파하기 위한 전략의 하나로 ILO(2011, 2012)[32)], UNCTAD(2010)[33)] 등 국제기구에서 임금주도성장에 관심을 보였다. 비슷한 시기에 우리나라에서도 이 부분에 대한 연구가 시도되었다. ILO(2012)의 한 연구에 따르면 우리나라도 임금주도성장에 적합한 국가의 하나로 분류되었으며, 국내의 연구[34)] (홍장표, 2014)에도 임금주도성장이 필요하다는 주장이 제기되었다. 현 정부의 주요한 경제정책의 하나로 등장된 소득주도성장 전략은 아래와 같은 논리에 따른다. 즉, 경제적 빈곤층은 대개 임금수준도 낮으므로 최저임금을 상승시키면 소득증대를 통한 소비증대 → 기업의 매출증대 및 이익증대 → 기업의 투자 및 고용증대 → 소득증대의 선순환 경제를 달성할 수 있다고 본 것이다. 이러한 소득주도성장 전략 논리에 따라 2018년도 최저임금이 16.4%로

---

30) 김낙년 · 김종일, "한국의 소득분배 지표의 재검토", 「한국경제의 분석」, 제19권2호, 2013

31) 원래는 임금주도성장(wage-led growth)모형인데, 상당수의 자영업자들은 임금근로자가 아닌 한국적인 특성을 고려하여 임금주도성장 대신에 소득주도성장으로 명명한 것으로 추측된다. 또한 근로자의 대부분의 소득이 임금에서 발생되므로 혼용핵서 사용해도 무방하리라 본다.

32) ILO, Towards a Sustainable Recovery: The Case for Wage-led Policies," International J. of Labour Research, Vol.3 (2), 2011. 및 Onaran, O., and Galanis, G., "Is Aggregate Demand Wage-led or Profit-led," ILO, 2012 참조.

33) UNCTAD, "An Incomes Policy for Wage-led Growth," *Trade and Development*, 2010.

급격히 인상되었다. 그러나 급격한 임금인상으로 자영업자(소상공인)가 경영난을 겪게 되었으며 아르바이트, 임시직, 일용직의 일자리가 많이 축소되어 경제적 취약계층이 피해를 보는 부작용이 속출하기도 하였다.

소득주도성장이 성공적으로 추진되기 위해선 몇 가지 애로사항이 극복되어져야 한다. 가계부채로 인한 소비증대의 걸림돌, 급격한 임금상승에 따른 기업의 이익감소 및 국내투자 감소 (자동화 추진, 기업해외 이전 등), 노동시장의 유연성 확보 등이 필요하다. 또한 근원적으로 최저임금 상승에 따른 생산성 향상 방안이 함께 강구되어야 한다.[35)]

34) 홍장표, "한국의 노동소득분배율 변동이 총수요에 미치는 영향," 「사회경제평론」, 제43호, 2014 참조.

35) 표학길(2016), "소득주도성장과 이윤주도성장," 한국경제의분석, 표학길(2017), "소득주도성장의 성공조건," 국가미래연구원 기고문, 이윤재(2017), "신정부의 고용정책과 중소기업 고용," 희망중기포럼을 참조할 것.

요약정리

1. 경제성장이론은 국가별 소득수준의 차이 및 성장률의 차이 그리고 지속적인 경제성장의 원동력을 설명하는 요인들을 분석한다.

2. 솔로우의 모형은 외생적 기술진보, 폐쇄경제, 완전경쟁시장 및 규모에 대한 수확불변의 생산함수를 가정한다.

3. 솔로우 모형의 기본방정식은 생산함수와 자본축적방정식으로 구성된다. 자본축적방정식은 저축률, 자본의 감가상각률 및 인구증가율에 의하여 결정된다.

4. 1인당 자본의 순변화가 없는 동태적 균형상태를 균제균형상태라고 불린다. 이러한 균제균형상태로의 수렴은 자본의 한계생산성이 체감한다는 가정에서 비롯된다.

5. 균제균형상태로의 수렴과정에서 최초의 자본량이 작을수록 경제성장률은 높게 나타난다.

6. 균제균형상태에서 국가별 소득수준의 차이는 저축률과 인구증가율의 차이에서 비롯된다. 더 많이 투자하고 인구증가율이 낮을수록 1인당 자본이 더 많이 축적되고 1인당 소득이 높아진다.

7. 솔로우 모형에서 기술진보는 외생적으로 주어진다. 기술진보가 노동증가적인 형태를 취하면 유효노동의 증가율은 $n+g$가 된다.

8. 내생적 성장이론은 기술진보의 내생화를 통하여 내생적 경제성장경로 및 저축률과 성장률 간의 장기적 상관관계를 밝힘으로써 솔로우 모형의 한계점을 극복한다.

9. 기술수준이 생산요소로써 경제내부에서 결정되는 변수가 되면 우리가 상정한 생산함수는 규모에 대한 수확체증의 성질을 갖는다. 이러한 성질은 기술의 공유성에서 비롯된다.

10. 내생적 성장이론은 균제상태로의 수렴을 시사하지 않는다.

연습문제

1. 자본의 감가상각률이 3%, 1인당 개인소득은 y, 1인당 자본(K/L)은 k이고, 인구가 매년 2%인 증가하고, 1인당 저축률이 20%이라고 한다. 이때 솔로우의 자본축정방정식을 나타내시오.

2. 1번과 같은 상황에서 인구증가율이 1%로 하락하고, 감가상각률이 4%로 증가한다면 1인당 자본을 일정하게 유지하기 위한 최소투자량의 변화를 구하시오.

3. 균제균형상태란 무엇인지 기술하고, 기술진보를 고려하지 않는 솔로우의 기본모형의 균제균형상태를 기술하시오.

4. 솔로우 모델을 활용하여 자국의 자본을 축적하기 위한 방법을 기술하시오.

5. '균제균형상태'를 정의하고, 매년 한 국가의 자본의 감가상각률이 4%이고, 인구증가율은 2%, 1인당 저축률은 30%, 그리고 기술진보율이 1%라고 한다면, 균제균형상태에서 유효노동의 성장률은 얼마인가?

6. 솔로우의 성장모형에 의하면 각국은 일정한 소득수준으로 수렴된다. 소득수렴가설에 대한 비판은 무엇인가?

7. 솔로우 모형이 갖는 단점을 설명하고, 그 대안으로 등장한 내생적 성장이론과 기술의 외부성 문제 및 지속적인 성장을 중심으로 비교 설명하시오.

8. 솔로우 모형에 따르면, 인구증가율이 증가되면 성장률은 떨어지고 일인당 소득도 줄어든다. 그런데 최근 우리나라는 인구감소율로 걱정이다. 이런 차이를 어떻게 설명할 수 있는가? 솔로우 모형과 내생적 성장모형을 이용하여 설명해보시오.

9. 내생적 성장모형의 루카스의 인적자본 모형과 로머의 연구개발모형을 각각 비교 설명하시오.

10. 경제성장에서 정부의 역할을 솔로우 모형과 내생적 성장모형을 각각 비교 설명하시오.

11. 다음은 한 국가의 생산함수이다. 이를 보고 답하시오.

$$Y = 1.2L^{0.8}K^{0.2}$$

11.1. 성장회계방정식을 도출하시오.

11.2. 자본증가율이 4%이고, 노동증가율은 2%, 그리고 경제성장률은 1%라고 한다면 총요소생산성은 얼마인가?

11.3. 인구 및 기술진보가 없는 상황에서, 균제균형상태의 노동자 1인당 자본량, 1인당 생산량, 1인당 소비를 감가상각률(n%)와 저축률(s%)로 표시하시오.

11.4. 감가상각률이 4%이고 저축률이 30%인 균제균형상태에서 1인당 자본, 1인당 생산량, 1인당 저축을 구하시오.

제15장 경기변동론

제1절 경기변동 기초

1.1 경기변동이 왜 중요한가?

봄, 여름, 가을, 겨울로 계절이 순환하듯이 경제도 장기적으로 관찰하면 일정한 패턴을 보이면서 순환하는 경제현상을 나타낸다. 순환하는 현상을 중심으로 그 상황 및 요인을 분석하는 것을 **경기변동론** 또는 **경기순환이론**이라고 한다. 경기변동은 우리의 실생활에 중요한 의미를 제공한다. 최근에 청년 실업률이 점차 높아지고 있어 새로운 문제로 부각되고 있는데, 실업해소에 가장 결정적인 요인이 경기회복이다. 침체로부터 경기가 회복되어 고용을 증대시켜야 실업이 근본적으로 해소된다. 일례를 들면, 침체기에서 회복기가 예상될 때, 장차 다가올 호황을 대비하여 설비확장에 대한 경영판단을 해야 한다. 호경기를 앞두고 만일 시기를 놓치면 시장에서 경쟁자에게 시장점유율을 빼앗길 염려가 있다. 반대로 호경기를 예상하고 설비투자를 증대시켰는데, 예상보다 경기회복이 지연되면 기업경영이 어려워진다. 많은 사람들이 주식투자를 하고 있는데, 경기흐름에 대한 이해를 정확히 하는 투자자는 투자수익률을 높일 수 있다.

우리는 경기변동에 대하여 다음과 같은 질문을 중심으로 경기변동을 이해하고자 한다. 첫째, 경기변동에 관한 기초적인 개념(정의), 경기변동의 특징, 정형화된 사실에 관하여 살펴본다. 둘째, 경기변동을 반영하는 경기지표에는 어떤 것들이 있는가에 관해서 알아본다. 셋째, 경기변동을 일으키는 요인들은 무엇이며, 어떤 메카니즘에 의하여 순환현상을 설명할 수 있는가에 관하여 살펴본다.

1.2 경기변동의 개념

경기변동 혹은 경기순환(business cycle or trade cycle)의 전통적인 정의는 Burns and Mitchell에서 찾을 수 있다. 이들의 정의에 의하면 *"경기변동은 기업활동이 중심이 되고 있는 국가의 총체적 경제활동에서 나타나는 경제변동의 한 유형이다. 이러한 변동은 반복적이지만 반듯이 주기적인 것은 아니다."*[1] 이러한 인식에 기초하여 경기변동 혹은 경기순환이란 일반적으로 경제의 장기적인 추세(Long run trend path)에서 이탈하여 벗어난 상태를 의미한다. 통상적으로 장기추세에서 항구적이 아닌 일시적으로 벗어난 상태이며, 일시적인 이탈은 곧 장기추세로 복귀한다는 것이다. 장기추세에서 상하로 이탈되었다가 장기추세(균형)로 회귀하는 과정이 반복적으로 나타나는 것을 의미한다. 일시적으로 장기추세에서 아래쪽으로 벗어날 때 후생의 손실을 의미한다고 생각하였다.

그러나 이런 사고에 대하여 동의하지 않는 학자들도 많았다. 뒤에서 살펴보겠지만 새고전학파를 중심으로 전개된 균형경기변동이론에서는 전통적인 경기변동이론과 달리 해석한다. 균형경기변동이론에서는 모든 경기변동의 상황을 균형상태로 파악되어야 하며, 경기변동 각 국면에서 후생의 손실은 없다는 것이다. 심지어는 경기변동이란 존재치도 않는다는 것을 주장한 학자도 있다. 대표적인 학자로 슬로츠키(E. Slutzky)를 들 수 있다. 그는 순환이란 아무런 인과관계가 없는 확률적 충격들에 의하여 만들어질 수 있음을 입증하면서 경기순환이란 단순한 통계적 가공에 지나지 않는다는 극단적인 주장을 하였다.[2] 경기변동(business fluctuations) 혹은 경기순환(business cycle)은 비슷한 개념이지만, 엄밀히 말하면 약간의 차이가 있다. 경기변동은 총체적인 장기추세로 부터 상하로 이탈되는 변동현상을 의미한다. 따라서 경기변동이라 할 때 추세로부터 이탈될 때 순환성을 갖는 경우도 있지만 갖지 않는 경우도 상정할 수 있다. 반면에 경기순환이라 할 때는 추세로부터의 이탈현상이 순환성을 갖는다는 것을 암묵적으로 상정하고 있다. 본서에서는 이 둘을 구분하지 않고 혼용해서 사용하기로 한다.[3]

---

1) Burns and Mitchell(1946), *Measuring Business Cycles*, NBER, 1946. 이명재, 「경제변동론」, 1990에서 번역된 부분 인용.

2) 이에 관해 자세한 내용은 김기화, 「경기순환이론」, 1990 참조.

3) 이명재 (1990, p.9)도 같은 견해를 피력하고 있음.

1.3 경기변동 유형

1. 소순환(minor cycle)

흔히 **키친**(Kitchin) 순환이라고도 하며 평균적으로 주기가 2~4년이다. 키친은 영국과 미국에서 도매물가, 이자율, 은행 간 수표교환액 등을 분석한 결과 일정한 주기(약 40개월)가 있음을 발견하였다. 이는 주로 재고변동과 관련이 깊은 것으로 인식하고 있다. 재고투자가 소순환을 일으키는 중요한 요인으로 이해되고 있다. 기업의 적정재고와 실제재고의 조정과정에서 경기순환이 발생된다고 보았다.

2. 주순환(major cycle)

보통 경기순환하면 주순환을 의미한다. 쥬글라(Juglar)에 의하여 주장되어 **쥬글라 파동**이라고도 하며, 대체로 7~10년의 주기를 갖는다. 설비투자재(기계, 건물, 장치, 토지 등)의 수명과 관련이 깊은 것으로 알려져 있어 투자변화가 중요한 요인임을 시사한다. 그러나 1990년대에 들어서는 주순환의 주기가 점차 짧아지는 경향이 있는 것으로 관찰되고 있다.[4] 최근 각국의 경기순환 주기는 보통 4~5년인 것으로 관찰되고 있다. 한국의 경기순환도 대체로 이 범주에 속하는 것으로 관찰되고 있다.

3. 장기순환

러시아 경제학자인 **콘드라티예프**(Kondratiev, N. D., 1892~1938)가 제창한 것으로 경기변동의 주기(장기주기)가 약 50~60년에 걸쳐 일어난다고 보았다. 흔히 장기파동이라고도 하는데, 전쟁, 기술혁신이 일어날 때 장기적인 경기변동이 초래된다는 것이다. 그의 이론은 훗날 슘페터에 의해 제기된 기술혁신설과도 긴밀한 관계가 있다. 현대경제에서 기술혁신이 차지하는 비중을 고려할 때 기술혁신은 큰 의미를 갖는다. 장기파동은 어느 특정 국가에만 영향을 끼치는 것이 아니고 전 세계적으로 파급되는 효과가 있다. 콘트라티에프 파동보다는 짧지만 주순환보다는 긴 쿠즈네츠(Kusnets) 파동도 있다. 쿠즈네츠는 건물의 평균내용 연수나 주택건설 및 인구증가와 관련하여 약 20년

4) 1990년대 후반 이후 순환주기가 짧아졌다가 최근에는 다시 순환주기가 길어지는 경향이 있다. 우리나라는 2018년 상반기 현재 제11순환기를 맞고 있는데 5년(60개월) 이상 저점을 못찾고 있다.

주기가 있음을 주장하였다.

》 안식년, 희년과 경기변동

이스라엘 유대민족에게는 매 7년마다 휴경하는 **안식년제도**가 있다. 구약시대에 율법에 따라 매 7년마다 안식년을 지켰다. 안식년에는 일체의 농사짓는 일이 금지된다. 곡식을 파종하지 않고 땅을 휴경시킨다. 희년이란 것은 이런 안식년이 7회를 거친 그 다음해(50년째)에 찾아오는 것이 희년이다. 안식년에는 땅에 일체의 곡식을 경작하지 않으니 농산물 공급이 급감될 것이다. 당시에는 농산물이 주류였으므로 7년째 마다 생산과 소비가 줄었을 것이다. 그 다음 해에는 농사짓는 일이 허용되므로 다시 회복되는 순환과정을 거쳤을 것이다. 이는 우연하게도 경기순환의 주순환인 쥬글라 파동과 순환주기가 비슷하게 맞아떨어진다. 그리고 희년은 50년 주기로 찾아온다.

콘트라티에프의 장기경기변동의 주기와 희년의 50년 주기가 우연하게도 일치되는 경향을 보이고 있어 흥미롭다. 희년이 50년마다 주기적으로 일어나므로 당연히 그에 따른 경제활동의 변화가 뒤따를 것이다. 구약시대에 희년이 선포된 해를 기점으로 경기변동이 일어났을 것이다. 희년에는 그 동안 소수에게 집중되어 있던 토지가 원래의 주인에게 되돌아간다. 농토를 잃었던 농부들은 자기 땅이 생기니 열심히 일할 인센티브가 생겨 생산이 증대되는 효과가 있었을 것이다. 땅이 없던 사람들에게 다시 자기 소유의 땅이 생기니 얼마나 열심히 씨를 뿌리고 가꾸겠는가. 자연히 노동생산성이 상승되어 산출량을 증가시킬 것이다. 또한 희년을 앞두고 땅을 2년간 연속 휴경시켰기 때문에 토지의 지력이 보강되어 단위당 평균 생산량이 증대되었을 것이다. 따라서 희년 후 전반적으로 생산량이 증가되어 회복국면이 될 가능성이 높다. 안식년이라든가 희년이 선포된 당해 연도는 산출량이 줄어들었을 것이다. 이는 원래의 경기를 좀 식히고 경제도 안식(쉼)을 얻자는 데 목적이 있으므로 자연스런 현상이다. 희년이 지난 다음해부터는 경기는 다시 활황을 되찾을 것이다. 그리고 장기적으로 그 다음 희년까지 경제는 미세한 경기변동을 겪을 것이다. 단기적인 시각에서 보면 그 사이 안식년의 휴경(1년)과 근로에서 벗어나는 노동력의 감소로 경제활동은 얼마간의 침체국면을 겪을 것이다. 희년에 도달하기 전 중간 중간에 잠깐씩 활황된 경제를 진정시키는 역할을 안식년(7년 주기)이 담당하였다.

1.4 경기의 변동과정

경기는 마치 파도와 같이 순환하면서 변동한다. 장기적인 관점에서 장기 성장추세를 중심으로 보면 끊임없이 상승(확장국면)과 하강(수축국면)을 반복하며 변동한다. [그림 15-1]에서 보는 바와 같이 경제는 장기 추세선을 중심으로 정점(peak)과 저점(trough)을 변동하면서 순환한다. 보통 경기의 저점에서 다음 저점까지의 기간을 경기순환주기(cycle)라 한다. 따라서 경기의 저점을 파악하는 것이 매우 중요하다. 불경기가 한창 진행 중일 때 "경기가 언제 바닥을 칠 것인가?" 하는 질문을 많이 한다. 경기가 바닥을 치고(저점을 통과한다는 의미) 회복국면으로 진입하는 것이 확인되면 기업은 투자를 본격적으로 늘리고 고용을 증가시킬 것이다. 경기의 정점에서 저점까지의 높이를 진폭(amplitude)

라고 한다. 또한 경기순환 과정을 2단계로 나누어 저점에서 정점에 이르는 구간을 확장기(expansion)라 하고, 정점에서 저점에 이르는 구간을 수축기(contraction)라 한다. 이 구간을 좀더 자세히 구분하여 회복기, 확장기, 후퇴기, 수축기의 4 국면으로 나누기도 한다.

[그림 15-1] 경기 순환 과정

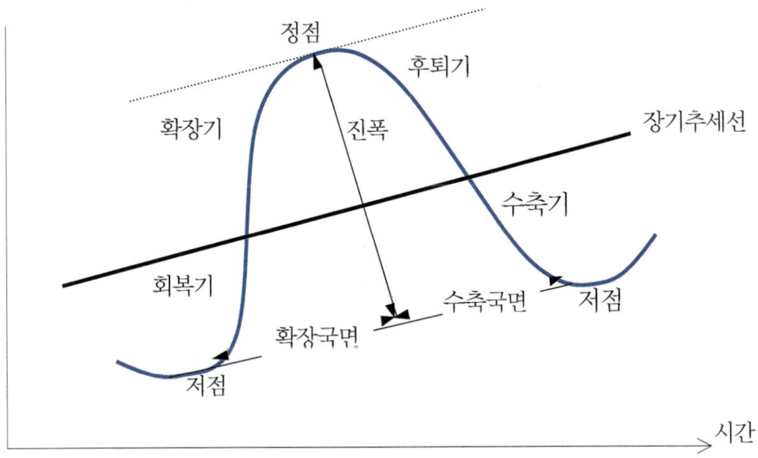

1.5 경기순환의 주요 특징

1. 자기계열 상관

대개의 거시경제 변수는 일정한 시점 간에 일정한 관계를 유지하고 있다. 예를 들면 금년도의 GDP는 작년의 규모와 밀접한 관계에 있다. 그리고 금년도의 GDP 크기는 내년도 GDP에 영향을 끼칠 것이다. 이렇듯 현재의 경제상태는 과거에 양향을 받고 있으며 동시에 미래에까지 영향을 미치게 된다. 이런 관계를 자기계열상관이라 한다. 이러한 원리가 실무에서 많이 응용되고 있다. 예를 들면 기업에서 내년도 사업계획을 짤 때 그 예상치를 추정한다. 복잡한 계량모형을 이용하여 추정할 수도 있지만, 손쉽게 구하는 방법이 계열상관 관계를 이용하는 것이다. 예를 들면, 기업체에서 내년도의 어느 상품의 매출규모를 추정할 때 작년도에서 금년도의 매출량 증가율을 참조하고 내년도에 그 비율을 반영시킨다. 이는 과거의 상황이 현재에 영향을 미치고 더 나아가 미래에까지 영향을 끼칠 것이라고 믿기 때문이다. 어떤 경제변수 X가 자기계열상관을 갖는다는 것을 수식으로 나타내면 아래와 같다.

$$X_t = \alpha + \beta X_{t-1} + e_t \tag{15.1}$$

식 (15.1)에서 현재의 X값이 전기의 값과 일정한 관계 β를 갖고 있으며 이를 자기상관 계수라고 한다. 자기상관 계수 값이 클수록 과거의 값과 밀접한 관계가 있음을 의미한다. β는 −1에서 1의 값을 갖는데, 양(+)의 값이면 같은 방향으로 움직이며, 음(−)의 값이면 반대 방향으로 움직인다.

2. 공행성 현상

경기변동의 또 하나의 특징은 여러 변수들이 같은 방향으로 움직인다는 점이다. 호경기에는 생산, 소비, 투자, 고용, 실질임금, 이자율, 물가, 통화량 등이 모두 증가한다. 반대로 불경기엔 이들 변수들이 모두 감소하는 추세를 보인다. 이렇게 여러 변수들이 같은 방향으로 움직이는 현상을 **공행성(comovement)** 또는 동조화라고도 한다. 경기순환 과정에서 나타나는 중요한 특징 중의 하나이다. 공행성 현상의 또 다른 형태는 국가 간에도 동조화 현상을 보이고 있다는 점이다. 특히 이런 현상은 1990년대 WTO체제가 출범되고 개방화가 가속화되면서 두드러지고 있다. 외국경제의 움직임과 국내의 경제동향이 많은 부분에서 같은 방향으로 움직이는 것이다. 이러한 현상은 특히 금융시장(주식시장)에서 두드러지게 나타나고 있다. 글로벌 경제 하에선 한국과 같은 신흥개도국은 미국과 개방대국의 경제흐름에 순응하는 방향으로 움직이는 경향이 강하다. 최근 2017년 이후에 단행된 미국의 금리인상은 시차를 두고 한국의 금리도 상승시킬 것이다. 금리 차가 벌어질수록 한국에서 자금유출이 일어날 가능성이 크기 때문에 금리 차가 벌어지지 않게 하는 것이 금융시장의 안정화에 유리하다.

» coupling or decoupling

최근에 자주 듣는 용어의 하나가 커플링 혹은 디커플링이란 말이다. 커플링(coupling)은 연인들이 같은 반지, 목걸이 등을 착용하고 같이 다니듯이, 두 나라 간에 경제도 같은 방향으로 동행하는 현상을 빗대는 말로 쓰이고 있다. 예를 들면 미국경제가 호황국면이면 그 효과를 우리도 누려 같은 호황국면에 접어들고 불황이면 우리나라도 불황을 겪는다. 지금은 우리나라의 경제의존도가 미국보다 중국에 치우쳐 있어 중국의 영향을 더 많이 받는다. 과거에 미국과 교역량이 클 때 “미국이 기침하면 한국은 독감 든다”는 말이 경기의 동행성(커플링)을 상징적으로 나타내는 말이었다.

이런 현상은 과거에 비해 최근에 더 두드러지고 있는데, 이는 세계경제의 개방화가 가속됨에 따라 한 나라의 경제가 다른 나라에 큰 영향을 받기 때문이다. 과거 우리나라의 경제는 미국이 제1의 교역상대국이었으나, 2000년대에는 중국이 가장 큰 교역상대국으로 떠올라 중국의 양향을 더 많이 받을 수밖에 없다. 이런 현상을 반영하여 2015년부터 중국경제의 더딘 회복세에 영향을 받아 우리나라의 대중국 수출이 줄어들고, 이는 국내경제 성장률을 낮추는데 일조를 하였다. 반면에 지표들이 서로 반대방향으로 가는 경우를 디커플링이라고 한다. 경제의 상항에 따라 중국이나 미국 등 다른 나라의 경제상황에 큰 영향을 받지 않고 독립적인 행보를 보이는 경우를 일컫는다. 경제의 동조화 현상은 그때그때의 상황에 따라 다양한 요인에 의하여 영향을 받기에 일반화시켜 말하기는 곤란하다.

3. 지속성

경기변동을 장기균형을 반영하는 추세선에서 이탈된 것으로 볼 수 있다. 경기순환에서 보듯이 정점에서 하강하기 시작한 추세는 장기균형점을 지나쳐 계속 하강하여 저점에 다다른다. 즉, 하강국면이 상당한 기간 지속되는 성향을 보인다. 또한 경기는 저점을 지나 회복국면에 들어서면 경기 상승이 계속 지속되어 장기균형점을 지나쳐 호경기의 정점까지 치닫는다. 이렇듯 경기는 지속되는 성향을 보이고 있다. 상승국면과 하강국면을 반복하면서 경기는 순환하는데, 그 기간이 상당기간 지속된다.

경기변동에 대한 전통적인 시각은 장기 추세선을 중심으로 상승과 하강을 반복하는 현상이 일시적인 것으로 파악하였다. 그리고 경제는 언제나 장기 추세선으로 복귀하려는 회귀성향이 있는 것으로 이해되었다. 이러한 전통적인 사고에 결정적인 반론이 제기되었다. 거시계량모형을 연구하는 일군의 학자들(Nelson and Plosser, 1982)에 의하여 일시적인 변화가 아니고 항구적인 변화라는 주장이 뒤따랐다. 그들은 많은 시계열 자료를 검정한 결과 **단위근(unit root)**[5]을 갖는다는 사실을 발견하였다. 시계열 자료가 불안정적인 과정을 따른다는 것은 외적인 충격이 가해질 때 평균(장기균형)으로 회귀하려는 속성이 약하며 오히려 평균으로부터 계속 이탈하는 경향이 있음을 뜻한다. 이런 상황 하에선 경기변동이 장기균형에서 벗어난 일시적인 현상이라는 주장을 할 수 없게 된다. 이런 대안으로 등장한 것이 경기변동이란 확률적인 과정에 따라 움직이는 **랜덤워크(random walk)** 이론이다.

5) 시계열이 단위근을 갖는 다는 것은 불안정적인 과정(nonstationary process)에 따라 변한다는 것을 의미한다. 안정적 시계열(stationary process)을 갖는 계열은 일정한 평균과 분산을 가지고 있으며, 이 변수가 평균을 중심으로 일정한 범위 내에서 움직이며 평균으로 회귀하려는 성향을 갖는다. 그런데 불안정적인 시계열은 이런 특징을 지니지 않으며 평균으로 회귀하려는 성향이 존재치 않는다. 불안정적인 시계열은 평균에서 한번 이탈되면 오히려 계속 이탈하려는 성향을 나타낸다. 보다 자세한 것은 계량경제학의 시계열분석 부분을 참조하기 바람.

4. 랜덤워크 과정

어떤 변수가 랜덤워크 과정을 따른다는 것은 아래의 몇 가지 성질을 갖는다. 첫째, 평균을 중심으로 일정한 범주 내에서 반복적으로 변화되는 것이 아니므로 예측이 어렵다. 이는 마치 걸음마를 겨우 배운 어린 아이가 어디로 갈지 알 수 없듯이 예측할 수 없다. 둘째, 시계열 자체가 불안정적인 과정(nonstationary process)을 따른다. 이를 다른 말로 하면 각 시계열이 단위근을 갖는다는 것을 의미한다. 이런 자료를 그대로 사용하여 회귀분석하면 그 결과는 신뢰할 수 없는 계량경제학적인 문제(가성회귀 spurious regression라 함)에 직면케 된다. 불안정적인 시계열은 평균으로 회귀하려는 성향이 존재치 않는다는 것이다. 전통적인 경기변동론에서는 경기변동을 장기균형에서 일시적으로 벗어난 것으로 파악하였다. 일시적인 일탈이 조만간에 장기균형(평균)으로 복귀한다고 인식하였다. 그런데 랜덤워크 과정을 따르는 시계열은 평균으로 복귀하려는 성향이 존재치 않게 된다. 셋째, 한번 평균에서 일탈된 변동은 일시적인 일탈이 아니고 지속적이고 항구적인 이탈로 파악한다. 이런 성질은 경기변동의 지속성을 설명하는데 도움이 된다.

1.6 경기변동의 정형화된 사실

기존의 연구에 나타난 경기변동에 관한 사실들은 아래와 같이 정리할 수 있다.

① 소비의 변동성, 투자의 변동성, 물가의 변동성 등은 대체로 경기순응적(procyclical)이다.

② 정부지출, 무역수지 등은 대체로 경기역행적(countercyclical)인 패턴을 보이고 있다.

③ 소비의 변동성은 GDP의 변동성과 대체로 비슷한 크기이나, 투자의 변동성은 GDP 변동성 보다 크다.

④ 대부분의 시계열들은 강한 계열상관 관계를 갖고 있다.

⑤ 통화량과 인플레이션율은 대체로 2년 정도의 시차를 두고 같은 방향으로 변동하는 것으로 관측되었다.

⑥ 이자율과 인플레이션율[6] 간에는 정의 관계가 성립된다.

---

6) 한국은행, 『알기쉬운 경제지표 해설』, 2010 참조.

일반적으로 호황기는 점차 길어지는 경향이 있으며 경기 수축기(침체기)는 상대적으로 짧아지는 경향이 있는 것으로 관측되고 있다. 호황기과 수축기의 기간에 대한 비대칭성이 증대되고 있다. 〈표 15-1〉에서 보는 바와 같이 우리나라의 평균적인 경기순환 주기는 약 49개월로 같은 기간 동안 미국의 순환주기 약 70개월 보다는 약 2년 정도 짧고 일본의 순환주기 약 51개월과 비슷한 것으로 나타나고 있다. 우리나라에서도 확장기는 약 31개월, 수축기는 평균 19개월로 확장기가 수축기보다 길게 나타나고 있어 경기의 비대칭성이 확인되고 있다. 우리나라는 2018년 상반기 현재 제11순환기 국면으로 진입된 것으로 추정되고 있다. 현재 제11순환기가 2013년 3월에 시작한 이래 62개월 흘렀다. 최근 경기순환 주기가 늘어나는 경향이 있다. 35개월이었던 제7순환기 이후 45개월(제8순환기), 46개월(제9순환기), 49개월(제10순환기)로 주기가 늘고 있다.

| 표 15-1 | 우리나라의 경기변동 순환주기

	기준일			지속기간(개월)		
	저점	정점	저점	확장기	수축기	순환기
제 1순환기	1972.3.1	1974.2.1	1975.6.1	23	16	39
제 2순환기	1975.6.1	1979.2.1	1980.9.1	44	19	63
제 3순환기	1982.9.1	1984.2.1	1985.9.1	41	19	60
제 4순환기	1985.9.1	1988.1.1	1989.7.1	28	18	46
제 5순환기	1989.7.1	1992.1.1	1993.1.1	30	12	42
제 6순환기	1993.1.1	1996.3.1	1998.8.1	38	29	67
제 7순환기	1998.8.1	2000.8.1	2001.7.1	24	1	35
제 8순환기	2001.7.1	1905.6.24	2005.4.1	17	28	45
제 9순환기	2005.4.1	2008.1.1	2009.2.1	33	13	46
제10순환기	2009.2.1	2011.8.1	2013.3.1	30	19	49
제11순환기	2013.3.1	?	?	-	-	-
평 균	-	-	-	31	19	49

자료: 통계청

제2절 경기변동의 지표

2.1 개별 지표들의 특성

병원에 가면 우리 몸의 상태를 살펴보기 위해 혈압, 체온 등 기본 의료정보를 체크하듯이 경제현상을 파악하기 위해선 경제지표가 필요하다. 이런 지표를 경기변동지표라 한다. 현재의 경제상황을 파악하기란 대단히 어렵다. 그렇지만 경제의 상황을 부분별로 잘 반영시키는 지표를 이용한다면, 현재의 경제상황을 유추할 수 있다. 경기의 상태를 반영시키는 지표에는 어떤 것들이 있나 살펴보기로 한다. 우리가 관찰하는 각종 경제통계는 여러 가지 요인들이 혼합하여 나타난다. 어떤 경제변수 X를 아래와 같이 표현할 수 있다.

$$X = C \times T \times S \times I \tag{15.2}$$

식 (15.2)에서 C는 **순환변동**, T는 **추세변동**, S는 **계절변동**, I는 **불규칙변동**을 나타낸다. 많은 경제변수들−예를 들면, 생산, 소비, 투자 등−은 시간이 지남에 따라 일정한 비율로 증가하는 경향이 있는데 이를 추세요인이라 한다. 추세요인은 기술, 생산성 등의 증가에 기인한다. 또한 특정한 계절에 생산이나 출하가 급증하는 경우가 있다. 이를테면 명절을 앞두고 관련 제수용품들이 잘 팔려나가 그에 따라 생산과 출하가 증가된다. 여름철에 잘 팔리는 재화(에어콘, 여름 옷, 빙과류 등)는 생산과 소비가 급증된다. 그 외에도 전쟁이라든가 태풍피해, 지진재난 등에 의한 불규칙한 충격으로 인해 생산 및 소비에 큰 영향을 받는 경우는 그 효과를 적절히 제거할 필요가 있다. 우리가 관찰하는 경제지표에는 이런 여러 가지 변동요인들이 결합하여 나타나기 때문에 순수한 순환요인(C)만을 남기고 적절한 방법을 동원하여 추세요인, 계절요인, 불규칙 요인을 제거해야 한다.

2.2 경기종합지수(CI)

경기변동을 나타내는 대표적인 지수가 **경기종합지수**(Composite Index: CI)이다.[7]

7) 우리나라의 경기종합지수는 미국의 경제연구소인 NBER의 모형을 따라 한국개발연구원(KDI)과 당시의 경제기획원이 공동 연구하여 1981년부터 발표되고 있다.

경기종합지수는 한 나라의 경제상황을 총체적으로 나타내주는 지표이다. 미국의 경제연구소(NBER)에서 개발하여 여러 나라에서 이용되고 있으며, 우리나라는 지난 1981년 이래 작성 발표되고 있다. 경기종합지수는 대표적인 시계열 자료를 선정하고 주요 시계열의 동향을 검토한다. 경기종합지수 작성은 원통계에서 계절요인을 제거하고, 그 다음 불규칙요인 제거 후에 추세요인은 제거하여 순환요인만 남긴다. 식 (15.2)에서 보듯이 순환적요인인 'C'만 남긴다.

그리고 기준순환(reference cycle)의 정점과 저점을 선정하고 변동의 기준이 되는 기준일(reference dates)을 정한다. 기준일과 비교하여 주요한 시계열을 **선행지표(leading index)**, **동행지표(coincidence index)**, **후행지표(lagging index)**로 구분한다. 각 경기지표에는 생산, 소비, 투자, 대외, 고용 및 금융부문에서 대표적인 지표들을 선정하여 선행지표, 동행지표 및 후행지표를 만든다. 선행지표는 비교적 가까운 장래의 경기동향을 반영하는 지표로 소비자기대지수, 기계류내수출하지수, 구인구직 비율, 건설수주액, 코스피지수, 장단기 금리차 등 9개의 지표로 구성되고 있다. 동행지표는 현재의 경기상태를 반영하는 것으로 광공업생산지수, 건설기성액, 서비스업생산지수, 내수출하지수 등 7개로 구성되어 있다. 후행지수는 경기변동을 사후적으로 확인하는 것으로 상용근로자수, 생산자 제품재고지수, 소비재수입액, 회사채유통수익률, 도시가계 소비자지출 등 5개 항목으로 구성되어 있다.

2.3 기업경기실사지수(BSI)

경기종합지수(CI)는 종합적인 경기변동관계를 나타내는 장점이 있지만, 발표되는 통계가 상당한 시차를 두고 발표되기에 불편함이 많다. 경제주체들의 심리상태 및 가까운 미래의 주관적인 예측치를 손쉽게 구할 수 있는 대안지표로 **기업경기실사지수(Business Survey Index: BSI)**가 많이 쓰인다. 기업경기실사지수는

$$BSI = \frac{\text{호전표시사업체수} - \text{악화표시사업체수}}{\text{총사업체수}} \times 100 + 100 \tag{15.3}$$

로 나타내진다. BSI는 0과 200 사이의 값을 갖는데 100이 기준이 된다. 100 이상이면 앞으로 경기가 호전될 것이라고 보는 사람이 많음을 나타낸다. 100 이하면 향후 경기 전망을 비관적으로 보는 사람이 많음을 나타낸다. BSI는 단기적인 변동방향만을 나

타낼 뿐 현재의 경기상태를 판단키 어려운 단점이 있다. 현재 BSI는 한국은행, 전경련, 상공회의소, 중소기업중앙회 등에서 월 및 분기 단위로 조사 발표되고 있다. 다음의 [그림 15-2]는 한국은행이 최근에 조사 발표한 제조업 · 비제조업 부문의 업황 실적에 대한 기업실사(BSI)이다. 대체적으로 제조업의 실적 BSI가 비제조업에 비하여 높았음을 보여주고 있다.

소비자들의 경기전망에 관한 지표가 **소비자동향지수(Consumer Survey Index)**이다. 불황기에서 회복국면으로 진입할 때 본격적인 회복국면에 진입했는가 아닌가를 판가름할 때 중요한 지수 중의 하나가 소비지출에 관한 정보다. 기업과 소비자 모두를 포함한 민간의 경제상황에 대한 심리를 종합적으로 파악하기 위하여 BSI 및 CSI 지수를 합성한 **경제심리지수(ESI: Economic Sentiment Index)**가 한국은행을 통하여 발표되고 있다. 경제심리지수인 ESI는 장기평균 100을 중심으로 대칭적으로 분포하고 표준편차가 10이 되도록 작성하므로 ESI가 100을 상회(하회)하면 기업과 소비자 모두를 포함한 민간의 경제심리가 과거 평균보다 나은(못한) 수준인 것으로 해석된다.

[그림 15-2] 제조업 및 비제조업 업황 실적 BSI 추이

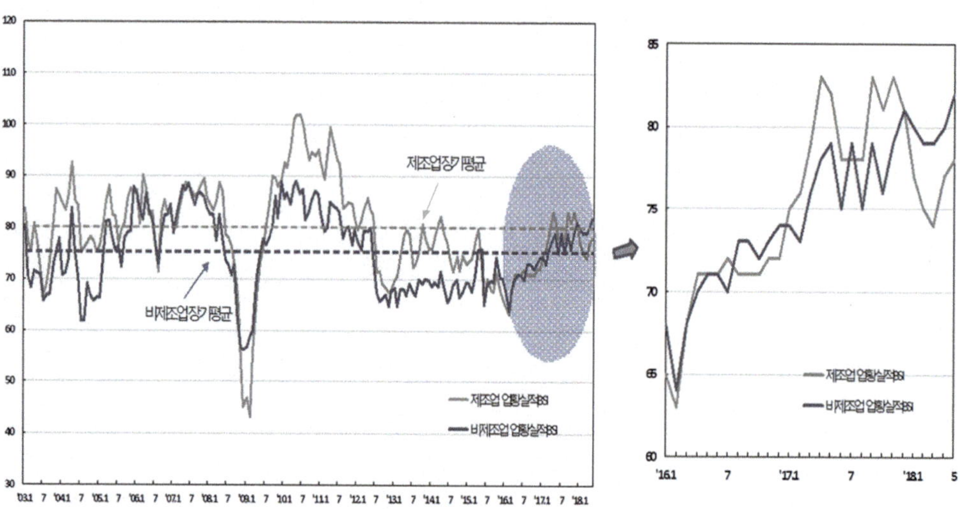

자료: 한국은행

[그림 15-3] 최근 우리나라의 경제심리지수 추이

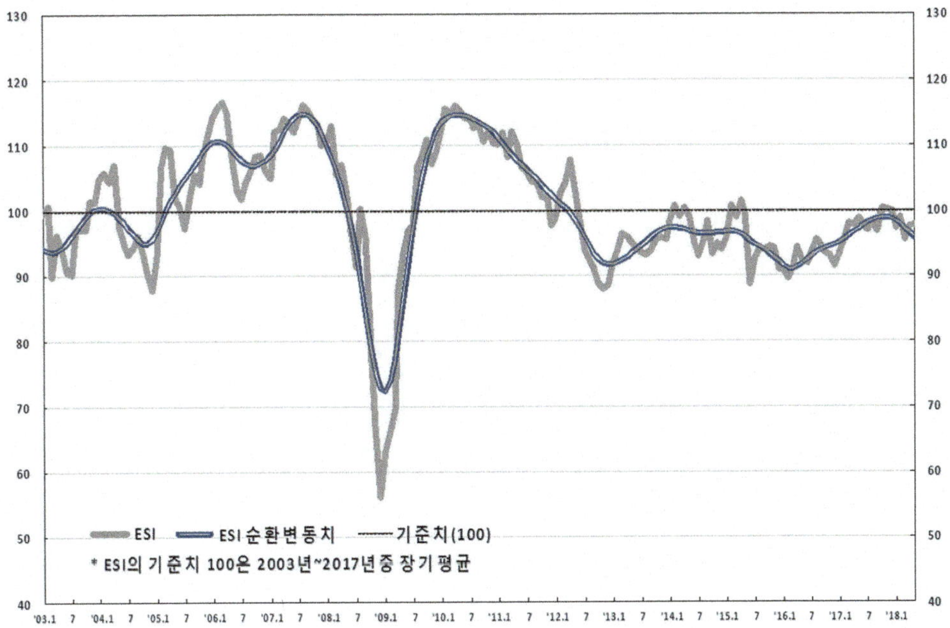

[그림 15-3]에 따르면, 경제심리지수는 최근에 하향하는 추세를 보였으나 2017년 하반기 이후부터 약간 상승세로 반전되는 모습을 보이고 있으나 향후 추세를 더 살펴봐야 한다.

제3절 경기변동 이론

3.1 고전적 경기변동 이론

1. 기상설 및 심리설

현대 경제학이 발달되기 전에는 경비변동을 외부적인 요인에 의하여 설명하려는 경향이 강했다. 주로 농수산업이 주류를 이루었던 시절은 외부 날씨나 기후 등 환경에 많은 영향을 받았다. 대표적인 것이 기상설(태양흑점설, 금성설 등)이 있다. 예를 들면,

태양흑점설은 당시의 기후의 변화는 태양흑점에 의하여 많은 영향을 받는다는 것이다. 태양흑점은 일정한 주기(11년)를 갖고 나타나는데 그때 마다 이상기후가 나타나 농작물 등에 큰 영향을 끼치게 되고, 타 산업에까지 영향을 미치게 되어 경기변동을 유발시킨다는 것이다. 태양흑점의 출현에 의하여 경기변동이 순환적으로 나타난다는 것이다.

이 외에도 경기는 사람에 의한 경제활동에 의하여 이뤄지므로 자본가심리, 소비자심리에 의하여 경기변동이 반영된다는 심리설이 있다. 낙관적인 심리가 널리 퍼지면 금융가의 기업투자 지원이 증가되고, 이 과정에서 기업의 생산과 투자가 증가되면서 소비자의 소비도 증대케 되어 상승국면에 이르게 된다. 반대의 경우는 경기가 위축되어 불경기로 치닫게 된다. 경기가 과도하게 확장국면에 다다르게 되면 과잉투자와 과잉생산이 이뤄져서 심리는 비관적으로 바뀌게 되고 경기는 수축국면으로 바뀌게 된다는 것이다. 즉, 인간의 심리가 경기변동을 일으키는 주 요인이 된다는 것이다. 우리나라는 지난 2014년도에 '세월호 사건' 및 2015년 '메르스' 여파로 국내소비(여행 및 관광산업, 음식 및 숙박업 등 서비스 수요 위축)가 크게 위축되어 일부 지역의 경기가 둔화되었다. 사람들의 심리상태가 위축되어 경제활동을 자제한 까닭에 국내소비가 위축되었다. 그러나 심리설은 경기변동의 주요한 요인으로 설명하기엔 부족하고 보완적인 요소로 설명되어 진다.

2. 과소소비설

산업혁명 이후 대량생산 시스템을 갖추면서 과잉생산이 가능해져 소비의 증가속도가 생산의 증가속도에 미치지 못하여 재고누적으로 불경기가 발생한다는 것이다. 맬더스, 시스몽디 등이 제기한 공황론의 기초가 되었으며 후일에 케인즈가 제기한 유효수요 부족에 의하여 불황이 일어난다고 보았다. 어떤 요인에 의하여 소비가 부족하게 된 것인가에 대한 논란이 많다. 대표적인 학자로 홉슨(J. A. Hobson)은 투자를 초과하는 저축(과잉저축)이 발단이 된다는 것이다. 과잉저축은 결국은 과잉생산을 낳고 이것이 소비를 초과하여 과소소비를 초래케 되어 불황을 일으킨다는 것이다.

이외에도 **과잉투자설**(실물적 과잉투자설 및 화폐적 과잉투자설)은 과잉투자로 자산버블(투기현상)이 일어나는 과정에서 버블이 꺼질 때 경기불황이 나타난다는 것이다.

》 과잉저축과 장기불황의 가능성

금융위기(2008) 이후 선후진국의 경기상황이 심상치 않다. 미국을 제외한 대부분의 국가들이 저성장에서 벗어나지 못하고 있다. 유럽지역 및 일본의 경제도 신통치 않다. 일본의 아베노믹스로 대표되는 대규모 양적완화정책에도 불구하고 일본경제도 본격적인 회복세를 보이지 않고 있다. 그 동안 세계공장의 역할을 담당했던 중국도 7% 성장도 버겁다는 비관론이 우세하다. 중국과 함께 세계 성장 엔진이라 일컫던 BRIcs 국가들도 저성장의 늪에서 헤어나지 못하고 있다. 이제는 과거의 고성장시대와는 다른 저성장의 시대에 진입하였음을 나타내는 **뉴노멀(new normal)** 시대라고도 한다.

미국의 저명한 경제학자인 서머스(L. Summers)는 2013년도에 구조적인 장기침체(secular stagnation)에 진입했다고 진단한 바 있다. 우리나라와 같은 개방소국경제는 해외의 경기변동에 민감할 수밖에 없다. 2015년 11월 현재 내리 연속 11개월째 우리나라의 수출은 마이너스 증가율을 보이고 있으며, 수입은 그보다 더 감소하여 전형적인 불황형 흑자를 보이고 있다. 2015년도 경상수지 흑자는 1,000억$에 이를 것으로 예상되는데, 이는 2014년도 843억$을 크게 초과하는 규모이다. 이런 불황형 흑자는 우리나라의 경제가 크게 위축되고 있음을 보여준다. 이런 대외경제 환경의 불리함뿐만 아니라 국내경제 환경마저 불확실성을 높여주고 있다. 빠른 고령화 현상, 청년층 및 생산가능인구 감소, 베이비부머들의 대규모 은퇴 등 인구구조의 변화, 높은 청년실업률, 잠재성장률 저하 및 저성장 추세 등은 미래의 불확실성을 높여준다.

장기침체론에 빠질 우려가 높다는 기대가 형성되면 과잉저축이 일어나 정말 장기침체 국면에 빠질 우려가 있다. 기존의 연구에 의하면 우리나라의 대규모 경상수지(무역수지) 흑자는 인구구조와도 깊은 연관이 있음을 보여주고 있다. 생애소득가설(life-cycle income hypothesis)에 따르면, 생애소득 중에서 청년층이나 고령층에 비하여 중・장년층의 소득이 높으므로 저축률도 높을 것이다. 이 가설에 따르면 인구구조에서 중・장년층의 인구비중이 높으면 사회저축률도 높을 것이란 것이다. 우리나라는 이미 청년층의 인구구성비는 낮아지고 중・장년층의 인구비중이 높아져, 이들의 저축률이 상대적으로 높아져 사회 전체적으로는 과잉저축이 일어날 가능성이 높음을 보여주고 있다.[8] 한 연구에 의하면,[9] 중・장년층의 인구비중이 1%P 상승되면, GDP 대비 경상수지 흑자가 0.5~1.0%P 상승함을 계량모형으로 보여주고 있다.

경상수지와 과잉저축의 문제는 국민소득계정의 관계에 의해서도 설명될 수 있다. 즉, 소득순환흐름에서 주입의 총계와 누출의 총계의 균형조건인 $I+G+X=S+T+IM$으로부터 $X-IM=(S-I)+(T-G)$로 유도된다. 좌측항은 경상수지(무역수지)를 나타내며 우측항은 국민경제 전체의 총순저축을 나타낸다. 그런데 이 항등식에서 만일 중・장년층의 비중이 늘어나 저축이 늘어난다면(현재의 소비가 줄어들음을 의미) 경상수지(무역수지)가 흑자인 관계를 나타냄을 알 수 있다. 직관적으로 중・장년층의 저축이 증가되는 현상은 경제는 장기침체에 빠질 가능성이 높을 때 미래의 생존을 위하여 현재의 소비를 줄이고 저축을 증대시킬 수밖에 없다. 빠른 고령화와 함께 수명이 증대되고 노후대비가 부족한 상황에서 장기침체에 빠진다면 개인적인 차원에서는 저축증대가 최선의 대책인 셈이다. 일본의 경우 빠른 고령화로 인하여 장기불황을 겪었다. 이런 한국의 경제가 일본의 모습과 닮아간다는 우려가 제기되고 있다.

8) 하준경, "과잉저축과 세대간 자원 배분, 그리고 장기침체," 『하나금융 포커스』, 제5권46호, 2015.11.30.~12.6.

9) 권규호, "인구구조가 경상수지에 미치는 영향," 『KDI 경제전망』, 2014.12.

3.2 균형경기변동이론: 새고전파 경기변동론

새고전파의 균형경기변동(equlilbrium business cycle)이론이 사람들의 관심을 끌면서 경기순환에 관한 이론에도 많은 영향을 주었다. 전에는 경기변동 또는 경기순환은 경제가 자연산출량 추세선(장기균형산출 추세선으로 인식)에서 일시적으로 벗어난 상태를 의미했다. 불경기는 추세선에서 아랫쪽으로 벗어나 후생손실이 발생한 것으로 인식되었다. 호경기에는 장기균형산출량을 초과하는 생산, 소비로 후생이 증대되는 것으로 이해되었다.

그러나 새고전학파의 생각은 달랐다. 경기변동의 결과는 주어진 각각의 조건하에서 동태적 최적행위(dynamic optimization)로 선택된 결과라고 인식하고 있다. 매기마다 경제주체들은 자신들이 직면하고 있는 제약조건 하에서 최적화 과정을 통해 소비 및 노동공급량 등을 결정한다. 따라서 경기순환의 결과는 경제주체들의 합리적인 선택을 반영하는 것이기 때문에 후생손실이 없다는 것이다. 즉, 경기순환을 균형상태로 파악하고 있다. 매 순간 순간마다 경제주체들의 합리적인 선택의 결과가 연속적으로 모아진 점들이 균형경기변동의 주기가 된다고 본 것이다. 어떤 외적인 충격에 의하여 제약조건이 바뀌게 되면 경제주체들은 즉각적으로 자신들의 최적화 해(optimization solution)를 바꾸게 되어 이에 따른 노동공급수준이나 소비수준이 바뀌어 경제순환에 영향을 미치게 된다. 예를 들면 불황기에는 전반적으로 소득수준이 줄어든다. 이렇게 새로 바뀐 제약조건 하에서 가계부문은 새롭게 소비의 극대화 과정을 밟는다. 즉, 예산선이 안쪽으로 이동됨에 따라 새로운 소비의 균형점이 결정된다. 이 경우 새롭게 주어진 제약조건 하에서 소비균형화를 꾀한 것이기에 소비수준이 줄어든 것을 후생이 감소된 것으로 봐서는 안 된다는 것이다. 이를 그림으로 살펴보기로 한다. 아래 [그림 15-4]에서 장기균형추세선 (Y^P)과 만나는 c점 같은 경우는 실제소득과 균형추세선이 만나는 곳이기에 후생의 변동이 없다. 전통적인 시각에서는 a점 같이 실제소득이 장기추세선을 넘는 호경기의 경우는 소득, 소비, 물가, 투자 등이 증가하므로 후생의 증대로 이해되었다. 반면에 불경기를 반영하는 점 b 같은 경우에는 소득, 소비 등이 감소되므로 후생손실로 이해되었다. 그런데 새고전학파의 경우는 경기가 어느 점에 위치하든 경제주체들은 각각 주어진 제약조건 하에서 합리적인 최적행위를 하므로 후생손실이 있을 수 없다는 것이다. 따라서 균형경기변동론에서는 경제행위 결과를 균형으로 파악하기 때문에 원칙적으로 비자발적인 실업이 존재치 않는다. 논리적으로 말하면, 실존하는 실업은 경제주체들의 동태적인 최적화 과정에서 실업을 선택한 결과로 받아

들여진다. 후술하겠지만, 이 부분이 균형경기변동론의 한계점으로 지적되고 있다.

[그림 15-4] 균형경기변동

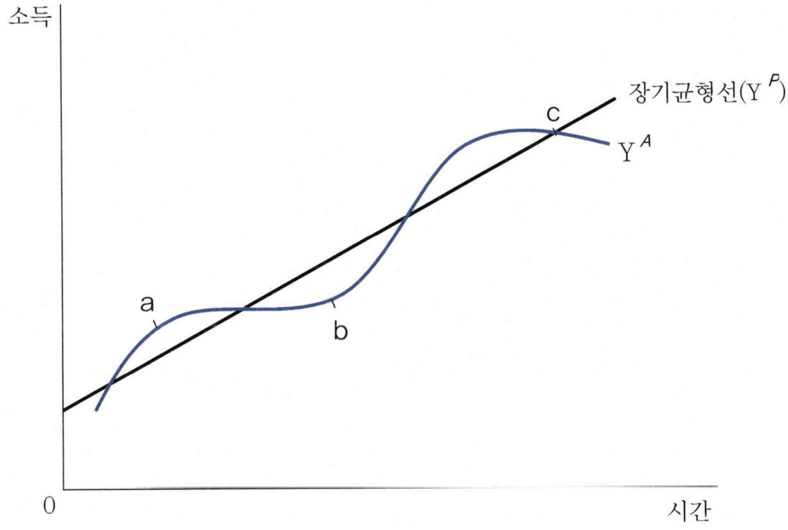

》 새고전학파의 기본가정과 기간별 대체원리

균형경기변동론을 이해하기 위해서는 새고전학파의 기본명제(가정)를 파악하는 것이 중요하다. 균형경기변동론을 발전시킨 주역들이 새고전학파 학자들이기 때문이다. 기본가정은 아래와 같다. 첫째, 시장의 청산(market clearing)을 강조한다. 일시적인 불균형이 생길 때 즉각적으로 시장은 청산되고 본래의 균형으로 회귀한다. 신속한 균형을 회복하기 위해선 수요와 공급이 불일치될 때 가격이 신속하게 조정되어 수요와 공급을 일치시켜 불균형을 해소한다. 둘째, 이러한 조정과정이 잘 작동되기 위한 조건으로 신축적인 가격(flexible price)을 가정한다. 이 부분이 뒤에서 다루게 될 새케인즈 학파와 큰 차이를 나타내는 부분이다. 셋째, 합리적 기대(rational expectation) 가설을 가정한다. 합리적 기대 하에서 동태적인 최적화 과정이 이루어진다. 넷째, 불완전 정보(imperfect information)를 가정한다. 경제주체들이 합리적으로 기대를 하지만 그들이 이용하는 정보가 완전한 것이 아니기에 기대오류가 발생한다. 이 기대 오류로 인하여 경기변동이 유발된다는 것이 중요한 핵심이다.

동태적 최적화 원리(dynamic optimization principle)를 통한 기간별 대체가설(intertemporal substitution hypothesis)에 의하면 경기변동 현상은 균형의 개념으로 파악되고 있다는 점이 기존의 전통적인 경기순환 이론과 크게 다른 점이다. 기간별 대체원리를 이해하는 것이 균형경기변동론을 이해하는 첩경이 된다. 아래 [그림 15-5]을 참고로 설명한다. 단순화를 위하여 두 기간 모형을 상정하자. 하첨자 "0"는 현재를 나타내고, "1"은 미래를 나타낸다. 시초의 균형점 E_0에서 현재 소비 C_0, 미래소비(저축)를 C_1만큼 한다. 이제 어떤 이유에 의하여 상대가격선이 바뀌어 E_1에서 새로운 균형을 이룬다고 하자. 새롭게 바뀐 상대가격선은 미래재화의 가격이 현재재화에 비하여 상대적으로 저렴하다는 것을 반영한다. 경제주체들은 소비효용의 극대화를 위하여 오늘 소비하는 것을 억제하고 미래에 소비하려 할 것이다. 결과적으로 오늘의 소비는 줄어들고 ($C_0^0 \rightarrow C_0^1$) 대신에 미래의 소비는 증가($C_1^0 \rightarrow C_1^1$)된다. 이는 시점 간에 현재의 소비가 미래의 소비로 대체됨을 의미한다. 미래의 소비를 증대시키기 위하여 포기해야 하는 현재의 소비량의 비율을 의미한다.

[그림 15-5] 기간별 대체 원리

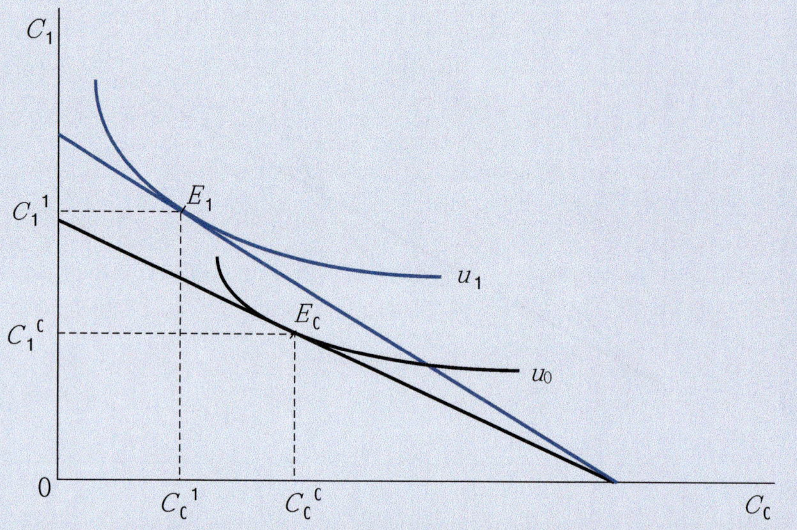

이와 같이 외부의 충격이 가해질 때마다 경제주체들은 동태적 최적화원리에 입각하여 기간별 대체효과가 일어난다. 이것이 생산, 고용, 소비, 투자에 영향을 끼쳐 경기변동을 일으킨다. 균형경기변동 이론은 두 가지 방법으로 전개되고 있다. 경기변동을 일으키는 충격이 어느 부분에서 발생했느냐에 따라 나누어진다. 화폐적인 충격에서 비롯된다는 것이 **화폐적 균형경기변동이론**이다. 다른 하나는 비화폐적 요인, 즉 실물적 요인에서 발생된다 하여 **실물적 균형경기변동이론(real business cycle)**이라 일컬어진다.

1. 화폐적 균형경기변동 이론

화폐적 균형경기변동 이론은 경기변동의 요인이 본질적으로 화폐부분에서 유발된다는 점에서 통화주의자의 기본적인 사고를 따르고 있다. 특히 프리드만과 슈와츠(Friedman and Schwartz, 1963)는 명목통화의 변화(충격)가 실물 경제활동에 영향을 줄 수 있음을 보여주었다. 그 효과에 대해선 장기와 단기의 효과를 구분하였다. 단기에서는 명목소득에는 영향을 줄 수 있지만, 장기에는 물가상승으로 인하여 실질소득에는 영향을 줄 수 없다는 점을 강조하였다. 그러나 합리적 기대학자들의 등장으로 이러한 구분이 무의미 해졌다. 일군의 합리적 기대학자들은 단기간에 있어서도 통화공급의 효과가 없다는 것을 주장하였다. 이른바 **정책의 무력성(policy ineffectiveness)**을 주장하였다. 합리적 기대학파가 등장한 이후 Lucas(1973), Barro(1976), Sargent and Wallace(1975) 등에 의하여 정교한 모형으로 발전되었다. 그들의 기본주장은 합리적인 기대 하에선 오로지 예상치 못한 통화의 충격만이 실물부분에 영향을 줄 수 있다는 것이 강조되었다.

이것이 화폐적 균형경기변동론의 핵심적인 부분으로 자리 잡았다. 이 부분에 관한 실증분석이 뒤따랐으나 화폐적 균형경기변동론을 지지하는 강력한 증거는 부족한 형편이었다. 특히 루카스는 합리적 기대하에서도 정보의 불완전성(imperfect information)으로 인해 가격인식의 오류(price misperception)에 의해서 경기변동이 일어남을 보여주었다. 경제주체자들은 자신들의 기간별 대체를 결정하기 위해선 상대가격에 대한 정보를 알아야 하는데, 그들이 이용할 수 있는 정보는 과거 및 현재의 국지적인 가격정보(local price)뿐이며, 총체적인 가격정보는 알 수 없어 제한적인 정보를 갖게 된다. 루카스는 지역가격과 총체적인 상대가격을 구분하기 위하여 섬나라 우화(island fable)를 들고 있다.

지역가격을 외떨어진 섬마을 가격이라 하자. 이런 경우 예상치 못한 통화공급이 증대하게 되면 총수요증가로 각 섬에서 섬지역의 가격도 상승하고 전체적인 가격도 상승하게 된다. 그러나 제한된 정보로 인해 다른 섬 지역의 가격이나 전체의 평균가격에 대해서는 알지 못한다. 특히 각 섬에서의 가격변화가 총체적인 충격(aggregate shock)에 의하여 유발된 것인지 아니면 그 섬에서만 발생된 상대적인 충격(relative shock)인지 구분해야 하는데 불완전한 정보로 구분하지 못한다. 그들은 불완전한 정보로 인해 자신들이 속해 있는 섬에서 가격이 상승한 것으로 잘못 인식하여 자신들의 최적화 과정을 수정한다. 그들은 기간별 대체원리에 따라 현재의 노동을 증가시켜 생산이 증대된다. 결과적으로 예상치 못한 통화공급이 실물부분에 영향을 미치게 되었다. 반면에 예상된 통화공급은 상대가격의 변화를 유발하지 못하기 때문에 실물부문에 효과를 미치지 못한다. 이러한 관계를 아래의 식 (15-4)을 이용하면 분명해진다.

$$y_t = y^* + \alpha(P_t - P^{e_t}) \qquad (15.4)$$

식 (15.4)에서 y_t는 현재의 산출량 y^*는 자연산출량(potential GDP)을 가리키며 P_t^e는 합리적 기대에 의한 기대인플레이션을 나타낸다. 만일 합리적인 기대하에서 중앙은행이 예상된 통화공급량을 증가시킨 경우 $P_t = P_t^e$가 되어 언제나 산출량은 자연산출량과 같게 된다. 예상치 못한 통화공급량은 물가예측에 오류를 끼쳐 실제 산출량은 자연산출량 추세선에서 벗어나 경기변동을 일으킨다. 따라서 화폐적 균형경기변동론은 예상치 못한 통화공급량이 경기변동을 유발시킨다는 것을 시사한다.

》화폐적 균형경기변동론에 대한 실증적 증거와 한계점

화폐적 균형경기변동에 대한 대표적인 실증분석으로는 배로(Barro 1977, 1978)를 들 수 있다. 배로는 예기치 못한 화폐공급만이 실물부문에 영향을 줄 수 있음을 보여줌으로써 준칙에서 벗어난 화폐공급이 경기변동을 일으키는 요인임을 입증하였다. 문제는 예상치 못한 통화공급량을 어떻게 정의하고 측정하느냐이다. 배로는 추정모형으로부터 추정된(fitted value) 화폐량의 변화와 실제치와의 차이(gap)를 예상치 못한 통화공급의 변화를 나타내는 대리변수로 설정하였다. 미국경제를 대상으로 추정한 결과 예상된 통화공급은 실물부분에 대하여 중립적인데 반해 예상치 못한 통화공급은 실물부문에 영향을 주었다. 그러나 이에 대한 반론도 많다. 추정방식, 사용된 자료 등이 논란이 많다.[10]

화폐적 균형경기변동 이론은 자기상관(serial correlations)과 공행성 현상(comovement)를 설명해주지 못하는 단점이 있다. 대개의 거시경제변수의 시계열자료는 자기상관을 가지며 기간별 대체가설과도 관계가 있다. 기간에 걸쳐 경제주체들은 합리적인 최적화 과정을 설정하고 계획기간에 따라 소비, 투자, 노동 등의 결정이 이루어지기 때문이다. 즉, 현재의 소비, 노동, 투자 등의 결정은 과거, 현재 및 미래의 상황을 고려하여 최적화 과정이 결정되기 때문이다. 예를 들면 소비의 경우 미래소득까지 고려하여 현재 및 미래의 소비를 결정하고, 그에 따른 노동공급, 저축 등을 결정한다. 자연히 소비, 저축, 노동 등에 대한 시계열 자료는 과거, 현재 및 미래가 상호 연관되어 있어 계열상관을 나타낸다. 그리고 경기변동에서 호경기엔 소비, 투자. 임금, 가격 등 대부분의 변수들이 같은 방향으로 증가하는 공행성을 보인다. 그런데 화폐적 충격에 의하여 유발되는 화폐적 균형경기변동론은 자기상관이라든가 공동화 현상을 제대로 설명하지 못하여 현실의 경기변동을 제대로 반영하지 못하고 있다.

또한 화폐적 균형경기변동 이론의 결정적인 한계점으로는 과연 예상치 못한 화폐공급만으로 복잡다기한 경기순환 현상을 제대로 설명할 수 있겠는가 하는 현실 적용의 문제이다. 예를 들어 새로운 기술충격이 일어났을 때 경기가 호경기로 반전되는 경우 이는 화폐적 현상과 관계가 없다. 그리고 자연실업률 가설이 시사하듯이 화폐적인 충격이란 결국엔 경제의 장기적인 추세엔 영향을 미치지 못하는 것이기 때문에 화폐변동을 경기변동의 주 요인으로 삼기엔 한계점이 있다. 이러한 의문점들에 들에 대한 대안적인 이론으로 제시한 것이 아래의 실물적 균형경기변동이론(real business cycle: RBC)이다.

2. 실물적 균형경기변동 이론

실물적 경기변동(Real Business Cycle: RBC라고 함)은 경기변동의 요인이 실물충격에서 유발된다는 것이다. 실물적 충격으로는 기술변화, 선호의 변화, 생산성 증대, 교역조건의 변화, 원자재 공급의 변화, 정부의 구매 및 조세율의 변화 등을 들고 있다.[11] 실물적 경기변동이론에서는 실물적 충격요인이 중요한 의미를 갖는데 그 중에서도 생산기술의 충격과 그 전파과정을 중시한다. 이외에도 경제주체들의 기호(preference)의

10) 자세한 내용은 김기화(1990), 「경기순환론」, 제6장 참조할 것.

11) King and Plosser, "Moey, Credit, and Prices in Real Business Cycles," *AER*. 74 (3), June 1984.

변화도 중요한 요인으로 작용하고 있다. 그 이유는 실물적 충격이 미칠 때 경제주체들의 선호의 변화가 최적화 과정에 반영되어 경제변동에 중대한 영향을 미치기 때문이다. 실물적 경기변동론이 현실의 경기변동을 보다 잘 설명해주고 있기 때문에 많은 사람들의 관심을 끌고 있다. 경기순환의 특징인 자기상관현상이라든가 공동화 현상을 설명하는데 RBC 이론이 유용하게 응용된다.

RBC이론도 균형경기변동론의 기본틀 안에서 설명되어진다. 경제주체들이 동태적인 최적화 과정을 거치며 기간별 대체원리에 따라 노동공급, 여가 등을 결정한다. 현재의 실물적 충격이 미래의 노동공급, 여가, 소비결정에 영향을 끼칠 수 있는 모형이 되기 위해선 시간비분리선호(time–nonseperable)[12] 효용함수를 상정한다. 따라서 경제주체들은 오늘의 소비와 여가를 결정하는 동태적 최적화 과정에서 내일(미래)의 효용수준까지 고려하여 결정한다. 어느 시기에 기술진보 충격이나 생산성 충격이 발생했다고 하자. 그 충격으로 인하여 생산이 증대되고, 노동수요도 증대케 된다. 자연히 실질임금도 상승하고, 이는 다시 소비의 증가를 유도한다. 기간별 대체원리에 따르면, 금기의 실질임금의 상승은 노동공급을 늘리고 여가를 줄인다. 여가의 감소는 미래의 노동공급에 영향을 주게 된다. 이와 같이 오늘의 기술충격이 오늘의 소비, 여가뿐만 아니라 미래의 소비(저축), 여가 및 노동공급에 영향을 끼치게 된다. 경기변동의 중요한 특징 중의 하나인 지속성, 공행성을 잘 반영하고 있다. RBC이론은 자본재 투자에 상당한 시일이 걸린다는 것을 *Time to build* 모형을 통해서 정교하게 설명하고 있다. Kydland and Prescott(1982)에 의하면, 신규자본재의 투입에서 생산에 이르기까지 상당한 시일이 걸린다는 것에 착안하여 경기의 지속성을 설명하고 있다. 기술충격이 장기간 전파되는 메카니즘을 도입하고 동태적인 경기순환 현상을 설명하고 있다. 이러한 모형설정은 기술충격이 여러 기간에 걸쳐 실물에 영향을 미치는 자기상관 현상을 잘 설명해주는 장점이 있다.

RBC는 화폐론자들의 주장에 이의를 제기하고 있다. 화폐적 충격이 실물부문에 영향을 끼친다는 주장에 대하여 회의적인 태도를 보이고 있다. 오히려 화폐와 실물 간에 역의 인과관계(reverse causality)로 보고 있다. 즉, 기술충격 → 소비, 노동, 투자 등 증가 → 거래수요 서비스 수요 증가 → 화폐수요 증가를 만족시키기 위한 화폐공급 증가케 된다. 이렇듯이 선 외부충격에 의해 먼저 실물부분이 영향을 받고, 그에 대한 반

12) 동태적 효용함수에서 한 기의 소비, 여가의 결정이 다른 기의 소비, 여가에 의하여 영향을 받는 경우 시간비분리 효용함수라 한다. 반면에 현재의 효용이 당해 기의 소비나 여가에 의해서만 영향을 받고, 다른 기에서의 소비, 여가와는 무관하게 결정되는 경우는 시간분리효용함수라 한다. 시간비분리효용함수를 상정하면 오늘의 소비, 여가 결정이 미래의 소비, 여가 결정에도 영향을 끼치게 된다. 이런 속성이 경기변동의 지속성, 공행성을 설명하는데 중요한 단서가 된다.

응으로 화폐부분이 변한다는 생각을 하고 있다.

》RBC에 대한 실증적 증거와 한계점

RBC이론의 발전에 비하여 이론을 뒷받침해 줄만 충분한 실증분석이 뒤따르지 못하는 아쉬운 면이 있다. 실증결과에 나타난 몇 가지 논쟁을 중심으로 소개한다.

첫째, 기술충격이 과연 경기순응적(procyclical)인가 하는 질문이다. 생산을 향상시킬 수 있는 기술충격이 발생할 경우 기간별 대체효과로 인해 노동공급이 증대되어 호경기를 구가한다. 즉, 기술과 경기의 선순환이 이루어진다고 본 것이다. 그렇다면 같은 논리로 경기후퇴는 기술퇴보의 충격으로 설명되어야 한다. 기술퇴보 충격이 일어나면 생산과 고용은 감소되어 경기후퇴를 겪게 된다. 그러나 기술퇴보는 현실적으로 발생하지 않는다.

둘째, 실증분석에서 기술충격을 측정하는 문제는 아직도 논란이 많은 분야이다. 일찍이 프레스캇(Edward Prescott)은 솔로우 잔차항(Solow residual)을 기술충격의 대용변수(proxy variable)로 간주하여 생산량의 움직임과 솔로우 잔차항의 움직임을 분석하였다. 그 결과 솔로우 잔차항이 생산량의 변화와 긴밀한 관계를 가지면서 변동한다는 것을 발견하여 솔로우 잔차가 기술충격을 잘 반영시키고 있으며, 기술충격이 경기변동의 주요한 요인이라는 것을 확인시켜 주었다. 그러나 솔로운 잔차항의 자체의 측정문제 및 노동시장의 노동보유(labor hoarding)를 둘러싼 해석상 논쟁이 계속되고 있다.

셋째, 실물적 경기변동론에서 중추적인 역할을 하고 있는 노동의 기간별 대체성(intertemporal substitution of labor)문제다. 특히 노동시장에서 노동공급이 과연 실질임금에 대하여 탄력적으로 움직이고 있는가에 대한 확인이 필요하다. 실물경기변동이론의 핵심은 노동공급의 결정에서 기간노동대체에 있다. 이에 따라 기간별(노동)대체탄력성 정도가 실물경기변동론자들이 주장하는 것처럼 그렇게 강한 것인가 그리고 실질임금이 경기순응적인 현상을 보이고 있는가를 확인할 필요가 있다. 왜냐하면 RBC는 기간별 대체가설에 근거를 두고 있기 때문에 기간별 대체탄력성이 탄력적이라는 것을 입증해야 한다. 미래의 실질임금이 상승할 것이라 예측하는 경우 경제주체들은 여가로 대체하여 현재의 노동공급은 줄어들 것이다. 반대로 장래 실질임금의 감소를 예측하는 사람은 현재 여가를 노동으로 대체하려 할 것이다. 이렇듯이 기간별 대체탄력성이 커야만 외부충격이 주어질 때 실물부분에 영향을 미치게 되기 때문이다. 그러나 기간별 대체탄력성에 관한 실증분석 결과는 그다지 만족할 만한 수준이 아닌 것으로 평가되고 있다. 또한 노동시장에서 임금에 대한 탄력성도 커야 함을 시사한다. 이는 노동의 공급곡선이 완만해야 함을 시사한다. 만일 노동공급곡선의 기울기가 수직에 가깝게 접근한다면 실물경기변동이론의 설명력이 떨어진다. 이에 대한 실증분석 역시 실질임금이 충분히 탄력적이란 명백한 증거를 제시하지 못하고 있다.

넷째, 실질임금의 경기순응성 문제이다. 공행성(comovement)을 설명하기 위해서는 생산, 고용, 소비, 실질임금 간에 동조화 현상을 설명할 수 있어야 하며 실질임금의 경기순환적 현상을 입증해야 한다. 즉, 생산과 소득의 증대에 따라 실질임금도 같이 증가할 때 노동공급이 증대되고 고용도 증가된다. 실질임금의 경기순환적인 특징은 기간별 대체원리와도 깊은 관계에 있다. 경기팽창시 현재의 실질임금이 상승할 때 기간별 대체원리에 의하여 현재의 노동은 증가되고 여가는 감소케 되어 실질임금이 경기순응적인 양상을 보인다. 그러나 노동공급의 증가는 실질임금을 하락시키는 압력으로 작용할 가능성도 존재한다. 실질임금이 경기순환적(pro-cyclical)인가 역행적(counter-cyclical)인가에 대한 논란은 이미 오랜 논쟁거리 였으나 최근 RBC의 등장으로 다시 중요성이 부각되고 있다. 이 부분에 대한 실증분석 결과도 혼재되어 있다.[13)]

---

13) 김기화, 『경기순환이론』, 다산출판사, 1990 제6장 균형경기변동이론 부분에 실증분석 결과에 대한 기존문헌 조사가 잘 정리되어 있음.

3.3 새케인즈 학파의 경기변동이론

새고전파의 경기변동론인 균형경기변동론은 현실의 경제문제를 만족할 만큼 설명하지 못하고 있다는 한계가 있다. 특히 경기변동을 균형으로 파악하고 있어 비자발적인 실업은 설명하지 못하는 약점을 지니 있다. 균형경기변동론에 의하면 주어진 제약조건 하에서 경제주체들은 동태적인 최적화 과정을 통해서 생산, 노동공급, 여가를 선택한다. 따라서 불경기의 실업이 존재하는 것도 자발적인 선택의 결과로 해석한다. 그러나 현실은 그렇지 않다. 비자발적인 실업이 엄연히 존재하고 있다. 특히 최근의 구조조정 과정에서 나타난 비자발적인 실업이 얼마나 많은가! 새케인즈학파의 경기변동론은 새고전파의 균형경기변동론에 비하여 이론적인 정교함은 떨어지나 현실 경기변동을 설명하는데는 유용하다. 특히 가격의 비신축성 문제, 불균형시장, 비자발적 실업 인정 등에서 보다 현실적인 문제를 직시하고 있다.

새케인즈학파 경기변동론의 중추적인 역할을 하고 있는 것이 가격의 비신축성 논증 문제이나. 미시론적인 접근을 이용하여 설명하려는 시도가 돋보인다. 가격의 경직성 문제를 설명하는 **메뉴비용**(menu cost), 임금의 경직성을 설명하려는 **장기고용계약 이론** 및 **효율임금 이론**, 그리고 실업의 경직성을 설명하는 **내부자-외부자 모형** 등을 이용하여 설명하고 있다. 새케인즈학파도 가격의 비신축성을 미시론적인 접근으로 시도하고 있다.

1. 가격 경직성에 대한 미시론적인 설명

(1) 메뉴비용

가격경직성에 대한 대표적인 이론이 **메뉴비용**(menu cost)이다. 이를 이해하기 위해선 현실적인 상황을 우선 살펴보기로 하자. 시장의 수급상황이 변함에도 불구하고 가격이 즉각적으로 변하지 않는 사례를 우리는 자주 발견한다. 일례를 들면 대학주변에는 수많은 음식점들(분식점)이 즐비하다. 학기 중에는 많은 학생들이 사용하므로 라면이나 비빔밥에 대한 수요가 크지만 방학 중에는 수요가 크게 줄어든다. 경제이론에 따르면 수요가 줄어드는(수요곡선의 하향이동 의미) 방학기간 중에는 라면 값이나 비빔밥 가격이 떨어져야 함에도 불구하고 떨어지지 않고 그대로다.

이렇듯 시장의 수급상황이 수시로 변함에도 불구하고 가격이 변하지 않는 이유는 가격변화에 따른 일종의 조정비용이 들기 때문이다. 가격을 자주 바꿀 때마다 새로운 차림표 비용(비유로 가격조정 비용을 일컫고 있음)이 든다. 기업은 가격을 바꿀 때마다 새로운 카달로그를 제작해야 하고 고객에게 발송하는 데 따른 비용, 가격표도 일일이 다 새로 붙여야하는 불편함에 대한 비용을 모두 메뉴비용(menu cost)으로 볼 수 있다.[14)] 가격이 변할 때마다 새로운 차림표를 만들고 그를 게시하는 데 따른 시간적 및 물리적인 불편함(비용)이 크다. 또한 기업이 직면하게 되는 또 하나의 중요한 비용은 정보수집 비용이다. 수요변동이 일시적인 것인지 아니면 항구적인 것인지 알 수 없다. 이에 대한 정보수집 분석비용이 든다. 만일 수요변동이 일시적인 것이라면 가격을 바꾸기보다는 수량을 조정하는 것이 더 합리적일 것이다.

무엇보다도 가격변화로 인하여 매출에 크게 기여를 한다면 모르겠으나 그렇지 않다면 차라리 가격을 바꾸지 않는 것이(가격경직성 의미) 낫다. 즉, 가격을 바꾸는데 드는 한계비용 $MC(\triangle P)$과 그에 따른 한계수익 $MR(\triangle P)$을 비교하여 $MC(\triangle P) \geq MR(\triangle P)$일 때 가격경직성이 유지될 것이다. 이에 대해 반론을 제기하는 사람들은 메뉴비용이 작다고 보는 것이다. 그러나 옹호론자들은 개별기업의 입장에선 작을지 몰라도 경제 전체적으로 보면 크다는 것이다.[15)]

디지털경제 하에선 메뉴비용을 획기적으로 낮출 수 있다. 전통적인 시장에선 일일이 라벨을 바꿔야 하지만 인터넷 상의 가상 상점에선 데이터베이스에 가격만 바꾸면 되기 때문에 획기적으로 메뉴비용을 줄일 수 있다. 또한 인터넷으로 인하여 정보수집 비용이 획기적으로 낮아지고 있다. 메뉴비용이 낮아지면 경제의 효율성을 높일 수 있고, 시장의 가격은 수급상황에 따라서 신축적으로 변하게 되어 가격신축성이 증대될 것이다. 그러나 이에 대한 만족할 만한 실증분석결과는 아직 나타나지 않고 있어 아직은 속단하기에 이른 듯 하다.

(2) 가격중첩성

가격경직성을 설명하는 두 번째 이론이 가격중첩성 문제이다. 모든 가격이 동시에 조정되는 것이 아니다. 어떤 제품가격이 1월 달에 조정되어 1년을 유지하는 경우도 있고, 연중 2번 바뀌는 것도 있다. 예를 들면 휘발유 가격의 경우 어떤 정유회사는 가격인상 요인이 있는 즉시 가격을 인상하지만 그와 경쟁관계에 있는 정유회사는 인상요인

---

14) 미국의 슈퍼마켓을 대상으로 실증분석 한 결과 menu cost가 가계당 평균적으로 연간 $105,887이 드는 것으로 추정되었다. 이는 매출액의 0.7%를 차지하고 있는 것으로 나타났다. 자세한 것은 D. Levy, M. Bergen, S. Dutta, and R. Venable, "The Magnitude of Menu costs: Direct Evidence from Large U.S. Supermarket Chains," *Quarterly Journal of Economics,* August 1997 참조할 것.

15) Gregory Mankiw, "Small Menu Cost and Large Business Cycles: A Macroeconomic Model of Monopoly," *Quarterly Journal of Economics,* May 1985, 529~537.

이 있지만 시장점유를 고려하여 인상하지 않거나 인상을 늦추는 전략을 쓰는 경우가 있다. 이렇게 가격의 인상시기가 제 각기 다를 경우 개별물가는 신축성있게 움직인다 해도 전체 물가는 서서히 변한다. 이런 현상을 가격의 중첩성이라 한다. 이는 마치 임금협상이 모든 기업들이 일시에 임금인상을 안하고 시차를 두고 이뤄질 때 명목임금의 경직성 현상과 같은 원리이다. 미국의 실증분석 결과자료에 의하면 실제 가격변화가 1년 이상 걸린 경우도 적지 않으며 어떤 제품들은 분기마다 혹은 반년마다 가격이 바뀌고 있음을 보여주고 있다.

| 표 15-2 | 산업별 가격변화에 걸린 평균시간

산업별 제품	가격변화에 걸린 평균 시간 (월)
시멘트	13.2
철 강	13.0
화학제품	12.8
유 리	10.2
종 이	8.7
고 무	8.1
정유제품	5.9
트럭 자동차	5.4
합 판	4.7
비철금속	4.3
주택 부속품	3.6

자료: Dennis W. Carlton, "The Rigidity of Price," *American Economic Review*, September 1986, Abel and Bernanke, *Macroeconomics*, 1992. p. 461에서 재인용 했음.

산업구조론적인 측면에서 산업구조가 독과점적인 시장구조를 나타날 때 가격은 비신축적으로 변하게 된다. 우리나라의 경우 독과점적인 요소가 매우 강한 것으로 나타나고 있다. 이 경우 **마크업가격(Mark-up pricing)**으로 설명될 수 있다. 일반적으로 경쟁시장의 경우 가격은 한계비용과 같아지는 수준에서 결정되지만 독점력이 있는 경우는 $P=(1+\eta)MC$로 결정된다. MC는 한계비용, η는 일정한 마크업률을 나타낸다. 마크업률을 나타내는 η는 시장의 수요곡선의 탄력성과 긴밀한 관계에 있으며 비탄력적일수록 마크업률이 높아져 가격이 한계비용보다 커진다. 마크업 가격이 유지되는 것은 시장이 독과점적인 구조를 하고 있기 때문이다. 만일 완전경쟁시장이라면 수요탄력성은 무한대에(∞) 가깝게 크고 마크업률은 0이 되어 가격은 한계비용과 같아질 것이다.

인터넷의 확산과 전자상거래 등장으로 많은 시장이 경쟁적인 시장으로 전환될 것이므로 독과점적인 시장구조가 허물어질 것으로 예상되기 때문에 마크업에 의한 가격경직성도 디지털경제 하에선 줄어들 것으로 기대된다. 그러나 아직까지는 이러한 가설을 뒷받침할 만한 충분한 실증분석사례가 없는 한계점이 있다.

2. 작은 메뉴 비용과 경기변동[16)]

가격경직성을 설명하는 메뉴비용에 대하여 논란이 많다. 비판론자들은 메뉴비용의 크기가 무시할 정도로 작다고 주장한다. 반면에 옹호론자들은 개별 기업 입장에서는 무시할 수 있을 정도로 작지만 사회 전체적으로는 크다는 점을 강조한다. 가격조정에는 외부경제가 작용한다는 것이다. 한 기업이 가격을 변경할 경우 다른 기업에게 상대적인 이익(손실)을 가져다줄 수 있다. 불완전경쟁이 현실적인 시장에서 어느 기업이 가격하락을 단행하면 다른 기업은 상대적인 이익을 누릴 수 있다. 불완전경쟁시장(예: 독점적 경쟁시장)의 경우 한 기업이 가격을 인하시키면 다른 기업도 가격을 인하시키려는 움직임이 따른다. 그러나 모든 기업이 가격을 즉각적으로 인하시키려 하지 않는다. 앞에서 살펴본 바 대로 가격하락 현상이 일시적인 충격인지 아닌지를 모르고 가격인하에 따른 조정비용(menu cost)이 들기 때문에 추이를 지켜보면서 수량조절을 하는 것이 일반적이다. 일부의 기업이라도 가격을 인하시킬 경우 평균가격이 조금이라도 인하되어 사회 전체적으로는 화폐실질잔고(real money supply)가 증대되는 효과가 발생된다. 실질잔고의 증가는 *LM* 곡선을 우측으로 이동시켜 소득을 증가시키고 실업을 줄일 것이다. 이는 총수요의 증대를 의미한다. 한 기업 또는 극히 일부의 기업이 가격을 인하시킬 때 총수요의 증대를 꾀하게 된다. 다른 기업은 총수요의 증대를 통하여 외부경제의 편익(일종의 무임승차)을 누리게 된다. 이러한 외부효과를 **총수요 외부경제(aggregate demand externality)**라고 한다. 총수요 외부경제가 클수록 기업들은 먼저 가격인하를 안하려고 한다. 다른 기업이 가격인하를 할 때까지 기다리려는 유인이 존재케 된다. 개별기업은 가격인하에 따른 매출증가의 이익과 가격인하에 수반되는 비용(메뉴비용)을 비교하여 결정할 것이다. 개별기업의 입장에서 순편익이 크지 않다면 가격변경을 안하려 할 것이다. 그러나 총수요 외부효과를 감안하면 개별기업의 이익은 그리 크지 않을 수도 있지만 사회전체의 이익은 크다.

16) 이 주제에 관한 유용한 논문으로 G. Mankiw, "Small Menu Cost and Large Business Cycles: A Macroeconomic Model of Monopoly," *Quarterly Journal of Economics*, May 1985을 참조.

3. 명목임금의 경직성과 장기계약

우선 임금의 경직성에 대한 설명은 전통적으로 노조의 임금협상 때문으로 이해되었다. 임금계약은 대개 1년 또는 그 이상(미국의 경우엔 3년이 보통임) 동안 임금이 정해져 있다. 노동조합의 임금교섭에 관한 독점권이 노동시장의 경직성을 가중시키는 것으로 이해된다. 노동조합이 강력할수록 그 나라의 노동시장은 유연성이 떨어지고 임금신축성도 떨어지는 것으로 알려져 있다. 이러한 사례는 미국과 유럽을 비교해 보면 쉽게 이해가 된다. 유럽은 일반적으로 노조가입률과 노조의 독점도가 미국 보다 높아 노동시장의 유연성이 떨어지는 것으로 파악되고 있다.

또한 임금계약기간도 회사마다 다르기 때문에 명목임금의 경직성은 중첩되는 경우가 많다. 계약기간 동안은 임금이 경제의 외부환경에 따라 신축적으로 변하지 않는다. 회사마다 계약기간이 달라 중첩기간이 장기간에 걸려 있으면 명목임금도 그 기간 동안 경직성을 띠게 된다. 미국의 경우에는 장기간(3년) 계약이 이루어지고 그리고 계약과정도 회사마다 달라 연중으로 이루어지고 있어 임금의 비신축성을 설명하는데 별 무리가 없다. 그러나 일본이나 한국의 경우는 임금협상이 대개 봄에 집중적으로 이루어지고 [일본에서는 이를 春闘(춘투)라 함] 있어 계약기간 중첩에 따른 경직성을 설명하기가 쉽지 않다.

위에서 언급된 바와 같이 임금은 노사 간의 장기계약에 의하여 이루어지고 있다. 이러한 장기 노동계약이 가격경직성의 원인이 되고 있다. 일단 노사계약이 체결되면 계약기간 중에 발생하는 외부충격에 신축적으로 대응하지 못한다. 경제주체들의 동태적인 최적화 행위에 제약을 받게 된다. 다음번 계약이 체결되기 전에는 명목임금을 변경하지 못한다. 그 결과 실질임금이 변하게 되고 그로 인해 고용과 생산이 변하게 되어 경기변동을 유발시킨다. 장기계약을 도입함으로써 물가와 임금의 비신축성을 설명할 수 있다. 동시에 비자발적 실업의 존재를 설명할 수 있는 장점이 있다. 경기순환의 중요한 특징인 계열상관과 지속성 등을 현실적으로 설명할 수 있다.

4. 효율적 임금과 경기변동

효율적 임금(efficiency wage)은 실질임금의 경직성을 설명하는데 매우 유용하다. 어떤 회사가 노동시장의 균형임금보다도 더 높은 실질임금을 제공해주는 사례가 관찰되고 있다. 대표적인 사례로 미국의 포드사가 1914년에 시간당 5달러의 임금을 지급하였다. 당시의 균형 실질임금은 2달러 수준이었음에도 불구하고 파격적으로 5달러를 지급하였다. 그렇다면 포드사는 왜 일반적인 균형실질임금보다도 훨씬 높은 임금을 제공했을까? 이에 대한 대답은 기업의 생산성을 향상시키기 위한 인센티브제도에 있다. 기업측면에서 보면 시간당 5달러를 주어도 우수한 인력을 확보하여 그 노동자가 시간당 10달러에 상당하는 생산성을 높여 준다면 기업은 더 많은 이윤을 얻을 수 있기 때문이다. 즉, 기업은 시간당 한계비용(5달러) 보다 훨씬 큰 한계수익(10달러)를 확보할 수 있기 때문에 기업은 실질임금을 높여도 이익을 얻을 수 있다. 기업으로 보면 우수한 노동자를 확보하기 위한 유인책이 되는 것이다. 따라서 실질임금이 균형임금보다 높아 경직성을 나타내는 것은 기업의 자발적인 인센티브 때문이다. 그 이유는 노동자의 생산성은 실질임금수준이 높을수록 우수한 노동자를 유치할 수 있기 때문이다. 이를 효율임금가설(efficiency wage hypothesis)이라 한다. 효율임금과 관련된 몇 가지의 이론들이 아래와 같이 제기되고 있다.

》 역선택 이론(adverse selection)

기업들은 왜 균형임금 보다도 더 높은 실질임금을 지급하려는가에 대한 추론은 여러 가지가 있다. 그 중의 대표적인 가설이 우수한 인재를 선발하려 하기 때문이다. 우수한 인력을 확보해야 높은 생산성을 기대할 수 있기 때문이다. 그런데 기업은 누가 우수한 인력인지 아닌지를 판별할 수 없다. 정보의 비대칭성(asymmetric information) 때문이다. 지원자는 자신의 능력을 잘 알지만 기업은 지원자들의 능력을 잘 알지 못한다. 지원자들은 과장된 정보를 제공하려 할 것이고 기업은 그 정보의 진위 여부 등을 가려내는데 적지 않은 비용이 들어간다. 사람을 한번 잘못 선발하면 기업은 2중 비용이 들어간다. 그 사람을 훈련시키는데 드는 비용 그리고 우수한 인재를 놓친 것에 대한 기회비용 등을 감안하면, 처음부터 높은 임금을 제시하여 우수한 인재가 스스로 지원하게끔 유도하는 것이 효율적이다. 처음부터 높은 임금을 제시하여 우수한 인재가 많이 지원하여 풀(pool)이 많은 곳에서 인재를 선발하는 것이 우수한 인재를 확보할 수 있는 가능성이 높기 때문이다. 기업은 우수하지 못한 인재를 선택하는 역선택(adverse selection)을 피하기 위하여 높은 실질임금을 제시하는 것이다. 이러한 사례는 우리 주변에서 자주 본다. 대기업의 초봉이 중소기업의 초봉보다 높다. 임금 이외의 다른 복리후생(fringe benefit)까지 고려한다면 대기업의 실질임금은 중소기업의 경우보다 상당히 높다. 이런 실질임금의 차이는 자연히 우수한 인재들이 대기업부문으로 몰려 중소기업은 우수한 인재를 구하기 힘들다. 이런 효율성 임금전략 때문에 중소기업은 고질적인 인력난을 겪고 있다. 이를 만회하기 위하여 최근에 벤처기업들은 파격적인 조건으로 우수한 인재를 스카우트하고 있다.

》 태업가설(shirking cost)

기업은 일단 고용한 근로자들이 성실히 일하고 있는지 감독해야 하지만 일일이 감시할 수 없다. 고용주와 피고용자는 주인-대리인(principle-agent)의 관계이다. 주인의 입장에선 열심히 일하여 생산성 증대에 기여하기를 바란다. 피고용자가 몰래 태업을 해도 알 길이 없다. 일일이 감시할 수도 없고 그렇다고 도덕률에 호소하는 것도 한계가 있다. 이때 주인은 다른 기업보다 더 높은 임금을 제공해 근로자로 하여금 스스로 더 열심히 일하게 하는 유인책을 도입한다. 만일 태업하는 것이 발각되어 실직(lay-off)을 당하게 되는 경우 그에게는 큰 기회비용을 발생케 되기 때문에 스스로 태업하고 싶은 욕망을 자제하게 된다. 주인의 입장에선 감시에 따른 비용을 절약할 수 있고 효율적인 감시가 되는 동시에 열심히 일하므로 생산성 증대를 꾀할 수 있다. 예를 들면 국내 진출한 외국계 은행의 경우 국내 은행보다 훨씬 높은 임금을 주고 근무에 대해서도 일일이 간섭을 하지 않는다. 겉으로 보면 근무조건이 느슨한 것 같지만 집중적으로 일하고 그리고 휴일에도 스스로 나와 근무한다. 무엇이 그들로 하여금 이렇게 일하게 만드는 것일까 ? 평소에 게을리하여 분기말이나 년말에 실적이 미달될 경우 가차 없이 불이익을 당하고 심한 경우 퇴출을 당한다. 실직을 할 경우 그는 자신이 받던 높은 임금을 잃게 되어 큰 손실(기회비용)이 발생하므로 평소에 누가 감시하지 않아도 열심히 일한다. 반면에 낮은 임금을 받는 경우는 실직을 당해도 잃는 것이 작고 그 정도 임금수준의 직장은 다른 곳에서 얼마든지 찾을 수 있다고 생각하기 때문에 열심히 하려는 인센티브가 작다.

효율적 임금의 핵심은 실질임금의 경직성을 설명하는데 있다. 효율적 임금이 작동되는 상황에선 외부충격이 가해져도 실질임금은 즉각적으로 변화되지 않고 서서히 변화된다. 부정적인 실물적 충격(negative real shock)이 가해질 때 효율성 임금이 즉각적으로 하락하지 않는다면 기업은 고용을 줄일 수밖에 없다. 그리하여 대규모의 비자발적 실업이 발생케 된다. 그리고 효율성 임금이 서서히 조정되어 비자발적 실업도 서서히 장기간 유지된다. 이로써 비자발적 실업을 설명하는데 유용하다.

5. 내부자 – 외부자 모형

실업률은 경기의 변동에 따라 신축적으로 움직이는데, 1970년대 스태그플레이션을 겪고 난 이후에 유럽지역을 중심으로 한번 높아진 실업률은 경기가 회복되어도 잘 떨어지지 않는 현상이 벌어졌다. 이런 현상은 유럽지역을 중심으로 두드러진 현상으로 나타났다. 실업의 지속성을 나타내는 것으로써 이는 과거의 실업요인이 현재에 까지 영향을 끼치고 있음을 의미한다. 이러한 현상을 **이력현상(hysteresis)**이라고 한다. 이는 현재의 기술충격에 의한 생산기술이 현재의 실업에 영향을 끼친다는 전통적인 주장과는 다른 모습이었다. 과거의 높았던 실업률에 의하여 더 많은 영향을 받고 있음을 의미한다. 따라서 한번 어떤 이유로 인해 고실업률에 직면하게 되면 계속 고실업률에서 헤어나지 못함을 시사한다(기본적인 설명은 제10장 참조). 실업의 지속성을 설명하는 이론 중에 **내부자–외부자 모형**이 설득력을 얻고 있다. 노동시장에서 내부자(고용되어 있는 근로자)와 외부자(직장을 구하고 있는 실직자)로 구분하고 이들의 이해관계에서 실업이 지속될 수 있음을 보여주고 있다. 내부자들은 노동조합의 단체행동을 통하여 임금상승을 요구하고 해고를 어렵게 만든다. 내부자들은 자신들의 이익을 극대화시키기 위하여 외부자들의 고용에는 관심이 없다. 이럴 경우 내부자들의 임금수준은 외부자까지 고려한 평균임금보다 높게 되며 이로 인해 비자발적 실업이 존재케 된다. 이때 외부충격이 가해지면 총수요가 줄어들어 고용수준이 감소되고 실업은 높아지게 된다. 다시 경기가 회복하여도 고용이 회복되기 힘들다. 왜냐하면 기득권자인 내부자들은 과거의 고용상태와는 관계없이 여전히 자신들의 이익만을 고려하기 때문에 기업은 추가적인 고용을 하지 않게 된다. 이는 과거의 충격이 현재에도 지속되어 실업률이 낮아지지 않는다. 전통적인 필립스곡선이론에 따르면 호경기엔 실업률이 낮아지고 불경기엔 실업률이 높아져 신축적인 움직임을 띠게 된다. 내부자—외부자 모형에 따르면 경기순환에 관계없이 일정한 실업률이 유지된다.

내부자의 요구가 강력할수록 기업은 신규채용(외부자 고용)을 꺼리게 되어 고용이 탄력적으로 이루어지지 않는다. 결과적으로 노동시장으로 진입하는 입직률과 노동시장에서 떠나는 이직률도 낮아져 노동시장을 경직적으로 만든다. 이것이 한번 높아진 실업률이 장기간 유지되는 이유다.

요약정리

1. 경제는 호황과 불황을 주기적으로 반복하면서 순환한다. 이런 현상을 경기변동 혹은 경기순환이라 한다. 경기변동은 순환의 주기 길이에 따라 소순환, 주순환, 장기순환 등으로 구분되어 진다.

2. 경기순환의 주요 특징으로는 자기계열 상관, 공행성, 지속성의 성질을 갖고 있다.

3. 최근에 주로 사용되는 경기변동의 지표에는 경기종합지수(CI), 기업실사지수(BSI), 소비자동향지수(CSI) 등이 있다.

4. 최신 경기변동이론의 대표적인 것으로는 균형경기변동론이 있다. 균형경기변동론은 경기변동을 동태적 최적화 원리를 통한 기간별 대체원리에 의해 균형의 개념으로 파악하고 있다는 점에서 전통적인 이론과 차별화된다.

5. 균형경기변동론은 경기변동을 일으키는 요인에 따라 화폐적 균형경기변동론과 실물적 균형경기변동론으로 구분된다. 화폐적 균형경기변동론은 예상치 못한 통화공급에 의하여 경기변동이 일어난다는 것이다.

6. 화폐적 균형경기변동이론은 예상치 못한 통화와 실물 간의 영향에 관하여 규명한 것은 의미가 있지만, 경기변동이 갖는 자기상관 관계라든가 공행성 등의 속성에 관해서는 설명을 못하는 한계점이 있다.

7. 실물적 균형경기변동이론은 경기변동의 요인을 실물부문에서 찾고 있다. 실물적 충격으로는 기술변화, 선호의 변화, 생산성 증대, 교역조건의 변화 등을 들고 있다. 실물적 경기변동이론은 생산기술의 충격과 그 전파과정을 중시한다.

8. 실물적 균형경기변동이론은 경기변동의 계열상관, 공행성, 지속성 등을 잘 설명하고 있으나 실증적 증거가 충분히 뒷받침 되지 못하고 있다.

9. 균형경기변동이론이 새고전파의 이론에 기초하여 논리의 일관성은 잘 구축되고 있으나 현실의 비자발적인 실업문제를 잘 설명해주지 못하는 단점이 있다.

10. 새케인즈 학파의 경기변동이론은 비자발적인 실업을 인정하며 가격의 비신축성, 불균형시장을 기초로 경기변동을 설명하고 있다.

11. 가격의 비신축성을 설명하는 대표적인 이론으로 메뉴비용(menu cost)이 있다. 메뉴비용에 따르면 시장의 수급상황에 대하여 가격이 즉각적으로 반응하지 않는다는 것을 미시경제이론을 이용하여 잘 설명해주고 있다.

12. 개별 경제주체의 입장에선 작은 메뉴비용이지만 경제 전체로는 큰 비용이 될 수 있음을 들어 메뉴비용과 경기변동의 관계를 설명하고 있다.

13. 임금의 경직성을 통한 경기변동을 설명하는 이론으로는 실효임금(efficiency wage)이 있다.

연습문제

1. 소순환, 주순환, 장기순환을 간략하게 기술하고, 최근 우리나라에서 나타나는 경기변동은 이 중 어디에 해당하는지 자료를 조사하고 기술하시오?

2. 슘페터의 경기의 4국면에서 비추어 보면, 현재의 상황은 어느 국면에 해당하는가?

3. 선행지표와 동행지표의 구성항목을 조사하고, 현재 조사한 자료를 근거로 앞으로 경제적 상황을 예측하시오.

4. 상위 1,000개 기업의 CEO를 대상으로 앞으로의 경제적 상황에 대하여 질의를 한 결과로 개선이 될 것이라고 예상한 CEO가 600명이고, 악화될 것이라는 예상한 CEO가 400명이라고 한다면, BSI를 구하고, 그 경제적 의미를 해석하시오.

5. 균형경기변동론은 불황기에도 후생감소가 없다고 주장한다. 그 이유는 무엇인가?

6. 화폐적 균형경기변동이론과 실물적 균형경기변동이론의 장·단섬을 삭삭 비교 설명하시오.

7. 항구적 기술충격이 실물경기에 미치는 과정을 실물적 균형경기변동이론을 이용하여 설명하시오.

8. 새케인즈학파가 주장하는 경기변동의 원인을 기술하시오.

9. 경제변수는 순환변동, 추세변동, 계절변동, 그리고 불규칙변동이 동시에 나타난다. 여기에서 순환변동이란 무엇인가?

10. 경기변동을 설명하는 이론 중에 랜덤워크이론이 있다. 이 이론이 의미하는 바는 무엇인가?

찾아보기

ㅇ

ㅋ

ㅌ

ㅍ

ㅎ

□ 저자약력 □

이 윤 재

숭실대학교 경제학사
미국 Northern Illinois University 경제학박사
행정고등고시, 지행행정고시, PSAT, 건교부감정평가사 출제위원(경제학) 역임
한국중소기업학회장 역임, 한국기독교경제학회장 역임
현재 : 숭실대학교 경제학과 교수, 중소상공인 희망재단 이사장

《주요 저서》

Korean SMEs Toward New Millenium : Status and Prospects(공저), The Asia Foundation, 2000.
「성경속의 경제학」, 숭실대학 출판부, 2004.
「사회적기업 경제」, 탑북스, 2009.
'나눔과 상생의 경제,'(공저) 탑북스, 2012.
"기독교 경제학 개론,"(공저) 무역경영사, 2015.

《최근 주요 논문》

중소기업지원정책의 거시경제적 효과분석, 『국제경제연구』, 2001.
정보통신기술(IT)이 인플레이션을 낮추었는가?, 「경제학연구」, 2003년.
기업가정신과 경제성장의 관계 분석," 「중소기업연구」, 2003
법인세 인하가 기업투자를 촉진시키는가?, 『산업경제연구』, 2004.
기업가활동이 생산성에 미치는 효과, 「경제학연구」, 2008.
기업가활동이 일자리 창출에 대한 실증연구, 「중소기업연구」, 2009.
우리나라 제조업의 생산성 성과와 그 결정요인", 「중소기업연구」, 2011.
성경적 기업가정신: 창조적 경제와 그 시사점," 「Oikonomus」, 2014.

저자와의
협의하에
인지생략

시사와 함께하는 거시경제학 [제3판]

2011년 2월 25일 제1판 1쇄 발행
2016년 3월 2일 제2판 1쇄 발행
2018년 8월 30일 제3판 1쇄 발행
2023년 8월 16일 제3판 4쇄 발행

저 자 이 윤 재
발행인 김 학 민
조 판 아 람 기 획

07285
발행처 서울특별시 영등포구 선유로3길 10, 617호
도서출판 **탑 북 스**
등록 2009.12.21 제2016-000101호
전화 02)365-2223 팩스 02)365-2224

정가 33,000 원

ISBN 979-11-87343-94-3-93320